느린 폭력과 빈자의 환경주의

Slow Violence and the
Environmentalism of the Poor

느린 폭력과 빈자의 환경주의

초판 1쇄 인쇄일 2020년 7월 17일   초판 1쇄 발행일 2020년 7월 27일

지은이 롭 닉슨 | 옮긴이 김홍옥
펴낸이 박재환 | 편집 유은재 | 관리 조영란
펴낸곳 에코리브르 | 주소 서울시 마포구 동교로15길 34 3층(04003) | 전화 702-2530 | 팩스 702-2532
이메일 ecolivres@hanmail.net | 블로그 http://blog.naver.com/ecolivres
출판등록 2001년 5월 7일 제201-10-2147호
종이 세종페이퍼 | 인쇄·제본 상지사 P&B

ISBN 978-89-6263-211-8 93300

책값은 뒤표지에 있습니다.   잘못된 책은 구입한 곳에서 바꿔드립니다.

느린 폭력과
빈자의 환경주의

롭 닉슨 지음 | 김홍옥 옮김

에코리브르

앤에게 바칩니다.

차례

서문

―

나는 이 책을 집필하는 데 필요한 영감을 얻기 위해 거듭 3명의 걸출한 인물에게로 돌아가곤 했다. 에드워드 사이드(Edward Said), 레이첼 카슨(Rachel Carson), 그리고 라마찬드라 구하(Ramachandra Guha)는 각각 문학 교수, 과학 저술가, 사회학자로서 저마다 색채가 다르고 뭔가 어울리지 않는 3인방이다. 하지만 이들은 하나같이 주류의 사고에 맞서 탐구 채널을 열어나가는 데 두려움이 없었다. 더욱이 그들의 비정통적 견해가 더러 야기하곤 하는 적대감과 주저 없이 마주한 공적 지식인의 이상적 예이기도 하다. 사이드·카슨·구하는 모두 문서에 기반한 학문적 성과에서부터 공적 에세이, 신문의 기명 논평 지면까지를 두루 넘나들면서 다양한 청중과 교감하려는 소통의 열정을 드러냈다. 그들은 전통적 학통이며 전문가들의 기대에 부응하기를 거부함으로써 이러한 청중에게 다가갔다.

가르치는 삶이 아름다운 것은 적절한 순간에 적절한 반향을 불러일으키는 더없이 복잡한 삶을 살 가능성 때문이다. 그 대표 격인 사이드는 1980년대 중반 컬럼비아대학의 대학원생이던 나에게 지대한 영향을 끼쳤다. 당시 나는 스스로가 두 가지 달갑잖은 선택지와 마주하고 있음을 깨달았다. 구식의 낡은 형식주의자들[벨-레트리즘(belle-lettrism: 프랑스어로 'belle'은 '양질의' '아름다운' '정교한' 등의 의미고, 'lettrism', 즉 문자주의는 1940년대 후반의 프랑스 문학 운동으로 말의 뜻보다 문자가 모여 내는 소리 효과를 중시했다—옮긴이)을 표방하는, 팔꿈치에 스웨이드나 가죽을 댄 트위드 재킷을 즐겨 입는 아이비리그(Ivy League: 미국 북동부에 위치한 8개 명문 사립대학, 즉 하버드·예일·프린스턴·펜실베이니아·컬럼비아·코넬·다트머스·브라운 대학을 통틀어 지칭하는 용어다—옮긴이) 교수들]을 따를 것이냐, 아니면 그보다는 신식인 새로운 형식주의자들(마치 나그네쥐 떼처럼 파괴의 낭떠러지로 맹목적으로 치닫고 있는)을 따를 것이냐의 기로에 서 있었다. 미국에서 문학이냐 세계 정치냐, 이 두 열정을 놓고 갈팡질팡하며 방황하던 풋내기 젊은이에게 사이드는 제3의 길을 열어주었다. 그는 내가 두 가지를 한데 아우르도록, 둘을 결합할 수 있는 목소리를 찾아내도록 독려했다. 나는 전방위에 걸친 사이드의 헌신에 필적하는, 양식(style)—아니 좀더 엄밀하게 말하면 온갖 유의 양식 목록—을 모색하는 그의 결의를 접하고 용기를 추스를 수 있었다. 그는 명료함을 갈망하면서도 다른 한편 지적 복잡성에 흥미를 느꼈다. 그는 마치 폭넓게 이해되기를 바라는 사람처럼 가르치고 글을 썼다. (물론 나는 이것이 문학 교수에게 그리 인상적일 게 없는 말로 들린다는 것을 알고 있다.) 그의 접근법은 세상사에 눈감은 자세히 읽기(close reading), 혹은 언어만큼이나 명분도 모호한 비건설적 세미나 등 다른 대안들과 비교해볼 때 단연 강렬하고 빛나는 것처럼 느껴졌다. 우리는 진즉에 목숨이 끊긴 산문들을 찔러대고 있었다. 어떻게든 그 생명력을 다시 일깨워 우리의 분투가 헛되지 않기를 바라면서 말이다. 그와 달리 사이드는 설득(persuasion)과 강압(coercion)의 세계에 깊은 관심을 기울였으며, 모호한 정치적 수사와 언어적 위장이 치르게 될 세속적 대가에 민감했다. 그는 독자로서 맥락, 즉 역사적·정치적·일대기적 맥락을 믿었다. 그에게는 이 모든 것이 중요했다.

사이드는 유연한 발언 덕택에 자신이 지적으로 영향을 미치는 범위를 넓힐 수 있었다. 또한 수많은 학문적 경계를 넘나들었으며 전 대륙에 걸쳐, 그리고 온갖 형태의 미디어를 통해 영향력을 키워나갔다. 그는 난해함에 대한 맹목적 추종, 즉 묵직한 저술이 지성의 무게를 상징적으로 보여준다는 생각을 경멸했다. 그는 가벼움을 능란하게 구사하면서 이론화하는 쪽이, 등장한 지 얼마 되지 않는 신조어들이 두서없이 난무하는 상황을 '관여(intervention)'라 표현하며 얼렁뚱땅 넘어가는 쪽보다 훨씬 더 어려움을 이해하고 있었다. 양식에 대한 전념은 그의 정치적 이상주의에서 필수 불가결한 부분이자 반란적 외향성(insurrectionary outwardness)에 대한 그의 신념과 떼려야 뗄 수 없는 요소였다.

환경주의자로서 우리는 사이드의 세속성(worldliness) 속에 지상성(earthliness)을 위한 공간은 어디 있는지 질문해보아야 한다. 사이드는 2003년 숨을 거두기 한 달 전 〈카운터펀치(Counterpunch)〉에 기고할 에세이를 마무리했고, 거기서 "미래에는 세계 전역의 대안적 공동체와 대안적 정보를 인지하고, 이 작은 행성에서 우리 모두를 하나로 이어주는 자유주의적 추동력, 환경적·인간적 권리를 예리하게 깨닫게 되기를 갈망한다"[1]고 밝혔다. 이러한 뒤늦은 인식에도 불구하고 우리는 그를 전통적 의미에서 환경 의식을 지닌 인물이라고 여기는 데 어려움을 겪는다. 그러나 내가 이 책에서 논의하고 있는 초국가적 환경 정의 운동의 에너지가 서서히 인문학에 스며들었으므로, 사이드는 불도저로 밀어버린 올리브 숲, 토지 권리, 수질 정책,《마지막 하늘 이후(After the Last Sky)》에서 생생하게 드러나는 이슈들에 관한 자신의 글쓰기에 그 운동이 영향을 끼쳤음을 알아차렸을 것이다.

사이드가 자신이 말한 이른바 "지식 생산계의 알량한 영향력(petty fiefdoms)"을 우습게 여겼다면, 그보다 더 무소속에다 독립적 위치에 놓여 있던 레이첼 카슨도 자신의 저술을 통해 학계의 성채를 견디지 못하는 비슷한 습성을 분명하게 드러냈다.[2] 카슨은 공적 지식인의 임무에는 냉전 시대 미국의 군산복합체가 널리 퍼뜨린 완곡어법이며 상투적 주장을 폭로하는 일도 포함된다고 믿었다. 잘 알려진 대로 그녀는 제초제와 살충제를 생명을 죽이는 살생제(biocides, 殺生劑)로 여겨야 한다고 강변했다. 즉 해충을 상대로 벌인 "전쟁"에 쓰인, 틀림없다고 여겨지는 무기가 실상은 생명 그 자체를 여지없이 겨냥하고 있다는 것이다. 신자유주의가 무서운 속도로 탈규제를 실시한 때보다 20년쯤 앞선 무렵, 카슨은 규제받지 않는 특정 소비재에 대한 자본주의의 탐욕 탓에 수많은 불특정 생명체까지 위기에 빠질 거라고 일찌감치 경고했다.

카슨은 국가적 불안의 우선순위를 '공산주의의 위험(Red Peril)'에서 닭장에 쓰이는 둠(Doom)이라는 에어로졸 스프레이로 바꿔놓았다. 그녀의 저서《침묵의 봄(Silent Spring)》은 비록 사소하더라도 각 가정의 선택이 이 세상을 좀더 살 만하게 변화시키는 데 기여한다고 강조함으로써 두려움의 지형, 그리고 결정적으로 그 두려움의 시간 프레임을 바꿔놓았다. 쿠바의 미사일 위기가 일어나기 불과 몇 주 전 발간된 이 책은 병적 두려움에 짓눌린 미국인에게 장기간에 걸친 파괴적 위험을 줄이려면 단기적 생활 방식을 바꾸고 그 두려움에 맞서야 한다고 호소했다. 위험의 시간 프레임에 대한 카슨의 확장된 견해는 미국뿐만 아니라 전 세계 시민들로 하여금 좀더 엄격한 환경 법안을 입법화하게끔 이끌었다. 카슨은 그렇게 함으로써 크고 작은 영역을 넘나들면서 우리가 무슨 희망을 갖고 어떻게 행동해야 하는지 안내했다.

 카슨도 사이드와 마찬가지로 공인된 전문가들에 대해 깊은 의혹을 드러냈다. 그녀는 직업적 항복의 경제학에 연루됨으로써 비타협적 연구를 지속할 수 있는 사회적 능력을 위험에 빠뜨렸다며 그들을 질타했다. 카슨은 제국·계급·인종에 대해 직접적으로 언급한 일은 거의 없었지만, 본인의 저작을 통해 공범 관계인 군산복합체가 물리적으로나 수사적으로 화학 물질의 유독성을 호도하는 현상에 열정적으로 관심을 기울임으로써 '빈자의 환경주의(environmentalism of the poor)'에 강력한 호소력을 안겨주었다. 더군다나 그녀의 접근법은 단순한 보존주의 이데올로기가 환경 정의 운동에 상당한 권능을 부여한 좀더 사회환경주의적인 관점으로 옮아가도록 이끌었다. 무엇보다 카슨은 자신의 세계에서 벗어나 더 큰 것을 아우른 신시사이저였다. 즉 큰 그림을 지향한 그녀는 무엇에 대해 글을 쓸 것인가와 관련해 제도화한 정의에 도전장을 던졌다. 잘게 쪼개진 지식에 대한 수상쩍은 자금 지원 관행, 그리고 그것이 공공 의료에 미치는 해로운 함의를 폭로함으로써 그녀는 스스로를 반란적 제너럴리스트(generalist: 다양한 분야에 폭넓은 지식을 가지고 종합적으로 사고하는 사람을 지칭하며, 전문가(specialist)의 상대 개념이다—옮긴이)로 자리매김했다.

 사이드가 자신의 저작에서 카슨을 언급한 적이 단 한 차례도 없다는 사실은 탈식민주의 연구와 환경주의 연구 간의 화해가 얼마나 잠정적이었는지를 잘 보여준다.[3] (이 사실은 사이드가 부상하는 여성의 목소리에 관한 한 그 어떤 것에 대해서도 집요하고 악의적으로 무심한 태도를 견지했음을 말해준다.) 어쨌거나 카슨은 결정적으로 분절화한 전문 지식, 오염된 연구 자금 지원 구조, 애매모호한 언어 등에 대해 사이드가 회의적 태도를 표명해주었으면 하고 바랐다. 그런가 하면 그녀는 객관적인 척하지만 실상은 기업이 대주는 자금의 보호를 받는 학계의 노력을 신뢰하지 않았다. 게다가 전문가가 아닌 일반 대중은 아랑곳 않고 오로지 학계 내부자에게 호소하는 데만 관심을 기울이는 학자들도 믿지 않았다. 카슨에게 전문가(specialist)의 문화, 그리고 그들의 집단은 사이드가 나중에 인정하게 되듯 지적으로 쇠약하고 윤리적으로 통탄할 만한 것이자 냉전의 지정학에 속박된 것처럼 보였다.

세 번째 라마찬드라 구하는 딱히 뭐라 분류하기 어려운 인물로 내게 특별한 영감을 불어넣었다. 사회학을 전공한 그는 본능적으로 환경역사학에 이끌렸으며 저널리스트, 여론 조성자, 스포츠 작가 등 다양한 직함을 지녔다. 그는 스스로의 판단을 통해 "방법론적 난잡함(methodologically promiscuous)"[4]을 추구하기로 마음먹었다. 카슨처럼 구하도 자유와 위험이 복잡하게 뒤엉킨 삶을 선택했다. 종신직에 따른 안정성, 임무, 교수직이 야기하는 타협의 바깥에서 살아가기로 작정한 것이다. 또한 그는 역시 카슨과 마찬가지로 학계의 배타주의와 맹목적 애국주의에 반대했으며, 환경주의가 부유한 나라의 중·상류층에게만 가능한 "배부른 자의 관심사"라는 신화를 날려버리는 데 그 어떤 지식인보다 막중한 역할을 했다.[5] 그는 미국 및 유럽의 환경 사상 중에서 무시된 요소를 활용했으나, 그것들을 세계의 중심으로 삼기를 거부했다.[6] 오래전인 1989년 그는 전 지구적인 것처럼 연막을 치기는 했지만 근본적으로 대단히 지역주의적이고 편협한 심층생태학(deep ecology:

심층생태학이라는 용어를 처음 쓴 노르웨이 철학자 나에스(Arne Dekke Eide Naess, 1912~2009)는 생태학을 표층생태학(shallow ecology)과 심층생태학으로 구분했다. 표층생태학은 모든 생태계의 중심이 인간이라고 보는 반면, 심층생태학은 인간도 자연의 일부일 뿐이며 우리가 살아가는 자연 생태계에서는 생명 그 자체가 중심이라고 보았다―옮긴이)을 해체했다. 심층생태학은 선의에서 시작되기는 했으나 결국에 가서는 역효과를 낳은 프로젝트였다.[7] 구하는 시종 환경주의를 분배 정의라는 범지구적 문제와 관련지어야 한다고 믿었다. 또한 환경주의를, 세계의 빈자와 부자가 개인 차원으로든 국가 단위에서든 저마다의 능력에 따라 유한한 지구에 다르게 부과하는 소비 및 군국화의 부담과 연결 지어야 한다고 생각했다. 구하는 빈자의 행동주의와 환경적 사고의 집요한 전통을 파헤치면서 "전통적(traditional)" 문화를 "자연적(natural)" 생태주의자들로 이루어진 것처럼 감성적으로 다루는 입장을 거부했다.

구하는 자신의 전문 지식을 보완해줄 공동 연구자를 찾아 나섰는데, 그중 가장 유명한 인물이 인도의 생태주의자이자 인류학자 마드하브 가드길(Madhav Gadgil)과 카탈루냐의 경제학자 후안 마르티네즈알리에르(Joan Martinez-Alier)다. 그들은 함께 이 책에, 그리고 여러 학문 분야에 걸친 수많은 다른 책에 영향을 끼친 대단히 중요한 개념을 다수 만들어냈다. "빈자의 환경주의", "생태계 사람들(ecosystem people)", "옴니보어(omnivores: 본래는 잡식 동물이라는 뜻이지만, 여기서는 지구에 과부하를 안겨주는 부유한 소비자를 지칭한다)", "사회환경주의(socioenvironmentalism)", 이 모두가 구하와 그의 공동 연구자들이 널리 퍼뜨린 용어다.[8] 이 가운데 일부는 미디어와 공공 정책이라는 더 넓은 세계의 관심을 모으는데까지 나아갔다. 이러한 성공은 구하가 혁신적이면서도 접근 가능한 논의를 펼치고자 노력하는 과정에서, 여러 가지 사건·지역·장르에 걸쳐 제공되는 기회에 기민하게 대처하고자 노력하는 과정에서 그의 수사가 영향력을 끼치고 있음을 보여준다. 태생적으로 제도권 밖에 머물고, 훈련되어 있으되 결코 규율적이거나 꾸준한 학자형이 아닌 구하는 이른바 '자유롭게 부유하는 지식인(free-floating intellectual: 독일의 사회학자 카를 만하임(Karl Mannheim)이 주창한 개념―옮긴이)'의 표상이었다.

마르크스주의와 1980년대의 서구 환경주의라는 주류 바깥에서 집필 활동을 펼친 구하는 한편으로 환경주의를 반동적이고 방종한 장식품이라며 묵살한 제3세계 급진주의자들로부터 조롱을 받았다. 그런가 하면 다른 한편으로 반생태적이고 반미국적이라는 이유에서 심층생태학자들로부터 비난받고 경멸당했다.[9] 하지만 오랜 세월을 거치면서 그의 저술은 환경인문학과 사회과학에 생기를 불어넣는 수많은 논의가 새로 전개되는 데 커다란 영향을 미쳤다.[10]

내가 특별한 영감을 얻은 것은 바로 저마다 다르지만 서로 구분하기 어려운 이들 3명의 지식인―팔레스타인에서 추방당하고 미국에서 활약한 문학 교수, 펜실베이니아의 전원 지역 태생인 해양생물학자, 그리고 히말라야 구릉 지대에 있는 도시 데라둔(Dehra Dun) 출신의 사회과학자―으로부터다. 나는 그들 사상의 취지뿐 아니라 저항의 표본인 그들의 삶으로부터 깊은 감명을 받았다.

머리말

나는 세계화가 소수의 사람들만 점점 더 밝게 비추고 나머지는 어둠 속에서 기진맥진 살아가도록 내모는 빛인 양 여겨진다. 대다수 사람은 그 빛을 결코 볼 수 없다. 당신이 일단 뭔가를 보지 못하는 상태에 익숙해지면 그것을 볼 가망성은 영영 사라지고 만다.

— 아룬다티 로이(Arundhati Roy)

나는 저임금 국가에서 이루어지는 독성 쓰레기 더미 폐기 행위에 깔린 경제 논리가 나무랄 데 없다고 생각하며, 그 논리를 받아들여야 한다고 믿는다. ……나는 아프리카 나라들이 오염도가 낮다고 여겨왔다. 하지만 그 나라 대기의 질은 로스앤젤레스와 비교할 때 비효율적일 만큼 나쁘다. ……우리끼리 하는 말이지만, 세계은행이 공해 산업을 최빈국으로 더 많이 이전하도록 장려하면 어떻겠는가?

— 로런스 서머스(Lawrence Summers), 세계은행의 기밀 메모(1991년 12월 12일)

세계은행 총재 로런스 서머스는 그 기관이 발 벗고 나서서 부국의 쓰레기, 독성 폐기물, 그리고 심한 공해 산업을 아프리카로 수출하기 위한 기획을 추진하자고 주장하면서 차분한 목소리로 그 같은 세계 경영 논리를 설파했다.[1] 서머스가 정교하게 가다듬은 이 기획은 독성 물질과 관련한 세계 차원의 비효율적 불균형을 바로잡는 데 도움을 줄 터였다. 그 기저에는 간과되긴 했으나 그가 다음과 같이 간추려놓은 중요한 부수적 이익이 깔려 있다. 즉 부국의 독성 물질을 세계에서 가장 가난한 대륙에 떠넘기면, 건강에 위협을 주고 보기에도 역겨운 쓰레기와 산업 폐수를 반대하는 부국 환경주의자들의 압박을 누그러뜨릴 수 있다. 따라서 서머스는 두 가지 이익을 안겨준다는 이유로 독성 물질을 재분배하자는 자신의 제안을 합리화했다. 그 제안은 미국과 유럽에 경제적으로 이익이 될 뿐 아니라 더러 부국 환경주의자들 사이에서 커져가는 불만을 다독일 수 있다는 것이다. 서머스는 보기 흉한 쓰레기와 눈에 보이지 않는 대륙 아프리카를 곧바로 연결 지었다. 아프리카는 녹색 활동가들이 관심을 기울이는 장소가 아니었다. 글로벌 노스〔global North: 저개발국이나 개발도상국을 의미하는 글로벌 사우스(global South)에 대응하는 개념으로 서구 선진국을 일컫는다—옮긴이〕를 위한 서머스의 윈윈 시나리오에서 그의 기획을 수용한 아프리카 나라들은 3중으로 무시를 당했다. 첫째 정치적 행위체로서, 둘째 내가 이 책에서 "느린 폭력(slow violence)"이라 부른 것의 장기적 피해자로서, 셋째 저만의 환경적 관례와 관심사를 지닌 문화권으로서 말이다. 내가 서머스의 경악할 만한 제안으로 책머리를 여는 까닭은 바로 거기에 느린 폭력이 빈자의 환경주의에 영향을 끼치면서 제기하는 전략적·표현적 과제가 담겨 있다고 보기 때문이다.

이 책의 골자를 이루는 것은 세 가지 관심사다. 그중 가장 중요한 것은 내가 이름 붙인 이른바 "느린 폭력"에 대해 정치적으로, 창의적으로, 이론적으로 재고할 필요가 있다는 믿음이다. 느린 폭력이라는 표현을 통해 내가 말하고자 하는 바는 눈에 보이지 않게 일어나는 폭력, 시공을 넘어 널리 확산하는 시간 지체적 파괴, 일반적으로 전혀 폭력으로 간주되지 않는 오랜 시간에 걸쳐 벌어지는 폭력이다. 폭력은 관례상 시간적으로는 즉각적이고 공간적으로는 폭발적이거나 극적인, 즉 바로 눈앞에서 충격적으로 펼쳐지는 사건이나 행동을 지칭한다. 나는 우리가 그와는 다른 유의 폭력, 즉 극적이지도 즉각적이지도 않지만 점점 더 불어나고 축적되며, 그 영향력이 넓은 시간 규모에 걸쳐 퍼져가는 폭력에 대해 살펴볼 필요가 있다고 생각한다. 더불어 느린 폭력의 비가시성에서 비롯되는 표현적·서사적·전략적 과제에도 주의를 기울여야 한다고 믿는다. 기후 변화, 녹아내리는 지구 빙권(氷圈), 독성 물질의 이동, 생물 증폭(biomagnification: 먹이사슬을 통해 물질 농도가 증가하는 현상을 말한다―옮긴이), 삼림 파괴, 전쟁으로 인한 방사능 물질 피해, 해양 산성화, 서서히 펼쳐지는 숱한 환경 재앙은 단호하게 결집하고 행동하기 위한 노력을 가로막는 엄청난 표현상의 애로를 겪는다. 전쟁으로 인한 독성 물질의 피해, 혹은 기후 변화에 따른 결과인 장기간에 걸친 인간 및 생태계의 파괴, 그리고 경악할 정도로 도외시된 피해자들은 인간의 기억에 살아 있지도 전략적 계획에 제대로 표현되지도 않는다.

만약 서머스가 대량 살상 무기를 가지고 아프리카를 침략하자고 했다면 그의 제안은 전통적 의미의 폭력이라는 정의에 정확히 부합할 테고, 우리는 응당 그것을 군사적 혹은 제국적 침략으로 똑똑히 인식할 수 있을 것이다. 하지만 영향력이 지극히 더디게 드러나는 독성 물질을 가지고 아프리카 국가를 침략하자는 그의 제안은 폭력에 대한 기왕의 가정에 느린 폭력을 포함하는 문제를 재고하도록 요구한다. 그러려면 우리는 폭력이란 사건 중심적이고 특정 순간에 발생하고 구체적 형체와 연관되므로 뉴스거리로 떠오르는 대단히 가시적인 행동이라고 보는 전통적 가정을 바꿔야 한다. 느린 폭력의 시간적 확산이 우리가 다양한 사회적 고통―가정 폭력에서 외상 후 스트레스 장애, 그리고 특히 환경 재앙에 이르는―을 인식하고 그에 반응하는 방식에 어떤 영향을 주는지 고려해야 한다. 가장 중요한 과제는 표현(representation)과 관련이 있다. 즉 영향력이 더디게 나타나는, 만연하기는 하되 손에 잘 잡히지 않는 폭력을 드러내기에 안성맞춤인 솔깃한 이야기·이미지·상징을 어떻게 찾아내느냐 하는 문제다. 결정적으로 느린 폭력은 흔히 마멸적일 뿐 아니라 기하급수적이고 중요한 위협 승수로 작용한다. 즉 그것은 확산하는 장기적 갈등에 기름을 부을 수 있다. 삶을 지탱하는 조건이 점점 더 심하게, 하지만 서서히 악화하고 있는 상황에서 말이다.

상이한 유의 재난은 정치적으로나 정서적으로 서로 다른 무게를 지닌다. 쓰러지는 몸, 불타는 탑, 박살나는 머리통, 산사태, 화산 분화, 쓰나미는 우리의 이목을 집중시키며 강렬한 감정을 불러일으킨다. 수년, 수십 년, 심지어 수백 년에 걸쳐 서서히 이루어지는 느린 폭력 이야기는 도무지 그 상대가 될 수 없다. 독성 물질의 축적, 늘어가는 온실가스, 서식지 파괴로 인한 종 손실의 가속화, 이들은 하나같이 재앙이지만 피해가 때로 수세대 뒤에나 드러나는 과학적으로 지극히 규명하기 까다로운 재앙이다. 미디어가 볼거리에 치중하는 시대에, 공공 정책을 주로 인지된 즉각적 필요에 맞춰 시행하는 시대에, 핵심 문제는 전략적이고 표현적인 것이 되어야 한다. 즉 더디게 진행되는 데다 장기간에 걸쳐 이루어지는 재난, 누구도 주인공이 아니며 익명으로 드러나는 재난, 서서히 마멸되지만 이미지를 중시하는 오늘날의 세계에서 센세이션 중심의 테크놀로지가 보기에 그다지 흥미롭지 않은 재난을 어떻게 이미지며 이야기로 전환할 수 있느냐, 이것이 우리가 고민해야 하는 가장 핵심적 문제다. 우리는 어떻게 느린 폭력이 빚어내는 장기적 비상사태(그 비상사태의 파급력은 우리 시대가 직면해야 할 가장 중요한 과제다)를 대중의 의식을 일깨우고 정치적 개입을 보장하기에 충분할 만큼 극적인 이야기로 전환할 수 있을까?

이와 관련한 이 책의 두 번째 주안점은 빈자의 환경주의다. 느린 폭력의 주된 피해자는 자원이 결핍된 가난한 이들이기 때문이다. 눈에 보이지 않는 이들의 가난은 삶의 수많은 영역에 파고드는 느린 폭력의 비가시성으로 인해 더욱 악화한다. 눈에 보이는 폭력에 치우친 우리 시대 미디어의 경향성은 터보자본주의(turbo-capitalism: 사회 평형을 유지하고 사회 불안을 잠재우는 조치가 부족한 자본주의. 금융 규제 완화, 민영화, 고소득층에 대한 낮은 세금 따위를 특징으로 한다—옮긴이)에 의해 일회용(disposable)으로 치부되는 생태계의 취약성을 가중시키는가 하면, 그와 동시에 케빈 베일스(Kevin Bales)가 또 다른 책에서 "일회용 인간(disposable people)"[2]이라 부른 이들의 취약성을 한층 악화한다. 우리는 그간 생태계와 인간 둘 다를 일회용으로 바라보는 시각에 반대하는 빈자의 환경주의가 (전적으로라고 말할 수는 없지만) 대개 이른바 글로벌 사우스를 중심으로 되살아나고 있음을 보아왔다. 그에 따라 부상하는 핵심 이슈는 전략이다. 즉 신자유주의 시대는 자원을 향한 공격을 강화하기도 했지만 다른 한편 그에 대한 저항을 심화하기도 했다. 그 저항이 고립무원의 특정 장소에 국한한 투쟁이든, 아니면 지역을 넘어선 연대 구축 노력의 일환으로 국가라는 경계를 초월한 행동주의에 기반한 것이든 말이다.

"가난한 사람들"이란 민족적 배경, 젠더, 인종, 계급, 지역, 종교, 세대 같은 단층선에 따른 분파뿐 아니라 거의 무한대인 지역적 차이의 영향을 받는 포괄적 범주다. 상업 및 개발의 군사화에 맞선 빈곤한 공동체는 더러 강압이나 뇌물의 공격을 통해 자신들의 결속력과 탄성 회복력을 검증받는다. 즉 가난한 경목림(hardwood forest) 공동체는 순응적 생존 시도에서 활용하는 생계유지 전략과 시장 전략에 대해 어느 정도나 통제력을 갖추고 있을까? 그러한 공동체는 총·불도저·자본가가 유입되면 그들 자신의 빈곤 및 장기적 부와 관련해 상충하는 정의를 놓고 어떤 타협에 이를까? 이 공동체들이 한층 더 우월한 군사·기업·미디어 세력에 맞서려면 흔히 즉흥적이고 소박하게나마 연합체를 꾸려야 한다. 이처럼 가난한 자원 반란자들(resource rebels: 자원 탈취에 맞서 반란을 일으키는 자들―옮긴이)은 단 하나의 이슈에 그치는 활동가로 남아 있을 형편이 못된다. 즉 녹색 운동에 대한 그들의 헌신은 다른 경제적·문화적 대의와 얽히고설키게 마련이다. 그들은 환경적 위협을 지구 차원의 추상적 문제가 아니라, 임박한 것으로든 좀더 장기적 시기에 걸친 것으로든 어쨌거나 삶과 직결된 일련의 위험으로서 경험하기 때문이다.

글로벌 사우스의 가난한 사람들 사이에서 환경행동주의의 위상은 최근 몇 년간 몰라보게 달라졌다. 녹색 담론, 즉 환경 담론은 한때 걸핏하면 글로벌 사우스에서 살아가는 빈자의 자원 우선순위에 해로운 신식민주의적이고 서구적인 문제 제기라는 회의적 평가를 받곤 했다. 그런데 그 같은 태도가 서서히 변화했다. (보편주의라는 기치를 내건 채) 너무도 빈번하게 부국과 서구 비정부 기구 주도의 녹색 의제를 부과하고자 힘써온 반인간적 환경주의에 맞섬으로써 환경 정의 운동의 가시성과 신뢰성이 서서히 쌓인 결과다. 물론 지구 자원 전쟁의 최전선을 지키는 이들 사이에서, 환경주의가 앤드루 로스(Andrew Ross)의 표현대로 "지구 경영(planetary management: 자연이 주로 인간의 증가하는 수요와 욕구를 충족하기 위해 존재하고, 인간은 자연으로부터 분리되어 자연을 담당한다는 시각이다―옮긴이)"이라는 또 다른 가면을 쓰고 있다는 의혹이 완전히 가라앉은 것은 아니다.[3] 하지만 그러한 의혹은 환경주의로 간주되는 것의 스펙트럼이 넓어짐에 따라 점차 옅어졌다. 과거에는 글로벌 사우스의 빈자들 사이에서 일어나는 자원 반란을 제대로 된 환경 이슈로 받아들이

지 않았을지 모르나, 이제 서구 활동가들은 점차 그 점을 인식하고 거기에 관심을 기울이며 그로부터 배우려는 경향을 보인다.[4] 실제로 나는 환경주의의 운명, 좀더 단호하게 말해 생물권 자체의 특징이 앞으로 수십 년 동안 라마찬드라 구하와 후안 마르티네즈알리에르가 지칭한 이른바 "배부른(full-stomach)" 환경주의와 "배고픈(empty-stomach)" 환경주의의 갈등에 상당한 영향을 받아 결정되리라 믿는다.[5]

느린 폭력과 빈자의 환경주의를 잇는 가시성(visibility)이라는 과제는 널리 퍼져 있는 이 책의 세 번째 관심사와 직접적으로 연관된다. 바로 복잡하고 더러 골치 아프기도 한 환경 작가-활동가(writer-activist)다. 이어지는 장들에서 나는 느린 폭력이 제기하는 문학적 과제뿐 아니라 그보다 더 폭넓은 수사적·가시적 과제도 본격적으로 다루어볼 참이다. 특히 자신의 기민한 상상력과 세상을 향한 열정을 이용해 언론이 뒷전으로 밀어놓은 환경 불이익 계층의 대의를 확장하는 데 기여한 투쟁적 저술가들에 주목할 것이다. 나는 이러한 저술가들과 사회 운동이 더러 복잡한 협력 관계를 맺은 채, 곤경에 처한 공동체를 괴롭히는 마멸적 재난에 맞서 전략을 수립하는 지점들에 주목해왔다. 내가 관심을 기울이는 저술가들은 아프리카 대륙의 여러 나라, 중동, 인도, 카리브해 지역, 미국, 영국 등 지리적으로 널리 분포하며, 그들의 저작 역시 다양한 형태를 띤다. 왕가리 마타이(Wangari Maathai: 1940~2011. 케냐의 환경 운동가이자 정치 운동가. 지속 가능한 발전과 민주주의, 평화에 기여한 공로를 인정받아 아프리카 여성으로는 처음으로 2001년 노벨평화상을 수상했다—옮긴이), 아룬다티 로이(1961~. 인도의 소설가이자 수필가. 대표작으로는 《작은 것들의 신(The God of Small Things)》이 있다—옮긴이), 인드라 신하(Indra Sinha: 1950~. 인도계 영국 작가—옮긴이), 켄 사로위와(Ken Saro-Wiwa: 나이지리아에서 석유 회사 로열 더치 셸(Royal Dutch Shell)로부터 원주민을 지키는 운동에 헌신하다 나이지리아 군사 정권의 손에 처형당한 환경 운동가—옮긴이), 압델라흐만 무니프(Abdelrahman Munif: 1933~2004. 요르단 암만 출생의 작가. 그의 소설은 중동의 엘리트, 특히 사우디아라비아의 엘리트를 풍자하는 내용을 담고 있다—옮긴이), 은자불로 은데벨레(Njabulo Ndebele: 1948~. 남아프리카공화국의 작가. 현재 넬슨만델라재단 이사장으로 있다—옮긴이), 나딘 고디머(Nadine Gordimer: 1923~2014. 남아프리카공화국의 소설가. 1974년 부커상, 1991년 노벨문학상을 수상했다—옮긴이), 자메이카 킨케이드(Jamaica Kincaid: 1949~. 카리브제도의 국가 앤티가바부다(Antigua and Barbuda) 태생으로 미국에서 활동하는 소설가·수필가·정원사·원예사—옮긴이), 레이첼 카슨, 준 조던(June Jordan: 1936~2002. 자메이카계 미국인. 시인, 수필가, 교사이자 활동가로 젠더·인종·이민·표현 같은 문제를 탐구했다—옮긴이) 같은 인물은 석유제국주의, 메가댐(규모가 어마어마한 대형 댐—옮긴이) 산업, 독성 물질 외주화, 신식민주의적 관광 산업, 반인간적 보존 관행, 기업 및 환경의 탈규제, 상업의 군사화 같은 초국가적 현상, 즉 불균형하리만치 글로벌 사우스에 몰려 있는 빈자들의 생계와 전망 그리고 기억 장치를 유독 위협하고 있는 현상들에 관심이 많다. 내가 살펴본 저술가 가운데 일부는 상대적으로 고립된 처지에서 활동해왔고, 또 일부는 환경 정의 운동을 불붙이는 데 도움을 주었다. 하지만 그 밖의 사람들은 기존의 운동과 공동 전선을 펼치면서 대의의 공적 가시성을 높이는 한편, 창작에 힘입어 중요한 이슈를 규명하려는 노력에 매진해왔다.

운동과 저술의 관계는 더러 걱정스럽기도 하고 이따금 불협화음을 일으키기도 하나, 이는 결코 운동 자체가 내외적 압력에 따른 균열에 취약하기 때문이 아니다.[6] 내가 살펴보고자 하는 저술가들은 불공정에 분노를 표시했으며, 자기 스스로가 그 불공정을 드러내는 데 도움을 줄 수 있다고 확신했고, 그것이 바로잡히는 모습을 보고 싶어 했다. 또한 침묵에도 분노를 드러냈는데, 본인이 가공할 역경에 맞서 증언 성격을 띠는 저항, 독창적 수사, 반역사(counterhistory: 보편성의 형식으로 주어지는 역사를 거부한다—옮긴이)를 통해 그 침묵을 깨뜨릴 수 있다고 믿었다. 그들 대부분은 에드워드 사이드가 지칭한 이른바 "눈에 보이지 않는 권력의 정규화한 침묵(normalized quiet of unseen power)"[7]에 맞서 에너지를 쏟아부을 태세가 되어 있는 정력적이고 다재다능한 저술가다. 이 정규화한 침묵은 특히 느린 폭력에 수반하는 고요한 혼란, 해로운 비가시성과 깊은 연관을 지닌다.

느린 폭력

이 책에서 나는 오랜 세월 동안 느리게 지속되는 재난, 즉 우리의 시원치 않은 주의 집중 시간 밖에, 그리고 볼거리 중심으로 굴러가는 기업형 언론의 시계(視界) 밖에 존재하지만 끈질기게 그 파괴력을 과시하고 있는 재난에 대한 우리의 무관심을 본격적으로 다루고자 했다. 느린 폭력이 은밀하게 작동하는 것은 볼거리가 있는 순간과 볼거리가 없는 순간에 주어지는 관심이 크게 다르기 때문이다. 즉각적 볼거리를 가치 있게 여기는 시대에 느린 폭력은 영화관을 가득 채우거나 TV 시청률을 높여주는 눈에 띄는 효과를 발휘하지 못한다. 예를 들어 화학 물질이나 방사능 물질에 의한 폭력은 특히 가난한 사람들 내부에서 작동하고, 대체로 관찰도 진단도 되지 않고 당연히 치료도 되지 않는 돌연변이라는 세포 드라마를 통해 신체에 영향을 끼친다. 내러티브의 관점에서 보면, 이처럼 돌연변이 발생률을 높이되 눈에는 보이지 않는 현상은 느린 속도로 진행되며 깔끔한 결과를 보여주지 못하는 열린 결말인데다 승리나 패배 같은 가시적 통설이 부과하는 견제도 받지 않는다.

이 같은 주장에 대해 레이첼 카슨의 《침묵의 봄》과 프란츠 파농(Frantz Fanon)의 《대지의 저주받은 사람들(The Wretched of the Earth)》을 함께 언급함으로써 근거를 대보겠다. 1962년 출간된 《침묵의 봄》은 수많은 세계의 대중들로 하여금 DDT(dichlorodiphenyltrichloroethane)가 오랜 기간에 걸쳐 일으키는 수수께끼 같은 무차별적 피해를 인식하도록 안내했다. 하지만 바로 그 전해에 파농은 《대지의 저주받은 사람들》도입부에서 별다른 주저 없이 DDT를 반식민주의적 폭력을 위한 대안으로 제시했다. 즉 DDT를 가득 채운 스프레이건을 식민지 시대의 기독교 교회가 퍼뜨린 "기생충"을 박멸하는 무기로 사용하자고 촉구한 것이다.[8] 물론 파농의 탈식민주의 드라마에는 "양측 참가자 간의 유혈 낭자한 전투" 이후 정복을 유지하거나("수많은 총검과 대포를 사용해") 혹은 전복하는("강력한 탄환과 피로 얼룩진 칼을 사용해") 데 쓰이는 노골적 무기가 숱하게 등장한다.[9] 하지만 폭력에 대한 그의 시간적 관점, 그리고 에메 세제르(Aimé Césaire: 프랑스의 시인·작가·정치가. 흑인 급진주의 지성사에서 중요한 인물이다. 서구 중심 담론에 도전하는 반식민주의 및 반인종주의 사상을 발전시켰고, 문학 작품을 통해 아프리카계 디아스포라의 전 지구적 정체성 형성에도 큰 역할을 했다—옮긴이)가 말한 이른바 "승리의 집결지(the rendezvous of victory)"에 대한 그의 시간적 관점은 지나치게 단순해 보인다. 반면 아직 초기 단계이긴 하나 환경 정의 운동(부분적으로 《침묵의 봄》에 의해 촉발되었다)은 장기적으로 대지에 스며드는 일방적 위험에 우려를 제기했다. 그 우려에 따르면 승리와 패배, 식민지적 강탈과 공식적 민족 자결 사이에 분명한 선을 긋기 어려웠다.[10] 토지를 소유물이자 타고난 존엄의 원천으로 바라보는 파농은 환경주의 관점에서 재조명해볼 필요가 있다. 우리는 이제 폭력에 대한 시각을 위해 과거 파농으로서는 이용하지 못한 과학의 도움을 받아야 한다. 흔히 출처를 적시하기도, 반대하기도, 일단 시행하면 되돌리기도 어려운 환경 폭력을 본격적으로 다루는 과학 말이다.

시간과 장소에서 분명한 경계를 허물어뜨리는, 오랜 세월에 걸친 재앙은 무엇보다 전치(displacement, 轉置: 살던 곳에서 쫓겨나고 밀려나는 현상—옮긴이)를 특징으로 한다. 즉 이 같은 시간적·지리적·수사적·기술적 전치는 폭력을 단순화하고 과거에도 앞으로도 인간적·환경적 비용을 과소평가한다. 이러한 전치는 기억상실을 위한 길을 닦아준다. 재난의 현장이 한때 거기서 살던 사람들에게 되돌아갈 수 없는 곳이 되는 데다 대체로 기업형 언론이 그 재난을 애도하지 않고 지나치기 때문이다. 그런 장소 가운데 하나인 마셜제도(Marshall Islands)는 1948~1958년 자그마치 67차례나 미국 대기권 핵"실험" 장소로 쓰였다. 그 실험 가운데 가장 큰 규모는 히로시마에 투하한 원자폭탄의 1000배나 되는 위력을 지녔다. 1956년 원자력위원회(Atomic Energy Commission)는 마셜제도를 "오늘날 세계에서 가장 오염된 장소"라고 선언했다. 이는 그 제도가 1979년 공식적으로 자치 국가의 지위로 격상했음에도 장기적으로 독립을 위태롭게 했다.[11] 마셜제도공화국(1986년 미국 신탁통치령에서 독립했다—옮긴이)은 여전히 부분적으로 피폭당한 과거에 영향을 받고 있다. 즉 식민지 개척자들이야 오래전에 잊어버렸지만 1980년대에도 마셜제도의 핵 식민주의 역사는 여전히 지상판 "해파리 새끼(jellyfish babies)"—머리도 없고 눈도 없고 사지도 안 달린 인간 아기로, 태어난 지 몇 시간 만에 사망한다—를 양산했던 것이다.[12]

만약 사이드의 주장대로 지리(geography) 투쟁이 결코 무장 투쟁으로 환원될 수는 없지만 심오한 상징적·서사적 요소를 지니려면, 그리고 마이클 와츠(Michael Watts: 미국 캘리포니아대학 버클리 캠퍼스의 지리학 및 발달학 교수로 2016년 은퇴했다—옮긴이)가 강변한 대로 우리가 "터보자본주의의 폭력적 지리학"에 관심을 기울이려면, 수많은 중대한 망각을 가능케 하며 그 결과가 장기적으로 나타나는 느린 폭력을 더욱 깊이 이해함으로써 사이드와 와츠의 주장을 보완해야 한다.[13] 폭력, 특히 환경 폭력은 공간·신체·노동·자원뿐 아니라 시간을 둘러싼 투쟁으로 간주하고 깊이 고려해볼 필요가 있다. 우리는 "과거는 결코 죽지 않는다. 심지어 과거는 아직 지나간 것도 아니다(The past is never dead. It's not even past)"라는 윌리엄 포크너(William Faulkner)의 격언을 유념해야 한다. 그의 말은 느린 폭력의 영향을 받는 풍경, 하지만 시간과 더불어 지워짐으로써 시작과 끝을 지닌 수사적 청소 작업을 어렵게 만드는 풍경을 이해하도록 통찰력을 제공한다.[14]

익히 알려진 사실이지만 콰메 앤서니 아피아(Kwame Anthony Appiah: 1954~. 뉴욕대학교(NYU) 철학과 및 법과 대학 교수—옮긴이)는 "포스트식민주의(postcolonialism: 이 책에서는 '탈식민주의'로 옮겼다—옮긴이)의 '포스트'와 포스트모더니즘(postmodernism)의 '포스트'는 같은가?"라고 물었다. 환경주의자로서 우리는 포스트산업주의(postindustrialism), 포스트냉전(post-Cold War), 포스트분쟁(postconflict)의 '포스트'에 대해서도 그와 비슷한 탐색성 질문을 던져볼 수 있다.[15] 만약 느린 폭력의 과거가 결코 지나간 것이 아니라면, '포스트' 역시 결코 완전한 '포스트'가 아니기 때문이다. 즉 산업이 만들어낸 입자성 물질과 폐수는 우리가 살아가는 환경에 계속 잔존한다. 그뿐만 아니라 이는 인체에도 잔류하는데, 인체는 생식의 매개이니만큼 감염병적으로나 생태적으로 볼 때 그 영향력이 비단 당대에만 그치지 않는다.[16] 이른바 포스트분쟁 사회에도 비슷한 어떤 것이 해당될 수 있다. 그런 사회에서는 지도자들이 달력에 표시해두고 해마다 적대의 공식 종료일을 기념하지만 (미폭발 지뢰 혹은 무기 폐기에 따른 발암 물질 피해로) 느린 폭력이 세대에 걸쳐 다른 방식의 적대감을 내내 이어간다.

우리는 지금 앞만 보고 달려가는 터보자본주의 시대를 살고 있다. 현재를 종전보다 더욱 축약되었다고 느끼는 시대다. 적어도 시간 절감형 기술(하지만 왠지 더욱 시간에 쫓기는 기분에 빠져들게 만드는 기술)에 둘러싸여 살아가는 세계의 혜택받은 계층들로서는 더욱 그렇다. 그에 따라 우리 시대가 가장 긴박하게 풀어야 하는 과제는 어떻게 하면 급속하게 짧아지는 우리의 주의 집중 시간을 환경 정의라는, 느린 속도를 특징으로 하는 주제에 할애할 수 있는가 하는 것이다. 신자유주의 아래 인클레이브(enclave: 배타적 소수 집단 거주지―옮긴이)에서 살아가는 부자와 낙오된 빈자 간의 간극이 그 어느 때보다 크게 벌어져 있으니만치 우리 시대는 인클레이브 시간의 시대다. 즉 많은 이들에게 속도가 제 존재를 정당화하는 추진력 있는 윤리로 떠오른 결과, (오랜 세월에 걸친 폭력의 치명성과 동떨어진 곳에서 살아가는 이들이 보기에) "사건이라 여기기 힘든(uneventful)" 폭력은 우리 시간을 요구하기에 빈약한 요소가 되어버린 시대 말이다. 극세(極細) 시간 단위로 돌아가는 시대, 무한한 약속과 무한한 실망을 동시에 안겨주는 숨 돌릴 새 없는 기술의 시대는 우리를 산만하기 이를 데 없는 좌불안석 상태로, 만족을 모른 채, 그리고 더러 무분별하게 여러 감정을 더욱 빨리 충족하려고 정신없이 몸을 움직이거나 클릭질을 해대는 상태로 몰아간다.

모순어법처럼 들리는 느린 폭력이라는 용어는 과학적, 법적, 정치적, 표현적 과제를 제기한다. 느린 폭력의 출현과 뒤늦게 드러나는 그 결과 간의 간극이 점점 더 벌어지다 보니, 재난에 대한 원인 규명이며 기억이 유야무야되기 십상이다. 흔히 그 재앙에 따른 피해가 통계로 잡히지도 않고 기억에 남아 있지도 않은 채 간과되는 탓이다. 이러한 묵살은 다시 시정·예방·배상을 위한 실질적 법적 조치의 보장을 한층 어렵게 만든다. 더군다나 느린 폭력으로 인한 피해는 우리의 내러티브나 미디어의 기대감과 어울리지 않을뿐더러 빠른 선거 주기와도 맞지 않는다. 정치인들은 환경 이슈에 대해 "맨 나중에 관여하고 맨 먼저 빠져나오는(last in, first out)" 입장을 고수하는 게 보통이다. 시간이 충분하면 받아들이고 시간이 빠듯해지면 내던져버리는 게 환경 이슈다. 예방적 혹은 치료적 환경 법규는 일반적으로 느린 폭력을 겨냥하므로, 설사 그 결과가 궁극적으로는 생명을 구하는 것이 될 수 있다 해도 선거 주기에 맞는 이슈로서 믿을 만한 성과를 얻어내기 어렵다. 돈 될 게 확실한 재정적 조치—돌아오는 8월에 세금 환급용 수표가 배달될 예정이다—와 비교해볼 때 환경 배당금은 저 멀리 지평선 위에 아롱거리는 막연한 것처럼 보인다. 수많은 정치인, 그리고 실제로 수많은 유권자도 흔히 환경적 조치를 중요하지만 시급하지는 않은 것으로 치부한다. 그리고 2년 혹은 4년 주기로 교체되는 정치인은 세대를 거듭하면서 이미 연기된 조치를 다시금 뒤로 미룬다. 느린 폭력의 영역에서는 거의 예외 없이 "맞다, 다만 지금은 아니다, 아직은 아니다"가 문제에 대처하는 태도다.

자신이 실행한 조치에 따른 보상을 스스로는 누리지 못하고 그로부터 몇십 년 뒤, 심지어 몇백 년 뒤 그 후임자들이 거둬가도록 되어 있는 상황에서 어떻게 하면 지도자들이 재난을 피하는 조치를 취하도록 독려할 수 있는가? 환경 활동가와 스토리텔러들은 눈앞의 사리사욕, 뒤로 미루기, 은폐하기에 급급한 막강한 정치적·기업적 심지어 학문적 세력들에 맞설 수 있는가? 우리는 예를 들어 2004년 마이클 크라이튼(Michael Crichton)이 출간한 환경 음모 소설 《공포의 제국(State of Fear)》 후기에서 그러한 은폐가 자행되고 있음을 확인할 수 있다. 그는 이 책에서 우리는 기후 변화에 관한 데이터를 20년 정도 더 확보하고서야 비로소 정책에 관해 결정을 내릴 수 있다고 주장했다.[17] 국립과학아카데미(National Academy of Sciences)가 전직 대통령 조지 W. 부시에게 인간이 지구 온난화의 주범임을 분명히 밝혔음에도, 부시는 본인의 회의론에 부합하는 견해를 찾아 나섰고 자신이 "숙련된 과학자"라고 표현한 크라이튼과의 개인적 만남에서 그와 같은 견해를 발견했다.

느린 폭력이 제기하는 과제를 본격적으로 다루려면 거의 반세기 전 레이첼 카슨이 스스로 칭한 이른바 "간접적 사망(death by indirection)"[18]을 극적으로 드러내며 마주한 딜레마를 해결해야 한다. 카슨이 관심을 기울인 주제는 생물 증폭과 독성 물질의 이동(toxic drift)으로, 느리게 작용하는 모호한 폭력의 일종이었다. 이는 기후 변화처럼 작가에게도 활동가에게도 상상력을 발휘하기가 극도로 어려운 폭력이다. 형태가 없는 위협을 구체화하고자 노력함에 있어 카슨과 《침묵의 봄》 평자들은 내러티브 언어에 의존했다. 즉 한 평자는 그 책에 대해 "우리 스스로가 강력하게 고집을 피운 결과 주변에 가하는, 뜻하지 않은 수수께끼 같은 새로운 위험"[19]을 폭로한 책이라고 설명했다. 그런가 하면 카슨 자신은 그 저서를 "형태가 없고 모호하기에 더욱 불길한 그림자"[20]에 관한 책이라고 소개했다. 느린 폭력에 맞서려면 우리는, 시간이 흐르면서 여러 장소에 치명적 피해를 안겨주는 무형의 위험에 형체를 부여하고 그와 관련한 줄거리를 만들어내야 한다. 이처럼 표현과 관련한 과제는 시급하다. 즉각적 스펙터클로서 특징은 약하지만 장기적 영향력은 심각한 재앙 행동에 대중이 관심을 기울이도록 이끄는 독창적 방안이 요청되는 것이다. 표현 과제를 풀려면 무정형의 재난을 구체화하는 상징을 고안하고 그에 극적 긴급성을 부여하는 내러티브 형식을 마련해야 한다.

느린 폭력과 구조적 폭력

레이첼 카슨이 우리를 "간접적 사망"이라는 치명적 기제에 관심을 기울이도록 이끈 때로부터 7년이 지난 뒤, 노르웨이의 영향력 있는 수학자이자 사회학자 요한 갈퉁(Johan Galtung)은 "간접적, 혹은 구조적 폭력(indirect or structural violence)"[21]이라는 용어를 만들어냈다. 갈퉁의 구조적 폭력 이론은 이 부분과 밀접한 관련을 지닌다. 그의 관심 가운데 일부는 이 책이 주력하는 주제와 겹치고, 또 일부는 내가 "느린 폭력"이라는 용어를 도입함으로써 강조하고자 노력해온 사뭇 다른 특징을 한층 분명하게 드러내는 데 도움을 주기 때문이다. 갈퉁이 보기에 구조적 폭력은 우리에게 좀더 낯익은 사적 폭력―무엇이 폭력 그 자체인가에 대한 세간의 통념을 지배하는―과 대척점에 놓여 있다.[22] 갈퉁은 나와 마찬가지로 폭력으로 간주되는 것의 영역을 넓히는 데 관심이 있었다. 그는 사적 폭력 행위를 야기할 수 있고, 그 자체로 폭력의 형식이 될 수 있는 방대한 구조를 강조하고자 했다. 그 같은 구조적 폭력에는 상업화한 의료 제도의 결과인 불평등한 사망률에서부터 인종 차별주의 자체까지 포함될 수 있다. 나와 갈퉁의 사고방식이 일치하는 부분은 바로 사회 정의, 숨은 행위자, 인지하기 어려운 형태의 폭력에 관한 관심이다.

이와 관련해 가령 우리는 긴축 조치, 구조 조정, 만연한 탈규제, 대규모 기업 합병, 빈부 격차 심화 같은 신자유주의 질서에 의해 구현된 구조적 폭력 역시 (흔히 좀더 눈에 띄는 노골적 폭력의 촉진제가 되어주곤 하는) 은밀한 형태의 또 다른 폭력임을 인식하게 된다. 우리는 환경과 관련한 구조적 폭력의 분명한 예로 왕가리 마타이의 주장에 귀를 기울여보아야 한다. 이른바 개발도상국이라 불리는 수많은 나라가 국제통화기금(IMF)이나 세계은행(WB)으로부터 빌린 부채, 국가 전체에 영향을 미치는 이 국가 부채라는 부담이 환경적 지속 가능성에 심대한 해악을 가하고 있다는 주장이다.[23] 또한 환경 시간(environmental time)에 관한 우리 시대의 가장 빼어난 사상가 중 한 명인 페미니스트 지구과학자 질 슈나이더먼(Jill Schneiderman)은 저작을 통해 환경 파괴를 "불가피한 것으로 위장하는"[24] 행위를 비판해왔다.

이렇듯 구조적 폭력 이론은 여전히 유효하며 그사이 이론적 수정도 계속되어왔다. 그런데도 구조적 폭력 개념은 정적 결정주의(static determinism) 쪽으로 치우친 구조주의적 사고가 풍미하던 시기에 태어났다는 인상을 풍긴다. 우리는 이러한 특징을, 이를테면 "구조적 폭력은 조용하다. 드러나지 않는다. 기본적으로 정적이다. 그것은 고요한 바다다(원문은 'it is the tranquil waters'로 저자는 'is'를 강조해놓았다. 갈퉁이 정적 상태를 나타내는 동사를 사용했음을 강조하려는 의도다—옮긴이)"[25]라는 갈퉁의 주장에서 살펴볼 수 있다. 정적 함의를 지니는 구조적 폭력과 달리, 나는 느린 폭력이라는 개념을 통해 비록 점진적이기는 하나 시간(time) · 이동(movement) · 변화(change) 같은 문제를 부각하고자 했다. 명시적으로 시간 차원에 비추어 느린 폭력에 주목하면 우리는 인식 불가의 폭력, 그리고 인식 불가의 변화(그에 따라 시간의 작용을 거치면서 폭력이 본래의 원인과 분리된다)가 제기하는 표현 관련 과제와 상상력 관련 딜레마를 가장 중요한 위치에 놓을 수 있다. 시간은 복잡한 방식의 행위자로 떠오른다. 특히 잠시도 쉴 새 없이 스펙터클에 치중하는 미디어의 지배를 받으며 살아가는 우리 시대의 시간 프레임이 약 40년 전 갈퉁이 처음 구조적 폭력 이론을 제시한 때와는 크게 달라졌기 때문이다. 따라서 느린 폭력에 관해 이야기하려면 우리 당대의 속도 정치학에 직접적으로 관심을 기울여야 한다.

간단히 말해, 구조적 폭력은 폭력적 효과와 관련해 상이한 인과관계와 행위자 개념을 재고해보도록 만드는 이론이다. 반면 느린 폭력은 당연히 구조적 폭력 형태를 포함하지만, 그보다 포괄 범위가 더 넓다. 즉 단순히 행위자에 관한 문제뿐 아니라 시간이 흐르면서 서서히 전개되는 좀더 폭넓고 복잡한 범주의 폭력에까지 관심을 기울인다. 인간 행위자와 시간의 관계 변화를 가장 극적으로 보여주는 것은 실수(scalar) 체계의 양극단에서—생명을 지탱해주는 전 지구적 생물리학의 순환에서, 그리고 뇌의 신경회로망에서—변화 속도가 빨라지고 있음을 우리가 전보다 더 잘 이해하게 되었다는 사실이다. 구조적 폭력 개념이 등장한 것은 오늘날의 정교한 얼음 코어 표집법(ice core sampling methods)이나 사이버 테크놀로지의 출현보다 앞선 시기의 일이다. 따라서 내가 제시한 느린 폭력 개념은 한편으로 우리의 지질학적 인식에서 드러난 최근의 급격한 변화에, 다른 한편으로 시간에 관한 우리의 기술적 경험에 부응하기 위한 노력이다.

먼저 지질학적 측면에 대해 살펴보겠다. 노벨화학상을 수상한 대기화학자 파울 크뤼천(Paul Crutzen)은 2000년 "인류세(Anthropocene)"라는 용어를 만들어냈다. 〔그는 인류세의 시작점을 제임스 와트(James Watt)가 증기기관차를 발명한 때로 잡았다.〕 그는 그 개념을 통해 전례 없는 새로운 세(世)의 영향력—즉 산업 시대 이후 인간종이 지구 생물계에 가한 대대적 영향력, 인류세라는 용어가 암시하듯 위세에 있어서나 장기적 함의에 있어서 주요 지질학적 사건에 버금가는 지형학적 영향력—을 이론화하고자 했다.[26] 인류세에서 인간 활동이 지구에 미치는 영향을 파악하려 한 크뤼천에 이어, 윌 스테펜(Will Steffen)은 크뤼천, 존 맥닐(John McNeill)과 함께 자신들이 이른바 거대한 가속(Great Acceleration: 20세기 후반 이후 기후 변화, 환경 오염 등 인간 활동의 영향 탓에 지구 환경 변화가 갈수록 빨라지고 있음을 나타내는 개념으로, 기후 변화에 의한 서식지 파괴나 멸종 등 거대한 가속에 따른 생태계 변화를 일컫는다—옮긴이)이라 부른 시대에 관한 이론을 정립했다. 거대한 가속은 그들이 20세기 중반에 시작되었다고 본 인류세의 두 번째 국면이다. 2007년에 쓴 글에서 스테펜 등은 "인류에게서 비롯된 이산화탄소 농도 상승(약 310ppm에서 380ppm으로)의 약 75퍼센트가 1950년 이후 발생했으며, 그 총상승분의 절반가량(48ppm)은 불과 지난 30년간 발생했다"[27]고 밝혔다. 오스트레일리아의 환경사가 리비 로빈(Libby Robin)은 다음과 같이 명쾌하게 주장했다. "우리는 최근 인류세라는 새로운 지질 시대에 들어섰다. 이제 인간이 지구의 생물리계—탄소 순환뿐 아니라 질소 순환, 그리고 궁극적으로는 전 지구의 대기 및 기후까지—를 바꿔놓았음을 보여주는 증거가 다량 확보되었다."[28] 그렇다면 이처럼 새로운 인식—즉 우리 인간종이 전례 없는 생물리적 파워를 통해 저도 모르게 인류세라는 새로운 세(世)를 열어나 갔으며, 이제 거대한 가속이라는 무서운 변화에 뛰어들었다(그리고 그의 지배를 받고 있다)는 인식―은 우리가 시간을 경험하는 방식에 어떤 영향을 미치는가?

지난 20년 동안 이 같은 급격한 전 지구적 변화에는 인간 대뇌 피질의 급속한 변경이 뒤따랐다. 적어도 인터넷을 접할 수 있는 수십억 명의 사람들로서는 그랬다. (제아무리 상대적으로 빠르다 해도) 지질학적 속도의 가소성과 뇌 회로의 가소성―우리를 "정보에 압도되도록(info-whelm)" 위협하고 영구적 주의 분산 상태로 내모는 디지털 세상이 재프로그램화한―을 동시에 고려하는 것은 어렵지만 꼭 해야 할 일이다. 만약 거대한 가속에 대한 인식이 (온건하게 말해) 불균등하게 분배된다면, 사람들은 가속화하는 연결성(그리고 그에 수반될 수 있는 역설적 단절)을 점점 더 널리 경험하게 될 것이다. 주의 집중 시간이 점차 짧아지는 시대에 시간이 지남에 따라 느린 폭력과 생태 악화가 야기하는 피해에 주목하는 것은 이중의 어려움을 안겨준다. 하지만 그것은 점점 더 시급한 과제로 떠올랐다. 우리는 코리 닥터로(Cory Doctorow)의 말마따나 전자 스크린이 "개입 테크놀로지 생태계(ecosystem of interruption technologies)"[29]로 자리 잡은 시대를 살고 있다. 혹은 전직 마이크로소프트 간부 린다 스톤(Linda Stone)의 지적대로, 우리는 이제 "계속되는 불완전한 주의 집중(continuous partial attention)"[30]의 시대를 살아가고 있다. 우리 삶의 속도는 종전보다 더욱 빨라졌으며, 스토리 구성단위도 그에 따라 점차 짧아졌다. 이처럼 속도가 빨라지고 내러티브가 짧아진 디지털 문화 환경에서는 세대 간에 영향을 주고받는 일이 점점 더 어려워진다. 따라서 느린 폭력에 가시성을 부여하려면 다른 무엇보다 속도를 새롭게 정의할 필요가 있다. 우리는 가속화하는 종 손실 및 급속한 기후 변화에 관한 논의에서, 그리고 "빙하기의(glacial)"—한때 "느린(slow)"을 나타내는 죽은 은유(dead metaphor: 듣는 사람이 곧 이해할 만큼 빈번히 쓰여 신선함이나 생명력을 잃어버린 은유—옮긴이)였다—를 수용 불가능할 정도로 빠른 손실을 나타내는 활발한 이미지로 재규명하려는 시도 속에서 이런 노력을 엿볼 수 있다.

느린 폭력의 여러 형태를 좀더 긴급하게 보이도록 만들려는 노력은 미국에서 9·11의 여파로 그만 좌초하고 말았다. 9·11은 엄청난 스펙터클을 제공했고 즉각적 충격을 안겨주었으며 너무나 눈에 확 띄는 사건으로서, 폭력적 위협이라고 하면 모름지기 저런 것이라는 대중의 인식을 한층 강화했다. 폭삭 무너져 내리는 건물의 강렬한 장관은 명확한 폭력의 이미지로 국민들 마음속에 아로새겨졌다. 그로 인해 점차 커지지만 전혀 충격적으로 보이지는 않는 위협인 기후 변화에 대해 대중적 관심을 불러 모으려던 노력이 몇 년 정도 뒷걸음질 쳤다. 콘돌리자 라이스(Condoleezza Rice)는 만약 미국이 이라크 침략에 실패하면 미국 상공에 버섯구름이 피어오를 거라고 말했는데, 그녀가 제시한 전략적 공상의 산물은 파괴적 폭력을 폭발적이고 즉각적이고 알아차릴 수 있을 만큼 극적이고, 곧바로 충격을 불러일으키는 불꽃처럼 강렬한 사건으로서 좀더 시각적으로 정의하도록 해주었다.

더군다나 느린 폭력에 반하는 이러한 표현상의 편파성은 우선 피해로 간주되는 것이 무엇이냐를 인지하는 데 결정적으로 해를 끼친다. 느린 폭력의 피해는, 인적인 것이든 환경적인 것이든, 눈에 보이지도 중요하게 여겨지지도 않을 가능성이 높은 피해다. 그것은 가볍게 취급되는 일회성 피해로서, 전쟁을 기억하는 방식에 끔찍한 영향을 끼치고,

그에 따라 미래 전쟁으로 예상되는 피해에 대해서도 심대한 해악을 안겨준다. 역사가 여러 전쟁을 깔끔하게 정리해두는 방식을 통해 이러한 편파성이 작동하고 있음을 우리는 볼 수 있다. 따라서 가령 2003년 베트남에 대해 다룬 〈뉴욕타임스〉 사설은 "미국은 거기서 주둔한 12년 동안, 적어도 150만 명의 인명을 학살하거나 학살하는 데 도움을 주었다"[31]고 선언할 수 있게 되었다. 하지만 "거기서 주둔한 12년 동안"이라는 이 간단한 구절은 계속해서 느린 속도로 이루어지는 살해는 간과함으로써 희생자를 낮게 잡도록 내몬다. 수십만 명이 공식적 전쟁 기간에는 살아남았지만 에이전트 오렌지(Agent Orange: 미국이 베트남전에서 사용한 고엽제—옮긴이)의 피해로 나중에 서서히 목숨을 잃었다. 2002년 환경과학자 아널드 섹터(Arnold Schecter)가 실시한 연구에 따르면, 비엔호아(Bien Hoa) 거주민의 혈관에 들어 있는 다이옥신 수치는 고엽제 살포 지역에서 북쪽으로 멀리 떨어진 하노이(Hanoi) 거주민에게서 발견된 수치보다 135배나 많았다.[32] 에이전트 오렌지 피해자에는 종전을 공식 선언하고 수십 년 뒤 태어난 아이들 수천 명도 포함되어 있었다. 마지막 살포 행위가 이루어진 때로부터 30여 년 뒤에도 그 화학 물질은 계속 혼란을 일으키고 있다. 생물 증폭을 통해 오리·물고기 같은 중요한 식품의 지방 조직에 축적되어 있던 다이옥신이 자연 세계에서 먹이 섭취를 통해 인간에게 전달되고, 다시 세대에서 세대로 이어진 결과다. 국립과학아카데미 의학연구원(Institute of Medicine) 산하 모 위원회는 이제 17가지 의학적 질환을 에이전트 오렌지와 연결 짓고 있다. 실제로 해당 위원회는 바로 2009년까지도 그 화학 물질에 노출되면 파킨슨병(Parkinson's disease)과 허혈성 심장 질환(ischemic heart disease)을 일으킬 가능성이 높다는 것을 보여주는 증거를 제시했다.[33]

장기적 위험이 속속 드러나는 이런 환경에서 그 전쟁의 피해를 "거기서 주둔한 12년 동안"으로 한정하는 것은 잘못이다. 언뜻 보기에 천진해 보이는 이 소박한 문구는 폭력의 범위를 규정하는 우리의 수사적 전통이, 일상적으로 계속되며 뒤늦게 드러나는 피해를 얼마나 묵살하고 있는지 강력하게 일깨워준다.

느린 폭력과 표현 전략: 작가–활동가의 역할

우리는 오랜 기간에 걸쳐 커다란 파괴를 일으키는 위협, 결코 어떤 하나의 스펙터클하고 폭발적이고 극적인 장면으로 형상화하기 어려운 위협을 뼈저리게 느끼고 그것을 감정적으로 살아나도록 만들 수 있을까? 여기서 "이해(apprehension: 문맥상 이해·파악·터득·포착을 아우르는 개념이다—옮긴이)"는 지각·감정·활동의 영역을 포괄하는 중요한 단어다. 느린 폭력에 관심을 기울이려면 '이해'를 가로막는 다층적 장애물과 마주해야 한다. 흔히 인식할 수 없는 위협을 '이해'하려면—거기에 관심을 갖고 최소한 그것을 완화하려면—과학자나 창작자의 증언 작업을 통해 그 위협을 감각적으로 '이해할 수 있는(apprehensible)' 것으로 만들 필요가 있다. 영향력 있는 환경적 사고의 계보는 즉각적이고 감각적인(무엇보다 시각적인) '이해'를 장소에 관한 모든 환경 윤리에서 가장 기본적인 것으로 강조했다. 19세기 중엽에 활약한 환경 운동 선구자 조지 퍼킨스 마시(George Perkins Marsh)는 《인간과 자연(Man and Nature)》에서 "가장 중요하게 키워야 하지만 가장 획득하기 어려운 능력은 바로 제 앞에 놓인 것을 볼 수 있는 능력"[34]이라고 주장했다. 알도 레오폴드(Aldo Leopold)도 "우리는 오직 스스로가 볼 수 있는 것에 대해서만 윤리적 태도를 취할 수 있다"[35]는 비슷한 말을 했다. 하지만 우리 시야가 가로막혀 있으면, 즉 우리가 살아가는 시간과 공간 속에서 눈앞에 펼쳐져 있는 것을 볼 수 없게 되면 무슨 일이 벌어질까? 우리는 과연 어떻게 우리 감각 영역에서 벗어나 있는 인간 공동체와 생명 공동체를 향해 윤리적으로 행동할 수 있을까? 그렇다면 가장 완벽한 의미로 지금 우리가 살아가는 세계에서 보기(seeing)의 위상은 무엇인가? 또한 다른 감각들의 위상은 무엇인가? 우리는 어떻게 하면 한편으로 느린 폭력을 가시적인 것으로 만들고, 다른 한편으로 기왕의 가시적인 것들이 누리는 특권에는 도전할 수 있을까?

이러한 질문은 세포 차원의 것이든 초국가적 규모를 지닌 것이든 느린 폭력을 '이해'하는 데 심대한 영향을 끼친다. 여기서는 (수많은 이론 정립 과정을 거친 개념인) "전 지구적 의식(planetary consciousness)"이 적절한 것이 된다. 아마도 이와 관련해 가장 유용한 예는 그 개념을 정교화한 메리 루이즈 프랫(Mary Louise Pratt)의 경우일 터다. 그녀는 권력 및 관점과 관련한 문제들을 연결 짓고자 했으며, 흔히 시야에 보이지 않는 잠재적 폭력을 전면으로 끌어내고자 했다. 누가 어떤 관점에서 보게 될까? 이처럼 권한을 부여받은 보기는 언제 그리고 어떻게 표준이 되는가? 그리고 지배적인 가시성의 보기 전통은 어떤 관점—예컨대 빈자·여성·피식민지인의 관점—을 보이지 않게 만드는가? 프랫이 공식화한 "전 지구적 의식"은 더없이 소중한 개념이다. 우리로 하여금 '이해'의 형식을 제국주의적 폭력의 형식과 관련짓도록 해주기 때문이다.[36]

이를 배경으로 나는 이 책의 세 번째 주요 관심사를 소개하려 한다. 이어지는 장들에서는 느린 폭력, 빈자의 환경주의와 더불어 환경 작가-활동가의 정치적·창의적·전략적 역할에 관심을 기울인다. 작가-활동가는 우리의 감각으로는 인지하기 어려운 위험—그러한 위험이 지리적으로 멀리 떨어져 있다든지 규모가 너무 미세하거나 너무 방대하기 때문에, 아니면 인간 관찰자의 관찰 기간 혹은 그의 생리적 생존 기간을 넘어서 발생하기 때문에—을 상상에 힘입어 '이해'하도록 도와줄 수 있다. 부지불식간에 스며들었지만 눈에 보이지도 않고 인식할 수도 없는 폭력의 세계에서, 상상력을 불러일으키는 글쓰기는 감춰져 있는 것을 드러내는 데 도움을 주며, 즉각적 감각으로는 접근할 수 없게끔 오래 끄는 위협을 형상화하고 실감나게 표현함으로써 그것들을 접근 가능하며 실체가 있는 것으로 만든다. 글쓰기는 느린 폭력이 초래하는 피해를 얕잡아보는 집요한 습성에 도전장을 던진다. 또한 감각적 보강 증거를 찾지 못한 '이해'에 창작의 초점을 맞출 수도 있다. 따라서 작가-활동가의 내러티브적 상상력은 우리에게 전과는 다른 유의 증언, 즉 보이지 않는 풍경에 대한 증언을 제공한다.

우려스러운 상태—눈에 보이지 않는 것이 안겨주는 두려움·불길함·어두움—를 누그러뜨리려면 분명하게 드러나지 않는 것에 물질성을 불어넣는 창의적·과학적 과제를 떠안아야 한다. 하지만 흔히 느린 폭력의 작용 영역—군사 잔류물이든, 수입된 전자 폐기물이든, 기후 변화로 인한 해수면 상승이든—에 불균형하리만치 과하게 노출된 가난한 공동체들에서는 그 폭력의 원인, 영향, 보상 여지에 대한 제대로 된 과학적 조사가 이루어질 가능성이 극도로 낮다. 버림받은 가난한 공동체들은 기껏해야 간헐적이다뿐 대체로 과학의 관심 대상과는 거리가 멀다. 그들은 또한 비자발적 약물 실험의 대상이 되는 경우가 다른 공동체보다 지나치다 싶을 정도로 많다. 실제로 이런 공동체들이 우려를 제기하면 그들은 재정이 탄탄한 반(反)과학—흔히 의혹을 생산하고 널리 퍼뜨리는 데 법적·상업적 이해관계를 지닌 세력이 이끌어간다—의 표적이 되곤 한다.[37] 공식적으로 인정받지 못하는 위험에 시달리는 사면초가의 공동체들은 '이해'를 위한 좀더 폭넓은 세계적 투쟁에 뛰어들어 환경 파괴에 대한 자신들의 두려움을 널리 알리는 방안을 모색해야 한다. 작가, 영화 제작자, 디지털 활동가들이 부지불식간에 퍼져나가는 위험으로부터, 시간적 지연으로부터, 그리고 그 피해자들 삶의 질이 (그리고 그들의 생존 자체가) 기업형 언론의 관심사가 되지 못한다는 사실로부터 비롯되는 다층적 비가시성에 맞서서 중재 역할을 해낼 수 있는 지점이 바로 여기다.

지배적 '이해' 구조가 무시하는 폭력을 다루려면 응당 누구를 증인으로 내세울 것인가라는, 문화적으로 가변적인 주제에 관심을 기울여야 한다. 무엇을 폭력이라고 간주할 것인가를 둘러싼 다툼은 누가 증인으로서 사회적 권위를 지니는가—이는 단순히 보기, 혹은 보지 않기보다 훨씬 더 많은 것을 수반한다—를 둘러싼 투쟁과 긴밀하게 연관되어 있다. 스펙터클 그리고 증언하기(witnessing)의 복잡한 정치학은 환경과 관련한 느린 폭력을 훌쩍 뛰어넘는 함의를 지닌다. 가령 가정 폭력의 경우는 생명을 위협할 수도 있지만, 느린 데다 무혈에 늘 즉각적 치명상을 안겨주지는 않는 방식의 잔인성을 드러낸다. 부러진 코뼈는 식량, 의료적 치료에 대한 접근, 인적 교류 따위가 장기간 보류된 상황과는 다른 유의 증거를 이룬다. 잠긴 문은 무기로 작용할 수 있다. 여성에게 문은 더러 핏자국 같은 것을 남기지 않는 장기적이고 비치명적인 무기다. 즉 그 무기는 단 한 번의 결정타를 증언해주지 못한다. 더욱이 여러 문화권에서 강간은 남편이 저지를 경우 강간으로 취급되지도 않는다. 그리고 함께 있으면서 강간 장면을 목격한 사람이 3명 이상이 되지 않으면 강간으로 인정하지 않는 사회도 일부 있다. 언론계의 케케묵은 농담처럼 "피를 흘려야 주목받는다". 그 필연적 결과로, 피도 안 흘리고 한량없이 느리게 전개되는 폭력 이야기는 조용히 묻혀버리기 십상이다. 특히 그 이야기를 전한 사람의 증인으로서 권위가 문화적으로 무시당하는 경우는 더 말할 나위도 없다.

빈자의 환경주의와 장소의 전치

세계적 자원 전쟁에서 빈자의 환경주의는 흔히 공식적 풍경(official landscape)을 토착적 풍경(vernacular landscape)에 강제로 부과할 때 촉발된다.[38] 토착적 풍경은 여러 공동체가 수세대에 걸쳐 고안해온 역사적 질감을 지니는 정서적 지도, 이름과 길이 잔뜩 표시되어 있는 지도, 중요한 생태적 특징이며 표면상의 지질학적 특징을 잘 살린 지도에 의해 형성된다. 토착적 풍경은 비록 단일 구조인 것도 논박 불가인 것도 아니지만, 공동체의 사회환경적 역학에 필수 불가결한 요소다. 전적으로 외재화한 저만치 동떨어진 존재로, 별개의 비재생 자원으로 취급해서는 안 되는 것이다. 반면 공식적 풍경—정부든, 비정부 기구(NGO)든, 기업이든, 혹은 그 모든 것의 총합이든—은 일반적으로 그와 같은 기존의 지도들을 감지하지 못하는 경향이 있다. 대신 관료적, 객관적, 추출 지향적 방식으로, 때로 무자비하리만치 도구적인 방식으로 대지를 다룬다. 이를테면 부국의 쓰레기와 독성 물질을 아프리카로 수출한다는 로런스 서머스의 구상은 지극히 아전인수 격인 공식적 풍경의 (예외적이라고 말하기는 어렵지만) 뻔뻔한 예다. 그 이유가 엘리트 집단의 자원 획득이든, 독성 물질의 처분이든 간에, 아누 잘라이스(Annu Jalais)가 인도와 관련해 지칭한 이른바 "일회용 시민들(dispensable citizens)"[39]이 살아가는 생태계에 공식적 풍경을 강압적으로 부과한 예 말이다.

그러므로 나는 신자유주의가 한창일 때 전 세계적으로 토착민의 자원 반란이 급격하게 불어난 현상은 주로 쇼트터머(short-termers: 공식적 풍경 지도를 들고 와서 자원을 추출하고 훼손한 다음 떠나는 이들)와 롱터머(long-termers: 쇼트터머들이 파괴한 생태계의 후유증을 겪으며 살아가고, 그에 따라 시간 스케일에 대한 가치를 그들과 다르게 두어야 하는 이들) 간의 시간에 관한 전망이 충돌한 데서 비롯한 결과라고 주장하려 한다. 이어지는 지면에서 나는 다른 시간대로부터 몰려와, 인간에게 이득이 제공되는 기간에 대해 지속 불가능한 계산 결과를 들이대면서 거주 환경을 위협하는 개발업자-약탈자에 맞선 자원 반란을 강조하고 탐구할 것이다. 변화는 문화적 상수이지만 변화의 속도는 그렇지 않다. 따라서 어떻게 한편 자원으로서의 풍경을 지속하고 재건하고 규명할 것인지, 다른 한편 그 풍경을 삭제할 것인지와 관련한 시간적 투쟁이 중요해졌다. 여기서는 '물질적' 부 이상의 것이 문제가 된다. 부과된 공식적 풍경은 일반적으로 '영적인' 토착적 풍경을 훼손한다. 오랜 세월에 걸쳐 축적된 문화적 의미망을 망가뜨리고, 온갖 생명체, 아직 태어나지 않은 존재, 죽어서도 살아 있는 영적 존재가 지배하는 토착적 풍경을 마치 '아무도 살고 있지 않은(uninhabited)' 장소인 양 취급하는 것이다.

그에 뒤따르는 손실이 무엇인지 짐작할 수 있는 것으로, 존 버거〔John Berger: 영국의 비평가, 소설가이자 화가. BBC에서 방영한 미술 비평 시리즈 〈다른 방식으로 보기(Ways of Seeing)〉의 작가 겸 진행자—옮긴이〕는 시간에 대한 우리의 감각을 단축시키고, 그에 따라 죽은 자들을 중요치 않은 존재로 치부함으로써 상호 의존성을 경멸하는 자본주의에 대해 이렇게 탄식했다.

> 산 자는 죽은 자를 과거에 살았던 사람들로 여긴다. 하지만 죽은 자는 진즉부터 그들 자신의 위대한 공동체 속에서 살아 숨 쉬고 있다. ……자본주의에 의해 사회가 탈인간화하기 전까지만 해도 모든 산 자는 죽은 자의 경험을 참고했다. 그것이 결국 제 자신의 궁극적 미래이기 때문이다. 산 자들은 제힘만으로는 불완전했다. 따라서 산 자와 죽은 자는 상호 의존적이었다. 언제나 말이다. 오직 현대에서만 볼 수 있는 형태인 자기중심주의(egoism)가 이러한 상호 의존성을 망가뜨렸다. 이는 산 자들에게 재앙과도 같은 결과를 낳는다. 그들은 이제 죽은 자를 '**사라진 자들**(the eliminated)'로 여긴다.[40]

따라서 우리가 환경 자산의 박탈에 관해 따져볼 때면 풍경 속에 뒤섞여 있는(그 일을 전후해 통찰력과 깨달음을 얻게 된) 여러 세대도 포함해야 한다는 점을 덧붙일 필요가 있다.

이런 상황을 배경으로 나는 이른바 장소의 시간성에 대해 살펴보고자 한다. 장소는 내부와 외부로부터 이루어지는 변화—어느 것은 상서롭지만 어느 것은 파괴적일 수도 있다—에 맞서 끊임없이 재협상해야 하는 시간적 성취다. 그러므로 우리가 가난한 이들에게 부과되는 느린 폭력에 따른 시간적 전치를 알아보려면 물리적 전치에 대해 다시 생각해보아야 한다. 이어지는 장들에서 나는 주요 수혜자가 다른 곳에서 살아가는 개발 어젠다의 사회환경적 피해를 추적하고자 한다. 미국의 석유 공학자 및 그들과 결탁한 족장들이 자기네 "발견물(finds)"을 개발하고자 페르시아만의 오아시스 거주자들을 트럭에 실어 미지의 장소로 내쫓은 사례, 혹은 (모종의 독재적 칙령, 자유 시장, 구조 조정, 국가 발전 따위를 명분으로 내건 것이든 저 멀리 사는 도시민의 필요나 산업적 요구에 따른 것이든) 메가댐이 건설된 뒤 자신들의 토착적 풍경 속에서 (늘 불완전하고 취약하기는 하지만) 강기슭의 삶에 순응해온 토착민을 몰아내고 뿔뿔이 흩어지도록 만든 사례가 비근한 예다.

이율배반적이게도 개발을 이유로 강제 이주당한 사람들에는 보존 난민도 포함된다. 글로벌 사우스에서는 걸핏하면 일어나는 일인데, 막강한 초국가적 자연 관련 비정부 기구들이 이끄는 보존은, 반(反)개발 수사를 소수의 관광객을 위해 한정된 자원을 개발하자는 논리와 결합함으로써 장기 거주자들에게 꼭 필요한 자원을 고갈시키는 결과를 낳는다. (나는 이러한 모순을 6장 '에코빌리지의 이방인: 인종, 관광 산업, 그리고 환경 시간'에서 좀더 심도 있게 다룬다.)

이어지는 지면의 상당 부분에서, 나는 본인 의사와 무관하게 자신의 생활 지식 밖으로 내동댕이쳐진 가난한 공동체들의 저항을 본격적으로 다룬다. 또한 그 같은 강제 이주를 초래하는 초국가적·국가적·지역적 권력에 대해서도 소상하게 파헤친다. 나는 주로 사회 운동에 뛰어든 작가들의 시선을 통해 그 일을 하고자 한다. 그들의 사회 운동은 두 가지 파괴적 결과, 즉 위협받는 공동체가 그 위협에 굴복하고 흩어지는 결과(난민 수용소, 잠정적 "재이주" 장소, 비참한 빈민 지역, 달가워하지 않는 외국 땅 등과 관련이 있다), 혹은 공동체가 이주하기를 끝내 거부했지만 그 세계의 기반이 붕괴함에 따라 사실상 그 자체로 난민 공동체가 되어버리고 마는 결과를 막고자 노력한다. 나는 이 책에서 비자발적으로 (그리고 때로 군사적 강압에 의해) 전보다 못한 환경으로 재이주당한 공동체뿐

아니라, 내가 말한 이른바 '이주 없는 전치(displacement without moving)'
도 강조하려 한다. 즉 전치를 좀더 급진적 용어로서 제시하고자 한다.
오직 살던 곳에서 사람들을 이주시키는 현상뿐 아니라 자신이 살던 터
전과 그 안에 묻혀 있는 자원의 상실—각 공동체를 저마다 거주할 만
한 곳으로 만들어준 바로 그 특성을 박탈당한 장소로 전락시킨다—을
지칭하는 용어로서 말이다.

환경적 저항은 주로 강제 이주에 의해 촉발되지만 '이주 없는 전치'
의 위협에 맞서 일어날 수도 있다. 이러한 위협은 이주하지도 못하면
서 삶터가 그곳에서의 생활을 지탱해주던 특성을 잃어버림으로써 생
활 지식으로부터도 멀어지는 결과를 동시에 수반한다. 모종의 "새로
운" 경제에 의해 '한 번 쓰고 버려지는(disposable)' 존재로 선언당한 사
람들이, 곤란을 무릅쓰고 거주 가능한 전망에 대한 생태적 공격을 늦
추고자 노력할 때, 자신들이 설 자리 없는 존재임을 깨닫는다는 것은
무슨 의미인가? 자급자족 공동체가 자신들이 아무데도 갈 곳 없는 무
망한 존재임을 발견한다는 것, 과거에는 지속 가능했던 풍경이 외재
적·도구적 논리에 의해 지속 불가능하게 되었음을 자각한다는 것은
무슨 의미인가? 그에 따라 그들은 옹색한 선택을 하지 않을 수 없었고
덫에 걸린 듯한 절박한 상황으로 내몰렸으며, 그것은 글로벌 사우스와
그 너머 지역에서 환경 정의 반란에 불을 지폈다.

이러한 나의 주장을 뒷받침하는 빼어난 다큐멘터리가 바로 스테퍼
니 블랙(Stephanie Black)의 〈삶과 빚(Life and Debt)〉이다. 신자유주의
정책이 자메이카의 여러 공동체에 '이주 없는 전치'〔혹은 비유동적 전치
(stationary displacement)〕를 강제한 방식을 극적으로 보여준 작품이다.
그것은 느린 폭력이 그 섬에 가한 장기간에 걸친 사회환경적 피해와

긴밀히 연관된 과정이었다. 〈삶과 빚〉은 킨케이드가 앤티가(Antigua: 서인도제도 동부의 섬─옮긴이)에서 관광 산업과 불평등한 이동의 자유라는 신식민주의 정책에 맞서 벌인 논쟁을 자메이카 상황에 적용했다. 이 다큐멘터리는 도착과 출발, 그리고 도착도 출발도 못하는 사람들을 다룬다. 하지만 가장 중요한 도착은 가장 묘사하기 어려운 것이었다. 즉 국제통화기금의 구조 조정이라는 "자유 시장"의 도착은 연방 정부 보조금을 받는 미국의 우유·양파·감자를, 소규모인 데다 세대를 이어 농사를 지어왔지만 보조금을 받지 않는 자메이카 농부에게 타격을 입히는 가격으로 토해내는 비행기에 의해 가시화되었다. 연방 정부 보조금을 받는 미국 식량을 더 많이 수입하는 데 따른 농업 붕괴와 부채 증가를 보상하고자 자메이카 정부는 관광객에 점점 더 의존해야 했다. 매끈한 제트기에서 쏟아져 나와 전용 유흥 지대에서 지내는 관광객들 말이다. 블랙의 다큐멘터리는 방문 관광객에 맞도록 구조화한 휴가지, 그리고 정작 휴가지 따위는 없는 현지인에게 주어진 구조 조정 사이의 암묵적 관련성을 조명했다. 우리는 즐거움을 추구하며 돌아다니는 관광객과 앉은 자리에서 전치된 삶을 살도록 강요당한 성난 지역민을 격리하기 위해 훈련받은 감시견이 배치된 광경을 볼 수 있다. 여기서 우리는 하나의 산업이 신자유주의 기치 아래 캡슐 형태로 번성해왔음을 알 수 있다. 바로 안보 산업이다. 이 산업은 구조 조정, 시장 "개방", 그리고 생존 조건 합병(그리고 강압적 이동)을 통해 대지와 맺은 장기적 관계가 파탄 나면서 야기된 불안을 거름 삼아 꽃피었다.

'문을 단(gated)' 공동체들이 세계적으로 붐을 이루는 현상에서도 보듯 안보는 신자유주의에서 특징적으로 성장한 산업 가운데 하나다. 벽들이 칡넝쿨처럼 길게 늘어섰고, 로스앤젤레스에서 상파울루까지, 요하네스버그에서 자카르타까지, 라고스(인구 약 800만의 나이지리아 최대 도시로 1991년까지 나이지리아의 수도였다―옮긴이)·리마(페루의 수도―옮긴이)·멕시코시티에서 카라치(파키스탄 남부의 도시―옮긴이)까지 장벽을 둘러싼 시장이 그야말로 급증했다. 아이러니하게도 신자유주의 정책 결정권자들이 "자유 무역"에 대한 장벽 철폐를 추진했는데, 그 같은 정책은 극단적 부자와 극단적 빈자 사이를 가르는 장벽을 훨씬 더 높게 쌓아올리는 모순을 초래했다. 신자유주의의 벽 건설 확산은 단기적 거부 심리를 더욱 굳건히 해준다. 즉 우리가 점점 더 자원을 공유하지 않게 된 사회에서 장기적으로 살아남을 수 있다는 착각 말이다. 신자유주의와 환경적 느린 폭력에 비추어볼 때 벽은 "눈에서 멀어지면 마음에서도 멀어진다"는 말의 구체적 표현으로서 공간적 거부뿐 아니라 시간적 거부를 유형화한 결과다.

생명체가 거주하는 환경에 대한 신자유주의적 공격의 성공 여부는 물론 가변적이다. 타깃이 숲 같은 부동 자원이나 물 같은 유동 자원이든, 아니면 야생동물처럼 제멋대로 돌아다니는 자원이든 환경 그 자체는 결코 예측 가능한 얌전한 피해자가 아니다.[41] 저항은 인적인 형태를 띨 수도 있지만 표적 자원 일부의 뜻하지 않은 반격이라는 형태로 불거질 수도 있는데, 그렇게 될 경우 그 자원을 상품화하거나 이윤을 내면서 추출·관리하는 일이 기업 거물들의 예상보다 더 어려워질 공산이 있다. 우리는 그간 그 같은 예들을 대체로 그리 성공적이지 못했던 물의 민영화 시도에서 보아왔다. 비록 지금 세계의 거대 도시 가운데 20퍼센트가 급수 제도를 민영화했지만, 이러한 시도는 더러 번복되기도 했다. 가령 볼리비아의 예에서는 그런 시도가 인적 저항(human resistance), 지형적 방해, 그리고 사회공학적 장벽에 가로막혔다.

그렇기는 하나 표적 자원에 내재되어 있을지도 모를 비순응을 지나치게 낭만화하지 않도록 유의해야 한다. 가령 아프리카 "2차 쟁탈전 (second scramble)"에 따른 약탈 가속과 관련해, 미국·오스트레일리아·중국·유럽·남아프리카공화국의 기업들이 규제가 허술하고 자원이 풍부하고 전쟁으로 분열된 사회를 이용해 돈을 벌려 할 때 자연 그 자체가 일으킨 저항을 과장해서는 안 된다.[42] 생태계의 창의적 탄성 회복력을 찬미하는 쪽으로 선회하는 최근의 환경 연구 경향은 규제적 통제에 반대하고 오염에 대한 법적 책임을 최소화하기 위해 안간힘 쓰는 정치인·로비스트·기업에 의해 이용당하기 쉽다. "자연과 시간이 치유해줄 것"이라는 주장을 끌어들이는 것이 위험과 청소는 외부 몫으로 돌리고 (위험과 청소 둘 다를 "자연이 할 일"로 위임할 수 있다고 보면서) 이익은 사유화하는 시도에서 핵심 요소로 떠올랐다.

그 같은 현상을 단적으로 볼 수 있는 것이 바로 딥워터 호라이즌 재난(Deepwater Horizon disaster: 딥워터 호라이즌은 BP의 해상 오일 생산 설비로 2010년 4월 폭발 사고를 일으켰다. 폭발에 따른 기름 유출이 심각한 오염을 초래했다—옮긴이)의 발생 원인인 부주의 속에서, 그리고 그 사후 처리 과정에서였다. 거대 석유 회사와 정부 기관은 양쪽 다 감독을 최소화하기 위한 선전 전략으로 자연의 탄성 회복력을 들먹였다. 폭발이 일어나기 전, 미국 내무부 산하 광물관리국(Minerals Management Service)은 "심해 유출은 열거된 새들에게 영향을 미치는 것 같지 않다. ······딥워터가 유출한 기름은 연안 서식지에서 다른 곳으로 옮아갈 테고, 대부분 자연적 풍화 과정을 거침으로써 연안 서식지에 다시 이르지 않을 것이다"[43]라고 결론 내린 바 있다. 참사가 일어난 뒤에도 이런 기조의 주장이 집요하게 되풀이되었다. 석유 산업 옹호자인 알래스카주의 공화당 국회의원 돈 영(Don Young)은 그 참사와 관련한 국회 청문회에서 증언했다. 그는 어떻게 이 "자연 행위체(natural agency)" 논리를 활용할 수 있을지 정확히 알고 있었다. 딥워터 호라이즌 유출은 "환경적 재난이 아니다"라고 분명하게 잘라 말한 것이다. "저는 이 점을 거듭 강조하고자 합니다. 왜냐하면 그것은 자연 현상이기 때문입니다. 기름은 수세기 동안 이 해양으로 스며 들어왔으며 앞으로도 계속 그럴 것입니다. ……우리는 새를 몇 마리 잃을 겁니다. 고착형 바다 생물도 일부 잃겠지요. 하지만 전반적으로 자연은 회복될 겁니다."[44] BP 대변인 존 커리(John Curry) 역시 그와 마찬가지로 미생물이 얼마나 바지런하게 그 만에서 석유를 청소할지 설명했다. 그는 "자연은 그 상황을 돕는 법을 알고 있다"[45]고 자신 있게 말했다. BP 대표단은 탄화수소를 물질대사에 활용하는 해양 생물의 역량과 미생물 분해의 확산 역량을 거듭 강조했다. 하지만 BP와 워싱턴 정가의 그 동맹 세력은 자연을 자발적 청소 용역으로서 간주할 때, 미생물이 산소를 게걸스럽게 소비함으로써 다른 유기체를 죽음으로 내몰고 해양에 데드 존(dead zone: 물속에 산소가 충분치 않아 생물이 살아갈 수 없는 지역—옮긴이)을 넓히는 데 기여한다는 사실을 경시했다.[46] 느린 폭력, 먹이사슬 바닥에 존재하는 식물성 플랑크톤의 떼죽음은 장기적으로 어떤 폭포 효과를 가져올까? 우리는 그 결과를 감히 짐작도 할 수 없다.

한마디로 석유 산업은 자연에의 외주화라는 이름으로 위험 높은 심해 시추가 위기에 빠뜨린 바로 그 환경을 선택한 것이다. 따라서 거대 석유 회사가 자연의 치유력을 언급한 것은 위장환경주의(greenwashing)에 의한 법적 책임 회피와 이미지 관리라는 좀더 광범위한 전략의 일환으로 이해해야 한다. "자연 행위체"라는 개념은 실제로 예상치 못한,

때로 위로를 주는 형태가 될 수도 있지만, 우리는 거대 기업과 정부가 그들 자신에게 사전적·사후적 면죄부를 주기 위해 그 논리를 활용하는 방식에 시종 주의를 기울여야 한다. 결정적으로 느린 폭력에 대한 나의 주장과 관련해, 피해 평가와 회복 잠재성의 시간 프레임은 전혀 조화를 이루지 못하고 있다. 자연의 치유력을 찬양하는 '지질학적 시간에 걸친(deep-time)' 사고는, 만약 그것이 무모한 기업의 단기주의(short-termism)를 위한 정치적 은폐 장치로 작용한다면 전략적 차원의 재앙이다.[47]

작가-활동가와 표현의 힘

빈자의 환경주의는 흔히 자원 제국주의에 의해 촉발되는데, 자원 제국주의는 부국의 서민, 그리고 증가 일로인 글로벌 사우스 자체에 거주하는 도시 중산층의 지속 불가능한 소비욕을 충족하기 위해 글로벌 사우스에 영향을 준다. 환경 위기의 외주화는 그것이 급속한 폭력을 통해서든 느린 폭력을 통해서든 세계의 생태계 사람들(ecosystem people)에게 유독 심각한 해악을 끼친다. 생태계 사람들은 부자에게 약탈당한 전 지구적 자원 가용 지역(catchment areas)과는 반대편 극단에 놓인 보잘것없는 자원 가용 지역에 자신의 생계를 의탁하면서 살아가는 수억 명을 지칭한다. 마드하브 가드길과 라마찬드라 구하는 생태계 사람들의 대척점에 놓인 부자를 "자원 옴니보어(resource omnivores)"[48]라고 명명했다. 내가 이 책에서 살펴보고자 하는 작가-활동가들은 이처럼 외주화한 고통에 인간적 정의를 부여하고자 하는 바람, 해리적 역학

(dissociational dynamics)—예를 들어 부국의 보존 윤리는 자국이 연루되어 외국으로 떠넘긴 환경 파괴를 자기네와는 별개의 것이라 본다—을 발가벗기고자 하는 소망을 공유한다. 그에 상응해 우리는 이 작가들에게서, 우리 행성의 생태 위기로 인해 가장 크게 고통받는 이들의 전략—반대 또는 대안적인 전략이 대부분이지만, 필사적이면서 분열적인 전략도 흔하다—에 생명력과 중요성을 부여하려는 소망을 본다.

내가 이 책에서 주목한 빈자의 환경주의에 귀 기울인 작가-활동가들은 저마다 제각각인 집단이다. 왕가리 마타이와 켄 사로위와 같은 이들은 환경 운동이 시작되는 데 힘을 보탰으며 그 안에서 대변자(porte-parole) 역할을 자처했다. 그들은 또한 상징적 중심인물로 떠올랐고, 궁극적으로 (모순적 긴장을 드러내는 표현이지만) 집단적 운동의 자서전 작가(autobiographer)가 되었다. 그런가 하면 아룬다티 로이와 인드라 신하 같은 이들은 잘 조직된 투쟁과 손잡았고 기업형 언론이 등한시한 대의를 널리 퍼뜨리는 데 힘을 실었다. 로이는 또한 초국가적 대변자로 복무하면서, 사르다르 사로바르 댐(Sardar Sarovar Dam: 1961년 인도의 나르마다(Narmada)강에 건설한 댐—옮긴이)에 맞선 구체적 투쟁을 메가댐 건설에 반대하는 국제적 운동, 그리고 그것을 넘어 반세계화 운동 자체와 연결 지었다. 로이·신하·마타이·사로위와가 빈자의 환경주의에 부여한 이례적 가시성 덕택에, 결정적으로 환경 정의와 그 밖의 권리 담론—여성의 권리, 소수자의 권리, 부족의 권리, 재산권, 언론 및 집회의 자유에 관한 권리, 경제적 자급자족을 증진할 권리 등—을 잇는 수사적 동맹이 가능해졌다.

때로 작가-활동가의 권위가 그들 본국에서는 비판의 대상으로 떠오르기도 했다. 그런데 그 양상은 그들의 저술이 해외에서 촉발한 시비 논란과는 꽤 달랐다. 인도의 나르마다강에 사르다르 사로바르 댐을 건설하려는 시도와 대치한 로이의 논쟁적 에세이가 비근한 예다. 그녀의 증언은 국제적으로 수많은 청중에게 가닿았고, 메가댐 반대 운동을 중심으로 결집한 시골 공동체들의 가시성을 키웠다. 그런 공동체들은 나르마다 계곡에서 분명하게 드러났지만 글로벌 사우스 전역에 널리 분포해 있었다. 한편 〈뉴욕타임스〉는 로이(그리고 에드워드 사이드와 놈 촘스키(Noam Chomsky) 같은 다른 반체제적인 공적 지식인)가 쓴 글의 게재를 거부하기도 했다. 아마도 반세계화를 주장하는 그녀의 에세이들이 이데올로기적으로 분란을 일으켰기 때문일 것이다. 다른 한편 그녀의 관여에 대한 인도인의 견해는 둘로 쪼개졌다. 어떤 사람들은 자신의 유명세를 활용해 가난한 이들에게 복무한다며 그녀를 칭찬했고, 어떤 사람들은 제 잇속만 차리는 방식으로 행동한다며 그녀를 맹렬히 공격했다. 로이처럼 영어를 사용하는 인도인 작가는 국내적으로나 국제적으로 청중이 상당히 많은데, 그런 점은 서로 다른 청중을 화합하려 노력하는 과정에서 특별한 어려움을 낳기도 했다. 국제적 청중에게 호소하는 수사 전략, 음색과 어조, 정보의 배경은 국내 청중을 소외시킬 위험이 있고 그 반대도 마찬가지였던 것이다. 극소수 청중만 있는 작은 사회 출신의 데릭 월컷(Derek Walcott: 1930~2017. 세인트루시아 출생의 시인 겸 극작가. 카리브해의 현실과 정서를 강렬한 이미지와 은유로 표현했으며, 대서사시 《오메로스(Omeros)》로 1992년 노벨문학상을 수상했다―옮긴이) 같은 사회환경 작가들의 상황은 그와 사뭇 달랐다. 노벨문학상을 받은 뒤에도 월컷의 책은 그가 태어난 세인트루시아(St. Lucia: 카리브해 동부에 있는 섬나라―옮긴이)에서는 그 어디서도 구할 수 없었다.

하지만 제국이 후원하는 정실 자본주의(crony capitalism) 세력에 도전하는 유력 운동 자체가 부재한 환경에서 활동하는 작가-활동가는 어떤가? 환경 정의라는 용어가 등장하기 전부터 환경 정의 운동이 구체화하긴 했으나 그러한 운동이 그저 간헐적 시위 형태를 띨 따름인 곳 말이다. 그런 활동가의 예가 바로 압델라흐만 무니프다. 그는 문학과 비문학 형식을 두루 넘나들면서 페르시아만에 영향을 끼친 자원 전쟁의 장기적 결과를 규명했다. 그의 글쓰기는 사회환경적 기억—무엇보다 1940~1950년대 석유 독재주의와 손잡은 미국 석유 제국주의에 맞선 봉기들에 대한 기억—을 보호하려는 노력이었다. 무니프가 《소금 도시(Cities of Salt)》를 발표한 1980년대 중반, 산유국의 노조 탄압, 인종차별적 노동 관행에 저항한 반체제 계보는 무자비하게 진압당했다. 하지만 무니프는 사회적 저항의 억눌린 기억에 대해 창작적·정치적 정의를 제공할 수 있었다. 그는 불가사의한 예지력을 발휘해, 존엄과 권리가 짓밟힌 운동이 어떻게 반제국주의적 종교 근본주의로 위험스레 전환하게 될지 예고했다.

카리브해 연안과 남아프리카공화국에 관심이 많은 나는 사면초가에 몰린 사회환경적 기억을 강화하는 데서 작가-활동가들이 맡은 역할을 다시 살펴보았다. 자메이카 킨케이드, 준 조던, 은자불로 은데벨레, 그리고 나딘 고디머는 낭만적으로 윤색된 식민지 역사와 신식민주의적 환상이 촉발한 국제적 자연 산업에 맞서 집필 활동을 펼쳤다. 네 작가 모두 장기적 사회 불공정 생태학에 관한 거북한 문제들을 표면 위로 끌어냈다. 관광 산업의 선전 문구에는 등장할 리 없는 내용이다. 그들은 폭력적·위반적·침해적 비가시성에 맞서 글을 쓰며 이상화한 자연 휴양소라는 시장, 즉 사회환경적 기억 자체로부터의 물러남을 전제로 한 시장의 모순을 파헤쳤다. 흥미로운 것은 토지 절도, 강제 이주, 노예 제도, 강압 노동 같은 억압의 역사가 유령 종업원이라는 인물 속에 가장 집약적으로 드러난다는 점이다. 그들의 의무인 자기 소멸은 관광객이 순정한(pure) 순간에, 우연히 발견한 즉시성 속에서 오염되지 않은 자연에 순조롭게 빠져들게끔 이끌어준다.

내가 논의한 킨케이드·은데벨레·조던의 에세이들에 영향을 끼친 반식민주의적 에너지는 표현의 권위와 관련한 고통스러운 자아 분열 과정을 거치면서 한층 복잡해졌다. 흑인 여성 혹은 남성인 당신이 경제적 중산층으로 신분 상승했을 때, 당신은 그 유령 종업원들과 관련해 어떤 위치에 놓여 있는가? 당신은 그들이 처한 곤경에 대해 글을 쓰고 있지만, 관광객으로서 그들이 제공하는 서비스를 누리고 있다. 역사적으로 건전하게 보이도록 처리하고 식민지적 색깔을 덧입힌 국제 시장이 생태 관련 휴식을 판매할 경우 당신은 과연 어느 쪽에 속해 있는가? 관광 산업, 빈곤, 자연에 관한 문화적 충돌을 주제로 집필할 때 킨케이드·은데벨레·조던은 하나같이 회고록과 논쟁을 통해 인종·계급·젠더 같은 지뢰밭을 지나가고자 애썼다. 분명하게 그들을 위해 마련된 것은 아니나 그들 계급 또한 접근할 수 있는 자연 산업, 관광 산업의 영역에 들어서자마자 밟게 된 지뢰밭이다.

내가 서문에서 감사의 말을 전한 3명의 걸출한 인물—에드워드 사이드, 레이첼 카슨, 라마찬드라 구하—뿐 아니라 이 책에서 조명하는 작가들 상당수는 정치적 관심을 다룬 비문학에 다재다능한 면모를 모범적으로 담아냈다. 이 책에 영향을 준 강렬한 열정 가운데 하나는 작가·학자·독자·선생으로서 내게 비문학이 안겨준 특별한 매혹이었다. 나는 비문학이 창조적으로나 정치적으로 강력한 적응력을 지닌다는 점에 이끌렸으며, 현실 담보 능력과 정보 제공 역량을 갖추었다는 사실에 매료되었다.[49] 하지만 비문학을 하찮게 취급하고 그것을 기껏해야 소설이나 시 같은 '진정한 문학'의 보조 장치쯤으로 여기는 경향성은 끈덕지게 남아 있다. 유연한 수사적 역량, 자유자재로 변신하는 능력을 지녔음에도 아직까지 비문학을 창작 행동주의에 꼭 필요한 자원으로서 진지하게 받아들이지 않는 것이다. 실제로 초국가적 환경 문학을 가르치는 특별한 즐거움은 정력적이고 다채로운 저술들, 즉 비문학이 포괄하는 다양한 영역―회고록, 에세이, 공적 과학 저술, 논평, 여행 문학, 도표화한 기록, 선언문, 탐사 저널리즘 등―을 만나는 데 있다. 내가 이어지는 여러 장에서 다루는 작가들 가운데 일부는 주로 비문학 형식에서, 또 일부는 주로 문학 형식에서 작업하지만, 대부분은 둘 사이를 전략적으로 그리고 무의식적으로 오간다. 특히 회고록이 자아도취라는 이유로 맹비난받을 때 우리는 "내 이야기라면 분명 흥미진진할 것"이라는 말에 적합한 유의 회고록만 있는 것은 아님에 유의해야 한다. 가장 효과적인 회고록 작성자, 특히 환경 관련 회고록 작성자는 회고록이라는 형식의 친밀한 에너지를 활용하고 독자에게 사회적 피사계 심도(depth of field: 카메라가 선명한 상을 찍을 수 있는 가장 가까운 피사체와 가장 먼 피사체 사이의 거리―옮긴이)를 제공한다.

상당수 작품들이 표현할 수 있는 문학의 권리를 다루고 있는데, 그중 일부는 대단한 작품이고 또 일부는 꽤 정교하다. 분명 표현의 권위자들은 흔히 현장과 크게 동떨어진 상태에서 작업한다. 내가 관심을 기울이는 작가들은 읽고 쓸 줄 아는 부류로 발전하는 데 그치는 게 아니라 출판하는 단계로까지 성장했다. 따라서 불가피하게 자신들이 글쓰기 대상으로 삼는 가난한 사람들과 얼마간 거리가 생긴다. 하지만 정황상 그것은 대단히 의심스러운 그런 유의 거리는 아닌 것처럼 보인다. 주변으로 밀려난 빈자들, 그리고 그들의 생존 환경을 위협하는 비가시성에 관심을 기울이는 작가-활동가들은 신자유주의 "자유 시장" 자원 개발의 거리 두기 수사, 즉 (무엇보다 느린 폭력을 통해) 미래 세대에게 그 "개발"의 인적·생태적 비용을 떠넘기는 수사를 신랄하게 공격했다.

표현의 권위와 전치 간의 상호 작용은 전기(傳記) 차원에서도 중요하다.[50] 내가 논의하고 있는 작가들 대다수—마타이, 사로위와, 무니프, 킨케이드, 조던, 은데벨레, 나이폴(V. S. Naipaul), 카슨, 리처드 로드리게스(Richard Rodriguez), 나딘 고디머, 그리고 제임스 볼드윈(James Baldwin: 1924~1987. 미국 흑인 게이 작가. 인종과 성 정체성 차별의 추악함을 알렸으며, 미국 인종 문제의 어두운 현실을 신랄하게 폭로했다—옮긴이)—는 가족 가운데 최초로 대학에 진학한 이들이었다.[51] 갑작스러운 계급 전치에 따른 모순—종종 젠더, 인종, 성적 취향, 혹은 이민자 지위에 주목하는 과도한 기대 탓에 더욱 악화하곤 한다—으로 인해 특정 유형의 공적 지식인이 생겨날 수 있다. 집단적 책임감을 잔뜩 짊어진 익숙지 않은—그리고 가족과는 무관한—특혜라는 성가신 영역을 뚫고 나아가야 하는 이들이다. 이러한 인물들의 공적 역할을 자극하는 것은 흔히 분노의 감정, 그리고 자신이 누리게 된 진기하면서도 위태로운 특혜가 일시적이거나 환상에 불과할지도 모른다는, 한 발자국만 헛디디면 가족이 종전에 겪었던 사무친 가난 속으로 다시 내쳐질지도 모른다는 불안이다. 따라서 문자 그대로든 상상의 세계에서든 공동체를 임시변통으로 만들고자 하는 노력, 그리고 경제적·직업적·심리적으로 선례에 의해 보호받지 못한다고 느끼는 데 따른 고립에 맞서려는 노력이 종종 나타나곤 한다. 이러한 경향성은 이 책에서 소개한 수많은 작가들의 두드러진 특징인 사회환경적, 창조적 감수성에 영향을 끼친다. 기적적으로 빈곤한 환경에서 빠져나옴으로써 ― 그리고 자신들의 작품이 〈뉴요커 (New Yorker)〉에 실리는 것을 보거나 박사 학위를 받거나 심지어 노벨 상을 수상함으로써 ― 그들은 즉자적인 빈자의 환경 투쟁을 넘어섰다. 하지만 여전히 기억을 통해 (그리고 본인의 불안을 통해) 자신 혹은 제 가족 이 최근에서야 간신히 벗어난 궁핍한 환경과 계속 이어져 있다. 그러 므로 이러한 작가들은 중개자로서 강한 동기를 지니며 조예 깊은 번역 가다.

따라서 계급, 인종, 젠더, 그리고 국가 간의 간극을 넘나드는 번역 이라는 과제는 위압적이리만치 넓은 차이를 오가는 자기 번역(self-translation)에 관한 기억과 본능적으로 연결되어 있다. 이는 식민지 로 디지아(Rhodesia: 아프리카 남부의 옛 영국 식민지. 현재의 잠비아·짐바브웨 ― 옮긴이)를 배경으로 한 치치 단가렘바(Tsitsi Dangarembga)의 교양 소 설(bildungsroman: 주인공의 인간 형성을 다룬 소설 ― 옮긴이) 《불안한 상황 (Nervous Conditions)》에 더없이 잘 묘사되어 있다. 시골 지역에 사는 열 세 살 여주인공 탐부(Tambu)는 뜻하지 않게 교육받을 기회를 얻었다. 오빠가 죽자 자비로운 삼촌이 자신의 조카에게 학비로 주려던 돈을 대 신 질녀에게 제공하기로 결정했기 때문이다.[52] 탐부가 새롭게 태어나 기를 기대하면서 그 미션 스쿨로 다가갈 때, 그녀가 이겨내야 하는 거 리감을 드러내는 최초의 신호는 상이한 자연 문화를 통해 표현된다.

한쪽에 작달막하고 다부진 침엽수림이 펼쳐져 있고, 다른 한쪽에 주홍색과 호박색으로 불타는 칸나꽃이 늘어선 사이로 자갈 없는 잘 닦인 도로가 드 러나 있다. 이런 식물은 도시에 속한 것이었다. 내 영어 읽기 교재의 지면을 장식하던 것들이자 읍내에 사는 벤(Ben)과 베티(Betty)의 삼촌네 마당에 자라는 것들이었다. 이제 삼촌 바바무쿠루(Babamukuru)의 친절 덕분에 나와 직접 관련된 것으로 그 광경을 바라보면서, 나 역시 먹고살기 위해 해야 했던 허드렛일보다는 좀더 즐거운 이유 때문에 식물을 심는 일에 대해 생각해 볼 수 있었다. 나는 그것을 내 머리에 심어두었다. 숙모 마이구루(Maiguru)에게 칸나 구근을 몇 개 달라고 부탁해 집 앞 농가에 근사한 화단을 꾸밀 것이다. 우리 집은 사랑스러운 칸나꽃들로 한결 분위기가 환해질 것이다. 그 화사하고 명랑한 꽃들을 심는 것은 그저 즐거움을 위해서다. 이는 내게 얼마나 낯선 발상인가. 그것은 내게 해방감을 안겨주었다. 나에게 주어진 임무로 옮아가는 동안 그를 시작으로 수많은 것이 뒤따랐다.[53]

바야흐로 중산층으로의 진입 가능성을 향해 교육받게 된 탐부는 그 정원을 앞으로 전개될 자기 전이의 입구로서, 그녀가 건너뛰어야 하는 간극을 떠오르게 하는 화려한 풍경으로서 경험한다. (탐부의 말을 빌리자면) "가난한 소농"으로서 삼촌 차에서 내린 그녀는, 낯설게도 인간의 필요와는 무관한 이 이국적 정원을 아직은 그저 범상한 것으로만 볼 수 없다. 그 정원은 책에서나 보던 것이고, 부자들 것이고, 자유롭게 대지를 미학적 캔버스로 간주할 수 있는 이들의 것이다.[54] 따라서 이 가난한 시골 소녀는 분열된 자아 상태에 놓인 셈이다. 그녀는 이 정원의 아름다움을 누리고, 그를 사랑하는 법을 배우도록 허락받을 테지만, 늘 거기에 대해 이중적 관점을 취할 것이다. 영원히 2개의 땅에 발을 걸치고 있을 터다. 그녀는 호사스러운 자기표현을 특징으로 하는 땅에서 살겠지만, 바로 그 아래에는 언제나 자신이 어린 시절 살던 땅, 생존에 급급해 감당해야 했던 허드렛일로 점철된 땅이 드리워져 있는 것이다.

표현적 권위와 관련해 그처럼 희귀한 작가들—궁핍한 가족에서는 벗어났지만 커다란 차이를 보이는 양쪽 세계를 모두 경험한 만큼 그에 바탕을 둔 환경주의를 전달할 수 있는 작가들—에게는 특별히 불굴의 용기가 요구되었다. 자메이카 킨케이드가 단가렘바의 소설에 기술된 정원을 언급한 것은 전혀 우연이 아니다. 그녀는 그 정원을 자신이 헨리 제임스(Henry James)의 책에서 만난 정원들과 비교했다.[55] 킨케이드가 원예에 관해 다룰 때, 상류 지배층의 유럽식 관례에 너무 익숙해 있는 제임스를 낯선 시선으로 바라보고 있음을 우리는 알아차릴 수 있다. 카리브해 지역 출신의 귀화한 미국인 킨케이드는 단가렘바의 캐릭터와 연대를 구축함으로써, 그녀를 상상 속의 공동 음모자로 선택함으로써 제임스가 소개한 정원에 맞섰다. 그 정원 식물들에 대한 문학적 묘사의 친숙함에도 불구하고 그것은 노동하는 빈자들의 토지관과는 동떨어진 이들이 주로 쓴 문학에서 흔히 볼 수 있는 그런 유의 정원이었다.

앤티가 출신의 미국인 에세이스트(킨케이드—옮긴이)와 가상의 짐바브웨인 캐릭터(탐부—옮긴이)가 이렇게 서로 이어지는 장면은 예측 불가의 상상적 관련성, 그리고 서로 동떨어져 있는 존재들 간의 우연한 조우를 보여준다.[56] 이 장면은 좀더 넓게 문학 등 문화적 형식을 띤 아래로부터의 세계화 영역에 관여하는 문화 간 번역(cross-cultural translation)의 역학을 말해준다. 우리는 이 같은 과정이 작동하는 사례를 사로위와, 마타이, 시쿠 멘지스(Chico Mendes), 마하트마 간디 같은 활동가들이 지리적으로 멀리 떨어진 곳에서 전개되는 투쟁을 위해 우화적 역량을 발휘하는 방식에서 찾아볼 수 있다. 예를 들어 사로위와 처형 10주년 기념일에, 예부터 가난한 이들이 모여 사는 아일랜드 서부의 마요

(Mayo) 카운티에서 반셸(anti-Shell) 활동가들이 사로위와를 그린 거대한 벽화의 덮개를 벗겼다. 죽은 사로위와는 셸에 맞선 지역 투쟁에서 초국가적 상징으로 떠오른 인물이다. 그 벽화에는 게일어로 번역한 사로위와의 시, 그리고 그와 함께 처형된 8명의 오고니족(Ogoni) 이름이 적혀 있었다. 주거 지역 가까이에 정유 시설을 세우려는 셸의 계획에 맞서 비폭력 투쟁을 펼쳐온 활동가들, 즉 이른바 로스포트 파이브(Rossport Five)를 투옥시킨 데 격분한 어느 아일랜드 공동체에서 일어난 일이다. 해안의 시추 지점과 내륙의 정유소를 잇는, 유출 위험이 큰 파이프라인이 건설될 예정이었다. 그러면 나이저강 삼각주(Niger Delta)에서처럼 조간대의 생태에 기대 살아가는 농민·어민 공동체의 생계와 그곳 거주민의 건강이 위기에 몰릴 터였다.[57]

애나 칭(Anna Tsing: 미국 캘리포니아대학교 샌타크루즈 캠퍼스의 인류학과 교수—옮긴이)도 비슷한 발언을 했다. 수하르토 이후 인도네시아에서 시쿠 멘지스의 이야기가 풀뿌리 활동가들에게 유연하고 통찰력 있는 선례로서 지역적 필요를 위해 새로 소환되었다는 내용이다. 역시나 인도의 칩코 운동(Chipko movement: 인도 여성들이 숲의 남벌을 막기 위해 나무를 껴안고 떨어지지 않는 전술을 이용해 벌인 운동—옮긴이)에 활력을 불어넣은 트리허거들(tree-huggers: 나무 껴안기 활동가들—옮긴이)이 세계적 기업 세력의 산림 벌채에 맞선 저항 이야기를 통해 인도네시아의 환경 논의에 뛰어든 것도 같은 맥락이다.[58] 인터넷과 핸드폰이 폭넓게 보급되기 전에조차 이런 우화들이 널리 퍼져나갈 수 있었던 것은 여행하는 환경주의자와 작가-활동가들에 힘입은 결과다. 그러한 인물을 대표하는 이가 바로 반다나 시바(Vandana Shiva)다. 그녀는 칩코 운동을 에코페미니즘적으로 해석함으로써 그 운동이 반세계화 환경 운동 세력과 비정부 기구

그림 1 아일랜드의 마요 카운티에서 셸에 맞선 아일랜드 활동가들이 캠페인에 사용하기 위해 내건 켄 사
로위와 벽화. 게일어로 번역한 그의 시 일부, 그리고 1995년 11월 10일 나이지리아 군부에 의해 처형된 8명
의 오고니족 활동가들 이름이 적혀 있다. 위키미디어 커먼스(Wikimedia Commons)의 허락을 받아 재게
재했다.

들 사이에 널리 퍼지도록 영향을 미쳤고, 그에 따라 국제적 자금 지원
과 논쟁의 성격을 재규정하는 데 기여했다.

　이러한 선례들은 상징적 인물을 통해서든 전체 사회 운동을 통해서
든, 세계화한 세력들이 저지른 느린 폭력을 불공평한 싸움 속에서 '이
해'하고 피할 수 있는, 아니면 적어도 지연시킬 수 있는 희망과 지혜를
제공해준다. 또한 우리가 가시적·비가시적인 것과 관련한 정치학에
관심을 기울이도록 도와준다. 이는 환경 정의 운동, 그리고 그 운동과
연대한 작가-활동가들이, 긴급한 현재에든 장기간에 걸쳐서든 전략적
으로 가시성의 균형을 바꾸고, 계급·젠더·인종·종교의 불평등을 더
욱 악화하는 시간적 무관심에 맞서려 한 결과다.

환경인문학과 에지 효과

현장생물학자들은 인접한 식생 공동체 사이에 놓인 전이 지대—가령 초원 지대와 습지 지대의 경계 지역—의 특색을 표현하기 위해 "이행대(ecotone)"라는 용어를 고안해냈다. 이러한 전이 지대에서는 흔히 분명하게 구별되는 조건을 필요로 하는 생명체들이 만나고 상호 작용한다. 이행대는 이른바 에지 효과(edge effects: 두 생물 군집의 전이 지대에서 생물 개체의 종류와 수가 불어나는 현상—옮긴이)를 낳으므로 새로운 가능성을 지닌 환경을 제공할 수도 있고, 어떤 종에게는 새로운 위험으로 다가갈 수도 있다. 대학이라는 공간에서도 과거에는 서로 별개이던 학문 분야들의 경계 지역에서 서로 융합하는 분야가 급증함에 따라 에지 효과가 증가하는 현상을 목격할 수 있다. 그곳은 때로 역동적인 새로운 조합을 만들어내기도 하지만, 때로 한쪽의 관점에만 의존하거나 서식지 분할(habitat fragmentation)에 의한 피해를 초래하기도 한다. 생물학적 이행대에서와 마찬가지로 학계 이행대에서도 우리는 수많은 생명 형태가 몰려들지만 적응력이 모자란 특수 생물종은 희생되는 현상을 목격할 수 있다.

특수성이 덜한 환경 부문에서 인문학은 얼마나 적응력을 발휘하는 것으로 드러날까? 특히 학자들은 서식지 분할이 점차 만연해지는 지적 환경에서, 어떻게 창의적으로 다른 학문 분야들과의 연결 통로를 찾아낼 수 있을까? 분명 환경인문학은 역동적 국면에 접어들고 있다. 구래의 환경사학 분야는 최근 문학 연구에 관한 생태 비평 영역과 만났다. 문학 연구자들이 환경인문학, 그 너머의 환경 연구 전반에 기여할 수 있는 바와 관련해 우리는 지금 중대 전환점에 서 있는 듯하다.

우리는 결정적 선택을 앞두고 있다. 우리가 인문학·사회과학·자연과학의 에지(edge, 가장자리)에서 싹트는 변혁적 가능성을 꾀하려 애쓰듯 학자와 작가들도 다른 분야에 손을 뻗치고 있는 데 따른 결과다. 로런스 뷰얼(Lawrence Buell: 하버드대학교 미국문학 교수—옮긴이), 와이 치 디목(Wai Chee Dimock: 예일대학교 영어 및 미국학 교수—옮긴이), 우르술라 하이즈(Ursula Heise: UCLA 영문학 교수—옮긴이) 같은 영향력 있는 환경 문학 비평가들은 문학환경주의와 과학(예컨대 혼돈 이론과 회복생태학의 기초를 이루는 전제들을 중심으로 하는)을 혁신적으로 관련짓기 시작했다.[59] 하지만 환경 문학 연구와 사회과학 간의 창조적 가교 작업, 활발한 간학문적 가능성은 여전히 지지부진하거나 미실현 상태로 남아 있다.[60] 이러한 가능성을 알아차리는 것은 다소 늦은 감이 있지만 꼭 필요한 일이다. 나는 그 목표를 위해 이어지는 장들에서 그 관련성을 강화하고자 노력했다.

그러기 위해 페르난도 코로닐(Fernando Coronil: 베네수엘라의 인류학자—옮긴이), 앨 게딕스(Al Gedicks: 미국의 환경 및 토착민 권리 운동가—옮긴이), 라마찬드라 구하, 애드리아나 페트리나(Adriana Petryna: 미국 펜실베이니아대학교 인류학 교수로 '생물학적 시민권'이라는 용어를 주창했다—옮긴이), 애나 칭, 그리고 마이클 와츠 같은 인류학자·지리학자·정치학자·사회학자들이 진행한 환경 연구를 활용했다. 또한 우리 시대의 앞서가는 진보적인 공적 지식인들의 저작에서도 영감을 얻었다. 그중 몇 사람만 열거하자면 존 버거, 마이크 데이비스(Mike Davis: 미국의 작가, 정치 활동가, 도시 이론가 및 역사가—옮긴이), 에두아르도 갈레아노(Eduardo Galeano: 우루과이의 언론인이자 작가—옮긴이), 나오미 클라인(Naomi Klein: 캐나다의 작가, 사회운동가이자 영화 제작자로 기업의 세계화와 자본주의에 대한 정치적 분석 및 비판으로 유명하다—옮긴이), 조지 몬비엇(George Monbiot: 환경 및 정치 운동에 열정적인 영국 작가—옮긴이), 그리고 리베카 솔닛(Rebecca Solnit: 미국의 저술가, 비평가, 역사가, 여권 운동가. 1980년대부터 환경·반핵·인권 방면에서 다양한 현장 운동에 참여해왔다—옮긴이) 등이다. 그들은 하나같이 열정적 소통의 의지를 지닌 채 제국, 신자유주의, 환경주의, 사회 정의의 경계 지대에서 발생하는 초국가적 문제에 관심을 기울였다. 따라서 나는 먼저 우리가 사용할 수 있는 간학문적 방안을 확장하고, 이어서 (작가들이 세계적으로 긴급한 이슈들에 대해 증언하면서 동원할 수 있는) 더없이 다양한 공적 언어 사용역(registers)에 관한 감각을 살려두고자 애썼다.

문학 연구가 세속적 관심사와 분리될 때 우리는 흔히, 역사와 무관한 철학에 대한 지나친 고려, 그리고 그에 수반하는 역사에 무관심한 공식주의(미학 연구를 문학 연구자의 가장 분명한 소임으로 간주한다)를 목격하곤 한다. 사회 변화와 권력의 문제는 형식의 문제로 투영되고, 따라서 단절(rupture), 아이러니, 브리콜라주(bricolage: 미술 용어로, 도구를 닥치는 대로 써서 만드는 기법—옮긴이) 같은 공식적 범주가, 앤 맥클린톡(Anne McClintock: 짐바브웨에서 태어나 어렸을 때 남아프리카공화국으로 이주했고, 거기서 반아파르트헤이트 운동에 참가했다. 작가, 페미니스트 학자, 공적 지식인으로서 젠더·인종·제국주의·민족주의에 관한 이슈를 널리 발표했다—옮긴이)이 말한 이른바 "형식에 관한 맹목적 숭배(a fetishism of form)"를 통해 득의양양한 행위체 역할을 떠안는다.

문제는 담론과 관련한 내적 균열 속에서 행위체를 찾아내는 것이 충분한지 여부다. [여기에] '형식에 관한 맹목적 숭배'의 위험이 있다. 역사적 행위체를 저만의 생명력을 부여받고 의인화한 공식적 관념에 투영시킬지도 모를 위험이다. 결국 관념이 역사적 행위자가 된다. 즉 담론은 식민주의의 종말을 보장하지만, 다른 한편 그것을 바라고 꿈꾸고 그와 관련한 작업을 전개한다. 그 과정에서 인간들 간의 사회적 관계는 형식들 간의 구조적 관계로 변질되는 듯하다. 이를 가능하게 하는 것이 역사적 변화니 사회적 행동주의 같은 너저분한 문제를 효과적으로 제거해주는 '형식에 관한 맹목적 숭배'다.[61]

이러한 우려는 문학적 형식이며 사회환경적 변화의 형식과 환경행동주의의 관계에 직접적으로 영향을 끼친다. 결정적으로 우리는 환경 연구자로서 어떻게 하면 정치적 행위체 및 역사적 변화와 관련한 문제를 가장 중요한 것으로 만듦으로써, 특수한 지식을 (환경 정책을 구체화하는 곳이자 저항 운동이 일어나는 곳인) 좀더 넓은 공적 세계와 연관 지을 수 있을까? 이 책에서 나는 작가들이 문학적 증언력과 상상력을 이용해 비문학적 사회 변화 세력에 동참하는 그 같은 장소들을 조명한다. 또한 사회적 행위체를 의인화하고 이상화한 형식 속에 옮겨놓기보다 형식에 대한 관심은 하나같이 제휴(작가와 환경 정의 운동 간의 제휴 포함) 문제에 천착해야 한다고 주장한다.

따라서 느린 폭력, 빈자의 환경주의, 그리고 작가-활동가의 역할에 대해 본격적으로 다룸에 있어 나는 제국, 외교 정책, 저항에 관한 성찰을 미학적 전략과 통합하고자 노력했다. 생태 비평이 환경 연구에 기여한 것이라고는 미학과 관련한 것뿐이고, 형식에 대한 주목이야말로 환경 문학 연구자들에게 딱 맞는 것이라고 주장하는 이들도 더러 있다.[62] 하지만 미학을 특정 영역으로 따로 구분하고, 문제 되는 그 형식들에 생명력을 부여하는 좀더 광범위한 사회정치적, 환경적 맥락으로부터 떼어내게 되면 위험이 따른다. 내게는 이처럼 중요한 미학적 관심을 어떻게 사회환경적 변혁과 연관 짓느냐가 훨씬 더 벅찬 과제처럼 보인다. 분명 장르 연구는 미학적 형식과 사회환경적 변화 간의 복잡한 접점에 관한 탐구에서 주된 부분으로 남아 있다. 와이 치 디묵과 로런스 뷰얼이 간명하게 주장한 대로, "환경 저술에서 감정의 중요성은 로컬과 글로벌 간 가역적 위계에서의 전환점—일종의 스위치 기제(switch mechanism)—으로서 장르 역할을 돋보이게 한다".[63] 실제로 신하와 로이에서 무니프와 사로위와에 이르는, 가장 강력한 초국가적 환경 저술 가운데 일부는 바로 그 같은 전환점에서 싹텄다. 장르가 외교 정책, 국민국가의 폭력, 그리고 지역의 자원 반란을 기발하게 중재한 지점이다.

탈식민주의와 초강대국의 편협주의

생태 비평적 전환에서 가장 야심 차고 영향력 있는 인물은 뷰얼과 하이즈다. 그들은 문학 연구와 환경인문학의 우선순위를 좀더 광범위하게 재규정한 혁신적 작업을 엄정하고 폭넓게 진행한 데 대해 특별히 공을 인정받을 만하다. 뷰얼과 하이즈는 둘 다 전문 지식이며 성향으로 볼 때 친미적 연구자다. 나의 배경, 그리고 그에 따른 나의 접근법은 그들과 다소 차이가 있다. 말하자면 나는 탈식민주의 연구 분야에서 지적으로 훈련받았고, 따라서 그들 작업의 가장자리를 형성하는 '어딘가 다른 곳들(elsewheres)'이 나의 가장 중요한 지적 탐구 대상이다.[64]

탈식민주의 관점에서 볼 때, 환경 문학 연구의 가장 놀라운 특징은 미국의 외교 정책—특히 오늘날의 제국주의적 관행과 관련해—이 환경에 끼치는 해악을 나 몰라라 하는 경향성이었다. 필시 이러한 실패는 문학 연구에만 국한하지 않으며, 좀더 넓게는 환경인문학을 괴롭혀왔다. 라마찬드라 구하는 한편으로 환경사가들이 이룩한 획기적 작업을 칭찬했지만, 다른 한편으로 그들이 미국의 환경적 관례가 초래한 초국가적 파급력을 탐구하는 데 게을렀다고 탄식했다. 그와 마찬가지로 미국-사우디의 석유 정책을 연구하는 저명 사학자 로버트 비탈리스(Robert Vitalis)는 "미국의 역사 전공자들은 미국의 개입주의와 관련해, 유럽 제국주의에 관한 '새로운 사회사'에 견줄 만한 의미 있는 학문적 전통을 아직껏 만들어내지 못하고 있다"[65]며 아쉬움을 드러냈다. 실제로 만약 그레그 개러드(Greg Garrard)가 2004년 주장한 대로 "세계화와 생태 비평의 관계를 거의 드러내지 못했다 할지라도" 우리는 미국의 외교 정책을 둘러싼 생태 비평적 침묵이 유별났다는 사실을 강조할 필요가 있다.[66] 내가 이 책 마지막에서 탐구한 바와 같이 미국의 환경문학 연구에서 초월주의(transcendentalism: 눈에 보이는 사물을 상상력으로 직관할 수 있는 초월적 세계에 대한 상징으로 보면서 상상력에 우위를 부여하는 세계관—옮긴이) 접근법이 일반적으로 초국가주의(transnationalism) 접근법을 능가한 까닭은 무엇일까?

우리는 이제 환경인문학이 글로벌 사우스의 빈자들에게 미치는 미제국주의의 영향력을 포함하는 방향으로 서서히 나아가기 시작했음을 보여주는 신호를 접하고 있다. 비탈리스의 책《미국의 왕국: 사우디 석유의 프런티어에 관한 신화 만들기(America's Kingdom: Mythmaking on the Saudi Oil Frontier)》(2008)가 빼어난 예다. 또한 엘리자베스 덜러프리(Elizabeth DeLoughrey: UCLA 영어과 교수—옮긴이)가 최근 태평양에서의 미국 핵 식민주의 문학에 대해 쓴 강력한 에세이, 수지 오브라이언(Susie

O'Brien: 캐나다 온타리오주 해밀턴에 위치한 맥마스터대학교의 영어 및 문화연구학 교수―옮긴이)이 미국과 멕시코 국경 지대에서의 환경적 유산, 원주민의 식량 안보, 식민주의에 관해 쓴 글들, 그리고 파블로 무케르지(Pablo Mukherjee)가 인도의 환경 문학을 다룬 획기적이고 유물론적인 저술들도 대표적 예다.[67] 하지만 이처럼 지극히 중요한 시도들에도 불구하고 미국에서 환경인문학은 여전히 국내에 국한한 상태로 남아 있다. 기껏해야 국제적 관심사를 약간 건드리는 정도에 불과한데, 그럴 때도 미국의 외교 정책이 환경에 끼치는 악영향을 똑바로 다루는 경우란 거의 없다. 이로써 비단 학문적 편협주의(parochialism)뿐만 아니라 좀더 넓게 이른바 초강대국의 편협주의까지 위기에 처했다. 초강대국의 편협주의는 미국의 배타성과 신자유주의 시대의 가장 강력한 제국으로서 미국의 힘(비미국인, 특히 지리적으로 멀리 동떨어져 있지만 미국 외교 정책의 작용 영역에 극히 취약한 존재로 남아 있는 가난한 비미국인의 삶과 생태계를 파괴할 수 있는 힘)이 가세한 결과다.

분명 미 제국은 역사적으로 가변적인 세력이었다. 그것은 단일체가 아니고, 끊임없이 변화하는 내부 균열을 겪는다. 더욱이 미국은 오래전부터 세계화했고 지금은 점점 더 세계화하고 있다. 그에 따라 불안정성과 불평등이 수반되는 중이다. 미국이 가령 기후 변화의 역유입을 통해 세계화의 지배를 받는다고 주장할 수도 있지만, 미국의 세계적 야심과 정책이 국제적으로 사회환경적 풍경에 불균형한 영향을 준다는 것은 분명한 사실이다.

공간적·시간적 규모의 거대한 차이를 극복하면서 사고해야 하는 생태 비평가들―그리고 더 넓게 보아 문학 연구자들―은 글로벌 세력과 로컬 세력의 상호 교류에 의거해 스스로의 분석을 틀 지운다. 이러한 분석에서 (특정 미학적 전략과 연결되는 하나의 양식으로서) 세계시민주의 (cosmopolitanism)는 공간적·시간적 규모의 양극단을 이어주는 작업을 상당 부분 수행한다. 비평가들이 정밀 조사를 한층 덜 벌이는 부분은 무엇보다 마이크 데이비스가 말한 이른바 "세계의 최하 잔적층 (global residuum)"[68]에게 나쁜 영향을 끼치는 중재 세력으로서 국가-제국의 역할이다. 데이비스가 떠올린 이미지는 도발적인 것으로, 신자유주의적 불평등에 의해 가장 큰 타격을 입는 쓰레기 집단, 잉여 인간 (remaindered humans) 같은 용어를 생각나게 한다. 설사 기업형 언론에서 인간성을 말살당한 그들 집단이 여전히 생기를 잃지 않은 채 살아 있으며 더러 뜻하지 않은 방식으로 저항을 일으키기는 하지만 말이다. 실제로 풀뿌리 반세계화와 빈자의 환경주의가 자양분을 얻는 것도 바로 이 쓰레기 집단에서다.[69]

우리는 미국의 작가·학자·환경주의자로서 어떻게 지속 불가능한 우리의 소비지상주의, 그리고 지난 30년간 실시된 미국 주도의 신자유주의 경제 정책이 세계적으로 환경에 해악을 끼치면서 불붙은 외주화 분쟁에 좀더 창의적으로 관심을 기울일 수 있을까? (군국주의가 환경에 가하는 막대한 비용은 특히 부담스럽다. 2009년 미국의 군비 지출은 세계 군비 지출액을 모두 합한 것의 약 46.5퍼센트에 달했고, 미국 뒤를 잇는 14개국의 군비 지출액을 모두 합한 것보다 10퍼센트나 많았다.)[70] 더군다나 우리는 어떻게 우리의 비대해진 소비지상주의와 군국주의가 지리적·시간적으로 동떨어진 채 살아가는 사람들의 삶의 전망에 미치는 영향에 주목할 수 있을까? 느린 폭력이 장기적으로 서서히, 세계 빈자들이 다가오는 수세대 동안 의존해야 하는 생태계—도시 지역이든 시골 지역이든—에 스며들고 있을 때 말이다. 다시 말해 우리는 어떻게 공간적·시간적 의미에서 이익은 사유화하고 위험은 사회화하는 신자유주의의 기본 공식을 재고해볼 수 있을까? 그리고 어떻게 사회화한 위험이 아직 태어나지도 않은 존재들에게 떠넘겨지도록 만드는 완강한 힘을 인식할 수 있을까?

제국들은 이 지구 행성의 드넓은 지역에 영향을 끼치고 있지만 정작 그 제국의 대중은 그 사실을 제대로 인식하지 못하며, 그에 영향받는 장소 상당수의 존재 자체를 의식조차 하지 않는다. 이것이 바로 널리 만연한 제국의 실태다. 미국인 가운데 자국의 군국주의와 30~40년 전 가령 앙골라나 라오스에서 결정한 외교 정책이 사회환경에 시종 나쁜 영향을 끼치고 있다는 사실을 인식하는 사람이 과연 몇이나 될까? 그 국민국가들이 지도상에서 어디 위치하는지 알고 있는 미국인은 또 얼마나 될까? 미국의 외교 정책 권력과 일반인의 인식 간 간극은 조지 래밍(George Lamming)의 충격을 떠오르게 한다. 그는 1950년대 초 영국에 도착했을 때 자신이 만나본 런던인 대다수가 그의 고국 바베이도스(Barbados: 카리브해 제도의 국가—옮긴이)에 대해 한 번도 들어본 적이 없고, 모든 카리브해 지역 출신 이주민을 싸잡아서 "자메이카인"이라 부르는 사실에 커다란 충격을 받았다.[71]

내가 초강대국의 편협주의라 부르는 것은 미국예외주의(American exceptionalism) 신화, 그리고 (미국의 교육 제도와 전국 언론에서의) 외국, 특히 외국 역사(설사 그것이 미국의 이해와 깊이 결부되어 있을 때조차)에 대한 장기적 무관심에서 비롯되었다. 따라서 초국가적 느린 폭력이 제기하는 표현의 과제를 감안할 때, 우리는 외국 역사에 관한 미국의 무관심이 다른 지역에서 발생하는 지속적 환경 피해를 감추는 데 어떤 역할을 해왔는지 질문해볼 필요가 있다. 제국들은 하나같이 세계적 권력과 세계적 지식 간에 극심한 불일치를 드러내고 있다. 따라서 우리는 미국이 스스로를 젊고 진취적인 나라(뒤를 돌아보기보다 앞을 내다봄으로써 번영을 꾀하는 나라)로 인식하는 바람에 계속 진행 중인 느린 폭력에 대한 사회환경적 책무를 지니기가 한층 어려워졌다는 사실에 주목해야 한다.[72]

물론 규제되는 국내 환경과 규제받지 않는 해외 환경 간의 비대칭적 관계를 통해 이득을 얻는 것은 비단 미국에만 국한하는 현상이 아니다. 하지만 제2차 세계대전 이후, 미국은 세계의 규제 기조를 자국에 유리하게 만들기 위해 독보적 힘을 행사해왔다. 윌리엄 피네건(William Finnegan: 〈뉴요커〉의 고용 작가이자 기고가. 《바바리안 데이즈(Barbarian Days)》로 2016년 퓰리처상을 수상했다—옮긴이)이 '워싱턴 합의(Washington Consensus: 미국과 세계 금융 자본이 미국식 시장 경제 체제를 개발도상국에 이식하기 위해 이뤄낸 합의. 1990년 미국 국제연구소(IIE)가 남미 국가들의 경제 위기에 대한 해법으로 제시한 세제 개혁, 무역, 투자 자유화, 탈규제화 등 10가지 정책이 골자다—옮긴이)'와 관련해 지적한 바와 같이 "우리는 세계를 다국적 기업에 안전하도록 만들고 있지만, 그렇게 해서 그들이 거둔 이익을 돌려줄 생각이 있는지는 전혀 분명치 않다".[73] 돌려주지 않은 이익은 특히 글로벌 사우스의 가난한 공동체에 과도한 압박을 가했다. 그들은 브레턴우즈 제도(세계은행과 국제통화기금), 세계무역기구(WTO), 그리고 G8(지금의 G20)에 맞서 환경 정의를 요구해야 했다. 미국은 그 같은 체제에 불균형할 정도로 많은 영향력을 행사해왔다. 그뿐만 아니라 미국은 막강한 보존 관련 비정부 기구(걸출한 기관 몇 개만 열거하자면 국제자연보호협회(Nature Conservancy), 세계야생동물기금(World Wildlife Fund), 국제보존협회(Conservation International))를 통해서도 영향력을 키워왔다. 이 기관들은 오랜 역사에 걸쳐 미국식이나 유럽식 보존 의제를 밀어붙이기 위해 지역민이 맺고 있는 환경과의 관련성을 무시해왔다. 분명 이처럼 비대칭적 힘의 수혜자는 미국의 기업과 초국가적 기업, 비정부 기구, 그리고 흔히 저개발국이나 개발도상국의 권위주의 정권과 결탁한 선진 부국의 정부들이다.

하지만 자원 전쟁에서 이미지·관용구·내러티브는 그 자체로 예측할 수 없기는 하나 막강한 자원이다. 그 자원은 어디서 기원한 것이든 빈자의 환경주의를 증진하는 데 도움을 준다. 내가 켄 사로위와와 왕가리 마타이를 조명한 장들에서 강조한 대로, 주로 서구에서 (그리고 흔히 개인적으로 미국을 접한 경험을 통해) 빌려온 환경 정의 담론은 지역의 담론 전통과 뒤섞이게 마련이고, 이렇게 융합한 형태에서 전략적 자원으로 다시 활용된다. 초국가적 혼합은 불안정한 모습으로 드러날 수도 있지만, 가난한 이들이 국제 무대에 등장해 이야기를 들려주느라 안간힘을 쓰며 치르는 불평등한 전투에서 의미심장한 힘으로 떠올랐다. 이같은 혼합 담론은 사회환경 투쟁에 상징적 의미를 부여했다. 만약 그런 게 없었다면 종잡을 수 없는 지역 분쟁으로 치부되고 말았을 그들의 주장에 부자 나라 언론이 좀더 귀를 기울이게 해준 것이다. 다시 그러한 국제적 주목은 국민국가에서 그 운동이 가시성을 띠도록 도움으로써 그것을 보호해주는 효과를 낳았다. (물론 폭력적 반격이 수반되는 경우도 더러 있었지만.) 앨 게딕스가 세계적 자원 반란자라 부른 이들 사이에서 널리 확산하는 혼성 환경 정의 담론은 사우스-사우스 연대와 사우스-노스 연대를 구축하는 데서 결정적인 것으로 드러났다. 특히 스스로가 유사한 위협(그것이 가령 거대한 수력 발전 댐이든 유독성 광미(鑛尾: 폐광 찌꺼기—옮긴이)든)에 맞서 싸우고 있다는 사실을 발견하게 된 이들의 경우에서는 더욱 그러했다.[74]

더군다나 전략 수사적 공통 기반을 개발하는 일은, 그것이 제아무리 취약한 것이라 해도, 인간을 혐오하는 부유한 생태식민주의자들(eco-colonialists) ―이들은 협소하게 정의된 환경주의에 적대적일 거라 여기며 제3세계 사람들과 대치하고 있다―에 대한 자동적이고 반사적인 반대를 뛰어넘으려는 노력에서 더없이 소중한 것으로 드러났다. 박탈당한 사람들은 유동적 환경 정의 수사에 대한 권리를 주장함으로써, 세계화 물결 속에서 아래로부터 자기 모습을 드러내고 자기 목소리를 내는 행위체가 될 수 있다. 작가-활동가들이 주되게 기여하는 부분이 바로 이처럼 권리를 박탈당한 자들이 초국가적으로 모습을 드러내고 목소리를 키우는 탐색 과정이다.

더 넓은 세계로부터 한발 빼는 협소한 문학 연구에 빠지지 않도록 주의하려면 활발한 탈식민주의적 참여 전통이 촉발한 급진적 에너지를 인식해야 한다. 탈식민주의라는 용어의 장단점에 관한 논쟁은 이제 널리 확대되고 있다. 따라서 그 논쟁을 반복함으로써 얻을 수 있는 가치는 별로 없다.[75] 그렇지만 대단히 통렬한 형태의 탈식민주의 연구는 내게 제국주의가 부활하는 시대―어느 때는 규제받지 않는 노골적 약탈을 통해, 어느 때는 개발 의제의 연막에 가려진 채, 신자유주의적 질서가 환경에 파괴적 영향을 끼치면서 점차 늘어나는 슈퍼 부자 계급과 지구 행성에서 살아가는 30억 극빈자 계급의 간극을 더욱 벌려놓는 시대―에 더없이 소중하게 여겨진다. 실제로 글로벌 사우스에서는 자원 추출의 공식적·비공식적 군사화, 그리고 준(準)군사적 보존 관행 탓에 분쟁이 더욱 광범위하게 이어지고 있다. 이처럼 환경을 둘러싸고 전개되는 분쟁은 신자유주의 아래 지속 가능한 생존 가망성이 줄고 한계 상황에 내몰리는 상태와 불가분의 관계를 지닌다. BP, 엑손모빌(ExxonMobil), 셸, 프리포트 맥모란(Freeport McMoran), 월마트(Walmart)

같은 초국가적 거대 기업은 부유한 나라들에서 위장환경주의를 설파함으로써 영예로워질 수 있음을 깨달았다. 고결한 광고 캠페인을 전개함으로써, 비정부 기구와 대학에 전략적으로 기부함으로써, 자신들의 경영 관행이 초래한 느린 폭력에 맞서 증언할 소지가 있는 과학자를 매수하거나 겁박함으로써, 그리고 우리의 섬세한 행성을 관리하는 훌륭한 청지기 정신(stewardship)을 부각하는 세련된 언사를 통해서 말이다. 그래 놓고 그들은 정작 지구 행성을 향해서는 상대적으로 더 가난하고 규제가 덜한 사회—부국의 기업형 언론이 보기에 눈에 띄거나 인정할 만한 가치가 거의 없는 사회—를 파괴함으로써 이윤 추구 행위를 이어가고 있다. 가난한 이들의 생존에 대한 이 같은 공격에 가세하는 세력이 있는데, 바로 업계 로비스트들이다. 그들은 한편으로 위장환경주의를 표방하고, 다른 한편으로 무역 조건을 더욱 왜곡하기 위한 활동을 펼친다. 가뜩이나 취약한 환경권, 노동권, 인권, 경제 규제조차 자신들이 (자유 시장보다) "더 자유로운(freer)" 시장을 구축하는 데 방해가 된다고 보고 약화시키는 것이다. 한마디로 거대 석유 회사 및 그와 동맹 관계인 초국가 기업들은 환경과학이나 환경 정책과 관련해 제게 이로운 인식을 형성하는 아이콘과 스토리를 제조해내는 데 강력하고도 열성적인 선수들이다.

나는 이런 상황을 바탕으로 널리 받아들여지는 가정, 즉 탈식민주의 연구가 행한 모든 것이 언제나 아무 손실 없이 좀더 야심 차고 당대에 어울리는 듯 들리는 글로벌 연구에 흡수될 수 있다는 가정에 의문을 제기하려 한다. 중간 사이즈의 탈식민주의 연구와 슈퍼 사이즈의 글로벌 연구를 곧바로 맞교환할 수 있다는 생각은, 너무도 흔하게 가장 강력하던 때의 탈식민주의 저작들에서 두드러진 특징인 적대적 통렬함과 신랄함의 둔화를 수반한다. 세계 문학 연구는 너무 다양해서 한두 마디로 특징을 규정하기 어려운 풍부하고 역동적인 분야가 되었다. 하지만 나로서는 문학 연구에서 세계 문학으로의 범주 전환이 더러 유물론적 탈식민주의 연구가 특히 중시한 반제국주의적 관심사에 주목하지 못하도록 하는 쪽으로 귀결되곤 한다는 점이 다소 우려스럽다. 분명 우리에게는 탈식민주의가 전통적으로 담당하던 영역 이외 분야를 초국가 관점에서 본격적으로 다루는 학문적 연구와 가르침이 필요하다. 하지만 그렇게 하는 데서 정치적 후퇴에 의해 표면상의 지리적 이점이 훼손되지 않도록, 그리고 신자유주의적 폭력—특히 느린 폭력—을 성급하게 "세계적 흐름(global flows)"이라는 완곡어법으로 얼버무리지 않도록 조심해야 한다. 강의실 안에서도 그 너머에서도, 우리는 지나치게 세계화에 열광하는 치어리더들에게 도전해야 한다. 실제로 반세계화를 표방하는 공적 지식인들—몇 명만 예로 들자면 마이크 데이비스, 나오미 클라인, 아미타바 쿠마르(Amitava Kumar: 미국 배서 칼리지(Vassar College)의 영어과 교수로 작가이자 저널리스트다—옮긴이), 앤드루 로스, 아룬다티 로이—이 벌이는 활동에서 가장 흥미로운 점은 탈식민주의의 비판적 에너지는 받아들이되 그 분야의 지리적·분석적 한계는 뛰어넘었다는 사실이다.

이러한 비판적 운동들이 직면한 주요 과제 가운데는 규모(scale)와 관련한 것도 있다. 즉 우리는 어떻게 상상력을 통해, 그리고 전략적으로 시간적·지리적 거리로 인한 희석 효과에 맞서 상호 관련성이라는 광대한 작용 영역을 가시화할 수 있는가? 이는 우리가 느린 폭력의 초국가적 악영향과 세대에 걸친 악영향을 지속적으로 이해하고자 할 때 반드시 답해야 하는 질문이다. 이렇듯 지리적 규모에서 사고하는 것은—시간적 규모는 차치하고—벅찬 일처럼 보일 수도 있다. 실제로 웬들 베리(Wendell Berry)는 그 같은 대규모 접근법이 저하 효과를 낳을 수 있다며 이렇게 경고했다. "'전 지구적(planetary)'이라는 형용사로 어떤 문제를 기술하면 그것은 풀 수 없는 문제라는 뜻이 되고 만다. …… 우리가 정확하게 기술하는 문제들은 모두 사적이고 작은 것이다."[76] 그러나 나는 환경과 관련해 사적 책임감도 중요하지만, 해법을 사적이고 작은 것으로 국한하면 행위체로서 감각이 건설적으로 성장할지는 몰라도 불분명하게 얼버무리고 마는 결과를 낳는다고 생각한다. 전 지구적 문제—그리고 초국가적·국가적·지역적 문제—는 책임 있는 개인들의 집단적 행동으로는 결코 해결할 수 없다. 제도적 행위(그리고 제도화한 무행위)는 환경적 결과에 심대한 영향을 끼친다. 그것을 가장 잘 보여주는 것이 바로 기후 변화와 관련한 부분이다. 한마디로 만약 잘 이행되고 있는 초국가적 합의에 의해 뒷받침되지 않는다면 그 어떤 집단화한 윤리적 행동도 온전히 힘을 발휘할 수 없다.

느린 폭력과 의혹의 생산

무행위 세력은 주머니가 두둑하다. 환경행동주의자들은 자금이 넉넉하고 잘 조직된 이익 단체들과 부딪친다. 그 단체들은 느린 폭력이라는 과학을 둘러싸고 의혹의 문화를 생산 및 유지하는 데, 그에 따라 특히 장기적 기후 변화의 영향력을 통제하는 정책의 시행을 지연하는 데 막대한 투자를 한다. 엑손모빌과 필립 모리스(Phillip Morris)가 이끄는 거대 석유·광산·담배 회사 연합체는 그간 수많은 의혹 확산자들을 끌

어모았다. 로비스트, 정치 컨설턴트, 루퍼트 머독(Rupert Murdoch: 오스트

레일리아계 미국인으로 기업인이자 언론인. 대표적인 글로벌 미디어 거물로 꼽힌다—

옮긴이) 같은 미디어 부호 계급, 우익 싱크탱크, 페이스북에서 활동하

는 가짜 시민 단체, 비(非)기후과학자가 쓴 기후과학에 관한 학문적 리

뷰, 사이비 과학 웹사이트, 그리고 거대 석유·광산·담배 회사에 유리

한 결론을 제시하고 이를테면 기후과학의 불확실성(담배의 경우 간접흡연

에 따른 발암 위험의 불확실성)을 지지하는 대가로 자금을 지원받는 대학이

대표적 의혹 확산자다.[77]

　기후과학자들 사이에서는 기후 변화가 실제로 일어나고 있으며, 인

간이 일으키고 있고, 점차 진행 속도가 빨라지고 있으며, 지상에서 살

아가는 인간과 비인간 생명체에게 재앙과도 같은 결과를 안겨줄 거라

는 데 대해 압도적인, 사실상 만장일치의 합의가 이루어지고 있다. 그

럼에도 '부인론자(denialist)'들은 대중이 그와 관련해 영구적으로 결론

이 나지 않을 거라 믿도록 함으로써 그 어떤 결단도 내리지 못하게 만

든다. 이는 조지 W. 부시 재임 시절 정치 컨설턴트 프랭크 런츠(Frank

Luntz)가 공화당 행동주의자들에게 배포한 메모에서 강조한 점으로, 그

메모가 유출되는 바람에 널리 알려졌다. "대중이 과학적 이슈에 대해

합의를 볼 수 있다고 믿게 되면, 그에 따라 지구 온난화에 관한 그들의

견해도 달라질 것이다. 따라서 우리는 계속해서 논쟁 중인 주요 이슈

가 과학적 확실성이 부족하다고 여겨지도록 만들어야 한다."[78] 또 다른

메모를 인용해보자. "우리는 의혹을 만들어낸다. 왜냐하면 의혹이야말

로 일반 대중의 마음속에 존재하는 '사실'과 맞붙을 수 있는 최선의 비

책이기 때문이다. 의혹은 또한 시비 논란을 불러일으키는 방편이기도

하다."[79] 다시 시비 논란은 미디어가 논쟁에서 선호하는 표준적 찬반

공식으로 활용되었다. 이러한 양분법이 과학적 합의를 크게 왜곡함에
도 불구하고, 또한 인간이 일으킨 기후 변화 사례처럼 무려 3000명의
기후과학자들이 기후 변화가 실제로 일어나고 있음을 확실히 했으며,
그를 부인하는 사람은 아무도 없음에도 불구하고 말이다. 따라서 반대
입장은 일반적으로 '동료 심사를 받는(peer reviewed)' 기후 변화 간행
물이 없는 우파 행동주의자들이 떠안는다.

《대지의 저주받은 사람들》의 첫 장 "폭력에 관하여"에서 파농은 자
본주의 아래 문화적 "혼란 조성자들(bewilderers)"[80]이 담당하는 역할에
대해 기술했다. 우리 시대에 느린 폭력이 확산하는 현상은 지금 두둑
한 일군의 새로운 혼란 조성자들로 인해 악화하고 있다. 이 의혹 생산
자와 확산자들이 맡은 임무는 무행위를 보장하기에 충분한 정도의 대
중 추수적 불확실성 수준을 유지하는 것이다. 따라서 우리는 느린 폭
력이 지각 문제(파괴적 정책 혹은 관례, 그리고 그에 따른 결과가 뒤늦게야 나타나
고 눈에 잘 보이지도 않는다는 사실에서 비롯된다) 그 이상을 내포하고 있음을
인식해야 한다. 더군다나 느린 폭력은 무행위로부터 가장 큰 이득을
누리는 세력에게 얼버무리고 발뺌할 여지를 제공하므로, 이 정력적인
혼란 조성자들은 결과의 지연에 힘입어 그야말로 시간을 번다. 거대
석유 회사와 광산 회사가 이끄는 이 새로운 혼란 조성자들에게 의혹은
마음 상태 그 이상이다. 즉 의혹은 돈벌이가 되는 상품이다. 이런 맥락
에서 우리는 저마다 나름의 작가-활동가인 수많은 공적 과학 작가들
의 역할에 주목해야 한다. 제임스 호건(James Hoggan), 엘리자베스 콜
버트(Elizabeth Kolbert), 나오미 오레스케스(Naomi Oreskes), 에릭 콘웨이
(Erik Conway), 앤드루 로웰(Andrew Rowell), 팀 플래너리(Tim Flannery),
데이비드 마이클스(David Michaels), 그리고 자금을 추적하고 의혹에 돈

을 대주는 은밀한 네트워크를 폭로하기 위해 동분서주한 조지 몬비엇 같은 이들의 역할 말이다.[81]

흡혈오징어와 자원 반란자에 관하여

2009년 세계적 경제 붕괴 와중에 맷 타이비(Matt Taibbi)는 골드만삭스를 "인간의 가면을 쓰고 돈 냄새가 나는 것이면 닥치는 대로 덤벼드는 대형 흡혈오징어"[82]라고 인상적으로 묘사했다. 그로부터 한 해도 되지 않아 그가 제시한, 심해에서 생명체의 피를 빨아 먹는 탐욕스러운 이미지는 거대 석유 기업 BP의 기묘한 전조처럼 보였다. 실제로 타이비의 흡혈오징어 이미지는 상당한 대중적 공감을 불러일으켰다. 어떤 특정 초국가 기업의 문어발식 접근과 더불어 한 시대에 대한 정서적 정의를 제공해주었기 때문이다. 제국적 탐욕의 시대는 '워싱턴 합의' 이데올로기를 위기로 내몰았다. '워싱턴 합의' 이데올로기는 군국화, 민영화, 탈규제, 선택적 기업의 자체 점검, 슈퍼 부자들에 대한 과소(過小) 과세, 여전히 비밀스러운 금융 관례, 그리고 일국 내에서든 국가들 간에든 외부와 단절된 배타적 초부자(über-rich)와 집도 절도 없는 극빈자 간의 양극화 심화를 통한 "자유 시장"의 세계화를 전제로 한다.

이러한 관례들은 함께 자원을 추출하기(extract) 위해 시선을 다른 데로 돌리는(abstract) 자본주의의 본래적 경향성을 한층 강화해왔다. 환경적 폭력을 낳는 원천을 더욱 추적하기 어렵게 만들고, 다국적 기업에 환경에 대한 책임을 부과하는 일을 한층 까다롭게 만드는 거리 두기 기제를 적극 활용한 결과다. 거리 두기 기제에는 다음의 세 가지가 포함된다. 첫째, 성장 주도적 소비를 전제로 한 원대한 전 지구적 꿈으로서 개발과 그에 따른 사회환경적 결과 간의 수사적 거리다. 둘째, 거의 불가사의할 정도로 생산과 소비가 분리되면서 나타나는 시장의 힘들 간의 지리적 거리다. 셋째, 오랜 기간에 걸쳐 피해가 점진적으로 퍼져가지만 시간이 흐르면서 느린 폭력에 대한 기억이 희미해지고 사상자가 분산되면서 나타나는 단기적 조치와 장기적 결과 간의 시간적 거리다.

하지만 기억상실로 내모는 시도가 항시 순탄한 것만은 아니다. 지속적 행동주의를 통해서든 좀더 단발적인 저항을 통해서든 자원 반란자들과 환경 권리 박탈자들이 기억상실에 맞서려는 노력을 그치지 않기 때문이다. 그들은 자신의 장기적 생계를 자꾸만 망각 속으로 몰아넣는 시도를, 그것이 국가의 폭력에 의한 것이든 초국가 기업의 강탈에 의한 것이든 아니면 그 둘의 결합에 의한 것이든, 가만 보고만 있지는 않겠다고 다짐한다. 떨쳐 일어난 (혹은 오랫동안 꾹 참고 기다린) 자원 반란자들은 성취하기 어려울지도 모르지만 정황상 당연히 그리 거창할 것은 없는 야망을 몇 가지 드러냈다. 일부는 기아라는 불확실성으로부터 벗어날 수 있는 쉼터와, 일부는 임업을 겸한 농업, 어업, 수렵, 작물 경작 및 수확, 깨끗한 물을 마실 권리와 연관되었다. 그리고 일부는 그들 자녀의 미래와, 일부는 희생된 지도자의 문화적 (그리고 그에 따른 환경적) 실재에 대한 존중과 관련되었다. 또한 자원 반란자들은 전통이란 늘 변하게 마련임을 기정사실화하며 문화적 변화의 속도와 특성에 적극 동참하고자 한다. 그게 여의치 않으면 그들은 언제나 불평등한 추상적 실체인 국가 전반을 향해서가 아니라, 삶터가 훼손됨으로써 가장 직접적으로 타격 입는 이들을 대상으로 무자비하고 부당하게 이득을 취하는 기업들의 이사회를 향해 보상을 요구하기도 한다.

보상이라는 난감한 이슈는 국가의 하부 구조적 실패와 직결된다. 어떤 공동체가 서비스 제공 없는 채취 절도(extractive theft)로서 기술적 근대화를 경험할 때면 반란적 분노가 내내 들끓는다. 이런 상황에서 근대성의 하부 구조적 침략—송유관에 의한 것이든, 대규모 수력 발전 댐에 의한 것이든, 혹은 광산업에서 발생하는 독성 물질 광미에 의한 것이든—을 통한 절도를 떠오르게 하는 가시적 풍경은 사람들의 분노에 불을 지핀다. 생명을 위협하는 환경 악화, 그리고 생명을 살리는 공공사업을 제공하지 못하는 국가에 대한 분노다.[83] 더러 어느 공동체가 제 생태 네트워크를 서서히 망가뜨리는 공격과 맞서 싸울 때면, 그 공동체는 기본적 근대성의 하부 구조 네트워크—파이프로 공급되는 깨끗한 물, 하수 시스템, 전력망, 대중교통망, 결핍에 대한 대안을 열어줄 수 있는 공익사업인 교육 제도 등—를 '공평하게' 사용하도록 허락받지 못한다. (혹은 그의 사용 자체를 허락받지 못한다.) 이러한 공동체, 즉 하부 구조의 사용 권한을 부여받지 못한 생태적 불이익 집단에서는 나이저강 삼각주의 마을들에서처럼 폭동 분위기가 무르익는다. 이런 곳에서는 수십 년 동안 아이들이 밤에 공부하는 데 필요한 전기를 사용하지 못했지만, 셸의 가스 분출 기둥이 그들 공동체 위로 밤마다 유독한 불빛을 내쏘았다. 밤에 책을 읽고 공부하기에는 너무 어둡지만 잠을 자기에는 너무 밝은 불빛이었다. 즉 근대성의 잘못된 불빛이었다.

자원 반란자와 공동 전선을 펼치는 작가들은 아득한 신자유주의 이데올로기와 그 이데올로기가 지역에 미치는 장기적 해악 간의 알아보기 어려운 거리를 해독 가능하게 만드는 데 기여한다. 이들은 (상품, 공장, 직업, 인종, 그리고 환경 그 자체와 관련한) 이동성(mobility)의 극심한 불평등을 전제로 하는 경제 질서에서 대변자 노릇을 할 수 있다. 따라서 작가-활동가들은 세계적 이동의 자유와 관련한 불평등을 폭로하는 데 도움을 준다. 강력한 기업이나 브레턴우즈 제도는 세계적 이동의 자유를 마음껏 구가했지만, 수많은 사람은 생태적 기반이 약화함에 따라 그 자리에 주저앉은 채 내쫓긴 것이나 다름없는 곤경에 처했다. 작가-활동가는 선동자로서든 확산자로서든 생존에 필요한 자원을 빼앗아가는 터보자본주의에 맞선 이들의 대의를 드러내고자 분투할 수 있다. 이처럼 주로 불평등한 세력들 간의 대치에서는 결의에 찬 희망이—존 버거가 안토니오 그람시(Antonio Gramsci)의 정신을 담아 명명한—"불굴의 절망(undefeated despair)"[84]과 뒤섞인다.

나는 작가들의 역할을 존경하지만 그것을 미화하고 싶은 생각은 없다. 그 역할은 끊임없는 타협과 부단한 재혁신을 요구한다. 특히 그 작가들이 활동해야 하는 기술적·지정학적 풍토가 급변하는 상황을 감안하면 더욱 그렇다. 이 책에서 내가 주목한 사건들이 현재와 가까운 신자유주의 시기랄 수 있는 1980년대 초부터 1990년대 말까지 기간에 집중되어 있다는 점을 지적해야겠다.[85] 레이건-대처의 집권에서부터 보팔(Bhopal) 참사, 공산주의와 아파르트헤이트(남아프리카공화국의 인종차별 정책—옮긴이)의 붕괴, 제1차 걸프전, 인도의 나르마다구제운동(Save the Narmada Movement), 보팔의 정의를 위한 국제 캠페인(International Campaign for Justice), 나이지리아의 오고니족생존운동(Movement for the Survival of the Ogoni People, MOSOP), 케냐의 그린벨트운동(Green Belt Movement)의 부상을 거쳐 아마존 유역에 있는 에콰도르의 액시온 에콜로지카(Acción Ecológica: 에콰도르에 본부를 둔 라틴아메리카에서 가장 유명한 환경 단체—옮긴이)에 이르기까지, 느린 폭력은 특히 중요한 두 가지 환경적 전개와 연관된다. 첫째, 중국의 권위주의적 자본주의의 만개로 인한 차이메리카(Chimerica: China와 America의 합성어로 중국과 미국의 공생 관계를 지칭한다. 니얼 퍼거슨(Niall Ferguson)과 모리츠 슐라리크(Moritz Schularick)가 처음 만들어 사용했다—옮긴이) 시대의 개막이다. 얽히고설킨 경쟁 관계, 상호 의존, 상호 불신을 통해 대담해진 중국은 생존 조건을 부여하는 데서 과잉 확장되어 있는 미국과 어깨를 겨루는 세계적 세력으로 부상했다. 가령 콩고민주공화국에 자리한 300만 에이커의 적도 지역 숲을 그 예로 들 수 있다. 중국은 벌목을 하기 위해 그 숲을 헐값에 사들였고, 나무를 몽땅 잘라내고 야자유 생산을 위한 단일 경작에 매진하면서 본래의 숲 거주민들을 가난하게 만들고 급기야 내쫓았다. 이는 아프리카 2차 쟁탈전에도 고스란히 적용되었다. 아프리카의 자원 지도가 새로 작성되었고, 그 대륙의 부는 중국·미국·유럽·오스트레일리아·남아프리카공화국의 기업들 그리고 흔히 그들과 한통속인 미선출 관리들 혹은 지역 약탈자들이 나눠 먹었다. 아프리카는 차이메리카 시대의 사회환경적 생존에 대한 무관심을 가장 첨예하게 드러내는 일부 사례를 포함하고 있다. 하지만 결코 그 유일한 예는 아니다.

둘째, 우리는 이 같은 지정학적 변천과 더불어 작가-활동가들이 행동에 나설 때 익숙해져야 하는 테크놀로지 풍토의 극심한 변화를 수세기 동안 목격해왔다. 내가 주목한 시대에 "문자를 보내다(text)"는 아직 흔히 쓰이는 동사가 아니었다. 그때 이후 폭증하는 비인쇄 플랫폼, 뉴미디어 네트워크의 급증, 그리고 디지털이 제공하는 즉각성은 억압을 가하거나 저항을 표현하거나 속도를 체험하는 기술적 환경을 극적으로 바꿔놓았다. 내가 고려하고 있는 작가 중에는 인드라 신하가 가장 디지털 환경에 익숙한 인물이다. 보팔 참사를 소재로 한 그의 소설

《애니멀스 피플(Animal's People)》은 두 시대에 양다리를 걸치고 있다. 그는 냉전 시대에 일어난 사건을 가상 네트워크와 생물정치학에 깊은 관심을 기울이는 21세기 독자들에 맞게끔 재구성했다. 1984년의 유니언 카바이드(Union Carbide) 참사와 그 잿더미 위에서 싹튼 환경 정의 운동에 영향을 받은 신하의 이 2007년 소설은 디지털 네트워크를 활용한 반대와 저항 소설을 접목하는 실험으로 읽힐 수 있다.[86] 실제로 《애니멀스 피플》은 신하의 모바일식·멀티미디어식 접근에 힘입어 소설로서 강력한 공적 생명력을 획득할 수 있었다. 신하는 가령 자신의 블로그와 웹사이트를 통해 보팔 생존자들로부터 얻은 증언을 논픽션 형식으로 담아내는 한편, 독성 물질에 의해 오염된 도시를 관광객의 천국으로 재브랜드화하려는 노력을 조롱한 시각적·언어적 환상곡을 선보였다.

유니언 카바이드의 폭발(1984)과 《애니멀스 피플》의 출간(2007) 사이에 가로놓인 20여 년 동안 행동주의의 배경이 디지털 이전 시대에서 디지털 시대로 바뀌어가자, 신하는 파괴적 사건을 구성하는 요소가 무엇인지에 대한 전통적 규정에 도전할 수 있었다. 폭발 자체는 그 소설에서 상대적으로 미미한 역할을 발휘하고 있다. 실제로 신하는 사건으로서 선명함이 덜해 보이는 후유증, 즉 아직 그 결과가 온전히 드러나지 않은 느린 폭력(하지만 소설 말미에서는 결국 사건 그 자체로 인식되기에 이른다)에 주목했다. 다음 장에서 살펴보려는 것이 바로 보팔 참사와 그를 소재로 한 신하의 소설이다.

1

느린 폭력, 신자유주의, 그리고 환경 피카레스크

내 마음속에서는 너무나도 옳게 느껴졌다.
지금껏 용케 보이지도 들리지도 않은 채 남아 있던 더없이 놀라운 일들이
많은 사람의 주목을 끌어야 한다는 것, 망각의 무덤 속에 잠들지 말아야 한다는 사실이 말이다.
– 작자 미상, 《라사리요 데 토르메스의 삶, 그의 행운과 불운
(La Vida de Lazarillo de Tormes y de sus fortunas y adversidades)》

25년 전, 레이먼드 윌리엄스(Raymond Williams)는 더 많은 소설이 지역민의 "면밀하고 생생한 실체"에 주의를 기울이고, 그와 동시에 눈에 보이지 않게 지역민에게 영향을 끼치는 "막힌 관계(occluded relationships)"—방대한 초국가 차원의 경제적 압박, 노동과 상품의 역학—를 추적해야 한다고 촉구했다.[1] 그와 같은 소설을 쓰려면 상상력 관련 과제를 해결해야 하는데, 그것은 윌리엄스가 말한 이른바 "엔클로저 문학(enclosed fictions: 엔클로저는 종획지, 즉 울을 둘러 공유지를 사유화한 장소를 말한다—옮긴이)"을 만들어내는 데 만족하는 작가로서는 결코 대면할 일이 없는 그런 유의 과제다. 거기에는 산만하게 뻗어가는 폐쇄적 상호 관계망을 가시적인 것으로 만드는 과제도 포함된다. 세계화의 속도며 규모가 점차 커지는 시대에, 상상력과 관련한 이 같은 특수한 어려움은 주로

공간 차원에서 발생한다. 잘 알려져 있다시피 에드워드 소자(Edward Soja: 1940~2015. 공간 연구자로 UCLA에서 도시 기획과 정치지리학을 가르쳤다—옮긴이)의 《포스트모던 지리학(Postmodern Geographies)》에 인용된 존 버거의 다음과 같은 선언이 그 점을 잘 보여준다. "오늘날 예언이란 역사적 예언이라기보다 지리적 예언이다. 즉 우리가 결과를 보지 못하게 만드는 것은 시간이 아니라 공간인 것이다. 오늘날 예언에 필요한 것은 사람들에게 그들이 세계 전역에서 너나없이 불평등하게 살아간다는 사실을 알려주는 것뿐이다."[2]

공간적 예언이 시급하다는 주장은 정당하다. 그럼에도 신자유주의 세계화 시대의 시간적 분리를 파헤친 창작 형식을 모색하는 중대 과업이 수행되지 못하도록 신경을 분산해서는 안 된다. 보팔 재난을 재구성한 신하의 소설 《애니멀스 피플》은 그런 과업에 복무하는 강력한 예다. 작가는 그 작품을 통해 시간적으로 폐쇄된 초국가적 공간을 극적으로 조명했다. 신하의 소설은 (윌리엄스의 표현을 빌리자면) "전투적 배타주의(militant particularism)"를 표방한 작품이지만, 그 같은 급진적 배타성을 통해 방대한 규모로 시간적·공간적 폭력의 구조를 폭로할 수 있었다.[3] 신하는 1984년 12월 유니언 카바이드 보팔 공장에서 발생한 파괴적 가스 유출 사고 이후 시기를 다루며, 가까운 곳에서 일어나는 것이든 먼 곳에서 일어나는 것이든 정치적 폭력—시간과 공간에 걸쳐, 세포 차원에서 초국가 차원까지, 일개 신체 단위에서 세계적 기업 단위까지 다양한 규모로 펼쳐지는—을 분명하게 부각시켰다. 《애니멀스 피플》은 수전 커터(Susan Cutter: 1950~. 미국의 지리학자이자 재난 연구자. 사우스캐롤라이나대학교의 지리학과 교수로 재난 및 재난 복구에 대해 다수의 책을 집필했다—옮긴이)가 말한 공간적 의미에서뿐 아니라 시간적 차원에서의 위험

재배치에 관한 소설로 읽을 수도 있다. 특혜를 누리는 공동체가 가난한 공동체에 위험을 떠넘기는 초국가적 현상은 장기적으로 두려움에 관한 시간적 지형을 변화시키기 때문이다.

《애니멀스 피플》의 힘은 주로 신하가 환경 피카레스크(picaresque: 악한을 소재로 한 소설―옮긴이)를 혼자 힘으로 써냈다는 데서 비롯되었다.[4] 신하는 피카레스크 관습을 우리 시대에 독창적으로 적용함으로써 빈곤한 사회 추방자의 시선으로 신자유주의 세계화의 최대 취약 지점을 파헤쳤다. 그의 소설은 오늘날 신자유주의 질서의 본질을 규정하는 세 가지 특징에 주목했다. 첫째는 일국 내에서든 국가들 사이에서든 메가부자(megarich)와 극빈자를 가르는 틈이 점차 벌어지는 현상이다. 둘째는 지속 불가능한 생태 악화에 수반하는 짐이 가난한 이들의 삶과 건강에 가장 직접적으로 영향을 끼치는 현상이다. 셋째는 강력한 초국가 기업이 자유 시장 이데올로기 기치 아래 편파적 탈규제 제도를 시행하는 국가들―이곳의 시장은 일부 공동체 및 계급에 한해 선택적으로 나머지 공동체 및 계급보다 한층 느슨한 법률을 적용한다―을 착취하는 현상이다.

국가 주권을 무너뜨리고 책임성을 종잡을 수 없는 초국가적 혼란으로 바꿔버리는 신자유주의 이데올로기는 유니언 카바이드 같은 세계적 기업들이 환경 관련 피해·복원·배상 문제에서 집행 연기라는 애매한 지정학을 유지할 수 있도록 거든다. 따라서 신하의 소설이 지니는 수많은 장점 가운데 가장 눈에 띄는 것은 느린 폭력, 그리고 신자유주의 시대에 만연한 은폐의 지리학에서 비롯된 막힌 관계를 독창적으로 규명했다는 점이다.

느린 폭력, 체르노빌, 그리고 환경 시간

미디어가 느린 폭력에 내내 주목하도록 만드는 것은 보통 어려운 일이
아니다. 그것은 스펙터클로서 특징을 결여하고 있을 뿐 아니라 그 폐
해의 파급력이 세포 수준에서부터 초국가적 수준에 이르기까지 광범
위하고, (화학 물질 혹은 방사능 물질이 낳는 위험의 구체적 특성에 따라) 상상 가
능한 시간의 한계를 넘어서까지 확대될 수도 있기 때문이다. 피해를
둘러싸고 과학이 시비 논란을 벌이는 상황은 그 도전을 한층 더 어렵
게 만든다. 정치적·경제적 이익 집단이 다양한 과학적 방법론을 동원
해 병인론(etiologies, 病因論)을 실제로 증명해 보이거나 혹은 폄훼함으
로써 얼마든지 조작 가능한 상반된 진리를 만들어낼 수 있기 때문이
다. 더군다나 공식적으로 발표된 오염 지대의 규모는 어떤 정치 세력,
혹은 어떤 연구 방법론이 우세하냐에 따라 마치 고무줄처럼 늘어날 수
도 줄어들 수도 있다. 그러므로 피해자로 공식 인정받는 쪽에 설 것인
가, 아니면 (널리 만연한 정치적·과학적 인과관계 논리가 피해에 관한 그들의 내러
티브를 지지해주지 않기에, 혹은 그와 관련해 그들이 보증된 피해자 핵심 세력으로 입
회 허락을 받고 그 결과 보상 가능성을 높이도록 도와주는 정치적 연줄이 없기에) 비
피해자로 무시당하고 말 것인가를 놓고 치열한 공방이 펼쳐졌다. 독
성 물질에 피해 입었음을 인정받는 문제와 관련한 이 같은 불안정하
고 복잡한 절차—그리고 중층 구조—탓에 '생물학적 시민권(biological
citizenship)'이라는 진기한 형식이 만들어졌다. 우리는 1984년 보팔 참
사와 1986년 체르노빌 폭발 사고가 기나긴 후유증을 겪는 와중에서
그 예를 찾아볼 수 있다.[5]
　보팔 참사와 체르노빌 사고가 발생한 뒤 드러난 생물학적 시민권의

형태는 언론의 반응과 마찬가지로 여러 가지 면에서 서로 확연하게 달랐다. 체르노빌은 다음의 몇 가지 이유 때문에 서구 언론에서 훨씬 더 지속적으로 주목을 끌었다. 첫째 체르노빌은 서유럽과 거리상 가까웠으므로, 얼굴 없는 제3세계 빈자들 사이에서 일어난 인도 문제(보팔 참사—옮긴이)처럼 상상 속에 가둬둘 수 있는 순전히 '국가적인' 위협과 달리, "우리(us)"에게 부단히 가해지는 '초국가적' 위협으로 인식되었다. 더군다나 레이건과 대처의 신자유주의 질서가 맹위를 떨치던 시기에, 체르노빌은 공산주의가 서구 사회에 가하는 폭력적 위협—즉 군사력 강화를, 그리고 이율배반적이게도 자유 시장의 논리라는 미명 아래 기업 및 환경의 탈규제를 한층 더 부추기는 위협—과 동의어가 될 수 있었다. 반면 보팔은 공산주의자 대 반공산주의자 플롯라인이 지배하는 세계적 폭력에 관한 내러티브로부터 분리되기가 더 쉬웠고, 따라서 서구 기업들이 글로벌 사우스에서 치명적·폭력적 위협을 받지 않은 채 운영하도록 해주는 자유 시장의 이중 잣대를 간파하기 어렵게 만들었다. 실제로 당시 유니언 카바이드 회장 워런 앤더슨(Warren Anderson), 기업의 법률가들, 그리고 대다수 미국의 기업형 언론은 한 목소리로 재난의 원인이 특성상 지역적인 데 있지 결코 초국가적인 데 있지 않다고 주장하면서, 그 재난에 시시각각 다가서던 시기에 모기업(유니언 카바이드—옮긴이)이 이윤 출혈을 막기 위해 안전 절차와 감독 직원을 줄여나갔다는 사실을 모르쇠 했다.[6]

《애니멀스 피플》을 무엇보다 이 같은 신자유주의의 이중 잣대를 폭로하는 작품으로 읽는다면, 우리는 카우푸르(Khaupfur)를 특수하면서도 특수하지 않은 지역으로, 즉 보팔의 대역인 허구로 인식할 수 있다. 또한 글로벌 사우스 전역에 널리 퍼져 있는 독성 물질에 오염된 공동체들의 망을 나타내는 제유법(提喩法: 사물의 한 부분으로 그 사물 전체를 가리키거나 반대로 전체로 부분을 가리켜 비유하는 표현법—옮긴이)으로 인식할 수도 있다. 신하는 "화학 회사가 인간의 삶을 파괴한 곳이라면 어디든 이 책의 배경이 될 수 있다"고 밝혔다. "나는 이 도시를 헤세이우(Receio)라 부르고 브라질을 배경으로 하는 쪽을 고려하기도 했다. 배경은 중앙아메리카, 남아메리카, 서아프리카, 혹은 필리핀으로 쉽게 대체될 수 있다."[7]

체르노빌 폭발 사고는 1986년 발생했다. 소련이 해체된 해이자 존 윌리엄슨(John Williamson)이 글로벌 사우스 국가에 "개발 원조"를 제공하는 전제 조건에 맞춰 세계은행, 국제통화기금, 미국 재무부를 한데 아우르는 우세한 이데올로기를 기술하고자 "워싱턴 합의"라는 용어를 만들어낸 1989년을 3년 앞둔 때였다.[8] 워싱턴 합의의 개발 중심적이고 신자유주의적인 이데올로기는 조지 소로스(George Soros)가 이름 붙인 이른바 "시장 근원주의(market fundamentalism)"라는 주요 외교 정책의 뼈대가 되었다. 시장 근원주의는 공산주의가 붕괴한 이후 이데올로기의 불확실성이 널리 퍼져 있는 와중에 탈규제·민영화의 요구, 정부의 사회 복지 프로그램과 안전망 축소를 통해 계속 세력을 규합하게 되는 광범위한 운동이다. 결국 보팔과 체르노빌에서 병에 걸린 생존자들이 스스로가 살아남든가 아니면 죽어가는 모습을 발견하게 되는 것이 바로 이 같은 신자유주의 환경에서였다.

1986년 4월 26일 발생한 체르노빌 참사는 시간적 관점에서 보면, 초기의 비극적 보안 과실(security lapse)에 일련의 시간 경과가 뒤따른 점이 특색이다. 초기의 재앙은 그 자체로는 스펙터클했지만 언론은 그에 대한 보도를 미루었다. 18일이 지나서야 미하일 고르바초프(Mikhail

Gorbachev)가 TV에 출연해 폭발 사실을 시인했다.[9] 소련 정부가 그 지체된 기간 동안 비방사성 요오드 알약(방사성 요오드가 공기 중에 누출되었을 때 갑상선에 흡수되지 않도록 도와주는 약물―옮긴이)을 나누어주었더라면 갑상선암의 대량 발병을 막을 수 있었을 것이다. 참사가 발생하고 4년 뒤 소련이 해체되고 우크라이나가 부상할 무렵 갑상선암이 집단 발병하기 시작했다. 우크라이나는 공식적으로야 독립했지만 여전히 환경적으로, 감염병적으로, 그리고 경제적으로 소비에트 시대의 핵 재앙과 맞물려 있었다.

상이한 돌연변이 타임라인들―국제적, 국내적, 세대 간, 관료적, 신체적 타임라인―은 어지러울 정도로 복잡해서 지도화할 엄두조차 내기 어려웠다. 우세풍이 북쪽의 벨라루스로, 동유럽·서유럽·북유럽 전역과 그 너머로까지 방사능 연기 기둥(radiation plume)을 실어 날랐다. 시간이 지나면서 독성 물질을 실은 기류를 통해 그 재앙의 국가적 진앙지가 달라진 결과, 우크라이나가 아니라 벨라루스가 가장 광범위하게 오염된 나라로 떠올랐다.[10] 두 나라에서 방사성 화학 물질이 다양한 속도로 공기·물·토양·작물·육류·모유 등을 경유해 중독을 일으켰다. 일부 증상은 상대적으로 빠르게 드러났지만, 가장 극적인 것으로서 어떤 증상은 그 재앙이 발생한 지 10여 년이 지나 출생한 아이들 가운데에서 나타나기도 했다. 다층적으로 드러나는 방사능 낙진에 따른 느린 폭력은 소련 당국의 늑장 대응으로 더욱 악화했다. 소련 당국이 그 재난에 대해 반사적으로 보인 반응은 머뭇거림, 회피성 발언, 그리고 부인이었다.

소비에트 이후의 우크라이나를 다룬 애드리아나 페트리나의 인류학 저작은 환경적 악영향, 그리고 피해자 혹은 비피해자로 분류되는 것과 관련한 사회경제적 악영향 간의 복잡다단한 관계를 설득력 있게 보여주었다. 체르노빌 참사로 입은 부상(이는 한 시민을 공식 피해자로 만들어주었다)에 대한 보상은 고작 매달 5달러 정도에 그쳤다. 하지만 '워싱턴 합의'에 의한 시장 자유화 조치를 1992년 우크라이나에서 시행한 이후 초인플레이션과 대량 실업이 뒤따랐고, 그 결과 경제적 생존자와 경제적 사상자 간의 간극이 갑자기 크게 벌어졌다.[11] 이러한 신자유주의 분위기 아래서 체르노빌의 피해자-생존자로 공식 인정받는 것, 그리고 그에 따라 소박하게나마 정부로부터 보상받는 것은 가족 전체 입장에서 볼 때 생계를 이어가느냐 굶어 죽느냐를 판가름하는 중대사가 될 수 있다.[12] 오랜 기간에 걸쳐 신체 및 관료제에 관해 조에 깊은 전문 지식을 개발해야 할 책임이 우크라이나인들에게 주어졌다. 국가는 어떤 증상을 중시하고 어떤 증상을 무시했을까? 피해 지역으로 공식 인정받은 곳에서 무슨 직업 이력을 얼마나 오랫동안 지속했어야 피해자로 공식 허가해달라는 주장이 설득력을 얻었을까? 어떤 의사·변호사·관료들이 피해자 그룹에 속하고자 하는 개인의 노력에 힘을 실어줄 수 있었을까? 개인은 이처럼 영향력 있는 사람들을 어떻게 만날 수 있었을까? 그들에게 뇌물을 쥐어주어야 했는가?

중시되느냐 무시당하느냐를 가르는 기본 원칙은 줄곧 변화했다. 오염 지대의 경계조차 관료주의적 변덕, 경제적 편의, 믿을 수 없는 과학 따위가 합세한 결과 줄었다 늘었다 하면서 불확실한 상태로 남아 있었다. 따라서 그 시스템은 우크라이나의 '생물학적 시민들(biocitizens)'이 이끄는 정력적인 최신식 친행동주의를 필요로 했다. 곤두박질치는 경제적 자유 낙하를 피하기 위해 동분서주한 이들이다. 핵심적 생존 전략은 그들의 인생 이야기, 그들의 자기 이야기를 어떻게든 범위가 한

정된 일반적 피해 내러티브에 맞추는 것이었다. 그래야 국가의 권한에 의해 쥐꼬리만큼이나마 보상금을 받을 수 있기 때문이다. 다른 사회, 다른 시대에서라면 개인적 의료 기록 영역으로 남아 있었을 새로운 정체성 범주가 등장했다. 우크라이나인은 자기 스스로를 소개하거나 공식 자리매김할 때 이를테면 이렇게 말할 수 있게 되었다. "저는 피해자인 아이의 엄마입니다. 그리고 2지대 소개자(疏開者)입니다. 제 남편은 1범주에 속한 체르노빌 인부입니다."[13]

외부의 짐: 체르노빌, 보팔, 그리고 《애니멀스 피플》

체르노빌 폭발이 있고 난 뒤 열흘 동안, 소비에트연방 당국은 수천 명의 우크라이나인 탄광 노동자를 동원해 재난 지역의 복원 작업을 거들도록 했다. 그들 가운데 한 명인 드미트로(Dmytro)는 재난 지역에서 한 달 동안 일했는데, 나중에 폐·뇌·심장 질환으로 고통당했으며 자신의 염색체가 변형되었다는 사실을 발견했다. 그는 어느 인터뷰에서 본인 몸의 방사선 부하를 "외부의 짐(foreign burden)"[14]이라고 표현했다. 인터뷰어가 밝힌 바에 따르면, 그는 자기 내부에 이질적이고 부자연스럽고 편안하지 못한 무언가가 들어앉아 있는 것 같은 느낌이 든다고 호소했다.

그 광부가 선택한 표현은 다시 한 번 음미해볼 가치가 있다. 그것은 나의 《애니멀스 피플》 독서와 일맥상통한다. 나는 드미트로가 '외부의 짐'을 신체적 의미에서뿐 아니라 지리적·시간적 의미에서도 지고 있다고 주장하려 한다. 즉 소비에트 이후 우크라이나인으로서 그의 몸이 소비에트 시대의 재난에 여전히 점령당한 상태였다고 말이다. 체르노빌의 경우에서는 방사능 물질의 독성이 국경을 넘나들며 이동했을 뿐아니라 (소련이 해체됨에 따라) 국경 자체가 독성을 넘나들며 이동했기 때문이다. 우크라이나의 정체(政體)는 정치적으로 독립을 쟁취했음에도 불구하고 여전히 환경적으로, 그리고 감염병적으로 '외부의 짐'—유령 국가라는 '외부의 짐', 그리고 (포크너의 주장대로) 심지어 지나가지도 않은 소비에트의 과거라는 '외부의 짐'—에 지배당하고 있었다. 우크라이나의 주권은 환경 시간에 걸쳐 느린 폭력이 작용함에 따라 위태로워졌다. 우크라이나 정체 전반이 비자발적 거시(macro) 기억이라는 짐 때문에 고통당한다면, 미시(micro) 차원에서는 염색체 변형이라는 '소비에트'의 유산이 드미트로로 하여금 병에 걸린 '우크라이나인' 아이를 낳을지도 모른다는 두려움 탓에 생식 활동을 거부하도록 내몰았다.

'외부의 짐'이라는 개념은 유용한 프리즘으로, 그 프리즘을 통해 보면 신하가 소설에서 유니언 카바이드 재난에 보인 반응을 잘 이해할 수 있다. 12월 초의 어느 날 밤, 다른 독소들과 어우러진 아이소사이안화 메틸 가스(methyl isocyanate gas) 구름이 보팔에 위치한 그 회사의 살충제 제조 공장에서 유출되었다. 그 사고 때문에 곧바로 사망한 이들의 추정치는 4000명에서 1만 5000명까지로 꽤 차이가 났다. 이어지는 몇 해 동안, 수만 명의 사망자와 목숨이 위태로운 불구자가 그 가스 구름에 노출된 사실과 연관이 있는 것으로 드러났다. 어떤 추정치에 따르면 10만 명의 거주자가 계속 피해를 입고 있었다.[15]

《애니멀스 피플》이 그 사고가 발생한 때로부터 20년 뒤에 쓰였음에도 불구하고 소설은 그 유례없는 사건에 내포된 속임수를 극적으로 다루었다. 내러티브 관점에서 볼 때 보팔 재난은 (그 독성 물질 자체처럼)

환경적·감염병적·정치적·법적 무결단 상태로 인해 '사건 도중에(in medias res)' 중단되었다. 환경 시간에 걸친 느린 폭력의 전개가 일반적으로 거리 두기라는 강력한 전략에 의해 관리된다면, 신하의 소설에서 이 거리 두기 전략은 주로 지리적 의미에서는 초국가 기업의 거리에, 시간적 의미에서는 서서히 드러나는 발병률과 법적 지연—보상금을 청구하는 피해자를 무마하고자 어떻게든 시간을 끌려는 기업 CEO들에게 은폐하고 얼버무릴 수 있는 기회를 제공한다—에 의존한다. 카우푸르(신하가 보팔을 모델로 만들어낸 가공의 도시)는 "공기가 개판인 세계의 수도"다. 그곳은 신체적으로나 법적으로 실험이 끊임없이 계속되는 장소이기도 하다.[16]

카우푸르의 가난한 이들은 책임 있는 그 기업—소설에서는 그냥 "캄파니(Kampani: 발음은 같지만 'company'의 엉터리 표기—옮긴이)"라고 불렀다—의 미국 CEO들을 인도 재판정에 세우려고 20년 동안 노력해왔다. 이어진 재판에서 13명의 판사가 오가는 동안에도 유령 같은 캄파니 지도자들은, 캄파니의 독성 물질이 침투해 으스스한 그 도시가 대양에 가로막혀 있을 만큼 너무 멀다고 주장하면서 끝내 모습을 드러내지 않았다. 캄파니는 시간을 벌기 위해 교묘한 법적 속임수, 정치적 매수, 인도 독물질 담당 부처의 장관 및 그 동료들과의 막후 거래 따위에 의존했다. 따라서 신자유주의의 탈규제 제도에 힘입은 시공을 초월한 기업 기억상실의 부식력(corrosive power) 그리고 신체적 기억의 집요함 사이에서 싸움이 펼쳐졌다.

체르노빌의 "외부의 짐"이 증발된 제국의 유산이라면, 카우푸르의 짐에 대해서는 그와 퍽 다르게 부재(不在) 기업 식민주의—초국가 기업들이 특히 글로벌 사우스의 가난한 지역에서 이익은 내부화하고 위험은 외부화한다—가 부과한 무게로 해석할 수 있다. 하지만 소설가인 신하는 이처럼 노골적으로 논쟁을 펼치기가 어려웠다. 아일랜드 작가 이반 볼랜드(Eavan Boland)가 제시한 다음과 같은 의견은 신하가 풀어야 하는 소설적 숙제와 관련이 있다. "만약 소설에서 등장인물의 발언이 너무나 분명하게 윤리적 역사관이며 분노를 담아낸다면, 그 발언은 목소리를 더욱 키울 수는 있을지 몰라도 상상의 여지를 줄여 설득력을 떨어뜨린다. 그렇게 되면 인간과 역사를 지나치게 감상적으로 다룰 소지가 있다."[17] 느린 폭력에 관한 소설은 극적 요소의 부족이라는 어려움을 겪으므로, 눈길을 사로잡는 스펙터클이나 박진감 넘치는 이야기를 대체하기 위해 감상주의 혹은 정치적 교화 같은 방법에 의존할 위험이 있다. 이런 연유로 앤서니 레인(Anthony Lane) 같은 일부 평론가들은 "에코드라마(eco-drama)는 …… 그 용어 자체가 모순이다"[18]라고 주장하기까지 했다.

신하는 자기 소설의 정치적 에너지를 훼손하지 않으면서 이러한 윤리와 드라마의 지뢰밭을 솜씨 좋게 헤쳐 나갔다. 그는 애니멀(Animal)이라는 내레이터를 내세움으로써 그 일을 해냈다. 애니멀은 정의 추구에 대해서는 좋게 말해 양가적이지만, 신체 조건이 카우푸르가 처한 초국가적 곤궁을 집약적으로 드러내는 상징 역할을 한다. 애니멀은 문자 그대로 운명의 장난—독성 물질에 의해 척추가 나선형으로 비틀어졌다—탓에 여섯 살 때 꼿꼿하던 소년에서 네발로 기어 다니는 생명체로 변형되었다.[19] (이제 열아홉 살 된) 네발의 애니멀이 등에 아픈 아이를 업고 다닐 때면 그는 정확히 등짐을 진 짐승의 형상이었다. 따라서 애니멀 몸의 상징적 질서는 신하에게, 독성 물질로 오염된 도시에 가해지는 '외부의 짐'이라는 무게에 눌려 그야말로 반으로 접힌 국가라는

그림 2 "애니멀" 동상을 찍은 사진. 예술가이자 사진작가인 엘러너 스트라이드(Eleanor Stride)의 허락을 받아 재게재했다.

암시적이지만 결코 잊히지 않을 이미지를 제공했다.

신하는 본인이 고안해낸 내레이터의 몸을 통해 막힌 경제 관계를 물리적으로 분명하게 표현함으로써, 윌리엄스가 제기한 딜레마—어떻게 하면 소설에서 한편으로 지역에 스며들어 그곳을 주조하는 초국가 세력을 전체적으로 드러내면서도 다른 한편으로 지역적 물질성을 부여할 수 있는가—를 절묘하게 해결할 수 있었다. 그 과정에서 신하는 윌리엄스가 구체적으로 언급하지는 않은 다음과 같은 시간적 문제에도 주의를 기울였다. 불평등한 개발로 인해 뒤늦게 드러나는 영향은 막대하지만 그 기원이 시간적으로 동떨어져 있을 때, 우리는 과연 어떻게 그 개발의 대가를 극적으로 드러낼 수 있는가?

《애니멀스 피플》은 인간과 동물의 경계 지대, 그리고 부자와 빈자의 경제적 경계를 동시에 탐구했다. 즉 그는 한편으로 아무 처벌도 받지 않고 행동할 수 있는 사람들, 다른 한편으로 멀리 떨어져 사는 그림자 같은 경제 지배자들이 취한 조치로 신체와 환경에 직접 피해를 겪으며 장기적으로 살아가는 사람들 간의 간격이 점차 벌어지는 비인간적 현상을 고발했다. 이 소설은 생물학적·실존주의적·윤리적·경제적 의미에서 같은 종에 속한다는 것이 과연 무슨 의미냐고 묻는다.

캄파니 폭발로 양쪽 부모를 잃고 고아가 된 애니멀에게는 잡다한 소지품을 싣고 다니는 작은 트럭이 한 대 있었다. 그의 가족적 고립, 신체적 차이, 인간의 비인간성에 대한 도덕적 혐오가 어우러진 결과 그는 두드러지는 존재가 되었다. 하지만 애니멀의 특이성에도 불구하고 그는 무자비한 신자유주의 시장 논리에 의해 파멸의 길로 치닫거나 경제적 고아가 된 수많은 사람을 압축적으로 보여주는 전형적 존재 역할도 맡고 있었다.

애니멀은 포스트휴먼(posthuman: 인간의 유전자 구조를 변형하고 로봇이나 기술을 인체에 주입하면서 진화한 상상 속 인종, 혹은 그런 인종이 사는 미래 시대를 지칭한다—옮긴이) 아이로 모습이 바뀌고 끝내 버려졌다. 모종의 원지산 (autochthony, 原地産) 화학 물질에 의해 잉태된 유례를 찾기 힘든 존재다. 현재에 고립된 애니멀은 스스로를 선례도 없고 후손을 이을 가망도 없는 네발동물로서, 자기 종의 처음이자 마지막 존재로서 바라보았다. 우리는 그를 새로운 시작으로 해석할 수도 있다. 이 새로운 시작은 그 소설의 종말론적 취지에 비춰보건대 끝이라는 의미도 겸한다.

애니멀은 어렸을 적에 가졌던 자신의 인간 이름을 잊어버렸다. 그 이름은 그가 사는 도시의 과거—독성 물질에 오염되지도 타락하지도 않고 문화적으로 풍요로웠던 과거—처럼 너무나도 까마득하고 접근할 수 없는 것이었다. 고아원 아이들이 동물(animal)처럼 걸어 다닌다고 놀리기 시작했을 때, 그는 소외감과 굴욕감을 담은 애니멀(Animal)을 자신의 이름으로 받아들였다. 슬럼의 주요 반(反)캄파니 활동가 자파르(Zafar)처럼, 그에게 "동물이 아니라 '특별한 능력을 지닌(especially abled)' 인간"이라고 말해주는 이들을 되레 조롱하면서 말이다.[20] 카우푸르를 덮친 재앙, 급격하게 달라진 자연 문화를 그 도시에 부과한 재앙은 그 과정에서 애니멀을 "나는 비정상적으로 되는 것 말고는 선택의 여지가 없다"[21]고 주장하는 인물로 바꿔놓았다.

그가 정상적인 것을 거부하는 경향은 체르노빌의 자칭 "생물 로봇(biorobots)"이 취한 입장을 떠오르게 한다. 위험물에 노출됨으로써 인간과 포스트휴먼 사이의 회색 지대에서 살아가는 존재들이다.[22] 처음 체르노빌 폭발이 있고 4개월이 지난 뒤 소비에트 당국은 방사능 잔해를 제거하기 위해 로봇을 보냈다. 그런데 정상적 측정 한계를 넘어서는 방사능 수치로 인해 그 로봇들이 제대로 작동하지 않자 그를 대체하기 위해 젊은 남성들을 징집했다. 그들은 자기네가 인간 고용인이 아니라 "사용한 뒤 폐기되는 생물학 자원으로서 …… 생물 로봇의 죽음을 맞이할 존재로서"[23] 취급받고 있음을 깨달았다. 우크라이나의 보건장관은 "여기서는 지금껏 인간의 가치를 분명하게 보여준 사람이 아무도 없었다"[24]고 선언했다. 이러한 맥락에서 그 젊은 남성들이 자신의 애매한 지위를 인간 시민이 아니라 소모성 부품으로 쓰고 난 뒤 버려질 운명인 생물 로봇이라 간주한 것은 충분히 사리에 닿는 일이었다. 자신의 인간성을 적대적 외부 존재에게 장악당하기 쉬운 애니멀처럼, 생물 로봇들도 환경 재앙이라는 서서히 좀먹는 느린 폭력을 통해 인간으로서 자신의 경계가 시시각각 허물어지는 것을 보여주는 전형적 예다.

환경 피카레스크, 비체화, 그리고 도시 빈민

애니멀은 장사진을 이룬 악한 대열에 합류했다. 고삐 풀린 욕망의 지배를 받으며 음모를 꾀하는 교활한 사회적 국외자들, 입이 상스럽고 지저분할 정도로 외설적이고 대개 부모가 없는 낙오자들이다. 그들은 예절 바른 사회의 드넓은 주변부를 형성하는 빈곤층 출신으로 기생적 생활 태도와 잔꾀를 무기 삼아 살아간다. 악한은 신체며 통치체(body politic)와 떼어놓을 수 없는 비체(abject, 卑體: 주체(subject)에도 객체(object)에도 속하지 않은 존재, 아예 존재 자체가 지워진 존재. 관습적 정체성이 문화적 관념을 교란하기에 아예 없는 것으로 간주된다―옮긴이)다. 일탈적이고 더러운 존재로 낙인찍힌 악한은 사회적으로 그들과 동떨어져 있는 특권계급―장식 많은 수사와 사회적 에티켓으로 무장한―이 억제하고 억압하고 거부하고자 하는 모든 것을 구현한 존재다. 하지만 악한은 잊을 만하면 다시 수면 위로 떠오르면서, 엘리트 사회가 유지하려고 안간힘 쓰는 사회적 장벽이며 학습된 기억상실에 한계가 있음을 상기시키는 당혹스러운 존재이기도 하다.[25] 줄리아 크리스테바(Julia Kristeva)가 정립한 비체 개념은 《애니멀스 피플》을 분석할 수 있는 유용한 틀이다. 《애니멀스 피플》은 신자유주의적 초국가주의의 분리 의례를 파헤친 피카레스크 소설이다. 신자유주의적 초국가주의는 시공을 넘나들면서 그 관례에 내재된 유해한 영향력, 그리고 결국 되돌아와서 자신을 괴롭히게 될 그 영향력과 어떻게든 분리의 선을 그으려는 결의로 가득 차 있다.[26]

독성 물질에 피해 입은 신하의 악한은 신체 수준에서도 초국가 수준에서도, 크리스테바의 용어에 따르건대 "주체(subject)가 내부에서는 불가능하다고 여기는 상황"[27]을 실제로 보여주는 인물이다. 불안한 비체 상태란 "인간이 동물의 영역을 떠돌아다니는 취약한 처지"[28]에 놓인다는 것을 의미한다. 이처럼 떠도는 영역에 직면하는 상황은 결국 위협적 동물주의(animalism)의 자취를 문화에서 도려내는 노력을 되풀이하게 만든다. 만약 우리가 비체화(abjection)를 조직적 질서의 파괴 및 내부로부터 봉쇄된 정체성과 연결 짓는다면, 신하는 자신의 피카레스크에서 애니멀을 혼란스럽고 구멍이 숭숭 뚫린 애매모호한 존재로서, 자신의 허술함으로 인해 국내와 국외의 경계뿐 아니라 인간과 비인간의 경계를 어지럽히는 존재로서 압축적이면서도 강렬하게 표현했다. 그의 존재는 분리의 선을 긋는 데 어떤 한계가 있는지 드러내준다. 즉 그는 억압할 수 없는 비체로서 캄파니—제아무리 멀리 떨어져 있는 듯 보일지라도—가 결코 완전하게 나 몰라라 할 수는 없는 재난을 연상시키는 자다.

에스파냐 황금기(España Golden Age: 15~17세기 미술·음악·문학의 융성기—옮긴이) 이래 피카레스크는 범죄의 계급 및 젠더 정치학 문제를 제기해왔다. 내레이터가 저지르는 사소한 잘못을 사회 지배층이 저지르는 중대한 범죄—그래 놓고도 그들은 구조적으로 그 범죄의 혐의에서 벗어나곤 한다—와 비교하는 방식을 통해서다. 이처럼 범죄와 관련한 위선, 그리고 무엇보다 범죄에 관한 불공정한 정의를 파헤치려는 열정은 그의 소설을 환경 정의 운동에 우선권을 부여하는 유망한 도구로 만들어주었다. 신하는 피카레스크의 용도를 변경해, 초국가적 신자유주의의 무법성이 법적으로 처벌받지 않는 타락한 지역 정치인들과 결탁한 채 널리 퍼뜨린 공포의 환경적·감염병적·경제적 피해에 초점을 맞추었다.

피카레스크는 에스파냐 황금기인 1550~1559년 카운터(counter) 장르로서, 즉 대서양을 넘나드는 제국의 부가 에스파냐에 유입됨에도 불구하고 에스파냐 국민 절대 다수는 계속 극심한 가난에 허덕이는 현실을 상기시키는 매개로서 등장했다.[29] 그 장르—여기에 속한 가장 유명한 작품은 《라사리요 데 토르메스의 삶, 그의 행운과 불운》이다—에서는 통상적이지 않은 어조와 외설적인 뒷골목 은어가 난무한다. 체제 전복적 대조법을 통해 제국 언어인 에스파냐어에 맞서, 그리고 그에 수반하는 고전적 문학 형태의 지배권에 맞서 와자지껄하게 제 목소리를 내는 식이다. 피카레스크는 그렇게 함으로써 세련된 언어와 향수 냄새 진동하는 허세스럽고 기고만장하고 탐욕스러운 계급과 매 순간 삶이 그저 생존의 악다구니일 따름인 가난한 대중 사이에 가로놓인 틈새가 점차 벌어지는 역사적 현실에 발을 들여놓았다. 멋진 CEO의 낙하산들이 슬럼 지역 위로 높이 떠 있는 오늘날, 악한은 주변화한 문학적 인물로서 특별한 역량을 지니고 있다. 통계적 다수에 속해 있음에도 좀처럼 듣기 힘든 목소리를 내는 존재다. 그(혹은 그녀)의 생존은 꾀 많고 약삭빠른 임기응변과 자기 편한 대로의 기생적 생활 태도에 달려 있었다. 그래서 악한은 미셸 세르(Michel Serres: 프랑스의 철학자이자 역사학자—옮긴이)가 표현한 멋진 구절처럼 "일상 속 모사꾼"[30]으로서 살아남는다.

피카레스크 장르의 희극적 부분에서, 악한은 일반적으로 계층 상승 이동을 추구한다. 애니멀의 경우에는 그것이 신체적 기립과 도덕적 기립 간의 윤리적 상관관계를 전복하는 정교한 말장난이었다.[31] 그는 인간들—특히 권력을 누리는 인간들—이 정직한 상황을 연출하기 위해 동원하는 예술적 기교를 어리둥절할 정도로 우습게 여겼다. 인간을 보는 그의 관점에 따르면, 호모(Homo)는 사피엔스(sapiens: 호모 사피엔스는 '지혜로운 사람'이라는 뜻—옮긴이)도 에렉투스(erectus: 호모 에렉투스는 '직립 원인'이라는 뜻—옮긴이)도 아니고 그저 도덕적으로 저급한 종이다. 그는 인간의 기립은 대체로 가식일 뿐이라고 보았다. 반면 애니멀의 굽은 자세는 참담한 신자유주의의 초국가적 경제 관계를 구현한 것이자, 그가 문자 그대로 "낮은 삶(lowlife)", 즉 밑바닥 인생을 살고 있음을, 사회적으로나 해부학적으로 별종이자 이방인임을 말해주는 표식이었다. 그의 신체는 그가 속한 공동체에서 천천히 진행되고 있는 변형, 느린 폭력이 외부적으로 가시화한 결과다. 반(半)휴먼, 반(半)포스트휴먼의 정체성을 지닌 그는 환경적·경제적·윤리적·생물학적 한계라는 개념에 끊임없는 긴장감을 부여한다.[32] 애니멀은 수치스럽게 "인간"으로 지정되기를 한사코 거부한 채 소설의 거의 대부분에서 인간 외 존재로 남아 있다. 따라서 우리는 신하가 "피카레스크의 핵심은 반(反)인간주의"[33]라고 밝힌 지안카를로 마이오리노(Giancarlo Maiorino)의 생각을 순순히 따랐음을 확인할 수 있다.

요컨대 신하는 그 피카레스크 전반에 스며 있는 반인간주의와 풍자에 힘입어 허구적 에코드라마의 활력을 훼손할 여지가 있는 세 가지 위협—즉 예측 가능성, 감상성, 그리고 캐릭터의 깊이를 대체하는 독선주의와 정치적 분노—을 피해갔다. 대부분의 악한들처럼 애니멀도 노골적으로 정치적이지는 않다. 즉 그는 스스로를 카우푸르의 환경 정의 운동과 각을 세우는 위치에 두었으며, 소설의 상당 부분에서 자신의 환경에 미치는 끈질긴 독성보다는 자신의 끈질긴 동정(virginity) 때문에 더욱 괴로워한다. 하지만 애니멀은 그러한 환경의 산물로서, 그리고 독성 물질에 피해 입은 비체 공동체의 일원으로서 인간의 한계 및 가치와 관련해 심오한 문제를 제기한다. 하지만 그는 추상적 정의에 대한 관심을 통해서가 아니라, 자신의 신체와 정신을 동시에 뒷골목 수준으로 유지하는 지극히 예측 불가능한 작업을 통해서 그렇게 한다.

역설적으로 애니멀은 독특해 보이지만 예외적인 것은 아니었다. 그의 특이성은 카우푸르 사람들이 오랜 기간 겪어온 다양한 돌연변이, 이를테면 폐가 망가진 유명 가수에서부터 단지 안에 든 머리 2개 달린 유산 태아 캐릭터 카인어자(Kha-in-a-jar)—단지에 갇히지 않은 채 돌아다닐 수 있는 자유가 있다고 애니멀을 부러워한다—에 이르는 여러 돌연변이를 대표하는 제유법이다.[34] 애니멀은 눈에 확 띄지 않을 도리가 없는 외양이지만 다른 한편 군중 속에서 인간의 눈높이 아래로 걸어 다니므로 눈에 띄지 않기 십상이다. 그 덕분에 그는 피카레스크적 방식으로 상이한 사회 계층 속으로 슬그머니 침투해 들어갈 수 있다.

하지만 애니멀이 모습을 드러내거나 잠입하는 모험을 감행하는 데
는 공간적 한계가 있다. 신하는 빼어난 기량을 발휘해 애니멀의 신체
형태를 초국가적 닫힌 경제 관계의 결과일 뿐 아니라 그것을 압축적
으로 보여주는 상징으로 활용한다. 그의 악한은 문자 그대로 기이하
고, 그의 뒤틀린 몸은 자본주의적 관례의 외계·역외를 물리적으로 보
여준다. 이 소설은 개인 차원에서든 국민국가 차원에서든 신체적 완
벽성이 지니는 한계에 대해 문제를 제기함으로써 초국가적 오염 정
권의 경제학을 추적한다. 캄파니의 공장은 지리적으로 인도에 위치하
지만 동시에 전치되어 있으며 종잡을 수 없게 부동(浮動)하고 인도 법
의 적용도 받지 않는다. '외부의 짐'에 의해 일그러진 몸을 지니게 된
인간 동물―짐승 같은 소년―이 내레이터 역할을 맡은 소설은 그와
동시에 다른 변형 가능성 형태들에 대해서도 질문한다. 특히 소유권
(ownership)의 고무줄식 적용에 대한 것으로, 즉 인도 내에서 외국 기
업의 관행을 단기적 이익 면에서는 '인정하고(own)', 환경 및 인간 건강
에 미치는 장기적 악영향 면에서는 '부인하는(disown)' 현상에 대한 질
문이다.[35] 이러한 분열적 경제 논리를 신체 언어에 빗대어보면, 우리는
캄파니를 국가라는 신체에 속한 것으로도 속하지 않은 것으로도 볼 수
있다. 캄파니는 규모가 크고 광범위하게 영향을 미치고 있지만 부재하
다는 게 더없이 자명하므로 자파르―정의를 쟁취하기 위한 카우푸르
캠페인의 지도자―는 한때 얼굴 없는 캄파니의 권력이 영원할 거라고
선언했다. 신자유주의 기업의 책임 모면과 불멸성이라는 이중적 악몽
을 꾸고 있는 낙심천만한 순간이다.

피카레스크는 도시 빈민의 환경주의와 관련해 또 한 가지 중요한 차
원, 즉 그들과 시간의 관련성을 극적으로 드러내는 데 이상하리만치

유효한 것으로 드러난다. 그 악한과 마찬가지로 환경적으로 궁지에 몰린 슬럼 거주민들은 당장의 생존에 죽기 살기로 매달리며 하루살이처럼 매일 매 순간 임시변통으로 살아간다. 그들의 시간 개념은 "지금(now o'clock)"이지만 그들의 삶은 영원한 오늘이라는 변덕스러운 압제의 지배 아래 놓여 있다.[36] 하지만 전체적으로 그 도시의 환경 피해자들은 독성 물질이 초래한 변형, 사회 정의 추구, 그들이 맺고 있는 종말론적 시간과의 집단적 관계 따위를 통해 복잡하게 과거나 미래에 매여 있다. 《애니멀스 피플》이라는 환경 피카레스크는 두 가지 종말을 중심으로 전개된다. 첫째, "그날 밤"에 대한 공포다. 끝없이 이어지는 독성 물질에 의한 중독 내러티브가 시작된 계기다. 둘째, 활동가 자파르가 주장한 것처럼 빈자들이 오랜 기간에 걸쳐 "제로의 힘(the power of zero: 모든 것을 잃은 자의 힘―옮긴이)"[37]을 지녀왔다는 확신이다. 세계적 지정학이 단기적으로는 그들에게 불리하게 작용할 수도 있지만 시간은 그들 편이다. 즉 캄파니는 잃을 게 아무것도 없는 이들에 대해 걱정해야 할 것이 태산이다. 애니멀은 소설 말미에서 그와 마찬가지 주장을 한다. "모든 일은 지나가지만 가난한 이들은 남는다. 우리는 '애포칼리스〔Apokalis: apocalypse(종말)의 엉터리 영어―옮긴이〕'를 맞은 사람들이다. 내일이면 우리 수는 더욱 불어날 것이다."[38] 애니멀이 마지막으로 한 말은 묘하게도 마이크 데이비스가 오늘날의 신자유주의 빈민가―그곳에서 암암리에 오늘날의 악한이 등장한다―에 대해 다룬 영향력 있는 책 《슬럼, 지구를 뒤덮다(Planet of the Slums)》의 마지막 구절과 겹친다. 데이비스는 이렇게 경고한다. "만약 제국이 오웰식의 압제 기술을 활용할 수 있다면, 그 제국에서 쫓겨난 자들은 자신에게 유리한 혼돈의 신을 가지고 있다."[39]

마이클 에릭 다이슨(Michael Eric Dyson)은 허리케인 카트리나(Katrina)를 되돌아보면서 기억하기 좋게 "재난의 색깔"을, 20년 동안 미국 정치 활동에 해를 끼쳐온 "신자유주의적 태만"의 주된 구성 요소라고 주장했다.[40] 다이슨의 입장을 따라가노라면 우리는 (보팔과 체르노빌 같은) 인재와 (카트리나 같은) 자연재해 간의 지속 불가능한 구분을 거부하게 된다. 가령 "폭풍우는 사람을 차별하지 않았고 복구 노력도 마찬가지일 것이다"[41]라는 조지 W. 부시 전 대통령의 주장에 동의하지 않음을 분명히 하면서 말이다. 차별은 재난에 앞서 이미 존재하고 있었다. 즉 보호 인프라 관리의 실패, 비상사태 이전의 위험 경감 조치 실패, 개인적 운송 수단이 없는 이들을 위한 소개(疏開) 계획의 조직화 실패, 이 모든 것이 빈자와 소수 인종을 재난에 불균등하리만치 취약하게 만들었다. 〈힌두스탄 타임스(Hindustan Times)〉나 〈스테이츠먼(Statesmen)〉 같은 잡지에 기사를 싣기 위해 조사에 나선 인도 기자들이 발 빠르게 폭로한 대로, 유니언 카바이드 재난은 기본적 안전 조치에 대한 부주의와 무시, 그리고 구조적 태만이 오랜 기간 축적된 결과였다.[42]

만약 우리가 다이슨이 주장한 국가 차원의 '재난의 색깔'을 초국가 차원으로 확대해본다면, 애니멀이 소설 말미에서 종말론적으로 들려준 말처럼, 그 구절은 환경 인종주의라는 세계적 범죄(특정 공동체를 다른 공동체보다 더 일회적인 것으로 취급한다)를 돌아보게 하는 것이자 세계 차원의 불길한 징조를 예견케 하는 것으로 간주할 수 있다. 세계의 빈자들은 저지할 수 없는 미래의 억제할 수 없는 색깔이다. 하지만 그 미래를—이상적이기는 하지만—모종의 기회로 해석할 수 있는 또 한 가지 방법이 있다. 일국 내에서든 그 너머에서든 권력자들이 좀더 공평한 위험 분배 프로젝트를 수용할 수 있는 기회라는 것이다. 남아프리카공화국의 흑인 작가 은자불로 은데벨레는 그와 관련해 다음과 같이 강변했다.

우리 모두는 세계적으로 백인의 존엄함에 익숙해 있다. 백인이 세상에서 모종의 '침해'를 당하면 그의 사회적 지위가 어떻든 간에 박해자가 비백인일 경우 그는 심한 '처벌'을 받는다. 백인은 침해당할 수 없으며 그 침해 불가성은 흑인의 취약성과 정비례한다. 이로써 나는 만약 남아프리카공화국의 백인이 국제적 백인에 의해 보장받는 보호의 수혜자라면, 이는 세계사의 새 장을 쓸 수 있는 기회라고 생각하게 되었다. ……백인은 스스로를 위험에 처하게 만듦으로써 다른 동료 인종들의 취약성을 공유하겠노라 선언해야 한다. 남아프리카공화국의 백인은 자신의 존엄이 흑인의 존엄과 결코 별개가 아님을 선언하게 될 것이다.[43]

우리는 여기서 세 가지 점을 강조할 필요가 있다. 첫 번째, 국제적 백인은 국내 백인에게 이차적 방패막이 되어준다. 바로 신자유주의 시대에 세계 무대 전반에서 느린 폭력이 전개되는 방식에 막강한 영향을 미치는 보호적 역학이다. 두 번째, 첫 번째와 관련한 것으로 침해당할 수 없는 몸과 취약한 몸 사이의 국내적 거리가 국제적 힘의 회로를 거치면서 더욱 넓어졌다는 점이다. 세 번째, 인종과 관련한 은데벨레의 '침해'와 '처벌' 내러티브가 암시하는 바는 신하의 소설이 말하는 환경 내러티브와 같은 유의 것으로, 거기서는 기업의 백인 권력 수호자들이 최초의 재앙과 그 여파 간의 장기 지속(longue durée) 아래서 수많은 시간적·법리적·지리적·과학적·완곡어법적 거리 두기 전략을 활용한다. 초국가 기업은 이러한 일련의 마멸적이고 분리적인 기제들을 통해 보상, 복원, 건강과 존엄성의 회복을 추구하는 환경 정의 캠페인을 약화하고자 힘쓴다. 초국가 기업은 다양한 시간적 질서 뒤에 숨어서 대중의 기억과 보상 요구가 모래시계로부터 모래가 빠져나가는 것처럼 서서히 시야에서 사라지기를 희망한다.[44]

하지만 결말이 열린 파괴적 지연 정치학은 기업 영역에서만 고립적으로 작동하는 게 아니다. 거기서 국가와 과학은 어떤 역할을 담당하는가? 은데벨레는 "자국 내에서뿐 아니라 그 너머에서 모든 인종을 열정적으로 보호해달라"고 국가에 촉구했지만 거의 실현되지 않았다고 인정했다.[45] 카우푸르에서 뇌물을 잘도 받아먹는 총리와 독성 물질 담당 부처의 장관은 독에 노출된 지역민의 우려를 진지하게 받아들이는 시늉을 하면서 다른 한편 미국 캄파니를 위해 지역 업무를 대행해준다.

과학의 역할은 그보다 더 복잡하다. 보팔에서처럼 카우푸르에서도 그 초국가 기업은 자신들이 현장에서 생산하는 살충제의 화학적 구성 성분에 관한 세부 사항을 피해 입은 공동체에 알려주지 않는다. 독성 물질에 노출된 사람들에게 정확한 과학 정보를 제공하지 않고 버팀으로써 그들의 치료 전망을 극도로 어둡게 만든 것이다. 미국의 한 의사가 무료 병원을 개업하려고 카우푸르에 도착했을 때, 지역 활동가들이 그녀를 편향적 캄파니의 과학을 설파하는 프락치로 여기고 보이콧 투쟁을 전개한 것은 하등 놀랄 일이 못된다. 그들이 보기에 과학이 떠안은 장기적 임무는 기업에 면죄부를 주는 더 큰 내러티브가 사실이라고 확인해주는 내러티브를 생산해 전파하는 것, 혹은 적어도 의혹이라는 계략에 윤활유를 쳐주는 것이었다. 이 같은 회의적 관점에서 과학적 절차는 법적 절차와 마찬가지로 시간적 위장 장치가 되어준다. 표면상으로는 무슨 일이 일어났는지 드러내주는 듯 보여도, 실제로는 소송을 초래할지도 모를 결정적 내러티브는 그 어떤 것이든 지연하고 막기 때문이다.

테러의 시대와 그림자 왕국

우르두어(Urdu)에서 번역된 카우푸르는 "테러의 도시"[46]라는 의미다. 그 도시에서 가장 가난한 시민들은 캄파니가 드러낸 테러의 시대와는 다른 테러의 시대를 살아간다. 슬럼 거주민들이 캄파니의 무행위에 저항해 비폭력 시위에 나섰을 때, 캄파니는 테러리즘에 대비하는 국제적 수사를 들먹이면서 자신들은 한사코 피해온 바로 그 인도 법정에서 시위대가 재판을 받도록 해야 한다고 촉구한다. 한편 미국에서 캄파니는 기업의 반테러리스트 훈련 연습에 참가하고, 카우푸르 '테러리스트들'에 의한 캄파니 직원의 납치와 처형에 대비해 모의 연습을 실시한다.[47] 반면 카우푸르 사람들은 환경과 관련해 분명한 현재적 위험, 얼굴은 없지만 물리적으로 가까이 모든 곳에 편재하는 임박한 테러에 직면해 있다. 재앙의 후유증을 겪고 있는 어둡고 불안한 세월, 그러면서도 얼마나 길어질지 측량하기 어려운 유예된 시간 속으로 파고드는 위험과 테러다.

우리 모두는 더러 지질 구조판처럼 미끄러지듯 움직이고 이동하면서 마찰적 상태로 공존하는 다양한 시간 질서 아래 살아간다. 다른 것과 대비되는 일부 시간 질서의 우세, 그리고 그에 대한 우리의 인식은 우리가 어디서 어떻게 살고 있느냐에 따라 형성된다. 우리는 한편으로 태양과 달의 주기, 밀물과 썰물, 계절·별·행성의 변화, 이주하는 생명체의 오고 감, 기후 변화가, 다른 한편으로 초국가적 자본의 이동 주기, 지역·국가·세계 차원의 선거 주기, 디지털 시간, 그리고 노동 착취 작업장 시간의 요구가 어떤 주어진 공동체에 얼마나 직접적으로 영향을 미치는지 질문해보아야 한다. 가령 신하는 애니멀이 컴퓨터에서 '인터네스트[internest: 인터넷(internet)의 익살스러운 오용일 텐데, '둥지'라는 뜻의 네스트(nest)가 결합되어 있다—옮긴이]'를 발견했을 때, 디지털 시간과 계절적 시간이 뚱딴지처럼 연결된다는 인상을 풍긴다.[48] 우리는 그의 말라프로피즘(malapropism: 말하려던 단어와 음은 비슷하지만 뜻은 다른 단어를 내뱉음으로써 범하게 되는 재미난 실수—옮긴이)을 시간에 대한 상이한 생태학들의 결합으로 해석할 수 있다. '인터네스트'는 이미지들이 새끼를 낳으러 가는 곳이지 않은가.

그 자리에서 수천 명을 죽음에 이르게 한 초기 독성 물질 사고, 버려졌지만 계속 오염되어 있는 공장이 수년 뒤 재점화하면서 번진 치명적 화재, 끊임없이 그 공동체 구성원의 혈관 속으로 흘러 들어가는 오염 물질, 해마다 버려진 화학 물질을 대수층(帶水層: 지하수를 품고 있는 지층—옮긴이)으로 씻어가 우물을 다시 오염시키고 지연된 피해의 새로운 주기를 만들어내는 몬순(monsoon) 계절……. 《애니멀스 피플》은 이러한 환경 테러들의 다층적 속도와 불균일한 타임라인들을 드러내준다. 그에 따라 애초 대기가 전달하던 테러는 물이 전파하는 테러로 달라지면서 더욱 위험한 그 자체의 계절적 리듬을 획득한다.[49]

보통 시골의 자급자족 공동체—"생태계 사람들"—는 도시 빈자들의 삶에 영향을 미치는 시간 생태학과는 다른 시간 생태학에 맞춰져 있다.[50] 이는 생태계 사람들이 자연의 리듬과 낭만적이고 변함없고 유기적인 연대를 맺고 있음을 나타내는 것이라기보다 주로 그들의 불안정한 생존 조건이 상이한 여러 시간 의식에 기대고 있음을 인정하는 것이다. 하지만 도시 공동체도 농촌 공동체도 울리히 베크(Ulrich Beck)가 말한 이른바 "그림자 왕국(shadow kingdom)"의 예측할 수 없는 변덕, 괴로운 불확실성에 취약하다는 특징을 공유하고 있다.

문명에서 비롯된 위협은 신이나 악령이 지배하는 고대 왕국과 비교되는 새로운 종류의 "그림자 왕국"을 만들어내고 있다. 그 왕국은 가시적 세계 뒤에 숨어 있으면서 지상에 사는 인간의 삶을 위협한다. 오늘날 사람들은 더 이상 사물에 깃든 영혼과 교신하지 않지만, 스스로가 "방사능 물질"에 노출되어 있음을 발견하고, "위독한 수준의" 식품을 섭취하며, "핵 대학살"에 대한 근심에 쫓기는 꿈을 꾼다. ……위험하고 적대적인 물질이 무해한 외양 뒤에 숨어 있다. 모든 것은 이중적 시선으로 바라봐야 한다. 이러한 이중적 보기(double gaze)를 통해서만 우리는 그 모든 것을 올바르게 이해하고 판단할 수 있다. 우리는 눈에 보이는 세상을, 오직 생각 속에서만 존재하고 현실에서는 감춰져 있는 제2의 실재와 관련해 상대적으로 바라보아야 한다.[51]

베크의 묘사에서 이 인식 불가의 그림자 왕국은 공간적으로는 "무해한 외양" 뒤로 물러나 있다. 하지만 그의 공간적 비유는 시간적으로도 해석할 수 있다. 즉 임박한 위험이라는 시각적 외양 저편의 모호한 장기 지속 영역에는 어떤 악령이 숨어 있는가? 시간이 흐름에 따라 우리가 이중적 시선을 유지하지 못하게 방해하는 힘은 무엇인가? 그리고 어떤 세력—작가·과학자·활동가—이 우리의 시간적 시야를 과거 회고와 미래 지향을 동시에 아우르면서 확장하는 데 도움을 줄 수 있는가? 다시 말해 어떻게 하면 시간적 눈—우리로 하여금 갑작스러운 스펙터클이라는 외관 뒤에 숨은 느린 테러의 특징을 보도록 (그리고 예견하도록) 해준다—을 통해 그 그림자 왕국을 볼 수 있을까?

우리는 여기서 "오늘날 사람들은 더 이상 사물에 깃든 영혼과 교신하지 않는다", 즉 신이나 악령이 지배하는 고대의 그림자 왕국이 독성 물질이나 방사능 물질에 의한 위험이라는 오늘날의 그림자 왕국으로 대체되었다는 베크의 가정에 의문을 제기할 필요가 있다. 위험에 대한 이런 순차적 내러티브는 현대성 내의 초자연적 신비라는 집요한 활력을 제대로 전달해주지 못한다. 우리 행성에 사는 대다수 사람들에게 유독 물질에 의한 위협과 혼령에 의한 위협이라는 두 왕국은 서로 스며들고 뒤섞여서 기술적–초자연적 두려움이라는 혼합적 세계를 만들어낸다. 이것이 신하가 되살리고자 한 것이다.

신하와 카슨: 누출과 기업의 증발

《애니멀스 피플》은 침투 및 지속과 관련한 환경정치학에 주목한다. 누출이 소설을 온통 채우고 있다. 가스 누출, 범주 누출, 구멍이 숭숭 뚫린 국경과 침투 가능한 태아 세포막, 죽은 거나 마찬가지인 산 자와 살아 있는 유령인 죽은 자 등이다.[52] 소설은 여러 전선에 걸쳐 질문을 던진다. 정체성의 경계들이란 무엇인가? 정체성들은 어디서 나뉘고 합쳐지는가? 개인·공동체·기업 같은 실체는 얼마만큼 변화를 겪어야 시간의 흐름에 따라 분리의 선을 그으면서 범주적 차이라는 이름을 얻을 수 있는가?

구멍이 숭숭 뚫린 정체성이라는 주제와 관련해, 신하가 무슨 이유에서든 소설에 포함하기를 거부한, 유니언 카바이드 이야기의 한 가지 측면을 지적하는 것은 의미가 있겠다. 2001년 유니언 카바이드는 합병이라고 알려진, 기업이 부리는 마술을 통해 자취를 감추었다. 다우 케미컬(Dow Chemical)이 유니언 카바이드를 사들였고, 따라서 영원히 지워지지 않은 채 그 재난과 함께 연상되던 이름은 돌연 증발했다. 이는 보팔에서 환경 정의, 보상, 복원, 시정을 요구하는 행위를 한층 더 당혹스럽게 만들었다. 다우 케미컬은 이처럼 이름이 사라진 현상, 즉 기업 형태의 변화를, 더 이상 존재하지도 않는 회사가 저지른 재난에 대해 책임이 없다고 발뺌하는 근거로 써먹었다.[53] 체르노빌의 경우 그에 따른 환경적 피해가 그 유책 제국보다 더 오래갔다면, 유니언 카바이드의 경우에는 그 피해가 유책 초국가 기업보다 더 오래갔다. 따라서 소련 제국의 분열과 미국 기업의 합병은 둘 다 사실상 효과가 뒤늦게 나타나는 느린 폭력에 대한 역사적 책임을 피해가거나 떠넘겼다.

유니언 카바이드의 증발은 환경적으로 피해 입은 인구들의 상대적 비유동성과 시공간적으로 여력 있는 초국가 기업의 상대적 유동성 간 차이를 잘 보여준다. 사라진 기업은 빼어난 내구성을 지닌 그 회사 제품을 지속적 증거로서 남겨놓았다. 애니멀이 냉소적으로 지적한 바와 같이, 캄파니는 "너무 훌륭해서 제거하기가 불가능하고 몇 년이 지나도 여전히 작용을 멈추지 않는 놀라운 독성 물질"[54]을 만들어낸 게 분명하다. 공장은 문을 닫았을지 모르지만 눈에 보이지 않는 독성 물질이 여전히 활개를 치면서 끈질기게 살아 있었다. 밤낮으로 일손을 멈추지 않는 전일제 노동자처럼 말이다. 하지만 탄성 회복력이 훨씬 덜한 생물군은 주로 부재라는 관능성(sensuality)을 통해 스스로를 표현한다. 애니멀은 공장 마당을 돌아다니면서 말한다. "들어봐, 얼마나 조용한지. 새들이 노래하지 않아. 풀밭에는 메뚜기도 없어. 윙윙거리는 벌들도 보이지 않아. 곤충들은 여기서 살아남을 수 없어."[55] 이렇듯 부적(否的) 존재를 통해 생태 대학살을 일깨우는 신하의 수사 전략은 레이첼 카슨이 《침묵의 봄》에서 에피그래프(epigraph: 장 맨 앞에 쓰는 명구—옮긴이)로 고른 "무정한 미인(La Belle Dame sans Merci)"을 연상케 한다. "호수의 풀들은 시들어가고/새들의 울음소리는 들리지 않네." 또한 신하의 수사는 시비 논란이 분분한 《침묵의 봄》의 첫 장 "내일을 위한 우화"에서 카슨이 사용한 부적 존재를 떠오르게 한다. 그녀는 그 장에 어느 파괴된 공동체의 참상을 담아낸다. 한때 조화롭던 미국 중심지의 한 마을(《침묵의 봄》 초안에서는 푸른 초원(Green Meadows)이라 불렀다)에 "낯선 정적이 감돌았다. 새들은 도대체 어디로 가버린 것일까? ……암탉은 알을 품었지만 부화한 병아리는 보이지 않았다. ……사과나무는 꽃이 피었지만 꽃 사이를 윙윙거리며 돌아다니는 꿀벌이 없으니 가루받이가 이루어지지 않아 열매를 맺지 못했다".[56]

카슨도 신하도 독성 물질이 초래한 부재에 감각적 밀도를 부여한다. 그들은 그렇게 하는 데서 애가와 종말론, 탄식과 불길한 예감을 한데 뒤섞음으로써 복잡한 시간적 느낌을 담아낸다. 우리가 과거의 상실을 돌아보고 아직 현실화하지 않은 미래의 위협을 내다보도록, 즉 이중적 보기를 할 수 있도록 이끌어주는 것이다. 그들은 이러한 이중적 보기를 통해 환경 시간을 새로 조명하며, 재난을 스펙터클로 여기는 사회의 근시안적이고 과열된 즉각성에 맞서 환경 시간의 광대한 특성을 역설한다.

카슨이 "내일을 위한 우화"에서 그려놓은 초토화한 마을은 완전체로서 실재하는 게 아니었다. 카슨이 허구적으로 형상화한 초상화에 담아낸 모든 재난의 구성 요소들이 저마다 미국의 어느 곳에서인가 어느 시점에서인가 일어난 적이 있는 일들이긴 하지만 말이다. 카슨은 산발적으로 발생한 작은 재난들을 단 하나의 상상적 공동체에 모아놓음으로써 환경적 폭력의 시공간적 분산으로 조장된 분리적 사고에 맞서려 했다. 즉 따로따로는 보도할 가치를 지닌 스펙터클을 추구하는 사회의 레이더망에 걸리지 않는 환경적 폭력 행위들을 서로 연관 짓고 한꺼번에 사고하도록 도우려 했다.

카슨처럼 신하 역시 환경 시간에 걸쳐 느린 폭력이 확산하는 현상을 상상력을 발휘해 작품에 담아내야 하는 숙제로 고충을 겪었다. 하지만 그의 대처는 카슨과 달랐다. 그가 한데 모아낸 모든 재난이 실제로 한 공동체에서 집중적으로 일어났기 때문이다. 더욱이 그가 붙들고 씨름한 문제는 카슨으로서는 직접적으로 고민해본 적이 없는 것이었다. 다름 아니라 어떻게 일부 피해 공동체는 세계화, 환경적 인종차별주의, 계급 차별 같은 메커니즘을 통해 제 모습을 다른 공동체보다 좀더 가시적으로, 좀더 복원 가능하게 만드는가 하는 문제였다. 이처럼 차별적인 환경적 가시성의 분배—국가적 차원이든 초국가적 차원이든—는 신하가 소설을 집필하면서 가장 주력한 부분이었다.

약 50년 전 카슨은 마구잡이식의 "제초제(herbicides)"와 "살충제(pesticides)" 피해를 무차별적 "살생제"의 피해로 인식해야 한다고 주장했다.[57] 신하도 카슨을 생각나게 하는 살생의 위험에 대해 제 생각을 드러낸다. 독성 물질로 인한 피해로 신체가 굽은 늙은 인도 여인이 캄파니 변호사를 호되게 질책한다. "당신은 우리한테 들판에 뿌릴 약물을 만들고 있다고 말했어요. 곤충을 죽이는 독물질을 만들고 있다고 했지만 실제로는 곤충이 아니라 우리를 죽였어요. 둘 간에 진짜로 확실한 차이가 있었던 것인지 당신께 묻고 싶습니다."[58] 하지만 신하는 "살충제"를 무차별적임과 동시에 차별적이라고 표현함으로써 카슨과 차이를 보인다. 그의 주장에 따르면, 살충제는 살상력에서야 골치 아픈 표적 곤충을 뿌리 뽑는 수준을 넘어서지만(무차별적이지만―옮긴이), 잘 알려지지 않은 측면인 지역과 세계의 빈자들에게 위험 부담을 가장 많이 안겨준다는 점에서 보면 차별적이다. 그는 이렇듯 인간 삶에 대한 살생제의 공격은 균일하지 않다는 것을 우리에게 말해준다.

이례적 사건들, 일상적 망각

페트리나는 체르노빌·히로시마·나가사키·보팔을 돌아보면서 이렇게 탄식했다. "대규모의 기술적 재난을 이겨내고 살아남은 수많은 사람이 장기적이고 관료주의적인 악순환 고리에 갇히게 되었다. 그들은 한편으로 자신의 신체적 피해를 증명해야 하는 부담을 짊어지고 있으며, 다른 한편으로 법·복지·의료 제도의 맥락에서 비합법화되는 위험을 겪는다."[59] 이러한 사람들, 무엇보다 문맹 상태인 빈자들은 자기 주조 (self-fashioning)의 미로 속으로 던져진다. 자신의 신체 이야기를 (가능성이 있긴 하나 획득하기는 어려운) 인정, 심지어 보상 가능성을 설핏 보여주는 스토리라인에 맞추고자 하면서다. 그러는 과정에서 가난한 이들은 비가시성과 기억상실이라는 이중적 도전에 직면한다. 그들은 수적으로 다수를 차지하지만 가시성이나 공적 기억이라는 측면에서는 주변부로 밀려나 있다. 환경적 관점에서 볼 때, 이러한 주변성은 부분적으로 데이비스가 말한 "평범한 재난의 변증법"—이에 따르면 위험 부담이 보호받지 못하는 가난한 사람들에게 불공정하게 가해지므로 재난이 과거사이자 잊힐 수 있는 평범한 일이 된다—에 의해 영속화한다.[60] 이러한 재난은 우발적이고 임의적이고 예측할 수 없는 신의 장난이라는 프레임에 의해 쉽게 기억이며 정책 기획에서 배제된다. 그것들을 예방하거나 그 폐해를 줄일 수도 있었을 조치에 대한 고려도 뒤따르지 않는다.

여기서 따져보아야 할 것은 신자유주의적 세계화가 불균일한 경제 발전과 불균일한 공적 기억 개발을 더욱 악화하는 역할이다. 우리는 시간의 공간화, 기업형 언론이 거의 주목하지 않는 "낙후한" 공동체로 위험 떠넘기기 따위를 통해 모종의 치명적 편협성이 작용한다는 것을 엿볼 수 있다. 따라서 현대의 세계 정치는 "노골적인 물리적 지배력을 차지하려는 투쟁으로뿐 아니라 등장(appearances)에 대한 통제력을 쟁취하려는 전투로 인식할 필요가 있다".[61] 스펙터클이 되기 위한 전투는 보팔에서처럼 오랜 세월에 걸쳐 마멸적 피해를 낳는 느린 폭력과 관련한 경우, 공적 기억을 위해, 그리고 예지력—공공 정책이 예방 조치를 취해야 한다는 동기를 가지고 이를 시행하도록 이끈다—을 위해 특히 중요하다.

최근 몇 년 사이 우리는 국제 차원에서 도시 최하층 계급(underclass)의 참상을 분석한 빼어난 저서를 몇 권 만날 수 있었다. 특히 주목할 만한 것은 마이크 데이비스, 제러미 시브룩(Jeremy Seabrook), 얀 브레만(Jan Breman)의 책이다. 하지만 거기서 제공하는 유의 가시성은 피카레스크 소설이 보여주는 가시성과는 사뭇 다르다. 왜냐하면 환경 재앙과 관련해 심지어 최하층 계급에 대한 가장 설득력 있는 사회과학적 설명조차 익명의 집단이나 통계에 기대고 있기 때문이다. 따라서 그러한 설명 방식은 인간화와 비인간화, 생기 부여하기와 침묵시키기에 대해 동일한 태도를 취하는 경향이 있다.

최하층 계급을 어떻게 표현해내느냐 하는 난제는 피카레스크적 전통에서 가장 중요한 부분이다. 라고스 판자촌 거주민의 기발하면서도 필사적인 삶을 다룬 크리스 아바니(Chris Abani)의 빼어난 피카레스크 소설 《그레이스랜드(Graceland)》처럼 《애니멀스 피플》은 생생한 개인의 삶에 끼어들어 그것을 해부한다. 자날리스(Jarnalis: 저널리스트(journalist)의 엉터리 영어―옮긴이)의 녹음기에 대고 본인의 생애를 들려준 애니멀은 정말이지 카리스마 넘치는 인물이다. 현실에 기반한 그의 강렬한 증언은 '대지의 저주받은 사람들'이 겪는 일반적 배고픔이 아니라 개인으로서 겪는 처절한 배고픔에서 비롯된다. 이 소설은 신자유주의의 제국적 허식을 벗어던지고 남세스러운 토착어를 구사하는 잠긴 목소리의 단독 연기자 애니멀을 그 책의 감정적 중심으로 줄곧 유지함으로써 점차 더 넓은 공동체, 즉 책 제목처럼 '애니멀의 사람들'을 끌어안는다.[62] 그의 목소리는, 화려하게 장식되어 있고 예의 바른 새로운 신자유주의의 "자유 시장"과 "개발" 담론에 반대하는 목소리다.

신하는 애니멀의 잠긴 목소리를 통해 처음부터 그 피카레스크에 힘을 부여한 질문들로 돌아갈 수 있었다. 인간 이하의 짐승 같은 생활 조건으로 전락한다는 것은 어떤 의미인가? 부유한 자와 궁핍한 자, 인간과 동물을 갈라놓거나 이어주는 요소는 무엇인가? 시간적·공간적 묵살을 동시에 담고 있는 제국주의 언어에서 "뒤지다(backward)"라고 치부된다는 것은 어떤 의미인가?[63]

애니멀이 그날그날 내뱉는 두서없는 말 속에서는 생존을 향한 충동이 정의를 갈망하는 집단적 꿈보다 앞선다. 하지만 신하는 애니멀의 신체에 깃든 '외부의 짐'을 통해—그리고 만신창이가 되었지만 용맹한 그의 주변 삶들을 통해—강력한 기억상실로부터 오래전에 일어난 재난에 대한 기억뿐 아니라, 그 재난을 계속 퍼뜨리고 있는 현재 및 미래의 요소를 이끌어낸다. 소설이 강변하듯, 그처럼 재난이 지속적으로 전파되는 가운데서 근근이 생계를 이어가야 하는 빈자들도 엄연히 지구의 일원이다. 신하는 환경 피카레스크를 집필함으로써 잘 알려지지 않은 최하위 계층의 삶을 소설 전면에 부각시켰으며, 그들의 다양한 기벽과 희망 그리고 일상적 공포를 500년 전 라사리요 데 토르메스〔일명 라사로(Lazaro)〕가 말한 이른바 "망각의 무덤"[64]으로부터 건져냈다.

2

고속감기 화석
석유 독재와 자원의 저주

내가 셀프서비스 주유소에서 기름을 넣고 있을 때 페르시아만 아래 묻혀 있는 검은 호수에서 가스 거품이 부풀어 올랐다. 왕이 넓은 흰 소매 속에 감추어진 두 손을 조용히 들어 올려 가슴 위에 포개 놓았다. 고층 건물에서 엑손 컴퓨터가 다량의 정보를 고속으로 처리하고 있었으며, 저 멀리 바다에 서는 화물 함대가 경로를 변경하라는 명령을 받았다.

‒ 이탈로 칼비노(Italo Calvino), "주유 장치(The Petrol Pump)"

우리는 맨해튼을 판 인디언의 후예다. 계약을 변경하기를 원한다.

‒ 압둘라 타리키(Abdullah Tariki), 사우디아라비아의 전직 석유·광물부 장관

20세기를 차례로 '미국의 세기'[American Century: 1941년 미국의 출판인 헨리 루스(Henry Luce)가 〈라이프(Life)〉에서 '미국의 세기'가 오고 있다고 선언하면서 쓰인 용어다―옮긴이]', 석유의 세기(Century of Oil)라고 선언했다면, 21세기는 둘 중 아무것도 아니게 될 게 분명하다.[1] 이제 우리는 다극화한 세계적 질서를 향해 가고 있다. 그 질서는 불확실한 석유 매장량과 심화하는 기후 변화에 대한 반응을 어떻게든 뒤로 미루는―그에 따라 상황은 점점 더 절박해진다―생존 방식을 구사한다. 미국의 패권은 이미 정점을 넘어섰고, (가장 가능성 있는 시기에 대해서는 옥신각신하고 있지만 어쨌거나) 머잖아 피크 오일(peak oil: 석유 생산량이 최고조에 달하는 시기―옮긴이)이 닥칠 예정이다. 선동적인 석유지정학과 불가분 관계였던 석유 동력의 규제받지 않는 성장에 대한 꿈도 이제 종지부를 찍었다.

에너지 최고 지존 정권이 부재한 기간 동안, 우리는 과거와 미래 양쪽으로부터 빌려온 시간 속에서 살아가고 있다. "화석 연료(fossil fuels)"라는 구절은 이처럼 전 지구적 시간과의 이중적 관계를 담고 있다. 한편 화석 연료는 수천 년에 걸쳐 압축된 중층화한 죽음을 암시한다. 오늘의 기술이 그 죽음을 일시적이고 국내적인 우리 시대의 연소(燃燒) 문명을 추동하는 동력으로 되살려놓은 것이다. 다른 한편 "화석 연료"는 미래의 요구에는 부적절하고, 쓸모없고, 구태의연한 분위기를 풍기기도 한다. 만약 퇴적암에 새겨진 흔적으로서의 화석 기록을 서로 다투는 수많은 종교적·정치적·문화적 동기와 관련해 과거 시간과 미래 시간에 비추어 분석한다면, 확실하게 남는 것이라곤 그것이 지닌 사용 가능 에너지원으로서의 유한성뿐이기 때문이다. 그만큼이나 확실한 것은, 우리가 지구 행성의 압착된 탄화수소 유물을 추출해 소비하는 속도가 빠르면 빠를수록, 우리의 행동으로 인해 인간(그리고 다른 무수한 생명체)이 맞이할 '형성 중인 화석'으로서 집단적 미래의 단축 가능성도 덩달아 커진다는 사실이다. ('형성 중인 화석(Fossils in the Making)'은 크리스틴 조지 바그다노프(Kristin George Bagdanov)의 시집 제목이기도 하다—옮긴이.)

만약 "화석 연료"에 고갈 가능한 과거, 고갈 가능한 미래를 담보로 빌려온 시간에 관한 느낌이 가득하다면, "자원의 저주(resource curse: 천연자원이 풍부한 국가들에서 자원 수익을 경제 발전에 투자해 국민과 혜택을 공유하기보다 부패한 독재자가 독식함으로써 일반 국민은 빈곤에 허덕이게 되는 현상—옮긴이)"라는 문구는 그와는 사뭇 다른, 하지만 그것을 보완해주는 이중성을 전달한다. "자원의 저주"는 행운과 불운 개념을 팽팽한 긴장 상태에 두며, 지구에 대한 실용적 관점과 초자연적 관점을 한데 아우른다. 또한 확실하고 유용한 상품의 세계가 영적인 힘의 세계에서는 얼마나 취약한지도 암시해준다. 저주도 축복도 극심한 물질적 효과를 낳을 수 있는 것이다. 더욱이 "자원의 저주"는 소유권과 관련해 난처하고 심각한 문제를 압축적으로 제기한다. 즉 소유한다(possess)는 것과 박탈당한다(dispossess)는 것이 정치적·경제적·영적으로 무엇을 의미하는가 하는 문제다. 문자 그대로 한 공동체나 사회의 소유 능력을 약화하면서 광물질을 소유하는 현상이 초래하는 악영향은 무엇인가? 그리고 소유물—물질적·윤리적 의미에서의 상품—을 사악한 힘으로 바꿔놓음으로써, (즉 과거에는 고체였던 모든 것이 액상의 광미로, 유출되는 석유로, 유독한 공기 기둥으로 달라지는 데 따른 결과로) 그때껏 환경적으로나 문화적으로 사람들을 지탱해준 바로 그 요소를 그들에게서 떼어놓는 세력은 과연 누구인가?

자원의 저주라는 개념은 풍요의 역설(paradox of plenty)과 밀접한 관련성을 띤다. 광물 자원이 풍부한 복받은 국민국가가 풍요의 역설로 인해 난장판이 되는 사례는 무척이나 흔하다.[2] 경험적으로 보건대 한 국가가 단 하나의 광물 자원에 크게 의존하면 의존할수록 그 국가가 비민주적이고, 군국주의적이고, 부패로 뒤범벅되고, 투명성과 책무성 없이 운영될 가능성은 더욱 커진다. 풍부한 자원은 만연한 부정, 취약한 경제 성장, 유엔 인간개발지수(Human Development Index: 한 나라의 개발 수준을 평가하고자 유엔개발계획(United Nations Development Programme)이 고안한 지표—옮긴이)에서의 하위 순위로 이어지는 경우가 비일비재하다. 한 나라의 통화를 강화하는 데서 광물 발견은 농업·제조업 같은 다른 경제 부문의 경쟁력을 떨어뜨릴 가능성마저 있다. 또한 광물 시장의 호황-불황 주기는 사회 불안을 악화하기도 한다. 물론 이러한 경향성에는 예외도 존재한다. 그러나 자원의 저주를 겪는 사회에서 광물 발견(strike)은 흔히 직접적으로야 미사일 타격(strike)보다 극적인 장면으로서의 의미가 덜하지만, 장기적으로는 그보다 훨씬 더 파괴적인 결과를 낳곤 한다. 그 여파로 환경 파괴, 영토 박탈, 정치 탄압, 무책임한 초국가적 석유 기업과 광물 카르텔을 보호하는 안보 세력으로서 이중적 의무를 수행하는 공권력의 대학살 따위가 야기된다. 이런 사회에서 소수의 수중에 고도로 집중된 수익은 흔히 사회적 투자나 하부 구조에 대한 투자에서 벗어나 국외 은행 계좌로 흘러 들어간다. 지배자와 피지배 간의 결속력은 대체로 느슨하다. 전제 군주 혹은 과두정은 세금, 선거, 다원화한 (그리고 그에 따라 통제가 덜한) 경제를 도입함으로써, 시민의 기대를 충족하기보다 그네들의 사유 재산, 소비자의 과소비, 낭비적 군비 지출, 세력 과시를 위해 주요 자원에 의존하는 쪽을 선호한다. 이런 상황에서는 불평등 심화로 국가의 응집력과 안정성이 위험에 빠진다. 이는 흔히 수직적 불평등(슈퍼 부자와 극빈자 간의 계급적 격차)과 수평적 불평등(자원이 풍부한 소수 인클레이브와 그 나머지 지역 간의 지리적 격차) 둘 다를 수반한다.

그렇기는 하나 자원의 저주는 역사를 배제한 채 제 맘대로 요동치는 문화로서 설명하면 더러 오도될 소지가 있다. 오스트레일리아와 캐나다는 자원 부국이지만 자원의 저주를 겪지 않는다. 이는 단순히 그들이 역사가 길고 안정적인 민주적 선거 제도를 시행함으로써, 나이지리아·리비아·앙골라 같은 국가에서 단일 경제 체제를 엉망으로 만들어 놓은 극단적 권력 집중을 피할 수 있었기 때문일까? 실상 역사적 답변은 그보다는 좀더 복잡하다.

"저주"는 부분적으로 탈식민주의 국가의 천연자원에 대한 주권을 위태롭게 만든 국제 법률 제도의 파생물이다. 신경제 질서를 창출하기 위한 노력이 실패로 돌아간 1970년대에 유럽 강대국과 미국은 독립 국가들에 자원 주권을 제공하기를 거부했다. 그들은 앤터니 앵기(Antony Anghie)의 말마따나 그러한 자원들이 성격상 일국의 것이 아니라 모든 인류의 것이라고 선언함으로써, 과거 식민지 시대의 자원 이전 조약을 옹호함으로써, 그리고 다국적 기업에 제3세계 국가와 동등한 국제법적 지위를 허용함으로써 그렇게 했다.[3] 사우디아라비아·자이르·인도네시아·이란 등지에서 서구 강대국들은 흔히 자원 추출과 관련해 편향된 거래 조건을 제시하면서 이에 협조하는 과두 정치, 독재자, 군사 정권을 지지했다. 그들은 더러 이처럼 편향된 거래 조건을 거부하는 국가의 지배자를 끌어내리는 간계를 부리기도 했다. 더욱이 서방의 다국적 기업은 일반적으로 그들의 제3세계 국가 파트너와 추출 거래를 체결할 때 불균형할 정도로 막강한 영향력을 행사했다. 그 결과 자신들이 본국에서 받아야 했던 법적 규제보다 훨씬 더 느슨한 환경·의료·노동 규제를 구가했을 뿐 아니라 개발과 관련한 민주적 제도의 시행도 금지했다. 국제법은 같은 다국적 기업이 글로벌 사우스와 글로벌 노스에서 서로 다른 시행 기준을 마련할 수 있도록 허용했다. 이러한 이중 잣대는 역사적·구조적 불평등에서 비롯되었고 다시 그것을 악화했다. 이처럼 자원의 저주는 역사적·구조적 불평등을 집약적으로 드러내준다.

글로벌 사우스에서 특히 석유 문화는 대체로 오염된 식수·토지·대기로 인해 위험에 빠진 공동체의 낡은 생존 형태를 대체하는 새로운 직업을 지역민에게 거의 제공하지 않는다. 고분고분한 인력을 찾는 다국적 석유 기업들은 추출 작업으로 가장 직접적 영향을 받는 공동체를 위해 일자리를 마련해주기보다 다른 경쟁적 공동체나 멀리 떨어진 곳에서 노동자를 데려오는 편을 선호한다. 이러한 관례는 자연스럽게 노동조합이나 시민 단체가 성장하는 것을 막는다. 이웃한 공동체의 우선순위를 들고 와 작업장을 곤경에 빠뜨릴 수 있는 조직들이기 때문이다. 화석 연료 독재자와 그 파트너인 주요 석유 회사는 자원 부(resource wealth)의 주인인 해당 공동체 구성원을 한 번 쓰고 버리는 일회용 인간으로 취급한다.

문학의 관점에서, 자원 인클레이브(resource enclave)라는 발상은 특별한 영향력을 지닌다. 상상적 분리라는 심오한 행위에 의존하기 때문이다. 가령 프랑스의 외교 정책 입안자들은 때로 아프리카를 유익한 아프리카(l'Afrique utile)와 쓸모없는 아프리카(l'Afrique inutile)로 나누곤 한다. 주로 대도시의 자본주의 구조로 통합될 수 있는 이용 가능한 자원을 지닌 인클레이브, 그리고 그러한 구조에 통합되기 어려운 나머지 일회용 부분으로 말이다.[4] 수비대가 배치된 유익한 인클레이브는 그 주위를 궁핍한 인구들이 둘러싸고 있기 십상이지만, 정작 그들 자신은 물질적으로도 군사적으로도 상상적으로도 궁핍한 것과는 거리가 멀다.

이러한 인클레이브적 마음가짐은 상상적 분리, 즉 자원의 시장 가치와 그 추출 비용 간 차이를 극대화하려는 시도와 불가분의 관계를 지닌다. 광업 초국가 기업 및 그들과 협업하는 지역 엘리트들은 한 국가의 "천연" 시혜물을 그 국가의 것도 그 국가를 위한 것도 아니라 여기고, 그저 외계에 존재하는 일종의 노다지판으로 간주한다. 글로벌 사우스에서 이러한 경제적 분리 및 상상적 분리와 관련한 다중적 관행은 불안한 국민국가와 불안한 정신 상태를 조장한다. 지배자는 쉽게 편집증적 상태로 기울며, 그 전리품에서 배제된 절대 다수는 생존하기 위해 아귀다툼을 벌이는 것이다.

이런 분리 형식들이 암시하는 바와 같이 자원의 저주를 본격적으로 다루려면 마법(enchantment)의 활용과 남용에 대해 살펴볼 필요가 있다. 폴란드의 저명 저널리스트 리샤르드 카푸시친스키(Ryszard Kapuscinski)는 이러한 감정을 이란에 관해 쓴 책《샤들의 샤(The Shah of Shahs)》('이란 국왕들의 국왕'이라는 뜻—옮긴이)에 잘 녹여냈다. 그는 이 책에서 "석유가 놀고먹는 삶으로 완전히 바꿔주리라는 환상을 부여하는" 방식에 대해 들려준다. "석유는 운 좋은 사건으로 얻을 수 있는 부에 대한 인간의 영원한 꿈을 표상한다. ……이런 의미에서 그것은 일종의 동화인데, 모든 동화가 그러하듯 거짓말이 다소 가미되어 있다."[5] 지구 정반대편 출신의 작가 호세 이그나시오 카브루하스(Jose Ignacio Cabrujas: 베네수엘라의 극작가—옮긴이)는 산유국 베네수엘라가 어떻게 "아량 있는 마법사"로 변신했는지를 강한 어조로 들려준다. "석유는 환상적이며 환상을 불러일으킨다. 베네수엘라가 산유국이라는 선언은 기적에 대한 환상을 만들어냈다. 그 선언은 실제로 기적 문화를 창출함으로써 그 나라를 환각 상태로 내몰았다."[6] 따라서 석유 발견은 대중 추수적 동화의 소재로 적합하다. 원대한 꿈을 꾸던 이들이 스스로가 막강한 군사 정권의 폭압 아래 놓여 있으며 환경 파괴의 피해를 입고 있다는 사실을 깨달으면서 갑작스레 맞은 횡재가 일순 불안한 환멸로 돌변하는 동화 말이다.

압델라흐만 무니프와 석유 발견

석유는 약 80년 동안 다른 어떤 산업보다 미국의 국제적 불안과 갈등에 더 많은 영향을 끼쳐왔다. 2009년 미국은 석유 수입에 1885억 달러를 지출했다. 〔석유수출국기구(Organization of the Petroleum Exporting Countries, OPEC) 회원국에서만 그중 950억 달러어치를 수입했다.〕[7] 프린스턴대학의 경제 지리학자 로저 스턴(Roger Stern)에 따르면, 1976년부터 1997년까지 20년 동안 미국은 중동에서 석유를 안정적으로 공급받기 위해 자그마치 7조 3000억 달러를 추가로 지출했다.[8] 석유는 미국의 전략적 취약성의 주요 원천이자 이슬람 세계에서 미국이 '약자를 괴롭히는 존재(bully)'로 악명을 떨치게 만드는 주원인이다. 화석 연료에 대한 절박한 요구로 인해 우리는 오랜 역사에 걸쳐 석유 독재자, 총사령관, 종신 대통령, 테러리즘 선동가와 탐탁잖은 정략적 관계를 맺어왔다. 이런 역사를 감안하건대—야심 찬 인물, 원대한 꿈, 부도덕한 동맹, 배반, 반란, 억압 따위를 감안하건대—그리고 행운의 부침을 감안하건대, 지금쯤이면 자원의 저주라는 극적이고 웅장한 이야기를 다룬 상당히 중요한 문학 작품이 등장하고도 남았으리라 기대할 수 있다.

따라서 우리는 다음과 같은 난제와 마주하게 된다. 아미타브 고시(Amitav Ghosh: 인도의 저술가—옮긴이)가 질문한 바와 같이, 왜 석유 발견은 그보다 더 과거에 향신료 무역이 만들어낸 것 같은 넓으며 깊이와 비교되는 문학적 반향을 불러일으키지 못했는가?[9] 더욱이 우리는 빅 오일(Big Oil: 빅 오일은 본시 세계적 거대 석유 회사를 말하는데, 여기서는 그냥 '석유'로 받아들이면 된다—옮긴이)이 영역이나 규모 면에서 그 화석 연료의 선배 격인 킹 콜〔King Coal: '석탄'으로 보면 된다. '킹 콜'은 미국 작가 업턴 싱클레어가 1917년 발표한 소설의 제목이기도 하다. 이 소설은 1910년대 미국 서부 석탄 광산의 열악한 노동 조건을 단일 주인공 핼 워너(Hal Warner)의 관점에서 풀어냈다—옮긴이〕이 야기한 문학에 견줄 작품을 내놓지 못했다는 사실에 주목할 필요가 있다. 킹 콜은 몇 명만 예로 들자면 에밀 졸라(Emile Zola), 조지 오웰(George Orwell), 업턴 싱클레어(Upton Sinclair), 클랜시 시걸(Clancey Segal: 미국 저술가—옮긴이) 그리고 로런스(D. H. Lawrence)에게 영감을 불어넣었다. 미국의 운명에서 석유가 지니는 중요성을 감안하면, 1927년 출간한 싱클레어의 《석유!(Oil!)》(캘리포니아를 무대로 펼쳐지는 대하 소설) 이후 그 어떤 작가도 미국의 석유 정책을 주제로 훌륭한 소설을 쓸 위험을 무릅쓰지 않았다는 사실은 놀랍기 그지없다.[10]

하지만 20세기 작가 가운데 전무후무한 규모로 석유라는 으스스한 주제에 초국가적 생명력을 부여한 이가 있다. 석유가 인간의 탐욕을 부추기는 현상, 석유의 유혹과 산유국에서 국가적으로나 심리적으로 그 환상이 깨지는 현상에 주목한 작가다.[11] 압델라흐만 무니프는 1984년부터 1989년까지 《소금 도시》를 집필했다. 이 소설은 제멋대로 뻗어나가는 5부작으로, 석유 발견과 관련한 폭넓은 지리학과 불안정한 역사를 추적한다. 그가 극적으로 묘사한 석유 발견에는 우리 행성 최대의 석유 주자들인 선도적 산유국 사우디아라비아와 주요 소비국 미국의 특별한 관계, 아니 특별한 거래가 뒤따른다. 《소금 도시》는 미국의 기업과 외교 정책 이해 집단이 장려하고 무기를 대주고 지원한 '그 탄화수소(석유—옮긴이)' 독재 체제를 중심으로 내용이 펼쳐진다. 이와 짝을 이루는 그 소설의 또 한 가지 주제는 평범한 베두인족(Bedouin: 천막 생활을 하는 아랍 유목민—옮긴이)에 대한 억압과 그에 따라 그들의 환멸이 커진 상황, 그리고 간헐적이긴 하나 그들이 강력한 반란으로 맞선 현상이다. 무니프는 미 제국주의와 석유 독재라는 거대 쌍두마차에 의해 삶터와 생존을 짓밟힌 베두인족의 심리적·문화적 혼란을 추적한다. 이 5부작 소설(특히 그중 더없이 훌륭한 1권)은 미국에서 좀더 잘 알리고 좀더 널리 가르칠 만한 가치가 있다. 무엇보다 미국이 이슬람 세계와 연루될 수밖에 없었던 숙명을 조명하는 데서 역량을 발휘하기 때문이다. 또한 우리에게 초국가적으로, 그리고 장르의 경계를 넘나들면서 환경 문학의 특성을 재고해볼 기회를 제공하기 때문이다.

《소금 도시》1권은 1933년부터 1953년까지 시기를 다룬다. 알도 레오폴드가 환경 시간 속에서 책임 있게 성공적으로 살아간다는 것이 무엇을 의미하는지에 대해 예지력 있는 소신을 드러내면서 토지 윤리(land ethic)와 관련한 입장을 명확히 밝히던 무렵이다.[12] 레오폴드의 토지 윤리는 여러 면에서 미국의 독특한 제퍼슨식 전통에 제약을 받았다. 하지만 그는 '미국의 세기'에 미국인으로서 살아간다는 것은 역사적으로 재앙이라 할 만한 규모로 소비하는 존재가 된다는 뜻임을 미리 내다보았다. 그는 또한 이처럼 제지받지 않는 자원 소비의 해악을 다른 나라들이 얼마나 불균형할 정도로 심하게 겪을지 예측하기도 했다. 한 미국 석유 회사가 페르시아만에서 최초의 석유 채굴권 계약을 맺기 한 해 전인 1932년, 레오폴드는 이렇게 적었다. "내가 이런 책을 출간하는 것은 소들이 풀을 뜯어 먹도록 습지의 물을 빼내고 브라질 열대 우림에서 살아가는 새들의 씨를 말리는 데 일조하는 행위다. 내가 포드 자동차를 타고 조류 관찰에 나설 때, 나는 유전을 파괴하고 있는 꼴이고 내게 필요한 고무를 얻기 위해 선거에서 제국주의자를 다시 선출하고 있는 셈이다."[13]

하지만 레오폴드는 이러한 이슈를 멀리서 윤리적 관점으로 그려내는 것 이상의 일은 할 수 없었다. 반면 무니프는 석유의 발견과 추출이 이루어지는 바로 그 혼란의 와중에서 글을 썼기에 상상의 힘을 빌려 '그 탄화수소'의 작용 영역을 조명할 수 있었다. 그는 자신이 사는 지역에 영향을 미치고 세계적으로 반향을 불러일으킨 석유 중심의 약속, 유혹, 강압, 배신, 재앙을 작품에 담아냈다. 따라서 과거를 돌아봄과 동시에 미래를 내다보는 그의 저술은 우리에게 20세기를 규정하는 여러 이야기 가운데 하나, 즉 처음부터 파멸의 씨앗을 안고 있던 초국가적 페트로모더니티(petro-modernity: 석유 제품을 통해 가능해진 편리함과 저렴한 에너지 소비를 기반으로 작동하는 사회 체제—옮긴이) 체제로 들어설 수 있는 유일무이한 입구가 되어준다. 무니프는 국내외 석유 지배자들이 산유국의 민주주의적 열망과 자원 주권을 무자비하게 짓밟는 데 막대한 힘을 쏟아붓는 실상을 유례없을 정도로 소상하게 되살렸다. 더욱이 그는 권리를 박탈당한 이들의 목소리가 거대한 합창으로 울려 퍼지기를 간절히 염원했다. 그들은 하나같이 거대 석유 회사와 석유 독재자, 그리고 그들과 결탁한 영미 제국주의 세력의 술책에 피해를 입었다. 물론 거기에는 더러 그 세력과 작당한 이들도, 용감무쌍하게 체제에 맞선 이들도 섞여 있었다.

무니프는 자신이 운명적으로 그 주제에 관심을 갖게 되었다고 느꼈다. 1933년의 바로 그날, 즉 페르시아만에서 막 출범한 사우디아라비아의 압둘 아지즈 이븐 사우드(Abdul Aziz ibn Saud: 1876~1953. 1932년 취임해 1953년 사망과 동시에 퇴임했다—옮긴이) 군주와 미국 석유 회사 '캘리포니아 아라비안 스탠더드 오일 컴퍼니[California Arabian Standard Oil Company: 1944년 아라비안-아메리칸 오일 컴퍼니(Arabian-American Oil Co, ARAMCO)로 개칭했다—옮긴이]'가 최초로 석유 채굴권 계약을 체결한 날, 자신이 태어났기 때문이다. 알고 보니 1917년부터 21세기까지 이라크가 제국주의에 저항한 역사를 다룬 무니프의 마지막 책은 2003년 미국이 이라크를 침공한 때로부터 불과 몇 달 뒤 출간되었다. 이는 그가 제국과 석유라는 주제를 균형 있게 넘나들며 깊이 조명하는 삶을 살다 갔음을 잘 보여준다.

무니프가 《소금 도시》를 집필한 것은 "자원의 저주"라는 용어가 생기기 전의 일이지만, 그는 결과적으로 자원의 저주를 초래하게 되는 초기 페르시아만의 석유 분쟁을 가장 포괄적으로 다룬 소설을 우리에게 남겨주었다. 《소금 도시》는 발생기의 초국가적 석유 문화가 어떻게 자원의 저주를 위한 발판을 마련함으로써, (페르시아만 내에서뿐 아니라 점차 그 너머에서까지) 천문학적으로 부유해지게 되는 소수 계급과 뿌리 뽑힌 채 비참한 신세로 전락하는 대중 사이의 간극을 더욱 벌려놓았는지 추적한다. 무니프의 소설은 프랑스 경제학자 자크 아탈리(Jacques Attali)가 제기한 다음의 주장을 떠오르게 한다. 즉 우리가 사는 지구는 부자와 가난한 유목민, 광대한 지역을 두루 여행하는 엘리트 계급과 권리를 박탈당한 가난한 자들(처참한 지경에 내몰린 나머지 제 힘이 미치지 않는 곳의 기본적 재화와 권리를 쟁취하기 위한 운동을 펼치고 있다) 사이가 점점 더 벌어지는 세계라는 주장 말이다.[14] 기동성 있는 부자와 권리를 박탈당한 비참한 유목민 간의 격차가 가장 극명하게 드러나는 곳이 바로 페르시아만 연안 제국(Persian Gulf States: 바레인·이란·이라크·쿠웨이트·오만·카타르·사우디아라비아·아랍에미리트연방 등의 산유국—옮긴이)이다. 이 지역에서 그 같은 격차는 절실함, 석유, 이슬람 세계, 미국 및 유럽의 요구와 얽히고설킨 사람들 사이에서 정치적 불안을 조성한다.

무니프는 자신의 소설적 방법론을 상상 차원에서 환경·정치·문화·역사를 한데 아우르며 "활발한 내부적 운동"을 추구하는 시도라고 표현했다.[15] 단연코 그의 기량이 최고조에 달한 부분은 상품으로서 석유의 혼합적 삶을 석유가 해양과 사막 지대에서 인간 집단을 이동하도록 내몬 현상과 결부시킨 대목이다. 무니프 자신은 그러한 전치를 증언하기에 더없이 알맞은 위치에 있었다. 왜냐하면 베르톨트 브레히트 (Bertolt Brecht: 1898~1956. 독일의 극작가·시인·연출가─옮긴이)가 스스로에 대해 묘사한 것과 마찬가지로, 그 역시 "신발만큼이나 자주 나라를 바꿔야 하는 운명을 타고난 사람"[16]이었기 때문이다. 어린 무니프는 아랍 이주자 집단(디아스포라(diaspora))의 일원이었다. 그는 요르단에서 석유 쟁취 투쟁이 그 지역을 바꿔놓기 시작할 때 그곳을 널리 여행하던 사우디 무역상 아버지와 이라크인 어머니 사이에서 태어났다. 무니프 자신은 요르단·이라크·이집트·레바논·시리아·유고슬라비아·프랑스를 두루 거치면서 믿기지 않을 정도로 이동이 잦은 삶을 살았다.[17] 그러는 중 세르비아의 베오그라드대학교에서 박사 학위를 취득했고, 바그다드에서 발행하는 잡지 〈석유와 개발(Oil and Development)〉의 편집자로 활동했으며, 시리아 정부의 석유 담당 부처에서 근무하기도 했다.

이로써 짐작할 수 있듯, 그는 조작에 능한 석유 사절단이 만들어낸 판타지를 들여다보고, 석유가 무력을 통해서든 우화적 소설화를 통해서든 베두인족의 구전 문화에 끼친 영향을 조명하기에 대단히 유리한 위치에 있었다. 무니프가 자원의 저주에 관해 집필한 저술들에서, 영적 힘은 결코 실체가 없는 무형의 것이 아니었다. 그는 유령적 존재의 활발한 에너지에 민감했다. 그것이 물신화한 상품으로서 석유의 모호한 매력을 통해 표현되든, 아니면 외부 침략자를 향해 기습공격을 감행하는 희미하고 종잡을 수 없는 사막 투사(desert fighter) 소문에 고무된 정치적 저항을 통해 표현되든 간에 말이다. 다시 말해 무니프는 석유 제국주의, 상품을 향한 욕망에 맞선 폭동 세력 같은 강압적이고 유혹적인 작용 영역 내에 존재하는 유형 권력과 무형 권력의 경계를 흐릿하게 만드는 데 관심이 많았다.

무니프는 비자발적·자발적 이동, 추방과 방랑에 힘입어 보기 드문 직업적 경험을 할 수 있었는데, 그 모두를 하나로 이어주는 매개가 바로 석유였다. 그는 석유 산업에 정통한 사람임과 더불어 내부자로서 빼앗긴다는 게 무엇을 의미하는지도 잘 알고 있었다. 사우디아라비아는 그의 시민권을 박탈했고, 그의 소설은 아라비아반도의 석유 엘리트를 신랄하게 풍자했다는 이유로 여러 페르시아만 연안 제국과 이집트에서 판매 금지를 당했다. 그리고 그는 자신이 쫓겨났을 때 그 지역에 만연해 있는 질식할 듯한 정치적 게임스맨십(gamesmanship: 게임을 자신에게 유리하게 이끄는 능력—옮긴이)에 취약하다고 느꼈다. 하지만 추방당하기 전부터 그는 뿌리 뽑힌 사람들에 대한 공감을 드러냈다. 암만에서의 어린 시절을 담은 무니프의 회고록에는 팔레스타인 난민이 그의 정치적 입장에 어떤 영향을 끼쳤는지 또렷이 드러나 있다. 그 사람들은 나크바(nakbah: 아랍어로 '대재난'이라는 의미. 이스라엘이 독립을 선언하면서 약 70만 명의 팔레스타인 난민이 1948년 10~11월 갈릴리 지역을 떠나야 했다—옮긴이)에 의해 살던 땅에서 쫓겨나 1940년대 말 그가 살고 있던 마을로 흘러 들어와 그곳을 완전히 뒤바꿔놓았다.

무니프는 석유로 인해 자신이 사는 지역에서 초래된 환경적·문화적 격변을 연대순으로 기록함으로써 암암리에 유목민의 삶과 뿌리 뽑힌 삶의 차이를 드러냈다. 베두인족의 유목 문화는 그동안 이동을 통해 대지에 새겨졌다. 즉 그들의 소유물은 건조 지대에 맞게 주조된 움직이는 것이었다. 하지만 석유 시대에 이루어진 추방은 그들을 유목 생활과는 정반대인 뿌리 뽑힌 상태로 내동댕이쳤다. 많은 하층 계급 베두인족은 제 땅에서 내쫓긴 뒤 점차 도시로 흘러들었고, 미국의 석유 이해 집단과 손잡은 부패한 토민병(sepoy) 계급에 의해 압제와 착취를 당했다. 그들은 스스로가 문화적 굴욕과 정치적 소외를 겪고 있음을 깨달았다.

글쓰기 행위체와 정치 행위체

석유 독재자와 주요 석유 회사의 부패한 밀월 관계를 고발하기 위해 글을 쓴다는 것은 목을 내놓는 도전이 될 수도 있다. 켄 사로위와는 그렇게 했다는 이유로 처형당했다. 석유를 둘러싼 조국의 권위주의에 맞서 두려움 없이 목소리를 높이고 글을 썼던 인도네시아 지식인 조지 아디촌드로(George Aditjondro)는 강제 추방을 당했다. 사우디아라비아인이 시민권을 취소하고 협박했을 때의 무니프처럼 말이다. 무니프는 이 나라에서 저 나라로 옮겨 다니는 동안, 그 자신의 표현에 따르면 "초대받지 않은 손님" 신세였다. 추방자라는 그의 신분은 사우디아라비아를 비롯해 그의 견해에 적대적인 나라들이 그를 받아들이는 국가에 휘두를 수 있는 무기였다.[18] 하지만 그는 온갖 대격변에도 불구하고 그 지역에 깊이 뿌리내린 부패에 관해 솔직하게 발언하는 일을 멈추지 않았다.

　무니프는 언젠가 이렇게 선언했다. "우리의 위기는 석유, 정치 이슬람(political Islam: 극단적 이슬람주의자들의 정체(政體). 새로운 정치적 대안으로 등장한 정치 이슬람은 종교를 폭력 사용에 관대한 지하디즘으로 바꿔놓았다. 이슬람을 폭력적으로 해석하면서 변질된 종교 이념은 이후 테러를 정당화하는 무장 단체를 출현시켰다―옮긴이), 독재, 이렇게 세 가지로 이루어져 있다."[19] 《소금 도시》는 어우러진 이 세 가지 재난에 맞서 전개된다. 무니프는 《소금 도시》를 비롯한 자신의 저술 전반에서 석유 전제 군주의 배신, 감옥 국가(carceral state)의 확산, 그리고 (오아시스에서 도시 거리에 걸친) 자원 주권, 정치적 책임감, 사회주의, 시민의 자유, 혹은 참여민주주의 등을 찬미하는 이들이 치러야 하는 대가를 폭로한다. 무니프는 문학과 비문학 사이를 분주히 오가면서 제국주의가 그 세 가지 재난을 지원하는 현상을 조명했다. 또한 미국과 영국의 석유 세력—경쟁을 하든 협력을 하든, CIA나 MI6(영국의 해외정보국—옮긴이) 혹은 둘 다의 지원을 받든— 이 냉소적으로 정치 이슬람을 부추기고 그에 돈을 대주고, 석유 독재자를 밀어주고, 민주적으로 선출된 지도자를 전복하거나 암살하는 일을 거들고, 지역 석유 부의 좀더 평등한 분배를 앞당기고자 노력하는 대중을 좌절시키는 방식에 대해 증언했다.

무니프는 글쓰기가 변화의 도구일 수 있다는 강력한 신념을 드러냈다.[20] 그 목적을 위해 그는 페르시아만의 엘리트 집단과 그 해외 협력자들을 상대로 멀티장르(multigenre) 공격을 감행했다. 하지만 이 책에서 다루고 있는 대다수 작가들과 달리, 문학의 도구적 가치에 대한 무니프의 신념은 (사로위와·마타이·은데벨레의 경우처럼) 그의 조직적 행동주의에 필수적인 것도 아니었고, (로이·신하·카슨·고디머의 경우처럼) 진즉에 자리 잡은 문학 이력을 보완해주는 것도 아니었다. 만약 무니프가 뒤늦게 문학에 귀의했다면(그는 40세가 넘은 1973년에야 첫 소설 《나무들과 마르주크의 암살(Trees and the Assassination of Marzuq)》을 출간했다), 그러한 귀의는 조직적 정치 활동에서 물러나 다른 문을 통해 정치 활동에 재진입했음을 의미하기 때문이다. 조직화한 저항에 환멸을 느낀 그는 전업 작가가 되기로 마음먹었다. 그는 한때 사회 변혁이 그 지역의 급진적 운동을 통해 가능하리라 기대했지만, 사회 변혁 운동은 결국 진압되었으며 자신을 제물로 바치는 행위를 통해 타락하거나 붕괴해버렸다. 그는 전업 작가의 삶이 불충분해 보이기는 하나 사회 변혁을 보충해줄 수 있는 유효한 방법이라 여겼다.[21]

무니프는 학생 시절부터 어지러울 정도로 많은 정치 조직에 가담했다. 사회주의적·민주주의적·민족주의적·범(汎)아랍적·바트당(아랍의 민족주의 정당—옮긴이)적 정치 조직 등 종류도 조합도 다양했다. 하지만 1960년대 말 운동 정치(movement politics)에 대한 그의 신념은 바닥나고 말았다. 대내적으로 독재 세력에 의한 탄압과 대외적으로 제국주의 세력에 의한 폭압으로 투옥·처형·실종·고문·추방이 횡행했다. 무엇보다 그가 자신의 정치 에너지를 문학 쪽으로 돌리게 된 결정적 배경은 6일 전쟁(Six Day War: 1967년 6월 5~10일 아랍과 이스라엘 사이에 벌어진 제3차 중동전쟁—옮긴이)이었다. 무니프는 그 전쟁의 영향을 되돌아보면서 이렇게 회고했다. "1967년의 패배가 나로 하여금 도피 수단으로서가 아니라 대결 수단으로서 소설에 뛰어들게 만들었다. 아랍 세계처럼 그렇게나 방대한 지역이 수많은 외침과 슬로건에도 불구하고 6일이 아니라 단 몇 시간 만에 흔들리고 무너지는 광경을 지켜보는 것은 도저히 잊히지 않는 충격이었다."[22] 그 후유증을 겪으면서 문학으로 돌아선 그는 외침과 슬로건이 아닌 언어를 통해 저항의 힘을 되찾고자 애썼다. 문학과 비문학이 자신에게 제공한 보완 가능성에 기대 그 임무를 떠안은 것이다.

무니프는 제2차 세계대전 이후 세대에 속했다. 탈식민주의를 통해 대담해졌고, 민족주의와 사회주의에 영향을 받았으며, "변화를 향한 꿈과 소망이라는 무거운 짐을 짊어진 세대"였다. 하지만 그는 "우리의 꿈은 우리의 자원보다 더 원대하다"고 말했다.[23] 조직화한 저항의 가능성이 시시각각 줄어드는 상황에 직면한 무니프는 문학을 대안적 자원으로 삼았다. 아마 문학은 석유 위에 불안하게 떠 있는 비현실적 전제 정치 세계에 대해 얼마간 온건한 반대를 제공할 수도 있고, 역사에 다소나마 희망과 의지를 부여할 수도 있으며, 기억, 야망, 풍자적 폭로 같은 반란 행동과 꿈꾸기를 위한 공간을 마련해줄 수도 있다. 따라서 무니프는 운동 정치에 깊이 발을 담근 게 아니라 외려 거기서 벗어남으로써 작가-활동가가 되었다.[24] 무니프는 이처럼 영역 변화를 꾀한 결과, 추방이라는 위태로운 상황에서도 창작적 주권과 목적의식적 희망을 견지할 수 있었다. 어디에도 정착하지 못하는 남성에게 문학은 추방자로서의 가능성을 보여주는 공간 구실을 했다.

무니프는 자기 스스로가 지역 차원에서 계속되는 위기에 맞서 집필하고 있음을 발견했다. 그는 무엇보다 석유 산업을 어떻게 인식해야 하는가라는 질문을 다룬 에세이·논쟁·선언문을 무기로 삼았다.[25] 또한 구전(口傳) 전통의 색채를 강하게 띠는 풍자적 우화, 혹은 반(半)우화적 요소를 가미한 역사적 서사시로서 소설을 추구했다. 우화를 강조하는 이러한 경향성, 그리고 심지어 딱 봐도 예를 들어 사우디아라비아인지 이라크인지 이란인지 분간할 수 있는 상황임에도 소설의 무대가 된 사회 이름을 한사코 밝히지 않으려는 경향성은 다음의 두 가지 목적에 기여했다. 첫째, 그로 하여금 정치적으로 관련 사실을 부인할 수 있는 여지를 제공해주었다. 둘째, 아마도 더 중요한 것일 텐데, 그를 초국가적 의미에서 (토머스 하디(Thomas Hardy: 영국의 소설가로 한정된 지역을 무대로 삼으면서도 지방색 짙은 문학을 표방하지 않았다—옮긴이)적 의미라기보다) 지역에 확고한 기반을 둔 작가로 자리매김해주었다. 무니프는 자기 지역의 보편성이 그 지역의 내부적 차이보다 더 분명하고 정치적으로도 더 중요하다고 강변했다. 그는 그 지역을 무엇보다 광대한 감옥 국가로 간주하며 "대서양에서 걸프만까지 정치적 감옥이 존재한다"고 선언했다. 이는 그가 자신의 가장 유명한 소설이자 으레 그렇듯 이름을 밝히지 않은 독재 국가가 배경인 《지중해의 동쪽(East of the Mediterranean)》에서 극적으로 표현한 감정이다.[26] 무니프는 비슷하게 지역주의적 태도를 보이면서 "한때는 그 사막 지역에만 국한되어 있던 베두인족의 석유 축복은 모든 아랍 도시로 옮아가고, 그 지역의 정치뿐 아니라 문화, 생활 양식, 사람들의 관심사를 좌우하는 힘이되었다"[27]고 말했다. 이 말은 무니프가 창작을 하면서 깊은 관심을 기울인 두 가지 사항을 드러낸다. 하나는 투옥(imprisonment)이고, 다른 하나는 격변·추방·망명을 아우르는 용어인 이동(movement)이다. 무니프의 저작은 그 지역을 몹시 괴롭힌 비자발적 비이동성(involuntary immobility)과 비자발적 이동성(involuntary mobility)이라는 고통으로 거듭돌아왔다.

　무니프는 자신의 소설에서 지역을 특정하지 않음으로써, 국가를 구체적으로 지목해 비판할 경우 그와 전혀 다를 바 없는 그 지역의 다른 극악무도한 정권들에 뜻하지 않은 면죄부를 줄 위험에서 벗어나고자했다. 그렇게 하기 위해 소설에서 과감하게 구체성을 벗어던졌다. 그는 기억상실, 검열, 억압이라는 힘에 맞서고자 감각적·문화적·지리적·역사적 세부 사항을 모두 글에 담아냈다. 그 결과 결코 그들 자신의 것으로 환원될 수 없는 사회 전체의 이미지를 만들어냈다. 무니프의 광범위한 지역주의는 그가 시종 초국가 차원의 문화적·환경적 정의에 매진하는 태도를 통해 확연하게 드러난다. 초국가 차원의 정의는 한편으로 석유 문화의 비가시적 공작과 물질적 과다, 다른 한편으로 투명하고 소박하고 회생력 있는 숲의 생명체를 상징적으로 대조함으로써 강력하게 구축되었다.

만약 석유 왕국이 지리적으로 지하에 있고 정치적으로 불투명하고 은밀한 채굴권 계약과 제국적 막후 거래로 얼룩져 있다면, 올리브·대추·레몬·오렌지·아몬드를 비롯한 숲의 왕국은 양식(provender)과 기원(provenance)의 영역이다. 무니프는 특히 파괴된 숲이 인간 생태학에 미치는 영향에 관심이 많았다. 그는 나무에 대해서도 깊은 흥미를 보였는데, 나무를 생물지역주의적·역사적 이해관계자로서, 기억 투쟁의 명백한 표지로서, 지속 가능한 삶뿐 아니라 문화적 존엄성의 보편적 담지자로서 바라보았다. 극히 이례적일 만큼 그 자신이 실제로 뿌리 뽑힌 삶을 살았던지라 무니프는 내쫓기는 것이 얼마나 가슴 미어지는 슬픔인지 뼛속 깊이 알고 있었다. 남다른 인생을 살아온 결과, 그가 제 지역의 나무를 의인화하고 그 지역민을 수목으로 표현하는 경향성이 더욱 짙어졌다. 이러한 특성은 《소금 도시》 1권에서 절정에 달한다. 무니프는 그 소설에서 미국의 석유 탐사자들과 오아시스 거주민들이 처음 조우한 장면을 인상 깊게 묘사했다. 또한 페르시아만 최초로 미국 석유 회사가 채굴권을 따내도록 이끈 사건들, 아랍 횡단 송유관이 1950년 완공된 사실을 다루었다. 소설 후반부에서는 1953년 다란(Dhahran: 사우디아라비아의 동부 도시로 석유 개발 중심지다—옮긴이)의 노동자 파업을 흥미진진하게 담아냈다.

자원 프런티어로서 오아시스

《소금 도시》의 오아시스 장면은 제국주의의 자원 전쟁에서 첫 번째 국지전이 일어나리라고 말해주는 전조였다. 그 국지전은 자원 전쟁에 이어 곧 자원의 저주가 드러날 것임을 예고하는 신호탄이었다. 첫 만남과 관련한 수많은 장면에서처럼 자원 전쟁은 전쟁이 아닌 전쟁이다. 혹은 적어도 스스로를 전쟁이라고 선언하지 않는 전쟁이다. 그것은 처음에는 그저 당황한 이방인들이 도착한 사건에 불과한 것처럼 보였다. 그들의 도착은 그에 뒤따를 광범위한 폭력을 전혀 암시하지 않았다. 그러나 우리는 오아시스 공동체와 새로 도착한 이들—3명의 미국인 석유 탐사자, 그리고 그들의 안내를 맡은 2명의 아랍인 습지 가이드—의 만남을 일종의 투쟁으로 해석할 수 있다. 아직 시작 단계이긴 하지만 오랜 역사에 걸쳐 물 자원(water wealth)을 중심으로 형성된 사막 문화 그리고 그 자원과 관련해 상이한 논리를 따르는 침입자 간의 유례없는 투쟁으로 말이다. 이 지역의 "자원 부(resource rich)"란 다름 아닌 석유였다. 그때까지 물(그리고 물에 기대어 살아가는 습지 수목)은 과거와 미래, 시간과 공간, 장소와 이동, 농업과 유목 생활을 이어주는 가장 중요한 천혜의 자원이었다. 이런 상황에서 물은 언젠가 아미리 바라카(Amiri Baraka)가 "변화 안의 동일함"이라 부른 전통을 지탱해주었다. 변화 속의 연속성을 특징으로 하는 문화, 생태적 흥망성쇠에 민감하게 반응하는 문화, 우주론적 속성이 가미되어 있고 유목민적 세계시민주의 역사가 깊게 배어 있는 문화, 이러한 문화를 뒷받침해준 것이 다름 아닌 물이었다.[28]

　《소금 도시》의 책장을 넘기노라면 우리는 (멀리 떨어져 있는 이슬람 국가의 왕들과 결탁한) 미국인들이 물 기반 문화를 파괴하고 아무런 상의도 설명도 없이 그것을 석유에 광적으로 집착하는 문화로 대체하는 광경을 목격할 수 있다.[29] 이러한 자원 우선순위의 엄청난 변화는 심각한 시간적 단절을 수반한다. (문화 및 생태와 긴밀하게 연결된) 오랜 세월에 걸친 오아시스 시간이 그보다 훨씬 더 오랜 세월에 걸친 거만한 석유 문화 시간보다 경시되는 것이다. 석유 문화는 무한해 보이는 지질학적 관대함이 역시나 무한해 보이는 미래의 부를 제공해준다는 가정을 토대로 한다. 오만한 뉴커머들(newcomers)은 유한하다는 발상 자체를 우습게 여겼다. 결정적 시간 프레임이, 물 시간을 소중하게 여기는 주기적이고 계절에 따라 새롭게 변화하는 문화에서 석유 시간의 단선적 내러티브—여기서 지속 가능성에 관한 관심은 앞뒤 재지 않고 달리는 개발 이데올로기에 의해 뒷전으로 밀리고 만다—가 주도하는 문화로 바뀌었다. 미국인들은 도착하자마자 "조금만 참고 기다리면 당신들 모두 부자가 될 겁니다"라고 선언하며, 석유의 혜택이 골고루 돌아가리라고 주장했다.[30] 우리는 배경(과거―옮긴이)에 탄화수소의 지질학적 축적이라는 느린 시간을, 전경(미래―옮긴이)에 페트로모더니티의 시초 축적(primitive accumulation)이라는 가속화한 시간을 동시에 지니고 있다.

만약 시초 축적이 석유 사례에서 "폭력·탈취·엔클로저의" 역사와 결합한다면, 우리는 특별한 유형의 시초 축적을 보고 있는 셈이다.[31] 베네수엘라를 배경으로 글을 쓴 페르난도 코로닐의 주장이 이 점과 일맥상통한다. 특히 그는 "자연을 수출하는 사회"[32]의 뚜렷한 특징을 날카롭게 꼬집었다. 코로닐은 "국가가 지닌 유한한 '집단적' 부의 자연적 원천과 사회적으로 전유되는 그 부의 '사적' 운명 간에 조성된 긴장감이 어떻게 민주주의와 독재 간의 투쟁을 촉발하는지"[33] 언급했다. 하지만 베네수엘라보다 상황이 한층 심각한 사우디아라비아에서는 저항 세력이 결코 의미 있는 민주적 도전에 나서지 못했다. 좀더 만만찮은 제국의 석유 자본주의와 사우디 의회 간의 결탁 관계에 부딪쳤기 때문이다. 어쨌거나 사우디아라비아는 1947년 미 대사가 미국만의 "석유 식민지"[34]를 차지했다고 으스대면서 머릿속에 떠올린 그런 나라였다.

미국이 "자연의 나라(nature's nation)"라는 신화를 만들어내기 위해 자국에서 자연(nature)과 국가(nation)의 어원론적 관련성을 활용했다면, 사우디아라비아에서는 그 논리가 좀더 강화된 형태로 재등장했다. 미국인 탐사자들이 페르시아만에서 최초로 유전을 찾아낸 직후, 미국은 사우디아라비아의 건국과 "독립"을 감독했다. 그렇게 탈식민주의와 식민주의 제스처를 동시에 취하면서 "자연의 나라"의 전진 기지가 탄생하도록 수작을 부린 것이다. 이 새로운 국가의 "자연" 시혜물은 처음부터 갓 이름 붙은 그 나라의 "독립" 시민 모두를 금방이라도 부자로 만들어줄 것처럼 홍보되었다. 하지만 실제로 그것은 제국의 욕구와 가문 중심의 독점에 의해 사유화되었다. 그로 인해 빚어진 결과는 바로 윌리엄 로저 루이스(William Roger Louis: 1936~. 미국 역사학자로 오스틴의 텍사스대학 교수—옮긴이)와 로널드 로빈슨(Ronald Robinson: 1920~1999. 영국의 유명한 역사가—옮긴이)이 정확하게 표현한 이른바 "탈식민 제국주의(Imperialism of decolonization)"[35]의 전형적 예였다.

《소금 도시》는 자연 수출, 생태 파괴를 전제로 한 종속 국가(client state: 정치·경제·군사적으로 다른 나라에 의존하는 국가—옮긴이)의 출현을 연대기적으로 서술한다. 엉성하게 위장한 그 소설 속의 사우디아라비아는 너무나 광대한 단일체인 자연 시혜물을 소유하고 있어 경제적, 하부 구조적, 시민적 다양성에 해를 입히고, 대신 지극히 계층화한 사회관계, 극도로 집중된 권력, 부패와 억압의 국제적 순환 고리를 만들어낸다. 이러한 불평등은 사막 오아시스에서의 첫 번째 석유 채굴권에 의해 촉발된다. 석유 채굴권은 맨해튼을 원주민으로부터 "구매"한 경우와 마찬가지로 그 자원의 장기적 시장 가치와는 아무런 세속적 관련성이 없다. 따라서 공식 내러티브에서 오아시스는 흔히 외따로 떨어진 "원시적이고" 무가치한 장소였는데, 자연 시혜물이 한껏 꽃피도록 허용해주는 미국의 기술을 도입함에 따라 새로 복구된 장소로서 표현된다.

그러므로 《소금 도시》를 자원 개척지로서 오아시스의 역사, 즉 반역적이고 비공식적인 역사를 조명하는 시도로 접근하는 편이 바람직하다. 이러한 관점에서 무니프는 석유 자본주의의 모순을 담아내고자 마치 서류 작업하듯 소설을 집필했다고 볼 수 있다. 석유 제국주의와 석유 독재를 조심스럽게 도려낸 다음 매끄러운 개발 서사를 구축한 미국과 사우디의 선전 기관은 어떻게든 그 석유 자본주의의 모순을 감추려 들었다. 그래서 무니프의 소설은 (형식이며 영향력 면에서) 미몽으로부터 깨어남을 다룬 작품이라 볼 수 있다. 소설은 사우디아라비아를 완벽한 자연 보증서가 허락된 축복받은 토착 국민국가로 포장하는 관료주의적 주술을 배격한다.

무니프는 석유 국민국가의 탈자연화를 통해 환경 시간에 대한 상이한 기하학 간의 긴장감을 드러낸다. 석유 이전 시기의 오아시스, 즉 와디(wadi: 건조 지역에서 호우 시에만 발달하는 일시적 하천―옮긴이)에서는 일련의 주기적 기대감이 일반적이었다. 희소할 때와 재보충될 때를 모두 인정하는 입장이다. 반면 천연자원이 풍부한 국민국가에 관한 공식적·단선적·개발론적 내러티브는 유한성과 청지기 정신의 개념을 억누른다. 따라서 와디의 쇠퇴기와 석유 국가의 여명기는 양립 불가능한 두 축복 문화의 성쇠를 나타낸다.

와디알우연(Wadi al-Uyoun: 사우디아라비아 중서부의 마을―옮긴이)은 그곳 거
주민에게 평범한 장소로서 아무런 강렬한 감정을 불러일으키지 않았다. 그
들은 야자수가 와디를 가득 채우고 겨울과 초봄이면 개울물이 솟구쳐 흐르
는 광경을 지켜보는 데 익숙해 있었기 때문이다. 그들은 본인들 삶을 편하
게 해주는 모종의 축복 어린 힘에 의해 보호받고 있다고 느꼈다.[36]

사람이 사는 이 생태계가 지닌 기지(旣知)의 행운은 아직 석유 부(oil
riches)라는 수사를 통해 물질화하지 않은 미지(未知)의 행운과 대조를
이루었다. 와디 수호자들이 미국인의 등장에 반대하기 위해 그들의 왕
을 찾아갔을 때, 왕은 그들에게 "와디 아래에 축복의 바다가 숨겨져 있
으며, 그 외국인들은 지구 저편에서 우리를 도와주기 위해 온 것"[37]이
라고 분명히 밝혔다. 우리는 이 장면을 서로 다른 시간적 전망이 충돌
하는 순간, 즉 유한한 시혜물의 가시적 장소인 와디와 지질학적·기술
적 관대함에 힘입어 희소성을 종식하기 위해 함께 협력한다고 알려진
비가시적 왕국들―아래에 있는 "축복의 바다"와 저 너머 "지구 반대
편"에 존재하는 왕국―이 대결하는 순간으로 해석할 수 있다.

와디 거주민은 처음으로 석유의 축복을 침해로서 경험했다. 와디알
우연에서 토양을 탐사하던 미국인들은 잠시 사라졌다가 저장소로 사
용할 "노란 철제 폐선"[38]을 이끌고 도로 나타났다. 그 "섬뜩한" 기계들
은 지상의 것도, 지상을 위한 것도 아니었다.

그들은 굶주린 늑대처럼 불시에 들이닥쳐서 나무를 차례차례 뿌리 뽑아 땅

에 내던졌다. 그리고 계곡과 밭 사이에 조성된 과수원을 몽땅 망가뜨렸다. 첫 번째 숲을 파괴한 트랙터들은 다음 숲으로 가서 역시나 짐승같이 난폭하게 나무 뽑는 일을 되풀이했다. 나무들은 거세게 흔들렸고 요란한 소리를 내면서 땅바닥으로 쓰러졌다. 공포에 질린 채 속수무책의 고통을 호소하며 도와달라고 울부짖는 것 같았다. 넘어진 나무들은 어떻게든 다시 살아서 자라나기 위해 안간힘을 쓰듯 땅바닥에 바싹 달라붙어 있었다.[39]

나무들은 오랜 세월 동안 그 공동체와 함께해왔고, 농사와 유목을 겸한 삶을 가능하게 해주었다. 기계들은 그 문화의 뿌리, 그리고 그 경로를 갈가리 찢어놓음으로써 생명체가 주기적으로 퇴각과 부활을 거듭하는 오아시스 생태의 시간적 구조를 망가뜨렸다. 더욱이 오아시스에 대한 공격은 과거에 자주적이던 숲의 '마이크로' 정치 문화와 채굴권이라는 초국가적 '매크로' 정치 문화의 갈등을 부추겼다. 채굴권을 둘러싸고 정치적·심리적·지질학적·환경적 갈등이 최고조에 달했다.

석유 축복의 두 번째 국면에서, 이제 삶의 터전을 잃은 와디 거주민은 정유소가 들어선 연안 마을 하란(Harran)으로 쫓겨난다. 그들은 보일러처럼 생긴 금속 구조물 안에서 지내며, 임금 경제 아래 외국인 주인에게 고용된 노동자 신세로 전락한다. 노동자 수용소는 이주해온 미국인들이 거주하는 교외 인클레이브와는 격리되어 있었다. 짐크로법〔Jim Crow Laws: 남북전쟁(1861~1865)에서 노예 해방을 내건 연방군(북군)에 패한 미국 남부 주들에서 지속적으로 흑인을 차별하고자 만든 법. 공공기관에서 합법적으로 백인과 흑인을 분리할 수 있도록 규정한다. 흑인은 '분리되었으나 평등하다'는 해괴한 짐크로법의 희생양이 되었다—옮긴이〕의 페르시아만 버전이었다.[40]

하루 일과가 끝나면 노동자들은 비탈을 따라 빠르게 흐르는 개울처럼 혜어졌다. 하나는 큰 대열이고 하나는 작은 대열이었다. 미국인은 그들의 캠프로, 아랍인은 또 그들의 캠프로 돌아갔다. 철조망 뒤에 자리한 가까운 병영에서는 미국인들이 수영장에서 와자지껄 웃고 즐기는 소리를 들을 수 있었다. 침묵이 흐르면 아랍 노동자들은 미국인들이 에어컨을 설치한 방으로 들어갔구나 하고 짐작했다. 방에 드리운 암막 커튼은 햇빛·먼지·파리·아랍인 등 모든 것을 차단해주었다.[41]

따라서 원래는 차별을 몰랐던 석유 축복이 계급적 구분과 인종적 분리로서 제도화되었다. '속박받지 않는(unbounded)' 자연 시혜품이 서서히 '속박받고(bounded)' 사유화하고 구획되기에 이르렀다. 철조망을 사이에 두고 가난한 이들이 사는 쪽에서는 그 시혜품이 바리케이드 저 건너 쪽에서 들려오는 호사한 난리법석으로, 내적 갈망의 대상으로 변질되었다.

분명 석유 이전의 오아시스에 대한 무니프의 애조 어린 묘사에는 낭만적 분위기가 가득하다. 거의 천국 같은 조화로운 장소로서, 그에 뒤이은 분리되고 갈라진 세계와는 확연한 대조를 이루는 곳이다.[42] 무니프는 생태적 온전성과 문화적 진정성이 어우러진 분위기를 자아내고자 다른 탈식민주의 문학, 혹은 신식민주의 문학에서도 흔히 볼 수 있는 비유에 의존한다. 미국적 맥락에서 셰퍼드 크레치(Shepard Krech)가 생태적 인디언 신화를 퍼뜨리는 것이 역사적으로 부정확하고 정치적으로 모호하다고 주장한 것처럼, 혹자는 생태적 베두인족을 환원론적으로 신화화할 위험이 있다는 비슷한 주장을 펼칠 수도 있겠다.[43] 공평하게 말하자면 무니프는 분명 과거에 그 오아시스를 괴롭혔던 가뭄·

기근·재난 따위를 강조함으로써 자신이 다루는 그 장소의 에덴동산 같은 온전성을 경감시킨다. 와디가 폭력에 익숙지 않은 장소인 것은 분명 아니지만, 석유 자본주의의 유입은 회복 불가능한 결과를 초래하는 전례 없는 규모의 폭력을 끌어들인다.[44]

켄 사로위와가 때로 불투과적 문화의 진정성이라는 모호한 담론을 동원함으로써 오고니족의 권리를 옹호하려 했다면, 오아시스의 진정성을 낭만적으로 포장하고자 한 무니프의 시도 역시 몇 가지 폐해를 드러낸다. 우리는 예를 들어, 그가 와디의 세계시민주의적 유목민에게 드러낸 유별난 동정심이 아시아와 중동 지역에서 찾아온 세계시민주의적 외국인 노동자에게는 해당하지 않았음을 통해 이 점을 확인할 수 있다.

> 하란은 한때 어부와 집으로 돌아오는 여행자들의 도시였지만, 이제는 그 누구의 도시도 아니었다. 그 도시 사람들은 특색이 없다. 저마다 다르지만 이상하게도 다양성이 없다. 그들은 모두 인간이지만 아무도 인간이 아니다. 그저 각양각색의 언어와 억양과 피부색과 종교가 뒤섞여 있을 따름이다.[45]

이런 순간에는 외국인이라는 사실 그 자체가—미국인 석유 지배자들로 구체화되든 이주한 예멘인·스리랑카인·이집트인·방글라데시인·인도인 최하층으로 구현되든—상실과 동의어가 된다.

낯익은 탈식민주의 비유에 의존하고 있는 애조 어린 오아시스 장면들은 무니프가 스스로의 삶에서 경험한 비애를 담고 있기도 하다. 그는 어린 시절 보잘것없는 무역상 아버지를 따라 가족과 함께 이곳저곳을 떠돌아다녔다. 그의 방랑은 국민국가가 생겨나기 전에는 여러 국경을 넘나들었다. 무니프는 인터뷰에서 이렇게 회고했다. "우리는 암만에서 사우디아라비아로 밀가루를 들여왔고, 그와 동시에 사우디아라비아에서 요르단으로 소금과 대추를 들여왔다. 내가 젊은 날 경험했던 특별한 종류의 무역이었다."[46] 이 시기에 오아시스를 발견한 것은 그 소년에게 감정적으로 소중한 경험이었을 것이다. 따라서 무니프가 석유 자본주의의 요구에 따라 방랑의 전통이 짓밟히는, 혹은 적어도 부지불식간에 변화하는 모습을 지켜보면서 향수와 분노를 동시에 느낀 데는 가족 관련 사유가 크게 작용했다.

구심점인 오아시스를 중심으로 흩어져 살던 경제가 별안간 석유 기업이 이끌어가는 중앙집권화한 종속 국민국가로 바뀌어감에 따라 (상품뿐 아니라 이야기의) 교환 문화도 급속도로 변화했다. 교환은 거의 물만큼이나 오아시스의 특징을 규정하는 주요 요소다. 오아시스는 인클레이브가 아니고, 제임스 클리퍼드(James Clifford)의 말을 빌리자면, 뿌리내림보다 끊임없는 이동이 우세한 장소다.[47] 오아시스는 농민과 유목민이 뒤섞이는 공간이요, 중간 기착지이자 변화가로서의 생태계다. 정말이지 베두인족 대상(隊商)이나 비인간 이주 생명체의 유입이 없다면 와디는 이내 소멸하고 말 것이다. 따라서 와디알우연에 방문자들이 도착하는 것은 전혀 이례적인 사건이 아닐뿐더러 와디한테는 심지어 제국주의의 출현도 그다지 낯설지 않다. 지역민들은 오스만 제국 시절 자지 알하탈(Jazi al-Hathal)과 그의 군대가 와디를 장악한 터키 침략자들을 매복 공격함으로써 결국 그들을 쫓아낸 일을 회고한다.[48]

미국인과 관련해 당혹스러운 점은 그들이 오아시스에 활기를 불어넣는 교환 문화로부터 스스로를 배제시키는 모습이다. 그들은 장비를 가지고 도착했지만 거래할 수 있는 상품이나 이야기가 없었다. 어리둥

절할 정도로 그 문화에 무관심한 그들이 강렬하게 관심을 기울인 것은 땅 아래였지 땅 표면에서 살아가는 사람들이 아니다. 보이지 않는 지질학에 매료된 미국인들은 생태 문화의 역사에는 도통 무관심한 태도로 일관한다. 오아시스의 언저리에 자리한 그들은 '호기심이 많은(inquisitive)' 게 아니라 '물욕이 많았다(acquisitive)'. 그 신참자들은 와디의 조밀한 내러티브 문화와 상업적 교환 문화에 대해 시종 이해하기 힘들 정도의 무심함을 드러낸다. 오아시스에 대한 무니프의 글쓰기는 기억 속에서 단순화하고 심화된 온전성에 대한 비가(悲歌) 조를 띠긴 했지만, 그럼에도 오아시스 문화에 대해 세계시민주의적 복잡성을 전달하고자 했다. 그러나 그 오아시스 문화는 오직 화석 연료만 바라보고 잔류 베두인족을 문명·근대성·이윤의 이름 아래 강제로 내쫓아야 할 장애물이라 여긴 도구적 합리성에 의해 생태적·문화적·경제적·심리적으로 흔들리게 된다.

미국의 지방화: 황야와 장르 프런티어

피터 세럭스(Peter Theroux)가 옮긴 《소금 도시》의 영역본이 1988년 첫 출간되었을 때 미국에서 가장 두드러진 반응은 〈뉴요커〉에 실린 존 업다이크(John Updike: 1932~2009. 미국의 소설가. 그의 작품들은 대개 권태와 고독으로 가득 찬 도회 생활에 아무런 충족감을 느끼지 못하는 처량한 현대인을 형상화했다—옮긴이)의 서평이었다.[49] 업다이크는 정치적이고 공식적인 몇 가지 이유에서 그 소설을 정말이지 싫어했다. 그가 그렇게까지 혐오감을 품게 된 근거에 대해서는 잠시 살펴볼 가치가 있다. 그 근거가 초국가적 프런티어 문학과 관련해 장르 프런티어에 중요한 문제를 제기하기 때문이다. 앤 맥클린톡이 말한 이른바 미국의 "국외 역사(offshore histories)"[50]를 통해 미국의 프런티어 문학과 황야 문학의 관습을 교란하는 것은 과연 무슨 의미를 띠는가? 소설 자체는 자원의 저주 역사만큼 방대하고 다채로운 역사에 관여하는 데서 얼마만큼 적응력 있는 자원인가? 더욱이 지질학적·지정학적·기술적 차원에서 구전 문화의 토착적 풍경을 석유 자본주의의 공식적 풍경으로 번역함에 있어 소설이라는 문자 기술은 어떻게 그 구전 공동체를 굴절시키는 데 영향을 미치는가? 그리고 마지막으로 우리는 환경 문학의 정본 작품 목록에서 미국을 세계화함과 동시에 지방화하는 소설—즉 미국을 해외 및 외부에서 바라봄으로써, 그에 따라 세계 속에서 미국이 차지하는 비중을 재구성하는 소설—을 통해 무엇을 배울 수 있는가?

업다이크는 이 질문들 가운데 아무것도 제기하지 않았지만 그의 접근법은 우리로 하여금 그것들을 생산적으로 살펴보게끔 이끈다. 그는 무니프의 소설이 미국을 바라보는 입장에 발끈했다. 그리고 《소금 도시》에 "아야톨라 호메이니(Ayatollah Khomeini: 1902~1989. 1979년 이란 이슬람 혁명을 주도한 정치 지도자 겸 종교 지도자로 1979년 집권 후 죽을 때까지 이란의 최고 지도자로 군림했다—옮긴이)가 퍼부은 저주는 유도 아님"[51]을 보여주는 적대감이 가득하다고 지적했다. 하지만 업다이크가 한층 더 공들여 공격한 것은 무니프의 공식적 무능이었다. 석유라는 주제가 발휘하는 서사적 힘을 인식한 업다이크는 이 아랍 작가가 "충분히 서구화하지 못해 우리가 말하는 이른바 소설이라고 느낄 만한 내러티브를 생산해 내지 못하고 있다"[52]고 개탄했다. 여기서 진정성이라는 고민거리와 진보 내러티브가 다시금 고개를 쳐들었다. 업다이크는 "우리"라는 배타적 표현을 쓰면서 무니프를 상황 파악을 못하는 외부자로, 소설 전개의 중심적 내러티브 기술을 획득하지 못한 무능한 자로 치부했다. 이 아랍인은 풋내기였다. 해냈다고 볼 수 있을지도 모르지만 아직은 아니었다.

업다이크는 이 외부인의 불충분함을 드러내는 증거가 두 가지라고 주장했다. 캐릭터와 발언 내용에서 실패했다는 것이다. 업다이크에 따르면, 무엇보다 그 소설은 저자가 캐릭터를 망쳐놓는 바람에 별 볼일이 없어졌다. "그 어떤 인물도 동정심을 담은 우리의 관심을 끌기에 충분한 현실성을 획득하지 못했다. ……《돈키호테》나《로빈슨 크루소》이래 소설을 우화나 연대기와 구분 지어주는 개인의 도덕적 모험 같은 것도 없다. ……대신《소금 도시》는 인간 전체에 관심을 기울인다."[53] 업다이크는 그 결과 그의 글은 소설이 아니라 "사회학 논문이 되어버렸다"[54]고 콧방귀를 뀌었다.

따라서 업다이크는 자신의 전반적 불만에 계보학적 권위를 들이대고자 했다. 즉 무니프가 무지의 소치든 불경의 소치든 일류 계보학에 경의를 표하는 데 실패했다는 것이다. (미국 침입자들의 불가해한 방식에 대한 아랍인의 당혹감을 다룬 이 아랍 침입자의 불가해한 소설에 대해 업다이크가 보인 당혹감은 참으로 절묘한 느낌을 준다.) 그렇다. 무니프는 유럽과 미국 소설의 주도적 전통을 거부했으나, 그의 인습 타파가 전적으로 기괴하지는 않았다. 즉 그는 집단적 변혁을 기치로 내건 수많은 무리의 일원으로서 결코 혼자가 아니었다. 그의 접근법은 엄청난 인기를 누린 업턴 싱클레어의 대작《석유!》와 공통점이 무척 많았다.《석유!》는 분명 독자 생존이 가능한 선조로서《로빈슨 크루소》를 필요로 하지 않았다. 무니프와 마찬가지로 싱클레어도 대규모로 빠르게 이루어지는 사회 격변의 영향을 받아 창작 활동에 임했다. 이 두 석유 프런티어 작가들이 매력을 느낀 주제는 토지 강탈, 엉터리 협잡꾼, 위선적 순진함, 기업의 극악무도함, 경제적·상상적 공론(空論), 빈부 격차의 심화, 추출 산업에 종사하는 노동 계급의 등장과 그들에 대한 조작, 그리고 그들의 반란 등이었다. 더욱이 두 작가는 강력한 테크놀로지, 즉 희망과 노예 상태를 동시에 초래함으로써 종말론적 분위기를 띠는 테크놀로지에 이끌렸다. 무엇보다 무니프와 싱클레어는 창작 활동을 통해 과거의 종교적 우주론과 새로운 우주론, 종교 설교가와 이윤 설파자, 사후의 지옥·천국과 비현실적 오일 러시(oil rush)가 초래한 사탄적·구제적 가능성 간의 충돌(그리고 공모)을 증언하는 존재가 되었다.

또한 무니프가 선호한 소설 전략은《소금 도시》의 탄화수소 선배격(석탄―옮긴이)인 에밀 졸라의《제르미날(Germinal)》(북프랑스 앙장 탄광의 파업을 직접 돌아본 뒤 쓴 소설로 1885년 출간되었다―옮긴이)이나 우스만 상벤(Ousmane Sembene)의《신의 나뭇조각들(Les bouts de bois de Dieu)》(1940년대 식민지 세네갈의 철도 파업을 다룬 소설로 1960년에 출간되었다―옮긴이)처럼 현대화에 따른 집단적 허구를 형성한 전략을 떠오르게 한다. 무니프·졸라·상벤은 1860년대 프랑스 북부의 석탄 광부든(졸라―옮긴이), 1940년대 프랑스령 서아프리카의 철도 노동자든(상벤―옮긴이), 아니면 1940년대 사우디아라비아에 사는 아랍 횡단 송유관 건설 노동자든(무니프―옮긴이) 그들 사이에서 집단적 반대의 씨가 뿌려지고 폭동이 발아하는 현상에 매력을 느꼈다. 이러한 목적을 위해 세 작가는 캐릭터나 형식과 관련해 개인·가족에게 초점을 맞추기보다 집단에 주력하는 접근법을 선택했다. 그들은 폭력적 변화에 휩싸인 여러 사회를 두루 넘나들면서 노동 계급, 농민, 유목민이 근대적 산업의 시작과 더불어 발생한 불공정에 어떻게 반응하는지 추적했다. 세 작가는 노동자의 역사적 봉기를 재조명함에 있어 구전성을 창조적 자원으로 간주하고 집단적 변화를 개인 캐릭터보다 더욱 중시함으로써 소설의 전통을 재구축했다. 그렇게 탄생한 소설들은 하나같이 자본주의의 시초 축적, 공격당한 환경, 반란적 노동 운동 간의 극적 접점 위에 놓여 있었다.

이런 소설들의 야심이 마음에 드는 사람도 그렇지 않은 사람도 있을 것이다. 좌우간 그런 소설들이 존재하고 많은 독자가 그에 감명받은 것은 엄연한 사실이다. 업다이크의 계통학적 충성심, 그리고 그가 좋아하고 선호하는 것은 이와 퍽 다르다. 업다이크의 소설들이 다른 어떤 것을 담아내고 있다 하더라도 그것들은 하나같이 다수 대중을 멀리한다. 그가 바라보는 영역은 인구 밀도가 성기고 왕바랭이가 무성하게 자라는 변경 지대다. 그곳에서는 폭동이 교외 생활에서 드러나는 소요(흔히 거의 들리지 않는다)의 외양을 하고 있다. 업다이크의 지역주의가 일국에 그치고, 그의 창작 활동이 길게 뻗은 미국 북동부의 특정 지대나 특정 사회 계층에 맞춰져 있는 반면, 초국가적 지역주의자인 무니프의 창작 활동은 모로코에서 이란을 넘나든다. 무니프가 서사적이고 거대한 격변에 이끌리는 경향성은 업다이크가 자신이 창작하는 데 근거가 되어준다고 밝힌 다음과 같은 견고한 가정, 즉 감정적으로는 깊지만 지리적으로는 협소한 경향성과는 커다란 차이를 보인다. "내가 펜실베이니아주 실링턴(Shillington)에서 살았던 집과 거리는 세련미가 없고 규모도 소박했다. 이 기만적 단순성이 그곳 거주민들의 소중하고 신비스러운 비밀, 내가 직업 이력에서 활용해온 그들 삶에 대한 확신, 한 작가가 책을 쓸 때마다 그를 지탱해준 메시지를 구성했다."[55]

무니크는 집이라는 존재를 알지 못했다. 그는 마치 홈리스처럼 숙식을 해결했다. 결코 범주로서의 국적도 확실한 고국이라 부를 만한 공간도 갖지 못했다. 문제아로 살아가고 여행한다는 것이 무슨 의미인지 잘 알았던 그는 자신의 글에서 거듭 반란들을 증언했다. 팔레스타인 난민을 요르단으로 추방한 나크바, 나세르 혁명, 수에즈 위기, 1967년 아랍-이스라엘 전쟁, 레바논 내전, 사브라-샤틸라 학살(Sabra and Shatila massacre: 1982년 9월 16일 레바논의 기독교 우익 정당 카타이브의 민병대가 팔레스타인인 및 시아파 레바논 민간인을 학살한 사건—옮긴이), 이란 혁명, 인티파다(intifada: 팔레스타인인이 웨스트뱅크와 가자의 이스라엘 점령에 반대해 일으킨 저항 운동. 1987년 12월부터 1991년까지 이어졌다—옮긴이), 이란-이라크 전쟁, 페르시아만 전쟁, 그가 숨지기 직전 일어난 2003년 이라크전 등이다. 그는 기념비적 수준에서, 그리고 마이크로 정치적 수준에서 추방, 특히 석유 자본주의의 지배로 인해 망가진 오아시스와 기업 도시에서 급격하게 파괴되고 재구성되는 사회와 주관성이라는 주제에 매력을 느꼈다. 뿌리 뽑힌 생태계와 공동체에 대한 그의 각별한 공감은 정유소 도시로 내쫓긴 채 석유 축복에 의해 배반당하고 당혹감에 빠진 노동자들, 최저 생활마저 움츠러들고 위태로워진 노동자들에 대한 감정이입으로까지 이어졌다.

그들이 살아남을지, 장차 식량을 구할 수 있을지 아무도 몰랐다. 회사가 그들에게 돈을 지불한 것은 사실이나, 그들이 오늘 받은 돈은 그저 다음 날 쓰고 나면 그만이었다. 물가는 나날이 올랐고 돈은 소수의 수중에 집중되고 있었다. 이븐 알라시드(Ibn al-Rashid: 쳐들어온 미국인에게 봉사한 앞잡이이자 수용소 오너—옮긴이)가 몇 년 전 그들을 아자라(Ajara)를 비롯한 여러 마을에서 내쫓으며 좋은 집과 편안한 삶을 제공해주겠다고 한 약조는 심지어 이븐 알라시드 자신보다 더 먼저 사라졌다. 회사 인사과는 노동자들에게 집을 지어주겠다고, 가족을 데려와 밤이 되면 아내와 아이들이 있는 집으로 돌아가게 해주겠다고 약속했지만 그들은 몇 년이 지나도록 단 한 채의 집도 지어주지 않았다.[56]

이는 무니프가 그간 자기 소설에 나오는 정유소 도시의 노동자들만큼 심각한 의미에서 집 없는 삶을 살아왔음을 말해주는 것은 아니다. 하지만 그는 국적이 없다, 검열받는다, 협박당한다, 추방당한다, 그의 호소에 반대하는 정권으로부터 묵살당한다는 느낌이 무엇인지 익히 알았다. 따라서 장소 그 자체가 허술하고, 어찌 해보기 힘들 정도로 잠정적이고, 늘 역사적 격동에 쉽게 휘말린다는 느낌을 받았고, 그런 느낌은 그가 창작 활동에 나서게 된 시발점이었다.[57] 불확실성(uncertainty)에 대한 확실한(certain) 깨달음은 그가 환경, 사회생태학, 한 가지 형식으로서의 소설을 생각하는 방식에 스며들었다.

업다이크가 소설이라면 으레 "개인의 도덕적 모험"을 담아내야 함에도 그러지 못했다며 무니프를 비판했을 때, 그러한 판단에는 적절한 소설이란 어떠해야 하는지뿐 아니라 좀더 구체적으로 프런티어 소설은 어떠해야 하는지에 대한 일련의 가정이 깔려 있다. 말을 타고 서부로 서부로 끝없는 위험과 광막한 가능성을 지닌 채 파노라마처럼 펼쳐진 황야를 달려가는 개인 남성(혹은 남성 2인조)의 도덕적 모험으로 가득한 미국식 가정 말이다. 프런티어 소설의 이 같은 감상적 해석을 지방화하려면 황야 문학을 지방화하는 그와 유관한 과제를 본격적으로 다루어야 한다. 무니프의 5부작 가운데 첫 권(문화 간 오독(誤讀)을 낳는 장면들 덕택에 생동감을 얻었다)의 영역본은 오역—좀더 엄밀하게 말해, 번역이 불가능해 번역하지 못함—의 운명을 피하기 어려웠다고 보는 게 맞다. 피터 세럭스의 영역본은 무니프의 원제목 '알티('al-Tih)'에 맞는 적절한 단어를 떠올리려 애쓰기보다 그냥 카리스마를 담은 5부작 전체의 제목 《소금 도시》를 사용했다. '알티'는 영역본에서 '황야(wilderness)'로 분명하게 옮길 수 있지만, 아랍어 '알티'는 영어의 황야보다 좀더 역동적이고 공명을 불러일으키는 뭔가를 암시한다. '알티'는 그저 공간으로서 황야만을 지칭하는 게 아니라 인간의 생존 조건으로서 황야를 가리키기도 한다. 황야에서 길을 잃은 것 같은 상태 말이다.[58] 나는 인간의 길 잃음, 황야에서의 당혹감은 포괄 범위가 넓고 공명의 힘을 불러일으키는 무니프 소설의 핵심 요소라고 생각한다. 만약 '알티'(《소금 도시》—옮긴이)가 흔히 이야기되듯 초국가적 아랍 문학의 걸작이라면 그것은 마음속에 떠오르는 일련의 보완적인 초국가 차원의 질문에 답하는 독서가 될 수도 있다. 이를테면 이런 질문이다. 이 소설은 어떻게 우리가 미국 황야 문학의 전통적 특성을 재고하도록 도울 수 있는가?

아랍 문학은 광대한 황야 문학 전통을 자랑으로 삼는다. 그 문학에서 사막은 망각, 위협, 혼란, 예언, 순정한 약속의 장소 등으로 다양하게 드러난다. 하지만 '알티'의 내러티브가 포괄하는 범위—즉 와디와 정유소 도시—는 오아시스 문명과 사막에 드리운 야만 간의 직접적 대립을 교란시킨다. 가장 위협적인 사막 약탈자인 저 너머 존재하는 야만인이란 제국주의의 시초 축적자를 암시한다. 소설 제목의 당혹감이 가장 잘 느껴지는 대목은 베두인족 캐릭터들이 기업이 구축한 도시—페트로모더니티의 문화적 창조물인 도시 황야—의 이해할 수 없는 혼돈 속으로 빠르게 빠져드는 순간이다.

이제 미국적 맥락에서는 황야 건설—즉 울타리 치기, 프레임 짜기,

인간의 추방과 제거 등 황야의 개념과 경험으로부터 문화사를 제거하는 작업—을 중심으로 중요한 문학이 상당량 구축되었다. 무니프의 '알티'는 미국이 알래스카주나 와이오밍주가 아니라 멀리 떨어진 페르시아만에서 구상하고 있는, 제거를 통한 황야 창조에 대해 혁신적 관점을 제공했다. 우리는 유목 생활하던 베두인족이 정착한 건설 노동자로 급속하게 재편되어, 다름 아니라 그들 자신의 박탈과 역사적 비가시성을 초래한 조건인 도시 황야의 건설 작업에 동원되는 광경을 보고 있다. 그렇게 함으로써 '알티'는 몇 가지 심각한 질문, 특히 다음의 질문을 창조적으로 재구성할 수 있었다. 황야 소설은 어떻게 우리가 제국의 자원 프런티어와 장르 프런티어 간의 역학을 재인식하도록 도울 수 있을까?

이러한 질문을 본격적으로 다루는 데 기여하는 자료가 로버트 비탈리스의 《미국의 왕국: 사우디 석유의 프런티어에 관한 신화 만들기》다. 미국과 사우디가 관계 맺어온 역사를 풍부하게 담아낸 책이다. 비탈리스는 소설이라는 장르에 참여하지는 않았지만, 부제가 말해주듯 프런티어 신화에 깊은 관심을 기울였다. 비탈리스는 아람코(ARAMCO) 문서보관소와 사적 서신 교환을 활용함으로써 그 석유 컨소시엄의 자금을 지원받은 선전 기구가 널리 퍼뜨린 미국예외주의 신화를 떨쳐내고자 했다. 그 석유 컨소시엄은 중동에서 볼 수 있는 개화한 미국 관례와 무지몽매한 영국 관례를 습관적으로 대비시켰다. 또한 파트너십, 상호 존중, 선량한 기업, 개발, 국가 건설 따위의 용어를 써가면서 미국의 페르시아만 진출이 반식민주의 정신에 입각해 있으며, 따라서 미국예외주의를 활성화하는 문화 간 향상이라는 영광스러운 전통과 맥을 같이한다는 스토리라인을 전개했다. 하지만 비탈리스가 간명하게 언급한 바처럼 "미국은 '국내에서' 유구한 정복과 예속의 유산을 배제함으로써 '해외에서' 과거 유럽 제국보다는 인간적으로 비치고자 하는 20세기형 제국일 따름이다".[59]

비탈리스는 미국 서부와 사우디 동부 연안을, 순순히 재사용한 정치 관례에 의해 손잡은 프런티어로 해석해야 한다고 주장했다. 그 정치 관례에는 재활용된 비유, 신화, 그리고 미국 원주민 부족의 예속에서부터 (강압적 조약, 약속 파기를 통한) "자주적" 사우디 국가의 건설까지가 포함된다. 비탈리스는 그 기업의 사적인 (그리고 때로 부지불식간이긴 하나 공적인) 언급을 살펴봄으로써, 미국 서부에서 원주민의 내부 식민화를 지지하고자 사용한 수사가, 개화한 반식민주의 기치를 내건 채 페르시아만 동부 연안에 석유 식민지를 구축하고 있는 미 제국주의를 정당화하고자 재설계 및 기획되는 실상을 폭로했다. 오클라호마주와 텍사스주의 석유 개발업자—그중 일부는 무니프의 소설 《참호(The Trench)》에서 계략을 꾸미는 일종의 CIA 요원으로서 기능도 겸했다—상당수는 서부 광산 수용소의 관례를 그들이 페르시아만에 지은 석유 수용소에 적용했다. 이러한 관례에는 짐 크로식의 차별이 포함되어 있었다. 인종차별적 지불 제도, 예비 노조주의자나 시민권 옹호론자에 대한 폭력적 공격, 그리고 한 석유 개발업자가 사적 서신에서 명명한 이른바 "텍사스 우월 인종적 분위기"[60]의 구축이 그러한 예다. 미국 석유 개발업자들은 아랍인 및 그들 영토와의 관계를 체계적으로 정비하려 애쓰면서 그것을 거듭 미국이 서부에서 인디언과 "조우"한 상황에 비유했다. 더욱이 사우디 엘리트 집단은 다시 자신들의 미국 의존적 석유 과두제를 정당화하기 위해, 선의에 입각한 국가 건설, 개발의 진전, 영광스러운 진보 같은 미국 내러티브에 조응한 용어들로 스스로의 역사를 재구성했다. (물론 민주주의에 대해서는 일언반구도 없었다.) 국기, 국가를 연주하는 브라스 밴드, 국가 특유의 복장이 모두 민족 자결의 퍼레이드에 동원되었다. 아람코 홍보 요원 패트릭 플린(Patrick Flynn)은 석유 발견 이후 몇십 년 동안 이어진 아랍-미국의 관계를 회상하며 두 눈이 알아차릴 수 있을 정도로 젖어들었다.

사우디아라비아에 온 초기의 미국 석유 개발업자들은 빼어난 선구자였다. 그들은 헌신적인 미국인의 '할 수 있다' 정신을 사우디아라비아 민족과 그들의 관습에 대한 엄청난 애정과 결합시켰다. ……그들은 베두인족과 함께 생활하고 그 사막 및 마을 사람과 삶의 고난을 공유하면서 아랍인들의 존경과 칭찬을 받았다. ……초기 미국인들이 사우디아라비아인을 사랑했다는 것을 우리는 이해해야 한다. 그들은 그 나라를 사랑했고, 헌신적으로 노동하면서 그 나라에서 자신의 삶을 일구어갔다. 그러한 감정적 분출과 희생에 대한 대가로 봉급이 지급되는 것도 아니었다. 그들은 그저 바라는 것 없는 사랑과 애정을 드러냈을 따름이다.[61]

하지만 프랭클린 루스벨트는 여전히 태연하게 자신은 "몇백만 달러만 가지고도 이븐 사우드를 상대로 해야 할 필요가 있는 모든 일을 할 수 있었다"[62]고 큰소리쳤다.

이런 상황이었던지라 우리는 지금 무니프가 소설적 전통에 너무 무지하고 충분히 서구화하지 못한 나머지 자신의 자료를 기억할 만한 선구적 모험으로 바꾸지 못했다는 업다이크의 비판을 재고하기에 더 나은 입장에 놓여 있다. 《소금 도시》를 잃어버린 기회라기보다, 상상적으로든 정치적으로든 개인 영웅을 내세운 선구적 낭만으로서의 프런티어 소설에 대항하는 세련된 시도로 해석할 여지는 없는가? 무니프는 황야와 아메리카 원주민의 페르시아만 버전에 맞서는 개인 모험가를 내세우는 대신 전혀 새로운 유의 역사적 파노라마, 즉 공동체 차원의 폭력적 갈등을 소생시켰다. 요컨대 그는 삶터에서 쫓겨난 베두인족이 펼쳐 나간 투쟁을 소상히 다루었다. 과두제 종속 국가와 결탁한 석유 자본주의적 제국주의의 진격에 맞서는 여러 차원의 권력, 생태적 생존, 문화적 존엄성을 쟁취하기 위한 투쟁 말이다.

구전성, 지질학, 그리고 글쓰기: 발견의 테크놀로지

《소금 도시》에서 내러티브의 목소리(업다이크는 "캠프파이어 해설자"의 목소리라고 얕잡아보았다)는 무니프로 하여금 구전 우화로부터 끄집어낸 요소를 서사적 역사 소설에 통합함으로써 장르를 재구성하도록 해주었다.[63] 《소금 도시》는 제니퍼 웬젤(Jennifer Wenzel)이 나이지리아 문학과 관련해 지칭한 이른바 석유-마술적-사실주의(petro-magic-realism: 마술적 사실주의는 현실 세계에 적용하기에는 인과 법칙에 맞지 않는 문학적 서사를 의미한다—옮긴이)로 일관된 작품은 아니다.[64] 하지만 《소금 도시》에는 불가해하고 몽환적이고 현실적인 것들이 뒤섞여 있어 문화 간 오역의 소지를 지닌 장면이 수두룩하다. 설사 그 5부작에 가령 벤 오크리(Ben Okri)가 나이저강 삼각주의 페트로모더니티를 다룬 단편소설 "탭스터의 꿈(What the Tapster Saw)"(탭스터는 야자수에 구멍을 뚫어 야자유를 받아내 파는 사람을 일컫는다. 어느 날 자신이 일하던 야자수에서 떨어져 코마 상태에 빠진 탭스터는 내리 일주일 동안 생생하고 폭력적인 꿈(모두 그 나라의 부패한 실상과 관련한 내용)을 꾼다—옮간이)처럼 완전 허깨비 같은 특성은 전혀 담겨 있지 않다 해도 말이다. 마술적으로 보이고 더러 유머러스하기도 한 장면들은 테크놀로지와의 조우를 중심으로 뒤엉킨다. 무니프는 베두인족의 관점에서 모든 가능한 믿음을 능가하는 일련의 테크놀로지—라디오·에어컨·발전기·전화·보온병·자동차—가 속속 도착하면서 촉발된 복잡한 심경을 드러내 보인다. 베두인족이 이처럼 경이로운 테크놀로지를 접하고 느끼는 혼란스러움—불신·공포·갈망—은 오로지 미국인과 왕만이 그러한 물건을 소유할 수 있다는 사실로 인해 더욱 강렬해진다. 베두인족 입장에서 그 놀라운 물건들은 존재하되 사용할 수 없는 것이다. 그것들은 저만의 매혹을 발산하며 권력·노동·욕망의 역학을 재구성함으로써 유산자와 무산자 사이의 골이 점점 더 깊어지는 석유 자본주의의 실상을 은연중에 압축적으로 보여준다.

이처럼 딴 세상 일이 되어버린 미국의 기술적 관행은 무니프가 지질학적·영적 기반이 어떻게 서로 영향을 끼치는지 전달하는 장면에서 가장 극명하게 드러난다.

물을 찾기 위해 왔다는 극악무도한 미국인, 그들은 그 일을 결코 멈추지도 뭔가를 퍼 올리지도 않으면서 왜 끊임없이 땅을 뒤지고 있는가? 그들은 와디에서, 사바(Sabha: 사우디아라비아의 중부 도시—옮긴이)에서, 그리고 그들이 판 수많은 우물에서 물을 퍼내 땅에 파놓은 구덩이에 담았다. 그 물을 왜 사람들에게 나눠주지 않는가? 땅속에 그렇게나 무시무시한 목마른 정령 무리가 숨어 있단 말인가? 그 정령들이 밤낮으로 외쳐대는 소리는 오직 그들의 갈증을 달래기 위해 온 그 외국인들 귀에만 들리는가? 그 정령들은 땅속 깊은 곳에서 불타고 있고, 미국인들은 그 불을 끄기 위해 물을 쏟아붓고 있는가? 물을 달라고 왁자지껄 외쳐대는 사람들도, 정원과 나무도 있는 또 하나의 지하 세계라도 존재한단 말인가?[65]

　이러한 오역(誤譯)의 풍경은 동시에 환상적 풍경 역할도 겸한다. 고귀한 물의 가치를 존중하지 않는 외국인들의 태도에 당황한 오아시스 거주자들은 끊임없는 펌프질을, 눈에 보이지는 않지만 만족할 줄 모르는 정령들의 목마름을 달래기 위한 자비로운 행동으로 해석한다. 그로 인해 믿기지 않을 정도로 멋진 테크놀로지 의례는 다시 신념의 영역으로 넘어간다. 지역민들은 그 외국인들이 물이 아니라 지하에 있는 모종의 대안적 세계에 관심을 기울이고 있다고 지레짐작하는 식으로 생태적 광기와 윤리적 무분별함—즉 미국인의 펌프질을 향한 비생산적 집착과 그들의 비인간적 방탕함—을 설명한다. 이를테면 오직 미국인들만이 왁자지껄한 지하의 소리, 지하에서 들려오는 음성을 들을 수 있다고 말이다. 따라서 이 장면은 혜안을 담은 오역이다. 지역민들이 지하의 석유에 대해 미처 알기도 전이지만, 그들의 지레짐작에는 지질학적-악마적 고통을 연상시키는 불길한 기운이 감돈다. 마치 오아시스가 유린당하고 점차 커지는 석유 자본주의의 소음에 목마른 정원·나무·인간—생명의 세계 전체—의 아우성이 묻혀서 들리지 않게 되리라고 말해주는 듯하다.

　미국인들 자신은 번역이라는, 공이 많이 드는 활동에 참여한다. 그들의 도착을 알리는 최초의 테크놀로지는 글쓰기와 관련한 것이었다. 이는 점점 더 심화하는 와디의 전용에서 핵심적 요소로, 그들의 특징적 의례들 가운데 하나로 떠오른다.[66] 미국인들은 매일 그 지역을 돌아다니면서 땅을 뚫어져라 쳐다보고 살펴보고 측량했다. 해거름 녘이면 자신들이 기거하는 텐트로 돌아와 역시나 같은 강도로 종이를 뚫어져라 쳐다보면서 맹렬히 뭔가를 적어 내려갔다. 그들은 모래 상자를 가져와 그 위에 알아볼 수 없는 것을 적었다. 처음부터 와디 거주민들은 해 질 녘의 이 특이한 의례를 일종의 불길한 마법으로 받아들인다.[67] 그들은 대체 무엇을 쓰고 있는가? 누구를 위해서 글을 쓰고 있는가? 그것이 상징하는 바는 무엇인가? 그 일은 왜 하필이면 빛이 잦아들었을 때 이루어지는가?

우리는 이 장면들을 오아시스 자체의 황혼을 암시하는 것으로 해석할 수 있다. 하루를 마칠 무렵의 글쓰기는 그 본질과 의도를 감추고 있는 은근한 폭력 행위로서, 서서히 늘어나는 일련의 노골적 폭력 행위의 예고편이었다. 물론 지질 조사가 구체적으로 드러낸 힘은 긍정적 목적을 위해서도, 파괴적 목적을 위해서도 쓰일 수 있었다. 하지만 여기에 함축되어 있는 것은 그들이 글 쓰는 과정에서 장소(그리고 거기에 기대 살아가는 온갖 종류의 생명체)를 배제하고 있다는 점이다. 탐사자들의 글쓰기는 석유 자본주의가 저지른 최초의 폭력 행위일지 모르지만, 그것을 와디에 대한 최초의 지도화(mapping)로 여겨서는 안 된다. 우리는 그들의 부지런한 글쓰기를 "토착적 풍경"에 "공식적 풍경"을 덧입히는 행위로 해석해야 한다.[68] 미국인들은 이내 하란 외곽에 3개의 석유 수용소 H1, H2, H3를 지정하게 된다. 합리성을 가장한 삭막하고 애정 없는 이런 식의 숫자 달기는 현존하는 지명과 거기에 활력을 불어넣는 역사를 묵살하고 뒤덮어버린다.[69]

무니프는 그 자신의 삶에서는 글쓰기를 저항의 테크놀로지로 삼았지만, 《소금 도시》에서는 제국주의가 제 계획을 은폐하기 위한 기술로, 특히 거의가 문맹인 생태계 사람들에게 휘두른 무기로 사용한 글쓰기의 그다지 명예롭지 못한 전통을 극적으로 파헤쳤다. 좀더 광범위하게 삭제(obliteration)를 위한 글쓰기 정치학에 대한 이 같은 관점은 세계 차원의 환경 정의 운동을 활성화하는 투쟁에서 핵심적 요소로 남아 있다. 또한 그것은 사회생태 공동체를 개발에 걸리적거리는 원초적 장애물로, 혹은 아예 존재하지도 않는 것으로 기록하려는 경향성에 맞서 글을 써온 작가-활동가들에게도 핵심적 요소였다. 삭제의 글쓰기 유형은 무니프의 소설 혹은 페르시아만을 훌쩍 뛰어넘는 영역으로까지 확장된다. 먼저 글쓴이-지질학자들이 도착하고, 이어 불도저와 흙 파는 기계가 도착했다. 그에 따라 잘살게 해주겠다는 약속은 사라졌으며, 감시가 심하고 군국화하고 제국주의와 얽히고 자원의 저주에 시달리는 권위주의 국가만 남았다.

와디에서 쫓겨난 베두인족은 이내 스스로가 또 하나의 진기한 제도적 폭력에 처했음을 깨닫는다. 바로 경찰력이었다. 석유가 풍부한 오아시스에서 떠나기를 거부하는 이는 누구든 때려죽여도 좋다는 허락을 받은 경찰력이다. 그에 따라 사람들은 연안 지역에 조성된 정유소 도시로 이주당한다. 그들은 낙타를 빼앗긴다. 감옥이 새로 만들어지고, 유목민들은 무엇보다 부랑 생활을 한다는 아이러니한 죄목으로 투옥될 수도 있었다. 《소금 도시》의 속편 《참호》에서 무니크는 토착 석유 족장들과 외국 석유 거물들이 공유하는 이해를 옹호하기 위해 시행된 정교한 압제 기술을 추적했다. 미국이 갓 세운 "탈식민주의적" 석유 식민지의 편집증적이고 방탕한 지도자는 이제 CIA의 도움으로 감시 문화를 구축한다. 그는 이와 관련해 "어둠 속에서 개미가 기어가는 소리까지 들을 수 있다"[70]고 으스댄다. 《소금 도시》 1·2권은 글쓴이-지질학자의 도착에서 오아시스의 약탈을 거쳐 기업이 새로 조성한 도시로의 국내적 이동에 이르는 일련의 과정을 묘사한다. 조사(survey)에서 감시(surveillance)로의 전환이라고 볼 수 있는 과정이다.

감시 사회를 보장하기 위해 사용한 일련의 압제 기술 중 하나인 글쓰기는 또다시 국가와 주체성을 재규정하는 역할을 담당한다. 오아시스에서 미국인들은 거의 질문을 하지 않는다. 그들의 마음을 사로잡은 것—완벽한 글쓰기를 요구한 것—은 땅 아래지 땅 위에 있는 사람들이 아니었다. 하지만 그 기업이 구축한 도시의 황야로 재이주당한 베두인족은 이제 스스로가 그 미국인들로부터 엄청난 질문을 받는 존재로 달라졌음을 발견한다. 작업자들은 저마다 기나긴 심문을 거친 뒤 그 체제에 편입되고, 문서 족적(paper trail)으로서 신분증이 그림자처럼 그들을 따라다닌다. 이제 글쓰기의 마법에는 서명과 신분증이 포함된다. 글쓰기는 페트로모더니티의 노동 통제, 감시, 감금 문화에 의해 강화된 차별적 행정 체제에서 가장 중요한 요소로 자리 잡는다.

펜(pen)이 칼(sword)보다 더 막강한 대안이기는커녕 그저 칼의 보완물쯤으로 전락한 실상은 "지역의 지배는 불도저나 탱크가 아니라 건축가와 도시 설계자들이 축적해놓은 기록과 스케치에서 시작된다"는 이스라엘의 반체제 건축가 에얄 와이즈만(Eyal Weizman)의 말을 떠오르게 한다. 와이즈만은 이 같은 문서화한 계획에 대해 "수직성의 정치학(politics of verticality)"을 향한 첫 번째 조치라고 표현했다. 존 버거의 지적에 따르면, 수직성의 정치학에서 "패배자들은 심지어 '자신의 고향에서조차' 기반을 잃은 채 감시당하고 있다".[71] 이러한 설명은 자원의 저주에 적용해볼 때 특히 공감을 불러일으킨다. 무니프의 《소금 도시》 1권은 기반이 심각하게 붕괴된 공동체를 묘사하고, 2권은 전치되고 도시화한 공동체가 극심한 감시에 시달리는 실상을 그린다. 기반 붕괴와 감시 강화를 특색으로 하는 이러한 체제는 중동 지역을 위시해 자원의 저주를 겪는 사회 전반에서 되풀이되었다.

미래를 먹는 자와 연료로 피우는 불

유럽인이 오스트레일리아를 식민지화하기 시작할 무렵, 일부 원주민은 이 종잡을 수 없는 이방인들을 "미래를 먹는 자(future eaters)"라고 불렀다. 이 뉴커머들은 도로 채우는 것 없이 소비했고 맹목적 속도로 게걸스럽게 미래를 먹어치웠다. 그들은 마치 그 사막이 아무도 거들떠보지 않는 무한한 자원을 공급해주는 장소인 양 살아감으로써 시간을 도려냈다.[72] 이처럼 자원 고갈을 탐욕적 문화 관례로 표현하는 것은 무니프가 베두인족과 미국인 석유 탐사자들이 처음 사막에서 조우한 사건에 대해 묘사한 내용을 떠오르게 한다. 거기서뿐 아니라 다른 모든 작업에서도 무니프는 상상적으로나 물질적으로 지난 과거의 시간생태학을 무너뜨리는 부주의한 탐욕에 맞서 글을 써왔다. 그는 거듭해서 근시안적 정치 억압과 환경 시간에 대한 압박이라는 주제를 연관시키는 일로 돌아왔다.

'미국의 세기' 동안 가속화한 미래 먹기는 소비 중심지와 추출 중심지 간에 불균일하게 확산했다. 그 불균일성은 불평등을 강화하고 폭력을 조장했으며 구조적 억압을 굳혀주었다. 그 세기 초 캘리포니아주(이미 소비 진앙지로 변해버린 추출 프런티어)에서 작업한 업턴 싱클레어는 자신의 탄화수소(석유―옮긴이) 대작 말미에서 "불로소득에 대한 전망"[73]이야기한 대가에 관해 종말론적 감정을 분출했다. 이러한 전망은 미국에서 석유로 인해 가난해진 계급과 석유로 인해 부유해진 계급의 틈을 더욱 벌려놓고 있었다. 싱클레어는 석유를, 땅을 파헤치고 공동체를 갈가리 찢어놓은 다양한 종교적 체험으로서 제시했다. 그는 그렇게 함으로써 (결코 완전히 국내적인 것은 아니지만 어쨌거나) 국내적인 미국 프런티어의 분열적 역동을 예상했다. 그러한 역동이 국제적으로 복제되고 변형을 일으킬 것이며, 중동에서 가장 과장되고 정치적으로 가장 비용이 많이 드는 형태를 띨 것이라는 내용이었다.

싱클레어의 《석유!》와 무니프의 《소금 도시》, 이 두 대작을 나란히 대조하면서 읽으면 유익하다. 두 사회에서 발전이라고 여겼던 것이 그 사회적 결과에 비추어 일맥상통하기 때문이다. 무니프가 《소금 도시》의 집필을 완성한 1980년대 중반, 캘리포니아주는 세계에서 여섯 번째로 큰 규모의 경제를 뽐내고 있었다. 캘리포니아주는 제국주의와 기업의 결탁을 통해 페르시아만 국가들과 이어져 있었지만, 경제적으로 다양한 캘리포니아주는 자원의 저주를 겪지 않도록 구조적으로 보호받았다. 하지만 그 무렵 근 50년의 석유 추출 역사를 거쳐온 사우디아라비아는 국내총생산(GDP)에서 세계 21위를 차지하고, (민주적 성취, 교육적 성과, 의료적 성취, 그리고 소득 분배의 척도를 결합해 산출한) 유엔 인간개발지수(HDI)에서 64위에 머물러 있었다. 사우디아라비아는 국내총생산과 인간개발지수 간에 43위라는 등수 차이를 보였는데, 그 차이가 이보다 더 큰 국민국가는 오직 세 곳에 불과했다. 오만, 아랍에미리트연방(UAE), 가봉으로 모두 이른바 석유 부국이었다.[74]

따라서 우리는 《소금 도시》를 위로 석유 지배자와 아래로 탐나는 하층토(subsoil) 사이에 낀 사회, 그 사회의 주권과 개발이라는 주제를 다룬 장대한 폭로물로 읽을 수 있다. 하지만 무니프는 인터뷰에서 자신이 애석하게 여긴 것은 모더니티 그 자체가 아니라 아라비아반도에서 찾아볼 수 있는, 심하게 망가진 특정 모더니티 형태임을 분명히 하고자 했다. 그가 개탄한 바에 대해서는 나이저강 삼각주를 돌아보고 석유 자본주의가 표방하는 "불관용의 지리학"[75]에 관해 글을 쓴 마이클 와츠가 가장 잘 표현해준 듯하다. 무니프의 작품에서 그 지리학은 시간에 대한 석유 자본주의의 무분별한 욕심과 불가분의 관계를 지닌다. 그는 문학에서든 비문학에서든 미래 없는 상태(states)—이는 '국가'로도 해석할 수 있다—에 깊은 심리적 우려를 드러냈다.

중동의 5개 나라에서 산 경험이 있고, 페르시아만 국가들과 이란을 배경으로 소설을 쓰기 위해 석유 역사를 탐구해온 무니프는 미국의 냉전 전략이 석유에 안정적으로 접근하도록 보장하는 독재 정치의 지원으로 수렴된 실상을 폭넓게 조망했다. 그리고 공모를 통한 묵인에서 직접적 위협, 암살, 고의적 불안 조성에 이르는 미국 정책이 통제 불능의 역공을 불러일으킬 공산이 크다고 예견했다. 무니프는 "냉전 시대 마지막 10년 동안 근본주의의 강경 노선 뒤에 숨은 젊은이들이 징집당한 다음 아프가니스탄에서 훈련받은 뒤 결국 보스니아로 파견되었다. 이 모든 것은 미국과 사우디아라비아가 적극적으로 밀어준 일이었다"[76]며 분노를 표시했다. 지하드(jihad, 聖戰)는 인간 본연의 중세적 분출이 아니라 대체로 미소 경쟁 관계라는 모더니티 형태가 낳은 결과였다. 그 경쟁 관계에서는 석유 매장량에 대한 통제력이 제일 중요한 부분이었다.

무니프는 언젠가 워싱턴 냉전주의자들의 이중 잣대에 역겨움을 느꼈다고 언급한 바 있다. "그들은 소련·동유럽·쿠바의 민주주의와 인권에 대해 지적하지만, 정작 자신들이 지중해 연안에 도착했을 때 민주주의 따위는 나 몰라라 했다. 그들은 온통 석유 생각뿐이었다.”[77]

9·11이 일어나기 5년 전 폭탄 폭발로 사우디아라비아의 다란(무니프의 소설에 나오는 하란의 모델이 된 도시)에 주둔해 있던 미군 19명이 목숨을 잃었을 때, 무니프는 그 공격을 비난했다. 그러는 한편 미국에 이렇게 경고함으로써 그 일을 이해하고자 노력했다. “미국은 단지 겉으로 드러난 실상뿐 아니라 그들이 절망한 원인을 따져보아야 한다. 미국은 석유를 향한 과열과 산유국을 통제할 필요성에 강박적으로 매달리면서 보호할 가치가 없는 정권과 개인들까지 보호하는 무리수를 두었다.”[78] 미국이 이반한 지역민에게 경제적 희망을 안겨주고자 노력하는 이슬람교도들을 지지하지 않는다면, 이스라엘-팔레스타인 분쟁에 좀더 공명정대하게 접근하지 않는다면, 그리고 이슬람교도들이 집단적 굴욕의 상징으로 여기는 사우디아라비아의 군사 기지를 폐쇄하지 않는다면, 더 나쁜 사태가 도래할 수도 있다고 무니프는 경고했다. 더 나쁜 사태란 파멸적 결과를 낳는, 이슬람 세계에 대한 더욱 폭력적인 공격이다.

무니프는 에세이와 기고문을 통해, 자신이 《소금 도시》에서 문학으로 생명력을 부여한 근시안적 문화 간 역학 관계를 논쟁으로 구체화했다. 그는 대등한 파트너가 아니라 종속적 정부를 내세우려는 미국의 강박적 노력이 그 지역의 불안을 더욱 가중시킬 거라며 이렇게 지적했다. “주종 관계는 양자 간에 심리적 장벽을 쌓고, 양쪽 다 상대의 머릿속과 마음속에서 무슨 일이 벌어지고 있는지 파악하기 어렵게 만든다.”[79] 무니프는 《소금 도시》에서 그에 따른 문화 간 혼탁함이 초래하는 장기적이고 불안정한 효과를 우려했다. 그 방대한 작업을 시작하고 10여 년 뒤, 그는 그 어느 때보다 미래를 더욱 염려하기에 이른다. “여러 사건을 추적하고 이해하고자 노력하는 소설가로서 말한다. ……나는 내 책《소금 도시》에서 미국과 아라비아반도의 여러 나라가 맺고 있는 위험천만한 관계에 대해 썼다. 이제 내가 상상하고 예상한 것, 즉 소금이 물속에서 녹을 거라는 예상이 현실화하고 있는 것 같다."[80]

무니프는《참호》에서 스스로를 불태우는 탐욕이 몰고 온 종말에 대해 자신이 그리는 이미지를 다채롭게 표현하고자《쿠란》에 의존했다. 사브리 하페즈(Sabry Hafez: 아랍 세계의 주도적 지식인―옮긴이)가 말했다. "책 제목《참호》는 이단적 메카 지도자가 신도들을 불구덩이에 던지는 《쿠란》구절을 암시한다. '그 참호의 주인들은 연료로 피우는 불(fuel-fed fire)에 의해 스스로 파괴되었다. 그들은 그 불가에 앉아 있었고 스스로가 자신들이 한 일의 증인이었다'(LXXXV, 4~7)."[81] 불 앞에서 모든 것을 태워버리는 이 신흥 종교는 석유 독재의 교리로서 통제 불능의 탐욕, 부정부패, 잔혹함, 위선 등을 특징으로 한다. 따라서 '연료로 피우는 불'이라는 모티프는 노골적 소비와 눈에 보이지 않는 그의 다른 한 짝, 즉 대체할 수 없는 석유 시간의 은밀한 소비를 연관 짓는 요소로 해석할 수 있다. 석유 독재 국가가 선견지명도 뒤늦은 지혜도 없이 저돌적으로 집단적 자기 파괴의 구덩이 속으로 뛰어드는 상황이다.

무니프는 페르시아만 국가들의 잃어버린 땅―지질학적·역사적·정치적으로 잃어버린 땅―에 분노했다. 그는 에너지 전쟁은 시간 전쟁이기도 하다는 사실을 또렷이 인식했다. 페르시아만 연안 제국에 부과된 시간적 부채가 그를 가슴 아프게 만들었다. 무니프는 그 국가들이 자국의 풍부한 자원을 낭비하면서 과거와 미래 세대를 배반한 사실에 고통을 느꼈다. 그 자신의 추방―영원히 정착하지 못하는 삶―은 분명 역사적 행운의 부침, 불안정하고 덧없는 석유 시대의 부에 대한 그의 감수성을 날카롭게 벼려주었다. 그는 석유 시대가 지역·일국·세계 차원에서 자연 시혜물인 석유 자체의 유한성에 대비하지 못한 채 그를 마구 탕진하는 광경을 속절없이 지켜보았다.

페르시아만 국가의 지도자들과 그들의 제국주의 석유 파트너는 건전하게 보이도록 각색한 공식 역사를 퍼뜨렸는데, 거기에는 진부한 말과 선택적 기억상실이 가득했다. 페르시아만 국가의 지도자들과 석유 개발자는 그들 자신에게서 그 어떤 제국주의의 낌새도 느껴지지 않도록 대대적 선전 운동을 펼쳤다. 이러한 운동 가운데 가장 특이한 예는 월러스 스테그너(Wallace Stegner)의 《발견! 아라비아의 석유를 찾아서(Discovery! The Search for Arabian Oil)》다. 이는 1955년 제국주의에 투항하고 범아랍주의를 배반했다는 이유로 사우디아라비아 왕가를 맹렬히 비판한 가말 압델 나세르(Gamal Abdel Nasser: 1918~1970. 1956~1970년 이집트 대통령으로 재직. 범아랍주의와 사회적 평등, 반제국주의 노력과 근대화 정책에 힘입어 아랍 세계에서 상징적 인물로 남아 있다. 물론 그에 대한 평가에는 빛과 그늘이 공존한다—옮긴이) 유의 공격에 맞서는 노력의 일환으로, 아람코가 의뢰한 연구의 성과물이었다. 스테그너의 책은 마침내 그로부터 16년 뒤 그 기업의 기관지 〈아람코 월드(Aramco World)〉에 14회로 나누어 연재되었다.[82] 고용 작가라는 낯선 위치에 있던 스테그너는 천연덕스럽게 사우디아라비아에서 전개된 아람코의 역사를, 주로 선의에 기반한 미국 자체의 프런티어 개발이 역시나 주로 선의에 기반해 확장된 결과로 해석했다. "사우디아라비아 국민에 대한 선의와 관용의 정신"[83]을 특징으로 하는 역사라는 게 요지였다. 스테그너는 자신을 고용한 주인(아람코—옮긴이)이 제국주의적 범법 행위를 저지르고 있다는 느낌을 어디서도 주지 않고자 피나는 노력을 기울였고, 그 기업의 "습관적 이타주의"

를 강조했다. 그리고 그 기업은 미국인이든 아랍인이든 가리지 않고 직원의 복지에 관심이 많다고, 영국인과 달리 미국인은 "멀리 떨어진 인클레이브"에 따로 모여 사는 일을 마다했다고 강조했다.[84]

이 같은 역사에 대한 무니프의 해석은, 스테그너가 그 지역을 개발하려는 선의를 지닌 미국 기업을 악의적으로 바라보았다고 비판한 "적대적 선동가들"의 해석에 더 가까웠다.[85] 무니프는 기업과 석유 독재가 펼치는 진보에 대한 과장된 눈가림식 내러티브를 철저히 불신했다. 그는 제국주의 시대에 활동한 탈식민주의 소설가로서 적어도 암묵적으로나마 기억에 관한 형식의 실패는 정치적 통찰의 실패와 불가분의 관계임을 깨달았다. 그는 아라비아반도의 근시안적 도시들을 돌아보면서 그곳들을 '만들어지고 있는 유물(relics-in-the-making)'로서, 덧없는 과거를 담은 화석으로서 간주했다. 그는 이렇게 선언했다.

비극은 우리가 석유를 가졌다는 데 있지 않다. 우리가 그것이 창출해준 부를 사용하는 방식과 그것을 모두 써버리고 난 뒤 우리를 기다리고 있는 미래에 있다. 나무들은 잘려나갔고 사람들은 그들이 살던 땅에서 쫓겨났으며 땅은 파헤쳐졌다. 마침내 석유를 퍼냈지만 그 결과는 오직 사람들을 자비에 기대며 입을 벌리고 있는 군중으로, 혹은 빵 한 조각을 얻고 환상에 불과한 미래를 구축하고자 아귀다툼하는 군중으로 만들어버렸을 따름이다. 영국이나 노르웨이 같은 선진국에서 석유 '횡재'는 …… 그 사회에 새로운 활력을 불어넣었다. 반면 저개발국에서는 …… 석유가 비극의 원천이자 미래를 보지 못하게 막는 장막이 되었다. 20~30년 뒤 우리는 석유가 아랍인에게는 진정한 비극의 씨앗이었음을 깨달을 것이다. 그리고 사막에 건설된 이 거대 도시들에는 아무도 살지 않을 것이다. 거기서 살아온 수십만 거주민은 다시금 미지의 것을 추구하기 시작할 것이다. 석유는 미래로 가는 길이 될 수도 있었지만 …… 실제로 일어난 일은 그와 딴판이었다. 끝내 우리는 다시금 완벽한 빈곤 속에서 상실감과 소외감을 겪을 것이다.[86]

나중에 회고하면 파괴라고 여겨질 법한 재앙이 임박했다는 무니프의 시각에 따르건대, 그는 때로 발터 벤야민(Walter Benjamin)이 말한 이른바 "진보의 천사(Angel of Progress)"처럼 느껴진다. '석유의 세기'를 위한 '진보의 천사' 말이다. 석유 이후의 미래를 찾아간 그는 눈앞에 진보의 찌꺼기들이 쌓인 모습을 보고 있다.

무자비할 정도로 예지력 있는 작가인 무니프는 창작 활동을 통해 지역·지방·초국가·초역사 차원에서 지속 가능성의 정치학에 관여해왔다. 그가 시간 독재에 기울이는 깊은 관심은 은유 이상의 의미를 띤다. 그의 저술은 자원 유한성이라는 비애를 완강히 외면하는 지역 석유 독재자와 제국주의적 석유 자본주의자 간의 치명적 교류 문제로 거듭 돌아왔다. 무니프는 서사적 무절제를 다루는 서사적 연대기 작가로서 도드라진다. 그런데 그가 구사하는 풍자 저변에는 광대하지만 기만적인 부 위에 소금 도시를 구축한 석유 기억상실 문화에 대한 분노와 불안이 깔려 있다. 그 부의 사회적 분배에서도 존속 가능 시간에 대한 시각에서도 깊이가 없기는 매한가지인 문화다. 《소금 도시》가 족히 1세기 넘는 세월을 포괄하고 있음에도 무니프는 마음속으로는 폭력적 시간 압축을 다룬 연대기 작가였다. 그의 5부작은 베두인족 사회가 걸어간 길을 줄곧 추적한다. 석유 자본주의라는 기관차는 불공평이라는 황야를 폭주함으로써 그 사회를 상상력이 파괴된 석유 이후 프런티어로 내몬다.

무니프는 한때 이렇게 설명한 적이 있다. "소금 도시란 지속 가능한 생존을 보장해주지 못하는 도시를 일컫는다. '물이 밀려들 때' 첫 번째 파도는 소금을 녹이고 이 거대한 도시들을 아무것도 아니게 만들어버린다. 주지하듯 옛날에는 수많은 도시가 돌연 사라져버렸다. 우리는 인간이 살지 않는 도시는 붕괴하리라는 것을 얼마든지 예견할 수 있다. 생계 수단이 없으면 도시들은 살아남지 못한다."[87] 무니프는 아랍 국가들이 희망적인 미래를 열어가는 데 실패한 사실에 분노를 표시했다. 그는 아랍 국가들이 경제를 다변화함으로써, 석유 수입을 하부 구조에 투자함으로써, 그리고 중요한 점으로 석유가 줄어드는 미래에 대비할 지략 넘치며 역동적인 시민 사회를 건설하고 민주적 사회 윤리를 구축함으로써 그렇게 했어야 한다고 보았다.[88] 어쨌거나 그가 사용한 "물이 밀려들 때"라는 종말론적 경구는 탕진한 시간으로 인해 얽히고 설킨 여러 재난에 마주한 우리 현실과 썩 잘 어울린다. 우리는 지금 탄화수소의 추출과 연소를 특징으로 하는 짧은 탐욕의 시대가 빚어낸 석유의 퇴각과 기후 변화의 진격을 보고 있다.

3

파이프 드림

켄 사로위와, 환경 정의, 그리고 극소수 민족의 권리

—

경제 활동을 무리 없이 시작하기 위해 무자비한 군사 작전을 펼치지 않으면
셸의 영업은 여전히 불가능하다.

— 나이지리아 정부의 메모(1994년 12월 5일)

영웅을 필요로 하는 땅을 불쌍히 여기라.

— 베르톨트 브레히트

나이지리아인 켄 사로위와는 사후 출간된《한 달 그리고 하루: 옥중 일
기(A Month and a Day: A Detention Diary)》표지에서 우리를 곁눈질로 쳐
다보고 있다.[1] 그의 구레나룻은 손질한 듯 깔끔하고 단정해 보인다. 그
의 눈은 빛나고, 관자놀이 부근에 깊이 베인 자상이 보인다. 하지만 그
사진에서 단연 압권은 담뱃대(pipe)다. 앙다문 상태로 연기를 빨아들이
고 내뱉으며, 소지한 채로 강연을 하는 근사한 담뱃대는 지식인의 장
식품이다. 사로위와는 자신이 담배 탓에 사망하리라고 예측했다. "곧
영안실에 가게 될 거라는 사실을 알고 있다. 하지만 나는 파이프 담배
를 피우면서 영안실로 걸어 들어갈 생각이다."[2] 그런데 결국 그를 죽
게 만든 것은 다른 파이프들이었다. 대지와 개울 그리고 사로위와가
이끄는 오고니족의 신체에 독성 물질을 쏟아붓고 있는 셸과 셰브론

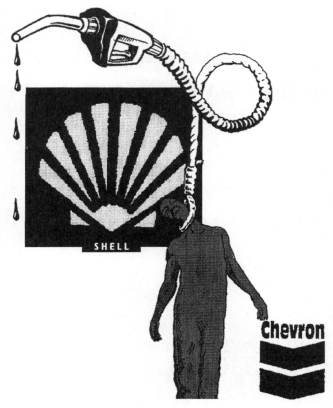

그림 3　켄 사로위와의 처형에 항의하는 만화. 〈프로세스드 월드(Processed World)〉를 거쳐 화가 스완슨
(J. R. Swanson)과 크리스 칼슨(Chris Carlsson)의 허락을 받아 재게재했다.

(Chevron)의 송유관(pipes) 말이다. 그 송유관은 성공과 패배를 동시에
안겨준 저항의 삶을 살도록 그를 내몰았다.

　사로위와는 마지막까지 본인의 저술이 그를 고문한 이들을 괴롭히
리라 믿었다. 나이지리아 연안 도시 포트하커트(Port Harcourt)에서 날
조된 살인 혐의로 처형당하기 직전, 그는 선언했다. "이 부끄러운 쇼,
이 비극적 속임수를 준비하고 감독한 이들은 말, 사상의 힘, 펜의 힘을

두려워한다. ……그들은 말을 너무나 겁내기에 책을 읽지 않는다. 그 것은 그들에게 불쾌한 일이 될 것이다."[3] 펜이 폭력단보다 더 강하다는 사로위와의 신념은 아마도 유럽인과 북미인의 귀에 또 다른 세계에서 건너온 목소리처럼 들렸을 것이다. 하지만 아프리카의 거의 대부분 지역에서는 글쓰기가 무슨 일인가 벌어지도록 할 수 있다는 확신이 집요하게 퍼져나갔다.

사로위와는 구류 상태에서 쓴 마지막 편지들 가운데 하나에서 친구인 소설가 윌리엄 보이드(William Boyd)에게 이렇게 확신에 차서 말했다. "내 생각이 결국에는 승리하리라는 데는 의심의 여지가 없다. 하지만 나는 지금 이 순간의 고통을 이겨내야 한다. ……내게 가장 중요한 것은 작가로서 내 재능을 활용해 오고니족이 그들을 괴롭히는 자들과 맞설 수 있도록 돕는 것이다. 정치인 혹은 기업인으로서 그 일을 할 수는 없었다. 나는 다만 글쓰기로서 그 일을 했다. ……나는 내가 도덕적으로 승리했다고 생각한다."[4] 그리고 다른 어딘가에서는 자신의 작품이 1927년 출간된 앙드레 지드(Andre Gide)의 《콩고 여행(Voyage au Congo)》처럼 강력한 영향력을 발휘할 수 있기를 기원했다. 《콩고 여행》은 벨기에인의 잔혹 행위에 맞선 항의를 촉발함으로써 그것이 중단되도록 하는 데 일조했다.[5] 사로위와는 스스로를 그 같은 증언 전통의 일부로 간주했다. 즉 자신을 석유 기업들과 사니 아바차(Sani Abacha) 정권의 연합 세력에 의한 오고니 지역의 "재식민지화(recolonization)"를 목격한 증인으로 내세운 것이다.[6] 그 기업들과 정권은 함께 나이저강 삼각주를 인권의 버뮤다 삼각 지대(Bermuda Triangle: 버뮤다·플로리다·푸에르토리코 사이의 대서양 지역으로 '마의 삼각 지대'라고도 불린다. 수많은 항공기와 선박, 승무원이 까닭 없이 사라지는 것으로 유명한 곳이다—옮긴이)로 전락시켰다.

사로위와는 내가 이른바 극소수 민족(micro-minority)이라 부른 집단의 일원으로서 글을 썼다. 그는 인구가 1억 4000만 명에 달하고 약 300개 인종 집단으로 이뤄진 나라에서 50만 명에 불과한 오고니족의 한 사람이었다. 그는 제 민족의 문화가 석유를 둘러싼 불가항력의 막강한 세력에 의해 파괴되는 실상과 관련해 쉴 새 없이 증언을 쏟아냈다. 하지만 어떤 대의가—특히 그것이 아프리카인의 대의일 때—응당 누려야 하는 국제적 주목을 끄는 일이 쉽지 않음을 잘 알고 있었다. 그는 작가이자 운동가로서 전략적 유추를 통해 설명하고, 자신이 지칭한 이른바 "오고니족에 맞선 치명적 생태전"을 우리 시대를 상징하는 투쟁으로 전환해야 한다고 생각했다.[7] 따라서 그의 왕성한 저술은 무엇보다 극소수 민족에 대한 세계적 비용을 더욱 광범위하게 추산하고, 무책임한 기업과 지극히 형편없는 정권들 간의 지속적 밀월 관계를 한층 폭넓게 평가할 수 있는 기틀을 닦았다.

극소수 민족과 죽음의 삼각주

소수 민족 간 분쟁은 아프리카 전역에 널리 횡행하지만 특히 나이지리아에서 심각하다. 이 문제는 1914년 영국이 나이지리아를 하나의 식민 지배국으로 만든 데서 비롯되었다. 영국 역사가 맬컴 헤일리 경(Lord Malcolm Hailey: 1872~1969. 영국령 인도의 귀족이자 관리자—옮긴이)은 한때 나이지리아를 "유럽이 아프리카를 점령하는 과정에서 조성된 수많은 행정 단위 가운데 가장 인위적인 것"[8]이라고 묘사했다. 나이지리아는 1960년 마침내 독립을 쟁취했을 때, 거의 300개에 달하는 인종 집단이 한 국민국가의 이름 아래 모여 산 결과 여전히 있을 법하지 않은 경계선들을 지니고 있었다. 독립 후 50년의 대부분 시간 동안 가공할 정도로 다양한 이 사회는 군사 지배 아래 신음해왔다. 3개의 최대 민족 집단—요루바족(Yoruba), 이그보족(Igbo), 하우사풀라니족(Hausa-Fulani)—출신인 선출되지 않은 관리들이 온통 국가 정치를 쥐고 흔들었다.

나이지리아에 1958년은 상서로운 해로 기록될 만한 요소를 갖추고 있었다. 곧 독립이 이루어질 것 같았다. 치누아 아체베(Chinua Achebe: 1930~2013. 나이지리아 국적의 소설가이자 비평가—옮긴이)의 고전적 소설 《모든 것이 산산이 부서지다(Things Fall Apart)》가 출간되면서 그 나라의 문학적 미래를 장식할 사건이 될 듯한 조짐이 보였다. (결국 이 책은 그렇게 되었다.) 1958년 2월 17일, 나이지리아의 수출용 원유를 실은 최초의 유조선이 포트하커트를 출발해 템스강 어귀의 셸 정유소를 향해 항해를 시작했다.[9] 나이저강 삼각주의 석유 소수 민족들에게 당시 상황은 위대한 약속의 서막이 될 수 있었고 또 그랬어야 했다. 하지만 실상은 독성 물질로 점철된 불길한 미래를 예고해줄 따름이었다. 1958년 당시 과연 누가 그로부터 40년 후 6000억 달러의 석유 수입을 거두고도 약 9000만 명에 달하는 나이지리아인이 하루 1달러 이하의 생활을 하게 되리라고, 그리고 나이지리아가 수명·교육·소득을 종합한 지표인 유엔 인간개발지수에서 아이티나 콩고보다 낮은 등위에 머물게 되리라고 상상이나 할 수 있었겠는가?[10] 이러한 수치조차 오고니족과 그 삼각주에서 살아가는 다른 40개 극소수 민족의 참상을 온전히 포착하지는 못한다. 그들의 환경 역시 크게 망가져서, 오염되지 않은 작물과 어류로 하루 1달러를 보완할 수 있다는 주장은 말도 되지 않았다.

오고니족은 나이지리아 인구 가운데 약 0.4퍼센트를 차지하는 민족이다. 따라서 잉글랜드 크기의 나이저강 삼각주에서 살아가는 다른 극소수 민족들과 마찬가지로 그네들의 대지에서 거둬들인 부에 대한 권리를 주장하는 데서 정치적 영향력도 모자라고 법률적 보호도 제대로 받지 못했다. 나이지리아의 독립은 처음에는 극소수 민족들에게 상당량의 경제적 정의를 약속했다. 1960년 헌법은 정부의 채굴 수입 중 절반을 추출 지역에 돌려주어야 한다고 규정했다.[11] 하지만 오고니족은 헌법이 그들 몫으로 정한 50퍼센트가 아니라 고작 1.5퍼센트만 받았는데, 실제로는 그조차도 못되었다.[12]

경험치에 따르면, 한 국가가 자국의 경제적 생존을 단일 제품에 의존하면 할수록 그 사회에서 부정이 만연하고 소득 분배 불평등이 심화할 가능성은 더욱 커진다. 나이지리아의 석유 의존은 절대적이다. 즉 석유는 나이지리아 수출 수익의 96퍼센트를 차지하고, 정부 소득의 80퍼센트를 발생시킨다.[13] 따라서 나이지리아의 석유(미국이 그중 40퍼센트를 수입한다)는 쉽게 군국화의 전제 조건이자 대명사가 되었다. 더욱이 이 산유국은 석유 부의 85퍼센트가 전 인구의 1퍼센트에 돌아가는 사회를 만들었다. 그 1퍼센트 중 파괴된 생태 속에서 식품을 섭취하고 숨을 쉬면서 살아가는 극소수 민족에 속하는 이는 거의 없다.

셸은 나이지리아 경제에서 단연 최대의 외국 주주로 석유 산업의 47퍼센트를 소유했다. 나이지리아가 가장 혹독한 시기를 거치는 동안 석유 산업에서 셸의 합작 투자 파트너는 아바차 정권이었다. 하지만 셸의 대표자들은 자기네가 나이지리아 지도자들에게 아무 영향력을 행사하지 않았다고 거듭 천명했다. 유럽 최대의 이 석유 기업은 그런 식으로 군국주의적 재정 파트너의 잔혹함 뒤에 숨었다. 이 같은 질서는 셸을 비롯한 외국 석유 회사가 그들이 희망하는 기술적 존립을 유지할 뿐 아니라 국가 주권을 존중한다는 외피 속에 숨어 윤리적 부재자 행세를 계속할 수 있음을 의미한다.

이 질서는 또한 셸로 하여금 오고니족·이조족(Ijaw)·이쿼레족(Ikwerre)을 비롯해 그들과 이웃한 기타 극소수 민족의 호소—석유 수입의 공유, 상당 정도의 환경 자결권, 파괴된 환경에 대한 경제적 보상—를 묵살하도록 해주었다. 나이저강 삼각주에서 사업을 펼치는 셸·셰브론 등의 주요 석유 회사에 그러한 호소는 기업의 영향력이 미치지 않는 주권 영역에 속하는 나이지리아의 국내 문제였다. 하지만 기록은 그와 다르다는 것을 은연중에 드러내준다. 예를 들어 셰브론은 리버스(Rivers)주에 있는 석유 수용소에서 일어난 봉기를 진압하기 위해 나이지리아 군대를 투입했노라고 인정했다.[14] 셸은 나이지리아 경찰을 위해 무기를 사들였고, 나이지리아 군대원들에게 의뢰 비용을 지불했으며, 그들이 시위를 진압하는 데 사용하도록 배와 헬리콥터를 제공했다.[15] 이는 전직 셸 소속 과학자가 명명한 "상업의 군사화"에 정말이지 긴요한 요소였다. "상업의 군사화"는 글로벌 사우스 전역에서 신자유주의 아래 이루어지는 자원 추출 과정을 참으로 적절하게 표현한 말이다.[16]

사로위와가 처형당할 무렵 나이지리아 군부와 이동 경찰(Mobile Police)은 오고니족 2000명을 학살했다. 직접적으로 살해하기도 하고 마을을 불사르기도 한 결과였다.[17] 오고니의 대기는 천연가스 불꽃으로 오염되었고, 농경지는 석유 유출로 훼손되었으며, 식수와 연안해는 독성 물질의 피해를 겪었다. 셸은 1993년 오고니 마을에서 철수했지만 한때 울창했던 나이지리아의 '죽음의 삼각주'에 속한 다른 지역으로 옮아 갔을 뿐이다. 그렇지만 셸의 유물은 계속 환경과 그 지역의 농업 공동체에서 살아가는 농민들 속으로 파고들었다. 그들은 그 국제적 기업과 달리 따로 갈 데가 없었다.

한 증인은 데레(Dere)라는 오고니 마을 부근에서 일어난 유전 폭발의 후유증을 이렇게 묘사했다.

원유의 바다가 범람하는 거대한 강처럼 빠르게 흘러내려 제 앞을 가로막는 모든 것을 가뿐히 집어삼켰다. 수 킬로미터에 걸쳐 끝없이 이어지는 카사바 농장, 얌, 야자나무, 개울, 동물들을 말이다. 송수관을 통해 공급받는 식수가 없으니만큼 유일한 식수원이던 개울들이 석유로 뒤덮였다. 지붕도 나무도 풀도 모두 석유를 뒤집어쓰고 있어서 빗물 한 양동이조차 모을 수 없었다. ……굶주림에 지친 사람들은 석유 속으로 깊이 다이빙해 들어가 진즉에 썩은 얌이나 카사바를 뽑아 올려야 했다.[18]

두 번째 증인의 말이다. "우리는 더 이상 정상적인 산소를 들이마실 수 없다. 대신 끔찍하고 치명적인 가스를 흡입한다. 원유가 몸에 어떤 영향을 주는지 시험해보고 싶은 게 아니라면 물도 더는 마실 수 없다."[19] 거대한 가스 불기둥은 마을 주민이 인위적 태양빛 아래서 밤을 보내야 한다는 것을 뜻했다. "사람들은 지난날 12시간의 낮과 12시간의 밤 주기에 익숙해 있었다. 하지만 이제 그들의 처지는 북극에 사는 에스키모보다 더 나쁘다. 자연은 에스키모족에게 밤을 6개월 준 다음 낮을 6개월 허락했다. 하지만 셸-BP는 데레 거주민에게 약 10년 동안 줄곧 낮만을 제공했다."[20] 자급자족 농업과 어업은 이 삼각주 공동체들의 주업이었으나, 그들은 자기네가 전적으로 의지하던 자원이 파괴된 데 대해 그 어떤 보상도 받지 못했다.

50만 명의 오고니족은 인구 밀도가 높은 삶터 대부분 지역에 대해 명목적 소유권을 보유하고 있었다. 하지만 60년 전 석유 추출이 시작된 이래 그들은 대규모 지하 탈취의 피해를 입었다. 셸, 셰브론, 그리고 역대 나이지리아 정권은 오고니 땅 지하에서 석유를 300억 달러어치나 뽑아냈다.[21] 하지만 정작 지역민들은 아직도 병원, 전기, 송수관으로 공급하는 식수, 기본적인 도로, 가옥, 학교 따위가 부족한 삶을 이어가고 있다. 그 공동체의 기반은 그야말로 완전하게 박살 났다.

신식민주의와 도구적 미학

나이저강 삼각주에서 광산권과 관련한 신식민주의 정책에 맞서던 사로위와는 행동주의적 저술을 통한 증언이 지대한 영향을 미칠 수 있다고 믿었다. 그에 앞선 수많은 아프리카 저술가처럼 그 역시 민주주의 세력이 취약하고 엘리트 지식인층이 얇은 사회에서는 참여적 집필에 정교함과 능수능란함이 요구된다는 것을 깨달았다.[22] 공적 지식인으로서 그의 삶은 전략에 대한 예리한 감각을 통해 두각을 나타냈다. 사로위와는 지역적으로든 국제적으로든 청중과 상황의 변화에 민감했다. 즉 그는 어떤 상황인지 청중이 누구인지에 따라 본인의 언어 형태와 주안점을 달리하곤 했다. 그는 소설, 희곡, 단편소설, 어린이 동화, 시, 역사물, 소책자에 실릴 정치 관련 글, 일기, 풍자물, 신문 칼럼 등 야심 차다 할 정도로 여러 장르를 넘나들면서 20권이 넘는 책을 집필했다. 나이지리아 내전 시기의 삶을 다룬 기지 넘치지만 고통스러운 책《소자보이: 엉터리 영어로 쓴 소설(Sozaboy: A Novel in Rotten English)》(소자

보이는 솔저 보이(soldier boy, 소년병)의 엉터리 영어―옮긴이]은 인습 타파적 작품으로 사투리를 사용하고 대담하며 미문(美文)으로 가득하다.[23] 하지만 사로위와는 뭐니 뭐니 해도 영어를 사용하는 서부 아프리카 전역에 걸쳐 인기 TV 코미디 작품 〈바시 앤드 컴퍼니(Basi and Company)〉 창작자로서 최고의 명성을 누렸다. 3000만 명의 나이지리아인이 수요일마다 황금 시간대에 그 프로에 채널을 고정했다. 사로위와는 〈바시 앤드 컴퍼니〉의 대본을 150회 집필하며 도덕적 날카로움을 겸비한 열렬한 풍자를 구사했다.[24] 이 코미디 시리즈는 사로위와가 사랑하고 혐오했던 라고스의 삶을 잘 보여주는 거리의 사기꾼과 불량배에 대한 풍자극이다. (그는 "라고스에서 살아간다는 것은 그 자체가 지어낸 이야기고, 거기서 살아가는 사람은 아무도, 거듭 말하거니와 아무도 이 거짓됨에 영향을 받지 않을 수 없다"[25]고 썼다.) 하지만 1992년 그의 아들 가운데 하나가 사망한 뒤 사로위와는 TV 및 문학 활동을 대폭 줄였다. 그리고 오로지 오고니족의 대의에 헌신함으로써 그들이 겪은 학살의 연대기 작가가 되었으며, 마침내 사형수로서 옥중 일기를 썼다.

사로위와는 여러 방면에 걸친 다재다능함, 도구적 미학에 대한 신념, 토지 권리를 향한 확고한 믿음에 힘입어 존경받는 아프리카 저술가 대열에 합류했다.[26] 하지만 유사점은 거기까지다. 동부 및 남부 아프리카에서 이러한 경향성은 자신의 반식민주의―혹은 반신식민주의―와 자신의 사회주의가 분리되지 않는 작가들에게서 흔히 볼 수 있었다.[27] 가령 응구기 와 티옹오(Ngugi wa Thiong'o: 1938~. 케냐의 소설가·수필가·극작가―옮긴이)의 《배럴 오브 더 펜(Barrel of the Pen)》과 마피카 그왈라(Mafika Gwala)의 에세이 "문화적 무기로서 글쓰기"(이 작품은 남아프리카 공화국 작가들의 신조가 되었다)가 그러한 예다.[28] 반면 사로위와는 깊은 국제적 감수성을 연마했고, 모든 아프리카 사회주의 계보 밖에 존재했다. 그는 환경 주제에 헌신하는 문학을 가다듬은 최초의 아프리카 작가였다. 사로위와는 나이지리아 감옥에서 몰래 반출한 편지에서 "환경은 인간의 첫 번째 권리"[29]라고 적었다. 하지만 그는 조그만 사업체를 경영하는 성공적인—자신의 아들을 이튼스쿨에 보낼 정도로 더없이 성공적인—기업주였던 만큼 본질적으로 결코 반자본주의자가 아니었다. 그럼에도 그는 자신이 1980~1990년대의 주목할 만한 한 가지 변화상, 즉 점점 더 규제받지 않는 초국가 기업의 이동성과 공고화에 저항할 수 있는 더없이 좋은 위치에 있음을 깨달았다. 현재 500개 기업(셸도 그중 하나다)이 세계 무역의 70퍼센트를 좌지우지하고 있다.[30]

사로위와는 가난한 아프리카 국가의 극소수 민족 출신 지식인으로서 탈규제를, 오고니 마을을 파괴한 것과 같은 기업의 무법천지와 동의어로 간주했다. 하지만 그의 정치적 저항이 제 고향의 황폐화를 넘어서까지 나아갔다는 것은 사로위와가 전략에 대한 판단력이 얼마나 뛰어났는지를 잘 보여준다. 그는 열정적으로 대의에 주력하면서 다른 한편 그 대의를 좀더 넓은 세계적 차원으로 확장하고자 했다. 그는 해로운 국제적 경향성을 비판하기 시작했다. 무엇보다 구조 조정으로 약화한 제3세계 국가에서 어떻게 규제받지 않는 초국가 기업과 국내 군부 세력이 가장 취약한 소수 민족 공동체를 제멋대로 파괴하는지 파헤쳤다.

사로위와는 소규모 아프리카인들이 겪는 불공정을 국제적 대의로 전환하는 것이 여의치 않음을 인식했다. 거기에 맞서 그가 구사한 전략은 가능한 연결 지점을 마련하기 위해 더욱 정치적인 환경을 조성하는 것이었다. 가령《나이지리아의 인종 학살(Genocide in Nigeria)》

(1992) 서문에서 그는 당대의 세 가지 발전상을 보고 자신감을 얻었다. 다름 아니라 "첫째 냉전의 종식, 둘째 환경을 향한 점차 커지는 세계적 관심, 셋째 비록 소련을 계승한 국가들이나 유고슬라비아에서라하더라도 소수 민족의 권리를 존중해야 한다는 유럽공동체(European Community)의 주장"이다. 하지만 그는 "유럽과 미국이 동유럽에 적용한 것과 동일한 기준을 나이지리아에 적용할지 여부는 두고 봐야 한다"고 우려했다. 결국 그의 우려는 충분히 근거가 있었던 것으로 드러났다.[31]

생태적 방법에 의한 비전통적 전쟁

《한 달 그리고 하루》는 새로운 형식의 국제적 관심을 활용하기 위한 사로위와의 창작 노력을 담고 있다. 처음에는 인권 집단도 환경 집단도 오고니의 대의에 수용적이지 않았다. 환경적 방법에 의한 민족 말살을 주장하는 아프리카 지식인이라니! 사로위와는 처음에는 괴짜에다 완강한 사람처럼 보였다. 보이드에게 자극을 받은 그는 그린피스(Greenpeace)와 접촉해보기로 마음먹었다. 그린피스는 아프리카에서는 자기네가 먹혀들지 않을 거라며 선을 그었다.[32] 한편 국제앰네스티(Amnesty International)는 군부가 재판을 거치지 않고 국민을 구금하거나 살해할 때에만 오고니족의 대의를 받아들일 수 있다고 말했다. 당시 재판은 아직 시작되지도 않은 절차였다. 사로위와는 좌절감을 담아 "오고니족은 틀림없이 살해당하고 있지만, 전통적 방식으로는 아니다"[33]라고 호소했다. 그는 나중에 이렇게 그 주장을 다듬었다.

오고니 지역은 석유 탐사로 모조리 파괴되었다. ……석유 탐사로 인해 석유 분출, 석유 유출, 유막(oil slick) 그리고 일반적 오염이 수반되었다. ……석유 회사들이 나이지리아에서 지난 33년간 가스를 태운 결과 산성비가 야기되었다. ……과거에 비옥한 곡창 지대이던 삼각주가 이제는 온통 불모지로 변했다. 그 주위에서 우리는 오로지 죽음의 그림자만을 보고 느낄 수 있다. 환경 악화는 오고니 토착 민족을 상대로 벌인 싸움에 쓰인 치명적 무기였다.[34]

1990년대에 소수 민족과 환경 권리에 관한 호소는 둘 다 점차 강력해졌다. 하지만 아프리카에서는 그 시기에 그와 관련한 탄원이 이뤄진 선례가 거의 없었다. 그린피스, 국제앰네스티, 지구의 벗(Friends of the Earth: 1969년 데이비드 브라워(David Brower)가 미국 샌프란시스코에 설립한 환경 단체로 그린피스, 세계자연보호기금(World Wide Fund for Nature, WWF)과 함께 세계 3대 환경 보호 단체 중 하나다—옮긴이), 서바이벌 인터내셔널(Survival International: 1969년 토착민, 부족민, 미접촉 부족의 권리를 옹호하기 위해 설립된 조직—옮긴이)이 초기에 보인 시큰둥한 반응에도 불구하고 사로위와는 집요하게 오고니족이 생태적 방법에 의해 박해받는 "비전통적 전쟁"의 희생자라고 주장했다. 그는 물러서지 않고 여행을 함으로써 스스로 더 많은 것을 터득하고자 애썼다. 와해 중인 소련을 여행하면서 얻은 풍부한 경험을 토대로 사로위와는 소수 민족의 요구를 분명하게 드러낼 수 있는 국제적 환경이 무르익었다고 확신했다. 또한 콜로라도 방문을 통해 기업과 정부의 공격으로부터 성공리에 황야를 구해낸 어느 환경 단체를 만나보기도 했다.[35] 이러한 여러 경험에 힘입어 사로위와는 소수 민족 권리와 환경 권리를 결합하면 맹아적인 오고니족생존운동(MOSOP)에 큰 도움이 되리라고 판단했다. 그는 티베트의 대의에 적극 관여해온 젊은 네덜란드 변호사 미카엘 판발트 판데르프라흐(Michael van Walt van der Praag)를 통해 '대표 없는 국가·민족 기구(Unrepresented Nations and Peoples Organizations: 1991년 네덜란드 헤이그에서 설립되었으며, 대표되지 않는 약소 민족이나 사람들의 독립을 요구하는 이들을 대변하는 국제기구—옮긴이)'와 접촉하기에 이른다.[36] 이를 계기로 사로위와는 유엔 산하 '토착민에 대한 실무 그룹(Working Group on Indigenous Populations)'을 알게 되었으며, 1992년 제네바에서 열린 그 단체 회의에 참석해 연설하기도 했다. (같은 해 또 한 사람의 오고니 지도자인 추장 다파비리예(H. Dappa-Biriye) 박사는 나이저강 삼각주 사람들을 대신해 리우 지구정상회의(Rio Earth Summit)에서 연설했다.) 사로위와는 "사실상 모든 국민국가에 정치적 소외, 경제적 교살, 환경 악화, 혹은 이 모든 것의 조합으로 고통받으며 절망한 채 서서히 사라져가는 몇 개의 오고니족이 존재함"[37]을 깨달았다. 그가 진행해온 자기 학습의 나란한 평행선이 마침내 하나로 만났다. 1992년 이후 소수 민족 권리와 환경 권리를 결합한 호소가 오고니족생존운동에서 가장 중요한 부분으로 자리 잡았다. 과거에는 오고니족의 운동을 아리송하게 여기던 인권 집단이며 환경 집단이 이제 오고니족생존운동의 가장 든든한 국제적 원군이 되어주었다. 지구의 벗, 그린피스, 국제앰네스티, 휴먼라이츠워치/아프리카(Human Rights Watch/Africa), 국제펜클럽(International Pen: 세계적 문인 단체로 2010년 이후 'Pen International'로 개칭했다—옮긴이), 에이비로드(Abroad), 보디 숍(Body Shop)이 그 대의에 동참했다.

이러한 상황 전개 덕택에 사로위와의 운동은 과거에는 부족했던 공명을 불러일으킬 수 있었다. 또한 그는 환경 활동가의 전형적 모습에 도전했다. 환경 활동가는 어쩔 수 없이 백인이고 젊은 데다 중산층 유럽인 혹은 미국인으로서 좀더 절박한 전투를 겪지 않았던지라 나무를 껴안을 여력이 있는 그런 부류였다. 사로위와의 환경 자결 운동은 역사적으로 환경행동주의와 관련해 좀더 폭넓은 이미지를 개발하는 데 결정적으로 중요했던 것으로 드러났다. 우리는 1970년대에 중산층 백인 페미니스트의 때로 순치된 관심들이 어떻게 이어지는 몇십 년간 지역이 이끌어가고 정의하는, 국제적으로 좀더 다양한 일련의 페미니즘에 자리를 내주게 되었는지 목격했다. 그와 마찬가지로 이제는 토착 환경주의가 지역의 필요라는 압박 아래 활짝 꽃피는 광경을 보고 있다. 환경행동주의라 여겨지는 것의 스펙트럼이 점차 넓어짐에 따라 그것을 감상적이라거나 유럽·북미의 이해 집단과 손잡은 제국주의 담론이라고 일축하기는 한층 어려워졌다. 이제 더 이상 이러한 다변화 사례가 아마존 유역이나 인도의 경우에만 한정되지 않는다.

사로위와는 환경주의가 소수 민족의 경험을 통해 새로운 상상력을 지닐 필요가 있음을 깨달았다. 소수 민족은 (석유든 광업이든 벌목이든) 추출 산업과 관련한 초국가 기업이 거의 처벌받지 않은 채 사업을 펼치는 세계 경제의 주변부에 놓여 있어 거의 보이지 않음에도 불구하고 말이다. 환경 정의는 그에게 더할 나위 없이 소중한 개념이었다. 그는 이 개념을 통해 지역의 극소수 민족과 막강한 초국가적 경제 권력 간의 투쟁에 집중할 수 있었다. 사로위와는 그 자신이 명명한 나이지리아의 이른바 "가공할 내부 식민주의(monstrous domestic colonialism)"에 시달리는 오고니족의 일원으로서, 그 국민국가를 집단적 경제 정의 구현체로 신뢰하기는 힘든 처지에 놓여 있었다.[38] 대신 그는 환경 자결이 문화적 생존과 불가분의 관계임을 인정하는 소수 민족 연방주의 정책을 지지했다. 사로위와와 유죄 판결을 받은 다른 8명의 "사법 살인"이

자행된 뒤 국민적 분노는 두 쪽으로 갈라졌다. 한쪽은 주로 아바차 정권을 비난하고, 다른 한쪽은 셸을 성토했다.[39] 하지만 사로위와가 보기에 두 가지 비난은 결코 분리할 수 없는 것이었다. 그는 시종일관 오고니족에 대해 초국가적 석유 회사와 잔혹하고 착취적인 나이지리아 정권, 함께 손잡은 이 두 세력의 피해자라고 표현했다. 한편 셸은 "나이지리아와 셸: 진보하는 파트너" 같은 홍보 지침서를 동원해 둘의 관계에 긍정적 색채를 입히고자 안간힘을 썼다.[40] 하지만 그 관계의 퇴행적 특성에 대해 좀더 정확하게 표현한 것은 다름 아니라 오고니 지역의 저항을 다룬 나이지리아 정부의 유출 메모였다. 날짜가 1994년 12월 5일로 되어 있는 메모에는 이렇게 쓰여 있었다. "경제 활동을 무리 없이 시작하기 위해 무자비한 군사 작전을 펼치지 않으면 셸의 영업은 여전히 불가능하다."[41]

오고니 마을에 대한 이 같은 비정한 지배는 인종차별주의와 소수 민족에 대한 혐오, 이 두 가지 정신에 입각해 진행되었다. 다시금 사로위와는 오고니족의 고통을 둘 중 하나의 용어로 치환하고 싶은 유혹을 이겨냈다.[42] 셸의 인종차별주의는 명확하다. 그 기업은 다른 곳에서는 일상적으로 지키고 있는 내륙 시추 기준을 아프리카에는 적용하지 않는다. 실제로 셸이 세계에서 저지른 총 석유 유출 사고의 40퍼센트가 나이지리아에 집중되었다.[43] 셸이 가령 셰틀랜드제도(the Shetlands) 같은 북반구에서 사업을 할 때면 그 지역 의회에 상당액의 임대료를 지불한다. 반면 나이저강 삼각주에서는 마을 당국이 그와 비교할 만한 보상금을 받지 못했다.[44] 1995년 발간한 세계은행의 한 보고서는 나이지리아에서 생산되는 석유로부터 나온 천연가스의 76퍼센트가 (섭씨 1만 4000도 온도에서) 불태워진 반면, 그 수치가 영국에서는 4.3퍼센트에 그쳤고 미국에서는 고작 0.6퍼센트에 불과했다고 밝혔다. 독성 물질을 일으키는 이 같은 고약한 습성은 나이저강 삼각주 거주민의 수명을 단축시켰다. 더욱이 아이들은 글을 읽거나 공부하는 데 필요한 전기를 사용하지도 못했고, 마치 계절을 가리지 않는 북극 여름의 적도 버전처럼 가짜 태양인 꺼지지 않는 불꽃 아래 밤낮없이 지내야 했으므로 대체 밤이 어떤 것인지 경험하지 못했다.[45] 나이지리아 유전의 불꽃이 연간 메탄가스 1200만 톤과 이산화탄소 3500톤을 대기 중으로 뿜어내던 1990년대 중반, 어떤 사람들은 이것이 세계 차원에서 단일 요소로는 기후 변화에 가장 큰 영향을 미치는 것이라 주장하기까지 했다.[46](적어도 이 한 가지 점에서는 석유 기업들이 대동소이했다.) 이런 배경이었던 만큼 셸이 환경적으로 세심하게 처신했다는 이유로(실상은 빼어난 위장환경주의를 구현했다는 이유로) 유럽에서 여러 상을 수상하고 있는 아이러니를 오고니족은 도통 이해하지 못했다.[47]

하지만 셸의 인종차별적 이중 잣대는 잔인무도한 나이지리아 정권의 지지가 없었다면 제대로 작동하지 않았을 것이다. 그 정권이 소수 민족의 권리에 보인 태도는 거의 특정 민족 집단 파괴 쪽에 가까웠다. 아바차 장군 휘하의 무시무시한 이동 경찰—나이지리아 사람은 이들을 "죽이고 달아나는 폭력단(Kill and Go Mob)"이라고 불렀다—은 오고니족과 나이저강 삼각주에서 살아가는 그 이웃 민족들의 평화로운 시위를 폭력적으로 진압했다. 1993년 1월 열린 반셸(anti-Shell) 집회에 수십만 명의 오고니족이 운집했을 때, 그 경찰력은 마을 27곳을 온통 쑥대밭으로 만들었다. 그 과정에서 오고니족 2000명이 살해되고 8만 명이 쫓겨났다.[48] 사로위와는 오일 러시 기간에 오고니족이 맞은 운명을 1967년 나이지리아 내전—나이지리아의 주도적 소수 민족들 간에 벌어진 분쟁—기간 동안 그들이 겪은 운명에 비유했다.[49] 석유 영토를 놓고 치른 이 전쟁은 "마치 코끼리들 싸움에 짓밟힌 풀밭처럼"[50] 오고니를 초토화시켰다. 전체 오고니족의 10퍼센트가 본인들이 일으키지도 않은 전쟁에 의해 목숨을 잃었다. 이 재난은 사로위와로 하여금 소수 민족과 극소수 민족의 위상이 어떻게 다른지 일깨워주었다.[51] 극소수 민족은 국가적 사건에 영향을 미치기에는 턱없이 무력했다. 약탈적 군국주의 원리에 따라 운영되는 사회에서는 특히 더 그랬다. 오고니 마을 아래 흐르는 부(富)는 이름뿐인 부였다. 외부자들이 석유를 찾아 우르르 몰려가자 그 부는 역사적으로 가난·불공정·죽음을 초래했다. 내전이 일어난 지 사반세기 뒤, 고국에 대한 사로위와의 절망감은 줄곧 깊어만 갔다. "나이지리아의 지배자들이 돌 같은 가슴과 노래기 같은 머리를 지녔기 때문이자, 셸이 제가 원하기만 하면 무엇이든 분쇄할 수 있는 역량을 지닌 다국적 기업이기 때문이자, 너나없이 오고니족의 석유 자원을 탐내고 있기 때문이다."[52]

국제적 반응

오고니족이 인종차별주의와 소수 민족에 대한 혐오의 희생자였다는 사실은 미국이 그러한 처형에 대해 왜 그토록 미온적 반응을 보였는지 설명하는 데 독특한 방식으로 도움을 준다. 영국·남아프리카공화국·프랑스의 항의는 미국보다 훨씬 더 적극적이고 지속적이었다. 영국의 경우 이는 충분히 이해할 만하다. 셸이 영국과 네덜란드의 합작 회사인 데다 아프리카를 다룬 영국 언론의 보도량은 아프리카의 식민 지배

역사 때문에 전통적으로 미국 언론의 그것보다 훨씬 더 많기 때문이다. (비슷한 이유에서 라틴아메리카 관련 뉴스는 미국이 영국보다 많이 다룬다.) 하지만 미국 언론이 영국 언론보다 그 처형 사태에 상대적으로 무심한 데는 다른 이유가 있었다. 미국의 정치 담론에서 흔히 인종차별적 억압과 소수 민족에 대한 차별은 같은 용어로 취급되었다. 그렇기에 자유주의적 미국인이나 소수 민족 출신 미국인은 자국의 소수 민족을 억압한다는 이유로 아프리카 정권을 비난하는 것과 아프리카인을 인종차별적으로 대한다는 이유로 유럽 기업을 비난하는 것을 동렬에 놓기어려웠다. 아프리카-미국의 외교 정책 로비스트 집단 트랜스아프리카(TransAfrica: 아프리카 국가, 카리브해 지역 국가, 그리고 모든 아프리카 디아스포라 집단과 관련한 미국의 외교 정책에 영향력을 미치고자 설립된 조직. 워싱턴 D.C.에 본부가 있다 ―옮긴이)의 대표 랜들 로빈슨(Randall Robinson: 1941~. 아프리카계 미국인 변호사·작가이자 활동가로서 트랜스아프리카 창립자로 유명하다. 아파르트헤이트를 열정적으로 반대하고 아이티 이민자와 전(前) 아이티 대통령 장베르트랑 아리스티드(Jean-Bertrand Aristide)를 위해 변호한 것으로 잘 알려져 있다―옮긴이)은 미국이 남아프리카공화국에 부과한 것과 비슷한 제재를 나이지리아에 가하라는 자신의 호소에 대한 반응이 엇갈리는 것을 경험했다. 수많은 아프리카계 미국인 지도자, 그중 특히 라고스를 방문하고 아바차 정권에 축복의 말을 건넸던 루이스 파라칸(Louis Farrakhan: 1933~. 아프리카계 미국인으로 '네이션 오브 이슬람(Nation of Islam)'의 대표이자 흑인 활동가―옮긴이)은 그 어떤 아프리카 정부에 대해서든 그에 맞서는 운동은 분열을 초래하는 일이라고 주장했다.[53]

하지만 사로위와에게는 멀리 떨어진 곳에서 드러내는 그러한 자책감이 그저 호사스러운 일로만 보였다. 그는 오고니족이 잔인한 유럽의 인종차별주의와 그에 뒤지지 않을 만큼 잔인한 아프리카의 자민족중심주의(ethnocentrism)로 인해 이중의 피해를 본다고 강변했다. 그는 이러한 논쟁적 주장을 펼치는 데 조금의 주저함도 없었다. 그는 옥중 일기에서 이렇게 썼다.

> 피부색은 어느 집단에 의한 다른 집단의 억압을 중단할 만큼 그렇게 강력하지 않은 요소다. 때로 피부색은 그 억압을 강화하기도 한다. 같은 피부색끼리는 그 억압이 덜 분명해 보이는 탓이다. 남아프리카공화국에서 흑인을 억압하는 백인은 인종차별주의자로 간주되므로 즉각적 비난을 산다. 하지만 흑인에 의한 흑인의 억압에 대해 사람들은 으레 어깨를 으쓱하며 이렇게 말하고 만다. "뭐, 그건 그 사람들끼리의 일이지, 안 그래?"[54]

사로위와는 나이지리아 정권이 남아프리카공화국 정권 못지않게 극악무도하다고 여겼으니만큼 그에 맞서는 국제적 조치, 즉 아파르트헤이트의 종식을 도운 것과 같은 국제적 조치를 끈덕지게 촉구했다.[55] 두 나라는 아프리카 대륙을 대표하는 강국이다. 남아프리카공화국은 아프리카 최대의 경제 대국임을, 나이지리아는 그 나라에 이은 두 번째 경제 대국이자 최대 인구국임을 자랑으로 삼는다. 사로위와가 국제적 개입을 호소할 무렵, 두 대국의 이미지는 급격한 전환을 겪은 상태였다. 나이지리아는 지난 30년 동안 아프리카에서 반(反)아파르트헤이트 운동의 선봉장 노릇을 해왔다. 하지만 남아프리카공화국이 넬슨 만델라(Nelson Mandela)의 지도 아래 마침내 아파르트헤이트를 넘어서고 있었던 데 반해, 나이지리아는 반(反)민주주의의 나락으로 곤두박질치고 있었다.[56]

1995년 11월, 52개 영연방 국가가 뉴질랜드 오클랜드(Auckland)에서 만났을 때, 남아프리카공화국과 나이지리아의 평판은 180도 바뀌었다. 남아프리카공화국은 영연방 국가 모임에 35년 만에 처음으로 참석했다. 그리고 넬슨 만델라의 권위에 힘입어 무척이나 어깨에 힘이 들어가 있었다. 과거 영연방 국가들로부터 비난을 한 몸에 사던 남아프리카공화국은 이제 만델라의 도덕적 진지함 덕분에 사실상 주도적 영연방 국가로 떠올랐다. 반면 나이지리아는 새롭게 국제 사회에서 따돌림당하는 국가로 전락할 소지가 다분했다. 영연방·미국·유럽연합은 모두 아프리카를 이끌어갈 인물로 만델라를 밀고 있었다. 나이지리아는 그가 최초로 외교 정책을 펼칠 주요 시험대가 되었다.

만델라는 정상 회담에 참가하자마자 나이지리아를 고립시키는 데 반대 목소리를 냈고, 대신 조용한 협상을 제안했다.[57] 나이지리아 정권은 거의 즉시 사로위와와 오고니족 8명을 교수형에 처하는 방식으로 응수했다. 만델라는 곧장 분노의 표적으로 떠올랐다. 월레 소잉카 [Wole Soyinka: 나이지리아 요루바족 출신의 소설가·시인·극작가. 1986년 《해설자들(The Interpreters)》이라는 소설로 아프리카 출신 최초로 노벨문학상을 수상했다―옮긴이]는 나이지리아 군사 정권을 향한 만델라의 "조용한 외교(quiet diplomacy)"를 레이건과 대처가 실시한 아파르트헤이트 정권에 대한 악명 높은 "건설적 개입(constructive engagement: 양국의 긴밀한 협력 관계를 유지하되 자국의 이익에 대해서는 양보하지 않는 적극적 태도를 포함한다―옮긴이)" 정책에 빗대며 그의 유화 정책을 비판했다.[58] 불어만 가는 나이지리아 망명자 대열의 일원으로 남아프리카공화국에 자리 잡은 콜 오모토소 (Kole Omotoso: 1943~. 나이지리아의 작가이자 지식인―옮긴이) 교수는 "내 조국을 아는 사람들은 그 군사 정권이 얼마나 부조리하고 비논리적인지 잘 안다. 그 정권이 만델라가 내건 이른바 '부드럽게 부드럽게' 전략의 기대대로 반응할 가능성은 전무하다"[59]고 말했다. 사로위와의 변호인은 만델라에게 "만약 남아프리카공화국에서 '조용한 외교'를 추구했다면 ……당신이 지금 살아 있을지 의문이다"[60]라며 강력하게 항의했다.

만델라는 왜 아바차 정권, 그리고 그 정권이 사로위와에게 가한 위협에 대해 이렇듯 비극적 오판을 내렸을까? 그것은 아프리카민족회의(African National Congress, ANC)가 나이지리아에 대해 역사적 감상주의를 드러낸 결과로 해석하는 게 가장 옳다. 새롭게 부상한 남아프리카공화국의 정치·문화 엘리트 상당수는 1960년대에 나이지리아로 망명한 인물들이었다. 당시는 나이지리아가 아파르트헤이트와 식민주의에 맞선 방어벽으로 부상하던 때였기 때문이다. 이 망명 대열에는 학자이자 저술가인 에제키엘 음팔렐레(Ezekiel Mphahlele: 1919~2008—옮긴이), 그리고 남아프리카공화국의 부통령 타보 음베키(Thabo Mbeki)도 포함되어 있었다. 음베키가 아바차 쿠데타 정권을 향한 남아프리카공화국의 "부드럽게 부드럽게" 대응 방식에서 최대 협상가로 떠오른 것은 전혀 우연이 아니다. 그는 나이지리아 국민에 대한 남아프리카공화국의 역사적 부채(그리고 그 자신의 개인적 부채)를 나이지리아 지배자들에 대한 부채와 혼동한 듯했다. 그 지배자들이 선출된 정부를 내쫓고 그 어떤 국민적 위임조차 받지 않았음에도 불구하고 말이다. 영연방 정상 회담에서 나이지리아의 인권 활동가 이노선트 추크워마(Innocent Chukwuma)는 이러한 혼동이 잘못된 것이라고 강조했다. 그는 나이지리아 석유에 대한 국제적 거래 금지를 촉구하면서 "석유로 벌어들인 돈은 개인 계좌로 흘러 들어간다. 국민은 그 돈을 만져보지조차 못한다"[61]고 지적했다. 1994년 한 해에만 120억 달러 상당의 석유 수입이

정부 계좌에서 증발했다.[62]

남아프리카공화국이 아바차 정권에 대해 국제적 리더십을 발휘하지 못한 까닭은 아프리카민족회의가 "타협에 대한 과도한 믿음(fetish for compromise)"[63]을 지녔기 때문이라고 이해해야 한다. 타협에 대한 확고한 신념 덕택에 만델라는 아프리카민족회의 정당이 집권할 수 있도록 이끌었고, 남아프리카공화국 선거 직전에 일어날 것처럼 위협했던 내전의 위기를 피할 수 있었다. 하지만 그는 나이지리아의 정치적 분위기에 대해서는 그릇된 판단을 내렸다. 아바차는 프레데리크 데클레르크(Frederick De Klerk: 1989~1994년 남아프리카공화국의 대통령을 역임한 인물로, 아파르트헤이트 체제의 마지막 대통령이다—옮긴이)보다 더 무자비했으며, 나이지리아는 과거에 만델라가 타협을 협상하는 동안 아파르트헤이트 정권에 압력을 가할 수 있었던 것과 같은 시민 사회, 노조, 기타 민주적 조직의 기반이 취약했다.[64]

사로위와의 처형은 만델라 정부의 국내적 정치 스캔들을 촉발했지만, 그뿐 아니라 남아프리카공화국으로 넘어가는 난민이며 망명자의 흐름을 더욱 가속화하기도 했다. 그 대열에는 지식인, 언론인, 민주적 활동가들이 대거 포진되어 있었다. 나이지리아와 남아프리카공화국의 관계가 완전히 뒤바뀌었음을 보여주는 가장 확실한 신호였다. 그 과정에서 요하네스버그가 라고스에 본부를 둔 '민주주의적 대안(Democratic Alternative: 나이지리아의 야당—옮긴이)', 사로위와를 지지하는 운동, 셸에 대한 국제 차원의 보이콧 등을 위한 주요 전초 기지로 떠올랐다. 과거에는 아프리카민족회의 정당 활동가들이 라고스나 카노(Kano)에서 아파르트헤이트에 반대하고자 모의를 꾸몄는데, 이제는 나이지리아의 민주 인사들이 요하네스버그에서 아바차 정권의 전복을 노리며 활동하고 있었다. 따라서 오고니족에 대한 "사법 살인"은 사람들이 아프리카 극소수 민족의 취약성뿐 아니라 아프리카 대륙에서 민주주의의 전망 변화에 주목하도록 이끌어주었다.

극소수 민족과 자원의 저주

그 몇 년 전, 필리핀 정부는 〈포춘(Fortune)〉에 이런 광고를 실었다. "당신과 같은 기업을 유치하고자 우리는 산을 무너뜨리고 정글을 파괴하고 습지를 메우고 강을 옮기고 마을을 이주시켰습니다. ……모두 당신과 당신의 사업체가 우리나라에서 사업하는 일을 더욱 순조롭게 만들어주기 위해서입니다."[65] 하지만 필리핀은 환경과 극소수 민족에게 어쩔 수 없이 대재앙을 안겨주는 방식으로 초국가 기업에 구애해온 여러 빈국 가운데 하나에 불과하다. 이러한 과정은 우리 지구의 몸통을 이루는 적도 지대에 가장 심각한 피해를 안겨주었다. 에콰도르, 볼리비아, 브라질에서 수리남과 가이아나, 나이지리아, 카메룬, 중앙아프리카공화국, 가봉, 콩고를 거쳐 필리핀, 말레이시아령 보르네오, 인도네시아, 뉴기니를 아우르는 지대다. 여기에는 특이하게도 순전히 생태적 이유에서 소수 민족들이 대거 몰려 산다. 적도 지방의 풍부한 생태계는 자급자족 문화 집단들이 그보다 더 비옥한 지역에서 가능한 정도보다 더 크게 집중되도록 영향을 끼쳤다. 오늘날 이들 소수 민족은 대부분 비민주적이고, 흔히 가난한 국민국가—세계 경제에서는 주로 규제받지 않는 석유·광물·목재의 추출국으로 인식되고 있다—에 소속된 극소수 민족으로서 존재한다. 따라서 극소수 민족이 토지 의존적 자급자족 문화의 존속을 위해 투쟁함에 따라 토착 환경주의가 가장 극적으로 꽃피는 장소가 바로 이 지대인 것은 전혀 우연이 아니다.

　오고니족이 겪는 약탈과 테러는 광물이 풍부한 다른 적도 지방에서도 유사하게 드러나고 있다. 대표적인 곳이 서파푸아(서뉴기니―옮긴이), 에콰도르, 페루다. 특히 서파푸아에는 나이저강 삼각주보다 훨씬 더 많은 소수 민족이 모여 산다. 그리고 나이저강 삼각주 사람들처럼 서파푸아 국민도 땅 아래 광물층에 어마어마한 양의 구리와 금을 보유하고 있어 자원의 저주에 시달린다. 그들 역시 약탈적인 군사 권력과 부도덕한 초국가 기업의 결탁에 직면해 있다. 마찬가지로 20세기의 세 번째 최악인 동티모르(East Timor) 종족 학살을 저지른 인도네시아 정권은 토착민을 4만 3000명이나 살해하는 잔혹함을 드러내면서 서파푸아를 식민지화했다. 이런 시도에서 그들의 공범 노릇을 한 것은 미국 루이지애나주에 본사를 둔 광산 초국가 기업 프리포트 맥모란이었다. 1967년 프리포트 맥모란이 들어오고 난 뒤 서파푸아 토착민들은 재판을 생략한 구금, 고문, 강제 이주, 실종, 광물 자원 약탈, 보상받을 길 없는 환경 악화 따위에 고루 시달렸다.[66] 프리포트 맥모란의 사설 보안 요원, 그리고 인도네시아 군부는 때로 함께 손잡고 무장하지 않은 토착 시위대를 향해 총질을 하거나 그들을 살해했다. 인도네시아 정권과 프리포트 맥모란은 아바차 정권과 셸 사이에 이루어진 것보다 한층 더 파괴적인 연합체를 꾸렸다. 이 연합체는 꼭 해야 하는 개발의 사전 정지 작업으로서 소수 민족의 문화 말살에 나섰다. 프리포트 맥모란의 회장 제임스 모펏(James Moffett) 자신은 그러한 "진보"가 생명을 안겨주는 사업인지 생명을 앗아가는 사업인지 분간하지 못한 것 같다. 그가 자랑스럽게 "프리포트 맥모란은 서파푸아의 심장에 개발이라는 창을 꽂았다"[67]고 한 말이 그 점을 잘 보여준다. 이 치명적 전투에서 극소수 민족은 새로운 환경적 저항 양식과 토지에 대한 좀더 전통적인 존중을 결합한 언어를 구사하며 저항했다. 아뭉메족(Amungme)의 한 지도자는 "프리포트 맥모란은 우리 어머니의 뇌를 후벼 파고 있다. 그것이 우리가 저항하는 이유다"[68]라고 말했다.

이 같은 환경 저항 행위 중 일부가 효과를 발휘하기 시작했다. 가령 석유 매장량이 풍부한 에콰도르 동쪽 오리엔테(Oriente) 지역의 사례가 그러했다. 그곳에서는 셸이 오고니 마을을 망가뜨려놓은 것과 비슷한 방식으로 텍사코(Texaco: 미국의 석유 기업 셰브런의 자회사—옮긴이)가 인디언 지역을 파괴했다. 오리엔테의 식수·어장·토양·작물이 모조리 오염되었다. 열대 우림 액션 네트워크(Rainforest Action Network: 캘리포니아주 샌프란시스코에 본부를 둔 환경 단체—옮긴이)에 의하면, 텍사코는 오리엔테 지역에서 자그마치 1700만 갤런의 원유를 유출함으로써, 오고니 마을에서처럼 거주민에게 만성적 건강 문제를 안겨준 독성 물질을 유물로 남겨놓았다.[69] 여기서도 또다시 북반구에서 내륙 시추의 기준이 되는 절차를 무시한 결과 석유에 오염된 폐기물이 퍼져나갔다. 그들에게 오리엔테와 오고니 마을의 매력은 정확히 간섭 혹은 제한 없이 이윤을 낳을 수 있는 가능성이었다. 오리엔테에서 일하는 한 석유지질학자가 말했다. "나는 석유가 나올 정도로 세차게 그 땅 위에서 발을 구르고 싶다. 적법성, 허가, 복잡한 관료적 절차, 기타 장애물은 건너뛰고 싶다. 그저 중요한 것, 바로 석유를 얻는 일로 곧장 뛰어들고 싶다."[70]

에콰도르의 액시온 에콜로지카는 텍사코에 대한 전국적 보이콧 운동을 성공적으로 이끌었으며, 그 지역에서 텍사코를 몰아내는 데 기여했다. 더욱이 토착민 연맹, 메스티소(mestizo: 에스파냐와 북미 원주민의 피가 섞인 라틴아메리칸―옮긴이), 풀뿌리 환경주의자, 그리고 인권 집단의 연합체는 혁신적 보상 방안을 추구했다. 뉴욕에서 텍사코를 상대로 15억 달러를 요구하는 집단 소송을 제기한 것이다. 이 소송은 에콰도르 최대의 원주민 조직 원주민국가연합(Confederation of Indigenous Nationalities)의 지지를 얻었다. 에콰도르 사례를 참고 삼아 일군의 오고니 마을 주민이 셸을 상대로 생계 수단을 앗아간 유출 사고에 대해 400만 달러를 요구하는 소송을 제기하기로 결심했다.

조지프 콘래드와 악몽처럼 되살아난 식민지 세력의 노략질

서파푸아, 오리엔테, 오고니 마을의 약탈은 국내 소수 민족과 초국가 기업―1980년대에 신자유주의가 풍미한 이래 규제 감소로 이득을 보고 있으며 이동성 증가의 혜택을 구가하고 있다―간의 불평등이 날로 커지고 있음을 단적으로 보여준다. 제3세계 정부는 종종 지역 약탈에서 합작 파트너 노릇을 담당하며, 그 국가 자체보다 더 막강한 초국가 기업을 규제하는 데서 무용지물 그 이상이다. 그에 따른 한 가지 결과가 숲 지대나 풍부한 광물 지대를 헐값에 팔아먹는 양허 경제 체제(concessionary economics)로의 전락이다. 사로위와가 재식민지화에 대해 논의하고 앙드레 지드의 《콩고 여행》을 언급한 내용이 섬뜩할 정도로 절묘하게 들리기 시작한 것은 바로 이런 분위기에서였다. 셸이 300억 달러어치의 석유를 퍼냈을 때, 그들이 지역민에게 그 대가로 지불한 것이라고는 질병, 강탈, 군사적 점령, 대학살, 자급자족적 어업·농업의 종식뿐이었다. 이 과정은 21세기 세계 경제의 모습이라기보다

19세기 말 식민지 세력의 노략질에 더 가까워 보였다. 하지만 만약 지역민에게 혜택을 나눠주는 데 실패함으로써 국민국가라는 개념이 계속 대중적 호소력을 잃어간다면, 그리고 지배자들이 국가 정체를 장악할 수 있는 의지며 자원을 지니고 있지 못하다면, 아프리카 최빈국들은 내내 규제나 배상 조치에 방해받지 않는 19세기 양허 경제 체제의 21세기 버전에 희생당할 것이다. 국민국가는 지역 추장과 초국가 기업의 거래에, 그리고 협상력이 있을는지는 모르지만 있다손 쳤을 경우 그들 간의 협상력 불균형에 영향을 미치지 못하는 위치로 밀려날 것이다. 한 독일 외교관이 최근 이와 똑같은 의견을 제시했다. "21세기에 아프리카로 향하는 독일 대사와 CEO들은 다시 내륙 지역에 대한 통제권을 발휘할 수 있다면 그 어떤 해안 지역의 왕이나 지도자와도 협력한다는 조약에 서명할 권한을 부여받을 것이다."[71]

상황이 이러한지라 중앙에서는 약탈적 정치인과 군인들이 여전히 뇌물을 요구할 테고, 지역에서는 추장들이 같은 내용의 좀더 조잡한 버전을 요청할 것이다. 이러한 관행은 진즉부터 만연해 있었다. 예를 들어 아바차 집권기에 일군의 해외 탐험가들이 배를 타고 나이저강 삼각주 상가마(Sangama) 마을 부근의 습지 어귀에 도착했다. 그들은 그곳에 사무소를 세우고자 했다. 지역 추장과 지루한 협상을 거친 그들은 그에게 제공할 몫에 대해 합의를 보았다. 그는 1000스털링, 코냑 12병, 그리고 진(gin: 보통 토닉 워터나 과일 주스를 섞어 마시는 독한 술—옮긴이) 12병을 받기로 했다. 하지만 그 외국인들은 내륙으로 더 깊이 밀고 들어갔을 때, 마을 주민들이 야자수 이파리와 카누로 그들이 올라가는 강을 막아놓은 모습을 발견했다. 당혹감과 배신감을 느낀 탐험가들의 리더는 이렇게 말했다. "우리 앞에 약 100여 명의 사람들이 버티고 있었다. 만약 계속 밀고 나아가려면 그들을 살해하는 위험을 감수해야 했다. 그래서 우리는 배를 돌려 점보(Jumbo) 추장한테 돌아갔다."[72]

협상이 이어졌고 요구 사항도 늘어났다. 300스털링을 더 주고받고 진도 몇 병 더 추가했으며 건물 수리와 관련한 협약도 맺었다. 추장은 물의 신들에게 염소를 제물로 바쳤다. 바리케이드는 철거되었고 그 외국인들은 비로소 무사히 통과할 수 있었다. 만약 그들이 뒤에 석유 굴착 장비만 끌고 가지 않았더라면 이는 앙드레 지드의 《콩고 여행》에 담긴 광경이거나 조지프 콘래드 소설(1899년에 출간된 《어둠의 심연(Heart of Darkness)》을 지칭. Joseph Conrad(1857~1924)는 폴란드 태생의 영국 소설가—옮긴이)의 첫머리와 다를 바 없었을 것이다.

콘래드가 자신이 콩고강 유역에서 목격한 규제받지 않는 약탈을 소설에 담아낸 이래 1세기 넘는 세월이 흘렀다. 그는 창작적 냉소주의의 표현으로서 이러한 최악의 약탈에 엘도라도 탐험(Eldorado Expedition: 엘도라도는 에스파냐 사람들이 남미 아마존강 유역에 있다고 상상한 황금의 나라—옮긴이)이라는 이름을 붙였다. "그들은 기백도 없으면서 무자비하고 추악하기만 한 악덕 사업주들이었다. ……대지의 깊은 내부를 갈가리 찢어 보물을 얻는 것이 그들의 바람이었지만, 그 이면에 깔린 도덕성은 금고를 부수는 강도의 그것에 버금갔다."[73] 드넓은 아프리카 지역과 글로벌 사우스의 대부분 지역에 걸쳐 엘도라도 탐험이 새로 부활하고 있었다. 그들은 여전히 진보의 기수를 자처하면서 끊임없이 대지의 폐부를 망가뜨리고 있다. 오늘날 우리는 그들의 잡다한 대열 속에서 세계적 식민주의자와 토착적 식민주의자가 혼재되어 있음을 확인할 수 있다. 사로위와는 한때 격분하면서 나이지리아에 대해 "이건 나라가 아니다. 그저 일사불란한 약탈 조직에 불과하다"[74]고 말했다.

우리는 지난 20년 동안 아프리카 대륙의 가장 불안정한 국가들 상당수에서 광물·석유·목재 자원의 추출이 가속화하는 현상을 보아왔다. 라이베리아·가봉·콩고·중앙아프리카공화국·나이지리아·말리공화국·니제르·차드·시에라리온·모리타니·앙골라 등이 대표적이다. (아파르트헤이트 이후 적법성을 인정받은 남아프리카공화국의 광산 회사들은 이지역에서 유럽·미국·오스트레일리아·캐나다·중국·브라질 회사들과 경쟁하게 되었다.) 하지만 불안한 이 아프리카 국가들 대부분에서 양허 경제 체제, 약탈적 지배, 구조 조정, 기업 탈규제는 해당 국가에는 아무 이득도 없고 해당 지역이 크게 파괴되는 결과를 안겨주면서 대체 불가능한 광물과 숲이 사라지고 있음을 의미한다. 우리는 아프리카가 또다시 프랑스 식민주의자들이 과거에 말한 이른바 유익한 아프리카와 쓸모없는 아프리카로 나뉘고 있음을 본다. 이번에는 "자본이 '쓸모없는 아프리카'를 사뿐히 뛰어넘어 오직 광물이 풍부한 인클레이브들, 제가 속한 사회와 완전히 분리되어 있는 인클레이브들에 살포시 내려앉았다".[75] 환경을 초토화함으로써 극소수 민족을 파괴하는 데 맞선 사로위와의 저항 운동이 한층 더 커다란 항거의 전조가 된 것은 바로 이런 분위기에서였다. 그는 법정에서 그것을 직감한 듯했다. 이승을 초월한 듯한 눈으로 스스로의 삶을 돌아보며 그가 말했다. "이렇게 말하려 합니다. 나는 죽게 될지도 모르지만 내 생각은 결코 죽지 않을 겁니다."[76]

복음서를 연상케 하는 사로위와의 예언은 나이지리아 군사 정부가 저도 모르게 연출해낸 예수의 수난극이다. 사로위와는 메시아가 아니었다. 그는 부패의 관습 밖에 놓여 있는 대담한 사람임에는 분명하지만, 화를 잘 내고 유연하지 못하고 스스로를 과대 포장하고 오만한 야심에 젖기 쉬운 사람이었다. 그런데 군사 정권이 언젠가는 죽을 운명인 인간에 불과하고 국제적으로도 무명이던 이 활동가를 잡아들이고 법정에 세우고 끝내 처형함으로써 그를 일약 순교자로 만들어주었다. 그들은 이렇게 함으로써 그의 대의가 널리 퍼지도록 했으며, 순교자에 게 으레 일어나는 일이듯, 그 대의를 그에게 유리하도록 단순화했다. 〔팔레스타인의 시인 무리드 바르구티(Mourid Barghouti)가 과거에 말한 바와 같이 "살아 있는 사람은 점점 늙어가지만 순교자는 점점 젊어진다".〕[77] 사로위와는 하룻밤 사이에 더 위대해졌고 실제 삶보다 더 길게 살아남았다. 라고스와 포트하커트를 중심으로, 그가 죽기를 완강히 거부했으며, 그를 죽이기 위해 교수형을 다섯 차례나 시도했다는 소문이 삽시간에 퍼져나갔다. 사후 복수에 대한 최종 대비책으로 정권은 그의 무덤에 무장 경비대를 배치하기까지 했다. 그들은 경의를 표하거나 유해를 확보하려고 무덤에 접근하는 자가 보이면 무조건 사살해도 좋다는 명령을 내렸다.

사로위와는 이념은 결코 십자가에 못 박을 수 없다는 것, 무력을 휘두르는 것으로 해결할 수 없는 일도 있다는 것을 적들보다 훨씬 잘 이해하고 있었다. 아바차와 그 측근들은 다루기 힘든 언어의 속성에, 즉 군사적 통제에 굴복하길 거부하는 언어의 속성에 분통을 터뜨렸다. '공식적(official)' 잔혹함과 편집증이 만연한 나이지리아 같은 나라에서 '비공식적(unofficial)' 글쓰기가 잠재적 공격 무기로 떠오르기 시작했다. 따라서 언론인·작가·지식인이 잡혀갔고 괴롭힘·구금·고문·처형의 대상이 되었다. 흔히 그들이 하는 말뿐 아니라 대변하는 바가 박해의 이유였다. 하지만 언어에 재갈을 물리고 창작 활동을 불법화하고자 애쓴 아프리카 폭력 단원의 두려움은 오직 작가들을 더욱 돋보이게 해주었을 따름이다. 아바차는 사로위와를 죽이면 그를 침묵하게 만들 수 있으리라 믿을 만큼 순진했다. 하지만 또 다른 아프리카 독재자인 케냐 대통령 대니얼 아랍 모이(Daniel arap Moi: 1978~2002년에 걸쳐 장장 24년 동안 대통령 자리를 지켰다―옮긴이)는 그와 더불어 전복적 판타지까지 진압하고자 노력했다. "대통령의 죽음을 상상했다는 죄목으로"[78] 모 언론인을 체포한 것이다. 이는 분명 판타지와 정치적 반역을 동일시하는 독재적 경향성의 최고 경지를 보여준다.

아바차는 순교한 작가를 만들어낸 결과 치르게 될 대가를 인식하지 못했음이 분명하다. 순교한 작가는 언론이 상당한 관심을 기울이는 이미지다. 살만 루슈디(Salman Rushdie: 1947~. 인도에서 태어난 영국 소설가. 그의 소설 《악마의 시(Devil's Verses)》는 예언자 무함마드에 대한 불경스러운 묘사로 원리주의 이슬람 세계로부터 숱한 비난을 불러일으켰다. 1989년 2월 14일 이슬람 시아파 루홀라 호메이니가 그의 책을 "이슬람에 불손한 것"으로 규정하며 그의 처형을 명령하는 격문 파트와(fatwa)를 내걸었다―옮긴이)에 반대하는 파트와(《쿠란》 등 이슬람법을 바탕으로 한 법적 해석―옮긴이) 이후 그 경향성이 더욱 배가되었다. 검열 위협은 대체로 언론인과 작가들의 분노를 한층 키웠다. 언론의 자유는 그들의 직업과 관련해 가장 중요한 덕목이기 때문이다. 이런 관점에서 보건대 거짓 죄목으로 작가를 처형한 것은 그저 또 하나의 인간적 불공정 사례로 치부되고 말 일이 아니었다. 해럴드 핀터(Harold Pinter: 1930~2008. 영국의 극작가―옮긴이)가 지적했다시피 그것은 "가장 잔혹한 형태의 검열"[79]이 될 수 있었다. 따라서 작가이자 순교자로서 사로위와의 이미지가 루슈디 사건 이래 가장 격렬한 문학적 저항뿐 아니라 강렬한 언론의 분노를 부채질하리라는 것은 충분히 예상할 수 있었다. 아바차 정권과 셸에 맞서 공개적으로 발언한 작가 가운데 일부만 열거하자면 핀터, 소잉카, 보이드, 치누아 아체베, 벤 오크리, 페이 웰던(Fay Weldon: 1931~. 영국의 작가·수필가·극작가―옮긴이), 아서 밀러(Arthur

Miller: 1915~2005. 미국의 양심을 대표하는 극작가로서 국제펜클럽 회장을 지냈다—옮긴이) 등이다.[80] 죽은 사로위와는 자신이 살아 있을 때 조성하기 시작한 두드러진 국제 이해 집단 연합체—환경주의자, 소수 민족 권리 지지자, 반인종차별주의자, 기업의 탈규제 반대자, 언론의 자유 수호자를 한데 묶은 연합체—를 더욱 키워나갔다. 분명 그가 상상한 정도를 넘어선 규모였을 터다. 사로위와가 견지한 원칙이 결국에 가서 널리 퍼지게 될지 여부는 이 연합체의 미래와 그 이념 자체의 시의적절성에 달려 있을 것이다. 만약 그러지 않으면 민주주의, 비폭력, 펜의 힘을 굳건히 믿으며 파이프 담배를 뻐끔거린 이 활동가는 (마이클 와츠가 묘사한 바와 같이) "어디에나 존재하는 '문맹인의 타자기(typewriter of the illiterate: 미국 캘리포니아주 클레어몬트(Claremont)에 위치한 피처 칼리지(Pitzer College)의 영어과 교수 배리 샌더스(Barry Sanders)가 한 말로, '총'을 지칭한다—옮긴이)' 칼라시니코프(Kalashnikov: 자동소총의 일종—옮긴이)로 무장한 복면 투사"[81]에게 더 많은 기반을 내주게 될 것이다.

유산의 형식, 상실이라는 유산

사로위와 장례식에서 그의 장남 켄 사로위와 2세는 아버지의 유지에 따라 관 속에 그의 책 두 권을 그가 가장 아끼던 파이프와 나란히 놓았다. 무덤 속으로 하관할 때 참석한 군중이 앞으로 몰려나왔고, 사로위와 2세는 잠시 자신이 아버지 무덤 속으로 쓸려 들어갈 것처럼 느꼈다. 그 일은 그가 모든 것을 빨아들이는 대의에 대해 평생 두려움을 겪게 될 것임을 분명하게 말해주었다. 그 대의는 아버지의 삶을 통째로 집어삼켰고, 이제 다음 세대까지 마저 집어삼키려 위협하고 있었다. 좀더 폭넓게 보아 그 일은 순교자 중심의 대의에 수반하는 진퇴양난과 위험을 암시했다. 간판으로서 정치 지도자의 실제적 리더십이 죽음이라는 양식을 통해 신화적 힘을 발휘하는 영역으로 돌입한 데 따른 결과였다. 대의의 구현체인 불멸의 사체는 강력한 정치적 자산이 될 수도 있지만, 다른 한편 새로운 시대에 맞는 새로운 방식으로 투쟁을 펼쳐가려는 사람들의 앞길을 위압적으로 가로막을 수도 있다. 그에 필적하는 대의 주창자들—모두 그와 비교할 때 이름 없는 이들이다—은 태어날 때부터, 혹은 원칙에 따라 영웅 역할을 떠안은 이들과 더러 폭력적으로 충돌하게 될 것이다. 순교자를 뒤따르는 이들에게는 과연 무엇이 기다리고 있는가?

이 질문이 켄 사로위와 2세의 삶과 저작 전반에 드리워 있었다. 그는 제 아버지가 지명했으나 처음에는 내켜 하지 않은 유산 수령인이었다. 사로위와 2세의 비망록 《성인의 그림자 아래서(In the Shadow of a Saint)》는 입을 크게 벌리고 있는 아버지 무덤 위를 맴도는 아들 이미지로 마무리된다. 이 책은 유산의 형식에 대한 탐색 작전을 전개하고 있다.[82] 더러 고통을 안겨주고 내적 분열을 드러내기도 하는 그의 책은 우리로 하여금 까다로운 질문을 제기하게끔 이끈다. 활동가가 쓰는 비문학에 관한 정치적이면서 미학적인 질문, 개인의 창의성과 운동의 책임성에 관한 질문, 독창성과 재탕에 관한 질문, 자기 폭로와 자기 은폐에 관한 질문 등이다. 《한 달 그리고 하루》와 《성인의 그림자 아래서》를 나란히 놓고 읽으면 작가-활동가가 자신의 정치적 목적과 문학적 목적을 추구하면서 활용하는 비문학 형식의 미로를 헤쳐가는 상이한 방법들을 대조해볼 수 있다.

《한 달 그리고 하루》는 여러 목소리가 담긴 어수선한 논픽션을 모아 놓은 작품이다. 사로위와는 이 책에서 일기, 비망록, 저널, 선언문, 특정 견해를 옹호하는 보도문, 민족지학, 풍자물, 게다가 글로 옮겨놓은 연설문이며 기본권 선언문을 포함해 수많은 장르를 종횡무진 누비고 다녔다. 이 책의 무질서한 혼합주의는 주로 상황 탓이었다. 사로위와가 포트하커트 감옥에 갇힌 채 집필한 내용이라 책 전반에 그에 따른 스트레스가 배어 있다. 그럼에도 우리는 이 불손하고 정신없는 브리콜라주에서 전술적인 뭔가를, 즉 충돌하는 형식들의 추진력을 감지할 수 있다. 사로위와는 단 한 권의 책에 서로 잘 맞지 않는 일련의 대의를 구겨 넣음으로써, 아프리카인들이 전례 없는 방식으로 환경권과 인권, 극소수 민족의 정의, 느린 폭력—사로위와는 이를 생태가 서서히 마모되는 데 따른 종족 학살이라고 판단했다—문제에 매진하도록 도우려 했다. 그 결과가 바로 뚜렷한 내러티브 계획도 안정된 목소리도 없는 책이다. 이 책은 구조적으로 산만하지만 참신한 친근감을 담고 있으며, 정치적 에너지에서만큼은 흔들림이 없다.

부제에 "일기(diary)"라는 단어가 포함되어 있음에도 《한 달 그리고 하루》는 기껏해야 가끔씩만 개인 이야기를 담았을 뿐이다. 사적인 사로위와는 오랫동안 등장하지 않고, 나중에 등장할 때도 주로 그 자신을 흐릿하게 만드는 특대화한 공적 페르소나로서였다. 우리는 그 아들의 회고록을 부분적으로 부모이자 작가이던 제 아버지가 소멸하는 현상에 맞서는 탐색적이고 다의적인 저항으로 해석할 수 있다. 사로위와 2세는 회고록의 친근한 특성을 이용해 대의를 영웅화하는 데서 비롯되는 자기 과대화와 비인격화에 맞서고자 했다. 그는 자신의 정치적 유산과 가족적 유산을 붙들고 씨름하면서 멀어지고 복잡해진 아버지 모습에 인간적 숨결을 부여하려고 노력했다. 그가 상징하는 바를 훼손하지 않으면서도 그의 불멸성에 신체를 지닌 한 인간으로서의 면모를 더하고자 한 것이다. 이는 여러 층을 벗겨내는 과정을 요구했다. 아들은 제 삶에서 맨 먼저 큰 대의에 의해, 두 번째 "사법 살인"에 의해, 세 번째 사후 신성시에 의해 잃어버린 아버지를 되찾고자 애썼는데, 그렇게 하기 위해서는 여러 층의 시신 발굴 과정이 필요했다. 그 과정에서 사로위와 2세는 또한 가족적 대의, 유산으로 물려받은 대의의 무게에 짓눌린 스스로를 해방시켜야 했다. 아버지가 그를 위해 선택한 책무지만 결국에 가서는 저만의 방식으로 그것을 수용할 수 있도록 하고자 함이었다. 그는 그 수용에 대해 처음에는 양가감정을 느꼈다. 자라면서 아버지의 부족한 시간과 애정을 놓고 가장 치열하게 다툰 것은 최고로 탐욕스러운 라이벌 형제자매인 오고니족의 대의 그 자체였기 때문이다.

그 자신이 '참여적 글쓰기 작가(écriture engagée)'가 되기로 작정한 사로위와 2세의 결심은 그를 더욱 궁지로 몰아넣었다. 그가 오랫동안 두려워한 것은 정해진 대본에 따른 삶이었다. 그는 태어나면서부터 반란을 일삼던 아버지의 고분고분한 그림자처럼 살도록 운명 지어져 있었다. 사후에 아버지가 신성불가침의 대의를 상징하는 순교자로 추앙받자 그의 두려움은 한층 커졌다. "나는 정치적 분위기의 가정에서 자라났고 그것이 나를 정치에서 멀어지게 만들었다. 친구들 대다수가 단순한 삶을 살아가는 데 염증을 느껴서 정치적 대의에 뛰어들 때, 나는 정치적 대의 속에서 살아가는 데 신물이 나서 그저 단순하게 살아가고만 싶었다."[83] 생의 대부분 시간을 영국과 캐나다에서 보낸 아들을 정치 활동과 정치적 글쓰기로 내몬 것은 다름 아니라 그 아버지의 구류 사건이었다.

　사로위와 2세는 이중적 의미에서 저항의 회고록이던 증언을 준비할 때, 비타협적 태도와 존중 사이를 오갔다. 무슨 말인고 하니, 정치적 반란을 철통같은 신앙으로 삼은 한 가정에 부과된 정서적 희생에 맞서서는 반란을 일으켰고, 아버지의 삶을 주조하고 그의 운명을 결정지은 대의는 꿋꿋이 밀고 나간 것이다. 사로위와 2세를 작가로서 빛나게 해준 것은 독창성이지만, 활동가로서 그는 아버지와 그 아버지를 따르는 민중의 고통에 대해 개괄할 때면 독창성을 견지하고자 하는 작가로서 야망은 보류해야 했다. 아버지 작품에서 상당량을 인용했기 때문이다. 하지만 그의 회고록은 그가 여행을 떠나 신화화한 자유 수호자들의 자녀를 만날 때면 확실히 개인적 입장으로 선회했다. 신화화한 자유 수호자로는 특히 넬슨 만델라(1918~2013), 스티브 비코(Steve Biko: 1946~1977. 1960~1970년대 남아프리카공화국에서 '검은 것은 아름답다(Black is beautiful)'를 기치로 반아파르트헤이트 운동을 펼친 주요 활동가다. 경찰 구금 중 사망함에 따라 반아파르트헤이트 운동의 순교자로 인식된다—옮긴이), 아웅 산 수 치(Aung San Suu Kyi: 1945~. 미얀마 정치인—옮긴이) 등을 꼽을 수 있는데, 일부는 순교자들이고 일부는 여전히 기념비적으로 생존해 있다. 사로위와 2세는 거의 성인(聖人) 반열에 오른 이들의 자녀 몇과 손잡고 생소한 투쟁을 전개했다. 그 투쟁은 첫째 신성시되는 정의의 상징이라는 부모의 윤리적 위상과 부재, 무관심, 제대로 굴러가지 않은 가정을 화해시키고, 둘째 이 모든 것에서 약간의 저항적 충정을 발견하려 했다. 환경 정의와 극소수 민족의 권리에 대한 아버지의 헌신을 수용하는 쪽으로 방향 전환하면서 사로위와 2세 역시 문학적 선례에서 힘을 얻고자 했다. 아버지의 석방을 요구하는 운동을 펼치는 동안, 그는 나딘 고디머의 위대한 소설 《버거의 딸(Burger's Daughter)》(1979년 출간—옮긴이)을 끼고 다녔다. 반아파르트헤이트 영웅의 딸이 추상화한 아버지의 상징을 우회하는 방법을 찾아 나서고, 다른 한편 반쯤은 아버지로부터 유산으로 물려받고 또 반쯤은 스스로 선택한 대의에 대한 책무를 실행하는 과정을 탐구하고 기록한 책이다.[84]

사로위와 2세는 환경 정의를 추구하면서 제 역할을 다하지 못하는 나이지리아 정부를 향해 우회 작전을 펼치고자 했다. 그는 인권을 주제로 한 국제 순회 행사의 연설자이자 작가로서 대의를 이어갔다. 그뿐만 아니라 결정적으로 14년을 끈 셸에 맞선 소송의 대표 원고로서 그 대의에 동참했다. 아버지의 처형을 공모하고 오고니 마을에서 인권 침해를 저지른 군인들에게 돈을 지불했다는 죄를 묻는 소송이었다. 뉴욕에서 재판을 열기로 예정된 시점을 며칠 앞둔 2009년 6월 9일, 셸은 사건을 재판 없이 협의로 매듭지었다. 그들은 1550만 달러를 주로 오고니족을 위한 신탁 기금으로 지불하겠다고 합의했다.[85] 원고들은 1789년 제정된 외국인불법행위청구법(Alien Tort Claims Act)을 근거로 소송을 제기했었다. 이는 2004년 대법원이 해외에서 비인륜적 범죄를 저질렀다는 죄목으로 기소된 외국인을 미국 법정에서 심리하는 데 사용할 수 있다고 판결한 법이다. 그런데 외국인불법행위청구법이 18세기에 본래는 해적 행위를 퇴치하기 위해 도입되었다는 사실은 자못 흥미롭다. 셸-아바차 파트너 관계가 저질러온 관례가 거의 해적질을 방불케 했기 때문이다. 실제로 사로위와는 언젠가 그들이 구축한 그 같은 체제를 "조직적 해적질"[86]이라고 비난한 바 있다.

사로위와 2세는 이 해결책을 아버지가 기뻐하실 만한 승리라고 믿었다. 그러면서 그 의의에 대해 "이 역사적 소송은 법률적 관점에서 기업들이 앞으로 더 한층 신중해야 함을 뜻한다"[87]고 밝혔다. 하지만 그 소송이 남긴 유산은 그보다 더 복잡할지도 모른다. 외국인불법행위청구법을 근거로 소송당한 거대 기업들(셸, 그리고 1990년대에 버마(미얀마의 옛 명칭―옮긴이)를 가로지르는 송유관을 건설하기 위해 노예 노동을 강요한 혐의로 기소된 석유 대기업 유노컬(Unocal) 등)은 대부분 '법정 밖 타결'을 추구했고, 따라서 그 어떤 확연한 법적 선례도 남기지 않았다. 더욱이 오고니족생존운동 활동가들이 1990년대에 오고니 마을에서 셸을 몰아냈을 때 그 회사는 그 어떤 청소도 하지 않고 떠났으며, 환경 파괴와 관련해 아무런 처벌도 받지 않은 채 같은 삼각주의 점점 더 불안해지는 다른 넓은 지역으로 무대를 옮겨 영업 활동을 이어갔다. 나이저강 삼각주와 그곳 거주민에게 가해진 느린 폭력의 환경 복구 비용은 계산이 아예 불가능했다. 세계야생동물기금은 60억 달러라는 수치를 내놓았지만, 실제로는 비용이 얼마나 되는지 전혀 가늠할 길이 없다.[88]

타결이 이루어지기 전 사로위와의 오고니족생존운동을 이끌던 레둠 미티(Ledum Mittee)는 오고니족은 여전히 셸이 사과하기를 기다리고 있다고 주장했다. "그들은 우리를 직접 만나 '몇 년 동안 사업을 벌인 결과 당신들에게 고통을 안겨준 데 대해 진심으로 사과드린다'라고 말할 수 있어야 한다. 그것은 우리에게 더없이 중요한 일이다."[89] 마찬가지로 '나이저강삼각주해방운동(Movement for the Emancipation of the Niger Delta, MEND)'―오고니족생존운동의 영향으로 점점 더 널리 퍼지고 점점 더 호전적이 되어가는 집단들이 우후죽순 격으로 생겨났는데, 그중 가장 다양한 소수 민족을 아우르는 최대 규모의 집단―의 지도자 톰 폴로(Tompolo)는 자원 통제의 확대와 더불어, 최소 사항으로 셸과 나이지리아 군부의 사과를 요구했다.[90] 하지만 셸은 소송에 임할 때 그 어떤 범법 행위도 없었노라고 극구 부인했으며, 1550만 달러를 배상하기로 한 '법정 밖 타결'을 "인도주의적 조치"[91]라며 터무니없는 공치사를 늘어놓았다.

나이저강 삼각주에 살던 석유 소수 민족 상당수는 대지가 망가지고 인근 수역에서 물고기가 떼죽음을 당하고 정부가 탄압을 일삼고 통제 불능의 호전적 집단이 늘어감에 따라 삶의 터전에서 쫓겨났다. 그들은 포트하커트로 몰려갔다. 이케 오콘타(Ike Okonta)와 오론토 더글러스(Oronto Douglas)는 이렇게 썼다.

포트하커트에서 배고픔은 분노를 낳았다. 본디 자신들 것이어야 마땅한 석유 자원과는 대조를 이루는 참담한 빈곤과 공동체들의 주변화가 도화선이 되었다. 만인을 향한 만인의 투쟁이 이어졌다. 젊은이들은 셸과 부당한 거래를 했다고 기성세대를 비난했다. 여러 공동체는 바늘구멍인 셸의 하도급 일을 서로 따내려고 아우성쳤다. 또한 수많은 공동체가 셸과 연방 정부에 맞서 투쟁을 벌였다. 연방 정부는 제가 취한 조치들이 나이지리아 국민을 막막하고 난감한 궁지로 몰아넣었다는 사실을 인정하지 않은 것이다.[92]

20년 전 사로위와는 "삼각주에서 펼쳐질 전쟁(The Coming War in the Delta)"이라는 제목의 글에서 이 같은 무시무시한 사태를 예견했다. 그는 이렇게 경고했다. "삼각주 사람들은 수익성 높은 원유 매출의 이득을 함께 누리도록 허락받아야 한다. ……오직 이런 식으로만 그들은 그 삼각주를 서서히 압박해오는 대재앙을 피할 수 있다. 내 말 들리는가?"[93] 사로위와의 "사법 살인" 여파로 더 넓은 세계가 잠시 그들의 말에 귀를 기울였지만, 우리는 정확히 누가 계속 경청하고 있는지 궁금하다. 최근 자신의 영토에서 석유가 발견되었을 때 "우리는 또 하나의 나이지리아가 되고 싶지는 않다"[94]고 선언한 몽골 지도자가 그 예다. 가나와 우간다에서 석유가 발견되었을 때도 유사한 반응이 이어졌다. 석유 발견의 흥분감은 사회환경이라는 헝겊을 찢어발기는 더없이 형편없고 무책임한 세력들이 제멋대로 굴지도 모른다는 두려움 탓에 이내 빛이 바랬다. 그들은 석유 발견으로 자기네 지역에서도 나이저강 삼각주의 악몽이 되살아날까 봐 전전긍긍했다.[95]

4

느린 폭력, 젠더,
그리고 빈자의 환경주의

아, 어떤 시대인가
나무에 대해 이야기하는 것도 죄가 되는 시대는,
침묵은 그렇게 많은 불의를 담고 있기에!
— 베르톨트 브레히트, 〈후손들에게(An Die Nachgeborenen)〉

왕가리 마타이가 공동 창립한 케냐의 그린벨트운동(GBM)은 가난한 공동체들의 환경행동주의에 활력을 불어넣은 사례다. 느린 폭력—이 경우는 삼림 파괴와 토양 침식이라는 점진적 폭력—에 맞서 들고일어난 환경행동주의 말이다. 그 운동이 표방한 행동주의의 중심에는 다음과 같은 시급한 질문이 놓여 있었다. 위기에 처했다는 것의 의미는 무엇인가? 안전하다는 것의 의미는 무엇인가? 지속 가능성이 유행어가 된 시대에 내가 말한 이른바 "지속 가능한 안보(sustainable security)"를 위한 선결 조건은 무엇인가? 그리고 이 종잡을 수 없는 목적을 이루고자 노력함에 있어, 환경적으로 동기 부여된 가난한 공동체 출신 여성들과 협력하면서 일하는 작가-활동가 마타이는 어떻게 하면 결과가 늦게 드러나는 폭력을 가장 효과적으로 인식하고 표현할 뿐 아니라 그에 맞설 수 있는가?

마타이의 회고록 《위대한 희망(Unbowed)》은 우리에게 변화무쌍하고 복잡한 집단적 전략들, 즉 그린벨트운동이 환경 안보와 인간 안보에 관한 좁은 의미의 정의에 맞서고자 고안한 전략들로 들어서는 출발점을 제공한다. 그린벨트운동이 전개되면서 국가 안보와 관련해 대안적 내러티브가 등장했다. 그것은 1978년부터 2002년까지 장장 24년 동안 케냐를 권위주의적으로 지배해온 대니얼 아랍 모이 대통령이 구현하고 시행한 군국주의적이고 남성 중심적인 내러티브에 도전하기 위한 것이다. 국가 안보와 관련한 그린벨트운동의 대항 내러티브는 환경 악화를 드러내고 환경 복구를 추진하는 데서 좀더 긴 타임라인에 걸친 느린 폭력에 주목했다. 그와 더불어 《위대한 희망》은 우리에게 창작 형식으로서 운동 회고록에 관한 몇 가지 흥미로운 문제를 제기한다. 이 책은 특히 단일 자서전과 사회 운동의 집단적 역사 간 관계를 잘 보여준다.

그린벨트운동은 소박하게 시작되었다. 1977년 지구의 날(Earth Day: 1970년 4월 22일, 미국 상원의원 게이로드 넬슨(Gaylord Nelson)이 하버드대 학생 데니스 헤이즈(Denis Hayes)와 함께 1969년 캘리포니아주 샌타바버라에서 발생한 유니언 오일(Union Oil Co.)의 기름 유출 사고를 계기로 지구의 날 선언문을 발표하고 행사를 개최한 데서 비롯되었다—옮긴이)에 마타이 및 그녀와 뜻을 함께하는 한 무리 여성들이 환경 운동에 헌신한 케냐 여성들을 기리고자 나무 7그루를 심었다.[1] 마타이가 2004년 노벨평화상을 수상할 즈음 그 운동은 지역의 묘목장 6000개를 만들었으며, 주로 케냐에, 하지만 다른 여남은 아프리카 나라에도 3000만 그루의 나무를 심기 위해 여성 10만 명을 고용할 정도로까지 성장했다.[2] 이 운동이 일군 성취는 토양을 붙들어놓는 데 도움을 주고, 그들과 땔감을 만들어내고, 강물을 불어나게 해주었을 뿐 아니라 고용을 창출했다는 점에서 실질적인 것이었다. 하지만 지구 전역에서 이루어지는 다른 삼림 복구 운동에 영감을 불어넣은 상징적 측면도 지녔다. 이렇듯 그린벨트운동은 〔레스터 브라운(Lester Brown)이 다른 맥락에서 강조한 대로〕 "환경을 뒷받침하는 경제 체제가 붕괴하면 빈곤 근절 전략은 결코 성공하지 못할 것"[3]이라는 신념을 상징화·행동화한 결과였다.

초기에 마타이는 우연히 나무 심기를 그 운동의 중심 활동으로 삼아야겠다고 생각했다. 나무 심기는 시간이 흐르면서 경제적 성과를 낳는 빼어난 상징으로 각인되었다. 또한 시민 불복종을 드러내는 아이콘으로 떠올랐다. 토양 침식을 저지하는 데 기여하려는 여성들의 노고가 가혹한 케냐 정권이 자행한 불법적 삼림 파괴에 맞선 투쟁으로 이어진 결과였다. 토양 침식도 삼림 파괴도 급작스러운 위협을 제기하지는 않지만, 둘 다 케냐의 환경과 케냐인의 장기적 전망에 집요하고도 광범위한 해를 끼쳤다. 대대적 나무 심기라는 이 상징적 활동은 지속 가능한 안보 이슈—권위주의 정권이 장기 집권하고 있는 케냐뿐 아니라 포스트 9·11의 미국(미국에서는 군국주의적 안보 이데올로기가 불균형하고 파괴적일 정도로 공공 정책과 공적 논의를 주도해왔다)처럼 전혀 다른 상황에서도 중요한 일련의 이슈—를 둘러싸고 광범위한 연대를 구축하는 데 기여했다.

느린 폭력, 그리고 지속 가능한 안보와 관련한 얽히고설킨 이슈를 묵살하면 얼마나 위험해지는지는 2003년 3월 미국이 이라크를 침공한 데 대해 수많은 미국인이 드러낸 반응을 통해 분명하게 확인할 수 있다. 미국은 그 전쟁을 두고, 모든 것을 쑥대밭으로 만드는 추한 전면

전과는 전략적으로도 도덕적으로도 다른 깔끔한 전쟁이라고 대대적으로 선전해왔다. 심지어 수많은 진보 논객들조차 같은 견해를 고수했다. 〈뉴요커〉에 글을 쓰는 헨드릭 허츠버그(Hendrik Hertzberg)는 이렇게 선언했다.

이라크의 독재에 맞서 3월 19일 시작한 전쟁에 대해서는 다른 어떤 말도 다 할 수 있지만, 영미 침략자들이 고의로 민간인을 살해하는 정책과 아주 조금이라도 닮은 정책을 추구했다는 말은 할 수 없다. 그리고 현재 그들은 뜻하지 않은 사태까지 피할 수 있는 전술적·기술적 발전을 이룬 단계에 접어들었다. ……우리가 아직 알지 못하는 것은 정밀 타격 기술이 뒷받침하는 상이한 의도가 상이한 정치적 결과를 낳을지 여부다.[4]

허츠버그는 이렇게 말을 이었다. "이 전쟁은 전체 사회를 아우르기 위해 전장을 확대하는 그런 유의 것이 아니다."[5] 전쟁이 시작될 때 대다수 미국 언론의 논평가들이 그런 것처럼 허츠버그도 이른바 스마트 폭탄(smart bombs: 전자 유도 장치로 제어하는 폭탄—옮긴이)이 도덕적으로 우월한 정보를 드러내준다는 생각을 믿었다.[6] 하지만 무기와 전략에 의존하는 속전속결식 "스마트" 전쟁은 풍광 속에 질질 끄는 죽음을 남겨놓는 장기적 살인자로 돌변할 수도 있다. 기억 속으로 사라진 정밀(precision) 타격전이 그 전쟁에 쓰인 활성 잔여물을 통해 수세대에 걸쳐 계속 비정밀하게(imprecisely) 사람들을 불구로 만들고 살해하는 사태가 빚어지는 것이다.

사회 전체를 조용히 집어삼킬 듯 위협하는 전쟁터는 케냐의 그린벨트운동을 야기한 조건과 직결된다. 이 운동은 이른바 규모의 생태와 관련해 지연 효과를 낳는 폭력에 대응하고자 시작되었다. 자신이 사는 시골 지역에서 토양 침식이 서서히 진행됨에 따라 생계를 위협받게 된 케냐 여성들의 관점에서, 시간적으로나 공간적으로 안전하다는 말이 의미하는 상태는 어떤 것인가? 마타이는 이렇게 지적했다.

케냐에서는 우기에 강가 시골 지역에서 수천 톤의 표토가 씻겨 내려가 바다와 호수로 흘러든다. 더욱이 땅이 식생으로 뒤덮여 있지 않은 지역에서는 풍식 작용에 의해 토양이 유실되기도 한다. 표토 유실은 쳐들어온 적군에게 영토를 빼앗기는 데 비견되는 일이다. 실제로 한 나라가 그렇게 위협당한다면 그 나라는 더없이 소중한 땅을 지키려고 철통 무장한 군대 등 가용 자원을 총동원할 것이다. 하지만 불행하게도 앞서와 같은 요소들에 의한 토양 유실은 아직 그처럼 긴급한 사태로 받아들여지지 않고 있다.[7]

여기서 마타이의 안보 재정의가 생산적이다 싶은 까닭은 그녀가 국토의 온전성에 대한 위협(흔히 전쟁을 일으키는 가장 근원적 근거다)에 환경적 공격이 국가의 온전성을 위협하는 경우까지 포함해야 한다고 주장했기 때문이다. 폭력을 이런 식으로 새롭게 규정하려면 국가 방위 담론에, 그리고 그에 따라 전쟁의 심리학에 관심을 기울여야 한다. 케냐의 권위주의 정권 아래서 토양 유실에 대한 지배적 반응은 부정과 체념의 혼재였다. 피해, 즉 토양 유실은 원인이 명확하게 규명되지 않았고, 따라서 국가 자원을 총동원할 필요가 없는 일이었다. 정권의 자원 관리는 전례를 찾기 어려울 만큼 부실했음에도 그에 저항하는 목소리가 모기 소리에 지나지 않았으므로 느린 폭력이 한껏 활개를 칠 수 있었다.

여기서 마타이가 추구한 논리적 노선은 글로벌 사우스의 다른 나라들에서 볼 수 있는 참여적 글쓰기와 일맥상통한다. 그중 가장 두드러진 예는 환경 정의의 한 가지 형태로서 토양 안보를 지지한 반다나 시바의 저술이다.[8] 시바의 논의는 녹색혁명(Green Revolution)을 전개한 인도의 독특한 역사, 산업형 농업을 향한 농민의 저항, 그리고 초국가 기업의 식물 특허에 맞선 투쟁 등에 영향을 받았지만, 안보 개념을 확대해야 한다는 그녀의 주장은 마타이의 토양 및 나무 정책의 기저를 이루는 입장과 맥을 같이한다.

토양 유실은 당연히 부분적으로는 세계적 폭력 형태들, 특히 인간 활동에 의한 기후 변화로부터 비롯되었다. 시골 지역에 사는 케냐 여성들에게 기후 변화란 자신들로서는 거의 기여한 바가 없고, 그것을 피하기 위해 할 수 있는 일 또한 전무하다시피 한 사태다. 하지만 지난날 생존에 적합하고 비옥했던 땅이 꾸준히 사막화하는 현상은 삼림 벌채와 식생 파괴 같은 여러 지역적 형태의 느린 폭력에서 유래한 것이기도 하다. 그린벨트운동에 동참한 여성들이 집단적 노력을 경주한 것은 바로 그러한 상황에서다. 여성들은 국가의 자급자족 농업을 이끌어가는 주체로서 환경 폭력—즉각적 효과를 드러내는 드라마는 아니지만 장기적 결과는 자못 심각하다—의 직격탄을 맞은 피해자들이었다.

자원으로 인한 문제는 극적으로 표현하기도 어렵고, 폭발적 스펙터클로서 색채도 부족해 흔히 미디어의 관심을 거의 끌지 못한다. 하지만 토양 유실이나 삼림 파괴가 초래하는 문제는 막대한 수의 인명을 앗아가는 데 직간접적으로 영향을 미치며, 따라서 수십 년간 이어지는 분쟁의 씨앗이 될 수 있다. 만약 우리가 그저 언론이 하는 대로 따라간다면 "토양은 석유만큼이나 재생 불가능한 자원이다"[9]라는 미국 농학자 웨스 잭슨(Wes Jackson)의 말을 잊기 쉽다. 이 유한 자원을 놓고 벌이는 국내적·국제적 분쟁은 모든 지역을 불안으로 몰아넣을 수 있다. 토양 안보는 국가 안보 정책과 분리해선 안 된다. 19세기 말 영국 식민주의자들이 등장한 이래 토양을 지탱하고 정화하고 냉각시키는 숲지대의 98퍼센트를 잃어버린 케냐 같은 나라에서는 특히 더 그렇다.[10] 초국가적·국가적·지역적 상황—기후 변화, 권위주의 정권의 무자비한 삼림 파괴, 시골 지역의 자포자기—이 한꺼번에 인간 안보와 환경 안보를 향한 공세에 기름을 부었다. 그린벨트운동은 인간 안보와 환경 안보가 서로 긴밀하게 연결되어 있다고 인식했다. 토양 유실의 위협은 개발이라는 미명 아래 삼림을 파괴한 식민지 시대 역사에 뿌리를 두고 있었다. 가장 기억할 만한 예는 응구기 와 티옹오의 소설 《피의 꽃잎들(Petals of Blood)》에서 다룬 사례다. 그 책에서 한 노인이 말한다. "땅은 숲으로 뒤덮여 있었다. 나무 덕분에 비가 내렸다. 또한 나무는 대지에 그늘을 드리워주었다. 하지만 철로가 들어서면서 숲이 파괴되었다. 당신은 그들이 선로에 깔기 위한 목재를 구하러 여기까지 오곤 했다는 사실을 기억할 것이다. 아, 그들은 오직 어떻게 먹어치울 것인지, 어떻게 모든 것을 빼앗아갈 것인지 알고 있었다."[11] 이렇듯 응구기는 식민지적·신식민지적 토지 정책을 신랄하게 비판했다. 그럼에도 그의 소설은 로라 라이트(Laura Wright)의 지적대로, 근본적으로는 토양을 여성화하는 데 의존하는 경향이 있었다. 식민지 이전 시대를 처녀의 순수함으로, 신식민주의를 매춘으로 대비하는 대목이 수두룩했던 것이다.[12] 마타이가 작가-활동가로서 직면한 주요 도전 가운데 하나는 케냐의 토지 정책과 관련해, 어떻게 하면 응구기의 소설을 망쳐놓은 감상적 본질주의에 빠지지 않으면서도 젠더 역학을 글에 잘 녹여낼 수 있느냐 하는 것이었다. 그녀의 접근법을 이해하려면 그린벨트운동의 젠더 정책과 시민 정책의 은유적 기반을 잘 살펴보아야 한다.

나무 시어터

그린벨트운동이 삼림 파괴와 토양 유실이라는 폭력에 관심을 기울이면서 거두어들인 성취는 세 가지 주요 전략에서 비롯되었다. 첫째, 나무 심기는 오랜 기간의 환경 재난에 대한 실질적 반응으로서 기여했을 뿐 아니라, 그 일이 아니었더라면 구체화하지 못했을 이슈를 언론이 취재하도록 이끈 상징적 구심으로서, 또한 정치적 저항을 위한 상징적 구심으로서 기여했다. 둘째, 그 운동은 폭력적 토양 유실을 좀더 심오한 버전인 영토 절도—처음에는 영국 식민주의자들이, 나중에는 그들의 신식민주의적 계승자들이 자행했다—내러티브와 연접할 수 있었다. 셋째, 그린벨트운동은 이른바 부문 간 환경주의를 전략적으로 활용함으로써, 그리고 여성의 권리, 사상범 석방, 정치 투명성 제고 운동 등 딱히 환경적이라 보기 힘든 여러 시민권 운동과 공동 전선을 펼치거나 그에 영향을 끼침으로써 기반과 신뢰성을 넓혀나갔다.[13]

그린벨트운동의 본질적 의미를 규정하는 활동으로서 나무 심기를 선택한 것은 빼어난 정치적 결정이었음이 드러났다. 나무 심기는 토양 경작자로서 수많은 여성의 일상과 관련한 단순하고 실질적이지만 대단히 상징적인 활동이었다. 토양 유실과 삼림 파괴는 서서히 좀먹는 복합적 위협으로서 주요 수역을 망가뜨리고, 강의 미사(微砂) 퇴적과 건조를 더욱 악화시키며, 표토를 침식하고, 땔감과 식량 부족을 야기하고, 결국에 가서는 인간의 영양실조에 기여한다. 마타이와 그 동지들은 이러한 여러 위협을 활용해 권위주의 정권에 의해 무시당한 피해자들, 특히 천대받는 여성과 시민들로 이루어진 다중적 연합체를 꾸리는 데 성공했다. 환경에 대한 그들의 관심은 식량 안보 및 정치적 책임감을 향한 그들의 관심과 불가분의 관계였다.

정치적으로 일촉즉발의 위기 상황이던 1980년대와 1990년대에 한데 모아진 이러한 관심 덕택에 그린벨트운동은 수천 명의 케냐인에게 시민적 역량과 국가적 가능성을 일깨워준 광범위한 시민권 연합체에서 유력 선수로 부상했다. 이 운동은 아토 퀘이슨(Ato Quayson)이 다른 맥락에서 말한 이른바 "면책 문화(culture of impunity)"[14]에서의 책임성을 촉구하면서, 케냐의 권위주의 체제에 생겨난 균열을 간파했고 그 균열을 더욱 벌려나갔다.

나무 시어터(theatre: 시어터는 통상 연극 무대, 극장이라는 뜻이지만 이 책의 맥락에 비추어 '나무 시어터'는 '나무를 중심으로 펼치는 활동'이라고 받아들이면 무난해 보인다. 아래에 나오는 '숲 시어터' 역시 '숲을 중심으로 펼치는 활동'으로 이해할 수 있다—옮긴이)는 사회 운동에 풍부한 상징적 어휘를 하나 얹어주었다. 그 운동의 시민적 범위를 확장하는 데 도움을 준 어휘다. 마타이는 구덩이를 파고 거기에 묘목을 한 그루 심는 단순한 행위를 "평화의 씨앗을 심는"[15] 행위로서 새롭게 제시했다. 나무를 심는다는 것은 민주적 변화를 꾀한다는 의미의 은유였다. 그 행위는 식물과 관련해 약간의 비틀기를 시도함으로써 풀뿌리 민주주의라는 죽은 은유에 새로운 생명의 숨결을 불어넣었다. 활동가들은 일당(一黨) 지배에 반대하는 운동을 통해 환경 침식과 시민권 침식 간의 상징적 관련성을 쉽게 찾아낼 수 있었다. 이 상징적 결합의 핵심에는 성장의 정의를 둘러싼 대립이 놓여 있었다. 그린벨트운동이 심은 나무 한 그루 한 그루는 지속 가능하고 꾸준한 성장을 보여주는 가시적이고 생물학적인 이미지다. 도둑 정치를 일삼는 지배 엘리트들이 주장하는 "성장"의 이미지와는 판이한 대조를 이루는 것이다. 그들에게 성장이란 구리 등 유한한 천연자원의 맹렬한 약탈을 이르는 완곡어법일 따름이었다. 이는 윌리엄 피네건의 다음과 같은 견해를 떠오르게 한다. "심지어 거의 보편적으로 전반적인 사회적 선(善)이라 여겨지는 경제 발전조차 좀더 국제적인 맥락에서 보면 꼭 그렇지 않을 수 있다. 너무 불평등해서 사회 갈등을 부추기고 억압을 강화하는 성장도 있다. 또한 전체적으로 한 공동체의 삶의 질을 떨어뜨릴 정도로 환경을 심하게 파괴하면서 이루어지는 성장도 있다."[16] 지속 가능하지 않고 관리가 엉망인 자원 약탈을 국내총생산의 손실이라기보다 생산적 성장으로 간주하는 경제 질서는 분명 뭔가 크게 잘못된 것이다.

우리는 "성장"에 관한 은유를 통해 문학적 나무 정치학의 스펙트럼이 넓다는 것을 확인했다. 가장 기억할 만한 것으로서, 베르톨트 브레히트는 덴마크에 망명 중인 1939년 자신이 살아가는 "끔찍한 소식들"로 가득찬 암울한 시대에 대해 이렇게 탄식했다. "아, 어떤 시대인가/나무에 대해 이야기하는 것도 죄가 되는 시대는,/침묵은 그렇게 많은 불의를 담고 있기에!"[17] 급진적 정책에 대한 단호하고 분명한 요청과 환경주의에 대한 부드러운 호소를 구분 짓고자 하는 이들은 더러 이런 내용을 담은 시 〈후손들에게〉를 인용하곤 한다. 하지만 브레히트는 분명 파시즘 부상이라는 특수한 문화적 상황에서, 나치의 출현과 관련한 '피와 흙' 기치를 내건 독일 낭만주의의 강력한 특성을 분명하게 글에 담아냈다. 케냐의 그린벨트운동이 증명하듯, 아직 태어나지도 않은 이들을 위해 우리가 지체 없이 나무에 관해 이야기해야 하는 다른 시대들이 존재한다. 정말이지 그때 나무에 대해 말하지 않는 것은 후대에게는 불공정의 공모자가 되는 꼴이다.

나무 심기는 변화를 도모하는 작업에 나서는 것이다. 사회 불평등이 커지고 성장 과실이 공유되지 않는 시대에 숲을 복구하는 일은 평등주의적이고 참여적인 성장 이미지, 장기간에 걸쳐 지속 가능한 성장의 이미지를 제공해준다.[18] 모이 정권은 마타이를 성장·발전·진보의 적이라고 공격했다. 성장·발전·진보는 지배층이 제가 저지른 맹렬한 약탈을 은폐하고자 동원한 담론이었다. 묘목을 손에 든 그린벨트운동을 통해 잘못된 성장 수사는 중대하고도 생물학적인 근원을 되찾을 수 있었다.

나무 심기는 세대 간의 낙관주의를 보여주는 이타적 행동으로 실용적이면서도 유토피아적이다. 이는 정작 나무를 심는 사람은 보지 못할 공동의 미래에 대한 투자이기도 하다. 나무 심기는 아직 태어나지도 않은 타인들이 쉴 수 있는 그늘을 마련하는 일이다. 이런 식의 행동은 인정사정없는 단기적 이해관계에 얽매인 케냐의 상명 하달식 문화에서 도덕적으로 벗어나는 작업이다. (케냐의 지식인들은 모이 정권 아래서 "모이가 곧 국가다(l'etat c'est Moi)"라는 농담을 주고받곤 했다.) (모이(moi)가 프랑스어로 '나(me)'라는 뜻이므로 가능한 농담이다. 본래는 '짐이 곧 국가다(l'etat c'est moi)'이다—옮긴이.)[19] 따라서 시달리고 있는 숲의 재건과 더불어 나무 심기에 헌신한 사회 운동은 위험에 처한 시민 시대의 비전을 되살리는 데도 도움을 주었다. 이 운동은 케냐의 승자 독식과 현재 중심의 약탈 정치를 배경으로, 대단히 전복적인 윤리(즉 이타성이라는 윤리), 그리고 그와 마찬가지로 전복적인 시간 프레임(즉 지속 가능한 집단적 이익을 위한 장기간에 걸친 끈덕진 성장)을 지지했다.

1998년 모이 정권은 급기야 나무 심기를 선동적이고 반정부적인 시민 불복종 행위로 지목하기에 이른다. 그해에 2500에이커가 넘는 카루라 숲(Karura Forest)에서 그린벨트운동과 국가 권력은 최후의 결전을 치렀다. 모이 정권이 나이로비(케냐의 수도—옮긴이)의 푸른 허파에 해당하는 국유림과 4개의 강을 품은 주요 어장을 파괴하고 있다는 소문이 파다했다.[20] 나무를 잘라내고 불법적으로 전용된 땅이 내각 각료며 기타 대통령 측근들에게 헐값에 팔려나가고 있었다. 그들은 그곳에 골프장, 호텔, 출입문이 달린 고급 거주지 같은 호화 시설을 세울 계획이었다. 오직 쑥대밭이 된 숲에 다시 심을 작정인 참나무 묘목만으로 무장한 마타이와 그 동지들이 경호 요원과 깡패들로부터 기습 공격을 받았다. 그들은 큰 칼(panga)이며 곤봉, 채찍을 마구 휘둘렀다. 마타이는 칼에 찔려 머리에 피가 났다. 시위대는 체포당하고 투옥되었다.

나무 시어터는 인간 역사의 상이한 시점들에서 많은 강력한 영향력을 쌓아왔다. 숲에 나무를 심는 것, 숲의 나무를 베는 것은 둘 다 고도의 긴장감을 낳는 정치 행위로 부상했다. 가령 청교도들이 떠난 영국에서는 나무가 귀족적 특권의 표식이었다. 그런 이유로 수많은 사례에서 반란자들은 그 배타적 숲의 나무를 도끼로 찍어 쓰러뜨리거나 불살랐다. 마이클 폴란(Michael Pollan)이 지적한 대로 왕정복고 시대 이후, 즉 1660년 이후, 다시 나무를 심는 것은 신사가 군주에게 충성심을 보여주기에 알맞은 행위로 간주되었다. 그 결과 1660~1800년 수백만 그루의 경목(硬木)이 심어졌다.[21] 반면 초기 미국의 식민주의자들은 전형적으로 나무 쓰러뜨리기를, 토지를 개선하고 그에 대한 소유권을 주장하는 일석이조의 효과를 거두는 진보적 행동으로 여겼다.

1970년대 초 이후 강력하지만 다양한 시민 불복종의 초국가적 전통이 숲의 운명을 둘러싸고 세력을 규합했다. 1973년 3월 히말라야 언덕의 외딴 마을 만달(Mandal)에서 일군의 농민들이 트리허깅(tree-hugging: 나무 껴안기—옮긴이) 전략을 생각해냈다. 자신들이 생계를 의존하고 있는 국유림의 서어나무를 베러 온 벌목꾼들을 온몸으로 막기 위해서였다. 이 일을 계기로 일련의 유사한 항거가 뒤따랐고, 그 결과 인도의 칩코 운동이 막을 열었다. 3년 뒤 브라질 아마존에서 시쿠 멘지스는 목장을 경영하는 식민지 개척자들이 저지르는 통제 불능의 벌목과 방화를 저지하려 애쓰는 고무액 채취자들과 그 동맹 세력을 이끌었다.[22] 태국에서는 한 수도승이 성직을 부여하는 식으로 나무를 보호하려 했다는 이유로 투옥된 반면, 캘리포니아주에서는 줄리아 버터플라이 힐(Julia Butterfly Hill)이 위기에 처한 캘리포니아 미국삼나무의 벌목에 항의하고자 2년간 트리시팅(tree-sitting: 항의자가 나무를 자를 수 없도록 거기에 앉아 버티는 환경적 시민 불복종의 한 형태다. 보통은 그 목적을 위해 만든 작은 플랫폼에 앉아 있다—옮긴이)을 이어감으로써 유명세를 날렸다.

그 전의 칩코 운동처럼 그린벨트운동을 널리 알린 것은 삼림 파괴에 항의하는 활동가들이, 트리시팅이나 트리허깅 또는 제 몸을 나무에 사슬로 감기 등 글로벌 노스의 환경적 시민 불복종이 구사하는 표준적 전략을 뛰어넘었기 때문이다. 케냐와 인도의 항의자들에게 적극적 삼림 복구는 그들이 지향하는 시민 불복종의 주된 상징적 매개였다. 비민주적 제도 아래 위기에 처한 숲은 시민적 역량을 되살려주는 특히나 극적인 시어터로 바뀔 수 있었다. 위험에 내몰린 숲은 공유지와 어울리지 않는 모습임을 분명하게 말해주기 때문이다. 케냐의 권위주의적 대통령과 그 패거리들은 국가의 재산을 사유화하는 데 거리낌이 없었으므로 제 맘대로 국유림을 베어 넘어뜨리고 국가 공유지를 팔아치울 수 있다고 느꼈다. 반면 활동가들이 보기에, 숲은 대통령의 사적 봉토가 아니라 공유지이고 누구도 나눠 가질 수 없는 모두의 재산이었다. 따라서 카루라 숲에 대한 모이 정권의 오만한 약탈은 가난한 자들의 권리에 대한 광범위한 경멸을 보여주는 징후로 여겨졌다.

카루라에 새로 나무를 심는 그린벨트운동은 특정 숲의 운명을 넘어 커다란 반향을 불러일으켰다. 국민에게는 그러한 노력이 약탈당한 공적 토지와 자원뿐 아니라 빼앗긴 정치 역량을 탈환하기 위한 극적 시도라는 역할도 겸했다. 카루라 공격에 대한 분노는 이내 나이로비의 학생을 비롯한 여러 반정부 집단으로 번져갔고, 급기야 정권은 여성과 나무에 대한 공격을 멈추지 않을 수 없었다. 이런 식으로 나무 시어터는 사면초가에 처한 환경과 궁지에 몰린 국민의 유대를 강화해주었다.[23]

느린 폭력을 저지르는 이들에게 가장 큰 힘은 가해자를 적시하는 과정이 더없이 복잡하고 시간도 오래 걸린다는 점이다. 느린 폭력은 대개 명확히 표현된 행위체도 없이 조용히 이루어진다. 그렇지만 서서히 전개되는 카루라와 다른 공유지에서의 삼림 파괴는 예컨대 토양 침식보다는 확실한 책임성을 드러내는 좀더 분명한 예가 되어주었다. 그린벨트운동의 나무 시어터는 파괴 행위자를 지목함으로써 그 폭력의 문법을 바꿔놓았다. 도끼에 찍힌 나무와 묘목 심기라는 드라마를 통해 마타이와 그 동지들은 점증하는 폭력이라는 힘과 점증하는 평화라는 힘 간의 결전에 나섰다. 그들은 그렇게 함으로써 공식적 약탈 문화에 대한 대중의 불만에 상징적이면서도 극적인 형태를 부여했다. 결국 마타이는 나무 심기 문화 속에서 빈곤의 악순환 고리를 끊는 방안을 발견했다. 그녀의 말마따나 그 악순환 고리에서 "빈곤은 환경 악화의 원인이자 결과"[24]였다.

식민지 지배, 마우마우, 그리고 민족적 기억 속의 숲

지속 가능한 성장, 풀뿌리 민주주의, 권리의 침해, 변화의 씨앗 같은
개념을 둘러싼 정치 논쟁에 다시 활기를 불어넣기 위해 숲 시어터를
활용하는 데서 마타이와 그녀를 따르는 자원 반란자들은 식민지 지
배―무엇보다 불공정한 토지 탈취―에 저항했던 민족적 기억을 활용
했다.[25] 마타이의 회고록은 이 반식민주의적 기억 문제를 직접적으로
다루지는 않았다. 하지만 케냐에서 민족적 저항의 기록 보관소인 숲이
지닌 상징적이면서도 독특한 위상을 고려하건대, 그 문제는 분명 그녀
의 운동이 획득한 정치적 견인력과 관련되어 있었다. 모이 치하의 신
식민주의 시대에 숲 복구 세력이 숲 파괴 세력을 상대로 투쟁을 펼쳤
다. 그들은 숲이 반식민주의의 보루였던 역사를 떠올렸다. 마우마우
봉기(Mau Mau uprising: 영국의 식민 통치에 항거한 무장 투쟁―옮긴이)가 일어
난 1952~1958년 숲은 토지 반환과 자유를 쟁취하고자 투쟁한 케냐인
〔주로 키쿠유족(Kikuyu)〕과 영국의 식민지 지배자 양쪽에 신비한 힘을 부
여한 놀라운 장소였다.[26]

　마우마우 봉기를 다룬 지배적 식민지 시대 문건(정치 소책자, 회고록, 소
설 등)에서 그 숲은 문명의 손길이 미치지 않는 장소로서, "테러리스트
들"이 떼 지어 몰려다니며 퇴행적이고 야만적인 의식을 치르는 등 원
시적 흉포성이 만개한 장소로서 등장한다.[27] 반면 식민지 예속을 종식
하고자 노력하는 케냐인에게 그 숲은 그와 완전히 다른 어떤 것을 표

상한다. 즉 문화적 복구와 정치적 거부의 장소였다. 또한 저항하는 투사들이 단결을 도모하는 곳이자 무엇보다 필요하면 무력을 통해서라도 빼앗긴 땅을 되찾아오자고 맹세하는 장소였다.

따라서 메자 음왕기(Meja Mwangi), 와치라(Wachira), 망구아(Mangua), 응구기 와 티옹오 등 수많은 케냐 작가가 한결같이 증언한 대로, 그 숲은 농민 봉기의 지리적·상징적 중심으로 떠올랐다.[28] 환경의 관점에서 볼 때, 마우마우 봉기를 다룬 응구기의 소설《한 알의 밀(A Grain of Wheat)》은 특히 시사하는 바가 크다. 바이런 카미네로산탄젤로(Byron Caminero-Santangelo: 1961~. 캔자스대학 영어과 교수—옮긴이)의 말마따나, 그 소설에 등장하는 영국인 대부분은 '기티마 임업·농업 연구소(Githima Forestry and Agricultural Research Station)'에서 일했다. 농업 부활과 보존 증진을 공식 목적으로 내걸고 있지만 실은 "새로운 식민지 개발 계획의 일환으로"[29] 설립된 기관이었다. 그 소설은 부분적으로 자연을 바라보는 상이한 문화 간의 충돌을 드러낸다. 즉 자연을 개발이라는 미명 아래 식민 통제의 도구로 간주하는 입장과 자연을 위안이 되는 애니미즘적 힘으로, 즉 식민 통치에 맞서 해방을 맹세한 마우마우 숲 투쟁가들의 벗으로 바라보는 입장 간의 충돌이다.[30]

이 모든 것에 담긴 젠더 정치학은 복잡하고도 흥미롭다. 1950년대에 마우마우 숲은 반식민주의의 요새이자 남성 전사의 보루였다. 30년 뒤, 신식민주의에 대한 정치적 저항을 구현한 존재는 오직 참나무 묘목과 시민 불복종에 대한 헌신만으로 무장한 비폭력적 여성들이었다. 따라서 카루라 숲에서의 결전은 상이한 방식으로 반식민주의적 숲 저항의 역사를 되풀이했다. 이제 핵심 전사들, 즉 마타이의 "학위 없는 수목 관리자들"은 여성이고 무장도 하지 않았다.[31] 저항에서 드러난 이 두 가지 차이는 케냐의 남성 정치 기득권 세력이 왜 여성을 향해 특히나 사악한 반격을 가했는지 말해준다.

부문 간 환경주의, 젠더, 그리고 보존

그린벨트운동의 성취를 가능케 한 식민지적 배경은 마우마우 숲 투쟁가들의 기억뿐 아니라 식민지적 보존과 이른바 '부문 간 환경주의(intersectional environmentalism: 여러 부문에 걸친 환경주의—옮긴이)'의 대비를 통해 수면 위로 드러났다. 마타이는 결코 한 가지 이슈에만 주목한 환경 운동가가 아니었다. 그녀는 처음부터 더욱 강력한 시민적 제도를 구축함으로써 환경권·여성권·인권 등 여러 대의를 한데 아우르고 더불어 추진하려 했다. 그린벨트운동은 여성 운동의 지원에 힘입어 1970년대 말 출현했다. 마타이는 케냐여자대학연합(Kenya Association of University of Women)에 참여한 일을 계기로, 지역의 한 환경연락사무소(Environment Liaison Centre)에 처음 초대를 받고, 이어 유엔환경계획(United Nations Environmental Programme) 대표단과 만나고, 계속해서 점차 더 넓은 국제 무대에서 활약할 수 있었다.[32]

여러 부문을 넘나들면서 환경 정의에 다가가는 마타이의 방식은 "카리스마 (넘치는) 메가포나(charismatic megafauna: 혹등고래·자이언트판다·대머리독수리·코끼리 등 상징적 가치가 있거나 대중에게 호소력 있는(charismatic) 거대 동물군(mega fauna)을 지칭한다. 하나의 개념으로 옮길 필요가 있으므로 이하에서는 '넘치는'을 빼고 그냥 '카리스마 메가포나'로 표현하려 한다—옮긴이)"에 치중해온 지배적 식민지 보존 전통과 극명한 대조를 이루었다.[33] 이 같은 (케냐에서의, 그리고 좀더 넓게는 아프리카 동부와 남부에서의) 극히 남성적인 전통은 강제 이주, 식민지 지배자들의 토지 전유, 그리고 반인간적 생태학 등과 일맥상통했다. 이 전통은 아직도 케냐의 경제적 유산, 즉 인간의 전치와 엘리트주의적 여가 문화로부터 지역민 배제하기 같은 유산의 일부로 남아 있다. 인간의 관점에서와 마찬가지로 생태적 관점에서도 마타이의 접근법은 상명 하달식이 아니었다. 그녀는 생물 사슬 가운데 유독 드라마틱한 생물 집단—식민지 사냥꾼, 보존주의자, 외국인 관광객의 마음을 사로잡는 코끼리·코뿔소·사자·표범 등—에 집중하는 대신 좀더 일상적이고 널리 만연한 주제에 관심을 기울였다. 즉 악화 일로인 자원 관리 부실이 생물 다양성, 토양의 질, 식량 안보, 시골 여성과 그 가족 삶의 전망에 어떤 영향을 미치는가 따위 주제 말이다.

피오나 맥켄지(Fiona Mackenzie)의 연구가 밝힌 대로, 이 같은 자원 관리 부실의 기반이 닦인 것은 식민지 시대의 일이었다. 당시는 아프리카 토지에 대한 부당한 전유를 합리화하고자 걸핏하면 "개선"에 관한 보존주의 및 농업 관련 담론을 동원하곤 했다. 맥켄지는 1920~1945년 키쿠유족 보호 구역의 농업과 환경에 관한 식민지 내러티브에 주목하면서, 식민지 관료주의의 권위적 가부장주의, 그리고 제임스 스콧(James C. Scott)이 말한 이른바 "작물학에 대한 제국주의적 자만"[34]이 끼친 영향을 추적했다. 해로운 영향 중에는 특히 "농업 지식의 재편과 긴밀하게 연관된 식민지의 '개선(betterment)' 담론을 통해 키쿠유족 농부의 젠더를 재정의"[35]한 것이 포함되어 있었다. 이는 그린벨트운동을 비중 있게 받아들이지 못하게 만드는 데 커다란 영향을 끼쳤다. 식민 지배 당국은 여성을 중요한 지식 함양자로 인식하지 못했다. 이러한 부정은 그동안 여성이 축적해온 근거가 다분하고 유용한 생태·농업 지식을 보잘것없는 것으로 치부했다.

마타이는 얽히고설킨 환경 정의와 사회 정의 문제를 볼거리 풍부한 보전 혹은 산업형 농업보다 덜 중요하게 취급하는 데 반대했다. 이는 결국 그린벨트운동의 장기적 적응력에 결정적으로 기여했다. 덕분에 그 운동은 지속 가능한 안보와 민주적 변환을 추구하는 다른 운동들과 연대를 모색함으로써 다시 일어설 수 있었다. 처음에 마타이와 그 동지들이 언론의 관심과 국제적 지원을 이끌어낼 수 있었던 것은 나무 심기 시어터 덕이었다. 하지만 그들은 케냐의 정치범 석방에서부터 가난에 찌든 국민의 부채 탕감에 이르는 다양한 운동에 참여함으로써 활동 범위를 넓혀갔다. 이렇듯 여러 부문을 넘나드는 그린벨트운동 전략은 마멸적 환경 폭력 이슈를 정치적 책무를 촉구하는 좀더 광범위한 운동—2002년 케냐에서 민주적 선거를 치르는 데 기여했다—에 통합하도록 도와주었다.

그린벨트운동을 환경권과 여성권의 교차점에 놓은 것은 역사적 맥락에서도 사리에 닿는 일이었다. 케냐의 여성은 끊임없이 이어진 탈취의 역사에서 가장 크게 타격을 입은 존재다. 한참 거슬러 올라간 19세기 말 영국 식민 지배자들은 토지 소유 구조를 여성에게 불리하게 바꾸었다. 과거에 토지는 확대 가족, 즉 친족 집단이 소유한 양도할 수 없는 권리였다. 그런데 식민지적 수취 제도가 도입되면서 같은 토지의 땅문서가 가장이 될 예정인 남성 몫으로 돌아갔다. 이러한 제도로 인해 점점 더 많은 케냐인이 임금 경제에 편입되었으며, (처음에는 식민주의 아래, 이어 신식민주의의 구조 조정 아래) 차·커피·사탕수수 같은 환금 작물 재배 붐이 일어 식량 생산에 이용할 수 있는 경작지가 점차 줄어들었다. 그러자 여성은 불균형할 정도로 경제 권력으로부터 주변화했다.

그 결과 조성된 현금 경제 구조에서는 일반적으로 남성이 은행 계좌를 소유했다.[36]

시골 여성들은 식민지 시대의 토지 절도, 재산의 사유화와 남성화 같은 탈취의 피해에 고스란히 노출되었다. 그러면서도 토양 침식, 숲 지대의 축소 등 점차 험악해지는 환경에서 계속 주요 토지 경작자로 남아 있었다. 숲과 수역이 서서히 악화했지만, 여전히 식수와 땔감을 구하러 더 먼 거리까지 다녀와야 하는 것은 여성이었고, 한때 비옥했으나 이제는 온통 헐벗은 땅, 즉 지지대 노릇을 하는 나무들이 사라져 표토가 유실되고 바람에 깎여나가는 땅을 일구고 작물을 경작해야 하는 것도 여성이었다. 이런 상황이었던지라 케냐에서 환경권과 여성권을 지향하는 운동의 정치적 단결은 그간의 경험에 비춰볼 때 얼마든지 이치에 맞는 일이었다. 여성은 자신들을 무자비하게 배제하는 일련의 개발 내러티브에 연이어 배신당했다. 마멸적 환경 폭력, 빈곤, 영양실조가 서로 맞물려 있음을 그들은 삶 속에서 저절로 터득했다. 따라서 정권이 민간 "개발" 계획을 위해 카루라 숲과 우후루 공원(Uhuru Park)에 관한 소유권을 주장했을 때, 마타이는 역사적으로 소수 남성 엘리트들(성격상 식민주의적이든 신식민주의적이든)에게 이득을 안겨준 약탈 행위가 마지막 발악을 하는 시절을 견디고 있던 여성을 동원할 수 있었다.

1985년 모이 정권이 (결국은 성공하지 못했지만) 여성 운동과 녹색 운동을 향해 서로 떨어지라고 요구했는데, 이는 '부문 간 환경주의'가 정권에 얼마나 위협적이었는지를 잘 보여준다.[37] 정권은 시골 묘목장에서 묘목을 돌보는 여성들이 더욱 광범위한 운동—정치적 책임성 제고를 내세우며 직간접적 폭력을 종식하고자 했다—을 촉진하는 데 기여하는 시민권 운동의 씨앗을 뿌리고 있다며 두려워했다.

그린벨트운동이 이끄는 시민권 운동과 케냐의 권위주의 정권 간에 결전이 되풀이된다는 사실은, 세계시민주의와 세계화에 대한 정교하고 때로 소중한 이론화 작업에도 불구하고, 케냐·베네수엘라·인도네시아·중국·인도 같은 사회에서는 국민국가가 여전히 강력한 행위자로 남아 있음을 분명하게 말해준다. 하지만 환경과 관련한 오늘날의 인문학적 사고 상당 부분에서 국민국가는 철저히 간과되거나 아니면 고풍스럽고 시대착오적인 개념으로 치부되고 있다. 그린벨트운동의 투쟁과 성공은 결코 케냐라는 국가 권위주의의 특정 역학을 벗어나서는 분명하게 이해할 수 없다. 그렇기는 하나 그것을 오로지 '일국의' 틀 안에서만 바라보아서도 안 된다. 지역적·세계적 지정학도 복잡하고 더러 예측 불가능한 방식으로 영향을 미치기 때문이다. 그 운동에 맞서 전열을 정비한 세력들이 주로 지배적 국가 엘리트들이라면, 마타이가 이용한 자원은 반식민주의 저항에 대한 '국가적(national)' 기억 장치, 완전히 '지역적(local)' 형태의 조직과 문화 지식, 그리고 포괄적인 '초국가적(transnational)' 연대였다. 한편 그린벨트운동은 62개 언어가 사용되는 나라에서 활동하려면 반드시 해당 지역 언어에 능통하고, 해당 지역의 권력 역학을 꿰뚫어보며, 해당 지역의 환경 지식을 지닌 여성 집단과 손잡아야 함을 깨달았다. 다른 한편 그 운동은 유엔과 스칸디나비아 자금 제공자들의 지원을 통해 반드시 필요한 견인력을 확보할 수 있었다.

미국은, 켄 사로위와가 이끈 오고니족생존운동이 부상했을 때와 마찬가지로, 케냐에서도 복잡한 역할을 담당했다. 사로위와의 주요 정적 가운데 하나는 나이지리아의 권위주의 정권과 결탁한 채 사업을 펼친 미국의 거대 석유 회사 걸프 셰브론(Gulf Chevron)이었다. 한편 (마타이가 회고록에서 언급하지는 않았지만) 미국 정부는 케냐에서 모이 대통령에게 압박을 가하지 않았다. 모이를 불안정한 '아프리카의 뿔(Horn of Africa: '소말리아반도'라고도 하는데 아라비아해로 돌출해 있는 동아프리카반도를 일컫는 이름이다—옮긴이)'의 소중한 동맹이자 그에 우호적인 권위주의자라고 여겼기 때문이다. 그렇기는 하나 마타이도 사로위와도 미국을 여행했고, 거기서 목격한 시민권 운동과 환경 운동에서 영감을 얻었다. 그 영감은 지극히 사적인 것이지만, 또한 결정적으로 수사적인 것이기도 했다. 두 사람이 자신의 고국 혹은 지역의 가난한 이들을 위해 전개한 환경 정의 운동이 국제적 공감을 불러일으키도록 도운 어휘를 제공해준 것이다. 그 어휘가 없었더라면 그들의 운동은 그저 이름 없는 운동으로 조용히 묻히고 말았을 것이다.

1960년 마타이는 케네디 프로그램(Kennedy program)이라는 이름 아래 미국으로 공수된(airlifted) 600명의 케냐인 가운데 한 명이었다. 〔그녀는 자신의 회고록을 출간할 때만 해도 이 프로그램이 얼마나 중요해질지 전혀 예측할 수 없었다. 그 공수 작전에서 그녀와 동행한 인물 가운데는 하와이대학으로 공부하러 떠나는 버락 오바마(Barack Obama: 미국의 44대 대통령 버락 오바마의 아버지—옮긴이)라는 젊은 케냐인도 있었다.〕 마타이는 케네디 공수 작전의 수혜자로서 캔자스주에 위치한 작은 칼리지에 공부를 하러 갔다. 그녀는 그곳에서 대학을 마치고 피츠버그대학에서 대학원 과정을 이어갔다. 그리고 거기 머무는 동안 영향력의 정점에 있던 마틴 루서 킹(Martin Luther King)의 연설을 들으면서 힘을 얻었다. 이는 그녀가 운동 정치학과 관련해 여러 부문을 넘나드는 태도를 취하게끔 도운 경험이었다. 결국 그녀는 환경주의를 좀더 광범위한 시민권 운동의 일부로 인식할 수 있게 되었다. 케냐로 돌아오고 몇 년 뒤, 마타이와 그녀의 초기 협력자들은 '지구의 날'을 기점으로 그린벨트운동을 시작하기로 했다. 따라서 그녀는 자신이 직접 체험한 시민권 운동 그리고 미국 환경운동사에 큰 획을 그은 사건으로부터 영감을 얻었고, 고무적인 그 두 가지 선례를 케냐 상황에 적용했다. 더욱이 이 두 경우 모두에서, 운동의 발전은 때로 복잡한 방식으로 아이콘이라 할 만한 상징적 인물과 긴밀하게 연관되어 있었다. 그것이 마틴 루서 킹이든 게이로드 넬슨('지구의 날'의 창시자―옮긴이)이든 말이다. 자신의 상징적 가시성과 익명의 집단적 행동주의 간의 관계가 가뜩이나 공격에 취약한 그녀를 더욱 궁지로 몰아넣게 되는 향후 상황을 당시의 그녀로서는 짐작조차 할 수 없었다.

집단적 행동주의와 자아에 관한 장르들

마타이가 자신의 미국 체류 경험에 대해 설명한 내용은 장 제목 "아메리칸드림"이 말해주듯 일련의 관습을 따랐다. 그 관습적 압박은《위대한 희망》을 집필하는 과정에서 가장 분명하게 드러났다. 그녀가 처음 쓴 책―그린벨트운동을 소개한 안내 책자로, 거의 주목을 받지 못했다―은 집단을 중심에 놓았다. 그런데 마타이는 두 번째 책인, 노벨상 수상을 기리며 미국 출판업자가 집필 의뢰한 회고록에서 그 집단적 역사를 개인적 여정으로 풀어내야 했다. 따라서 그녀는 자서전적 단일자아를 책의 중심에 놓아야 한다는 압박을 더욱 강하게 느꼈음이 분명하다.

마타이는 그린벨트운동을 창립한 7명 가운데 하나였지만,《위대한 희망》에서 나머지 여성들은 결코 그 어떤 등장인물로서의 존재감도 없었다. 나는 여기서 그 사실을 비판할 생각은 추호도 없다. 다만 그것을 운동 회고록에 수반하는 다루기 힘든 난제를 보여주는 예로서 제시하려 할 따름이다.[38] 이 점을 가장 잘 보여주는 예를 하나 들어보자. 넬슨 만델라가 출소한 뒤 '리틀, 브라운 앤드 컴퍼니(Little, Brown and Company)' 출판사가 그에게 자서전 집필 대가로 몇십만 달러에 달하는 높은 선인세를 지불했다. 충분히 짐작할 수 있겠듯이 그가 대통령이 되자 집필은 자꾸만 늦어졌고, 하는 수 없이 출판업자는 작업 속도를 내도록 거들고자 미국인 대필 작가를 파견했다. 출판업자가 전해 듣고 경악한 일인데, 대필 작가는 만델라가 써내려간 자서전에 '나(I)'로 시작되는 문장이 오직 몇 개에 불과하다는 사실을 발견했다. 만델라가 선호하는 디폴트 인칭대명사는 가령 "우리 아프리카민족회의"에서 보듯 "우리(we)"였다. 대필 작가에게는 "우리"라는 표현을 솎아낸 다음 그것을 "나" 이야기로 바꾸는 임무가 주어졌다. 그래야 미국인 독자들과 〈오프라 윈프리 쇼〉 시청자들이 인정하고 반응을 보일 터였다. 만델라의 경우와 마찬가지로 마타이에게도 단일 저자의 운동 회고록은, 출판업계의 초국가적 세력 불균형, 그리고 역시나 장르에 대한 예상 독자들(주로 글로벌 노스에 거주한다)의 기대감과 복잡하게 뒤얽힌 심각한 표현상의 딜레마를 안겨주었다. 마타이가 2004년 수상한 노벨평화상, 그리고 그에 따른 출판사의 명사 회고록 투자는 집단적 투쟁을 주로 사적 언어로 제시하라며 글쓴이를 더욱 심하게 압박했다. 이런 상황에서 증언한다는 것은 특정 장르 기대감을 확인하고, 그렇게 함으로써 정치 운동, 특히 환경 정의 운동에 대해 이야기하고 그를 기억하게 만드는 방식을 마련한다는 의미였다.

《위대한 희망》은 "회고록"이라는 부제를 달고 있는데, 다소 기이한 그 같은 장르 지정은 21세기 초 미국 출판계의 분위기를 드러내는 것이었다. 당시는 "회고록"이 케케묵은 듯 들리는 "자서전"(사실 《위대한 희망》이 포함되기에는 더 알맞은 범주다)보다 훨씬 더 유행에 민감하고 판매에 유리한 범주였다. 장르의 가시성, 판매, 문화적 우수성을 담보하는 회고록—캐스린 해리슨(Kathryn Harrison)의 《키스(The Kiss)》, 메리 카(Mary Karr)의 《거짓말쟁이 클럽(The Liars' Club)》, 프랭크 매코트(Frank McCourt)의 《안젤라의 재(Angela's Ashes)》, 마야 혼바처(Marya Hornbacher)의 《웨이스티드(Wasted)》, 데이브 펠저(Dave Pelzer)의 《이름을 잃어버린 아이(A Child Called It)》, 어거스텐 버로스(Augusten Burroughs)의 《가위 들고 달리기(Running with Scissors)》, 그리고 제임스 프레이(James Frey)의 《백만 개의 작은 조각들(A Million Little Pieces)》—은 일반적으로 중독·근친상간·폭식증 같은 특정 트라우마에 집중했으며, 사회적 틀이 협소하고 주로 가족의 기능 장애에 초점을 맞추었다. 회고록은 작가가 주로 무명의 인물이고, 책을 읽는 이유가 대개 내밀하며 때로 추문을 담고 있기도 한 그들의 고백 때문이었다. 그에 반해 《위대한 희망》은 사회 전반에 걸친 방대한 내용을 다루었고, 개인이나 가족이 아니라 국민국가의 역작용에 초점을 맞추었으며, 국제적 명성을 지닌 여성이 집필했다. 만약 이 책이 "비참한 회고록(misery memoir)"이라면 그 비참함의 주원천은 가부장적이고 권위주의적인 국민국가이며, 그 해법은 개인 차원의 12단계 계획이 아니라 집단 차원의 저항이다. 글은 비록 상징적 개인의 삶을 통해 표현되었음에도 불구하고 말이다.

당대의 미국 회고록이 견지하는 기준에 비추어보면, 《위대한 희망》은 트라우마가 없는 건전한 내용이고 상당히 절제되어 있다. 따라서 이 책은 더 유구한 형태인 자서전(이를테면《벤저민 프랭클린 자서전(The Autobiography of Benjamin Franklin)》같은)의 전통과 더 공통점이 많다. 그런 자서전에서는 필생의 성취라는 장대한 영역에 초점을 맞춘다. 마타이의 책은 프랭클린의 자서전보다는 자기 칭송 일색의 전기적 색채가 덜하다. 하지만 그녀 역시 경험으로부터 다음과 같은 교훈을, 심지어 우화를 이끌어내려는 경향을 드러낸다. 열심히 노력하면 결국 보답을 받는다, (그녀의 말마따나) "나 혼자 힘으로 해내야" 했다, 어린 시절 주입된 가치가 평생 큰 도움이 되었다, 역경을 물리치게 해주는 것은 도덕성과 낙관주의다……. 마타이는 오늘날의 대다수 미국 회고록 집필자들과 달리, 자신의 어린 시절과 가족을 이상화했다고 말할 수 있을 정도로까지 매우 건강하게 묘사한다.《벤저민 프랭클린 자서전》과 넬슨 만델라의《자유를 향한 머나먼 여정(Long Walk to Freedom)》(환경 및 페미니즘과 관련해서는 왜곡된 내용을 담고 있다) 사이 어디쯤인가 놓여 있는 마타이의 내러티브는 다소 설교조며 해법 지향적이다. 나서지 않는 자세와 영웅적 자기표현 사이에서 균형을 잡고자 지난하게 애쓰는 과정에서 그녀는 매 순간 자신의 자아를 주요 청자인 미국인이 쾌히 받아들일 수 있는 형식으로 번역해야 했다.

환경 행위체, 그리고 통제 불능의 여성: 카슨과 마타이

왕가리 마타이와 레이첼 카슨은 문화적 환경은 서로 다르지만, 둘 다 일반적으로 폭력이라 인식되는 것의 특성을 바꾸고자 노력했다. 그들은 발전과 진보를 설명하는 진부한 표현에 문제를 제기하고, 점차 쌓

여가지만 간과되고 있는 환경적 피해를 가시화하고, (특히 여성들 사이에서) 남성 권력 엘리트 집단에 만연한 사익 추구형 공모와 제도화한 속임수에 저항하는 국민적 정서를 고조시키는 데 전념했다. 이 두 작가-활동가는 안보에 대한 군국화한 전통적 전망이 급증하는 환경 위험(특히 식량 안보에 미치는 세대 간 위험)의 도미노 효과에 대처하기에는 미흡하다고 보았다.[39] 실제로 두 여성은 그들 사회 —카슨의 경우 1950년대 말과 1960년대 초 냉전 분위기에 휩싸인 미국, 마타이의 경우 1980년대와 1990년대 모이의 독재 아래 시달리는 케냐— 의 군국화와 (지역·국가·초국가 차원에서의) 장기적 안보를 위협하는 환경 위기 심화를 동일 선상에 두었다.

우리는 두 여성의 도움으로 전개된 사회 운동, 그들의 기여에 따른 입법화 추진과 대중적 자각, 마타이의 노벨평화상 수상, 《침묵의 봄》이 가장 영향력 있는 20세기 논픽션 저서로 선정된 사실 등을 되짚어보면서 빼어난 두 인물의 성취에만 주목하기 쉽다. 하지만 카슨과 마타이는 환경 폭력과 그 폐해에 대한 그들의 비전통적 시각이 정치적 추동력을 얻게 하려고 커다란 개인적 희생을 치러가면서 고초를 겪었다. 우리는 두 여성이 한사코 그들을 주류에서 몰아내기 위한 공격과 비방에 시달렸다는 사실을 기억할 필요가 있다. 카슨과 마타이의 비주류성은 그들에게 상처를 입혔지만 그들을 강인하게 만들었고 그들이 드러낸 독창성의 원천이었다.

두 여성은 다층적으로 제도권 밖에 존재했다. 둘 다 '여성' 과학자였는데, 이는 그들이 살던 시대나 사회에서 상당히 예외적인 존재였다. 또한 그들은 대학이라는 구조와 제약 밖에서 활동한 과학자였다. 마지막으로 둘 다 미혼 여성이었다. 이 모든 전선에서 카슨과 마타이는 남성 기득권 세력이 퍼붓는 여성 혐오적 공격을 뚫고 나가야 했다. 남성들은 제 정통성이 그녀들의 자주성으로 인해 타격을 입는다고 느꼈다.

카슨은 생물학 석사 학위 소지자였음에도 부양가족과 친척들을 돌보는 데 따른 재정적 압박과 의무감 탓에 박사 학위 취득에 도전하지 못했다. 그녀는 과학 저술가로서 대중에게 알려져 있었다. 따로 언급해야 할 듯한데, 당시는 하필 미국에서 '종신 재직권(tenure)'을 받은 과학자 중 여성이 고작 1퍼센트에 그친 시기였던 만큼 그녀는 끝내 대학에 적을 두지 못했다.[40] 하지만 《침묵의 봄》 집필에 착수할 무렵, 그녀는 바다를 다룬 자신의 베스트셀러(바다 3부작 《바닷바람을 맞으며(Under the Sea Wind)》, 《우리를 둘러싼 바다(The Sea Around Us)》, 《바다의 가장자리(The Edge of the Sea)》를 말함—옮긴이) 덕분에 얼마간 재정적 자립을 이룰 수 있었다. 카슨은 제도적으로나 경제적으로 독립해 있었으므로 자유롭게 저만의 독자적 연구 주제를 설정하고, 주요 연구 기관의 자금 지원 우선순위에서 도외시되거나 밀려난 환경 연구 주제를 발굴하고 종합하고 밀어붙일 수 있었다. 그녀는 주요 연구 기관들이 추진하는 의제가, 복잡하게 얽힌 애그리비즈니스(agribusiness: 농업(agriculture)과 사업(business)의 조어로 기업화한 농업을 말한다. 여기에는 농화학, 육종, 작물 생산, 유통, 농기계, 가공, 종자 공급, 마케팅, 소매 등이 포함된다—옮긴이), 화학 물질 및 무기 제조 산업의 이해 집단, 그리고 수익형 제품 개발에 무모하게 뛰어드는 행태로 인해 위태로워졌다고 우려했다.

카슨을 비방하는 이들은 그녀의 전문가로서 권위, 애국심, 감정을 절제하는 능력에 의문을 표시했다. 게다가 세대 간 유전 문제에 과학적 관심을 기울이는 그녀의 진정성을 문제 삼았다. 전직 미 농무장관은 카슨이 독신임을 상기시키면서 "왜 아이도 없는 독신녀가 유전학에

그토록 관심이 많은 거냐"며 "아마도 그녀는 공산주의자인 모양"이라고 비꼬았다.[41]

적대적인 비평가들은 카슨의 주장을 "신경질적이고 과도하게 감정적"이라고, "논리적 정확성보다는 감정에 치우쳤다"고 폄하했다.[42] 시카고에 본사를 둔 화학 회사 벨시콜(Velsicol)의 법무 자문위원은 "우리나라와 서유럽 국가들에서 농화학 물질의 사용을 줄임으로써 우리의 식량 공급을 동유럽 국가 수준으로 끌어내리려는 불순한 의도를 지닌 사악한 세력의 사주를 받고 있다"[43]며 카슨을 몰아붙였다. 다른 논평가들은 "레이첼 카슨 양이 살충제 제조사의 이기심에 대해 언급한 것으로 보아 그녀는 공산주의에 동조하고 있음을 알 수 있다"[44]고 넘겨짚었다. 강력한 카슨의 적수였던 화학 회사 대변인 로버트 화이트스티븐스(Robert White-Stevens) 박사—그는 단 1년 동안 《침묵의 봄》을 성토하기 위해 28차례나 강연을 열었다—는 "만약 인류가 카슨 양의 가르침을 충직하게 따른다면 우리는 아마도 암흑시대로 돌아갈 것"[45]이라는 의견을 내놓았다. 한 비평가는 〈에어로졸 에이지(Aerosol Age)〉에서 불합리하며 믿을 수 없는 여성의 전형이라고 카슨을 비방하면서 이렇게 결론 내렸다. "카슨 양은 자신의 소명을 저버렸다. 그녀는 도쿄 로즈(Tokyo Rose: 태평양 전쟁 중 일본의 라디오 선전 방송 〈라디오 도쿄〉를 진행하던 여성 아나운서의 통칭—옮긴이)나 액시스 샐리(Axis Sally: 밀드러드 엘리자베스 길러스(Mildred Elizabeth Gillars)와 리타 주카(Rita Zucca)의 별명이다. 이들은 제2차 세계대전 동안 연합군에 맞선 독일·이탈리아·일본 연합, 즉 추축국(Axis)의 선전 선동을 위해 나치 독일이 고용한 미국 방송인이다—옮긴이)에 의해 유명세를 탄 그런 식의 전시 선전에서 본인의 재능을 발휘했더라면 더 좋았을 것이다."[46]

그로부터 25년 뒤, 마타이의 반대자들은 정치적으로나 환경적으로 기존 질서를 위협하는 한 자주적 여성 과학자를 향해 훨씬 더 말도 되지 않고 여성 혐오적인 협박을 노골적으로든 은근하게든 가했다. 마타이는 "독신녀"는 아니었지만 이혼녀였다. 반대자들이 그녀를 무자비하게 물어뜯을 수 있는 좋은 낙인이었다. 카슨과 마찬가지로 그녀도 지나치게 감성적이고 불안정하고 비정상적인 여성으로 그려졌다. 그녀를 제어하고 그녀가 (그리고 그녀의 생각이) 존경할 만해지도록 이끌어줄 남편이 없는지라 어디에 속해 있지도 통제할 수도 없는 여성 말이다. 농업-화학 회사 기득권 세력은 박사 학위가 없는 카슨을 발언 자격이 없다고 헐뜯었다. 반면 케냐의 권력 엘리트들은 동부 혹은 중부 아프리카에서 모든 과학 분야를 통틀어 박사 학위를 받은 최초의 여성 마타이를 이번에는 수상쩍다는 듯 자격 과잉이라고 깎아내렸다. 도를 넘고 있으니 끌어내려야 마땅하다는 것이다.[47] 정부가 추진하는 민간 주도의 우후루 공원 "개발" 계획에 반대하는 시위를 그녀가 이끌었을 때, 모 국회의원은 "왜 이혼녀 떼거리의 말을 우리가 들어야 하는지 모르겠다"고 짜증을 부렸다. 또 다른 정치인은 그녀를 "정신 나간 여성"이라고 쏘아붙였다. 심지어 마타이가 자기 지역구에 발을 들여놓으면 그녀에게 "할례를 하겠다"고 으름장을 놓은 정치인마저 있었다.[48]

　충분히 교육받은 여성 과학자, 여성권 옹호자, 빈자의 환경주의 지지자인 마타이는 수많은 전선에서 진정성이 없다는 이유로 비난에 시달렸다. 그리고 카슨과 마찬가지로 애국적이지 못한 행동을 했다는 이유로 공격당했다. 케냐의 한 내각 관료는 마타이를 "외국인 주인의 뜻대로 움직이는 무식한 데다 성격도 나쁜 꼭두각시"[49]라고 조롱했다. 또 다른 내각 관료도 그녀를 "아프리카 여성이라기보다는 피부가 검은 백인 여성"[50]이라고 비꼬았다. 이 같은 평자들은 일반적으로 젠더-특이적 토착주의(nativism)를 고수했다. 마타이가 지적한 대로, 케냐 남성들은 서구의 언어, 서구의 복식, 근대성을 과시할 수 있는 요소인 여러 테크놀로지를 자유로이 받아들이는 반면, 여성들에게는 "전통"의 수호자이자 담지자가 되기를 기대했다.[51] 마타이를 수차례 투옥한 모이 대통령은 그녀를 "고분고분하지 않다"는 이유로 이처럼 격하게 비하했다. "그녀가 아프리카 전통에 충실한 여성이라면 응당 남성을 공경하고 입을 다물어야 한다."[52]

콰메 앤서니 아피아가 논평한 대로, 진짜가 아니라는 비판은 본질적으로 불안한 비판이다.

토착주의자들은 국민국가보다 더 넓은 정체성(더 상위인 아프리카) 혹은 더 좁은 정체성(더 하위인 '부족'이나 마을)에 호소할 것이다. 그리고 나는 우리가 만약 부족, 국가, 혹은 대륙 같은 수사에 도전하는 게 아니라 토착주의 권력이 전제하는 위상과 그것이 주장하는 반대에 도전한다면, 그 토착주의의 힘이 발휘되는 방향을 바꿀 수 있는 절호의 기회를 맞으리라 믿는다.[53]

이 말은 마타이의 경우 분명 옳았다. 즉 그녀는 무수한 "아님, 혹은 않음들(uns)"로 인해 어려움을 겪었다. 아프리카적이 아님, 케냐적이지 않음, 키쿠유족이 아님, 애국적이지 않음, 통제 가능하지 않음, 결혼하지 않음, 여성답지 않음……. 하지만 그녀는 부문 간 환경주의를 모색함으로써 진짜 아니면 가짜라는 이분법을 우회하고자 했다. 그녀가 "토착주의 권력이 전제하는 위상과 그것이 주장하는 반대"를 피해가기 위해 사용한 전략은 지역의 환경적 관례—생물 다양성, 공유지, 생태적 청지기 정신 같은 개념과 일치하지만 반드시 그 용어로 환원될 수는 없는—를 추구하는 것이었다. 따라서 마타이는 가령 무화과나무를 잘라내는 데 맞선 키쿠유족의 경고에 대해 이야기했다. 그 나무는 널리 퍼져나간 뿌리 시스템과 드넓은 천개(canopy, 天蓋: 하늘과 닿는 나무의 우거진 끝부분—옮긴이)를 통해 모래톱을 지탱하고 취약한 강바닥에 그늘을 드리운다.[54] 마타이의 내러티브에서 어린 시절 할머니에게 들어온 그 경고는 녹색 가치를 드러내는 데 기여했다. 그녀가 미국으로부터 귀국하자마자 환경과학 담론에서 다시금 천착하게 된 녹색 가치를 말이다. 마타이는 (서구에서 돌아온) "경험자"이자 매개자로서 결국 토착주의적 선언("나를 키운 것은 내 고향 땅이다")과 세계시민주의적 과학에의 호소 사이를 전략적으로 왔다 갔다 했다.[55] 그녀는 스스로를 지역에 깊이 뿌리내린 초국가적 애국자로 자리매김함으로써, 그리고 케냐에 대한 헌신과 전 지구적 가치에 대한 헌신을 조화시키고자 부단히 노력함으로써 배신자라는 굴레에서 벗어나려 애썼다. 따라서 그녀는 보편화한 페미니즘을 통해서가 아니라 키쿠유족의 문화적 관습 내 역류를 적용함으로써 여성과 전통에 대한 견해를 정립하는 데 주의를 기울였다. 이를 통해 우리는 마타이가 자신에게 가해지는 공격을 누그러뜨리려고 적극적으로 노력했음을 알 수 있다. 마타이는 여자답지 않게 행동한다는 비난을 받았으며, 이른바 젠더·문화·민족 이렇게 3중의 배신을 저지른 것은 그녀가 "녹색제국주의(green imperialism)"의 대리자 역할을 떠안은 사실과 무관치 않다는 의혹을 샀다.

　마타이와 카슨에 대한 공격이 거세다는 것은 여성 혐오가 뿌리 깊게 제도화해 있다는 사실, 다른 한편 느린 폭력의 은밀한 역학과 그 악영향을 보이지 않게 은폐하려는 노력이 정치적·경제적·직업적으로 심하게 위협받고 있다는 사실을 동시에 말해준다. 마타이와 카슨은 개인으로는 취약했지만 대단히 위협적인 존재들이었다. 그들에게는 과학적 후원, 학계의 협박, 입막음용 뇌물 같은 강력한 도구들이 먹히지 않았기 때문이다. 두 사람이 처한 문화적 환경은 크게 달랐지만, 제도권 밖에 놓인 위상은 그들에게 마멸적 환경 폭력에 맞서 솔직하게 발언할 수 있는 과학적 자립과 정치적 진실성을 제공했으며, 사람들이 그 폭력에 저항하기 위해 결집할 수 있도록 기여했다.

일상적 테러

토착주의적 관점의 마타이 비방자들은 그녀를 국가 발전의 적으로서 불신했다. 한편 마타이가 2004년 노벨평화상을 수상했을 때, 그녀는 해외로부터 그와는 다른 유의 비난을 받았다. 노르웨이 진보당 당수 칼 하겐(Carl I. Hagen: 1944~. 노르웨이 정치인으로 1978~2006년 진보당 당수를 역임했다―옮긴이)은 이런 불신을 공격적으로 드러낸 대표적 인물이었다. 하겐은 "노벨위원회가 세계에서 날마다 벌어지는 소요 사태를 깡그리 무시하고 일개 환경 운동가에게 상을 주다니 참으로 희한한 일"[56]이라고 개탄했다. 하겐의 입장에 담긴 뜻은 명확하다. 19개월 동안의 이라크 전쟁, 그리고 아프가니스탄 전쟁 와중에 이루어진 폭넓은 "테러와의 전쟁", 중동·콩고·수단 등지에서의 소요 사태를 제쳐두고 나무 몇 그루 심었다고 환경 운동가에게 영예를 안겨주는 것은 분쟁 해결을 하찮은 일로 치부하고 당대의 가장 시급한 이슈들을 외면하는 처사라는 지적이다.

하지만 마타이는 시급성 문제를 상이한 시간 프레임 속에서 재조명하고자 했다. 또한 21세기 초에 가장 폭발력을 발휘한 두 단어—"예방(preemption)"과 "테러(terror)"—가 주로 연상하는 바에 도전했다. 그린벨트운동은 전통적 방식인 사후적 갈등 해결이 아니라 비군사적 방법을 통한 갈등 '예방'에 초점을 맞추었다. 마타이는 "천연자원을 차지하기 위해 숱한 전쟁이 벌어졌다. 자원을 관리하고 지속 가능한 발전을 이루기 위해 우리는 평화의 씨앗을 심는다"[57]고 주장했다. 이러한 접근법은 "세계 차원의 테러와의 전쟁"을 위한 담론과 전략과 법률에 영향을 끼친다. 지상에서 살아가는 사람들 대다수는 테러리스트의 공격보다 더 즉각적인 '테러'에 직면해 있다. 농경지를 서서히 모래땅으로 바꿔버리는 사막화, 삼림 파괴에 의해 악화일로인 기후 변화의 위협 증가, 당장 다음 끼니를 걱정해야 하는 식량 불안, 안심할 수 없는 식수, 아이들의 몸을 녹이고 밥을 짓는 데 필요한 땔감을 구하기 위해 수십 킬로미터를 오가야 하는 현실……. 이런 일상적 테러가 권위주의적 지배와 (저들이 말하는 이른바) 새로운 탈식민주의적 세계 질서에 의해 비참 지경에 내몰리고 버려지고 짓밟힌 수억 명의 삶을 괴롭히고 있다. 이런 상황에서 (흔히 직접적 억압과 결합한) 느린 폭력은 긴장감을 불러일으키고 절박함과 폭발적 분노에 불을 지필 수 있다.[58]

와이 치 디목은 이렇게 썼다. "지역에서 일어나는 재난은 거의 예측 가능한 세계 지정학의 부작용이다. 그 재난들은 좀더 큰 분배 패턴—울리히 베크가 세계적 '위험 사회(risk society)'라고 부른 불평등한 보호 패턴—의 일부로서, 그에 따르면 위험은 가장 혜택받지 못한 사람들에게 가해지며 자원이 거의 고갈된 지점에서 극대화한다."[59] 디목은 여기서 허리케인 카트리나의 전조와 여파가 가난한 이들에게 미친 영향을 고찰한다. 하지만 그녀가 한 말은 오늘날의 케냐를 비롯한 글로벌 사우스의 수많은 다른 나라에도 동일하게 적용된다. 느린 폭력의 지배를 받는 나라에서는 냉소적인 정치 엘리트들로 인해 위험 상황이 쉽게 촉발될 수 있는데, 그런 상황 아래서는 체계적으로 권리를 박탈당한 그 사회의 최대 취약 계층이 가장 큰 희생을 치른다.

아마 하겐이나 그와 유사한 다른 사람들에게는 나무 심기가 분쟁 해결책이라는 주장이 얼토당토않게 들릴 것이다. 드라마틱하지도 명료하지도 뉴스 가치가 있지도 군사적 주목을 끌지도 못하는 일이 아닌가. 하지만 마타이는 자원 문제가 지역·국가·세계 차원에서 지속 가능한 안보에 영향을 끼친다고 주장했으며, 빈자의 환경주의는 분배 정의 문제와 떼려야 뗄 수 없는 관계라고 강조했다. 그럼으로써 케냐의 권위주의적 지배에 맞서 광범위한 정치적 연합을 조성하는 것 그 이상의 일을 해낼 수 있었다. 그녀는 집단적 성격의 운동을 통해, 그리고 증언을 통해 갈등 해결책을 재규정하고자 했다. 즉각적이고 극적인 재앙이 부지불식간에 서서히 이루어지는 느린 폭력을 무색하게 만드는 시대를 위한 갈등 해결책이다. 이것이 바로 왕가리 마타이가 "테러와의 전쟁"에 기여한 바다. 즉 그녀 말대로 "보통 사람들 속에 안보에 대한 감각을 재도입하는 데" 전념하는 운동을 추진함으로써 그들이 주변부로 밀려났다고, 국가에 의한 테러 피해를 입었다고 느끼지 않도록 도와주려는 것이다.[60]

5

상상되지 않는 공동체
메가댐, 근대성의 상징 기념물, 그리고 개발 난민

존엄성을 가장 잘 보여주는 표현은 "노!(No!)"라는 단 한마디다.
— 다이칭(戴晴), "중국: 강과 댐", 골드먼 환경상(Goldman Environmental Prize) 수상 연설

오늘날의 국민국가 개념은 상상되는(imagined) 공동체를 만들어냄으로써 유지되지만, 거기에는 상상되지 않는(unimagined) 공동체를 적극적으로 조성하는 노력도 포함된다. 내가 여기서 언급하고 있는 것은 일국의 국경 너머가 아니라 국민국가라는 공간 내에 존재하는 상상되지 않는 공동체들이다. 그 공동체들이 처한 도무지 상상할 수 없는 조건은 국가 발전에 관한 대단히 선택적인 담론을 유지하는 데 필수 불가결한 요소였다. 국가 발전 내러티브는 상상의 허용 한도 내에서 사고하는 적극 주입된 습성에 기대고 있는지라 불완전한 내러티브다. 그 습성은 일원화한 국가 진보라는 암묵적 궤도를 불편하게 만들거나 교란하는 공동체들은 눈에 띄지 않게 감추려는 경향이 있다. 국가의 환경 자원에 대한 공격은 흔히 지역 공동체들에 물리적 전치(physical displacement)뿐

아니라 상상적 전치(imaginative displacement)까지 서슴없이 자행한다. 개발도상국이라는 개념에서 이들 공동체를 수사적으로나 시각적으로 사전에 소개(evacuation, 疏開)하는 것이다. 이러한 상상 차원의 추방 작업은 흔히 경찰력, 개, 대형 트럭, 불도저, 엔지니어들이 도착하는 것보다 시기적으로 앞서 이루어진다. 따라서 물리적 축출이라는 직접적 폭력은 관료제와 언론이 휘두르는 간접적 폭력—강요된 비가시성이라는 조건을 창출하고 유지한다—과 맞물린다. 그 결과가 바로 내가 말한 이른바 '공간적 기억상실(spatial amnesia)'이다. 개발의 기치 아래 놓인 공동체들이 물리적으로 추방당하고 상상적으로 제거당한 데 따른 결과다. 그들은 시간적으로 공간적으로 소개당하고, 그에 따라 국가의 미래와 국민적 기억 양편에서 배제된다.

이러한 과정의 대표적 예는 아파르트헤이트 아래 이른바 "잉여 인간(surplus people)"이 출현한 현상에서 찾아볼 수 있다. 주로 여성과 아이들로 이루어진 이 "잉여 인간"은 노동 시장과 국가 발전 개념에 비추어 쓸데없는 존재로 여겨졌으며, 따라서 도시에 진입하는 것이 금지되었고, 도시에서 강제로 쫓겨났다.[1] 트럭에 실려 외딴 시골 지역—이른바 "쓰레기 하치장"—에 부려진 그들은 과밀 상태인 그곳에 아무런 생계 유지 수단도 없이 "재정착"했다. 그로 인해 인간과 환경이 입은 피해는 실로 재앙에 가까웠다. 중요한 점으로, 강제 이주 역학은 먼저 직접적 경찰력에, 그다음으로 강요된 상상적 폭력에 의존했다. 상상적 폭력에 의해 어떤 공동체들은 국가에 없어서는 안 되는 것으로, 나머지 공동체들은 쓰고 버려도 좋을 것, 혹은 안 보이게 (문자 그대로 트럭에 실어서) 치워버려야 할 것으로 치부되었다. 이처럼 상상적 축출과 강제 이주가 합세해 잉여 인간을 만들어낸 사례는 비단 아파르트헤이트가 기승을 부린 남아프리카공화국에서만 찾아볼 수 있었던 게 아니다. 실제로 가시적 국가에 어른거리는 유령 공동체의 창출은 주도적 국가 발전 내러티브를 유지하는 데 필수 불가결한 요소로서, 신자유주의적 세계화 물결 속에서 강화된 과정이었다. 서로 맞물린 물리적·상상적 축출 과정은 특히 메가댐 건설을 둘러싸고 상당한 중요성을 띠었다. 메가댐은 개발도상국이 "열심히 따라잡고 있음"을 분명하게 보여주는 근대성의 상징적 기념물이었다. 세계 수준의 공학이 일구어낸, 보도 가치가 있고 장관을 이루는 원대한 위업인 것이다.

수자원이든 석유·가스든 광물이든 숲 자원이든, 자원 개발 내러티브와 관련해 "잉여 인간"으로 재규정된 이들은 거의 대부분 시골 사람이거나 아니면 시골에도 도시에도 절망하고 튕겨 나온 사람이었다. 이들은 보통 "생태계 사람들"이다. 자신을 둘러싼 생태계의 계절적 변화에 기대 생계를 이어가고, 흔히 적응에 필요한 이동성이 보장된 환경에서 살아가는 이들이다. 수많은 사례에서 이들이 대지와 맺는 관계는 역사적으로는 유서 깊지만 법적으로는 비공식적이다. 따라서 이른바 생태계 사람들은 대체로 수세기 동안, 혹은 어떤 경우 수천 년 동안 그들을 살아가게 해준 생태계에 대한 공식 문서를 지니고 있지 않다. 그들을 상대로 한 국가 개발 내러티브로부터의 상상적 추방이 한결 손쉬워진 것은 바로 이 때문이다.

메가댐이라는 어렴풋이 떠오르는 구조물에 의해 보이지 않는 곳으로 내던져진 상상되지 않는 공동체들을 고려하건대, 잉여 인간에 두 가지 개념을 곁들이면 더욱 유용할 것이다. 바로 "개발 난민(development refugees)"과 "비거주자(unintabitants: 원문에서와 마찬가지로 한 단어로 만들어야 할 필요 때문에 '비거주자'라고 옮겼지만, 이것으로는 본래 뉘앙스를 살릴 길이 없다. 따라서 부연 설명을 하고자 한다. 이 장에서 사용하는 '비거주자'는 문자 그대로 '거주하지 않는 사람'이라기보다 모순되게 들리지만 '사실상 사람이 살지 않는 (혹은 살 수 없는) 곳에 사는 사람들'이다. 이하에서는 'uninhabitants'를 문맥에 따라 어느 때는 '비거주자', 어느 때는 '사실상 사람이 살지 않는 곳에 사는 사람들'로 번역한다—옮긴이)"다. 글로벌 사우스에서 수십 년 동안 (주로 세계은행이 자금을 지원한) 메가댐이 빚어낸 파괴적 결과를 기록해온 인류학자 세이어 스커더(Thayer Scudder)는 그 사실을 조명하고자 "개발 난민"이라는 용어를 만들어냈다.[2] 스커더는 댐 건설로 인해 삶터에서 쫓겨난 이들의 수가 3000만 명에서 6000만 명 사이 어디쯤 된다고 추정했다.[3] 이러한 전치는 거의 예외 없이 삶의 질을 나타내는 주요 지표—영양, 건강, 영아 사망률, 수명, 환경 건강성—를 악화하는 결과를 낳았다. 심지어 세계은행 자체도 1994년 실시한 연구에서, 그 기관이 자금을 대준 댐 재정착 프로젝트 192건 가운데 오직 하나만이 재정착민에게 적절한 보상과 사회 복귀 프로그램을 실시했다고 밝혔다.[4]

"개발 난민"은 지독히 역설적인 존재다. 개발은 바람직한 목적을 향해 나아가는 긍정적 성장·개선을 뜻한다. 반면 난민은 심대한 위협—이 경우 개발이 빚어낸 궁핍의 위협, 심지어 메가댐의 경우에는 수몰의 위협—을 피해 도망쳐왔음을 암시한다. 수평적 의미에서 "개발 난민"은 한편 국가 개발이라는 공식적·구심적(centripetal) 논리를 내포하며, 다른 한편 전치·강탈·대탈출 같은 위협적·원심적(centrifugal) 내러티브를 담은 모순적 개념이다. 수직적 의미에서 국가 발전의 아이콘으로서 메가댐은 생태적으로 뿌리 뽑힌 공동체들의 퇴보로 이어진다. 이들 공동체는 공유지가 물에 잠기면서 과거와 단절되었다. 과거에 소박하고 불안정하게나마 다채로운 먹거리와 생계 수단, 그리고 변화 속의 연속성이라는 일관된 시간적 정체성을 제공해주던 장소가 순식간에 자취를 감추었다. 메가댐 건설의 여파로 이러한 공동체들이 그야말로 개발이라는 물에 잠기고 말았다.

"개발 난민"은 또 하나의 이율배반적 개념인 "비거주자", 즉 "사실상 사람이 살지 않는 곳에 사는 사람들"과 중첩된다. 리베카 솔닛은 네바다 핵실험 장소에 관한 빼어난 에세이(《야만의 꿈: 미국 서부의 감춰진 전쟁으로 떠나는 여정(Savage Dreams: A Journey into the Landscape Wars of the American West)》에 실려 있다)를 쓰기 위해 진행한 어느 인터뷰에서 이 용어를 사용했다.[5] 그 에세이는 냉전 시대에 네바다사막을 문화며 기억과 단절된 텅 비고 외따로 떨어진 장소로 재창조하는 데 맞서는 강력한 시도였다. 솔닛은 그 빈 곳에 다시 사람들을 채워 넣었다. 연방 정부의 상상적 셀프-엔클로저(self-enclosure) 프로젝트가 보이지 않게 은폐함으로써 유령 피해자로 둔갑시킨 이들에게 초점을 맞춘 결과다. 핵실험을 실시한 지역에서 살아가는 웨스턴쇼숀족(Western Shoshone)과 '바람 부는 쪽에 사는 사람들(downwinders)', 그리고 그들의 소련 상대역, 즉 냉전 시대의 거센 핵 "개발" 경쟁에 따라 진행된 소련의 핵실험으로 토지·문화·권리를 크게 훼손당한 카자흐스탄사막과 세미팔라틴스크(Semi-Palatinsk: 카자흐스탄공화국의 동북부 지역—옮긴이)의 유목민들……. 《야만의 꿈》은 두 사막 지역—둘 다 상상적 소개에 입각한 기억상실의 장소다—을 이어주는 초국가적 가교 구실을 했다.[6]

솔닛은 핵실험 장소로 떠난 여행에서 특히나 인상적인 일을 하나 겪었다. 결국 이 장 첫머리에서 제기한 질문에 가장 큰 영향을 미치게 된 일이다. 국가 발전 개념이 전제하는 '상상되는' 국가 공동체와 '상상되지 않는' 공동체 간의 관계는 어떤 것인가? 솔닛은 네바다 핵실험 장소에서 동쪽으로 240킬로미터 떨어진 유타주 남부를 여행하던 중, '바람 부는 쪽에 사는' 재닛 고든(Janet Gordon)이라는 사람을 만났다. 그는 가족과 친구들을 숱하게 잃었는데, 그들은 하나같이 이른 나이에 암에 걸려 숨졌다. 고든과 그 가족이 살던 지역은 주로 원주민 땅이었다. 하지만 핵폭발에 대비하면서 당국은 이 땅을 "사실상 사람이 살지 않는 곳"이라고 선언했다. 고든은 공감을 불러일으키는 신랄한 말을 했다. "말하자면 우리는 '사실상 사람이 살지 않는 곳에 사는 사람들'이죠."[7]

고든의 말은 메가댐이라는 상상적 영역에도 무리 없이 적용할 수 있다. 왜냐하면 존재(presence)와 부재(absence)에 관해 균형 잡힌 시각을 부여하기 때문이다. 여기서 부재는 본래적인 것이 아니라 존재에 맞선 전쟁을 통해 강제로 부과된 것이다. 거주자들이 공식 지도에서 배제된 뒤 비가시성 지대로 내몰린 결과다. 네바다 핵실험 장소에서 살아가는 웨스턴쇼쇼족 같은 이들은 제가 살던 땅에서만 쫓겨난 게 아니라 사람들의 인식에서도 지워졌다. 두 가지는 서로 긴밀하게 얽혀 있는 강제 이주였다.[8] 고든 가족처럼 그 지역의 다른 거주자들은 물리적 이주를 당하지는 않았지만, '거주자'에서 '비거주자'로 지위가 격하되었다. 그들은 분명 거기에 존재하지만 존재하지 않았다. 연기처럼 사라진 집에서 살아가는 유령 같은 존재인 것이다.

이처럼 '거주자'에서 '비거주자'로의 폭력적 전환은 트라우마를 낳았고, 그 트라우마는 이른바 개발도상국 전역에서 풍미한 메가댐 건설 시기에 재등장했다. 막무가내로 "진보"를 훼방 놓는 존재로서 치부되던 사람들이 통계상으로 (그리고 더러 숙명적으로) 보이지 않게 되었다. 과테말라의 칙소이 댐(Chixoy Dam)과 관련한 이야기는 이 점을 잘 보여준다. 1980년 3월 댐 건설에 반대하는 이들을 진압하고 수몰 지대 소개 작업을 서둘러 추진하고자 과테말라의 준(準)군사 부대들이 일련의 대학살을 자행한 결과 378명의 마야아치(Maya Achi) 인디언이 목숨을 잃었다. 유혈이 낭자한 잔혹 행위는 지역적 형태를 띠었지만, 기실 그 대학살의 결정적 주역은 과테말라 독재 정권과 손잡은, 손에 피한 방울 안 묻히고 눈에 보이지도 않는 초국가 세력이었다. 바로 융자금을 대줌으로써 댐 건설을 뒷받침한 세계은행과 미주개발은행(Inter-American Development Bank: 라틴아메리카 제국(諸國)의 경제 개발을 촉진하는 데 필요한 융자 제공을 목적으로 하는 은행—옮긴이)이다. 그런 노력이 가능했던 것은 타당성 조사 보고서에서 "샅샅이 조사해본 결과 …… 거의 아무도 살지 않는 것으로 드러났다"[9]고 큰소리친 미국·스위스·독일 공학 고문들의 컨소시엄 덕분이었다. 따라서 그들이 펜으로 끄적거린 한 줄 때문에 졸지에 그 프로젝트의 피해자로 전락한 3400명의 원주민—그리고 개발을 위해 곧이어 학살당할 수많은 사람—은 '사실상의 비거주자'가 되었다.[10]

메가댐에 반대하는 두 문예 분파

미국이 역사적으로 메가댐 선구자로서 맡아온 역할을 고려하면, 댐을 이용한 수력 발전 계획의 오만을 가장 강경하게 반대한 20세기 문예계 인사들—존 뮤어(John Muir), 에드워드 애비(Edward Abbey), 월러스 스테그너, 그리고 데이비드 브로워—이 미국에 몰려 있으리라는 것은 얼마든지 예측 가능하다. 이들은 의미 있을 정도로 하나같이 인구가 희박한 미국 서부에서 살았으며, 모두 주로 황야 윤리와 결부되어 있었다. 하지만 20세기 마지막 해에 대형 댐 건설을 반대하는 그와는 꽤나 다른 문예 분파가 부상했다. 아룬다티 로이의 책 《더 큰 공공선(The Greater Common Good)》 출간이 그 계기였다. 이 책은 그녀가 인도 나르마다강의 연속적인 댐 건설에 맞서 시작한 논쟁 공세에서 최초의 시도였다. 그 강과 지류에 약 3000개의 댐이 건설될 예정이었고, 그중 30개는 메가댐이었다. 가장 악명 높은 메가댐은 메다 파트카르(Medha Patkar: 인도의 비폭력 운동가—옮긴이)가 이끄는 나르마다구제운동의 활동가들이 상징적 구심으로 삼은 사르다르 사로바르 댐이다. 로이의 발언은 나르마다구제운동을 국내외적으로 널리 알리는 데 기여했다.

《더 큰 공공선》의 역사적 타이밍, 지정학적 분위기, 그리고 수사적 전략은 로이의 문예 분파를 중요한 몇 가지 점에서 미국의 주류 반메가댐 문예 분파와 구별되게 해주었다. 첫 번째, 《더 큰 공공선》은 냉전 시대 이후에 쓰인 에세이로서, G8과 손잡은 세계 유일 초강대국이 헤게모니를 장악한 신자유주의적 세계화의 부상, 그리고 그에 따른 반세계화 운동의 전개를 배경으로 했다. (《더 큰 공공선》은 시애틀에서 세계무역기구에 맞선 시위가 열린 1999년 출간되었다.) 로이의 비판과 댐 건설에 반대하는 대다수 미국 저술 간의 중요한 두 번째 차이는 세계적인 대형 댐 건설업계의 역사적·지리적 변화에서 비롯한다. 1999년 인도는 세계 3위의 적극적인 댐 건설국으로 부상했다. 로이는 제 고국 인도의 힌두 민족주의적 파시스트 분파와 신자유주의적 세계화주의자(특히 세계은행과 서방 국가에 본사를 둔 댐 건설업계의 메가댐 건설 지지자들)의 밀월 관계를 드러내고자 노력했다. 누군가 지적하기를, 댐 건설업계는 마치 담배업계처럼 저들 착취의 중심을 글로벌 사우스로 서서히 옮아갔고, 의료·안보·환경 관련 규제가 부재하거나 허술하거나 엉터리로 집행되는 조건을 이용해 막대한 이윤을 거둬들였다.

세 번째로 중요한 차이는 이렇다. 즉 로이가 반대하는 대형 댐은 인구가 희박한 미국 서부의 내륙 지역과 달리 자급자족하는 농민이 바글바글 몰려 사는 시골 지역에 들어섰다. 따라서 로이의 수사 전략은 황야 윤리 전통과 결부된 그것과는 전혀 달랐다. 대신 그녀의 접근법은 국제적 환경 정의 운동의 수사를 빌려와 확장한 것이었다. 하지만 미국에서는 존 뮤어(1838~1914. 미국의 자연주의자·작가·자연보호주의자. 요세미티·세쾨이어 자연공원을 지정했다. 캘리포니아주 쿼터 주화에 모습이 담길 정도로 중요한 인물이다—옮긴이)가 활약하던 때는 고사하고 에드워드 애비(1927~1989. 미국의 작가·수필가로서 환경 문제, 공공 토지 정책을 비판하고 무정부주의적 정치 견해를 옹호했다—옮긴이)가 집필하던 시기에조차 국제적 환경 정의 운동에 상당하는 그 어떤 형태도 존재하지 않았다.

우리는 (로이가 작가로서 동참한) 나르마다구제운동의 전략 및 정황을, 1960년대 중반에 전개된 운동〔애비와 브로워가 두각을 나타낸 이 운동은 글렌 캐니언 댐(Glen Canyon Dam) 등 여러 콜로라도강의 메가댐 건설에 반대했다〕의 그것과 대조함으로써 앞의 세 가지 차이가 왜 발생했는지 설명할 수 있다. 미국 서부의 사막쥐(desert rats: 미국 남서부의 사막 거주민을 일컫는 구어—옮긴이)와 몽키 렌처〔monkey wrencher: 에드워드 애비가 쓴 책 제목《몽키 렌치 갱(The Monkey Wrench Gang)》에서 착안한 표현으로, 자연환경에 해롭다 싶은 행위에 대한 항의 표시로서 장비, 운송 시설, 기계 따위를 고의로 파손하는 활동가를 지칭한다—옮긴이)의 느슨한 연대를 추동하는 정신은 아나키즘이었다. 그들은 황야의 숭고함(wilderness sublime), 즉 찬가와 비가가 뒤섞인 담론에서 전략적 언어를 빌려왔다. 황야의 숭고함은 기념비적 구조물에 대한 수사에 저항하는 투쟁과 불가분 관계였다. 즉 경외의 대상이자 위엄을 지닌 탁월한 지질학과 빼어난 공학의 대격돌에서 소중한 역할을 담당한 것이다. 브로워에게 "글렌캐니언 지역에서 가장 아름다운 곳은 장엄한 바위벽 아래 들어선, '사막의 대성당(Cathedral in the Desert)'이라는 이름의 동굴처럼 생긴 장소였다".[11] 애비와 마찬가지로 브로워는 반숭고함(countersublime)의 토착어를 사용하는 홍보의 거장이었다. "파월호(Lake Powell)는 모터보트를 위한 드래그스트립(dragstrip: 드래그레이스를 펼치기 위한 장소—옮긴이)이다. ……글렌캐니언의 마법은 죽었다. '사막의 대성당'에 물을 가두는 것은 성베드로 성당의 지하실에 소변을 누는 것과 같다."[12] 댐 건설에 반대하는 모 연합체가 〈뉴욕타임스〉에 이렇게 묻는 광고를 게재했다. "관광객들이 천장에 더 가까이 다가갈 수 있도록 시스티나 성당(Sistina Chapel: 바티칸 교황 관저의 사도 궁전 안에 있는 성당이다. 미켈란젤로 등 르네상스 시대의 예술가들이 천장을 비롯해 곳곳에 프레스코 벽화를 그려놓았다—옮긴이)을 물로 가득 채워야 하는 겁니까?"[13]

이러한 전략은 대서양을 사이에 둔 문화적 숭고함과 자연적 숭고함 간의 이원론적 분리에 따른 결과였다. 즉 유럽의 원대하고 신성한 건축물은 문화의 상징이고, 미국 서부의 장엄한 지질학적 장관은 자연 혹은 좀더 구체적으로 '자연의 나라'의 표상이었다. 30년 뒤 나르마다 계곡에서는 이러한 양극단 모두가 정치적·역사적·지형적 이유에서 구현될 수 없었다. 나르마다에서 위기에 처한 것은 은유적 신전이 아니라 실제적 신전이었다. 우기의 강물이 신전들, 그리고 그것들과 수세기 동안 함께해온 마을들을 뒤덮었다. 해마다 댐의 벽이 점차 높아짐에 따라 수위도 덩달아 올라갔다. 로이가 나르마다강 댐들이 "문화를 수장하고 있다"고 쓸 때, 그녀는 범람원(floodplain: 가장 보편적인 충적지로 하천 양쪽에 펼쳐진 평탄하고 낮은 지형이다. 주로 논으로 경작하기에 밭·과수원·목장·임야 등으로 이용하는 주변 구릉지와 뚜렷이 구분된다—옮긴이) 생태계와 밀접한 관계인 인구 밀도 높은 마을의 문화가 물에 잠기는 사태를 말하고 있었다. 범람원 생태계는 "고고학자들에 의하면, 인도에서 석기 시대 이래 인간의 점령에 의해 방해받은 기록이 없는 유일한 계곡"[14]에 자리했다. 이는 자연이라는 상징적 신전이 물에 잠기는 것과는 전혀 다른 일이었다. 거기서는 전형적인 증인이 멋스러운 고독에 젖은 채 황야를 배회하는 남성으로, 비사교적이고 흔히 사람을 싫어한다.

이 모든 것에 내재된 미학적 차이는 상이한 경제 구조에 크게 영향을 받은 결과다. 콜로라도 댐을 두고 벌이는 치열한 투쟁은 미국 국내에 그쳤다. 미국은 메가댐 경제학을 연방이 관리하고 국가가 견제했다. 반면 나르마다 계곡에서 댐 건설은 파나마·과테말라·벨리즈·카메룬·캄보디아·키르기스스탄 등 글로벌 사우스에서 대체로 그러하듯, 신자유주의적 세계화의 기반인 초국가적 자금 지원 구조에 의존했다. 따라서 사르다르 사로바르 댐은 인도 외부에서까지 파문을 일으킨 상징적 투쟁으로 떠올랐다. 이것이 바로 로이가 인도에서 논쟁적 존재였음에도 나르마다 계곡 투쟁이 다른 지역의 환경 정의 운동에 미치는 영향력을 전 세계에 중계하는 데 꼭 필요한 인물로 떠오른 이유다. 그녀는 메가댐 건설업계의 세계적 구조, 강 하구 부족들에게서 전형적으로 볼 수 있는 궁핍, 이 모든 요인과 지배적 신자유주의 세계 질서의 관련성 및 그로 인한 생태적 대가를 드러냄으로써 기꺼이 그 역할을 감당했다.

만약 내가 암시한 바와 같이 대형 댐 자체가 (가능한 유용성을 넘어선) 모종의 국가적 행위 미술이라면, 댐 벽을 수많은 게릴라들이 활약할 수 있는 활동 무대로 인식한 애비(그리고 그와 뜻을 함께한 정신 나간 아나키스트들)는 천재적 식견을 드러낸 셈이다. 그들은 처음 텔레비전을 발명한 나라들로 그 광경을 내보냈다. 애비는 스펙터클과 반(反)스펙터클은 크게 흥할 수도 망할 수도 있는 정치 활동임을 본능적으로 이해했다. 장대한 댐의 외관은 국가의 근대성을 유감없이 보여주는 기념비적 구조물이지만, 다른 한편 특히 냉전 시대의 편집증이 만연하던 1960년대에는 종말을 암시하는 기념비적 구조물이기도 했다. 텔레비전에 방영된 댐 벽의 텅 빈 캔버스는 한 나라의 거대한 희망뿐 아니라 그만큼이나 거대한 두려움을 담아낼 수 있었다. 풍경 속에 핵폭발 광경을 포토샵으로 그려 넣는 기술이 등장하기 한참 전에, 애비와 그의 괴짜 추종자들은 글렌캐니언 댐의 벽면에서 둥글게 말린 90미터짜리 검은 폴리우레탄 시트지를 아래로 펼쳐 내렸다. 〔'에드워드 애비가 이끄는 어스 퍼스트 (Earth First!) 활동가들의 글렌캐니언 댐 균열시키기(The Cracking of Glen Canyon Dam with Edward Abbey and Earth First!)'라는 제목의 동영상에 이 장면이 담겨 있으니 참조하라. https://vimeo.com/208388075—옮긴이.〕 텔레비전 방송국들이 깜짝 놀라면서 포착한, 댐 벽이 진짜로 갈라진 것처럼 보이는 이 광경은 댐 건설에 반대하는 아나키스트들의 비감한 분노를 종말론적 시각 수사와 연결해주었다. 애비의 글쓰기를 지배하는 중심 주제는 글렌캐니언의 죽음이었다. 반면 아마도 법적 이유에서겠지만 활동가로서 그의 대처는 일반적으로 비문학에서의 '비폭력적' 댐 반대 행동주의와 문학에서의 '폭력'주의 사이를 왔다 갔다 했다. 그가 댐 반대와 관련한 직접적 폭력—완곡하게 '글렌캐니언 댐의 비공식적 해체'라고 부를 법하다—을 가장 적극적으로 옹호한 비문학 작품은 《사막 솔리테어(Desert Solitaire)》(Solitaire는 '혼자 하는 놀이'라는 뜻이다—옮긴이)다. 애비는 이 책에서 "인간이 지금껏 목격한 것 가운데 가장 사랑스러운 폭발"에 대해 공상의 나래를 펼쳤다. 그는 "거대한 댐을 강이 흐르는 길에 깔린 돌무더기로 만들어버리는 광경"을 떠올리면서 "그로 인해 근사한 급류가 새로 만들어지고, 우리는 거기에 플로이드 E. 도미니 폭포(Floyd E. Dominy Falls: 플로이드 E. 도미니(1909~2010)는 1959~1969년 미 개척국(Bureau of Reclamation) 국장을 지낸 인물로, 글렌캐니언 댐 건설과 그에 이은 파월호 건설을 주도했다—옮긴이)라는 이름을 붙여줄 것"이라고 말했다.[15] 하지만 애비는 자신의 가장 유명한 소설 《몽키 렌치 갱》에서는 판타지와 괴짜 시어터를 넘어섰고, 자신과 뜻을 함께하는 에코-아나키스트들이 댐 벽을 폭발시키는 레버를 누르도록 만들었다.

가시성의 정치학, 규모의 정치학

환경과 관련한 두 가지 획기적 사건을 계기로 로이는 창작 에너지를 문학에서 논쟁이나 현실 참여 에세이로 전환하겠노라 마음먹게 되었다. 1999년 2월 분명 아무 연관도 없어 보이는 어느 개발 계획이, 인도 인민당(Bharatiya Janata Party, BJP) 정부가 1998년 5월 실시하고 파키스탄도 똑같이 따라 한 사막 핵실험의 뒤를 이었다. 4년간의 법적 보류 기간을 거친 뒤 인도 대법원이 나르마다강 사르다르 사로바르 댐의 건설을 재개하도록 허락한 것이다. 로이는 메가무기(megaweapon)와 메가댐이라는 방대한 주제를 다룬 2개의 짧은 에세이를 들고 국제적 작가-활동가로서 직업 이력 2막을 시작했다. 그녀가 주로 천착한 것은 가시성(visibility), 차이(distance), 규모(scale)의 정치학이었다. 9·11 이전에 쓴 두 에세이에서 그녀는 민족주의에 대한 대중 추수적 시각 수사—기술적 숭고함을 스펙터클의 신성화와 뒤섞은 것이라고 표현할 수 있다—가 인도에서 파시스트적 변화를 표현하고 또 그 변화를 가능하도록 돕는 방식을 조명했다. 파시스트적 변화는 시민의 권리를 감소시켰고, 유산자와 무산자의 간격을 늘렸으며, 경제적 권력과 특혜의 집중을 가속화했다. 이런 역학을 직관적으로 파악하는 로이의 역량은 결국 그녀의 장점 가운데 하나로 떠올랐다. 그녀는 이어지는 10년 동안 광범위한 주제를 넘나들었으며, 9·11 이후 "테러와의 전쟁" 기간에는 여러 에세이에서 오만한 신자유주의 세계 질서가 국내외적으로 개발 수혜자와 개발 피해자의 간극을 더욱 넓혀가는 현상을 비판했다. 가드길과 구하가 만들어낸 대조적인 두 용어를 빌리자면, 인도에서 특히 '옴니보어'와 '생태계 사람들' 간의 간격이 점차 벌어졌던 것이다.

로이는 각각 인도의 핵실험과 나르마다 계곡 댐을 다룬 두 에세이를 짝지음으로써, (시비 논란이 있긴 하나) 대형 댐 건설을 폭력의 범주에 포함시키고자 했다. 이 에세이를 통해 그녀는 더욱 장대한 드라마에 집중했다. 인도의 원대하고 자신만만한 근대성이 눈에 보이지 않는 국가적 배제 이야기를 날조하는 데 의존하는 방식 말이다. 이처럼 무엇을 근대성으로 볼 것이냐에 대한 그녀의 탐구는 규모의 정치학과 비가시성의 정치학을 향한 끈질긴 관심과 떼려야 뗄 수 없는 것이었다.

로이의 핵폭탄 에세이와 메가댐 에세이는 공히 중요한 질문을 제기한다. 새로운 천년이 시작될 무렵, 주도적인 근대 국가가 된다는 것은 무슨 의미인가? 아니 좀더 엄밀하게, 국가로서 근대성을 **드러내 보인다**(display)는 것은 과연 무슨 의미인가? "인도(Hindu)" 핵폭탄의 폭발은 과학과 자연의 정복을 통해 위대한 국가 위상을 선언하는 장대한 쇼이자 초자연적이고 불길한 전조를 알리는 스펙터클이었다. "인도 정부는 우리에게 '사막이 진동했다'고 알렸다. ……파키스탄 정부는 '산 전체가 하얗게 변했다'고 응수했다. ……그 폭발을 지켜본 한 과학자는 '나는 이제 크리슈나 신이 산을 들어 올리는 이야기를 믿을 수 있게 되었다'고 말했다."[16] 국경 양쪽에서 핵폭탄의 폭발은 연이어 언론의 폭발적 관심을 불러일으켰다. 그 사건은 기술적 숭고함, 국가의 종교적 숙명, 남성적이고 호전적인 애국주의 언어를 통해 표현된 국가의 자기 과시였다. "우리는 더 이상 거세당한 존재가 아님을 증명했다." "우리는 우월한 힘과 역량을 지녔다." "이는 비단 핵실험에 그치는 게 아니라 민족주의에 대한 실험이기도 하다."[17] 물론 미국 서부에서는 기술적 숭고함, 명백한 운명, 거만하고 호전적인 한계의 거부가 어우러져 핵실험 역사와 수력 발전 댐 역사가 만난 자리에 저만의 변종이 생겨났다. 월러스 스테그너가 물었다. "만약 당신이 풍부함에 익숙해 있고, 제약을 잘 견디지 못하는 민족이고, '불과 구름 기둥(pillars of fire and cloud: 출애굽한 이스라엘 백성이 광야에서 생활하는 동안 하나님이 함께하며 보호하고 인도해준 상징물. 백성에게는 '하나님의 거룩한 임재와 보호와 인도함'을, 악인들에게는 '심판하는 초월자의 현현'을 나타낸다—옮긴이)'에 의해 서부로 이끌리고 있다면, (서부의 특징인) '건조함'을 어떻게 다룰 것인가? ……당신은 어떻게든 공작을 부려 그 문제를 없애려 애써야 할 것이다."[18] 개척국(Bureau of Reclamation: reclamation의 동사형 reclaim에는 '개척하다', '매립하다'는 뜻과 더불어 '되찾다', '돌려달라고 요구하다'는 뜻도 있다—옮긴이)이라는 개념 자체도 은연중에 그러한 국가적 자만을 드러낸다. 이 연방 기관은 메가댐과 관개를 통해 사막 지역을 '차지한(claim)' 게 아니라, 마치 그 건조한 서부 지역이 과거에는 비옥한 연방 재산이었는데 모종의 사악한 사막 세력이 부당하게 장악하기라도 한 듯 그곳을 '돌려달라고 요구한

(reclaim)' 것이다.

로이의 핵실험 에세이와 메가댐 에세이 모두에서 우리는 그녀가 두 가지를 불신하고 있음을 알아차릴 수 있다. 첫째, 웅대한 테크놀로지를 앞세워 인도의 근대성을 자랑하려는 정부에 대한 불신이다. 둘째, 이른바 상상된 공동체의 통합된 스펙터클들이 상상적 분리라는 폭력적 습성—즉 내가 말한 국가에 의해 상상되지 않는 공동체들—에 기반하는 현상에 대한 불신이다. 파키스탄에 맞서 살아남을 수 있는 핵전쟁이 크게 칭찬받았는데, 그 전쟁이 의존한 요소가 바로 이러한 분리적 판타지였다. 반면 경계를 구획할 수 없는 만큼 상공·대기·물을 공유하는 인접국은 방사능 물질이며 독성 물질을 피해갈 도리가 없다. 그 국가들의 시민은 칸막이를 칠 수 없는 지상에서 한 지역의 거주민이기도 하기 때문이다. 《더 큰 공공선》에도 비슷한 내용이 언급되어 있다. 로이는 그 책에서 인류가 구상한 하곡(河谷) 개발 프로젝트 중 가장 야심 찬 것, 그리고 웅대한 국가 재편 프로젝트에서 비롯한 인간적·생태적 재앙을 상상 차원에서 분리해내려는 시도를 폭로했다.[19]

로이는 인도 정부의 핵실험과 댐 건설의 자만심을 동일한 마음가짐의 두 가지 표현이라고 보았다. 하나는 순전히 악의적인 근대성의 스펙터클이고 다른 하나는 철저히 선의에 기반한 근대성의 스펙터클로 구분하는 관점과 대비되는 것으로, 시비 논란이 분분한 과격한 견해다.[20] 반핵·반메가댐 논쟁을 한데 아우른 것은 이 노골적 관련짓기가 무엇을 근대성으로 간주할 것이냐와 관련한 관점 변화에 기여할 수 있음을 말해준다. 이는 적어도 암묵적으로나마 근대성에 대한 하나의 대안적 정의다. 즉 "강자들이 도는 궤도와 약자들이 도는 궤도 간의 거리가 점점 더 멀어지고 있다".[21] 윌리엄 피네건이 다른 맥락에서 지적한 대로 "오늘날 같은 세계화한 정권 아래서는 국가 전체를 싸잡아 승자라거나 패자로 규정하는 것이 지나치게 단순하거나, 심지어 오도된 판단일 수 있다. 모든 나라에는 상당수의 승자 집단과 패자 집단이 공존하기 때문이다".[22] 따라서 로이가 메가댐을 인도의 근대성에 관한 허구라고, 즉 거창하고 지극히 선별적이며 분열을 초래하는 허구라고 폭로한 것은 통합에 대한 열망이 그만큼 강해서다. 나르마다 계곡 댐을 근대화 세력인 강자들(그녀의 표현을 빌리자면 "이메일에 의한 제국주의"를 구현하는 이들)의 머나먼 궤도에서뿐 아니라 좀더 가까운 약자들의 궤도에서도 상상해보려는 열망 말이다. 로이는 다양하게 표현되는 존재들, 즉 근대성의 산물인 잉여 인간, 근대성에 의한 개발 난민, 근대성이 낳은 '비거주자'의 관점에서 메가댐 문제를 바라보고자 했다.

작가-활동가와 수몰 지대

로이 논쟁법의 중심에는 상상력의 한계라는 지극히 작가적인 주제가 놓여 있다. 그녀의 핵실험 에세이는 어떻게 하면 상상할 수 없는 것(다소간 공정한 재난으로서 원자폭탄에 의한 종말)에 감각적 정의를 부여할 수 있는가 하는 난제를 다룬다. 그와 짝을 이루는 나르마다강의 대형 댐 건설에 항의하는 에세이는 불공정하게 분배되는 재난이 제기한 상상적 딜레마를 조명한다. 여기서 주요 난제는 대형 댐 기술자, 내각 관료, 세계은행 관계자, 거대 언론이 마구 쏟아내는 자화자찬 일색의 개발 수사로 인해 눈에 보이지 않게 밀려난 공동체와 생태계에 어떻게 상상적 초점을 맞출까 하는 것이다. 로이의 비문학에서 허풍 떠는 캐릭터로 선보이곤 하는 세계은행이 그녀의 소설 《작은 것들의 신》에서는 앞부분에 불길한 카메오로서 등판한다. "에스타(Estha)가 강둑을 따라 걸을 때 똥 냄새와 세계은행 대출로 사들인 살충제 냄새가 났다"[23]고 묘사한 대목에서다. 세계은행이라는 개념에는 물과 관련한 죽은 은유가 포함되어 있다. 은행들은 투자를 지원하고(shore up) 자본의 흐름(streams)과 세계적 흐름(flows)을 통제한다. 만약 우리가 잠시 멈춰 서서 세계은행에 의한 수몰이라는 은유를 떠올려보면 그 속에 강이 흐르고 있음을 느낄 수 있다.

로이는 수십 편의 에세이를 통해, 규모의 폭정과 폭력적 비가시성 정치학 간의 관련성이라는 주제로 돌아왔다. 이는 그녀가 환경 정의, 세계화, 제국, 테러와의 전쟁을 다루는 저술에서 구속력 있는 특징적 주제로 떠올랐다. 《작은 것들의 신》의 커다란 성공에 고무된 그녀가 거대한 것들—세계은행, 국제통화기금, 세계무역기구, 미 제국, 머독의 언론 제국, 종교적 근본주의, 테러와의 전쟁, 핵 확산, 메가댐—과 관련해 세속적 신과 종교적 신의 대결에 의지하게 된 것은 전혀 우연이 아니다. 그 소설의 엄청난 성공은 뜻하지 않게도 로이에게 갑작스러운 가시성을 부여했다. 그녀는 그 가시성을 발판 삼아 인간 공동체와 생물 공동체 망을 위협하는 초국가 세력과 국가 세력 간의 대체로 모호한 결탁에 대해 문제를 제기하겠노라 결심했다. 그녀의 에세이는 형태가 자꾸 바뀌는 이 거대 세력들이 추적하기도 가시화하기도 극화(劇化)하기도 폭로하기도 어렵다는 것을 인식했고, 따라서 그에 대한 반대가 성공하기도 어렵다는 것을 간파했다. 그들이 메가댐을 거액이 투자된 성공적인 국가 진보의 빛나는 아이콘으로서, 위대한 국가로 나아가는 길을 밝히는 등불로서 추진할 때는 더욱 그렇다는 것을 말이다.

후버 댐(Hoover Dam)을 환영하던 찬양과는 반대로, 인도 최대의 상징적 메가댐(사르다르 사로바르 댐—옮긴이)에 대한 로이의 접근법은 근대적 구조물 자체의 규모가 아니라 그것이 야기한 근대적 강제 이주의 규모에 주목했다. 그 댐의 어마어마한 규모는 쉽게 측량할 수 있지만 전치의 엄청난 규모는 잘 알려져 있지 않다. 선의에 입각한 구제적 댐이라는 개발 판타지를 유지하는 데 필요한 대규모의 상상적 전치, 그리고 "수몰 지대(submergence zone)"로 인해 피해 입은 인간·비인간의 운명을 억압하는 데 필요한 상상적 전치 간의 직접적 관련성이 드러났다. "수몰 지대"라는 관료주의적 완곡어법 자체는 개발 난민의 목소리가 물에 잠겨 들리지 않게 되었음을, 즉 열광적인 개발 수사라는 홍수에 뒤덮여 들리지 않게 되었음을 말해준다.

로이는 규모의 정치학과 가시성의 정치학에 대해 강박적일 정도로 깊은 관심을 기울였는데, 이는 존 버거가 그의 저술에서 보인 관심을 떠오르게 한다. 존 버거는 우리 시대의 가장 신랄한 작가-활동가 중 한 사람으로서 신자유주의 세계화와 초국가 세력에 의한 장소(공동체와 생태계) 파괴 간의 관련성에 관심이 많았다. 보기(seeing)와 보지 않기(not seeing)의 방식, 즉 비가시성 산업에 깊이 천착한 버거는 특히 지대(zones)의 개발 수사를 합리화함으로써 야기된 폭력에 대해 통찰력을 드러냈다.

세세한 사정은 저마다 다르지만, 한때 시골이었던 드넓은 지역이 지대로 바뀌고 있다. 처음에 영토의 분할과 파괴는 늘 외부로부터, 즉 훨씬 더 많은 부를 축적하려는 탐욕을 불태우는 기업 이해 집단으로부터 시작되었다. 이는 천연자원—빅토리아 호수(Lake Victoria)의 물고기, 아마존 정글의 목재, 어디서 발견되든 간에 모든 휘발유, 가봉의 우라늄 등—의 약탈을 의미한다. 자원이 매장된 땅이나 강·바다가 어느 나라 것이냐와는 아무 상관없이 자행되는 약탈이다. ……이런 지대에서 살아가는 이들은 '제 삶터(domesticity)에 대한 감각'을 몽땅 잃어버린다. ……일단 이런 일이 일어나면 그 감각을 되살리는 데는 수세대가 걸린다. 이러한 축적이 이루어지는 데 비례해 시공간적으로 어디에도 속하지 않는 경향 또한 덩달아 커졌다.[24]

버거의 분노는 주민들이 자급자족하던 장소와 생태적 복잡성이 작동하던 장소가 수문학 지대(hydrological zones: 수문학(hydrology)은 지구상에 존재하는 물의 생성, 순환, 분포, 물리화학적 성질, 환경에 대한 반응 및 생물체와의 관계를 규명하는 학문이다. 댐이나 하천 제방 같은 수공 구조물의 설계와 건설도 수문학의 영역이다—옮긴이)나 수몰 지대로 달라지는 실태를 직접 겨눈다. 그들은 그에 따른 피해를 완곡어법으로 표현했지만, 그 지대는 이른바 군사 전략에 의한 피해 지대와 크게 다를 바 없다. 애국심과 테크노크라시(technocracy: 과학기술 분야 전문가들이 상당한 권력을 행사하는 정치 및 사회 체제—옮긴이)를 버무린 지대 담론은 장소를 전치함으로써 거주민을 잉여 인간으로 바꾸기 위한 발판을 마련한다. 근대성의 성취를 과시하는 거창한 기적으로서 메가댐의 매혹적 이미지 옆에서 이 잉여 인간들은 거의 눈에 띄지 않는다.

조상 전래의 생계수단을 제공하던 환경에서 떨어져나간 난민들은 스스로가 시공간적으로 어디에도 속하지 못한 존재로 전락했음을 발견했다. 임시 수용소의 잠정적 삶은 시간적으로 곤궁한 처지에 놓인 삶이다. 과거 범람원에서는 강물의 들고남이 농업, 어업, 과실과 견과류의 수확에 리듬을 부여했는데, 메가댐이 범람원을 사라지게 만들자 그 리듬에 기대 살아가던 공동체도 더불어 종적을 감추었다. 이렇듯 메가댐은 과거마저 수장시켰다. 수물 지대는 장소를 기반으로 한 사자(死者)들—과거·현재·미래를 넘나드는 가교의 의미를 지닌 살아 있는 존재로서 시간에 생명력을 부여한다—과의 관계를 집어삼켰다. 나는 바로 이러한 의미에 비추어 "제 삶터에 대한 감각"을 되살리는 데 수세대가 걸린다는 버거의 경고를 이해했다. 강제 이주는 궁색한 숙식 환경, 낯선 생태, 대체로 척박하고 적대적인 지형 따위에 적응해야 하는 고통을 안겨주지만, 다른 한편 시간적 폭력이 제기하는 부가적 도전도 부여하기 때문이다. 그것은 온전한 시간적 질서에 따라 서서히 의미를 구축해온 신비로운 옷감에서 찢겨나간 천 조각처럼 잘리고 절단된 현재 속에서 어떻게 살아남을까라는 도전이다.

메가댐은 인류의 개발(development) 역사에서 가장 강렬하게 시선을 사로잡는 경이로운 스펙터클의 하나로, 특히 인도나 중국처럼 인구 밀도가 높은 사회에서, 대개 그에 뒤이은 강력한 저개발(underdevelopment)의 흐름을 보지 못하도록 만든다. 로이는 사르다르 사로바르 댐 건설이 "전쟁으로 공식 인정되지 않는 전쟁"을 수반한다고 주장했다. 겉으로 드러나는 것으로만 보면 공식적으로 이 전쟁에 피해 입은 사람은 존재하지 않는다. 문제는 통계에 잡힌 사람이 없다는 사실이 아니라 그들이 아예 통계의 대상에서 배제되었다는 사실이다. 이는 잉여 인간의 정의를 이루는 또 하나의 축으로서, 전혀 다른 차원의 비인간화다. "댐 건설 지대"의 거주자를 "사실상 사람이 살지 않는 곳에 사는 사람들"—(이들에 대해서는 실상 표현되는 일도 없지만 혹 그럴 일이 있다손 쳐도) 국가 개발의 진척을 방해하는 퇴행적 존재쯤으로 그려진다—로 바꿔버리는 현상을 좀더 조밀하게 이해하려면 어떤 특정한 폭력적·비폭력적 전략이 동원되는지 살펴보아야 한다.

"댐 건설 지대" 거주자의 권리를 부정하는 데 쓰인 주요 전략은 다섯 가지다. 첫째, 직접적 폭력에 의한 무자비한 위협이다. 군사적·준군사적으로 총부리를 겨누거나 댐 물을 방류함으로써 강제 이주를 이끌어내는 전략이다. 〔1961년 퐁 댐(Pong Dam)의 수몰 지대에서 마을 주민에게 이렇게 연설한 모라르지 데사이(Morarji Desai)가 그 예다. "댐이 완성된 뒤 살던 집에서 이주할 것을 당신들에게 요청할 예정이다. 이주한다면 아무 문제가 없다. 하지만 만약 그러지 않으면 우리는 물을 방출해서 당신들을 모두 물에 잠기게 만들 것이다."〕[25] 둘째, (흔히 직접적 폭력과 함께 사용되는 것으로) 자기희생을 선택하도록 내모는 수사적 호소 전략이다. 당신의 상실·고통은 더 큰 선을 위한 것이요, 당신은 국가 발전의 제단에 오른 영웅적 제물이라는 내용이다. 〔1948년 히라쿠드 댐(Hirakud Dam) 건설로 삶터를 빼앗긴 공동체들에게 이렇게 호소한 자와할랄 네루(Jawaharlal Nehru)를 예로 들 수 있다. "만약 고생을 해야 한다면 국가의 이익을 위해서 그렇게 해야 한다."〕[26]

"댐 건설 지대" 거주자의 권리를 부정하고 그들의 가시성을 줄이기 위한 세 번째 전략은 완곡어법과 두문자어(acronym, 頭文字語) 같은 간접적 폭력이다. 수십 년 동안 글로벌 사우스에서 메가댐의 핵심 후원자 노릇을 한 세계은행이 선호하는 공식 용어는 팝스(PAPs)였다. '프로젝트에 영향을 받은 사람들'이라는 의미인 'Project-Affected People'의 두문자어다. 이 용어는 무혈에 과학기술 전문적이고 부정직할 정도로 중립적이어서, 문제가 된 그 프로젝트에 영향을 받은 이들이 불가피하게 부정적인, 때로 치명적인 영향을 받는다는 사실을 모호하게 만든다. "프로젝트에 영향을 받는다"는 것은 비자발적 추방, 토지 상실, 공동체 해체, 생애 전망의 수직 낙하로 해석해야 마땅하다. 이 같은 관료주의적 용어의 거짓 중립성을 돌파하고자 대형 댐 반대자들은 관련 폭력을 강조하는 좀더 직접적인 언어의 사용을 선호했다. 그들은 "피축출자(oustees: 축출당한 사람—옮긴이)"—인도에서 만들어진 신조어로 이후 국제적으로 널리 쓰였다—에서부터 스커더가 처음 쓴 "개발 난민"에 이르는 여러 용어를 제시했다.

네 번째 전략은 수몰 예정지에서 살아가는 사람들의 권리를 그들이 문화적으로 열등하다, 혹은 실제로 발언할 수 있는 문화 자체가 결여되어 있다는 이유로 묵살하는 것이다. 이 전략은 직접적 식민주의의 후퇴에도 불구하고 결코 사라지지 않았다. 독립 이후 인도에서 토착 원주민 아디바시(Adivasi)—불가촉천민인 달리트(Dalit)와 함께 "피축출자"의 대다수를 차지한다—는 소모품처럼 취급당했다. 아디바시의 존재는 힌두이즘의 도입보다 시대적으로 더 앞섰음에도, 그들이 인도 문명의 핵심인 힌두민족주의 특성에 비추어 문화적으로 열등하고 주변적인 존재로 널리 받아들여지기 때문이다.[27] 사르다르 사로바르 댐의 선도적 엔지니어 샤(I. M. Shah)는 모든 아디바시를 쫓아내는 조치에 지지를 표명했다. 또한 구자라트(Gujarat) 소재 간디노동연구소(Gandhi Labour Institute)의 비두트 조시(Vidhut Joshi)는 "낮은 수준의 테크놀로지와 삶의 질에 기반을 둔 문화는 우월한 테크놀로지와 높은 삶의 질을 특징으로 하는 문화에 자리를 내주어야 한다. 이것이 바로 우리가 말하는 발전이다"[28]라고 말했다.

이런 사람들을 세계화 경제에서 불편을 끼치는 시대착오적 존재로 바라보는 견해는 흔히 환경 및 문화에 대한 공리주의적 통제 담론을 통해 그 정당성을 보장받곤 한다. 그에 따르면 "비합리적인" 강가 거주민과 "비합리적인" 강의 다루기 힘든 속성은 바로 잡혀야 하고 "합리적인" 국가 발전 문화로 바뀌어야 한다. 그렇게 함으로써 우리는 "제어되지 않는" 강과 이른바 "법을 지키지 않는" 사람들을 싸잡아 공격하는 광경을 보게 되었다. 이는 비단 인도에만 국한한 현상이 아니다. 이러한 공동체의 거주자들은 흔히 무지몽매한 삶을 사는 이들로 치부되기 일쑤다. 그들은 국가의 주류가 아니라, 그 죽은 은유에 딱 어울리는 문화적 후미(backwater: 외진 벽지—옮긴이)였다.[29]

강에 기대어 살아가는 아디바시와 달리트의 곤궁은 거대 댐 건설 계획으로 인해 쫓겨난 자들의 권리를 짓밟는 다섯 번째 전략으로 우리를 안내한다. 무엇을 문화로 간주할 것인가, 즉 문화적 인식에 관한 질문은 무엇을 재산으로 볼 것인가에 관한 질문과 긴히 잇닿아 있기 때문이다. 아디바시, 그리고 사실상 글로벌 사우스의 대다수 "피축출자들"은 (심지어 어떤 경우는 수천 년 동안) 자신들에게 생계 터전이 되어준 강둑, 범람원, 강에 연한 숲, 자원 가용 지역에 대한 소유권을 보장해주는 권리 증서를 지니고 있지 않다. 이들은 어느 면에서 그 땅의 주인이라고 볼 수 있지만, 존 로크(John Locke, 1632~1704)식의 사유 재산 논리에 따르면 그 땅의 소유주가 아니다. 따라서 그들은 (공정한 보상을 받을 권리는 차치하고) 그저 그 땅에 남아 있을 권리와 관련해서도 비거주자로, 전(前) 자본주의 시대의 잔여적 존재로 규정될 소지가 크다. 그들의 시대착오적 거주 척도는 국토 개발이라는 좀더 넓은 내러티브에서 사유 재산에 대한 자기 개발로서의 법적 논리에 의해 묵살당하기 십상이다. 그 논리에 따르면 피축출자들은 재산을 빼앗기는 것도 아닌 채로(본시 그들 것이 아니므로—옮긴이) 내쫓기는 셈이 된다.

사막 거주자와 마찬가지로 범람원 거주자에게는 이동 주기에 따라 그 땅에 순응하면서 살아가는 것이 환경이나 섭생 면에서 사리에 닿는 일이다. 누구든, 때로 고달프고 위험으로 가득하며 종종 자원을 잘못 관리하는 결과를 낳기도 하는 생활 양식을 낭만화하지 않으면서도, 그 정도 주장은 할 수 있다. 예를 들어 강의 계절적 변화에 의존하는 외딴 지역의 농사는 대단히 문화적이지만 언제나 비슷한 환경 역학 아래 놓인다. 그들이 지켜온 숲지대·범람원·강이 제공하는 양식은 예측하기 힘든 데다 안정적이지 않으므로 이동하면서 그런 환경에 적응하는 일은 말할 것도 없이 어렵다. 그러나 그 어려움은 메가댐 난민의 위험천만한 삶에 비하면 아무것도 아니다.

로크와 제퍼슨의 논리에 따르면, 이동하는 삶은 수용 불가에 비문명적이고 비합리적이며 모순적이다. 그렇게 살아서는 물리적 토지도 자기 스스로도 개선하지 못하며, 더 나아가 국익 증진에도 도움이 되지 않는다. 그렇게 해서 생산적이고 합법적이라 여겨지는 데다 관료제가 진짜라고 증명해준 주거 형태는 가시적 자기 개발 정치학이며 국가라는 문명적 스펙터클과 불가분의 관계를 맺었다. 환경적으로 생존 가능한 이동성을 차별하는 선별적 계몽 논리에 의해 그들이 "비공식적 주민"으로 지정됨에 따라 과거에 깊이 뿌리내린 시간적 소유권은 점차 옅어졌다. 널리 보급된 세계 차원의 "테러와의 전쟁" 담론을 차용함으로써 추출에 항의하는 "비공식적 주민"을 "반란자" 지위로 끌어내리는 것이야말로 그들이 구사하는 수사의 첫걸음이었다.

빔(emptiness)이라는 개념을 만들어냄으로써 "저개발(underdeveloped)"의 땅에 사는 "저개발" 인간들은 공간적 비거주자가 되었다. 그렇게 해서 그들의 영토는 말끔히 청소되어 메가댐과 핵폭발—근대성의 전당으로 올라가는 "개발도상(developing)"국의 위상을 유감없이 뽐내는 보증받은 행위다—이라는 국가 시어터의 무대가 된다. 빔은 끊임없이 수사를 채워 넣는 데 필요한 조건이다. 메가댐 추진은 그러한 비워내기, 적극적으로 부여된 비가시성에 의존한다. 비가시성과 초가시성의 역학에서 빔의 신화는 상상되지 않는—혹은 적어도 저상상되는(underimagined)—공동체들을 만들어낸다. 그럼으로써 강제 이주와 자원 절도를 합리화하는 논리는 환경 정의를 억압한다. 통찰력 있는 월터 로드니(Walter Rodney: 1942~1980. 남미 동북부 공화국 가이아나의 역사가, 정치 활동가, 학자. 1980년 38세의 나이로 암살당했다—옮긴이)는 저개발에 대해, 근대화를 간절히 바라는 본래부터 낙후된 상태가 아니라 주로 멀리 있는 외부 세력이 자행한 약탈에 피해 입은 상태, 즉 바로 그 근대적 약탈의 결과라고 주장했다.

국내외를 막론하고 자원 전쟁에서 두 가지 역설이 드러나기 시작했다. 첫째는 '자원의 역의 수명(longevity) 법칙'이라 부를 만한 것이다. 이에 따르면 어느 민족이 이동 생활에 적응해야 하는 조건을 지닌 지역에서 오래 살면 살수록 그들이 공식적으로 그 지역을 소유하게 될 가능성은 점차 줄어든다. 무엇을 재산으로 볼 것인가와 관련한 로크의 논리에 따라 그들의 거주권은 점점 더 불안정해진다. 그들의 거주는 설사 인정된다 하더라도 법의 테두리 밖에 놓인 것으로 묵살당하기 쉽다. 둘째는 '자원의 역의 근접(proximity) 법칙'이라 부를 법한 것이다. 이에 따르면 "개발된" 자원—그것이 메가댐의 물이든 그들이 사는 대지 아래서 퍼 올린 석유든—과 가까이 살면 살수록 사람들이 그 자원 "개발"의 이득을 볼 가능성은 더욱 낮아진다.

메가댐과 탈식민주의의 한계

20세기는 메가댐의 세기였다 해도 과언이 아니다. 1900년에는 지구상에 15미터를 넘는 댐이 하나도 없었다. 그로부터 100년 뒤 그 높이를 넘는 댐이 자그마치 3만 6562개나 건설되었다.[30] 이처럼 세계의 대형 강을 그저 통제하는 데 그치는 게 아니라 어마어마한 구조물을 가지고 통제하기 위해 물불 안 가리고 뛰어든 데는 두 가지 주된 정치적 배경이 있었다. 하나는 냉전이다. 냉전 시대에 초강대국들은 핵 영역에서처럼 댐 영역에서도 과학과 공학의 우월성을 과시하고자 열을 올렸다. 메가댐은 (핵폭탄이 터진 후 생기는—옮긴이) 버섯구름처럼 자연 정복의 지존을 다투는 싸움에서 초강대국들이 자국의 솜씨를 감탄할 만하게, 영화적으로 보여주었다.[31]

　메가댐의 확산을 부추긴 두 번째로 중요한 정치 동력은 탈식민주의다. 나세르, 은크루마(Nkrumah: 가나 대통령—옮긴이), 네루 같은 지도자들은 마침 갓 획득한 독립 상태에 물리적 견고함을 부여하고자 안간힘을 쓰던 시기라 하나같이 장대한 댐의 상징성에 매료되었다.[32] 이집트의 아스완하이 댐(Aswan High Dam), 가나의 아코솜보 댐(Akosombo Dam) 같은 거대 댐은 그 실용적 가능성을 넘어 국민 심리에 커다란 영향을 끼쳤다. 만약 미소의 댐 전쟁이 냉전 경쟁 관계에서 가시적 기술의 우월성을 놓고 다투는 하나의 전선이었다면, 갓 독립한 글로벌 사우스 국가들에서는 메가댐을 향한 열광이 그와는 사뭇 다른 경쟁심의 발로였다. 즉 그것은 "우리의 옛 식민지 지배자들이 할 수 있는 일이라면 우리도 할 수 있다"는 강렬한 모방욕을 담은 정치 활동이었다. 가령 문해율이나 수명의 향상과 달리, 메가댐은 더없이 가시적인 스펙터클로 기여하면서 새로운 국가들이 강을 정복하고 하늘에 가닿음으로써 문자 그대로 발전을 향해 용솟음치고 있음을 웅변했다.

그렇듯 웅장한 규모의 공사는 국가 건설이라는 추상적 수사를 형상화해 보여주었다. 메가댐의 건설은 그야말로 탈식민지 국가의 근대성·번영·자치를 구체적으로 보여주는 것이었다. 이처럼 확실한 장엄함을 자랑하는 국가는 결단코 낙후했다거나 별 볼일 없는 국가로 치부될 수 없었다. 모든 댐은 마치 풍광 전반에 걸쳐 대문짝만 하게 독립이라는 글자를 써놓은 것과 같은 국가의 자기 과시 행위이자 그들이 자연을 정복했음을 말해주는 행위였다. 존 워터베리(John Waterbury)가 지적했다. "나세르와 그의 부관들은 더 이상 그 댐을 그저 거대한 공학 프로젝트로만 여길 수 없었다. 오히려 혁명을 파괴하려는 제국주의적 시도에 맞서는 이집트의 의지를 보여주는 상징으로서 지지했다." 이러한 구원적 상징주의는 대중의 열띤 호응을 얻었다. 이집트 국회에 모여든 군중이 외쳤다. "나세르! 나세르! 우리는 당신에게 경의를 표하러 왔습니다. 댐을 완공하면 우리나라는 천국이 될 겁니다."[33]

하지만 아이러니하게도 경제적·정치적 측면에서, 이들 독립 정권이 주력하는 웅대한 댐 건설 계획은 비가시적 종속을 드러내는 것이기도 했다. 이는 바로 탈식민주의 자체의 조건에 의문을 품게 만드는 측면이었다. 메가댐이라는 눈부시고 위엄 어린 프로젝트는 실제적으로든 은유적으로든 한 번 쓰고 버려도 좋은 사람들과 생태계의 수몰에 의존했다. 또한 화려한 공학의 밑바탕에 깔린 종속 체제에 기대고 있었다. 글로벌 사우스의 메가댐들이 (주로 세계은행, 미국, 혹은 소련으로부터 빌린) 대규모 융자에 힘입어 건설되고 있었던 만큼 새로운 독립국들은 높은 부채 부담에 허덕였다. 더욱이 아스완하이 댐이나 오코솜보 댐처럼 냉전 시대의 경쟁 압박과 탈식민주의적 열망이 한데 뒤엉킨 경우, 댐은 제 1세계와 제2세계 열강들에 대한 정치적 부채 의식을 마음껏 표현하도록 해주었다. 그와 관련한 비가시성 역학을 둘러싸고 제1세계·제2세계·제3세계(주로 서구적 개념 규정으로서, 제1세계는 선진 자본주의 국가군, 제2세계는 공업화를 달성한 소련 및 동구 공산 국가, 제3세계는 그를 제외한 나머지 국가를 지칭한다—옮긴이) 엘리트들 간에 결탁 구조가 불거지기 시작했다. 엄청난 장관으로서 댐을 건설하려면 어마어마한 규모의 자금이 필요했고, 이는 덩달아 상당한 부정 이득을 발생시키는 솔깃한 기회를 제공했다.

후버 댐은 그에 이어진 모방 물결을 선도한 최적의 표준으로 자리 잡았다.[34] 콜로라도강을 이용한 후버 댐은 수많은 국제 모방자를 양산했다. 강을 캔버스 삼아 댐을 건설하기 위해 뛰어든 사례들이다. 그중 가장 기념비적인 것은 볼가강·나일강·나이저강·잠베지강·양쯔강·황허강·파나마강을 배경으로 하는 댐이다. 규모에서 오리건 댐 (Oregon Dam)이 이내 후버 댐을 앞질렀음에도 메가댐 논의의 주된 특징 하나—즉 초월(transcendence)에 관한 표현을 두고 벌이는 경쟁—를 구축해준 것은 바로 후버 댐이었다. 이 댐은 미국 댐 건설 공학의 기적적 위업을 숭고하고 웅장한 스펙터클과 연결함으로써 실용적 목적과 미학적 이상을 동시에 구현했다.[35] 후버 댐 이후 메가댐은 종교·민족·과학·예술의 초월주의가 만나는 장소로 떠올랐다. 이런 정신에 입각해 네루는 "댐은 현대 인도의 신전이다"라고 선언하게 된다. 그리고 당시(1955년—옮긴이) 남로디지아(Southern Rhodesia: 1923~1965년의 짐바브웨 명칭—옮긴이)이던 곳에서는 카리바 댐(Kariba Dam) 지지자들이 그것을 "하늘에 우뚝 솟은 영광스러운 성"[36]이라고 찬미했다. 공학의 초월적 위업으로서 카리바 댐 건설에 이어 노아 작전(Operation Noah:

1958~1964년—옮긴이)이라 이름 붙은 초월적인 대규모 구출 사업이 펼쳐졌다. 수많은 동물이 계곡으로 방류된 물에 잠기지 않도록 구조하는 작전이었다. (동명의 제목이 붙은 다큐멘터리 〈노아 작전〉은 자연 고전물로 자리 잡았다.) '하늘에 우뚝 솟은 영광스러운 성'과 '노아 작전'이 세간의 이목을 끄는 사이 5만 7000명의 그웸베총가족(Gwembe Tsonga)은 수세기 동안 살아온 계곡에서 강제로 쫓겨나 멀리 떨어진 반(半)건조 지역, 지속 가능하지 않은 낯선 환경 속으로 내던져졌다.

소규모 형식들과 거대증이라는 병

과거에 독립의 표현이자 매개로서 대형 댐을 적극 찬미하던 네루는 인생 말년에 이르러 그에 대한 환상에서 벗어났다. 대형 댐은 규모에 매달린 졸렬한 모방 쇼로서 해당 지역의 유대를 파괴했으며 애초 약속을 이행하는 데 실패했다고 인정한 것이다. 네루는 1958년 11월 관개·전력중앙위원회(Central Board of Irrigation and Power) 연설에서 이렇게 말을 맺었다.

> 과거 어느 때부터 나는 우리가 이른바 "거대증이라는 병"에 걸려 신음하고 있는 게 아닌가 생각하기 시작했다. 우리는 스스로가 거대한 댐을 건설할 수 있으며, 거대한 일을 할 수 있음을 보여주고 싶어 한다. 이는 지금 인도에서 보고 있는 위험천만한 관점이다. ……거대함을 향한 집착, 즉 우리가 거대한 일을 할 수 있음을 보여주고자 거대한 일을 계획하고 수행하는 것은 전혀 바람직하지 않다.[37]

그는 이어 "지속 가능한 미래는 소규모 관개 계획, 소규모 산업과 소규모 발전소에 달려 있다"고 밝혔다. 예지력 있는 사고 전환을 꾀한 네루는 거대 규모의 공학에 기반한 근대성 형식에 대해 매혹적이긴 하나 대체로 비효율적이고 파괴적이라고 비판했다.

신자유주의적 세계화가 한껏 기승을 부릴 때 "거대증이라는 병"은 구체적으로, 그리고 문서상으로 모습을 드러냈다. 거대 댐이라는 물리적 오만은 충분한 연구를 거치지 않았지만 일군의 막강한 저술 장르를 낳았고, 그것들은 다시 그 오만에 불을 지폈다. 가장 두드러지는 것은 세계은행의 타당성 조사 보고서와 환경 영향 평가서였다. (글로벌 사우스에서 환경 영향 평가서는 흔히 사후 조치로서 댐 건설 사업을 시작하고 한참 지난 뒤에 발간되었다.) 이러한 장르와 규모라는 주제는 아룬다티 로이가 소규모의 날렵한 형식으로서 에세이에 기울인 관심과 직결된다. 아룬다티 로이는 에세이라는 장르를 메가댐 문화(그리고 그것을 뛰어넘어 개발과 관련한 거대증 문화)의 바닥짐 구실을 하는 중대하고 묵직한 장르로서 활용했다. 그녀는 보고서라는 장르와 여러 측면에서 마찰을 빚었다. 즉 보고서라는 형식 자체, 그리고 거기에 쓰이는 용어와 내용을 질색했으며, 그 세 가지가 공모해 공적 지식이 되어야 마땅한 것을 접근 불가능하게 만드는 방식을 혐오했다. 냉담한 기술의 언어가 인간·비인간을 막론하고 가장 취약한 존재들에게 가하는 은밀하고도 충격적인 폭력을 드러내는 것, 이는 그녀가 작가로서 나르마다구제운동과 국제 환경 정의 운동에 기여한 중요한 부분이었다. 로이는 "언어는 내 생각의 피부"라며 이렇게 말했다. "헤이그(The Hague: 네덜란드의 행정 수도—옮긴이)에서 나는 우연히 막후 세계에 대해 알게 되었다. 그 세계에 속한 이들의 삶은 나의 삶과 판이했다. 그들이 언어를 사용하는 목적은 온통 의도를 숨기기 위해서였다. ……그들은 자기네가 겉으로 하는 말과 실제 의도 간의 차이에 힘입어 번식하고 번성한다."[38]

로이는 강박적으로 그 둘 간의 차이로 돌아왔다. 권력은 집중하고 책임은 분산하는 언어·장르·지정학의 공간으로 말이다.[39] "거대증이 라는 병"에 맞서는 그녀의 글쓰기는 그 차이를 파고들었고, 원격 조정 정치로서의 개발이 특히 생태계와 생태계 사람들에게 미치는 파괴적 결과에 목소리를 높였다. 자원, 권력, 그리고 청중에 대한 접근을 둘러싼 투쟁은 로이로 하여금 글쓰기의 초점을 소설에서 에세이로 바꾸도록 자극했다. 에세이는 그녀가 사회 운동들 간의 결전에 더욱 직접적이고 유연하게 참여하도록 도와주었다. 그 결전에서 '인간미 있고 (personal)' 기민한 에세이가 지루하고 장황하며 전략상 '인간미 없는 (impersonal)' 거창한 보고서와 대치했다.

로이의 에세이들은 테크노크라트(기술 관료)들이 작성한 보고서—감정을 철저히 배제한 언어를 쓰면서 폭력을 은폐하고 폭력을 위한 길을 닦아주는 보고서—의 의도적 모호함, 극도로 심각한 수준의 지루함을 극렬 비판했다. 우리는 그녀의 문체를 통해 추론함으로써 거주자를 무시한 포럼, 정책, 이사회, 환경 영향 평가서의 언어, 그리고 위험에 처한 생명체를 사실상의 비거주자로 대체하면서 "댐 건설 지대"로부터 그들을 배제한 상상력의 실패는 일맥상통함을 알 수 있다.

로이는 자신이 쓴 모든 글에서 카스트·계급·젠더·국가·지역·종교 각각에 가로놓인 틈새를 넘나드는 반관습적 교류와 차이의 관계를 알아내고자 애썼다. 로이가 차이를 통한 삶의 추상화에 주목하는 것은 가시성의 위계—보이는 존재와 보이지 않는 존재, 만질 수 있는 존재와 만질 수 없는 존재—에 대한 그녀의 관심이 투영된 결과다. 로이는 수많은 저술 형식을 통해 차이에 반대하는 글을 썼는데, 거기서 파생한 한 가지 주요 주제가 바로 기업 세력의 무형성과 그 세력이 발휘하는 강렬한 물리적 효과 간의 차이다. 이 간극은 환경 정의 운동에 특수한 도전을 제기한다. 따라서 그녀는 작가들에게 이렇게 촉구했다.

> 작가들은 현금 흐름 차트와 흥미진진한 이사회 연설을 진짜 삶을 사는 진짜 사람들의 진짜 이야기로 풀어 쓸 수 있다. 비가시적 세력에 의해 자신의 고향·대지·존엄·과거·미래를 잃어버린다는 것이 어떤 의미인지에 관한 이야기 말이다. 당신이 볼 수 없는 것, 볼 수 없는 사람을 미워할 수는 없고, 아니 당신은 그것을 상상할 수조차 없다.[40]

따라서 로이는 시간적·감각적 의미에서 상상할 수 없는—그리고 상상력이 부족한—거대 문화에 대해 즉각적이고 재빠른 거주자들의 반격 가능성을 보여주는 한 가지 형식으로서 에세이를 선택했다. 이런 정신에 입각해 그녀는 언어적·관료적 영향을 받은 부재의 무효화에 헌신하는 예술을 촉구했다. "만질 수 없는 것을 만질 수 있는 것으로, 무형의 것을 유형의 것으로, 비가시적인 것을 가시적인 것으로 만드는 예술, 무형의 적을 끄집어내 형태를 부여하고 마침내 그 적에게 책임을 묻는 예술"[41] 말이다.

로이는 내러티브의 독점 문제로 거듭 되돌아갔다. 그러면서 댐 건설 관료들의 보고서에 담긴 메마른 언어를 통해 살아 있는 강을 통제하는, 멀리 떨어져 있는 치명적인 관리들을 비판했다. 지식을 '전문' 지식으로 축소하고 권력(특히 발언의 권력)을 집중하면 우리는 눈멀게 되고, 지극히 합리화한 신자유주의 개발 내러티브의 강력한 영향력 탓에 삶이 한층 어려워진다.

반면 로이의 언어 전술은 분명 분권적이었다. 그녀의 목소리에는 청중으로 하여금 평정심을 잃게 만드는 생산적인 불안정성이 드리워 있었다. 그런 의미에서 그녀는 환경에 대해 논하는 서정적 에세이 전통에 속했다. 그것은 에드워드 애비에서 자메이카 킨케이드에 이르는 다양한 인물을 아우르는 전통이다. 이들 모두는 불평이 가득하고 소동을 일삼으며 불손하지만, 다른 한편 서정적 문장과 생명체에 대한 서정적 표현에 풍자, 패러디, 과장법, 열정, 솔직한 분노를 가미했다. 로이·킨케이드·애비는 레이먼드 윌리엄스가 말한 이른바 "전투적 배타주의"의 주창자지만, 그와 동시에 의도된 지나친 일반화를 지지하기도 했다. 그 과정에서 그들은 에세이가 모두의 찬미 대상이 되는 것은 고사하고 독자들과 차분한 래포(rapport: 공감적 인간관계―옮긴이)를 형성할 수 있었으면 좋겠다는 야심마저 내려놓았다. 세 사람은 이른바 '세밀한(miniaturist)' 감정을 담아내는 에세이 전통에서 벗어나 거대한(outsize) 적들―개발업자, 관광 산업, 제국, 세계은행의 댐 건설 체제―을 겨냥하는 데 걸맞은 '거대한' 감정을 담아내는 형식을 취했다.

이제껏 보았듯 작가로서 로이가 다룬 주제는 가시성·차이·규모의 정치학이었다. 한편 그녀의 행동주의에서 우리는 근대성을 보여주는 지극히 조작적인 두 가지 스펙터클―메가댐과 메가셀레브리티(엄청나게 유명한 인물―옮긴이)―의 결전을 보게 된다. 그녀는 부커상(Booker Prize) 수상 저자이자 인도의 문화적 자부심을 상징하는 아이콘이었다. 로이는 사르다르 사로바르 댐에 반대하는 환경 정의 운동에 자신의 영예로운 가시성을 곁들이면서, 표현과 전치를 둘러싼 정치적 수렁에 저돌적으로 뛰어들었다. 그녀는 무엇보다 명사로서 자기 과시, 윤리적 자기중심주의, 맹렬한 자아도취, 전략적 순진함, 그리고 소설가로서 재능을 사소한 논쟁에 허비한 점 등을 이유로 여론의 도마 위에 올랐다.[42] 이들 혐의 가운데 일부는 밀레니엄 전환기의 인도 정치 상황에만 국한한 것이지만, 나머지는 정치적 대의를 지지하고자 에세이의 논쟁적 가능성을 살려놓은 제임스 볼드윈에서 나딘 고디머에 이르는 다른 소설가들에게도 익숙한 비난이다. 로이는 명사로서 페르소나 탓에 스스로가 모순된 처지에 놓여 있음을 깨달았다. 즉 그녀는 특혜로 인한 거리감을 드러냈다. 따라서 안도바르 운동(Andovar movement)을 통해 스스로 자격이 있다는 근거를 댐으로써 그 거리감이 촉발한 의혹을 뛰어넘으려 애써야 했다. 더욱이 그녀는 말할 수 있는 권력을 이양해야 한다고 주장했지만, 다른 한편 본인 스스로는 초가시성을 통해 내레이터로서의 권력을 다시 끌어 모으고 있다는 비난에 맞서야 했다.

로이는 켄 사로위와나 왕가리 마타이 같은 작가-활동가와 다르게, 환경 정의 운동의 창립 멤버가 아니라 나중에야 동참한 인물이다. 이는 '표현'이라는 난감한 정치 활동을 더욱 복잡하게 만들었으며, 특혜, 무감각함, 왕위 찬탈 따위를 이유로 든 공격에 그녀가 더욱 취약해지도록 했다. 하지만 그녀는 집요하게 명사로서 자신의 가시성을 이용해 나르마다강 자원 반란자들의 대의를 전파하고자 했다. 더욱이 로이는 네 가지 측면에서 중요한 번역자로 떠올랐다. 첫째, 그녀는 도저히 뚫고 들어갈 수 없는 테크노크라트 담론을 좀더 접근 가능한 언어와 스토리라인으로 바꾸어놓았다. 둘째, 그녀는 자신이 없었을 경우와 비교조차 하기 어려울 만큼 많은 수의 세계적 청중이 인도 이야기에 귀 기울이도록 만들었다. 셋째, 그녀는 나르마다구제운동, 메다 파트카르, 반다나 시바와 함께 나르마다강의 메가댐에 반대하는 투쟁과 국제적 물 분쟁을 유기적으로 연관 지음으로써 나르마다구제운동을 상징적 투쟁으로 끌어올리는 데 기여했다. 넷째, 로이는 파괴적 댐 건설 주제를, 커져가는 신자유주의 헤게모니와 그에 대한 국제 차원의 반대라는 좀더 광의의 초국가적 맥락에서 살펴보았다. 이 마지막 번역 활동을 통해 로이는 나오미 클라인과 더불어 새로운 세대의 반세계화 활동가를 대표하는 활기차고도 중요한 인물로 떠올랐다.

근대성의 상징 기념물, 생태민주주의

잉여 인간, 개발 난민, 비거주자 같은 개념은 총체적으로 우리에게 메가댐에 대한 구원적 내러티브—즉 메가댐은 비합리적 강과 비합리적 문화로부터의 합리적 구원을 의미하는 호화로운 상징이다—에 저항하는 언어가 되어준다. 공동체·생태계·목소리가 물에 잠겼다. 거대증의 사절들이 '일시적(short-lived)' 존재—그 사절들이 진취적인(하지만 선별적으로 한계 지운) 민족주의를 내세우며 약속한 '영구적(permanent)' 풍부함과는 극히 모순되는 조합이다—를 대변하는 다양한 내러티브를 쓸어버리고자 노력한 결과다. 하지만 메가댐은 강의 기나긴 삶에 비추어볼 때 잠시 머무는 단기 체류자다. 대부분의 경우 댐은 침니를 퇴적하고 강물의 염도를 높이며 토양을 오염시킨다. 또한 댐은 그때그때 동원되는 거짓말에 휘말리기도 했다. 1985년 세계은행은 사르다르 사로바르 댐 프로젝트로 3만 3000명이 쫓겨나게 되리라 추정했다. 하지만 실제로 댐이 안전하게 작동하던 그 8년 뒤, 세계은행은 내쫓긴 사람의 수를 그 10배에 가까운 32만 명쯤 될 거라고 재추정했다.

조지 퍼킨스 마시는 한참 거슬러 올라간 1874년에 일찌감치 대형 수문 기획은 단지 물만 재분배하는 게 아님을 분명히 했다. "통상적 농법으로서 관개를 실시하는 경향성은 극소수 지주들이 넓은 면적의 땅을 축적하도록 해주었고, 그에 따라 영세한 땅주인들은 자신의 토지를 빼앗겼다."[43] 거대 댐에 대한 우리 시대의 빼어난 비평가 패트릭 매컬리(Patrcik McCully)가 강조했다. "이는 인도 라자스탄(Rajasthan: 인도 북서부에 자리한 주—옮긴이)이나 미국 캘리포니아주에 모두 해당하는 낯익은 이야기다. 관개 시설 건설 계획은 경작자들에게 땅을 나눠준다는 약속과 더불어 추진되었지만, 결국 부재지주에게 땅을 넘겨주는 것으로 귀결되었다."[44] 흔히 쫓겨나지 않은 이들은 과거에는 제 땅이던 곳에서 일하는 예속 노동자(bonded laborers: 약정 노동자 또는 담보 노동자로 옮기기도 하며, 선지급받은 돈 때문에 정해진 노동에 묶인 처지다—옮긴이) 신세로 전락했다.

따라서 거대 댐은 3중의 의미에서 전환(diversion) 전략이다. 그것은 물을, 그리고 그 물을 통해 땅을 무력한 자로부터 유력한 자에게 전환해준다. 하지만 거대 댐은 주의를 전환하기도 한다. 자신들의 반짝이는 매혹을 드러내면서 상상되지 않는 공동체들을 그늘 속으로 몰아넣는 것이다. 이 대목에서 우리는 세계화에 대한 로이의 묘사를 떠올릴 수 있다. "나는 세계화가 소수의 사람들만 점점 더 밝게 비추고 나머지는 어둠 속에서 기진맥진 살아가도록 내모는 빛인 양 여겨진다. 대다수 사람은 그 빛을 결코 볼 수 없다. 당신이 일단 뭔가를 보지 못하는 상태에 익숙해지면 그것을 볼 가망성은 영영 사라지고 만다."[45]

반다나 시바의 말이 옳다. "물 위기는 생태 위기다. 그런데 그 위기의 원인은 상업에 있지만 시장은 그 문제를 해결할 수 없다. ……물 위기를 종식하려면 생태민주주의(ecological democracy)를 되살려야 한다."[46] 하지만 그것을 성취하기까지는 갈 길이 멀다. 내가 지금 이 글을 쓰고 있을 때도, 에티오피아에서 뻔히 예측할 수 있는 오만한 댐 건설 각본이, 자원 옴니보어와 생태계 사람들 사이에서 벌어지는 불공정한 싸움을 통해, 되풀이되고 있다. 그 댐 사업은 오모(Omo)강에서 시작되었다. 사하라사막 이남 아프리카에서 두 번째로 큰 저수지를 만들 예정으로, 약 20억 달러에 이탈리아 댐 건설사와 계약이 체결되었다. 어떤 입찰도 이루어지지 않았으며, 최초의 환경 영향 평가서는 댐 건설이 시작되고 2년이 지나서야 발간했다. 게다가 진행 과정이 수치스러울 정도로 부도덕해서 심지어 세계은행조차 자금 지원 계획을 철회했고, 가뜩이나 세계 최빈국인 데다 가장 심하게 부채에 시달리는 나라 가운데 하나인 에티오피아 정부는 5억 달러가 넘는 부족분을 떠안았다.

오모강 메가댐은 수도(아디스아바바—옮긴이)에 사는 엘리트 집단에게는 전기와 부당 이득을 제공해줄는지 몰라도, 그로 인해 생계와 생태계에 가장 큰 타격을 입은 강 하류 지역 부족들은 실제로든 은유적으로든 어둠 속에 남게 될 것이다. BBC 기자의 보도로 제 삶터인 오모강에 곧 댐이 건설되리라는 사실을 알게 된 부족민은 정부에 맞서 무기를 들겠다고 선언했다. (가난한 에티오피아 남서부 거주 부족들에게는 이웃한 남부 수단에서 마구 쏟아져 들어온 무기가 넘쳐났다.) 한 지도자는 제가 이끄는 부족의 생존이 밥솥을 떠받친 세 개의 바윗돌—즉 소, 우기에 고지대에서 자라는 작물, 그리고 건기에 범람원에서 이루어지는 농업—에 달려 있다고 말했다. 만약 강을 좁히고 위에서 통제하면 이 가운데 두 번째와 세 번째 요소가 사라진다. 그는 "이럴 경우 밥솥 자체가 뒤집어지고 우리 부족민은 굶어죽게 된다"고 말했다. 가장 개연성 있는 것은 강의 계절적 주기가 망가지면서 개발 지역의 하류에서 살아가고 무기를 많이 소지한 부족들끼리 자원 전쟁이 벌어진다는 시나리오다.[47]

이러한 수문학 이야기는 흔히 그렇듯 일국 차원에 그치지 않는다. 오모강은 에티오피아를 거쳐 케냐 북부에서 가장 큰 호수로 흘러든다. 그 호수는 여러 부족이 고기잡이, 소 사육, 농업, 사냥을 통해 삶을 의탁하는 장소다. 댐이 유입되는 민물의 목을 조르면 그러잖아도 진즉부터 염도가 올라가고 있는 그 광대한 호수는 사람, 소, 야생동물, 작물, 물고기들이 살아가기에 적합지 않을 만큼 치명적으로 짜진다. 그 생태계, 그리고 거기에 의존해 살아가는 생태계 사람들의 문화는 붕괴 위기에 처한다. 댐과 그 댐이 국경 양쪽에서 촉발한 분쟁으로 인해 새로운 개발 난민 행렬이 이어진다.

가공할 만한 역경에도 불구하고 때로 다양하고 창의적인 지역 활동가와 국제 활동가 연합체가 불가항력적인 메가댐 추진 계획을 무산시키는 데 성공하기도 한다. 1980년대 말 세계은행이 제공한 5억 달러 융자에 고무된 브라질 정부는 싱구(Xingu)강에 거대 수력 발전 프로젝트를 추진하겠노라고 발표했다. 그에 따라 수몰 예정지에 살고 있던 11개 인디언 부족이 쫓겨날 판이었다. 앨 게딕스의 설명에 따르면, 이들 가운데 하나인 카야포족(Kayapo)의 추장 파울리뉴 파이아캉(Paulinho Paiakan), 그의 사촌 쿠베아이(Kube-I), 그리고 북미의 민족생물학자로 오랫동안 카야포족과 함께해온 대럴 포시(Darrell Posey)는 강력한 부족 간 및 국가 간 반대 연맹의 토대를 마련했다.[48] 브라질 정부는 이들의 운동을 약화하려는 노력의 일환으로, 포시와 함께 두 카야포족 지도자를 기소했다. 외국인에 의한 브라질 정부 비판 금지법을 위반했다는 혐의였다. 수천 년 동안 아마존 유역에서 살아온 원주민들은 얼토 당토않은 법령을 근거로 졸지에 외국인으로 지정되었고, 결국 입에 재 갈이 물렸다. 수몰 예정지로서 그들이 살던 땅이 물에 뒤덮이는 물리 적 추방 위협은 카야포족을 국가라는 개념에서 상상적·법적으로 추방 하는 조치로 인해 더욱 악화했다. 하지만 이 비거주자들은 브라질 정 부에 성공적으로 맞서 싸웠다. 북미 전역의 원주민 지도자 600명이 불 시에 댐 건설 예정지로 몰려들어 시위를 벌였고, 세계 차원의 격렬한 항의에 놀란 세계은행은 하는 수 없이 융자를 취소해야 했다.

그 반란을 통해 카야포족을 위시해 그와 연대한 아마존 부족들은 약 간의 시간을 벌었다. 정확히 20년이었다. 내가 이 책을 쓰는 동안 싱 구강의 물 전쟁이 다시 시작되었다. 2010년 8월, 브라질의 전직 대통 령 루이스 이나시우 룰라 다시우바(Luiz Inácio Lula da Silva: 제35대 대통령 으로 2003년 1월부터 2010년 12월까지 재임했다—옮긴이)는 싱구강에 110억 달 러 규모의 벨루몬치 댐(Belo Monte Dam) 건설을 허락함으로써, 카야포 족 등 20여 부족의 미래를 다시금 위험 속으로 몰아넣었다. 벨루몬치 댐은 다시 한 번 자원 반란자들 간의 중요한 연대를 촉진했다. 우여곡 절 끝에 건설이 추진되었으며 완공을 향해가고 있는 그 댐은 결국 세 계에서 세 번째로 큰 규모의 댐이자 엄청난 비효율성을 드러낸 파괴적 괴물로 떠오르게 된다.

6

에코빌리지의 이방인

인종, 관광 산업, 그리고 환경 시간

(보존생물학자와 정치생태학자는) 서로 전혀 딴소리를 하는 경향이 있다. ……보존생물학자들은 비인간을 따로 떼어놓는다. 반면 정치생태학자들은 너무나 흔하게도 비인간을 인간이 사용하는 자원으로 간주하곤 한다. 그와 달리 우리는 생물종과 인간이 어떻게 시장을 슬며시 들어갔다 나왔다 하는지, 문화적 주목을 받았다 못 받았다 하는지, 그리고 아직 충분히 표현되지 않은 인간-비인간 상호작용의 전체 스펙트럼 속을 왔다 갔다 하는지 면밀히 살펴보고자 한다.

　- 애나 칭, 《마찰: 세계적 관련성에 관한 민속지학(Friction: An Ethnography of Global Connection)》

세계화 및 환경과 관련해 우리 시대의 가장 신랄한 사상가 가운데 한 명인 애나 칭은 여기서 아마 인도네시아에 대해 쓰고 있었던 듯하다. 하지만 그녀의 통찰은 남아프리카공화국에도 고스란히 적용할 수 있다. 인간과 비인간 간의 차별이 오랫동안 인간과 인간 간의 폭력적 차별에 영향을 끼쳐온 나라다. 남아프리카공화국의 대단히 충격적인 식민지 정복, 토지 절도, 인종 분할, 인종차별적 보존 역사는, 포스트아파르트헤이트 시대에 그들 사회에 전해 내려오는 자연 문화를 재해석하는 데 헌신하는 보존생물학자·정치생태학자·작가-활동가들에게 독특한 압박을 가했다.[1]

　이 같은 혁신적 과업이 좀더 다급해진 것은 우선 남아프리카공화국의 남다른 환경적 중요성 때문이다. 또한 생물 다양성 측면에서 브라질과 인도네시아, 오직 이 두 나라만이 남아프리카공화국을 능가하기 때문이다. 따라서 남아프리카공화국에서는 극단적(extreme: 이어지는 부분과의 호응을 위해 그냥 '극단적'이라고 옮겼지만, '다른 어느 나라도 넘볼 수 없는 최고 수준의'라는 의미다—옮긴이) 생태 자원과 극단적(extreme) 경제·영토의 불평등이라는 포스트아파르트헤이트 시대의 유산이 공존하면서 잠재적 불안 요소로 떠올랐다. 이 두 극단이 가장 극명하게 부딪치는 지점이 바로 사냥감 보호 구역(game reserve)이다. 이곳은 "시간이 흘러도 변함없는(timeless)" 아프리카의 "카리스마 메가포나"를 만날 수 있노라 약속하지만, 정치 변혁에 적대적이고 인종적으로 배타적인 자연문화를 그 사회에서 주도적인 것으로 재규정할 위험이 있다. 이율배반적이고 수익성 좋고 역사적으로 문제가 많았던 장소다. 이런 배경 아래서 우리는 내가 말한 이른바 "인종차별적 보기생태학(ecologies of looking)"을 환경적 기억상실과 관련해 고찰해볼 필요가 있다. 사냥감 보호 구역은 이 같은 보기(seeing)와 보지 않기(not seeing), 기억하기와 망각하기 간의 환경적 역학을 명확하게 보여준다. 하지만 사냥감 보호 구역은 환경 정의, 정치 변혁, 생물 다양성을 자연 대상의 세계적 마케팅이 조성한 관광객의 기대감과 화해시켜야 하는 과제와 더욱 큰 관련성을 띤다.

아프리카 동남부의 대부분 지역에서 역사적으로 사냥감 보호 구역과 "원주민" 보호 구역은 보존·여가·노동의 상호 의존적 관리를 통해 서로를 그림자처럼 따라다녔다. "보호 구역(reserve)"이라는 명사는 피난처·안식처, 혹은 수용소나 우리(cage) 같은 비자발적 감금 장소를 동시에 뜻한다. 이러한 이중적 의미는 남아프리카공화국에서 특별한 힘을 지닌다. 환경 보호를 위해 따로 떼어둔 장소, 그리고 이주 광산 노동자를 가두는 우리 역할을 한 반투스탄(Bantustans: 남아프리카공화국의 반자치 흑인 구역으로 1993년 전면 폐지되었다—옮긴이)의 전신인 "원주민" 보호 구역을 한꺼번에 연상시키기 때문이다. 남아프리카공화국의 엔클로저 생태학에는 강제 이주라는 트라우마가 악령처럼 어른거린다. 따라서 사냥감 보호 구역—은자불로 은데벨레가 말한 이른바 포스트아파르트헤이트 시대의 "여가 해방(liberation of leisure)" 내에 존재하는—의 운명은 피난처와 무단 침입, 기억과 기억상실, 가시성과 비가시성, 바라보기와 외면하기 등의 인종차별적 역학과 긴밀하게 얽혀 있다.[2]

이 장에서 나는 그 역학을 조명하기 위해 네 가지 여정을 추적한다. 나의 자전적 경험 한 가지, 비문학 두 편, 문학 한 편이다. 전체적으로 이 여정들은 "야생 아프리카(Wild Africa)"의 시간적·인종차별적 퍼포먼스를, 그 윤곽을 드러내주는 초국가적 질문에 비추어 추적한다. 나는 특히 세계적 관광 산업 순환 고리를 살펴보고자 한다. 그들은 카리스마 메가포나를 남아프리카공화국의 정수를 보여주는 것이자 수익성 넘치는 사업으로 상표화함으로써 관광객의 기대감과 그에 호응하는 자연 산업을 형성한다. 나는 이처럼 돌고 도는 기대감이 숱한 노력을 기울여 배타적으로 조성한 공간에 대한 접근 기회의 확대를 막고, 생물 다양성—남아프리카공화국의 자연 산업을 추동하는 카리스마 메가포나의 집중으로 고스란히 환원될 수 없는 (그리고 때로 그와 양립할 수 없는)—에 대한 더욱 광범위한 헌신을 지연시킬 수 있다고 생각한다.

통조림 사자와 영원불멸의 옛 과거를 간직한 덤불숲

1994년 넬슨 만델라의 대통령 선거 준비 기간에 상당수 백인이 남아프리카공화국을 떠났다. 큰 주목을 끌지는 못했지만 그에 잇따른 사건이 하나 있었는데, 그것은 바로 서커스 사업과 민간 동물원의 운영을 접고 이민을 떠나는 백인들이 시장에 내놓은 메가포나—사자·코끼리·악어·코뿔소 등등—가 크게 불어난 현상이었다. 당시 그 나라의 이스턴케이프주(Eastern Cape Province)에서 선거를 취재하던 나는 야생 동물 사업가 클라인한스(J. P. Kleinhans)에 관한 이야기를 전해 들었다. 그는 자신의 양 농장을 사냥감 보호 구역과 수렵용 산장의 특색을 혼합한 장소로 개조했다고 했다. 나는 그 보호 구역에 사는 사자 70마리 중 일부가 암시장을 통해 그 나라를 떠나는 백인들에게서 사들인 것이며, 그가 그 위험한 아프리카 동물들을 쏘는 대가로 외국인 스포츠 사냥꾼들에게 최고가를 요구하고 있다는 소문을 들었다. 지체 없이 그를 찾아 나섰다. 그 사자들은 (육식동물이 누비는 초원에 상당하는 장소에 풀어놓은) 서커스 퇴직 동물로서 사실상 "통조림 사자들(canned lions: 통조림처럼 울타리로 제한한 공간에서 지내는 사자들—옮긴이)"이었다.

클라인한스는 노련하고 격의 없는 태도로 나를 맞았다. "J. P. 클라인한스, 그냥 텍사스 방식으로 J. P.라고 불러주세요." 그러고는 커다란 손바닥으로 내 등 중앙을 밀면서 나를 산장 로비로 안내했다. 사자, 버펄로, 코뿔소, 흑멧돼지, 숲돼지, 여남은 종의 영양이 내 주위를 에워쌌다. 하나같이 반신(半身)의 박제들로서 흰 벽을 뚫고 나를 향해 우르르 몰려나올 기세였다.

그를 따라 두 번째 문을 열고 들어간 방은 세상에서 가장 탐욕스러울 게 분명한 자의 침실이었다. 박제된 육식동물이 사방에 가득했다. 바닥과 방 중간에 꽉 찬 동물들 탓에 창문이 가려 실내가 어둠침침할 정도였다. 침대도 박제로 둘러싸여 있었다. 표범 한 마리가 마치 부부가 경계를 늦추고 어서 잠에 곯아떨어지길 기다리기라도 하듯 베개 옆을 어슬렁거리고 있었다. 암사자는 사냥한 동물에 대한 최초의 권리를 차지하려고 옥신각신하는 자칼 몇 마리를 밀어젖히며 나아갔다. 침대 위에는 날개가 2.5미터쯤 되는 독수리 한 마리가 매달려 있었다. 부리를 아래로 내민 채 반짝이는 눈을 부릅뜨고 무슨 썩어가거나 죽은 동물의 흔적이 없나 살피듯 이불을 내려다보았다. 정녕 궁금했다. 가위눌리는 꿈속에서 못생긴 이빨을 드러내고 있는 하이에나의 입속으로 비척거리며 들어가다가 독수리의 발톱에 닿아 화들짝 놀라 잠에서 깨어나고 싶어 하는 그는 대관절 어떤 종류의 사람이란 말인가?[3]

우리가 그의 위험 시어터를 지나 밖으로 나섰을 때, 클라인한스는 자신 없다는 듯 머뭇거리며 제 사자들이 과거에 젖어 있던 길들여짐, 그 점이 못마땅하다는 투의 말을 설핏 내비쳤다. "미국에 사냥하러 간 적이 있어요. 그런데 말이죠, 거기서는 좀 달랐어요. 미국 동물들은 우리 동물들하고 비교할 때 온통 너무 길들여져 있다고나 할까요." 우리는 곧바로 그의 지프를 타고 가시 많은 식물이 주종을 이루는 초원 지대(thornveld)를 덜컹거리며 달렸다. 클라인한스는 제 아들과 그의 학교 친구가 최근 사자 몇 마리에게 몸이 찢기는 상처를 입었지만 다행히 살아난 사고에 대해 들려주었다. 그가 앞쪽을 가리키며 외쳤다. "바로 저기였죠." 그 순간 나는 그가 이렇게 확신하면서 두려워하고 있음을 느꼈다. 서커스단에서 평생 고분고분하게 고리만 넘는 삶을 살다가 현역에서 은퇴한 맥 빠진 사자는 그 대척점에 놓인 사자─즉 길들여질 수 없고, 모든 짐승 가운데 단연 막강한 지존이며, 태곳적부터 아프리카 덤불숲을 지배하면서 다른 동물을 공포로 몰아넣는 사자—에 의해 여지없이 박살 날 거라고 말이다. 야생동물 이미지 관리인 클라인한스는 제가 소유한 사자들(암사자 포함)이 여성화하고 있다는 평판을 들을까 봐 두려워하고 있음에 틀림없었다. 어쨌거나 암사자든 수사자든 그의 사자들에게 상업적 위력을 부여하는 것은 그들이 극도로 위험하다는 오라(aura)였다. 그의 경제적 생존과 남성적 위엄은 이른바 '통조림(canned) 사자'를 어떻게든 그와는 다른 상품으로서 재포장하는 데 달려 있었다. 즉 '갇혀 있지 않은(uncanned)' 으르렁거리는 순수한 존재, 다른 어디서도 접할 수 없으며 시간이 가도 변함없는 진정한 아프리카의 구현체로서 말이다.

"아프리카가 제공해야 하는 거의 모든 것이죠." 클라인한스가 불쑥 말했다. "당신은 여기서 사자를 죽일 수 있어요. 울웨클루프(Wolwekloof: 남아프리카공화국 서남부 지역—옮긴이), 바로 여기서 말이죠. 미국인들은 이곳을 정말이지 좋아해요. 한 고객은 나한테 이렇게 말하더라고요. 마사이마라(Masai Mara: 케냐 나이로비에 있는 마사이마라 국립보호구역—옮긴이), 잠비아, 나미비아, 크루거 국립공원(Kruger National Park) 등 여행을 안 가본 데가 없지만, 여기 울웨클루프에 와서야 비로소 처음으로 진짜 아프리카를 느꼈다고요."

클라인한스의 사냥감 산장에서는 흑인 일꾼을 한 명도 볼 수 없었다. "아내와 나, 그리고 일할 수 있는 아들들도 충분하니 흑인은 굳이 필요치 않죠." (청소, 요리, 비서 업무 등 집 안의 허드렛일은 그의 아내와 여성 친척들이 맡았다.) 사회 전체에서는 흑인에게 권한을 부여하는 움직임이 일고 있는 바로 그때, 클라인한스는 시간적·인종차별적 인클레이브, 즉 변화의 시대 밖에 존재하는 시간과 무관한 섬을 만들어내고 있었다. 그의 브로슈어는 미국인(그리고 러시아인·이탈리아인·독일인·캐나다인) 고객에게 "배타적(exclusive)" 경험을 약속했다. "배타적"이라는 단어는 정신적·물리적 풍경 속에 엔클로저와 추방이라는 깊은 상처를 간직한 나라에서 복잡한 방식으로 반향을 불러일으켰다.

클라인한스의 말에 따르면, 그의 미국인 고객 상당수는 석궁(cross-bows: 발사 장치가 쇠나 나무로 된 큰 활이며 중세 유럽에서 사용했다—옮긴이)으로 사자 잡는 일을 더없이 좋아했다. 그가 묘사할 때 그 장면을 떠올려보았다. 클라인한스는 공항으로 고객을 마중 나가 차로 산장에 데려온다. 고객은 거기서 활과 화살로 사냥을 한다. 반쯤은 아이언 존(Iron John: 그림 형제가 쓴 독일 동화 《아이언 존(Iron John)》의 주인공—옮긴이)이 된 기분으로, 반쯤은 내셔널 지오그래픽(National Geographic: 자연, 과학, 문화, 역사, 과학적 오락 프로그램과 다큐멘터리를 방송하는 미국의 텔레비전 채널—옮긴이)에 나오는 피그미족(pigmy: 소인족—옮긴이)이 된 기분으로. 살아 있는 아프리카인과 부딪쳐야 하는 거북살스러움이 원천적으로 차단된 채 잊히지 않을 짜릿한 아프리카적 모험을 맛본 그는 전리품 사자를 챙겨 들고 다시 공항으로 향한다.[4]

우리는 그리 어렵지 않게 울웨클루프의 의미를 이해할 수 있다. 원시적인 아프리카너(Afrikaner: 남아프리카공화국에서 아프리칸스어(Afrikaans)를 제1언어로 쓰는 보통 네덜란드계 백인을 말한다—옮긴이)들의 셀프-엔클로저에 관한 솔직한 내러티브로서 말이다. 인종적으로나 역사적으로 궁지에 몰린 백인 남성들은 역사, 민주주의, 흑인에 대한 권리 부여에 맞서 스스로 방어벽을 쳤다. 하지만 우리는 그 내러티브를 크게 비틀어볼 필요가 있다. 포스트아파르트헤이트의 변화는 클라인한스를 불안에 떨게 했지만, 다른 한편 그는 그 변화 속에서 새로운 사업 기회를 포착했다. 만델라 치하에서 외국인 관광객과 사냥꾼이 쏟아져 들어오자 클라인한스는 백인 남성성에 대한 세계 차원의 신화를 이용할 수 있었다. 사자 사냥이야말로 그 남성성을 집약적으로 보여주는 매력적이고도 수지맞는 사업이라 판단한 것이다. 다수 흑인이 지배하는 바다에 시간적·인종차별적 섬을 구축함으로써 그는 국가를 넘어서까지 확장된 백인의 야생동물 살해·소비 문화에 손을 뻗었다. 클라인한스는 자신의 편협주의를 세계화함으로써 카리스마 메가포나 중심의 관광 산업 순환 고리를 통해 백인과 상호 작용하는 일에 발을 들여놓았다.

외국인 관광객—사냥꾼의 요구는 까다롭기 그지없었다. 그들은 예스러운 아프리카의 사나움을 요구했는데, 그것이 비단 동물의 왕에서뿐 아니라 야생을 간직한 풍광 자체에서도 구현되기를 기대했다. 고객의 소망은 클라인한스의 통조림 사자 문제를 더욱 악화하고 있는 알팔파(alfalfa: 사료로 쓰이는 콩과 식물로서 가축의 여물로 경작하는 작물—옮긴이)밭을 둘러싸고 더욱 극명하게 드러났다. 클라인한스의 고객들은 산장 한 귀퉁이에서 보이는 멀리 떨어진 농장의 알팔파밭을 보고 계속 구시렁거렸다. 그 밭이 그들의 경험을 잡치게 했기 때문이다. 알팔파라니, 아프리카답지 않다는 것이다. 클라인한스는 야생의 풍경 속에서 농사라는 인위적 개입을 보여주는 오점을 없애고자 그의 사냥꾼 관광객을 위해 새로운 숙박 시설을 짓느라 분주한 상태였다. 360도 시야 전체가 노동, 인간 필수품, 식량 생산의 흔적으로 더럽혀지지 않은 풍경을 보장하는 언덕에 "줄루족(Zulu)"의 오두막을 짓고 있었던 것이다.[5] 갈대 산장 로비를 장식한 소쿠리, 가면, 구슬 공예품처럼 그의 줄루족 오두막도 마을 주민 없는 문화 마을의 분위기를 조성할 수 있었다. 클라인한스는 전망을 바꿈으로써 이제 자신을 찾아오는 관광객에게 그들이 요구하는 풍광을 선사할 수 있게 되었다. 외국인의 시각적 기대감을 충족시키는 진짜 아프리카의 그럴듯한 모조품을 보장해준 것이다.

"제 말을 오해하지는 마세요." 클라인한스가 'Elks Lodge(엘크 산장—옮긴이)'라고 적힌 야구 모자를 뒤로 밀어 쓰면서 말했다. "저는 미국인을 좋아해요. 미국인의 문제라면 우리가 그들의 언어로 말해야 한다는 거죠. 여기에 오는 미국인은 이 덤불숲에서 영원불멸의 옛 과거를 보고 싶어 해요."

나는 클라인한스와 함께 언덕의 줄루족 오두막에 서서 그가 고객들을 위해 조성한 총림 지대(Bushveld, 叢林地帶)의 풍광을 내려다보았다. 그의 사냥꾼들이 동물을 살해하기 위해 들어서는, 영원한 순수함이라는 끝없어 보이는 시간적 파노라마를 말이다.

그 산장을 방문하고 6개월 뒤, 모 지역 신문에 난 기사를 접했다. 내용인즉슨 이랬다. 클라인한스와 텍사스주에서 온 고객이 어느 날 밤 멀리서 나는 소란스러운 소리를 들었다. 사자 두 마리가 다투는 소리였다. 두 남성은 차를 몰고 현장으로 달려갔고, 거기서 클라인한스는 당나귀 고기를 던져주며 싸우는 사자들을 말리려 애썼다. 여의치 않자 그는 사자들을 향해 걸어가면서 소리를 질렀다. 그리고 팔을 흔들며 맨손으로 사자들을 떼어놓으려 안간힘을 썼다. 순간 두 사자가 그가 있는 쪽으로 돌아서더니 그를 난폭하게 물어뜯어 끝내 숨지게 했다.

클라인한스는 '야생 아프리카'라는 초국가적 극장의 무대에 올라 죽음을 공연했다. 인종, 백인의 남성다움, 인간에 의한 길들이기, 계급, 위험, 진짜 황야 따위에 대한 우려가 가득한 무대, 시간을 초월한 곳이자 부상하고 있는 포스트아파르트헤이트의 질서에 대한 역사적 의혹이 가득한 무대다. 그는 그 질서를 한사코 피하려 들었다. 하지만 어느 면에서는 경제적·심리적으로 '태곳적 생태(eco-archaic)'를 향한 프레토리아-포트워스(Pretoria-Port Worth: 프레토리아는 남아프리카공화국의 행정 수도, 포트워스는 미국 텍사스주의 도시—옮긴이) 연합의 기대감과 제휴하는 식으로 그 질서를 적극 활용했다.

클라인한스의 맏아들 아돌프(Adolf)는 언론에 "우리는 아버지를 살해한 사자들을 죽이지 않을 작정"이라고 발표했다. (다시 말해 그 녀석들은 징벌적 처형을 위해서는 끌려가지 않겠지만, 여느 때처럼 상업적 살해를 위해서는 얼마든지 이용 가능했던 것이다.) 이러한 가족적 비극 안에서 다른 어떤 일인가가 벌어졌다. 클라인한스는 자신의 뜻하지 않은 순교로 '킬러 사자'라는 유산을 남겨주었다. 잔인하게 맞은 그의 죽음은 그의 동물들, 그리고 그의 아들들이 물려받은 사업에서 그 어떤 사육의 자취도 없애주었다. 이제 누가 감히 그가 이빨 없는 서커스 은퇴 사자들을 야생의 아프리카 동물로 둔갑시켜 외국인 사냥꾼을 눈속임한다고 의심할 수 있단 말인가?

나는 불안한 역사적 순간에 클라인한스와 만난 기억을 되돌아보면서 도나 해러웨이(Donna Haraway: 1944~. 미국 캘리포니아대학 샌타크루즈 캠퍼스의 의식사학과 페미니스트연구학과 명예교수—옮긴이)의 고전적 에세이 "테디베어 가부장제(Teddy Bear Patriarchy)"를 찾아보았다. 이 에세이에서 그녀는 미국의 사회 격변기에 테디 루스벨트(Teddy Roosevelt: 1858~1919. '테디'는 미국 25대 대통령 시어도어 루스벨트의 별명—옮긴이)와 칼 에이클리(Carl Akeley: 1864~1926. 선구적인 미국 박제사·조각가·생물학자·보존학자. 미국 박물관, 특히 미국 자연사박물관에 공헌한 것으로 유명하다—옮긴이)가 떠난 사냥 탐험을 (현장에서, 그리고 디오라마(입체 모형) 박물관에서 이루어지는) 무심코 극심한 인종적·계급적·젠더적 불안을 드러내는 검열받은 공연과 연관 지었다. 해러웨이 교수는 개인 백인 남성 사냥꾼의 영웅적 행동에 대한 내러티브를 훼손할 소지가 있는 것은 무엇이든 사진이나 내러티브에서 잘려나갔다고 설명했다. 나는 그 설명에 주목했을 뿐 아니라 그녀가 규명한, 초국가적 아프리카 사냥을 위험 시어터로 표현하는 불안한 책략과 한 국가의 인종적·젠더적 공포의 관련성도 살펴보았다.[6]

포스트아파르트헤이트 시대의 사냥감 산장과 보기생태학

1990년대 중반 갓 민주화한 남아프리카공화국에서 클라인한스와 만나고 얼마 되지 않은 때, 문학 작가이자 에세이스트 은자불로 은데벨레가 그의 고향땅에 있는 한 사냥감 산장을 최초로 방문했다. 그는 당시 경험을 에세이 "사냥감 산장과 여가 식민주의자들(Game Lodges and Leisure Colonialists)"[7]에 담았다. 은데벨레는 자신이 속한 사회가 변혁을 겪고 있는 격변의 와중에 사냥감 산장을 찾았는데, 정치 변화라는 환경과는 단절된 채 시간적 인클레이브 속에 고립되어 있는 스스로를 발견했노라고 적었다. 은데벨레는 되레 "흑인 관광객으로서 죄를 짓는 것 같은 복잡한 기분"[8]에 사로잡혔다. 조상 대대로 식민 지배를 받아온 이가 이제 관광객이 되어 과거의 식민지에서 휴가를 보내며 극심한 스트레스와 고통스러운 감정을 맛보았다는 것이다. 그런데 자신의 글에서 이런 감정을 술회한 작가는 비단 은데벨레만이 아니었다. 그의 경험은 카리브해 연안 지역을 여행한 흑인들—자메이카 킨케이드나 준 조던—과 비교해보면 특히 시사하는 바가 크다. 사냥감 산장과 마찬가지로 그 지역 섬들을 상대로도 마케팅 공세가 거셌기 때문이다. 역사적 기억, 현실, 그리고 노동 시간 등의 굴레에서 벗어나 자연 시간을 누리도록 보장하는 자유로운 에덴동산 같은 인클레이브라는 내용이었다.

백인 사냥감 산장은, 앤 맥클린톡이 말한 이른바 시대착오적 장소의 대표적 예다. 그곳을 둘러싼 세계와 동시대가 아닌 것으로 특징지어지는 장소, 근대성 속에서 그 의미가 억압당하는 장소다.[9] 하지만 여기서 공간적 시대착오는 사냥감 산장을 그저 편향적이고 선별적인 제국주의의 계몽에 빗진 진보 담론에 비추어 "후퇴(backward)"로 인식하지 않는다. 대신 그 산장은 동시대적이라는 인정을 거부함으로써 자진해서 원시적 장소로 남는다. 한편으로 남아프리카공화국의 민주적 변화를 거부하고, 다른 한편으로 그 변화를 적극 이용하는 장소다. 따라서 우리는 사냥감 산장을 포스트아파르트헤이트 국가에서 근대적 관광 산업이 급작스레 팽창했음을 보여주는 징표로서, 그리고 바로 그 근대성에 맞서 구축된 인종차별적·토착적 요새로서 해석할 수 있다. 은데벨레가 발들인 곳이 바로 이처럼 모순된 시간 영역이었다.

사냥감 산장은 그 자신의 반근대적 차원에 힘입어 이중적 의미의 시간 인클레이브로서 존재한다. 그 장소가 연상시키는 시간 양식은 역사적으로는 식민지 시대의 것이고, 항구적으로는 자연 시대의 것이다. 전자의 경우에서 자신을 내세우지 않는 종업원들은 덤불숲, 캠프파이어에서 꽃피운 백인의 끈끈한 동지애, 남성의 용맹한 행동을 다룬 이야기 뒤로 사라진다. 후자의 경우에서는 인류의 등장과 무관한 시간 밖 시간, 메가포나가 지배하는 시간, 즉 클라인한스가 말한 "영원불멸의 옛 과거를 간직한 덤불숲"의 시간이 펼쳐진다. 결정적으로 사냥감 산장은 포스트아파르트헤이트 시장에 자신을 전시해두고 식민지 시대와 인류 등장 이전의 자연 시대를 버무려놓은 분위기를 판매한다.

은데벨레는 '미래적 현재(future present)'에서 온 방문자, 포스트아파르트헤이트의 선구자로서 그곳에 도착했다. 그가 화이트칼라 흑인 야생동물 관광객으로서 사냥감 산장의 출입문 앞에 당도한 것은 변화를 알리는 전조이자 요새 보존에 관한 인종차별적 이데올로기가 허술함을 말해주는 표식이었다. 그의 존재는 역사(history)가 소거된 인클레이브에서 역사적인(historic) 사건이었다. 그는 총림 지대의 위험 속에서 사냥감을 쫓는 백인 남성의 폐쇄적 영토를 헝클어뜨렸다. 게다가 은연중에 정치 변혁이라는 좀더 광의의 위험을 일깨워주었는데, 그 위험에는 기회가 수반될 가능성도 있었다. (은데벨레는 캠프파이어를 에워싼 백인들이 그를 부상하는 흑인 권력 엘리트와 정치적 인맥을 지닌 유익한 인물로 볼 것인지 여부를 궁금해했다.)[10]

계급적 의미에서 보면 은데벨레 역시 이제는 산장 쪽에 더 가까웠다. 하지만 그의 정치적 소속감은 시간적 모순으로 가득 차 있었다. 막 도래한 미래에서 온 토종 관광객으로서 그는 제 자신 속에 과거를 떠오르게 하는 것들을 지니고 있기도 했다. 현재의 그는 미래 시간과 과거 시간을 동시에 바라보았다. 한편으로 배제되어 있는 대다수 흑인이 백인의 자연 인클레이브로 들이닥치는 미래를 그려보았다. 다른 한편으로 조상 대대로 그래왔듯 사냥감 산장(lodge) 등의 보존 프로젝트에 의해 영토에서 쫓겨난(dislodged) 과거 역사를 돌아보았다. 좀더 광범위한 국가의 강제 이주 역사와 비교할 때 대단치는 않은 정도지만 그럼에도 야생동물 보존이라는 기치 아래 삶터를 떠난 보존 난민(conservation refugees)을 만들어낸 역사를 말이다.[11] 따라서 은데벨레의 존재는 정치와 무관한 자연 피난처로서 사냥감 산장의 비정치적 위상을 지극히 정치적인 것으로 바꾸어놓았다.

우리는 은데벨레를 본국 속의 외국으로 모험을 떠난 존재라고 해석할 수 있다. 태곳적 생태를 간직한 황야를 마케팅 전략으로 삼는 백인 중심의 자연 산업에 발들인 내부 망명자(inner émigré)로서 말이다. 이런 환경에서 여가 추구의 복잡함, 그리고 그에 수반하는 실존적 스트레스는 내가 말한 보기생태학과 연관된다. 즉 자연이라는 개념이 지배적인 환경에서, 상호 연결된 보기와 보여지기의 망이다. 처음에 은데벨레는 긴장을 풀고 바라보았다. 다른 사람들 옆에서 제 쌍안경을 통해 카리스마 메가포나를, 야생의 스펙터클을 지긋이 응시한 것이다. 하지만 그 자신이 스펙터클한 존재였으니만큼 그의 등장은 관광 산업의 매끄러운 작용을 방해했다.

은데벨레는 네오아파르트헤이트 시대의 한 장면 속으로, 자신이 차례대로 "여가 식민주의자"와 "여가 난민(이 책에 쓰인 개발 난민(development refugees), 보존 난민(conservation refugees)과 통일성을 기하고자 일단 leisure refugees를 '여가 난민'이라고 옮겼지만, 오독의 소지가 있어 약간의 부연 설명이 필요할 듯하다. 전자인 개발 난민과 보존 난민이 각각 개발과 보존이라는 미명 아래 자신이 살던 삶터에서 '강제로' 쫓겨난 이들을 지칭하는 것이라면, 후자인 여가 난민은 제가 있는 곳에서 벗어난 것은 같지만, 일시적으로 그리고 무엇보다 '자발적으로' 여가를 위해 피난처·안식처를 찾아간 이들이라는 점에서 전자와 구분된다—옮긴이)"이라 칭한 이들의 틈바구니 속으로 스스로를 밀어 넣음으로써 백인성을 가시화했다.[12] 그는 태곳적 풍광을 간직한 사냥감 산장—포스트아파르트헤이트 시대를 부정하는 백인이 기대고 있는 향수 어린 기억상실의 장소로서, 남아프리카공화국이 다시 세계적 관광 산업 네트워크에 통합되었음을 알리는 당대적 표현으로서 기능하고 있었다—의 시간적·물리적 고립을 흔들어버림으로써 그 일을 해냈다.

하지만 그 과정에서 은데벨레 자신도 크게 흔들렸다. 우리는 그가 자기 스스로를 몰아넣은 다층적 자의식을, 파농의 "봐, 깜둥이다(Look, a Negro: 프란츠 파농의 《검은 피부, 하얀 가면(Peau Noire, Masques Blancs)》에 나오는 구절이다. 1952년 출간된 그의 첫 번째 책으로, 식민지 지배에 내재한 인종차별주의와 인간성 파괴의 심리학을 파헤쳤다—옮긴이)"의 총림 지대 버전으로 해석할 수 있다. 파농은 백인 세계에 발을 들여놓은 순간에 대해 이렇게 술회했다. "나는 스스로의 존재와는 동떨어진 곳으로 나 자신을 데려왔다. ……내 몸은 그저 3인칭(third person)에 그치는 게 아니라 3중의 개인(triple person)으로 인식되었다. ……나는 나의 몸, 나의 인종, 나의 조상을 동시에 표상했다."[13] 하지만 사냥감 산장에서 은데벨레 같은 흑인 관광객은 그저 관찰당하거나 자기 관찰하는 존재에 그치지 않았다. 그는 관찰당하기 위해 많은 돈을 지불했다. 은데벨레가 자조적으로 밝힌 대로, 그는 "관찰당해야 하는 관찰자가 되기 위해 돈을 치렀다".[14] 〔그가 자신의 에세이 "사냥감 산장과 여가 식민주의자들"에서—'스스로를 인류학의 연구 대상으로 삼는(self-anthropologizing)' 자기 소외의 척도로서—상당 부분을 3인칭 자서전 형태로 집필한 것은 수사적으로 매우 적절했다.〕

은데벨레는 상상 영역에서 스펙터클에 대한 압박으로 희생된 것들 때문에 오랫동안 고통당해왔다. 잔혹한 아파르트헤이트의 비상사태 와중이던 1980년대에 그는 논쟁적인 에세이 두 편을 출간했다. 남아프리카공화국의 저술 상당수가 스펙터클한 인종적 폭력의 이분법적 명령에 굴복했다고 비판한 작품이었다. 두 에세이—"평범함의 재발견(The Rediscovery of the Ordinary)"과 "타당성의 재정의(Redefining Relevance)"—

는 문학이 "무자비한 억압자와 가엾은 피해자" 사이에서 벌어지는 예측 가능한 드라마로 기우는 경향, 즉 "상상을 통해 탐구해볼 수 있는 경험의 범위"를 축소하거나 고착화하는 경향을 안타까워했다.[15] "스펙터클 헤게모니"는 수많은 작가로 하여금 예측 가능한 아파르트헤이트-반아파르트헤이트 대결에 초점을 맞추도록 꼬드겼다. 자연히 온갖 영역의 평범한 경험은 뒷전으로 밀렸으며, 그 결과 복잡한 내부 문제, 굴절된 역사 인식을 충분히 조명하지 못하고 일상적 삶의 면면을 등한시한 문학 작품이 횡행했다. 은데벨레의 주장에 따르면, 주도적인 문학 분파들은 쉽게 알아볼 수 있는 흑백 갈등을 담아내라는 세계적 압박에 굴복한 결과, 몇 년이 가도 백인을 한 사람도 만나볼 일 없는 공동체에서 살아가는 시골 흑인의 삶을 하찮게 취급했다.

나는 "사냥감 산장과 여가 식민주의자들"을 은데벨레가 초창기에 깊이 관여한 두 주제—스펙터클의 스펙터클한 대가(代價), 평범함의 재발견—의 확장으로 이해했다. 그의 에세이는 적어도 암묵적으로나마 이렇게 묻고 있다. 첫째, 한 남아프리카공화국 흑인이 스펙터클하지 않고 아무도 신경 쓰지 않는 **평범한** 관광객으로서 사냥감 산장에 들어가고, 그렇게 해서 내가 말하는 이른바 보기생태학을 변화시키려면 무엇이 필요한가? 둘째, 어떻게 하면 시골 사냥감 산장이라는 시간적 인클레이브가 포스트아파르트헤이트 국가라는 상상계 속에 재통합될 수 있는가? 셋째, 이분법적 아파르트헤이트-반아파르트헤이트 간 결전의 전통을 위한 세계 시장이 남아프리카공화국의 문학 스펙트럼을 좁혀놓은 것처럼, 수요와 욕구 충족을 둘러싼 세계적 관광 산업의 순환 고리는 어떤 식으로 거듭되는 보강을 통해 남아프리카공화국의 건강한 자연 문화를 협소화했는가? 보존생물학자와 정치생태학자 각각의 우선순위를 화해시키자는 애나 칭의 촉구에 귀 기울여보면, 은데벨레의 에세이가 생태적 평범성―즉 태곳적 생태라는 인종차별적 시어터를 넘어 이루어지는 인간-비인간의 일상적 상호 작용―을 재발견하려는 탐색의 결과임을 우리는 알아차릴 수 있다.

카리브해 연안의 낙원처럼 사냥감 보호 구역도 잔혹한 역사와 노동에서 벗어난 피난처로 조성되었다. 이곳에서는 역사로 인해 생긴 주름살이 자연 풍광의 치유력에 힘입어 마치 보톡스를 맞은 것처럼 반반하게 펴진다. 바다로 빙 둘러싸인 섬 피난처라는 시간적 인클레이브에서, 그리고 전기가 흐르는 울타리로 에워싼 사냥감 보호 구역에서, 관광객은 (역사의 흔적으로 혼란을 겪어서는 안 되는) 태곳적 생태에 흠뻑 빠져들도록 보장받는다. 그 피난처에 들어가는 것은 무엇보다 그 나라 자체의 분리(segregation) 역사로부터 분리된(segregated) 매혹적 장소로 진입하는 것이다.

준 조던과 자메이카 킨케이드에서 은데벨레에 이르는 흑인 관광객-작가에게, 이 기획된 기억상실은 혼란과 분노의 원천이었다. 억압받는 강탈(dispossession)의 역사와 사면초가에 몰린 흑인 방문자의 자기 소유(self-possession) 간에 직접적 연관성이 드러났다. 은데벨레는 "어떻게 해서 평화와 회복을 추구하려던 여정이 뜻하지 않게 자신을 돌아보는 고통스러운 여정으로 바뀌었는가?"라고 물었다. 그는 "부글부글 끓는 반란 상태에 내던져진" 스스로를 발견했다.[16]

이전의 조던이나 킨케이드와 마찬가지로 은데벨레도 (역사적 과거의 것이든 현재 시점의 것이든) 노동과의 골치 아픈 관련성을 간파했다. 카리브해 지역과 남아프리카공화국에서 식민지 시대의 풍광을 형성한 폭력적 노동의 역사는 강제 이주―대서양 횡단 차원에서 이루어진 것이든,

혹은 (처음에는 원주민 보호 구역을 통해, 나중에는 반투스탄을 통해) 백인 정착민 중심의 국민국가 내에서 진행된 것이든—와 떼려야 뗄 수 없다. 이렇듯 고통스러운 역사를 떠올리면서 세 작가는 '환상에 지나지 않는 노동 부재의 노동집약적 생산'에 분노했다. '노동의 부재'는 땀 흘리지 않으며 부드러운 느낌이 나는 고요한 자연(힘들이지 않은 것처럼, 인간 역사가 닿지 않은 것처럼 보인다)을 만들어내는 데서 태곳적 생태가 맡은 역할에 결정적 요소였다.[17]

오늘날의 관광 산업과 관련해 노동이라는 난감한 주제가 다시 수면 위로 떠올랐다. 계급 프리즘을 통해서인데, 그 프리즘은 휴가를 보내는 작가가 종업원들—지나치게 야단스럽지 않은 시중을 들면서 그 혹은 그녀 주변을 발끝으로 살금살금 걸어 다닌다—과 맺고 있는 인종적 관련성을 복잡하게 만든다. 은데벨레는 낙원의 종업원들과 어떻게 관계 맺어야 하는지를 두고 괴로운 내적 갈등에 빠졌다. 만약 그가 (그래서는 안 되는데도) 그들을 친하게 대한다면 백인 관광객들 눈에 그의 존엄성이 훼손된 것처럼 비칠까? 종업원들은 그를 어떻게 바라보아야 하는가? 적절한 양의 팁은 얼마인가?

빈민가에서 자메이카 이민자의 딸로 태어난 조던은 바하마제도에서 자신이 두 감정 사이를 오락가락하고 있음을 깨달았다. 그녀는 한편으로 그 지역 여성들과 젠더적·인종적으로 동질성을 느꼈지만, 다른 한편으로 그녀의 호텔방 서비스를 맡고 있으나 아예 구조상 안 보이는 여성들과 자신이 계급적으로 이질적이라는 사실에 혼란을 맛보았다. 실제로 조던의 에세이에서 가장 바하마다운 여성은 올리브(Olive)라는 이름의 유령 같은 메이드(maid)였다. 조던은 그녀를 단 한 번도 만나지 않았지만 낙원 체류 말미에 그녀의 서비스에 점수를 매기도록 요청받았다. 조던은 올리브의 노동과 자신이 어떤 관계인지 고심한 뒤, 공동의 인종적 적(敵)을 공유하는 것은 정체성을 공유하는 데 충분치 않은 원천이라고 결론 내렸다.[18] 킨케이드가 귀화한 미국인으로서 제가 태어난 앤티가섬을 다시 방문했을 때, (과거의 것이든 현재의 것이든) 노동 문제는 그녀를 극도로 화나게 만들었다. 그녀는 "해방된 노예의 후예들이 대체 어떻게 앤티가 사람들에게 훌륭한 종업원이 되는 법을 가르치는 호텔훈련학교(Hotel Training School)를 칭찬할 수 있는가?"[19]라고 탄식했다.

역사-노동-자연이 어우러진 이 난국의 중심에는 이동(transport) —조상들의 인종차별적 여정으로서, 미학적 전통으로서, 그리고 관광 산업의 정서로서—이라는 까다로운 주제가 놓여 있다. 하나같이 강제이주 역사에 영향을 받은 은데벨레·조던·킨케이드는 스스로가 그 어떤 방법으로도 "자연적(natural)" 이동 상태에 이르는 관문으로서 숭고함 속으로 들어갈 수 없음을 발견했다. 은데벨레·조던·킨케이드는 공히 제 조상의 역사, 태곳적 생태의 기억상실을 특징으로 하는 시간적 인클레이브에서 그 역사를 억압하는 현실을 떠올렸고, 남을 의식하지 않은 채 흥분하는 일이 없도록 자제력을 발휘하고자 애썼다.

숭고한 즐거움을 추구하는 거북한 순회 여행은 또 다른 딜레마와 곧바로 연결된다. 즉 자연에 "빠져든다(absorbed)"는 표현의 진정한 의미는 무엇인가 하는 것이다. 후기 계몽주의 시대의 "구경꾼 생태학(ecology of spectatorship)"에 따르건대, (반식민주의적 열혈 식물학 지지자) 킨케이드와 (반아파르트헤이트적 열혈 조류 관찰자) 은데벨레는 그들의 조상을 "자연적"이라 여기는 억압적이고 인종차별적인 분류의 유산을 어떻게 우회해갈 수 있는가? 내가 보기에 백인 자연 여행자는 탈식민지 혹은 신식민지 환경에서 숭고한 자연에 빠져드는 일이 덜 까다롭다. 본인의 백인성을, 남을 의식 않고 따로 분류되지도 않는 상태로 경험할 수 있기 때문이다. 반면 은데벨레는 자연 합일(natural union)과 관련한 복잡한 문제들, 그리고 역사가 실린 보기정치학(politics of looking)에 극도로 민감했다. "[흑인 관광객들이] 사냥감 관람(viewing)을 하러 가면 모든 정황상 아마도 자신이 그 동물들과 마찬가지 신세로 거기서 관람당하고 (being viewed) 있다고 느낄 수밖에 없다."[20]

동물의 존재는 결정적으로 중요하다. 카리브해 연안의 관광 산업 문화에서 에덴은 기본적으로 동산 역할을 한다. 역사와 노동에서 벗어난 피난처지만 약탈은 없다.[21] 반면 동남부 아프리카에서 관광 산업의 결실인 아프리카 에덴동산은 카리스마 메가포나의 존재—즉 기획된 위험—를 중심으로 조성되었다. 그들의 존재야말로 시간을 초월한 원시성과 조우하도록 보장하는 핵심적 요소다.[22] 이는 젠더와 관련해 중요한 의미를 띤다. 아프리카 에덴동산에서는 역사와 노동뿐 아니라 (올웨클루프의 경우에서 보았듯) 인간의 손길이 닿은 자취, 즉 길들여진 흔적까지 완벽하게 제거해야 한다. 그 결과 아프리카 에덴동산의 스펙터클은 지극히 남성적 경향을 띤다. 백인 사냥감 가이드, 흑인 원주민 수색자, 총림 지대를 비행하는 비행사는 모두 당대 세계 시장에 발맞추어 위험 (혹은 적어도 위험한 것처럼 보이는 판매 가능한 퍼포먼스)을 향한 신(新)빅토리아 시대적 집착을 펼쳐 보인다.[23]

마을의 이방인

제임스 볼드윈의 에세이 "마을의 이방인(stranger in the village)"(스위스 로 이커바드(Leukerbad) 지역 방문기—옮긴이)은 사냥감 보호 구역, 인종차별적 관광 산업, 환경 시간의 분석에 포함하기에는 적합지 않은 텍스트로 보일지도 모르겠다. 하지만 클라인한스나 은데벨레에 대한 논의에 비추어보면 우리는 볼드윈의 이 고전적 에세이를 통해 인종차별적 보기 생태학과 자연 문화가 근대성의 세련된 실력 행사에서 담당한 역할에 대해 통찰을 얻을 수 있다. 은데벨레가 있을 법하지 않은 진기한 존재로서 사냥감 산장의 출입문 앞에 당도하기 40년 전, 볼드윈은 스위스 어느 산악 마을의 여러 체류지 중 첫 번째 장소에서 시간을 보냈다. 그가 "하얀 황야"[24](온통 눈이 덮인 산악 지역이므로—옮긴이)라고 묘사한 곳이었다. 그는 "아마 마을 사람들에게 '구경거리'가 될 것"이라는 말을 미리 들었다. 그리고 그의 에세이는 비가시적 가시성에 대해, 난생처음보는 "구경거리"가 된다는 것이 어떤 기분인지 문화적으로 무엇을 의미하는지에 대해 광범위한 사색거리를 제공한다. 그의 후대인 은데벨레와 마찬가지로 볼드윈도 인종차별적 여가에 따른 스트레스 탓에 구경거리로서의 자기의식 상태에 내몰렸다.[25]

볼드윈의 분노와 통찰력은 그가 이른바 '권한을 부여받은 편협주의(empowered parochialism)'를 경험한 데서 비롯되었다. 그 스위스 마을 주민들은 전에 한 번도 흑인을 만나본 역사가 없었다. 그들은 아무 데도 여행하지 않고 눈과 얼음으로 뒤덮인 그들만의 성채에 몸을 숨기고 더 큰 세상과 동떨어진 채 살아갔다. 하지만 볼드윈은 과할 정도로 지역에 갇혀 사는 이 사람들이 단절되어 있으면서도 단테, 미켈란젤로,

사르트르 대성당 등 광범위한 서구 문화의 조류와 강력하게 연결되어 있음을 깨달았다. 그 문화는 그들에게 (사실이라고 추정되는) 인종적 우월성과 여유를 제공함으로써 그들을 저도 몰래 대담하게 만들어주었다.

은데벨레와 볼드윈의 에세이가 그토록 시사하는 바가 큰 까닭은 두 작가가 지역·국가·세계 차원에서 흑인을 시간적·지리적으로 근대성에 포함시키기를 한사코 거부하는 현상을 신랄하게 폭로해서다. 볼드윈은 그 마을에서 "뒤늦게 찾아온 수상한 자"로 취급받았다. 그는 세계 시민주의를 경험했음에도 대부분 문맹인 데다 고립 생활을 하는 스위스 마을 주민보다 서구 문화의 방대한 시공간적 흐름과 더 관계없는 인물로 받아들여졌다.[26]

눈부시게 하얀(blindingly white) 스위스 시골 마을을 찾은 볼드윈과 달리, 은데벨레는 멀리까지 여행할 필요가 없었다. 눈부시게 하얀(blindingly white) 남아프리카공화국의 백인들이 기거하는 시골 인클레이브에서 이국적 존재로 여겨지기 위해서는 그저 지역의 시간 여행자 역할을 떠안기만 하면 됐다. 여전히 혼자이며 있을 법하지 않은 존재로 남아 있다는 사실은 같았으나 은데벨레는 볼드윈보다 수십 년 뒤인 이번에는 그와 전혀 다른 역사적 상황에서 글을 썼다. 하지만 은데벨레가 "당대의 관광 산업 전반은 내게 아무런 직관적 친밀성도 제공하지 못한다"고 외치는 대목에서 우리는 그의 분노가 볼드윈의 그것과 매우 흡사함을 느낄 수 있다. 볼드윈은 자신에 대한 시대착오적이지만 구조적인 배제를 둘러싸고 형성된 근대성 속에 제 공간을 분명하게 표시하는 데 어려움을 느꼈고, 그러기 위해 많은 에너지가 든다는 사실에 분개했다.[27] 은데벨레가 직면한 도전은 사냥감 산장이 추구하는, 자신의 근대성을 부인하는 근대적 자연을 되찾고, 그리고 궁극적으로는 재해석하는 일이었다. 은데벨레의 통찰력은 이 같은 중요한 방식으로 볼드윈의 통찰력을 보완한 것이라고 볼 수 있다. 즉 역사적으로 [주로 동시대성(coevalness)과 잡종성(hybridity)의 부인을 통해] 흑인 배제의 무기로 활용된 요소에는 서구의 건축·문학·예술·음악과 관련한 문화만 있었던 게 아니다. 거기에는 야생동물 관광 산업(이를 통해 지역의 백인성이 해외에서 온 백인 청교도에 의해 더욱 공고해진다) 같은 자연 문화도 있었다.[28] 좌우지간 사냥감 산장은 아미타바 쿠마르의 말을 빌리자면, "지역적 세계시민주의(provincial cosmopolitanism)"의 장소로 떠올랐다.[29] 따라서 야생 아프리카는 문명의 안티테제를 대표한다고 주장함과 동시에, 백인에게 또 다른 유의 대성당 같은 안식을 부여한다.

볼드윈의 "하얀 황야(white wilderness)" 에세이와 은데벨레의 "백인의 황야(white wilderness)" 에세이는 둘 다 역사를 주도해온 완고한 문화적 결의─즉 계속 부정하면서 살아가고, 왜곡된 '무구함(innocence)'이라는 지속 불가능한(unsustainable) 상태를 지속하려는(sustain) 결의─를 공격했다. 1950년대 유럽에서는 저 멀리서 식민지 지배를 받는 흑인이 동떨어진 장소에 사는 추상적 존재에 그쳤다. 볼드윈은 "실제로 유럽에 하나의 인간으로서 흑인은 존재하지 않았다"[30]고 말했다. 그는 당시의 미국 백인은 유럽인보다 한층 더 현실을 왜곡했던 것으로 드러났다며 이렇게 덧붙였다. "그들은 유럽식의 무구함을 회복하고, 흑인이 존재하지 않는 상태로 돌아갈 수 있는 모종의 방안이 있으리라는 환상을 내내 키워나갔다."[31] 포스트아파르트헤이트 시대 남아프리카공화국의 사냥감 산장─환상에 불과한 무구함과 태곳적 생태로의 회귀를 보장하는 피난처─은, 다수 흑인이 정권을 잡았음을 고려할 때, 훨씬 더 얼토당토않은 부정의 시어터에 의존한다고 볼 수 있다.[32] 사냥감 산장은 생태적 애가와 포획된 시간을 제공함으로써 향수를 달래주는 최후의 원대한 희망으로 기능한다. 자신도 그 일부인 전체 사회의 문화적·경제적·정치적 변화를 한사코 거부하면서 말이다. 볼드윈은 1953년 에세이를 "이 세계는 더 이상 하얗지 않으며, 결코 다시는 하얗게 되지도 않을 것이다"라는 구절로 마무리했다. 그의 주장은 그로부터 40년 뒤, 다수 흑인이 세계 역사상 최초로 투표를 거쳐 백인지상주의 정권을 몰아낸 나라(남아프리카공화국—옮긴이)에서 훨씬 더 단호하게 되풀이되었다.[33]

여가 난민에서 〈최고의 사파리〉까지

나딘 고디머의 단편소설 〈최고의 사파리(The Ultimate Safari)〉는 모잠비크 내전을 피해 달아나 남아프리카공화국의 가장 크고 유명한 야생동물 보호 구역 크루거 국립공원 전역에서 위험천만한 오지 생활을 하는 한 무리의 난민을 추적한다. 이 이야기는 은데벨레의 "여가 난민", 그리고 "영원불멸의 옛 과거를 간직한 덤불숲"을 갈망하는 클라인한스의 외국인 관광객과는 가장 동떨어진 처지에서, 정신적 외상을 입고 국경을 넘은 여행자들의 경험을 중심으로 펼쳐진다. 크루거 국립공원에서 모잠비크 난민들은 스스로가 안내자도 없이 시간 밖 시간으로, 생명이 위태로운 당혹스럽기 짝이 없는 초월적 시간 속으로 내던져졌음을 발견했다. 살아남으려면 반드시 빠져나와야 하는 세계였다. 〈최고의 사파리〉는 시간과 관련한 경쟁적 생태학들, 이동성의 정치학, 인종차별적 보기정치학에 대한 나의 관심을 정교화하는 데 도움을 주었다.

고디머는 자신이 관광 산업과 관련해 쓴 글들의 제목에 비꼬는 투의 상투적 표현을 담아내는 습성이 있었다. 이를테면 인종차별적 의식을 다룬 가장 빼어난 폭로물에 〈좋은 기후, 친절한 거주자들(Good Climate, Friendly Inhabitants)〉이라는 제목을 다는 식이다. 〈최고의 사파리〉는 모 영국 신문에 실린 광고 문구를 에피그래프로 사용했다. "아프리카 모험은 계속 살아 있다. ……당신은 할 수 있다! 아프리카를 아는 지도자들과 함께하는 최고의(ultimate) 사파리, 혹은 탐험을." 고디머의 이 단편소설은 "ultimate"라는 단어가 지닌 중의성을 중심으로 펼쳐진다. 그 의미는 "비길 데 없이 좋은(nonpareil)"일 수도 "최종적인(final)"일 수도 있다. 관광 산업에서 사파리는 전자인 "타의 추종을 불허하는" 일생일대의 모험으로서 홍보된다. 반면 그녀의 소설에 나오는 난민들에게 사파리는 후자인 "최종적"이 될지도 모를 위험을 감수하면서, 모잠비크 내전이라는 도둑을 외국인 인간과 동물의 위협이라는 강도와 맞바꾼 결과였다.

설립된 지 80년이 넘었고 대략 이스라엘 크기만 한 크루거 국립공원은 남아프리카공화국 동쪽 모잠비크와의 접경지대를 따라 350킬로미터가량 펼쳐져 있다.[34] 메가포나가 풍부한 이 사냥감 공원은 남아프리카공화국의 보존 역사, 황야 신화, 그리고 관광 산업에서 상징적 중요성을 띠는 장소다. 하지만 그 공원은 또한 중층적 의미의 분기점이기도 하다. 1975년부터 1991년까지 이어진 모잠비크 내전 기간에 과잉 규정된 국경 지대—즉 마르크스주의적 탈식민주의 국가와 그에 이웃한 반공산주의 아파르트헤이트 국가 간, 다수 흑인의 지배와 소수 백인지상주의 간, 이민자 노동과 관광 산업이 이끄는 여가 문화 간, 그리고 인간과 동물 간 국경 지대—로 기여한 것이다.[35] 이처럼 과잉 규정된 분기점은 심오한 시간적 차원을 지니는 것이기도 하다. 동물의 시간, 관광객의 시간, 난민의 시간, 영적인 백인지상주의의 시간, 혁명적 유토피아의 시간이 한꺼번에 가까이서 부딪치는 것이다. 모두 이 특정 상황의 근대성과는 도무지 어울리지 않는 시간들이다. 만약 옐로스톤 국립공원이 노갤러스(Nogales: 애리조나주 남부 도시로 멕시코의 노갈레스(Nogales)와 마주하고 있다―옮긴이)나 엘패소(El Paso: 텍사스주 서부 리오그란데강에 접한 도시―옮긴이)에 놓여 있었더라면(미국 중심부에 위치한 옐로스톤 국립공원이 만약 멕시코와의 접경 지역에 놓여 있었더라면―옮긴이), 그 공원의 운명 역시 크루거와 별반 다르지 않았을 것이다. 다시 말해 크루거 국립공원의 역사를 온통 수놓은 은밀한 비행, 카리스마 메가포나, 관광 산업 중심의 여가, 국경을 넘는 필사적 시도, 군사화가 한꺼번에 밀어닥쳤을 것이다.

고디머의 단편소설에서 크루거 국립공원은 (특히 그 공원을 변경으로 다룬 그녀의 잘 알려지지 않은 또 다른 에세이와 함께 읽을 경우) 동물 떼, 관광객 무리, 내전을 피해 도망친 난민, 보존 난민, 모잠비크와 남아프리카공화국의 금광 사이를 오가는 이주 노동자들이 빚어내는 가시적·유령적 움직임이 공존하는 장소로서 모습을 드러낸다.[36] 고디머는 열 살짜리 망명자를 내레이터로 내세움으로써 그 소설에 강력한 정서적 에너지와 친밀성을 부여했다. 하지만 어린 여자애의 관점은 그 여행에 담긴 좀더 광범위한 정치적 의미를 파악하는 데서 필연적으로 제약을 드러낼 수밖에 없다. 즉 크루거 국립공원의 이데올로기 역사―백인지상주의적 자본주의의 부상과 태곳적 생태인 총림 지대 미학 간의 결탁을 극대화한 역사―에 비추어 그 의미를 제대로 따져보기는 어려웠다.

거의 1세기 전, 트란스발(Transvaal: 남아프리카공화국 북동부의 옛 주명으로,

주도는 프레토리아(Pretoria)다—옮긴이)은 주법(州法)으로 흑인의 총이나 사냥개 소유를 금지했고, 그럼으로써 제인 카루더스(Jane Carruthers: 남아프리카공화국대학의 환경역사학자—옮긴이)의 지적대로 "사냥감을 모두가 이용할 수 있는 경제 자원에서 백인 지배층을 위해 따로 떼어놓은 상품으로 바꿔버렸다".[37] 보존을 빙자한 이 같은 금지는 시골 아프리카인의 자급자족적 삶에 다면적으로 압박을 가했으며 그 삶을 점점 더 위태롭게 했다. 식민지 시대의 지배적 보존주의 신화는 19세기의 사냥감 급감을, 주로 시골 아프리카인이 저지른 통제받지 않은 잔혹한 야생 동식물 살해 때문이라고 떠넘겼다. 반면 역사적으로 그러한 도살의 주원인은 야생동물 살해를 고상한 스포츠로 여기는 유럽식 에토스—즉 아프리카인에게는 없는 고급 무기에 힘입어 사냥을, 단백질이나 짐승 가죽옷에 대한 필요, 작물·가축·가금을 동물의 약탈로부터 보호할 필요로부터 떼어놓은 에토스—탓이었다.[38] 인종적으로 편향된 사냥법은 아프리카인의 영양 상태, 자급자족적 생계, 식량 안보에 악영향을 끼쳤다. 크루거 같은 국립공원의 창설, 그리고 (그보다 훨씬 더 큰 규모의) 북적이는 원주민 보호 구역이며 조세 제도의 설립과 더불어, 그 법은 점점 더 많은 흑인을 백인이 주도하는 농업·광업 체제 중심의 자본주의 경제로 몰아넣었다.[39] 따라서 야생동물 부족과 관련한 인종차별적 담론(시간적 측면에서 "퇴보하는" 인간과 "앞서가는" 인간 간의 윤리적 차이로 표현되었다)은 급속하게 근대화하는 경제의 노동력 부족 담론과 복잡하게 뒤엉켰다.[40]

야생동물이 부족해진 원인을 흑인에게 돌리는 식민지 시대 담론은 20세기 초 국립공원 창설을 합리화하는 데 기여했다. 그런데 그 담론은 흑인은 야만적 밀렵꾼으로 악마화하는 반면 백인은 자연의 청지기로 신화화하는 데 의존했다. 이는 흑인이 야생동물과 맺은 관계는 불법적이자 위협적인 것이라 보고, 백인의 보존주의 원칙은 한층 문명화한 우월성의 징표라 보는 관점이었다. 토지 절도, 야생동물 자원(사냥 수입을 위한 것이든, 나중의 관광 산업 수입을 위한 것이든)에 대한 불평등한 접근 등으로 얼룩진 위태로운 역사는, 백인은 보존주의자요 흑인은 오늘날의 환경적 노력을 한사코 방해하는 밀렵꾼이라는 고정관념을 공고화하는 데 기여했다. 오늘날에도 남아프리카공화국의 수많은 흑인은 여전히 야생동물을 식수·식량·방목지를 두고 싸우는 경쟁 상대쯤으로 여기고 있다.

따라서 남아프리카공화국의 사냥감 보호 구역은 역사적으로 사라지는 야생동물, 사라지는 땅, 사라지는 생계 수단, 그리고 사라지는 노동에 대한 비가(悲歌) 조의 내러티브와 복잡하게 얽혀 있다. 사냥감 보호 구역도 원주민 보호 구역도 남아프리카공화국의 백인·광업 중심의 근대성과 같은 시대 것으로 표현될 수 없었지만, 둘 다 그 근대화 과정의 산물이었다. 사냥감 보호 구역은 관광 산업의 소비를 위해 운영되는 "예스러운" 야생성을 간직한 초가시성(hypervisibility)의 장소다. 반면 원주민 보호 구역은 비가시성(invisibility)을 중심으로 조직된 시대착오적 공간이다. "방해가 안 되도록 비켜난" 이곳에서는 인간적 고난과 그에 수반하는 생태적 재앙이 집중적으로 몰려 있었다.[41] 국가 발전 내러티브 측면에서, 서로 영향을 주고받는 자연적 순수성과 인종적 순수성 담론은 사냥감 보호 구역과 원주민 보호 구역으로 구체화되었다. 사냥감 보호 구역은 긍정적 의미에서 태곳적 풍경을 간직한 곳으로, 즉 백인이 정신적 재생을 위해 모험에 뛰어들 수 있는 미개발지로 표현되었다. 반면 원주민 보호 구역은 부정적 의미에서 태곳적 풍경을 간직한 곳, 즉 문명화하지 않은 이들을 위해 따로 확보해둔 장소였다.

제인 카루더스가 크루거 국립공원의 역사를 다룬 자신의 빼어난 책에서 말했듯, 백인민족주의 정권이 1948년 아파르트헤이트 정책(이 정책은 1994년 넬슨 만델라가 민주적 선거를 거쳐 남아프리카공화국 최초의 흑인 대통령에 당선되고서야 비로소 폐기되었다—옮긴이)을 시행하면서 국제적 비난에 직면했을 때, 그들은 본인들이 자연을 보살피는 보존주의적 에토스를 지녔다고 자평했다. 그러면서 크루거 국립공원을 주요 대표작으로, 남아프리카공화국이 문명화한 국가들의 공동체에 속해 있음을 보여주는 증거로 내세웠다.[42] 카루더스의 통찰력이 가장 날카롭게 빛나는 지점은 그녀가 다음 사실을 인식한 대목이었다. 즉 세계 차원에서 남아프리카공화국을 찾는 관광 산업이 발달하기 전인 1940~1950년대에 국립공원이라는 발상이 역사적 상극이던 영국인과 아프리카너를 통합해준 백인민족주의 이데올로기 조성에 기여한 사실 말이다. 이 이데올로기는 확연하게 구분되는, 상호 불신하는 두 가지 전통에 의존했다. 하나는 영국의 식민주의적 보존 전통이고, 다른 하나는 아프리카너들이 스스로를 신이 주신 땅에 사는 선민(選民)이라고 여기는 신화다. 1948년 이후 크루거 국립공원 여행은 아프리카너와 영국 백인에게 영적 성지 순례로 홍보될 수 있었다. 국립공원위원회(National Parks Board)의 홍보 디렉터 라부샤느(R. J. Labuschagne)가 말했다.

과거의 귀인들은 명상과 고립을 위해 자연으로 숨어들었다. 예수는 올리브 산에 올랐으며 …… 솔로몬은 인간에게 자연으로 돌아가라고 거듭 촉구했다. [트란스발공화국의] 크루거 대통령은 조용히 명상하기 위해 마갈리스버그(Magaliesberg: 남아프리카공화국 북부의 산맥—옮긴이)에서 사흘을 보냈다.

……[백인] 남아프리카공화국 국민이 해마다 크루거 국립공원으로 성지 순례를 떠나는 것은 바로 이 때문이다.[43]

여기서 라부샤느는 백인의 단합에 기여하고자 잘 확립된 식민지 시대의 비유를 활용했다. 지형적으로나 사회적으로 높은 위치에 있으면서 고독을 벗 삼는 백인 남성을 "내가 내려다보는 모든 것의 군주[monarch of all I survey: 윌리엄 카우퍼(William Cowper, 1713~1800)의 《시(Verses)》에 실린 시 〈알렉산더 셸커크의 고독(The Solitude of Alexander Selkirk)〉의 첫 구절 'I am monarch of all I survey(나는 내가 내려다보는 모든 것의 군주다)'에서 따왔다―옮긴이]"에 견주는 비유다. 또한 그는 인종차별적이고 배타적인 관광 산업의 근대성을 촉진하고자 예수나 솔로몬 같은 태곳적 종교 이미지를 끌어오기도 했다. 우리는 여기서 역설적이랄 수 있는 '태곳적 근대성(archaic modernity)'을 목격한다. 백인 관광객에게 애국심의 발로로서, 개인적·집단적으로 정신을 고양하고 새 삶을 부여하는 순례 여행으로서 자연으로 "돌아가라"고 촉구하는 것이다. 이 순례 여행은 기독교적 시원과 인종차별적이고 낭만적인 숭고함을 추구한다.[44]

모잠비크는 내전에 휘말리고 남아프리카공화국은 반아파르트헤이트 항쟁에 휩싸인 1980년대 말, 고디머는 모잠비크 남부에 있는 크루거 국립공원이 만들어낸 접경지대와 그 근처의 가잔쿨루(Gazankulu) 반투스탄을 방문했다.[45] 그녀는 관광의 성격을 띠지 않는 본인의 탐험에 대해 지극히 유물론적으로 설명했다. 즉 그 접경지대 황야를 토지 전쟁, 군사화, 이주 노동에 의해 형성된 문화적 장소로 해석했다. 19세기 말 이후 모잠비크는 남아프리카공화국의 광산을 위한 주요 외국인 노동자 공급처로 남아 있었다.[46] 크루거 국립공원 북단의 커다란 바오바브나무는 수십 년 동안 수만 명에 이르는 모잠비크 남성들의 집결 장소로 쓰였다. 그들은 거기서 자격증을 교부받고 소독약 처리를 당한 다음 광산으로 실려 갔다. 그곳에서는 노동, 군국주의, 관광 산업, 자연 문화가 한데 어우러지고 서로 영향을 끼쳤다. 고디머는 이렇게 적었다.

테바(TEBA(The Employment Bureau of Africa: 아프리카고용국))로 가는 길은 크루거 공원 안에 있는데도 막혀 있다. 동물을 관찰하기 위한 전망대들과 달리 숨겨진 군 캠프로 이어진 수많은 도로가 그렇듯이 말이다. 그래도 나는 어찌어찌해 버려진 길가에서 노니는 수사슴과 흑멧돼지를 지나 테바에 도착했다. 높은 곳에서 세 변경이 만나는 지점을 내려다보자 콘래드의 소설에서 볼 수 있을 법한 장면이 펼쳐졌다. 야트막한 건물들이 열대 식물 속에 파묻혀 있었다. 거기서 남성들이 접수를 하고 식사를 하고 의료적 검사를 받고 고용 계약을 하고, 그리고 다른 곳으로 이송되었다. ……음침한 초가 건물을 해자(건물 주위를 에워싼 못—옮긴이)가 둘러싸고 있었고, 해자 주변에는 이파리 넓은 식물들이 자랐다. 그 식물들 사이로 거대한 야생 무화과나무 한 그루가 마치 탑처럼 우뚝 솟아 있었다.[47]

우리는 이 복잡한 "구경꾼 생태학"에 또 한 가지 비가시적 요소를 추가해야 한다. 1930년대에 이 북쪽 지역이 크루거 국립공원에 통합될 무렵에는 총가어(Tsonga)를 쓰는 마쿨레케족(Makuleke)이 제가 살던 땅에서 쫓겨났다. 수십 년 동안 항거한 뒤 이 보존 난민 중 일부는 결국 샹간족(Shangaan)-총가족의 가잔쿨루 반투스탄에 정착했고, 나머지는 모잠비크로 달아났다. 1970년대 말과 1980년대에는 거꾸로 모잠비크에서 남아프리카공화국으로 국경을 넘는 이들이 줄을 이었다. 이번에는 샹간족이 남아프리카공화국의 보존 폭력이 아니라 남아프리카공화국이 모잠비크에 조장한 군사 폭력을 피해 도피에 나섰다. 1980년대 말에는 난민들이 매달 1000명꼴로 가잔쿨루를 향해 밀려들고 있었다. 그곳에 당도하기 위해 그들은 대체로 세 가지 방어벽을 뚫어야 했다. 먼저, 크루거 국립공원에 쳐진 1만 1500볼트의 전기가 흐르는 울타리를, 그런 다음 그 뒤에 설치된 면도날 달린 울타리를, 마지막으로 공원 그 자체를 통과해야 했던 것이다. 한마디로 이 "시간을 초월한" 장소는 (보존에 의해서든 전쟁에 의해서든, 아니면 반투스탄이라는 소수 민족 정책에 의해서든) 역사적으로 제가 살던 땅에서 쫓겨난 절망적인 사람들의 격동적 이동이 끊임없이 교차하는 곳이었다.

고디머가 〈최고의 사파리〉(이 작품은 그녀가 14년 전인 1977년 출간한 사회 정치적 변경 에세이(《남아프리카공화국 사람이 된다는 것은 내게 어떤 의미인가?(What being a South African means to me)》—옮긴이)와 짝을 이루는 소설이다)에서 상상력을 동원해 그려낸 것이 바로 그 같은 격동적 이동의 일례였다. 크루거 국립공원을 가로지르며 일행이 걸어온 '슬픔의 길(via dolorosa)'에 대해 들려주는 이름도 없는 열 살짜리 전쟁고아는, 다른 무엇보다 관광객 없는 관광 산업(클라인한스의 마을 주민 없는 "줄루족" 마을의 크루거 국립공원 버전이다)에 관한 이야기를 펼쳐나간다. 은데벨레의 에세이가 백인 자연 산업에 포획당한 초가시적 흑인 중산층 관광객의 딜레마에 집중했다면, 고디머의 소설은 백인 자연 산업의 상업화한 동물 지대를 발각당하지 않은 채 지나가야 목숨을 건질 수 있는, 찢어지게 가난한 아프리카인의 두려움을 생생하게 포착했다.

시간, 메가포나, 그리고 덤불숲을 통과하는 소녀의 여행은 라부샤느 및 그와 같은 입장의 사람들이 공표한, 영적으로 새 삶을 얻으려는 백인 시간으로의 성지 순례와 극명한 대조를 이룬다. 소녀는 이렇게 회고했다.

거기에 다다르기 위해 우리는 크루거 공원을 통과해야 했다. 우리는 크루거 공원에 대해 잘 알고 있었다. 코끼리·사자·자칼·하이에나·코뿔소·악어 등 온갖 동물의 나라. 그들 중 일부가 우리나라에도 있었지만 전쟁이 일어나기 전에(우리 할아버지는 기억하지만, 우리 아이들은 아직 태어나기 전에) 산적들이 코끼리를 살해해 그 상아를 팔아먹었고, 산적들과 우리 군인들은 수사슴을 몽땅 잡아먹었다. 우리 마을에 강에서 악어한테 두 다리를 잃은 남자가 한 사람 살고 있었다. 하지만 그래도 여전히 우리나라는 동물의 나라가 아니라 사람의 나라다. 우리는 크루거 공원에 대해 잘 알고 있었다. 우리나라 사람들 가운데 일부가 백인이 와서 머물며 동물을 바라보는 장소에서 일하기 위해 고향을 떠나곤 했으니까.[48]

소녀가 감행한 잃어버린 "사람의 나라"에서 "온갖 동물의 나라"로의 여행은 관광객이 경험하는 여행과 암묵적이긴 하나 극명한 대조를 이룬다. 소녀가 지금 향하고 있는 동물의 나라에서 인간은 보이지 않는 존재다. 이 단편소설은 관광객의 존재를 오직 목소리로만, 야영지 울타리 건너편에서 동물의 밤을 타고 코에 파고드는 요리 냄새로만 암시한다. 동일한 근대성에 의해 이루어진 것이긴 하나, 가까이 있는 두 집단은 무단 침입, 위험, 동물 시간을 전혀 다른 방식으로 경험한다.

내가 주장했던 것처럼, 백인 관광객은 "시간을 초월한" 동물 지대를 무단 침입한 경험이 안겨주는 전율을, 역사가 제거된 태곳적 생태계에서 벌어지는 기억에 남을 만한 위험을 구매한다. 반면 역사적 격동에 밀려 "온갖 동물의 나라"로 넘어온 다른 외국인들은 무단 침입과 위험을 이겨내고 살아남으려 노력했다. 즉 그들은 역사적 현재에서 눈에 띄지 않는 존재로 남아 있고자 애씀으로써, 또 (사냥감 관리인, 국경 수비대, 사자에게) 발각당하지 않은 채 큰왕풀(elephant grass: 네이피어풀·우간다풀·코끼리풀이라고도 하며, 아프리카 풀밭에 자라는 다년생 열대 풀이다—옮긴이) 지대를 빠져나감으로써, "길이나 백인 야영지에서 한 발짝 물러난 채 마치 동물들 가운데 일원인 듯 움직임으로써"[49] 그렇게 했다. 크루거 국립공원이 관광객에게 야생동물에 "가까이 다가갈 수 있는" 기회로 선전되고 있다면, 난민에게는 인간과 동물의 친밀성이 한층 깊은 종류의 종 상호 간 인정에 의존한다. 국경을 넘는 무단 침입을 감행한 소녀, 그리고 그녀와 함께한 여행자들은 또한 인간·동물의 국경 지대로 넘어온 것이기도 하다. 거기서는 다른 종들로부터 거둬들인 지식이, 물과 식량은 어디 있는지, 좀더 확실한 위장술과 좀더 안전한 비가시성을 획득하는 방법은 무엇인지에 대해 생명줄 같은 지침을 제공해줄 수 있다.

관광객과 난민은 국경 지대를 넘을 때 각기 상이한 이동 상태에 놓인다. 크루거 국립공원은 관광객에게 안전하게 관리된 상태에서 옛 과거로, 태곳적 생태로, 순수한 동물에게로 뛰어드는 짜릿한 여행을 약속한다. (서스펜스는 대개 빅 파이브—사자·코끼리·코뿔소·표범·물소—를 보느냐 못 보느냐에 달려 있다. 빅 파이브는 결국 남아프리카공화국의 관광 산업을 브랜드화하는 데 없어서는 안 되는 것으로 드러났다.) 그에 반해 난민의 시간 체험은 그와 사뭇 달랐다. 관광객과 동물에게 헌신하는 시간 지대를 위험천만하게 통과하는 일은 스릴 넘치는 과거가 아니라 스릴 넘치는 미래로 진입하는 입구의 기능을 겸한다. 스펙트럼의 양극단에 위치한 자발적 이동과 비자발적 이동의 두 단기 체류 집단은 밤바다의 배들이 그러하듯 서로 스쳐 지나간다. 두 집단은 각각 전혀 다른 희망, 국립공원이라는 시공간에 대한 전혀 다른 경험, 탈출을 이루는 요소에 관한 전혀 다른 시각을 싣고 항해하는 배다.

그들의 'ultimate' 사파리에서, 모잠비크인의 집단적 탈출은 역사가 이끄는 시간 초월성(timelessness)으로의 전락을 나타낸다. 그런데 그 시간 초월성은 관광객 영역에서 볼 수 있는, 울타리 쳐지고 엄격하게 기획된 시간 초월성과는 전혀 다른 것이다. 우익 산적들이 그들이 다니던 모잠비크 마을의 교회와 학교를 초토화했을 때, 소녀와 그녀의 형제자매들은 달력 시간에 기반한 제도적 리듬의 토대를 잃어버리기 시작했다. 따라서 "동물의 나라"를 통과해 도망 나올 때, 그들은 그 세월을 거치는 동안 이름도 매력도 잃어버렸다. 이제는 망가져버린 마을 시간의 유구하고 체계적인 리듬이 태양·하늘·동물의 행동을 읽는 데 의존하는 즉흥적 생존에 자리를 내주었다.

모잠비크인과 내전으로 쑥대밭이 된 그들의 세계는 '목표를 향해 가기(move toward)'보다 '다른 데로 이동하고(move away)' 있었다. "away"는 이 소설에서 특징적 단어로 떠오른다. "우리는 산적이 없고 식량이 있는 곳으로 가고 싶다. 틀림없이 '다른 데(away)' 그런 장소가 있으리라는 생각이 우리를 설레게 했다." 소녀는 이렇게 선언한다. "우리는 다시 '다른 데로(away)' 가려고 길을 나섰다."[50] 그들이 그 공원을 넘어 마침내 난민 수용소에 도착했을 때, 그녀는 "전쟁도 없고 '다른 데로 안 가(no away)' 다시 진짜 집에서"[51] 사는 삶을 꿈꾸었다.

독자들은 'away'를 관광 산업 광고의 판촉 문구와 어린 소녀의 목소리 간 차이를 드러내는 두 가지 탈출 담론과 연결 지음으로써, 이 느닷

없고 복잡한 단어의 복잡성을 행간 속에서 읽어낼 수 있다. getaway (휴가지)·sanctuary(피난처)·refuge(피신처)·retreat(도피처)와 마찬가지로 'away' 역시 그것을 추동하는 힘이 여가냐 혹은 테러냐, 그가 일시적으로 화이트칼라 업무에서 벗어난 것이냐 혹은 전기 흐르는 울타리를 통과해 온통 망가진 시간으로 탈출하는 고달픈 노력 중이냐에 따라 완전히 상반된 의미를 띤다.

야생동물 보호 구역에서 살아남은 소녀는 난민 수용소에서 안식을 얻었다. (고디머의 단편소설과 그녀의 에세이에 드러난 암시를 통해 추정하건대) 그 난민 수용소는 가잔쿨루 반투스탄에 위치하리라 싶은 곳이다. 소설이 끝날 즈음 그 소녀가 2년 넘게 살아온 그곳은 사람들로 북적이는 거대한 수용소로서, 여가 식민주의자들이 기거하는 휴가용 야영지의 암묵적 대척점으로 표현되어 있다. 결국 난민들은 그 국립공원을 뚫고 나가는 유예된(suspended) 시간을 난민 수용소의 유예된(suspended) 시간과 맞바꾼 셈이다. 난민 수용소는 소설의 상징적 질서 속에서 결코 해결책이라거나 종착지로 기여할 수 없는 임시적이자 잠정적인 장소였다.

다음은 글로리아 안잘두아(Gloria Anzaldua: 1942~2004. 치카나(Chicana, 멕시코계 미국 여성) 문화 이론, 페미니즘, 동성애론을 연구한 미국 학자─옮긴이)의 유명한 말이다.

경계는 안전한 장소와 불안한 장소를 규정하기 위해, 피(彼)와 아(我)를 구분하기 위해 설정된다. 경계는 가파른 가장자리를 따라 펼쳐진 좁은 지대, 분기선이다. 경계 지대는 '비자연적 경계(unnatural boundary)'에 대한 감정적 잔여물이 만들어낸 모호하고 막연한 장소다. 그곳은 끊임없는 과도기 상태에 놓여 있다. 그곳의 거주자는 금지된 사람들, 허락받지 못한 사람들이다. ……경계를 넘은 사람, 경계를 통과한 사람, 즉 정상의 범위를 넘어선 자들이다.[52]

이 말을 덧붙여야 할 것 같다. 국가의 자연 문화를 구현한 국립공원이 위에서 말한 '비자연적 경계'를 이룰 때, 그에 따른 경계 지대는 이중적 폭력의 장소가 될 수 있다. 자연적인 것과 비자연적인 것, 토착적인 것과 외래적인 것을 무력에 기대 단절하는 장소 말이다.[53]

이 같은 극심한 단절은 고디머의 내러이터인 열 살 소녀가 속해 있음에 분명한 국경 지대 거주민 샹간족에게서 분명하게 드러난다.[54] 그 소녀는 반투스탄의 난민 수용소로 들어서자마자,

그들이 우리 언어를 쓰고 있다는 사실을 발견하고 놀랐다. 우리 할머니가 내게 쓰시던 언어였다. ……오래전, 그러니까 우리 아버지 대에는, 우리를 죽일 듯이 위협하는 울타리가 없었으며, 그들과 우리 사이에 크루거 공원이 가로놓여 있지 않았다. 우리는 하나의 왕이 지배하는 같은 민족이었다. 그때는 우리 마을을 떠나서, 지금 우리가 막 도착한 이곳에 가는 것이 전혀 어려운 일이 아니었다.[55]

따라서 이 난민들의 여정은 오직 구전되는 기억 속 울타리 없는 과거에만 존재하던 연속성을 재추적한다. 크루거 국립공원이라는 문턱이 사람들을 문화적·영토적으로 갈라놓기 이전의 연속성 말이다. 그 문턱은 처음에는 포르투갈 식민지와 보어공화국(Boer Republic: 현 남아프리카공화국 북서부 지역에서 네덜란드인 후손이 세운 자치 공화국을 집합적으로 일컫는

말. 18~20세기 초까지 존재했으나 모두 남아프리카연방에 병합되었다―옮긴이)을 갈라놓은 지도에 의해, 나중에는 보존을 앞세운 전기 울타리(남아프리카공화국의 국가적 공간과 국가-자연적 공간의 시발점을 표시해준다)에 의해 사람들을 갈라놓았다.[56] 샹간족은 그 분기점 양쪽에 두 다리를 걸치고 있었다.[57]

남아프리카공화국 국민이 맘 내키는 대로 "우리" 혹은 "그들"로 지정할 수 있는 존재이던 국경 지대 거주민 샹간족은 최근 몇 년 사이 새로운 형태의 취약성 탓에 고통을 겪었다. 그리고 잔인한 공격과 추방의 표적으로 떠올랐다. 2008년 외국인 공포증이 불러일으킨 학살과 가옥 불사르기가 요하네스버그 등 여러 남아프리카공화국 도시의 판자촌에서 기승을 부릴 때, 샹간족은 남아프리카공화국인이든 모잠비크인이든 간에 "외국인"으로서 그 공격의 타깃이 되었다. 너무나 낯익은 희생양 삼기(scapegoating: 국민의 지지를 받지 못하는 정부가 가상의 적을 설정하고 그들의 불만을 다른 데로 돌려 증오나 반감을 누그러뜨리는 정책―옮긴이) 광풍에 의해, 그 "외국인들"은 우리 직업, 우리 여성, 우리 집 등 우리 것을 빼앗으려고 "이쪽으로 넘어온" "범죄 분자(criminal elements)"로 간주되었다.

흔히 무력에 의해 집행되는 포스트아파르트헤이트 시대의 "진짜" 국민과 달갑잖은 외국인 간의 차별은 아이러니하게도, 상업화한 기억과 기억상실의 퍼포먼스에 의존하는 관광 산업에는 적용되지 않았다. 미국인·유럽인·일본인 관광객이 남아프리카공화국의 사냥감 공원 여행을 진짜로 다녀왔다고 입증해주는 기념품으로서 사가는 목재 동물 조각상, 동석(soapstone, 凍石: 조각품이나 도장 따위를 만드는 데 쓰는, 감촉이 비누 같고 부드러운 돌―옮긴이) 조각, 가면은 거의 대부분 남아프리카공화국의 국경 밖에서, 특히 모잠비크와 짐바브웨에서, 그리고 가나·콩고·세네갈·나이지리아·카메룬 등지에서 들어온다.[58] 국경·울타리·국립공원을 지나면서 갖은 위험을 무릅쓰는 이주자들, 그리고 적대적 공동체들은 저마다 달갑잖은 존재로 낙인찍히지만, 국제적 관광 산업 순환 고리의 욕구 회로에서 꼭 필요한 역할을 담당하기도 한다. 자기네가 만든 공예품을 "남아프리카공화국"의 기념품으로 재브랜드화함으로써 토산품을 주로 조달하는 데 기여하는 이들이 다름 아니라 "다른 데(away)"서 온 이 예술가나 상인이기 때문이다. 이들이 응축적으로 표현한 상징적 상품, 즉 코끼리·사자·코뿔소 등 카리스마 메가포나 조상(影像)은 관광객이 태곳적 생태로 "최고의 사파리"를 다녀온 게 분명함을 입증해주는 징표다.

세계적 재식민지화?

사냥감 보호 구역이라는 공간을 상상적으로든 경험적으로든 원상 복구할 수 있느냐 여부는 적어도 네 가지 요인에 달려 있다. 첫째, 토지 반환과 관련한 정부 정책이 그 보호 구역에 어떤 영향을 끼칠 것인가? 둘째, 흑인 관광 산업의 성장이 남아프리카공화국의 자연 산업을 재구성하는 데서 어떤 역할을 담당할 것인가? 즉 사냥감 보호 구역이 흑인 여행자들에게 매력적 선택지로 떠오를까, 아니면 인종차별적 권리 보장을 연상시키는 이질적 존재로 남아 있을까? 셋째, 시골의 생태 관광 산업이 얼마나 지속 가능한 기획으로 드러날 것인가? 즉 그것은 광범위한 경제적 기회를 제공하고 신식민주의적 보존 영역 밖에 있는 자연 문화에 의존할까? 마지막으로, 세계적 힘—세계적 관광 산업의 순환 고리와 유럽·미국에 본부를 둔 보존 비정부 기구가 가하는 압력—이 어떻게 남아프리카공화국의 환경 관련 우선순위에 영향을 끼칠 것인가?

이러한 정책적 딜레마를 신랄하게 파헤친 헥터 마곰(Hector Magome)과 제임스 무롬벳지(James Murombedzi)는 위의 네 가지 요인 중 마지막인 세계적 역할에 대해 극도의 회의감을 드러냈다. "만약 주요 의제가 전통적 생물 다양성의 보존이라면, 일국 차원에서 자연의 탈식민지화를 촉진하는 정치적 방안은 세계 차원에서 그 국가의 재식민지화를 초래할 것이다."[59] 이는 실제적이고도 강력한 위험으로 남아 있다. 하지만 그렇더라도 남아프리카공화국의 보존 체제(민영이든 국영이든)를 뒷받침하는 주요 원동력은 그간 생물 다양성보다 돈이 되고 손쉬운 스펙터클로서 메가포나를 판매하는 쪽으로 기우는 경향을 보였다. 관광객 입장에서 생물 다양성은 흔히 스펙터클하고는 거리가 멀고 그러니만큼 "따분하다".[60] 클라인한스의 알팔파 문제가 시사하듯 수많은 외국 관광객은 농업·자급자족·보존을 뒤섞어 쓰임새가 여럿인 풍경을 딱 질색했다. 그것은 스펙터클이라고 하기에는 매력적이지 않고, 인위적인 것 혹은 익숙한 것을 철저히 차단하지 않은 어설픈 풍경인 것이다. 그러나 목축업자·농경인·야생동물의 공존으로 인한 복잡성에도 불구하고, 이처럼 다채로운 토지 이용은 길게 보아 흑인은 밀렵꾼(혹은 침입자)으로, 백인 환경주의자는 동물에게 자비롭지만 인간에게 비정한 존재로 여기는 이분법적 인식을 해소하는 데 기여할 수 있다. 토지가 자꾸만 줄어들고 있는지라 토지에 대한 혼합적 쓰임새를 키우면 인간과 비인간 생명체를 위한 식수·식량·생태계 안보를 조화시키는 데 유익할 것이다. 그렇지 않은 대안은 지속 가능하지 않다. 유력 국제 비정부 기구들은 야생 아프리카에 대한 관광 산업의 전형적 요구에 발맞추어 자급자족농과 생태계 사람들을 그들이 살던 땅에서 몰아내는 데 일조하고 있다.

남아프리카공화국은 강력한 국가적·세계적 자연 이데올로기라는 문명화한 힘과 경쟁해야 한다. 그것은 분명 변화 가능성이 있는 이데올로기지만, 그럼에도 그 국가의 물리적·정신적·경제적 풍광 속에 아로새겨져 있다. 정치적 예속과 영토의 전유(專有) 같은 유산(하지만 식민주의적 진보 내러티브라는 문명화한 차별이 뒷받침해주는)은 토지·야생동물·여가에 대한 불평등한 접근을 합리화하는 데 쓰여왔다. 한편 그 유산은 카리스마 메가포나와 태곳적 생태를 둘러싸고 광대한 세계 시장을 구축했다. 남아프리카공화국의 환경 딜레마를 이해하는 작업은 중요한데, 그 까닭은 그 딜레마가 좀더 일반적인 세계적 위기─즉 토지 접근, 식량 안보, 자원 전쟁, 생물 다양성, 관광 산업, 그리고 세계 야생동물 시장의 인종차별적 정치학에 따른 기억상실의 장소 등─를 가리키고 있기 때문이다.

식민주의의 시간적·공간적 유산을 변화시키는 데서 경제적·역사적 추동력과 심리적 추동력 사이에 커다란 긴장이 야기되었다. 그 변화는 얼마나 많이, 얼마나 빨리, 누구에게 어떤 희생을 치르고, 언제 이루어져야 하는가? 전략적 답은 마찰의 구체적 내용, 혹은 세계적 세력, 지역·국가의 권력 구조와 애나 칭이 말한 "실질적 부딪침의 끈끈한 구체성"[61] 간의 협력에 따라 저마다 다를 것이다. 사냥감 산장을 돌아본 은데벨레의 말로 이 장을 마무리하고자 한다. "모호한 상태에 놓여 있는 것, 그리고 그중 하나를 선택하는 것은 어렵다. 심지어 고통스럽다. 이제 우리는 고통스러운 과거라는 심리적 짐을 벗어던지고 싶다. 그런가 하면 여전히 그 짐을 계속 지고 싶다. ……우리는 생각한다, 형성 중인 과정에 놓인 사람에게 평화란 없다고."[62]

7

후유증의 생태학
정밀 타격전과 느린 폭력

전쟁이 말(words)을 다 써버렸다. 말은 힘을 잃었고 자동차 타이어처럼 점점 닳아빠졌다. ……우리가 사용하는 모든 용어는 가치가 하락했다. ……그로써 우리는 당연히 어떤 유령들이 남아서 걷게될지 궁금하지 않을 수 없다.

— 헨리 제임스(Henry James)의 인터뷰(1915년 3월 21일)

어느 날 주일 학교 교사 그래프 여사(Mrs. Graff)가 우리 반 아이들에게 노아의 방주 이야기를 큰 소리로 읽어주었다. 홍수가 빠져나가는 대목에 접어들었을 때, 그녀는 책을 돌려서 우리에게 삽화를 보여주었다. 홍수가 지나간 뒤 반짝반짝 빛나는 튼튼한 방주가 울창한 푸른 나무들과 형형색색의 식물들에 둘러싸여 있고, 그 위 하늘에 아름다운 무지개가 둥글게 걸려 있었다.

반 아이들은 모두 넋을 잃고 보았지만, 내 옆에 앉아 있던 조엘이라는 남자아이만은 달랐다.

조엘은 선생님이 들고 있는 그림을 노려보더니 갑자기 소리쳤다.

"시체들은 모두 어디 있나요?"

선생님의 얼굴에 당황스럽고 언짢은 기색이 스쳤다. 그녀가 책을 내려놓으면서 물었다.

"무슨 시체들 말이니, 조엘?"

"시체들요." 그가 다시 한 번 외쳤다. **"홍수에 쓸려가 목숨을 잃은 사람과 동물의 시체는 다들 어디에 있냐고요?"**

— 엘런 오그래디(Ellen O'Grady), 《방주 밖에서: 어느 예술가의 점령당한 팔레스타인 여정
(Outside the Ark: An Artist's Journey in Occupied Palestine)》

전쟁 피해자란 무엇인가? 그 답은 고통스러우리만큼 분명해 보인다. 전쟁 피해자는 논의보다는 강렬한 감정을 불러일으키는 사진 속에서 자기주장을 한다. 급조 폭발물(roadside bomb: 정규군에 의한 폭발물이 아니라 임시 조달 가능한 물질로 만든 사제 폭탄 혹은 폭발물로서 게릴라전이나 비정규전에 쓰인다. 아프가니스탄·이라크 등지의 미군 작전 지역에서 반미 저항 세력이 많이 사용

한다—옮긴이)에 의해 팔다리가 잘려나간 몸통, 도랑 속에 사지를 벌린 채 처박혀 있는 유혈 낭자한 농민의 시체, 태연하게 담배를 피워 문 채 죽은 여인의 머리를 구둣발로 짓이기는 병사……. 하지만 이러한 이미지는 오직 즉각적이고 시선을 사로잡는 사망자에 대해서만 말해줄 뿐이다. 그렇다면 사진에 담을 만한 전형에는 맞지 않는 피해자들은 어떻게 되는가? 중요한 전투가 종료되고 한참이 지난 뒤 나타나는 피해자들, 피해가 뒤늦게서야 드러나고 저마다 뿔뿔이 흩어지는 바람에 그 피해를 극적으로 포장하기 힘든 이들 말이다. 속도와 스펙터클에 목을 매는 언론은 주의 집중 시간이 짧아서 사상자 수를 정확하게 집계하기까지 수년 혹은 수세대가 걸리는 전쟁 재앙은 추적하지 않는다. 우리가 무슨 수로 공식적 승리를 선언한 뒤, 세포 영역에 집요하게 남아 있는 비공식적 적대감, 전투 참가자 및 민간인의 신체 조직과 혈액·뼈를 통해, 또한 토지라는 살아 있는 생체 자체를 통해 퍼져나가는 깔끔하지 못하고 마멸적이고 치명적인 피해를 추적할 수 있겠는가?

무지개가 뜨고 빛나는 노아의 구원 내러티브에 불만을 드러낸 조엘의 일화가 암시하듯 시간·공간·관점이 탄탄하게 짜인 이야기는 시체를 숨기기에 편리한 도구다. 후유증에 관한 이야기는 시간을 오래 끌고 대단히 복잡하고 추저분하고 결말이 열려 있으며, 더러 말하기가 거북하기도 하다. 그것이 노아의 방주든 1991년의 걸프전이든 간에, 공식적 내러티브 프레임이 분명하게 승리주의에 입각해 있을 때는 특히 더 그렇다. 걸프전은 후유증의 생태학(ecology of the aftermath)에 대해 이야기하는 것이 얼마나 지난한 시도가 될 수 있는지 보여주는 극적인 예다. 미국의 기업형 언론이 그 전쟁을, 미국이 치른 과거 베트남전과 달리 전략적·기술적·윤리적 차원에서 과단성 있는 전쟁으로, 흠

없는 승리와 속도의 스펙터클한 성취로 표현했기 때문이다. 그러나 걸프전은 그와 동시에 우리에게 걸프전 신드롬(Gulf War Syndrome)을 안겨준 분쟁이었고, 그보다 덜 언급되는 사실이긴 하지만 감손우라늄〔depleted uranium: 우라늄 235의 함유량이 천연우라늄보다 낮은 우라늄으로 열화(劣化)우라늄이라고도 한다—옮긴이〕 군수품을 대거 사용한 최초의 분쟁이었다. 따라서 걸프전에 대해서는 내러티브들이 크게 상반되었다. 한편에서는 승리를 향해 씩씩하게 달려간 명쾌한 스토리라인이 펼쳐졌다. 다른 한편에서는 느린 폭력에 관해, 더없이 복잡한 과학적 증거와 위험 정치학에 관해 품이 많이 드는 장황한 이야기가 전개되었다. 결말이 열려 있고 불확실한 후유증의 생태학에 관한 이야기다.

　그 전쟁이 인간과 환경에 미친 숨겨진 대가에 관해서는 진즉에 공적 논쟁이 이루어졌어야 한다. 현대전에서 볼 수 있는 살해 방식의 중대 변화를 인정하는 논쟁 말이다. "정밀 타격(precision)"전, "국부(surgical)" 공격, "스마트(smart)" 전쟁, "감손(depleted)"우라늄, 그리고 "기적의 드론(miracle drones)" 같은 군사적 완곡어법은 최근의 최첨단 충돌을 정당화하는 데 기여하며 독성 물질 및 방사능 물질에 의한 그들의 장기적 파급력을 은폐해준다. 정밀 타격이라는 수사는 우리를 안심시켜서 전쟁의 치명성을 신속하고도 즉각적인 살해라고 여기게끔 만든다. 하지만 아이러니하게도 미국과 영국 군대가 "정밀 타격" 담론에 의존하면 의존할수록 미사일, 탄환, 탱크 외장에 "감손"우라늄을 추가하는 현상은 더욱 증가했다.

　1991년 걸프전 이후, "정밀 타격(precision)"전에 치명적인 유형의 환경적 "비정밀성(imprecision)"이 새로 수반되었다. 그 전쟁이 역사상 최초의 감손우라늄 분쟁이었기 때문이다. 인간은 분명 히로시마와 나가

사키 이후로는 생명 자체에 그토록 집요하리만치 적대적인 군사적 물질을 내놓은 일이 없다. 감손우라늄은 우리의 이해력을 넘어서는 내구력을 지니고 있다. 즉 그것은 방사성 반감기가 자그마치 45억 1000만 년이다. 그 물질은 일단 환경에 유입되면 사실상 환경에 영구히 남아 있으면서 군사적 측량으로 쉽게 드러나지 않는 결과, 우리로서는 판단할 재간이 없는 결과를 초래한다.

감손우라늄 탄환을 써서 전쟁을 벌이는 시대에, 우리는 (미래 지향적으로든 과거 지향적으로든) 최첨단 전투 감행에 따른 진짜 사상자를 끊임없이 과소평가하고 있는 군사적 사망자 집계 방식에 도전해야 할 윤리적 의무를 지닌다. 누가 사막 전역에서 감손우라늄을 삼키거나 들이마심으로써 서서히 죽어간 민간인이나 병사들을 계산에 넣겠는가? 누가 수개월 혹은 수년 동안 잠복하고 있다가 여차하면 지뢰로 돌변하는 미폭발 집속탄(cluster bombs)이 초래한 뒤늦은 사망을 계산에 넣겠는가? 누가 이른바 정밀 조준 폭격에 의해 잔류한 화학 물질―외부에서 온 반란군으로서 지역민이 이용하는 강을 더럽히고 먹이사슬을 오염시킨다―이 낳은 죽음을 계산에 넣겠는가? 누가 전쟁에 쓰인 독성 물질로 인해 DNA 염기서열이 뒤죽박죽된 부모가 사산아나 기형아를 낳는 것 같은, 유전적 악화에 따른 피해를 계산에 넣겠는가? 모든 전쟁에 대한 셈법에서는 그에 따른 환경적 피해를, 비록 제대로 수량화하지는 못한다 해도 최소한 인지는 할 수 있어야 한다. 그러한 피해자들이 CNN이나 폭스의 뉴스 사이클에는 맞지 않는 느리고 비가시적인 죽음을 맞이하겠지만, 그럼에도 그들이 전쟁의 피해자인 것만은 어김없는 사실이기 때문이다.

프랙탈 전쟁과 '외과적'이라는 비유

1991년의 걸프전은 전쟁에 관한 표현과 경험에서 하나의 준거점으로 널리 인정받는다. 폴 비릴리오(Paul Virilio: 1932~2018. 프랑스의 문화 이론가, 도시학자, 미학자. 속도·파워와 관련해 발전해온 테크놀로지를 다룬 저술로 유명하다―옮긴이)가 명확히 표현한 대로, 그것은 최초의 프랙탈 전쟁(fractal war)이었다.

현대식 기법과 새로운 지각(perception) 기술에 힘입어 걸프전의 전장은 지각 영역에서도 큰 발전을 꾀했다. 걸프전은 제2차 세계대전에 비해 전쟁터가 매우 좁았다는 사실에 비추어볼 때 지역 차원의 전쟁처럼 보였다. 하지만 그 전쟁은 '표현' 방식을 고려하건대 세계 차원의 전쟁이었다. ……따라서 한편으로는 **소규모 이해 집단이 일으킨 지역 차원의 전쟁으로 인명 피해도 거의 없고 나쁜 결과도 거의 없었지만**, 다른 한편으로는 지각 영역이 독특하게 작동한 전쟁이었다. 베트남전과 달리 걸프전은 미 국방부가 데이터 처리를 감독하고 특수 효과를 곁들여 생중계로 내보낸 세계 차원의 전쟁이었다. ……그렇다. **이 전쟁은 실제 전쟁터보다 TV 화면에서 더 활발하게 이루어졌다.** 그랬던지라 어느 면에서는 실시간이 실공간을 이겼다고 말할 수 있다.(강조는 저자)[1]

이 전쟁과 관련해서 너무나 진기해 보인 점은 가상의 즉시성이라는 조작된 분위기였다. 전장에서 "실시간" 전쟁이 치러지면 사람들은 현재 시제로 신속하게 그 장면을 시청했다. 이 "스마트" 전쟁은 무수한 네트워크를 통해 폭격기 조종석, TV, 인터넷과 연결된 스크린에 상영됨으로써 즉각적 접근과 전면적이고 계속적인 몰입에 따른 강력한 센세이션을 불러일으켰다. 지각의 관점에서 걸프전은 고해상도였지만 인식론적으로는 흐릿했다. 그 전쟁은 제임스 데르 데리언(James Der Derian)이 지칭한 이른바 "군사-산업-언론-예능 네트워크"에서 지극히 새로운 전환이 일어나고 있음을 시사했다.[2]

하지만 걸프전 논평가들은 기술 찬미자든 기술 혐오자든, 그 전쟁에 현혹되든 그에 경악하든, 한결같이 그 전쟁을 역사적 시간 속에서 찰나에 그치며, (복잡한 매개들을 통해서이긴 하나) 즉각적 스펙터클로 이용 가능한 속도전이라고 표현했다. 가령 비릴리오는 지상에서 펼쳐지는 그 전쟁은 그리 중요치 않고 지역적이며 짧게 끝난다고 설명했다. 그러면서 그 전쟁의 장기적 의미는 오직 전장 지각 기술에 미치는 영향력에서 비롯될 따름이라고 덧붙였다. 하지만 그 전쟁의 가장 강력한 기술 혁신 윤리에 대한 이 같은 위태로운 집착은 전쟁 지속에 따른 환경적·감염병적 윤리에 대한 고찰을 무색하게 했다. 중개된 즉시성(mediated immediacy)이라는 역설에 대한 지나친 집착은 걸프전을 장기적인 환경적 후유증에 비추어 표현하기가 유독 어려운 전쟁으로 만들었다.

우리는 매우 다른 두 안내자의 여행을 비교함으로써 이러한 어려움에 주목하고자 한다. 그들은 1991년 3월 초 같은 주에, 포장된 2차선 국가 간 고속도로라는 같은 도로를 따로따로 찾아 나섰다. 그 고속도로는 북쪽의 쿠웨이트시티(Kuwait City)에서 시작해 사판(Safwan)이라는 국경 도시를 지나 이라크의 주요 항구 도시 바스라(Basra)까지 뻗어 있었다. 두 안내자는 결국 '죽음의 고속도로(Highway of Death)'라 불린 그 도로를 따라 바스라까지 여행했다. 미국 폭격기가 그 도로에서 "칠면조 사격(turkey shoot: 칠면조를 묶어놓고 머리를 과녁 삼아 쏘는 사격 대회가 있었는데, 그게 전혀 어렵지 않은 일이었는지 '매우 쉬운 일'이라는 의미로 쓰인다—옮긴이)"이라고 알려지게 된 작전으로부터 퇴각하는 이라크 호송대를 불태운 직후의 일이었다.

우리가 만나볼 첫 번째 안내자는 작가 마이클 켈리(Michael Kelly)다. 상(펜-마사 알브란 상(PEN-Martha Albrand award)—옮긴이)을 받은 그의 책 《순교자들의 날: 작은 전쟁의 연대기(Martyrs' Day: Chronicle of a Small War)》(1993)는 마이클 허(Michael Herr)의 《디스패치(Dispatches)》 이래 미국 최고의 전쟁 문학이라는 극찬을 받았으며, 〔앤서니 스워포드(Anthony Swofford)의 《자헤드(Jarhead)》(자헤드는 미국 해병대의 별칭—옮긴이)와 더불어〕 제1차 걸프전을 다룬 걸출한 문학 작품으로 손꼽혔다.[3] 〈뉴 리퍼블릭 (New Republic)〉과 〈내셔널 저널(National Journal)〉의 전직 편집자였으며 〈애틀랜틱 먼슬리(Atlantic Monthly)〉에서 편집 작업을 계속한 켈리는 《순교자들의 날》에서 죽음의 고속도로를 따라 흩어져 있는 까맣게 그을린 시체와 탱크들에 대해 생생하게 들려주었다. 그는 기자로서 거의 안도에 가까운 심정을 드러내며 그 대학살의 장관을 이렇게 묘사했다.

걸프전은 그 자체와 분리된(disconnected) 경험이자 너무나 신속하게, 너무나 먼 곳에서, 또 너무나 목격자 없이 치러져 심지어 그와 관계된 이들 상당수에게조차 추상적인 일로 받아들여지는 경험이었다. 거의 전적으로 아주 멀리서 살해를 저지른 미국인들로서는 제가 살해한 사람들, 혹은 그 살해 행위 자체와 관련되어(connected) 있다고 느끼기가 극도로 어려웠다.[4]

켈리는 '픽실레이션(pixilation: 분절된 움직임 속에 독특한 영상 형식을 담는 애니메이션 제작 기법—옮긴이) 피로감'에 시달려온 걸프전 평론가 진영에 속해 있었다. 가상의 것에 어지럼증을 겪어온 그는 비디오게임이라는 실재와 형체의 부재를 섞어놓은 듯한 그 전쟁을 보면서 혼란스러움을 느꼈다. 가까움(closeness)과 거리감(distance)이 혼재되어 있는 그 전쟁은, 그가 암시한 대로, 심지어 살해자 본인에게조차 즉각적이지만 종잡을 수 없는 것으로 여겨졌다.

켈리는 죽음의 고속도로를 돌아보고서야 비로소 그 전쟁을 직접적으로, 실체적으로 실감할 수 있었다. 그는 인포스피어(infosphere: 급속도로 성장하고 있는 군용·상업용 C4 체계의 범세계적 네트워크. 여기에는 전투원이 시간과 장소에 관계없이 접속할 수 있는 정보 데이터베이스와 정보 융합 센터를 연동해주는 네트워크도 포함된다—옮긴이)를 벗어나, 전쟁의 잔류물이 콧구멍 속으로 스며들고 피부를 뒤덮는 물리적 공간에 들어섰다. 그가 말했다. "수 킬로미터에 걸친 그 길에서 전쟁이 빚어낸, 승리와 학살의 증거가 넘쳐나는 유형의 현실을 원 없이 볼 수 있었다. 그 길은 거대한 걸프전의 회로판이었다. '비연결성 혹은 분리(disconnectedness)'라는 느낌을 사라지게 만드는 장소였다."[5]

켈리의 관점에 따르면, 당시 죽음의 고속도로는 그 길의 끝을 나타냈다. 그곳은 그가 갈망해온 종착지였다. 최종적인 것들이 모여 있는 장소, 그 전쟁이 마지막 사망자를 낸 장소, 확실한 승리를 쟁취한 장소, 그리고 시체가 나뒹구는 고속도로라는 원초적 물질성이 무혈의 중재(mediation: 국제 분쟁의 평화적 처리를 위한 수단의 하나로 분쟁 당사국 외 제3자가 대립 당사국의 주장·입장에 서거나 타협을 유도하는 노력을 하거나 문제 해결을 위해 직접 제안하는 등 협상을 적극 돕는 행위—옮긴이)라는 순환 고리를 제압한 장소였다. 여기서 그는 마침내 자신을 어지럽힌 가상적인(virtual) 것의 마법을 떨쳐내고, 미국의 성공을 보여주는 실제적(carnal) 대지 위에 발 딛고 서서 자신이 간절히 바라온 실증적이고 경험적이고 내러티브적인 결말을 두 눈으로 똑똑히 확인할 수 있었다.

두 번째 안내자는 켈리와 같은 주에 그와 같은 길에 있던 캐럴 피코 (Carol Picou)라는 여성이다. 그녀는 켈리와는 상당히 다른 역할을 떠안은 채 그곳에 뛰어들었다. 당시 선임하사관 피코는 이동 병원 부대 소속의 전투 지원 육군 간호사 자격으로 일하고 있었다. 17년 경력의 미군 베테랑인 그녀는 그 고속도로 변에 야전 병원 차리는 일을 거들었으며, 고달픈 보름 동안 부상병을 치료하고 이라크인과 베두인족 시신을 수습했다. 그러는 사이 폭격으로 불탄 탱크들 속을 기어 들어갔다 나왔다 했다. 켈리에게는 끝이라는 느낌을 안겨준 바로 그와 같은 탱크들이었다.[6] 그런데 피코는 그곳을 떠나오고 며칠 후 피부에 검은 반점들이 생겨나기 시작했다. 그리고 이내 방광과 장에 대한 제어력을 잃어버렸다. 그녀는 영구적으로 카테터(catheter: 체내에 삽입해 소변 등을 뽑아내는 도관—옮긴이)와 기저귀에 의존하는 삶을 살게 되었다. 미국에 돌아온 뒤 달이 가고 해가 가는 동안 갑상선 질환을 얻었고, 자궁에서는 편평상피암 세포가 자랐다. 면역기능장애와 뇌 질환도 생겼다. 죽음의 고속도로에서 복무한 때로부터 3년이 지난 뒤 받은 검사에서는 소변 내 우라늄 수치가 위험할 정도로 높다는 사실이 드러났다. 피코는 엄청난 피해 세례가 제 삶을 휩쓸고 간 뒤에야 '감손우라늄'이라는 용어에 대해 처음 들었고, 그것이 체내에 잔류할 경우 나타날 수 있는 위협에 대해 알아가기 시작했다.

"depleted(감손(減損, 손상되고 줄어듦)된, 혹은 열화(劣化, 재료의 물성이 저하됨)된—옮긴이)"는 안심하게 만드는 단어로서, "에너지"나 "야망" 같은 씩씩한 뜻의 명사 앞에 두면 그 활력을 누그러뜨리는 역할을 한다. 하지만 감손우라늄은 전혀 그렇지 않다. 감손우라늄은 방사능 물질 및 화학 물질에 의한 끔찍한 위협을 제기함으로써 군인, 민간인, 그리고 환경 자체를 커다란 위험에 빠뜨린다. 그 명칭 속에 우리를 안심시키는 "depleted"라는 단어가 들어 있음에도, 감손우라늄은 천연우라늄이 지닌 방사성 물질의 60퍼센트를 보유하고 있다. 걸프전 기간에만 미군이 발사한 무기에 쓰인 감손우라늄이 자그마치 340톤이나 되었다. 영국의 의료화학 교수 맬컴 후퍼(Malcolm Hooper)에 따르면, 감손우라늄 사용은 걸프전을 "서구의 군사 역사상 독성 물질로 인한 피해가 가장 큰 전쟁"[7]으로 만들어준 일등 공신이었다. 후퍼의 신중한 견해에 따르면, 감손우라늄은 "무차별적이고 상호 확증적인 파괴에 쓰이는 신형 무기"[8]다. 더군다나 유엔인권위원회(United Nations Commission on Human Rights)는 감손우라늄이 쓰인 군수품을 핵무기 · 생물무기 · 화학무기와 더불어 "무차별적 영향을 미치는 무기"로 분류했다. 1940년대에 독일 과학자들이 처음으로 감손우라늄의 군사적 가능성에 대해 연구했음에도 불구하고, 그로부터 반세기 동안 그 물질은 전쟁터에 등장하지 않았다. 감손우라늄은 1991년 걸프전이 시작되고서야 비로소 재래식 전쟁에 가세했고, 그 결과 환경에 비정밀한 영향을 미치는 새로운 종류의 치명적 위험을 "정밀 타격"전에 더해주었다. 어떻게 해서 걸프전 이후 이처럼 비윤리적인 방사능 물질이 현대전의 풍광 속으로, 전쟁 후유증의 생태학 속으로 흘러 들어갈 수 있었을까?

캐럴 피코가 물었다. 왜 나와 내가 소속된 부대는 그처럼 심하게 오염된 전투 지대에 투입되기 전 방사능 물질, 화학 물질로서 감손우라늄의 잠재적 위험에 대해 미리 경고를 듣지 못했는가? 왜 미군은 구급 임무에 나선 간호사들이 보호 장구도 착용하지 않고 끝부분에 감손우라늄을 사용한 탄약으로 불태워진 탱크의 안이나 옆에서 일하도록 내

버려두었는가? 당시를 돌아보던 피코는 자신이 속한 부대가 부상자들을 돌보는 동안 거센 사막 바람에 노출되었다는 사실을 떠올렸다. 그러면서 그 돌풍이 사막 먼지를 일으켰는데, 자신도 모르게 거기에 실려온 감손우라늄 입자를 흡입했을 거라고 우려했다.

피코의 부대에는 병력이 300명 있었는데, 그중 150명은 죽음의 고속도로 최전방에서 작업했고 나머지 150명은 후방에 남아 있었다. 걸프전 종전이 공식 선언되고 5년이 지난 1996년, 부대원 가운데 죽음의 고속도로에 파견된 150명 중 40명이 심각한 병에 걸렸고 6명이 사망했다. 반면 후방에 머문 150명은 전원 건강한 상태를 유지했다. 귀환한 일부 참전 군인이 갑상선 혹은 눈이나 귀가 없는 아이를 낳거나 그 아버지가 되고 있다는 사실, 인간의 팔 대신 지느러미처럼 생긴 팔이 달린 아이가 태어나고 있다는 사실을 알게 된 피코는 난관결찰술을 받기로 결심했다. 전쟁 피해자를 치유하기 위해 그렇게나 동분서주했던 그녀가 말이다.

국방부는 캐럴 피코가 죽음의 고속도로에서 돌아오고 5년이 지난 1996년 3월 그녀를 면직시켰다. 해고 사유는 "장 및 방광 제어 불가―병인(病因) 불명"이었다. 피코의 군복무에 종지부를 찍은 문서에 따르면, 그녀가 겪은 무수한 질병은 "전쟁과 아무 관련이 없었다".[9] 따라서 그녀는 전쟁에서 부상당한 남녀 군인이라면 으레 받도록 보장되어 있는 연금 수령도 거부당했다. 의료적으로 모호한(indecisive) 설명에 기반해 피코에게 내린 단호한(decisive) 해고는 그녀의 육체적·재정적 전망을 더욱 어둡게 만들었다. 느린 폭력이라는 연막 아래, 전투가 끝나고 5년이 흐른 뒤에조차 그녀의 소변에서 우라늄 수치가 내내 높은 상태를 유지하고 있었음에도 불구하고 저들은 피코의 처참한 육체적 붕괴가 전쟁이라는 환경과는 무관하다고 분명하게 선을 그었다.

마이클 켈리에게 바스라로 가는 길은 순례 여행의 종착지였다. 그뿐만 아니라 걸프전의 가상적 비연결성(혹은 분리), 전쟁 자체, 베트남증후군으로 인한 미국의 떳떳하지 못한 굴욕, 이 세 가지를 한꺼번에 종결지음으로써 위안을 얻은 순간으로 기록되었다.[10] 반면 피코에게 그 같은 고속도로는 그녀의 개인적 삶과 직업적 삶의 종결이 시작되는 곳이자, 그 전쟁의 물리적 비연결성이 본격적으로 시작되는 장소였다. 피코에게 죽음의 고속도로는 다른 종류의 분리가 막 진행되고 있음을 의미했다. 피코의 신체적 붕괴와 그녀가 '전후 전쟁 피해자(postcombat war casualty)'로서 공식 인정받기 위해 뛰어든 투쟁 간의 분리다. 피코에게는 1991년 3월에 걸프전이 막 시작되고 있었다. (이라크군과 다국적군 사이에서 벌어진 걸프전은 1990년 8월 2일부터 1991년 2월 28일까지 이어졌고, 1991년 2월 24일부터 100시간 동안 죽음의 고속도로에서 지상전이 펼쳐졌다—옮긴이.)

환경 시간과 감염병 시간에 걸쳐 느린 폭력이 전개되고 있음을 간과한 켈리는 비릴리오처럼 걸프전의 짧은 지속 기간을 액면 그대로 받아들였다. 켈리의 책 제목 《순교자들의 날: 작은 전쟁의 연대기》는 깔끔한 절제력을 발휘한 소규모 분쟁으로서 이미지를 강조한다. 그는 그 분쟁에 대해 "100시간 전쟁"[11]이라는 이름을 붙였다. 켈리는 《순교자들의 날》을 출간하고 8년 뒤 '포스트 9·11' 서문을 덧붙이고자 다시 그 책으로 돌아왔고, 걸프전의 짧고 깔끔함, 미국의 최첨단 정밀 타격 무기는 미국의 군사적 인도주의와 곧바로 연결될 수 있다는 논지를 펼쳤다. 이는 당시 코앞에 닥친 2003년 이라크전을 합리화하는 데 널리 쓰이게 되는 주장이다.

걸프전은 전쟁(war)으로 불리지 않았다. 작전(operation)이라 불렸다. '사막의 폭풍 작전(Operation Desert Storm).' 작전은 전쟁이 아니다. 그것은 외과적[surgical: operation(작전)에 '수술'이라는 뜻도 있기에 더욱 그럴듯한 비유다. surgical은 '정확하고 신속하게 문제가 되는 상처 부위를 도려내는'이라는 의미를 담고 있다. strike와 함께 쓰일 경우에는 흔히 '국부 공격(surgical strike)'이라 번역한다—옮긴이] 사건이다. 들어가서 종양을 제거한 다음 나오기, 이렇듯 명확하게 규정된 제한적 목적을 추구하는 어떤 것이다. ……걸프전은 작전으로서 치러졌고 작전으로서 더없이 주효했다. ……군대를 투입했고, 쿠웨이트에서 종양을 제거했다. 그것이 그 작전의 유일한 목적이었다. 죽은 사람은 거의 없었다. ("거의 없다"는 표현은 이라크인 사망자에게도 해당되었다. 이라크인 사망자 수는 다국적군보다야 훨씬 많았지만, 그럼에도 다국적군의 치명적 역량에 비추어 볼 때 놀라울 정도로 적었다. 걸프전은 새로워진 미국 군대가 압도적 기술 우위를 이용해 이율배반적 표현이랄 수 있는 효과적인 인본주의 전쟁의 창출 능력을 처음으로 세계만방에 과시한 중대 사건이었다.)[12]

국부 공격, 정밀 타격전, 스마트 폭탄이 도덕적으로 정확한 정보력을 드러내준다는 생각은, 이해할 수 있겠듯이, 널리 퍼져나갔다.[13] 미국에서 우리는 당대의 삶을, 끊임없이 가속화하는 여러 기술적 약진의 총합(각각의 기술은 그 이전 것보다 더 기적적인 효과를 약속한다)으로 바라볼 준비가 되어 있다. 이러한 진보 내러티브 내에서 속도·참신함·스펙터클에 대한 추종은 그 자체의 고유한 도덕률을 창출할 수 있는 것처럼 보인다. 이 같은 기술 발전 분위기에서는 저마다 새로운 무기 체제에 향상된 윤리적 힘을 부여하는 일이 쉽게 이루어진다.[14]

켈리는 하늘에서 전속력으로 돌진하는 멋진 '정밀' 기술을 느릿느릿 따라가는 '비정밀'의 그늘을 보지 못했다. 수개월, 수년, 수십 년, 수세대가 지나는 사이 소각된 군수품 창고, 감손우라늄, 미폭발 집속탄 같은 치명적 유물에 임의로 노출된 민간인들의 삶을 위협하는 그늘 말이다. "기술적 우월성"에서 "효과적인 인본주의 전쟁"으로의 성급한 인과론적 비약은 히로시마 언론인 다시로 아키라(田城明)가 지칭한 이른바 "무시당한 전쟁 피해자(war's discounted casualties)"[15]의 공간을 허락하지 않는다. 켈리의 현란한 "외과적" 비유는 감손우라늄 전쟁이 발암위험과 관련되어 있음을 고려할 때 특히 부적절하다. 이라크 "종양" 제거에 쓰인 그 동일한 "외과적" 기술이 되레 종양을 퍼뜨리는 데 결정적역할을 했다. 대체 어떤 외과 의사가 비유로서 암을 도려낸다는 미명아래, 진짜 암의 원인인 방사능 물질에 오염된 도구를 가지고 수술에임한단 말인가?[16]

레이첼 카슨이 이른바 '표적-특이적(target-specific)'이라고 알려진 살충제를 설명하고자 사용한 "비선택적 몽둥이(unselective bludgeon)"라는비유가 "외과적"이라는 비유보다 더 적절하다.[17] 죽음의 수용소, 히로시마·나가사키에 대한 논의가 활발한 가운데 글을 쓴 카슨은 진보 및정밀 타격에 관한 문명의 수사가 얼마나 쉽게 야만적 결과를 덮어버릴수 있는지 똑똑히 인식했다. 그녀는 제지받지 않는 기술시장주의의 장기적 위험을 폭로하면서 정밀 타격 주장이 기적적이고 자비로운 선택성(selectivity)에 의존하는 일이 얼마나 잦은지 강조했다.

가상적 거리라는 혼란스러운 역설보다 유형(有形)의 밀접성(intimacy)윤리를 지지한 켈리는 환경적으로 진부한, 스펙터클로서 전쟁 이미지에 굴복했다. 그는 죽음의 고속도로에서 미국과 비매개적 경험주의의빛나는 승리를 본 게 아니다. 스스로도 의식하지 못한 채로 전쟁 종식이라는 신기루를 본 것이다. 쉽게 즉각적 스펙터클로서 규정되는 가시적 정밀성은, 사막 모래(desert sands: 전쟁의 공간적 배경—옮긴이) 전역에 걸쳐 시간의 모래(sands of time: '흐르는 시간'으로 읽으면 좋을 표현으로, 전쟁의 시간적 배경—옮긴이) 속에서, 널리 퍼져나가는 비가시적이고 비인간적이고 파괴적인 비정밀성을 가려버릴 소지가 있다. 죽음의 고속도로를 두 눈으로 직접 목격하면서 전쟁이 종식되었다고 확신한 켈리는 이라크인, 그 지역의 식수·대지·공기, 가축과 야생동물, 그곳에서 재배하는 작물, 그리고 미국 군대가 앞으로 직면하게 될 화학 물질과 방사능 물질의 위험을 인식하는 데 실패했다. 켈리의 시야 한계 너머로 수개월·수년·수세대에 걸쳐 감염병적·환경적 위협이 전개될 가능성이 드리워 있었다. 캐럴 피코로서는 제 장기가 망가지고 뼈가 바스러지는 또 다른 종류의 밀접성을 겪게 해준 위협이었다. 불에 탄 채 죽음의 고속도로 변에 널브러져 있는 탱크들 속을 들락날락거렸던 피코는 저도 모르게 몸의 세포가 무너지면서 증거가 되어준 "작은 전쟁"의 새로운 국면에 접어들었다.

밀레니얼 히스테리, 느린 폭력에 대한 부인

걸프전의 여파 속에서, 감염병을 줄곧 부인하던 세력들이 뜻하지 않은 부분에서 원군을 얻었다. 프린스턴대학의 영문학 교수 일레인 쇼월터(Elaine Showalter)였다. 젠더적 광기의 문화적 생산에 관한 선구적이고 빼어난 작품으로 잘 알려진 쇼월터는 자신의 책 《히스토리즈(Hystories)》에서 걸프전 신드롬은 언론이 부추긴 밀레니얼(1980년대 초반부터 2000년대 초반까지를 지칭한다—옮긴이) 히스테리의 결과라는 판단을 내렸다. 그녀는 미국인이 밀레니얼 접근법과 그에 따른 외계인 납치(alien abduction: 고대인의 발명품인 최면술이 현대 문화 산업과 결합해 커다란 사회적 파장을 불러일으킨 사건. 1961년 외계인에게 납치되었다고 믿는 부부(베티 힐과 바니 힐)가 최면술의 도움으로 당시 기억을 되찾았다는 일화가 알려지자 유사한 일을 당했다는 사람이 수십만 명 나타났다—옮긴이), 사탄 의식의 남용(Satanic ritual abuse: 사탄적 제의를 통한 학대로 일종의 증후군이다—옮긴이), 다중인격 장애(multiple-personality syndrome), 기억 회복 운동(recovered-memory movement: 1980~1990년대 미국 사회를 발칵 뒤집어놓은 이른바 '기억 회복 운동'에 의한 비극적 사례를 말한다. 심리 질환 치료차 심리치료사를 찾아간 많은 여성들로부터 어린 시절 부모나 친척 등에 의한 성추행 기억을 회복했다는 고발이 잇따랐다. 민망하고 고통스러운 재판이 오랫동안 이어졌으며 그동안 가정은 풍비박산 나고 사람들은 손가락질을 해댔다. 대부분 항소심에서라도 무죄가 밝혀졌지만 이미 가정은 돌이킬 수 없을 정도로 망가진 뒤였다—옮긴이), 그리고 걸프전 신드롬의 부상으로 특히 사회적 공황에 민감해졌다고 주장했다. 그녀가 보기에 이 모든 것은 밀레니얼 관련 히스테리 질환이라는 감염병이자 상상이 빚어낸 질병으로 하나같이 미디어를 통해 바이러스처럼 퍼져나갔다.[18]

따라서 걸프전 신드롬은 귀환한 참전 용사들의 전쟁 신경증(war neuroses)에 형태와 의미를 부여한 히스테리적 "플롯라인(plotline)"으로 바라보아야 가장 잘 이해할 수 있었다.

히스테리 환자들은 미디어를 통해 질병에 대해 알게 됨으로써 무의식적으로 그 증상을 일으키고, 그러고 나서 끊임없는 순환 고리를 타고 다시 언론의 관심을 끈다. 인간의 상상력은 무한하지 않으며, 우리 모두는 매일 이러한 플롯라인의 세례를 받는다. 우리 모두는 불가피하게 우리 시대의 사회적 스토리를 실행하는 삶을 살아간다.[19]

그러므로 걸프전 신드롬은 "심인성(心因性) 신드롬"이 이야기를 만들어내고, 그 이야기가 다시 더 많은 자칭 피해자들을 만들어내는 순환 고리에 지나지 않게 되었다.[20] 그에 따라 걸프전 신드롬은 외계인 납치나 사탄 의식의 남용 사례처럼 세기말적 히스테리의 정본으로서, 대중 매체가 퍼뜨린 심리적 감염병의 일부가 되었다. 쇼월터는 그의 이론에 대한 반대를 심리학 자체에 대한 저항의 증거라며 일축했다. "프로이트 이후 한 세기가 지났음에도 여전히 수많은 사람이 증상에 대한 심리적 설명을 거부한다. 즉 그들은 정신신체증(psychosomatic disorders: 심리적 문제로 인해 두통, 만성 피로 따위 증상이 나타나는 질환—옮긴이)이 논리에 맞지 않는다고 믿으며 자아 밖에서 원인과 치료법을 구하는 물리적 증거를 찾아 나선다."[21]

밀레니얼 미디어에 부화뇌동한 쇼월터의 주장은 "자아 밖에 있는" 원인들을 일축하거나 하찮게 여기는 수많은 부인(disavowal, 否認) 내러티브와 일맥상통한다. 이런 내러티브는 각각의 전쟁이 분명하게 구분되는 역사적으로 특이한 화학 물질, 방사능 물질 같은 감염병적·환경적 유물을 만들어내는 방식을 대단치 않게 여긴다. 전쟁의 테크놀로지가 변화하듯 그 후유증의 구성 요소도 달라진다. 밀레니얼 미디어의 논리에 사로잡힌 쇼월터는 저마다 특이한 질감을 드러내는 전쟁-특이적 화학 물질과 방사능 물질의 후유증에 관심이 쏠리지 않도록 막는 역할을 했다.

더욱이 설사 걸프전 신드롬(혹은 좀더 정확하게 말해 걸프전 질환)이 정말로 대중 매체가 만들어낸 세기말적 공포일 뿐 근원적 환경 원인을 지니고 있지 않다 해도, 그 공포의 순간은 오래전에 지나갔다. "언론이 부추긴 밀레니엄 공포"가 왔다 갔듯이 밀레니엄도 왔다 간 것이다. 하지만 걸프전 질병에 걸렸다고 보고한 참전 군인의 수는 꾸준히 늘어났다. 쇼월터가 책을 출간한 1997년에는 약 6만 명의 미국 걸프전 참전 군인이 걸프전 질병에 걸렸다. 그랬는데 새천년이 시작되는 밀레니엄이 무사 평온하게 지나가고 8년이 지난 2008년에는 그 수가 무려 17만 5000명을 넘어섰다.[22] 걸프전 기간 동안 감손우라늄 무기가 널리 쓰인 바스라 지역의 거주민은 참전한 영미 병사들의 질병과 걱정스러울 정도로 유사한 증상을 드러냈다. 그렇다면 바스라 사람들도 미국의 밀레니얼 대중 매체가 퍼뜨린 신드롬에 걸렸다고 믿어야 하는가? 북대서양조약기구(NATO) 항공기들이 발칸 전쟁에서 감손우라늄 탄두 미사일을 사용한 뒤, 귀환 유럽 군인들 사이에서 "평화유지군 신드롬(peacekeeper's syndrome: 발칸 신드롬이라고도 한다—옮긴이)"의 발병률이 높아진 것으로 드러났다. 그 증상은 다시금 걸프전 참전 군인과 바스라인이 겪는 것과 감염병적으로 강한 유사성을 띠었다. 이 세 집단 모두에서 특히 백혈병, 신장 쇠약, 기형아 출산이 급증했다. 이를 설명해주는 과학은 여전히 불완전한 상태로 남아 있었다. (정말이지 수많은 경우에서 그 과학은 조사가 미흡했거나 아니면 조사를 방해받았다.) 하지만 감손우라늄 전쟁이 낳은 감염병 관련 후유증에서 거듭 드러나는 경향성은 적어도 좀더 예방적 접근을 시도해야 하는 근거로 떠올랐다.

쇼월터는 걸프전 신드롬이 밀레니엄 공포, 매스미디어, 참전 용사 히스테리의 합작품이라고 주장하며 자신의 설명 영역에서 전장 환경의 영향력은 배제했다. 따라서 그녀의 사고 구조는 전쟁 후유증의 시간적·공간적 프레임을 축소했으며, 캐럴 피코 등의 사례를 무시하는 군부의 입장("병인(病因) 불명", "전쟁과 아무 관련 없음")을 쉽게 받아들였다. 분명 우리는 "덜 은유적인" 전쟁터의 폭격을 똑똑히 보면서, 신체적 후유증을 형성하는 데 심대한 영향을 미치는 "은유적인" 폭격의 힘을 인식할 수 있어야 한다.

쇼월터도 부인(否認) 진영에 속한 다른 이들과 마찬가지로 미 국방부와 보훈부(Department of Veterans Affairs)가 거액을 쏟아부으면서 철저한 조사에 매진하고 있다는 데 대해 별 근거도 없는 순진한 믿음을 드러냈다. 이 같은 조직들의 역사적 공과는 회의감을 갖기에 충분한 근거가 되어준다. 원폭 피해를 입은 참전 군인과 에이전트 오렌지 피해자를 대상으로 하는 경우가 가장 두드러진 예다. 미 군부는 오랫동안 그러한 문제를 모르쇠로 일관했고 "그것은 어디까지나 마음의 문제"라며 묵살해왔다. 게다가 미루기 전략, 지원금 부족과 미온적 태도를 드러내는 과학 역시 문제를 키웠다. 미 군부는 20년 동안 에이전트 오렌지의 생리적 영향을 거대한 환각이라고 몰아세웠다. 그와 비슷하게 미군은 켈리가 "작은 전쟁"이라고 명명한 전쟁이 공식 종료되고 17년이 지난 2008년에서야 비로소 걸프전 질병이 실재하며 물질적·화학적 원인 탓에 발병했음을 인정하기에 이르렀다.[23]

시간의 위장술과 뒤늦음의 정치학

지금껏 우리가 보아왔듯 "스마트" 전쟁의 지지자들은 종종 그 전쟁을 인간적이라고 광고하곤 한다. 왜냐하면 그 전쟁이 한층 정확하고 한층 짧은 지속 시간을 약속하는 듯 보이기 때문이다. 하지만 (2003년에 시작된) 이라크전은 위생적이고 "스마트한" 전쟁과 오래 끄는 도시 게릴라 분쟁의 지저분한 위험 간의 간극을 드러냄으로써 그 가정을 한층 복잡하게 만들었다. 물론 셀 수 없이 많은 논평가들은 계속 그런 식으로 주장해왔다. 그러나 그들은 대체로 충돌 기간을 단축시킨다고 주장되는 특정 기술들이 "정밀 타격"전이 낳는 생태적 결과를 지연·확산·연장할 소지가 있음을 시종 간과해왔다. 이러한 기술들이 환경을 악화하게 되면, 그것들은 대중 매체의 시선에서 벗어난 채 피해가 오래가는 풍경을 만들어냄으로써 장기적 살인자로 돌변한다. 시간 자체는 마구 양산되는 "스마트" 전쟁의 피해를 감춰주는 듬직한 친구이자 궁극적 은폐 장치가 되어준다.

환경주의자들이 일상적으로 부딪치는 난제는, 너무나 중요하지만 더없이 느리게 진행되어 관심 있는 뉴스거리로 떠오르지 못하는 이슈들을 과연 어떻게 하면 드라마틱한 형태로 표현할 수 있느냐 하는 것이다. 슬로모션으로 위협을 가하는 기후 변화나 종의 멸종 같은 이슈가 비근한 예다. "정밀 타격"전에 따른 지연된 피해를 수합하고자 애쓰는 환경주의자라면 누구나 그와 비슷한 불리한 처지에서 작업한다. 환경주의자가 전쟁에 따른 사후 사망자까지 포함해 거의 근사한 수치를 내놓으려면 대체 얼마나 많은 해, 얼마나 많은 세대를 포괄해 연구를 수행해야 할까? 1991년 이후 감손우라늄 무기는 아프가니스탄·보스니아·코소보·쿠웨이트·세르비아·소말리아·체첸공화국에서 사용되었다. 2003년 이라크에서는 그 무기가 전례 없는 규모로 쓰였다. 감손우라늄의 반감기가 45억 1000만 년이라는 사실을 감안하면, 우리가 그 수치를 얻어낸다는 게 과연 가능키나 한 일인지 묻지 않을 수 없다.

환경적 독성으로 인해 전몰자가 되었음을 입증하려면 참을성 있고 정교한 증언이 필요하다. 신장 쇠약과 불임·혈우병·고환암·뇌종양·유방암의 급증, 연속적인 영아 기형 사례의 발생은 머리에 관통상을 입힌 탄환보다 전쟁 기술과 연관 짓기가 한층 더 까다롭다. 군사통계학자들은 그저 주어진 시간과 주어진 장소 내에서 시체 수를 세고, 그들을 전투 참가자와 민간인으로 분류하고, 그런 다음 총계 내는 일을 마무리할 따름이다. 이런 계산은 전쟁을 치르는 시간 프레임과 관련한 우리의 선입견과 깔끔하게 맞아떨어진다. 하지만 환경 시간과 유전적 돌연변이라는 프리즘을 통해 전쟁을 바라보려면 그와는 다른 윤리적 주의 집중 시간이 필요하다. 결국 우라늄은 유전자에 해를 끼치며 DNA를 화학적으로 변화시킨다.[24]

초기 세대 환경사학자들은 군사 기술의 발전, 공식적 부인과 뒤늦은 피해 간의 관련성이라는 문제를 처음으로 다루었다. 토머스 화이트사이드(Thomas Whiteside)의 《말려 죽이는 비: 어리석은 미국의 제초제 정책(Withering Rain: America's Herbicidal Folly)》과 존 르월런(John Lewallen)의 《파괴의 생태학: 인도차이나(Ecology of Devastation: Indochina)》(둘 다 1971년에 출간되었다)는 뒤늦게 나타나는 에이전트 오렌지의 치명성에 관해 포괄적으로 다룬 작품이다.[25] 1982년 하비 와서먼(Harvey Wasserman)과 노먼 솔로몬(Norman Solomon)의 《우리 자신 죽이기: 미국이 경험한 원자 방사선 재앙(Killing Our Own: The Disaster of America's Experience with Atomic Radiation)》은 대기권 핵실험이 그에 참가한 미국의 "피폭 병사들(atomic soldiers)에게 장기적으로 심각한 영향을 끼친다는 사실을 소상히 밝혔다.[26] 감손우라늄 전쟁과 전례 없는 집속탄의 확산에 관심을 기울이려면 누구를 피해자로 보아야 하느냐라는 문제를 재논의해야 한다. 환경이 전파한 "아군의 포격(friendly fire)"으로 죽거나 불구가 된 참전 군인, 독성 물질이나 방사능 물질에 오염된 풍경으로 되돌아온 난민들 속의 뒤늦은 피해자(이 두 집단은 자신이 전쟁으로부터 안전하게 떨어져 있다고 착각한다)는 누가 계산에 넣겠는가?

감손우라늄의 군사적 인기가 갑작스레 치솟은 까닭은 무엇인가? 핵실험과 원자력의 부산물인 감손우라늄은 엄청나게 저렴하다. 사실상 거저나 다름없을 정도다. 핵무기와 원자력을 생산해온 50년 동안 미 국방부가 저장 중인 핵폐기물은 10억 파운드가 넘었다. 미 국방부는 그중 일부를 무기 제조업체에 감손우라늄 형태로 떠넘길 수 있게 되어 뛸 듯이 기뻤다. 그 결과 매력적인 요술이 펼쳐졌다. 무기 제조업체들은 마치 마법처럼 생산비를 절감했고, 국방부 역시 마치 마법처럼 어떤 미국인도 자기 집 뒷마당에 묻고 싶어 하지 않는 고위험 수위 폐기물을 제거할 수 있었다. 그 결과는 지극히 유독한 폐기물을 훨씬 더 치명적인 폭발물 형태로 바꿔놓은 일종의 반환경적 리사이클링이었다.

기밀로 취급되는 어느 감손우라늄 위험 승인서에서, 영국 원자력공사(Atomic Energy Authority)는 걸프전 여파로 감손우라늄이 먹이사슬에 흘러 들어가 50만 명의 이라크인과 쿠웨이트인을 때 이른 죽음으로 몰아넣을 수 있다고 경고했다.[27] 미국은 감손우라늄 무기의 생산을 확대함으로써 효과적으로 핵폐기물—안전 수치라는 게 따로 존재하지 않을 만큼 극소량만으로도 위험한 플루토늄을 함유한다—을 외국 땅에 떠넘기고 있다. 이 핵폐기물은 또한 우라늄 동위원소 236을 지니고 있는데, 이는 자연에는 존재하지 않고 감염병학자 사이에서 우려를 낳는 물질이다. 선도적인 감손우라늄 전문가이자 국방부 대변인 마이클 킬패트릭(Michael Kilpatrick) 박사는 "우리가 지난 15년 동안 미국에서 진행한 연구들은 감손우라늄이 토양에서 지하수로 흘러든다는 사실을 보여주지 않았다"[28]고 강변했다. 하지만 댄 파헤이(Dan Fahey)가 지적한 대로, 대여섯 건의 과학 연구는 감손우라늄이 대수층과 생태계에 스며드는 현상을 실제로 증명해 보임으로써 킬패트릭의 주장을 정면으로 반박했다.

매사추세츠주 콩코드시 소재 스타메트(Starmet)—과거에는 '뉴클리어 메탈스(Nuclear Metals)'였다—제조 공장의 구덩이에 버려진 감손우라늄은 토양에서 지하수로 침출되었다. 매사추세츠주 당국이 식수에 허용하는 우라늄 최고 한계는 1리터당 29마이크로그램인데, 스타메트 지역의 우물들에서는 조사 결과 우라늄이 물 1리터당 최대 8만 7000마이크로그램까지 측정되었다. 최근의 한 연구는 스타메트 지역에서 자라는 참나무의 변재(sapwood, 邊材: 나무껍질 바로 안쪽, 통나무의 가장자리에 해당하는 희고 무른 부분—옮긴이)와 껍질에서도 감손우라늄이 발견되었다고 밝혔다. 감손우라늄은 필시 오염된 지하수의 흡수를 통해 그 변재 속으로 옮아갔을 것이다.[29]

외국의 전쟁 지대는 아득히 멀리 떨어진 듯 보이겠지만, 외국 민간인(그리고 그들이 기대고 있는 환경)은 유독한 짐에 의해 가장 큰 타격을 입는다. 그러나 그 짐은 그들만 지고 있는 게 아니다. 우리가 지금껏 보아온 대로, 미국과 영국의 군대 또한 느릿느릿 진행되는 감손우라늄의 도살 피해자가 되었다.

미 국방부는 단지 감손우라늄이 공짜라서만 좋아한 것은 아니었다. 그 금속의 밀도가 침투력을 높여주기 때문이기도 했다. 감손우라늄을 사용한 무기는 더 먼 거리에서 발사할 수 있다는 뜻으로, 이는 "사살 사정거리(kill range)"를 개선하고, 그에 따라 (그들의 주장에 의하면) 미국 군대가 "해를 입는 지대(harm's way)"에서 벗어나도록 도와주었다. 하지만 이 같은 추론은 "해를 입는 지대"나 "사살 사정거리" 같은 근시안적 생각에 의존하는 것이었다. 두 완곡어법은 환경적으로 재해석할 필요가 있다.[30] 어떤 무기의 "사살 사정거리"는 전쟁터라는 공간뿐 아니라 환경 시간과 유전학 시간 전반에 걸쳐 측정해보아야 하기 때문이다.

감손우라늄 탄두가 금속 표적을 공격할 때 감손우라늄은 저절로 연소하기 시작해 에어로졸 형태의 미세한 유리 입자를 방출한다. 이 세라믹 에어로졸(ceramic aerosols)은 표현 자체는 미학적이고 우아하지만 아무런 향도 내뿜지 않는지라 군인도 민간인도 부지불식간에 그 입자를 들이마신다. 세라믹 에어로졸은 치사량에 이를 수도 있는 규모의 방사능을 배출한다. 그러므로 만약 그것이 호흡을 통해 폐로 들어가거나 베인 상처 속에 스며들 경우, 혹은 그것을 삼킬 경우, 생명을 위협하는 신장암·혈우병·림프종 또는 다양한 암 가운데 하나에 걸릴 위험이 매우 커진다. 대다수 암은 잠복기가 5~30년에 이른다.

후유증 내레이션, 규모와 관련한 과제

1991년 2월 걸프전 전야에 핵과학자 레너드 디츠(Leonard A. Dietz)는 만약 미국과 그 동맹국들이 감손우라늄 무기를 전쟁에 들여오면 어떤 파괴적 결과를 초래할지 경고했다.[31] 그러나 예지력 있는 디츠의 호소는 묵살되었다. 그 결과 걸프전이 끝났을 때 환경에 방사능 물질이 남았다. 그것은 말로 다할 수 없을 만큼 오랜 세월 동안 광범위하고 무작위적인 전쟁을 계속 치를 것이다. 감손우라늄을 재래식 전쟁에 들여오지 말라는 디츠의 경고는 자신의 경험에 토대를 둔 것이었다. 1970년대 말, 그는 공군이 쓸 포탄을 생산하는 올버니(Albany: 미국 뉴욕주의 주도—옮긴이)의 어느 공장 밖에서 감손우라늄 수치를 모니터하는 작업에 고용되었다. 그 공장 부근의 방사능 수치가 주 허용치의 10배에 육박한다는 사실을 알게 된 뉴욕주 당국은 그 공장을 지체 없이 폐쇄해버렸다. 그에 이어진 청소 비용은 1억 달러가 넘었다.

디츠는 이처럼 엄격한 국내 규정이 얼마나 위선적인지 지적했다. 미국이 페르시아만에서는 자국 군인과 그 지역 거주민이 처한 환경을 훨씬 더 유독하게 만들고 있었기 때문이다. 걸프전이 시작된 직후 디츠는 이렇게 물었다. "우리는 미국인의 건강을 보호하기 위해 한 달 동안 30밀리미터 포탄 2개에 해당하는 방사능을 대기 중에 방출했다는 이유로 공장 문을 닫아버렸다. 전쟁이 진행된 단 나흘 동안 같은 포탄을 이라크와 쿠웨이트에서 약 100만 개 사용한 일을 대체 우리는 어떻게 정당화할 수 있는가?"[32]

앨라배마주 포트맥클레런(Fort McClellan)에 있는 브래들리방사선연구소(Bradley Radiological Laboratory)의 전직 소장인 육군 소령 더그 로케(Doug Rokke)도 디츠와 비슷한 주장을 펼쳤다. 로케에게는 걸프전이 끝나고 미국으로 도로 싣고 갈 군용 차량을 청소하는 임무가 주어졌다. 로케의 주장에 따르면, 그 청소 작업에는 자그마치 4년이 걸렸다. 이는 전쟁에 노출된 군용 차량의 독성 물질 위협이 어느 정도인지 말해준다. 그러니 처치되지 않은 군용 차량의 유독성이 장기적으로 환경에 어떤 위해를 가할지는 더 말할 나위도 없다.[33]

걸프전의 군사적 승리가 선언되자마자 미국 무기 정책에서 감손우라늄의 미래를 위험에 빠뜨릴지도 모를 환경 비평가들의 공격으로부터 감손우라늄 무기를 보호하려는 홍보전이 펼쳐졌다. 1991년 3월 1일, 로스앨러모스국립연구소(Los Alamos National Laboratory)의 미군 중령 짐(M. V. Ziehmn)이 그 분야에 종사하는 모든 관리에게 메모를 발송했다.

> 감손우라늄 관통자(penetrators: '침투기'라고도 하며, 탄두 부분에 우라늄을 넣는다—옮긴이)는 이라크 장갑차를 공격하는 데 대단히 효과적이었다. ……하지만 감손우라늄이 환경에 미치는 영향과 관련해서는 지금껏 우려가 있어 왔고, 그러한 우려는 여전히 남아 있다. 그러므로 만약 전장에서 감손우라늄이 효과적임을 아무도 두둔하지 않는다면, 감손우라늄 탄환은 정치적으로 수용 불가능하게 될 테고 따라서 무기류에서 제외될지도 모른다. ……나는 우리가 전투 후 보고서를 작성할 때 이 민감한 주제를 반드시 염두에 두어야 한다고 생각한다.[34]

쿠웨이트에서 미국으로 다시 실어가기 전 감손우라늄이 잔류한 군용 차량을 꼼꼼하게 문질러 닦는 작업을 이끌던 로케도 이 메모를 받아보았다. 그는 그 메모를 다음과 같은 단호한 자기 검열 지시로 받아들였다. "우리는 감손우라늄을 원한다. 우리가 그것을 다시 사용하기 어렵게 만들 내용은 보고서에 절대 적으면 안 된다."[35]

미 국방부 관리들은 감손우라늄이 환경에 무해하다는 공식 주장을 중심으로 똘똘 뭉쳤다. 국방부의 전직 대변인 마이클 킬패트릭 박사가 유독 뚜렷하고 강경한 목소리를 냈다. 그는 이렇게 선언했다. "감손우라늄은 치명적이지만 안전한 무기 체계다. ……우리는 환경에 남아 있는 감손우라늄이 거기서 살아가는 생명체에 위험을 가하지 않는다는 사실을 확신할 수 있다."[36] 그러나 이따금 그보다는 덜 단호한 견해가 새나오기도 했다. "군사적 이득이 그 어떤 건강상의 문제도 상쇄할 만큼 훨씬 크다"며 대령 제임스 노튼(James Naughton)은 이렇게 말했다.

우리는 그것을 사용해야 한다고 느끼고 있다. 그것은 방사능 물질이다. 그러지 않았다면 좋았겠지만 내가 물리 법칙을 바꿀 수야 없지 않은가. 문제는, 일단 당신이 타격을 입는다면, 그리고 어떤 식으로든 파괴적으로 망가진 탱크와 관련되어 있다면, 당신이 자신을 공격한 게 텅스텐인지 감손우라늄인지 진정으로 관심을 가질 만큼 오랫동안 살아남을 수 있을까 하는 것이다. 만약 살아남는다면 당신은 억세게 운이 좋은 것이다. 하지만 40년을 더 살고 나서야 림프종에 걸리게 된 것을 신께 감사드릴 게 분명하다.[37]

노튼이 여기서 공개적으로 인정한 것은 두 가지 속도의 치사율, 즉 내가 말한 이른바 냉전(cold-war) 피해자와 열전(hot-war: 본격적인 무력 전쟁—옮긴이) 피해자 간의 차이다. 여기서는 흔히 그렇듯 전투가 한창일 때의 직접적 위험이, 효과가 나중에야 드러나는 폭력을 이긴다. 캐럴 피코, 더그 로케, 그리고 수천 명의 참전 군인—그보다 훨씬 더 많은 이라크인은 말할 것도 없고—이 그들의 연성 조직(soft organs)과 골수의 이상을 통해 깨닫게 된 것처럼, 당신 역시 40년이 훌쩍 지난 뒤에야 '전후(戰後) 전쟁 피해자'임을 깨닫게 될 수 있다. 육군 소령 로케처럼 말이다.

제1차 걸프전이 끝나고 4년 뒤, 나는 소변 1리터당 432마이크로그램의 우라늄을 쏟아내고 있었다. 허용치의 5000배였다. 나는 (오줌을 누는 게 아니라) 불을 누고 있었다. ……내 면역계는 개판이 되었다. 쉴 새 없이 뾰루지가 생겼고, 아물지 않는 상처에서는 피가 났으며, 신장 이상이 나타났다. 신장은 쓰레기가 되었고 폐도 엉망진창이 되었으며 뼈는 망가지고 있다. 이빨은 부스러지고 금이 갔다. 우라늄이 칼슘을 대체했다. 화학 작용의 기본 아닌가?[38]

마이클 켈리의 제목에 빗댄 "로케의 '작은 전쟁' 연대기"를 다시 논의하려면 그와는 다른 유의 주의 집중 시간과 좀더 고운 결의 내러티브 전략이 필요하다. 몸 안에서 느리고 비가시적으로 진행되는 우라늄의 칼슘 추방은, 켈리의 말마따나 승리 추구의 흡족한 종착지인 탱크와 시체 장면에 대해 들려주는 득의만면한 내러티브와 양립할 수 없다. 우리에게는 1991년 3월경의 '죽음의 고속도로'를 마지막 장면이 아니라 느린 폭력이라는 훨씬 더 긴 이야기의 첫 장면으로 바라보는 카운터내러티브(counternarratives)가 필요하다. 물리적으로 널리 퍼져나간 후유증이 세포라는 시어터에서 임의적이고 비공식적인 적대성을 드러내는 현상을 파헤치는 내러티브 말이다. 감염병학자와 환경론자가 직면한 문제는, 연성 조직과 뼈로 옮겨간 감손우라늄이 어떻게 숨겨진 복잡한 과정을 거쳐 변형되는지 추적하고 그 결과에 대해 알리는 것이다.

이런 유의 느린 폭력이 제기하는 내러티브상의 어려움은 재앙과도 같은 소형화(miniaturism)의 어려움 탓이기도 했다. 시간적 지속에 관해 이야기하는 일의 어려움은 물리적 규모에 관해 이야기하는 일의 어려움 탓에 한층 가중되었다. "적절한 보호라 여겨질 수 있는 것은 무엇인가?"로케는 감손우라늄에 관해 이렇게 물었다. "그런 건 없다. 이 물질은 21마이크론(1마이크론은 100만 분의 1미터—옮긴이)이다. 적혈구의 내경보다 작은 크기다. 우리는 우주복 말고는 그것을 거를 만한 호흡 필터를 가지고 있지 않다."[39] 시간 차원에서, 등장 전의 미시적 위협과 등장 후의 돌연변이에 대해 다루는 것은 어렵다. 그런데 그 내러티브의 난관은 육안으로 감지 가능한 수준을 밑도는 데 따른 공간 차원의 어려움 탓에 더욱 배가된다. 미 국방부 대변인들은 감손우라늄이 납보다 무거우므로 떨어진 곳에 그대로 머물고 이동에 따른 위험을 제기하지 않는다고 주장해왔다. 하지만 디츠 연구진이 보여주었듯이, 문제의 감손우라늄 입자는 탤컴파우더(talcum powder: 주로 땀띠약으로 몸에 바르는 분—옮긴이)보다 더 작아서 미세한 모래 입자에 달라붙어 사막 바람을 타고 쉽게 재부유한다. 그러므로 디츠는 "공기로 전파되는 감손우라늄 에어로졸 먼지의 피해 범위는 사실상 무한대"[40]라고 결론 내렸다.

이런 위협의 시간적·공간적 전파는, 세포 차원에서부터 초국가적 차원에 걸쳐 작용하는 물리적 규모의 극단성과 더불어, 쉽게 전달될 수 있는 간명한 위험 내러티브의 생산이라는 과제를 더욱 어렵게 만든다. 우리에게 필요한 것은 부상하는 과학에 기반을 둔 예상 스토리를 마련하는 일이다. 과학 자체는 본시 어쩔 수 없이 느린데, 장기적·심층적 연구에 대한 자금 투자를 꺼리는 공적 분위기 탓에 더욱 느려졌다. 그러나 우리는 적어도 이 정도는 알고 있다. 즉 감손우라늄이 발암 물질이고, 종양과 DNA 손상을 일으키며, 혈액뇌장벽(blood-brain barrier)을 넘나들고, 뇌나 림프절 또는 고환에 쌓이며, 태반에 흘러 들어갈 수 있고, 태아에 닿을 수 있다는 것 말이다.[41] 메릴랜드주 베서스다(Bethesda)의 미 육군방사생물학연구소(Armed Forces Radiobiology

Research Institute)에 소속된 방사성생물학자 알렉산드라 밀러(Alexandra Miller)는 감손우라늄으로부터 나온 방사선이 염색체 손상을 일으킬 수 있음을 보여주는 직접적 증거를 발견했다. 밀러는 감손우라늄의 공격을 받으면 "염색체들이 절단되고 그 조각들이 재편되어 비정상적으로 결합하는 결과를 낳는다. 그러한 절단과 결합은 종양세포에서 흔히 발견된다"[42]고 밝혔다. 그녀는 자신의 연구를 토대로, 감손우라늄의 화학 물질로서 효과와 방사능 물질로서 효과는 서로를 강화해준다고, 더욱이 감손우라늄은 이른바 "방관자 세포(bystander cells)", 즉 직접적 피해를 입은 세포 주변에 있는 세포들에게도 간접적 손상을 일으킨다고 우려를 표명했다.

홈과 어웨이

2003년 이라크전에서 영국과 미국 군대가 걸프전 때보다 한층 더 많은 양의 감손우라늄 무기류를 사용했음을 감안하건대, 우리는 그 전쟁 이후 훨씬 더 광범위하고 훨씬 더 오래가며 피해가 뒤늦게 드러나는 감염병이 나타나리라 예견해볼 수 있다. 하지만 이러한 판단은 그저 사용된 감손우라늄 무기의 상대적 양이 더 많다는 사실 그 이상의 것에 바탕을 두고 있다. 걸프전은 기본적으로 사막에서의 충돌이었다. 반면 이라크전은 분명 좀더 도시 중심으로 펼쳐진 결과 인구 밀집 지역이 화학 물질과 방사능 물질로 인한 위험에 직접적으로 노출되었다.

이처럼 도시 지역이 심각한 위험을 겪고 있다는 사실은 〈크리스천 사이언스 모니터(Christian Science Monitor)〉의 기자 스콧 피터슨(Scott

Peterson)을 놀라게 만들었다. 2003년 5월, 그는 이라크 전역의 여러 지점을 가이거 계수기(Geiger counter: 방사능 측정기―옮긴이)로 측정하기 시작했다.

당시 미국 군대가 보초를 서고 있었고, 1000여 명의 직원이 들락거리던 공화국궁(Republican Palace: 사담 후세인 철권통치의 상징으로 '후세인궁'이라고 도 부른다―옮긴이)이 극심한 폭격을 당했다. 그 주변에서 측정한 방사능 수 치가 이라크 전체를 통틀어 가장 심각했는데, 자연 수준의 그것보다 무려 1900배나 높았다. 이미 쓴 탄환의 껍데기들이 여전히 바닥 여기저기에 나 뒹굴고 있었다.[43]

2003년 이라크전은 도시 지역의 노출 심화라는 측면 말고도 미국 과 영국 군대의 감손우라늄 사용과 관련해 또 한 가지 점에서 걸프전 과 결정적 차이를 드러냈다. 대부분의 걸프전 군대는 캐럴 피코와 마 찬가지로, 감손우라늄이 제기하는 위험은 고사하고 그 자체에 대해서 조차 들어본 바가 없었다. 그에 반해 2003년에는 군 훈련 매뉴얼이 폭 발한 탱크나 이미 쓴 탄환이 있는 곳으로부터 반경 75야드(약 70미터― 옮긴이) 내로 들어가는 사람은 누구나 호흡기 및 피부 보호 장구를 착용 해야 한다고 명시했다. 그리고 "오염된 식량과 식수는 소비하기에 안 전하지 않다"[44]고 경고했다.

그런데도 미군은 감손우라늄의 위험에 대해 계속 혼재된 메시지를 내보냈다. 미육군환경정책연구소(U.S. Army Environmental Policy Institute) 가 출간한 어느 보고서는 "만약 감손우라늄이 신체에 들어가면 상당한 의료적 결과를 야기할 소지가 있다"[45]고 주장했다. 하지만 걸프전 당시 폭격이 가장 심했던 바스라에서 보고된 암 발생률 급증에 관해 질문받았을 때, 미 국방부의 파병 의무 지원 부서장 마이클 킬패트릭 박사는 분명하게 답했다. "감손우라늄이 무슨 역할을 할 가능성이 있느냐는 질문에 대한 의료적 답은 '아니요'입니다."[46]

(그 지역에 영구적으로 거주해온 이라크인은 말할 것도 없고) 군인과 그 가족은 이처럼 서로 모순되는 메시지를 어떻게 받아들여야 했는가? 2003년 전쟁에 참전한 미국 군인은 호흡기 및 피부 보호 장구 없이 불탄 탱크와 이미 사용된 탄환에 75야드 반경 이내로 접근하면 위험하다는 경고를 미리 받은 상태였다. 하지만 이라크 민간인은 그런 경고를 들은 적이 없다. 이것이 말해주는 바는 자명하다. 스콧 피터슨은 가이거 계수기를 들고 바그다드를 배회할 무렵, 길가의 어느 채소 가판 옆에 멈춰 서서 파슬리·박하·양파 등속을 파는 여인과 이야기를 나누었다. 그 가판에서 5야드(약 4.5미터—옮긴이)쯤 떨어진 곳에 검게 그을린 거대한 이라크 탱크가 한 대 놓여 있고, 아이들 몇이 그 안에서 신나게 놀고 있었다. 피터슨이 탱크 안으로 들어가자 가이거 계수기가 시끄럽게 노래를 부르기 시작했다. 정상적인 자연 상태의 방사선보다 약 1000배 가까운 수치가 나타났다. 피터슨은 채소 파는 행상에게 아이들이 탱크 안에서 얼마나 자주 노느냐고 물었다. 그녀는 어깨를 으쓱하더니 대답했다. "매일요."

이라크 민간인은 감손우라늄과 관련해 아무런 공식 경고도 듣지 못했으며 누구도 전후 청소에 대해 책임을 요구하지 않았다. 무료한 아이들에게 방치된 탱크는 곧장 정글짐(jungle gyms: 아이들이 타고 오르내리며 놀 수 있도록 만든, 놀이터에서 흔히 볼 수 있는 철골 구조물—옮긴이)으로 바뀌었기에, 위와 같은 풍경은 이라크 전역에서 내내 되풀이되었다. 채소 행상 옆의 방사능 탱크 안에서 놀고 있는 한 아이를 아흐메드(Ahmed)라 부르기로 하자. 대부분의 아이들과 마찬가지로 아흐메드는 자신의 존재가 진지하게 받아들여지기를 열망한다. 탱크는 그에게 그러한 기회를 제공한다. 상상의 어른으로 도약할 수 있는 기회, 위력적인 기계의 운전석에 앉아 운전대를 제어하고 가공의 적에게 가공의 탄환을 날릴 수 있는 기회. 아흐메드는 날마다 친구들과 함께 채소 파는 가판 옆에 있는 탱크를 찾아오고, 그들은 전쟁터의 영웅으로 재탄생한다. 하지만 아흐메드와 그 가족이 모르는 사이 그는 동시에 두 가지 전쟁을 치르고 있다. 그의 머릿속에서 진행된 전쟁놀이가 하나요, 목숨을 내건 숨바꼭질이라는 장기적 전쟁이 또 다른 하나다.

아흐메드가 탱크의 날카로운 금속에 걸려 자상을 입었는가? 손가락을 빨거나 콧구멍을 후비거나 감손우라늄 입자를 들이마셨는가? 만약 그랬다면 그는 저도 모르게 진짜 생물전을 치르기 위해 입대한 소년병이나 다름없다. 아흐메드는 자신의 신장·폐·림프샘·갑상샘에 맞서 혈액·뼈·염색체를 맹렬히 공격하면서 서서히 조용히 생물전을 치르고 있는 셈이다.

제네바 협약(Geneva Conventions)의 내용에 따르면, 감손우라늄은 "무차별적 영향을 미치는 무기"로서 지탄받아왔지만 그 영향이 전적으로 무차별적인 것은 아니었다. 그 물질에 대한 군사적 인기가 높아지면서 아이들이 가장 직접적으로 위협에 노출되었기 때문이다. 아이들은 그 방사능 물질로 인한 발암 위험이 어른보다 10~20배나 높았다. 감손우라늄은 일단 수계에 흘러 들어가면 거기서 모유로 전해지는데, 그 과정을 거치며 밀도가 높아져 아이들 사이에서 암 발생률을 크게 올려놓는다. 특히 걸프전 이후 폭격이 심했던 바스라 지역의 경우 어린이

암 발생률이 높았다. 걸프전이 공식 종료되고 난 때로부터 11년이 지난 2002년, 바스라 소재 병원들은 기형아 출산과 유산 비율이 10배나 증가했다고 보고했다.[47] 민주당 국회의원이자 소아정신과 의사 짐 맥더모트(Jim McDermott)는 2002년 9월 이라크 병원을 방문했을 때, 한 산부인과 레지던트로부터 이런 말을 들었다. "아이를 낳는 보통의 이라크 여성들은 이제 더 이상 '딸이냐 아들이냐'를 묻지 않아요. '정상이냐 비정상이냐'를 묻죠."[48] 맥더모트는 이렇게 말을 맺었다. "우리가 이라크에 민주주의를 도입하면서 그와 더불어 끔찍한 핵폐기물을 남겨둔다면 그야말로 비극이 아닌가요?"[49] 맥더모트가 이라크를 방문하고 6개월 뒤, 그 나라는 두 번째 감손우라늄 전쟁을 치르게 되었다. 탱크와 비행기가 "정밀"이라는 수사의 연막작전 아래 또 다른 기나긴 죽음을 촉발시켰다.

이런 상황에서 국내와 국외, 홈과 어웨이(home and away: 스포츠 용어로 홈팀과 원정팀을 말한다—옮긴이)의 경계를 유지하기란 불가능하다. 미국과 영국의 군인들은 불균형하다 할 정도로 (그들 자국의 기준에 비추어볼 때) 가난한 공동체 출신이다. 그들의 운명은, 우라늄에 의해 위태로워진 환경에서 장기간 살아가야 하는 글로벌 사우스 전쟁 지대의 가난한 이들이 겪는 운명과 궤를 같이한다. 귀향한 걸프전 참전 군인의 아내와 애인들이 거듭 볼멘소리를 했다. 자신의 남편이나 남자 친구와 성관계를 가질 때 성기가 화끈거리거나 따가운 느낌에 시달린다고 말이다. 최근 연구에 따르면 그런 느낌은 남편 혹은 애인의 정액이 우라늄에 오염되었음을 드러내는 증거였다. 또한 그 연구는 우라늄에 오염된 정액과 (참전 군인 섹스 파트너의) 자궁내막증 발병률 증가가 상관관계를 보인다고 밝혔다. 따라서 감손우라늄 무기는 정액과 자궁을 상대로 선제공격을 감행할지도 모른다. 이는 다른 궁극적 피해의 원인이기도 하다. 한 사람의 생식 가능성과 DNA의 완전성을 영구히 말살하는 것이기 때문이다.

누군가의 정밀 타격 미사일이 또 다른 누군가에게는 무차별적인 파괴의 무기가 된다. 감손우라늄과 관련해 우리는 뜻하지 않게 시장 혹은 결혼식 피로연장을 엉망으로 만들어놓는 불한당 같은 미사일에 대해 이야기하는 게 아니다. 우리는 한 치의 오차도 없는 성공적인 공격이 혼란스러운 무기 역할도 겸할 수 있다는 이야기를 하고자 한다. 장차 독재 체제에 처하게 되느냐 민주 체제에 처하게 되느냐와 무관하게, 그저 어쩌다 보니 바람 부는 쪽에 살게 된 민간인들에게 위험천만한 공격을 가하는 무기 역할 말이다.

지뢰에서 집속탄까지

제1차 걸프전이 일어난 때로부터 약 60년 전인 1932년, 인도의 노벨상 수상자 라빈드라나트 타고르(Rabindranath Tagore: 1861~1941. 인도의 시인·극작가·사상가. 1913년 아시아 최초로 노벨문학상을 수상했다―옮긴이)는 비행기를 타고 이라크로 날아갔다. 영국이 공중에서 반식민지 반란을 진압하고자 시도하고 있을 때였다. 1920년대 말과 1930년대에 이루어진 이라크와 아프가니스탄에 대한 영국의 공중 폭격은, 제2차 세계대전 당시 민간인 대량 폭격 기간에 전투기가 군사적 거리(military distance)에 관한 정치학·윤리학·미학을 재구성하는 방식을 미리 보여주었다. 타고르는 바그다드에 도착하자마자 그 지역의 영국 공군 기지에서 한 목사를 만났다. "그 기독교 목사는 그들이 셰이크(Sheikh: 아랍 지도자―

옮긴이)가 이끄는 마을 몇 곳을 폭격한 작전에 가담했다고 내게 알려주었다. ……거기서 죽임당한 남녀와 아이들은 영국 제국주의라는 성층권(stratosphere: 현장과는 한참 동떨어진 저 위의 추상적 영역을 가리킨다―옮긴이)에서 내려온 칙령에 의해 운명이 결정되었다. 영국 제국주의가 그들을 마구 사살하는 데 아무 거리낌이 없었던 것은 개별 피해자들과의 사이에 가로놓인 머나먼 거리 때문이었다."[50]

거리(distance)가 지니는 군사적 힘에 대한 타고르의 통찰은 무엇보다 드론의 도입에 힘입은 우리 시대의 "정밀 타격"전에도 여전히 공명을 불러일으킨다. 타고르가 언급한 성층권에 대해서는 다양한 해석이 가능하다. 그것은 전투기 조종사와 눈에 보이지 않는 그 피해자 간의 기술적 거리, 제국의 대도시와 눈에 보이지 않는 식민지 간의 지리적 거리, 방아쇠를 당기는 살해 행위와 그로 인해 저 아래 지상에서 초래되는 결과 간의 망연자실한 정서적 거리 등을 말해주는 비유다. 전쟁의 정서적 위생 처리는 거리 두기(distancing)에 따른 기술적·지리적·시간적·언어적 전략과 복잡한 관련성을 띤다. 특히 우리가 살아가는 시대에, 즉 멀리서 쏘는 "정밀 타격" 무기의 시대에, 효과가 뒤늦게 나타나는 폭력을 꾸준히 눈여겨보기란 쉽지 않다. 시간이 가면서 연쇄적 인과관계가 희미해지기 때문이다. 그렇게 되는 데는 즉각적 스펙터클의 기술, 언어적 분리(dissociation)와 수많은 완곡어법―그중 단연 눈에 띄는 것이 감손우라늄과 집속탄이다―이 도움을 준다.

인간은 월트 휘트먼(Walt Whitman)이 지칭한 이른바 "전쟁의 레드 비즈니스(red business)"[51]라는 극악무도함으로부터 스스로를 보호하고자 언어적·지리적·기술적·시간적 거리 두기에 고루 의존해왔다. 민주주의 아래서 완곡어법에 의한 누그러뜨림 없이 어떻게 전쟁을 이해시키고 정당화하고 영속화할 수 있겠는가? 〔도널드 럼즈펠드(Donald Rumsfeld: 2003년 이라크전 당시 미 국방장관으로 그 전쟁을 기획하고 실행에 옮긴 장본인—옮긴이)는 언젠가 "죽음은 전쟁에 대한 우울한 시각을 조장하는 경향이 있다"[52]고 말했다.〕 모든 갈등은 시간적·지리적 전치에 관한 새로운 전략, 새로운 완곡어법, 새로운 테크놀로지를 총동원함으로써 우리가 고통과 적당한 거리를 두도록, 그리고 우리 시대 특유의 부인(denial) 상태에서 살아갈 수 있도록 거든다. 이런 유의 것 가운데 가장 중요한 전치는, 언어적으로 그에 따라 윤리적으로, 야만적 지뢰를 인간적 집속탄과 구분하려는 공식적 노력이다. 집속탄은 오늘날의 "정밀 타격"전 담론에서 감손우라늄과 더불어 가장 중요하게 꼽히는 무기다.

지뢰는 그간 대중으로부터 거센 비난을 받아왔다. 널리 알려진 사건으로, 다이애나 왕비(Princess Diana)가 1997년 앙골라 지뢰 매설 지역을 걷고 난 이후 특히 더 그랬다. 그해 하반기에 150개 국가가 "무차별적 영향을 미치는 무기"인 지뢰를 더 이상 생산·이전·사용하지 않도록 금하는 '오타와 대인지뢰 금지 협약(Ottawa Landmine Treaty)'에 서명했다. 지난 20년 동안 일어난 (발칸반도·아프가니스탄·이라크·레바논) 분쟁에서 미영 및 그 동맹국들은 지뢰 사용을 단계적으로 폐지하고, 대신 집속탄에 점점 더 의존했다. 특히 미국에서 집속탄은 지뢰보다 정밀 조사를 덜 받았고 대중의 분노도 훨씬 덜 샀다. 지뢰는 퇴행적이고 야만적이라고 공격당한 데 반해, 집속탄은 진일보한 "스마트" 전쟁—기술적 정교함에 힘입어 자비롭고 문명화한 정밀 타격의 가능성을 제공한다—과 함께 연상되기에 이르렀다. 미국은 집속탄을 그 어느 나라보다 많은 분쟁에서 사용했다. 미국은 이 기술의 (그들 주장에 따르건대) 필수 불가결하고 인간적인 정보를 가장 열성적으로 지지하는 나라이

기도 했다.[53]

집속탄은 스마트 전쟁의 숨은 피해 이야기에서 핵심 주역으로 떠올랐다. '정밀 타격으로 인한 사망 지체(death lag)'라 부를 법한 피해다. 집속탄의 부상은 주로 지뢰의 명성이 추락한 데 따른 결과였다. 지뢰는 환경적·윤리적 오염원으로서 점점 더 널리 비난받고 있었다. 1993년 미 국무부는 지뢰를 "아마도 인류가 직면한 가장 유독하고 광범위한 오염일 것"[54]이라고 판단했다. 지뢰로 인한 오염 규모는 아직도 으스스한 상태 그대로다. 1억 개의 미폭발 지뢰가 지표면 몇 센티미터 아래 묻혀 있다. 해마다 지뢰로 인해 2만 4000명의 민간인이 목숨을 잃고, 그 몇 배에 달하는 이들이 불구가 된다. 지뢰는 오래전에 끝난 전쟁을 대신해 사람들을 죽거나 다치게 만든다. 마치 깜빡했다는 듯 뒤늦게 커다란 사회적·환경적 혼란을 부추기는 것이다. 지뢰의 공포에 시달리는 공동체는 시간적으로도 공간적으로도 전쟁과 평화 사이에 명확한 선을 그을 수 없다.

토니 블레어(Tony Blair) 전 총리가 이끌던 영국 정부는 지뢰와 집속탄을 도덕적으로 명확하게 구분 지으려 한 미국의 노력을 지지했다. 블레어는 1997년 '오타와 대인지뢰 금지 협약'에 서명했지만, 집속탄을 사용하는 것과 관련해서는 그 어떤 윤리적 거리낌도 없었다. 2003년 이라크 침공 전야에 블레어 내각의 국방장관 제프리 훈(Geoffrey Hoon)은 집속탄을 그의 군인들이 자유롭게 사용할 수 있는 합법적 재래식 무기라고 옹호했다. 그와 마찬가지로 미국이 아프가니스탄에서 사용한 집속탄에 대해 질문받았을 때, 미국의 전 국방차관 폴 울포위츠(Paul Wolfowitz)는 이렇게 직설적으로 쏘아붙였다. "우리는 전쟁에서 이겨야 합니다. 그리고 전쟁에서 이기는 데 필요한 무기를 사용할 겁니다."[55]

인도주의와 환경에 미치는 영향이라는 관점에서 집속탄과 지뢰는 얼마나 다른가? 이 질문을 제대로 다루려면 용어 자체를 곰곰이 따져 보아야 한다. 전쟁 수행에 관한 한 완곡어법에 의한 누그러뜨림이 군사 장비만큼이나 필수 불가결하기 때문이다. 지뢰는 군사 용어로는 지뢰(landmines)라고 부르지 않는다. 기술적으로 올바른 용어는 대인지뢰(anti-personnel mines, 對人地雷)다. 탱크나 기타 군용 차량을 표적 삼는 지뢰와 구분하기 위한 것이다. 하지만 "대인지뢰"는 테크노크라트적 엄밀성이라는 위장 아래, 그것이 나타낸다고 주장되는 바를 모호하게 만들어버리는 일종의 언어적 얼버무림이다. "대인지뢰"는 얼굴도 없고, 손도 발도 팔도 다리도 없는 단어다.

미국 공군 용어사전에 따르면, "대인(anti-personnel, 對人)"은 "인간을 파괴하거나 방해하기 위해 고안한"이라는 의미다.[56] 하지만 지뢰가 그토록 맞서려 하는(anti) 인간(personnel)이란 대체 누구인가? 학교에 지각해서 지름길을 찾아 언덕을 가로지르는 아프간 소녀인가? 자신이 키우는 돼지를 몰면서 저녁에 먹을 음식을 떠올리는 베트남 목동인가? 물주전자를 채우기 위해 강둑을 기어 내려오는 앙골라 소작농인가? 벼를 수확하기 위해 몸을 구부렸다가 벼 대신 눈멀고 팔다리가 절단된 자신의 신체를 수확하게 된 라오스 농부인가?

웹스터 사전은 'personnel'을 "조직에 고용된 인간들의 총체"라고 정의하고 있다.[57] 따라서 지뢰를 "대인"지뢰라고 부르는 것은 지뢰가 (군 조직이든 다른 조직이든) 조직을 겨냥한다는 뉘앙스를 풍긴다. 하지만 지뢰 희생자의 80퍼센트는 민간인이다. 대부분 가난한 농부고 아이들의 수도 지나치다 싶을 정도로 많다. 아이들은 자발적 에너지와 놀이에 대한 욕구가 넘쳐 지뢰에 유독 취약하다. 이런 이유로 지뢰가 다수 매설된 북부 소말리아에서는 엄마들이 이제 막 걸음마를 시작한 아기가 멀리 돌아다니지 못하도록 나무에 매어놓는다. 인간은 독창성을 발휘해 약 270종의 지뢰를 고안해냈지만 아직껏 군인과 어린아이의 발소리를 구분할 줄 아는 지뢰는 나오지 않았다.

가난한 농부들이 자기 땅을 돌아다니지 않은 채 곡물을 재배하거나 가축을 돌볼 도리는 없다. 하지만 지뢰는 사람을 분간하는 눈이 없는지라 모든 움직임을 적의 움직임으로 간주한다. 일정 무게 이상의 인간 및 기타 포유동물의 몸을 동일한 몸으로, 즉 폭발시킬 필요가 있는 'personnel'로 여기는 것이다. 군인들이 집으로 돌아가고 한참이 지난 뒤에도, 참전 병사들이 해산하고 한참이 지난 뒤에도, 지뢰는 계속 긴장의 끈을 놓지 않고 있다. 제게 주어진 소임―10~20년이 지났음에도 불특정의 적을 응징한다―을 다하기 위해 자리를 지키고 있는 것이다. 이는 'anti-personnel' 지뢰가 아니라, 엄밀히 말해 'anti-person' 지뢰다.

"집속탄(cluster bombs)"은 "대인지뢰"보다 훨씬 더 내숭스럽고 부적절한 이름이다. 집속탄을 다른 것과 구분 짓는 특징은 무리 지음(clustering)보다 나쁜 영향의 확산(dispersal) 쪽에 있다. 이 탄환들은 (지상에서 쏘아 올리는 것이든 아니면 항공기에서 투하하는 것이든) 실제로 발사하는 순간에는 무리 짓고 있지만 시공에 걸친 파급력은 산산이 흩어진다. 여기서 중요한 것 중 하나가 숫자 알아맞히기 게임이다. 가령 이라크전의 첫 번째 국면인 전(前) "임무 완료(mission accomplished)" 기간 동안 1만 800개의 집속탄을 투하하거나 발사했다는 미 국방부의 발표를 예로 들어보자. (영국도 거기에 더해 집속탄 70개를 사용했다.) 가장 보수적으로 잡아서 공식 실패율을 5퍼센트라고 치면, 이는 다국적군이 발사한 폭탄 중 약 550개가 충격을 받았을 때 폭발하지 않았다는 것을, 요컨대 마치 지뢰처럼 장기적 위협을 제기한다는 것을 말해준다. 이라크만 한 크기의 나라에서 미폭발 탄환 550개는 별 대수롭지 않은 수치다. 따라서 미국과 영국이 공식적으로 발표한 이 수치는 "무차별적 영향을 미치는 무기"를 쓰지 못하도록 금하는 제네바 협약의 의정서를 준수한 것처럼 비칠 수도 있다.

하지만 지뢰를 총합하는 방식으로 집속탄의 수를 계산하면 앞서와는 전혀 다른 결과를 얻는다. 집속탄은 오직 몇 초 동안만 한 개의 무기로 남아 있을 뿐 일단 발사하고 나면 산탄통이 터지면서 (모델에 따라) 수십 개에서 수백 개의 자탄(子彈)이 쏟아져 나온다. 각 자탄은 다시 (충격을 받거나 뭔가에 닿을 경우) 폭발해 수많은 날카로운 금속 조각을 방출함으로써 최대 150야드(약 140미터—옮긴이) 떨어져 있는 사람도 사상에 이르게 할 수 있다.

휴먼라이츠워치의 보고서 《오프 타깃(Off Target)》은 미 공군이 2001년 아프가니스탄에서 처음 사용한 집속탄 CBU-130의 자탄이 낳은 효과를 다음과 같이 기술했다.

CBU-130의 자탄……은 탄산수 캔 크기의 노란색 원통이다. 이 "병용 효과를 지닌 탄환들"은 저마다 3중의 위협을 드러낸다. 첫째, 파편화 파쇄 강철 노심은 뾰족뾰족한 300개의 금속 파편으로 적군을 공격한다. 둘째, 관통할 때 녹는 총알로 변하는 오목한 원추형의 구리 성형 작약탄(특정 지점에 폭발물의 에너지를 집중적으로 투사하기 위해 성형한 작약을 의미한다. 핵탄두를 점화하거나 장갑을 관통하는 데 사용한다—옮긴이)은 갑옷이나 장갑을 뚫는 무기 역할을 한다. 셋째, 지르코늄 박편(薄片)은 소이성(燒夷性: 불을 붙이는 성질─옮긴이) 파편들을 퍼뜨려 부근의 군용 차량을 불태운다.[58]

계산기를 두드려보자. 하나의 CBU-130은 202개의 자탄을 지니고 있고, 각 자탄에는 뾰족뾰족한 파편이 300개 들어 있다. 다시 말해, 집속탄은 단 하나만으로도 폭발파에 의해 치명상을 입힐 소지가 있는 파편 6만 3600개를 탄도 속도로 쏟아낼 수 있다. 용융(molten, 熔融) 원추의 파괴력과 소이성 파편은 그 위협을 더욱 가중시킨다.

이런 관점에서 보면, 2003년 이라크전 첫 번째 국면에 1만 870개의 집속탄을 사용한 다국적군은 절제력이 부족했던 것으로 보인다. 이 폭탄들은 이라크의 도시·마을·사막·들판 전역에 200만 개의 자탄을 흩뿌려놓은 셈이다. 휴먼라이츠워치에 따르면, 최소 10만 개의 자탄이 충격 당시 폭발하지 않은 것으로 드러났다. 미국이 지상에서 쏘아올린 일부 집속탄의 실패율이 22퍼센트나 되었음을 감안하면, 그 전쟁에 따른 활성 미폭발물의 최종 수치가 50만 개에 육박할 가능성마저 있다. 게다가 10만~50만 개 사이 어디쯤에 있는 이 불발탄이 저마다 제기하는 위협은 300개의 뾰족뾰족한 파편에 의해 더욱 증폭된다.

이 모든 것은 땅에서 어떻게 보였을까?

바그다드에서 남쪽으로 약 95킬로미터 거리의 알힐라(al-Hilla)에 사는 모하메드 무사(Mohamed Moussa)가 한 영국 기자에게 말했다. "2003년 3월 31일 빠르게 굴러떨어지는 흰 산탄통에서 빗발치듯 터져 나온 '마치 작은 자몽처럼 생긴' 은색 물체들이 내가 사는 동네로 우수수 쏟아져 내렸다. 만약 그 물체들이 폭발하지 않았는데 누군가 건드릴 경우, 그것들은 그 즉시 터졌다. 그 물체들은 공중에서 땅에서 폭발했고, 우리는 여전히 우리 집에 폭발하지 않은 것을 몇 개 보관하고 있다."[59]

같은 날 그 "자몽"은 알할라에서만 민간인 38명을 살해하고 156명을 다치게 했다.

미폭발 자탄들이 이름만 아니다뿐 사실상 지뢰나 다름없는 존재로 환생한 것이 바로 최초의 민간인 사상자가 발생한 그즈음이었다. 수동적이면서도 공격적인 미폭발 자탄들은 한 공동체의 사회적·농업적·경제적·환경적 체제를 찢어발기는 위력을 발휘한다. 군 장성들은 집속탄을 완곡어법으로 "상황적 장애물(situational obstacles)"이라고 칭하는 편을 좋아한다. 적군을 움직이지 못하게 가둠으로써 그들의 전진을 가로막는 데 쓰일 수 있다는 의미다. 하지만 미국·영국·이스라엘·러시아 군대가 제네바 협약을 어기고 인구 밀집 지역에 집속탄을 퍼부었을 때, 폭발하지 않은 그 자녀들은 장기적으로 그리고 일제히 생명 그 자체에 대한 "상황적 장애물"로 떠올랐다.

이라크에서 기억의 조각에 대해 언급하려면 다시금 은유에 물질성을 부여해야 한다. 전쟁의 미폭발 잔해는 그 나라의 중층적 갈등이 켜켜이 쌓여 있음을 말해주었다. 대대적인 이란-이라크 전쟁(이라크 사담 후세인의 이란 공격에 의해 시작된 전쟁으로 1980년부터 1988년까지 이어졌다—옮긴이)이 남겨놓은 지뢰는 줄곧 위험을 제기했고, 그 위험은 걸프전 기간에 양국이 심어놓은 수천 개의 지뢰로 인해 가중되었다. 1991년 다국적군이 이라크에 떨어뜨린 집속탄 2400만 개는 그 위험을 더욱 악화했다. 그중 얼마나 많은 수의 무기가 그 풍경 전역에 걸쳐 내내 불안을 드리우고 있는가? 2003년 전쟁이 시작된 이래 이라크 땅과 수역을 오염시킨 다국적군의 집속탄과 사담 후세인의 지뢰가 안겨준 추가적 부담은 더 말할 나위도 없다.

지상 최대의 지뢰 매설국 아프가니스탄에서도 그와 비슷하게 다층적 문제가 불거졌다. 이라크와 마찬가지로 아프가니스탄에서 역시 1980년대는 지뢰 오염과 관련해 대단히 심각한 기간으로 드러났다. 소련 점령군은 아프가니스탄에 지뢰를 촘촘히 심어놓음으로써 그 나라의 드넓은 지역을, 리디아 모닌(Lydia Monin)과 앤드루 갤리모어(Andrew Gallimore)가 말한 이른바 "악마의 정원"으로 뒤바꿔놓았다.[60] 아프가니스탄 탈레반 시대(Taliban-era: 대략 1995년(혹은 1997년)부터 2001년까지를 지칭한다. 탈레반은 아프가니스탄 남부를 중심으로 거주하는 파슈툰족에 기반한 부족 단체 중심의 반군 테러 조직이다. 1990년대 중반 활동을 시작해 1997년 정권을 장악했으며, 2001년 미국의 공격으로 축출되기까지 아프가니스탄을 통치했다—옮긴이)의 국내 분쟁과 2001~2002년 미-아프가니스탄 전쟁 기간 동안의 영미 집속탄 투하가 그 치명적 문제에 가세했다.

군대가 집속탄 그리고/혹은 지뢰를 사용하는 곳마다 일반적으로 경제·인본주의·환경 위기가 서로 뒤엉킨 채 불거졌다. 국가 재건과 난민의 안전한 귀환은 지연되었으며, 피해 규모를 감당하기에는 의료 자원이 턱없이 부족했다. 시골 거주민들은 그동안 자기네가 기대온 경작지·목초지를 등지든가 목숨을 잃고 사지를 절단당하는 위험을 감수하든가, 둘 중 하나를 선택하지 않으면 안 되는 끔찍한 상황과 마주했다. 환경이 악화하는 와중에 땅에 대한 압박이 거세지자 분쟁의 소지는 더욱 커졌다. 이 같은 상황 전개는 왕왕 급속한 삼림 파괴, 야생 동식물 대량 살상으로 이어졌다. 우리는 이 모든 일로 인해 빚어진 나쁜 결과의 총체를 가령 앙골라 같은 나라에서 목격할 수 있다. 앙골라는 과거에 자급자족 농업이 가능했으며 식생이 울창하게 우거진 나라였다. 하지만 (25년을 끈 내전이 공식 종료되었음에도) 그 나라는 여전히 경제 및 의료

체계가 500만 개의 지뢰와 세계 최대의 사지 절단 인구 비율을 감당하기에 태부족이다. 앙골라에서 삶의 터전을 잃고 쫓겨난 시골 사람들은 절박함에 내몰려 그 나라의 숲을 파괴했으며, 한때 풍부하고 다양했던 사냥감의 씨를 말렸다.

불발탄 속에서 살아가는 삶에 적응해야 하는 이들 대다수는 시골 거주민으로서 땅에 의지해 연명한다. 지뢰 매설 지역에서는 사람들이 과거에 비옥하고 풍요롭던 땅이 자신들이 지켜보는 가운데 기괴하게 변해가는 모습을 "악마의 정원", "킬링필드"(캄보디아) 같은 구어적 표현에 담아냈다. 이라크에서는 집속탄의 자탄을 엉뚱한 숲에 등장한 이상하게 생긴 변종 과일로 묘사했다. 야자나무에 매달려 있는 치명적 오렌지나 자몽으로 말이다. 아낌없이 베풀던 대지가 괴물처럼 달라지는 현상에 관한 이 같은 소회는 베트남전을 다룬 언어에서도 명확하게 드러나 있다. 베트콩(Vietcong: 남베트남 민족해방전선의 공산 게릴라 부대 및 그 대원—옮긴이)은 초기의 두 가지 미국 집속탄 자탄(CBU-24와 BLU-3)을 각각 구아바(껍질은 황색에 과육은 분홍색인 열대 아메리카산 과일—옮긴이)와 파인애플이라 불렀다. 특히나 공명을 불러일으키는 조어로서 효과가 뒤늦게야 나타나는 폭력과 관련해 베트콩은 또 다른 브랜드의 집속탄 자탄에 "게으른 개(lazy dog)"라는 별명을 붙였다. 자는 척하고 있다가 느긋하게 깨어나 물어뜯는 존재다.[61]

집속탄이 쏟아내는 자탄은 흔히 반짝반짝하고 형형색색이다. 그래서 호기심 많은 아이들은 쉽게 장난감이나 음식으로 오인하곤 한다. 어떤 것은 줄무늬가 그어진 탄산음료 캔처럼 생겼고, 어떤 것은 초록색 야구공 혹은 담배 라이터처럼 생겼다. 아프가니스탄 전쟁 기간에 다국적군 비행기들은 두 종류의 작고 노란 물체를 투하했다. 하나는 집속탄 자탄이고 다른 하나는 인본주의적 배급 식량이었다. 인본주의자들이 그저 노란색만 보고 잘못된 식량에 손을 뻗쳐 아이들이 폭발 사고를 당할지도 모른다고 경고하자, 다국적군은 하는 수 없이 둘의 차이를 적은 팸플릿까지 함께 떨어뜨려주어야 했다.

이는 희한한 비극이라기보다 '비정밀' 무기를 또 다른 이른바 '정밀' 타격전에서 사용할 때마다 되풀이되는 예측 가능한 재난이었다. 아프가니스탄 전쟁 기간과 전후에 미폭발 무기로 인한 피해자의 69퍼센트가 18세 이하 아동이었다. 제1차 걸프전 이후 남부 이라크에서는 같은 피해자의 60퍼센트가 15세 이하였다. 유니세프(UNICEF) 보고서는 지뢰가 지구상에 아동 20명당 1개꼴로 존재한다고 추정했다. 무수히 많은 집속탄 자탄 형태의 유사 지뢰는 포함조차 하지 않은 수치가 그 정도다.[62]

대부분의 오염 형태와 마찬가지로 집속탄과 지뢰에 따른 오염 역시 거의 무작위적이다. 서구 국가에서 독성 폐기물 투척 지역이 가난한 공동체나 소수 민족 공동체 부근에 위치하듯, 불발탄 오염도 아프가니스탄·캄보디아·라오스·앙골라·모잠비크·베트남·소말리아·니카라과·엘살바도르 등 세계에서 가장 가난한 국가에 몰려 있다. 치명적 전쟁 잔해의 짐이 부국과 빈국 간에 불균일하게 분배되므로, 전쟁 자체를 망각할 수 있는 물리적 자유 또한 불균일하게 분배된다. 위의 국가 목록이 보여주듯 세계 최대의 지뢰 매설 사회 상당수는 과거에 냉전의 제일선이던 곳들이다. 강대국들은 흔히 대리 군대를 통해 그들의 내전을 부채질하고 그에 자금을 대주고 무기를 공급했다. 불안정하고, 무장이 과도하고, 기반이 취약한 이들 나라 대다수는 끊임없는 전쟁 상태에 휘말렸다. 지뢰가 뒤늦게 사람들을 불구로 만들고 사망에 이르게 하는 현상이 이어지는 이들 사회에서는 여전히 냉전이 끝나지 않은 셈이다. 그러한 지역 전체는 나날의 삶이 느린 폭력에 의해 반(半)군국주의화한 채 남아 있고, 대지 자체도 무기와 위험이 가득한 곳이라는 영구적 의심을 품고 바라보아야 하는 불안정한 영역으로 전락했다.

지구상에 잔류하는 지뢰 1억 개는 캘리포니아·뉴욕·텍사스·플로리다·펜실베이니아 주의 거주민을 모두 합한 것과 맞먹는 수치다. 지뢰가 여기(over here)가 아니라 저기(over there)에 있다는 것만 다를 뿐이다. 사이러스 밴스(Cyrus Vance)와 허버트 오쿤(Herbert Okun)은 이렇게 지적했다.

> 맨해튼·메인주·몬테레이에서 학교에 걸어가거나 운동장에서 노는 아이들이 지뢰 폭발로 다리를 잃는다면 미국 정부는 필경 그 문제를 해결하기 위해 가능한 모든 조치를 다 취할 것이다. 하지만 그런 일은 외국 땅에서 벌어지고 있다. 의료적 치료가 거의 존재하지 않고 살아남기 위해 육체노동을 하지 않으면 안 되는 곳들이다.[63]

지뢰 하나를 제거하는 데 드는 비용은 그 매설 비용의 약 100배가 넘는다. 걸프전 이후의 쿠웨이트 사례는 지뢰 제거에 따른 인명 희생과 재산상의 대가를 잘 보여준다. 뉴저지주 크기의 작은 나라가 미폭발 지뢰와 집속탄을 제거하느라 쏟아부은 비용은 8억 달러에 이르렀다. 게다가 지뢰 제거 작업 자체는 쿠웨이트 민간인 수백 명, 폭탄 처리 인부 100명, 미국 병사 100명의 목숨을 희생하고서야 가까스로 마무리될 수 있었다. 지뢰로 인해 목숨을 잃은 (민간인을 뺀) 지뢰 제거 인부와 미국 군인의 수만 따져도 '사막의 폭풍 작전' 기간 동안 전사한 총

미군 수보다 더 많았다.

84개국이 지금 지뢰 그리고/혹은 집속탄에 의한 오염으로 고통받고 있다. 대부분은 쿠웨이트보다 훨씬 더 면적이 넓고 훨씬 더 가난한 나라들이다. 그 결과, 지뢰 제거 기관들이 예를 들어 아프가니스탄에서 단 750제곱킬로미터 면적을 청소하는 데만도 14년이 걸렸다. 국제적십자위원회(International Committee of Red Cross: 스위스 제네바에 본부를 둔 국제 민간 기구—옮긴이)는 라오스의 땅과 개울에만 자그마치 900만~2700만 개의 지뢰와 집속탄 자탄이 묻혀 있을 거라고 추정했다. 이는 미군이 1964년부터 1973년까지, 그리고 그에 이은 내전 기간 동안 라오스·캄보디아·베트남에 쏟아부은 방대한 양의 유물이다. 라오스인은 미국 시간으로 존슨 대통령 시대에 자신들을 향해 빗발치듯 쏟아진 집속탄과 지뢰로 인해 21세기에도 그때와 다름없이 급박한 위협을 겪고 있다는 사실을 대체 어떻게 받아들여야 할까?

미폭발 무기라는 느린 폭력은 정치적 책임성 문제를 악화했다. 전쟁 여파로 정치 변화가 환경 복구보다 훨씬 더 빠른 속도로 이루어졌다. 행정부로서는 전임자가 일으킨 전쟁이 머나먼 나라에 남겨놓은 치명적 폐기물을 제거하는 데 세금을 지출하고자 하는 유인이 거의 남아 있지 않았다.

2004년 부시 행정부는 새로운 지뢰 정책을 발표했다. 이 정책은 1997년 체결된 지뢰금지협약(Mine Ban Treaty)을 보편화하려는 국제적 노력과 미국의 입장 간 거리를 더욱 크게 벌려놓았다. 부시의 정책은, 미국이 만약 대안적 무기를 찾는다면 2006년까지 그 조약에 서명하겠다고 한 과거의 약속을 뒤집는 것이었다. 부시 행정부가 입장을 달리함에 따라 미국은 한국에서는 오래 지속되는 "대인지뢰"를, 세계의 다른 나라에서는 자폭식 지뢰(self-destructing mines)를 사용할 수 있었다. 이로써 또 하나의 완곡어법이자 또 한 가지 형태의 시간적 위장술인 "자폭식 지뢰"가 등장했다. 휴먼라이츠워치에 따르면, 자폭식 지뢰는 비활성화하기까지 최대 19주가 걸릴 수도 있다.[64] 그리고 상당수가 제 대로 작동하지 않음으로써 활성 지뢰와 비활성 지뢰가 예측 가능하지 않게 뒤섞이는 결과를 낳는다. 이는 수고스러운 지뢰 제거 작업을 요 구하는 민간인에게 끊임없이 인본주의적 위협을 가한다.

계속되는 지뢰와 집속탄 위기의 책임이 어느 한 국가나 행정부에 있 는 것은 아니다. 하지만 미국 행정부가 뒤에서는 "정밀 타격" 무기를 지지함으로써 아직 태어나지도 않은 아이들―몇 달 뒤, 혹은 몇 년 뒤 그들을 시대착오적으로 '적(personnel)'이라 간주하는 환경을 물려받게 될 존재들―에게 막대한 피해를 입히면서, 앞에서는 태아의 권리를 소리 높여 옹호하는 태도야말로 특히 가증스러워 보인다. 오바마 행정 부가 지뢰 정책을 수정하기로 사전에 철석같이 약속했음에도 부시 시 대의 정책을 그대로 고수했다는 사실 역시 충격적이다.

2003년 11월, 미국을 포함한 92개국은 각국이 종전 뒤 집속탄 자탄 등 폭발물 잔해를 청소하도록 의무화하는 협약에 서명했다. 부시 행정 부가 승인한 이 최초의 군축 협약은 국제법상에 존재하는 지뢰와 집 속탄의 간극을 좁히는 데 기여할 수도 있었다. 이 협약은 집속탄이 종 종 지뢰에 가깝게 행동한다고―즉 제네바 협약을 위반하는 "무차별적 영향을 미치는 무기"라고―인정한 최초의 조치였다. 또한 전후에 지 켜야 할 의무를 본격적으로 다룬 잠정적이지만 최초의 조치였다. 그러 나 이 협약은 집속탄과 지뢰가 여전히 치명적 생산성을 자랑하며 제 거 속도보다 더 빠르게 증가하고 활발하게 쓰이는 나라에서는 아무런 예방적 힘도 지니고 있지 않다. 미 국방부는 계속해서 불발률을 1퍼센트까지 낮추는 게 가능하다고 믿으면서 집속탄 문제를 해결하는 스마트 무기를 생산할 수 있다고 장담한다. (1퍼센트는 미국이 2003년 이라크 전 당시 지상으로부터 쏘아올린 집속탄의 실패율 14~22퍼센트와는 한참 동떨어진 수치다.) 하지만 펜타곤(Pentagon: 미국 버지니아주 알링턴 카운티에 있는 국방부 청사로, 건물 모양이 위에서 볼 때 오각형이어서 '오각형'이라는 뜻의 펜타곤이라 불린다. 미 국방부를 지칭한다—옮긴이)의 입장을 담은 깨알 같은 활자는 여전히 섬뜩한 채로 남아 있다. 미래의 전쟁에서도 미국 군대는 계속 자신들이 사용하는 무기류에 집속탄을 포함할 거라고 못 박은 내용이다. 거기서 펜타곤은 집속탄을 마치 대체 불가능한 가보라도 되는 양 "유물(legacy)" 탄환이라고 불렀다. 이 "유물" 보유고는 실로 막대하다. 미국 군부는 꽤나 구형인 데다 부정확한 집속탄 자탄을 10억 개 넘게 쌓아두었다. 1950년대에 개발하고 베트남전과 1991년 걸프전에서 사용한 록아이(Rockeye) 집속탄이 하나의 예다. 베트남전과 걸프전에서 쓴 록아이 집속탄은 오래도록 시간을 끌면서 21세기에도 여전히 사상자를 낳고 있다.

끈질긴 적대감과 불신이 이른바 "유물" 무기가 궁극적으로 안겨준 유물이었다. 인도차이나에서처럼 이라크와 아프가니스탄에서도 미국의 집속탄은 미군이 해방시켰다고 주장한 바로 그 민간인 상당수를 외려 소외시켰다. 그들 속에 승패보다 더 오래가는 물리적 두려움을 심어준 결과였다. 잉글랜드 성공회(Church of England)의 한 대변인이 말한 것처럼 "사람들에게 더 나은 미래를 제공해주려 시도함에 있어, 만약 당신의 진정한 유산이 다가오는 몇 년 동안 감춰진 죽음이나 끔찍한 부상과 연관되어 있다면, 당신은 그들의 마음과 정신을 얻을 수

없다".[65]

비정밀 정보는 심지어 이른바 정밀 타격 폭탄마저 멍청하게 만든다. 2003년 미국은 CIA의 "블랙리스트"에 포함된 누군가가 숨어 산다는 소문만 믿고 이라크의 도시 동네들에 집속탄을 퍼부었다. 소문은 번번이 사실이 아닌 것으로 드러났고, 애먼 민간인들만 엄청난 피해를 입었다. 가공할 인간적·기상적·환경적 장애물이 뒤엉키면서 이 무기의 부정확성은 더욱 가중되었다. 가령 적의 집중포화를 피하고 싶은 군용기 조종사들은 그들이 탑재한 폭탄을 부적절하다 싶을 만큼 높은 고도에서 투하할 소지가 있는데, 그렇게 되면 폭탄이 흩어지는 공간이 더욱 넓어진다. (발칸과 아프가니스탄에서 실제로 일어난 일이다.) 기류로 인해 자탄들이 진로에서 벗어나기도 한다. 더욱이 집속탄은 도로처럼 단단한 표면에 부딪칠 때 가장 일관되게 폭발한다. 모래·습지 같은 폭신한 표면에 떨어지면 활성 불발탄 발생률이 높아지는데, 이는 사막에서 전쟁을 치를 경우 거듭 되풀이되는 문제다. 집속탄의 산탄통이 자탄을 토해내고, 이어 그것들은 폭발하면서 뾰족뾰족한 금속 파편을 분출한다. 부정확성이 커질수록 이런 잔해가 흩어지는 지역은 한층 넓어진다. 그로 인한 공간적 비정밀성은 그 잔해들이 종전 이후에도 공격성을 유지하는 데 따른 시간적 비정밀성에 의해 더욱 악화한다.

강력한 미국적 낙관주의의 추세 가운데 하나는, 토지를 개인과 국가 모두에 이익을 안겨주는 가장 사려 깊은 투자로 바라보는 토머스 제퍼슨(Thomas Jefferson)의 견해에서 비롯되었다. 제퍼슨에 따르면, 돈은 더 많이 찍어낼 수 있지만 토지를 더 많이 만들어낼 수는 없다. 그러나 400만~700만 개의 활성 지뢰와 무수한 집속탄 자탄이 국토 절반을 들쑤셔놓은 캄보디아 같은 나라에서는 그의 신조를 다소 수정해야 할 듯하다. 캄보디아에서 지뢰를 없애는 일은 토지를 만들어내는 기적에 비견되는 일이다. 인접국을 정복하지 않고도 국토 면적을 사실상 2배로 불릴 수 있기 때문이다.

군사 전략과 관련해 지뢰와 집속탄은 둘 다 "지역 거부〔area denial: 반접근(anti-access)—옮긴이〕 무기"다. 문제는 "지역 거부"가 이른바 전후 시대까지도 계속 이어져 생존 가능한 땅을 축소시키고 지구 자원에 부담을 안겨주는 사태가 허다하다는 사실이다. 이 골칫거리를 완화하는 첫 번째 조치로서 우리는 우선 지뢰와 집속탄이 동일한 문제의 두 가지 버전임을 인정해야 한다. 우리는 집속탄이 가명(假名)의 힘에 기대고 있지만 쉽사리 사실상의 지뢰로 돌변할 수 있음을 깨달아야 한다.

현재 집속탄을 보유하고 있는 국가는 57개국이며, 지금껏 그것을 사용한 적이 있는 국가는 16개국이다. 가장 광범위하게 집속탄을 사용한 국가는 단연 미국이다. 이상적으로 말하자면, 우리는 지상과 공중에서 쏘는 집속탄 둘 다를 금지하는 조치를 지지해야 마땅하다. 하지만 그 무기가 겁날 정도로 널리 쓰이고 있음을 고려하면, 휴먼라이츠워치가 처음 요구한 내용—즉 최초 조치로서 실패율 높은 구식 유물 집속탄의 사용을 불법화하자는 요구—을 지지하는 편이 좀더 실용적이리라 싶다. 이에 더해 실패율이 1퍼센트 이하로 내려갔음을 입증해 보일 때까지 신형 무기의 도입을 유예하는 보완 조치도 필요하다. 하지만 최종 목표는 "무차별적 영향을 미치는 무기"인 모든 집속탄의 사용을 불법화하는 것이어야 한다. 이 목표에 도달하려면 우선 "스마트 전쟁"이니 "정밀 타격"전이니 하는 기만적 수사 영역 전반을 해체해볼 필요가 있다.

더욱이 우리는 아직 '상상되지 않는' 전쟁을 치르고 있는 아이들과 성인 민간인을 위해, 그리고 지뢰와 집속탄이 모여 있는 곳이면 어디랄 것 없이 악화일로인 환경을 위해, 과거 부시 행정부의 퇴행적 지뢰 정책을 뒤엎도록 요구해야 한다. 휴먼라이츠워치 산하 무기프로젝트 (Arms Project)의 수장 케네스 앤더슨(Kenneth Anderson)의 말마따나 "사람들은 지뢰가 오염원으로서 미치는 효과를 이제 막 이해하기 시작했다. ……모든 사회가 거듭 그 대가를 치르는 중이다".[66] 가면을 쓴 지뢰인 집속탄 자탄도 그와 동일한 사회적 차원의 대가를 요구하고 있다.

피해의 고속도로

지도자들은 계속해서, 그리고 진지하게 "우리 군인들이 피해를 입지 않도록 하겠다"고 단단히 약조한다. 하지만 피해의 고속도로(highway of harm: '죽음의 고속도로'에 빗댄 언어유희―옮긴이)는 군 장성들의 시야를 넘어설 만큼 넓고 세대를 넘어설 만큼 길다. 군 간호사 캐럴 피코가 깨달은 대로, 죽음의 고속도로는 나선형의 지그재그식 부인(disavowal) 내러티브를 통해 오르락내리락하는 기만적인 길이요, 겉은 단순한 2차선 도로임에도 부지불식간에 수많은 다양한 속도로 오가는 길이다.

감손우라늄 무기가 걸프전에 처음 도입된 이래 17여 개국이 미국으로부터 그 무기를 사들였다. 그것과 집속탄이 오늘날의 전쟁에 점점 더 많이 쓰임에 따라 우리는 전쟁 생존자와 피해자 사이의 경계선을 새로 그어야 하는 윤리적 책무를 떠안았다. 사람들은 해당 분쟁보다 더 오래 살아남을 수도 있지만 만약 결과가 늦게 나타나는 전사자가 수천을 헤아린다면, 그들을 생존자라고 부르는 것이 과연 온당할까?

감손우라늄 포탄과 집속탄을 사용하는 우리 시대는 토양·대기·물을 서서히, 끈질기게 자신을 공격하는 대량 살상 무기로 바꿔놓았다. 그러니만큼 이른바 "스마트(smart) 전쟁"이 생태적으로는 "어리석은(folly) 전쟁"이 되고 말았다. 군대가 떠나고 우리의 기억도 함께 사라지지만 좀더 깊은 곳의 기억은 대지에 그대로 드리워 있다. 폭군은 물러나겠지만 파괴된 환경은 정권 교체 이후까지 남을 것이다.

지금 우리가 당면한 가장 큰 도전 가운데 하나는 안전하다는 게 무엇을 의미하는지에 대해 좀더 확장된 시각을 회복하는 것이다. 우리는 국가 안보와 종(種)으로서 우리 자신의 안보를 정의함에 있어 어떤 시간 범위(time span)를 허용할 것인가? 본국에서든 지구 전역에서든, 전시에든 평화 시에든, 우리의 건강과 자유 그리고 국제적 평판이 기대고 있는 환경 보호 장치는 제대로 작동해야 한다. 최첨단의 군사적 테러로 테러리즘에 대처하려는 집착 탓에 지속 가능한 안보의 구성 요소가 무엇인지에 대한 우리의 시각이 좁아졌다. 가령 미국 자동차와 소형 트럭의 연료 효율을 1갤런당 4.35킬로미터 정도만 높여도 우리는 사우디아라비아에서 석유를 수입할 필요가 없어진다. 이처럼 에너지를 아껴 쓰는 대담하지만 실현 가능한 조치는 또한 장기적으로 생존 가능한 환경에 대한 전망을 자국(미국) 보호 방안에 대한 우리의 비전 속에 재통합하게끔 돕는다.

미국인은 미래에 대한 군사적 위협을 테러 위협으로 환원하지 말아야 한다. 만약 우리가 계속 유독한 거짓 정밀 타격 무기를 찬미한다면, 뒤늦게 나타나는 전사자가 더욱더 만연해지고, 그에 따라 분노라는 정치적 역풍을 맞을 것이다. 지구 행성 전체가 전투 부대로, 즉 궁극적이고 유독한 초권력이자 임의적이고 변함없는 응징 세력으로 바뀜에 따라 우리는 경계도 없는 전쟁에 휘말릴 것이다.

　(레이첼 카슨이 약 50년 전 그랬듯) 오랜 기간에 걸친 죽음 이야기, 작년의 집속탄이 내년의 살인자로 달라지는 이야기, 아직 태어나지도 않은 아이의 아이를 제멋대로 적으로 간주하는 감손우라늄 이야기 등 서서히 진행되는 내러티브를 들려줄 참신한 방법을 고안해야 한다. 카슨은 죽은 강과 유독 물질에 오염된 들판에서 민주주의를 도모하는 일은 불가능하다고 주장했다. 그녀의 경고는 본국이든 외국이든 장기적 사회 안정성에 관한 모든 비전에 해당한다. 만약 전쟁이 그 뒤에 끔찍할 정도로 오염된 대지와 뒤죽박죽된 유전 부호를 남겨놓는다면, 설사 이기더라도 그것은 너무나 많은 희생을 치르고 얻은 승리다. '아군에 의한 총격'의 궁극적 형태로서 간접적 죽음을 맞이하게 되기 때문이다. 만약 우리가 대지 자체를 생명 활동을 위협하는 생물학 무기로 바꿔버린다면 그 어떤 고향 땅도 결코 안전할 수 없다. 이제 우리 모두는 '바람 부는 쪽에 사는 사람들'이다. 그 바람에 누구는 좀더 가깝고 누구는 좀더 멀다는 차이가 있다 뿐.

8

환경주의, 탈식민주의, 그리고 미국학

우리는 탈식민주의 시대를 살아가고 있는지는 모르지만
아직 탈제국주의 시대를 살아가고 있는 것은 아니다.

– 린다 콜리(Linda Colley), "이제 무엇이 제국의 역사인가?(What Is Imperial History Now?)"

환경주의와 탈식민주의가 전면적이고 생산적인 대화를 열어간다는 것은 무슨 의미인가? 두 영역은 최근 몇십 년 동안 문학 연구에서 가장 역동적인 분야로 떠올랐다. 하지만 둘의 관계는 아주 최근까지도 서로를 향한 무관심과 불신의 지배를 받아왔다. [독자 반응 이론(reader response theory)이나 해체 이론(deconstruction) 등] 문학 연구에 속한 많은 영역과 달리 환경주의 연구와 탈식민주의 연구는 둘 다 흔히 각각의 우선순위를 사회 변혁을 위한 운동과 관련짓는 행동주의적 특성을 드러내곤 했다. 그러나 대체로 환경주의자들은 탈식민주의 문학과 이론에 대해 광범위한 침묵으로 일관해왔으며, 탈식민주의 비평가들 역시 일반적으로 환경주의 문학의 주제에 침묵을 유지해왔다. 어쩌다 이렇게 서로를 탐탁잖아 하는 분위기가 조성되었을까? 그리고 어떤 유의 지적 이니셔티브들이 뒤늦게 시작되고 있는, 진작 이루어졌어야 마땅한 이 대화에 가장 적극적으로 영향을 미칠 수 있을까?

인문학과 사회과학의 다른 영역들—특히 환경사학·문화지리학·문화인류학—에서는 한참 전에 탈식민주의 연구와 환경주의 연구의 경계 지대에서 실질적 작업이 이루어졌다. 무엇보다 빈자의 환경주의가 지닌 정치적·문화적 중요성을 인식한 작업이었다.[1] 하지만 환경인문학과 탈식민주의 연구 양쪽에 중요한 분야인 문학 연구에서는 그러한 협력 작업이 오랫동안 제대로 이루어지지 않았다. 두 분야의 관심 주제와 연구 방법론이 각기 다를 뿐 아니라, 특히 무엇을 정치적인 것으로 간주해야 하는가에 대한 시각이 양립 불가능하다는 광범위한 가정에 기반하고 있었기 때문이다.

내가 처음으로 이 주제에 관심을 갖게 된 사건에 대해 이야기해보려 한다. 1995년 10월 〈뉴욕타임스〉 선데이 매거진에 제이 파리니(Jay Parini)가 쓴 "인문학의 녹색화(The Greening of the Humanities)"라는 제목의 표지 기사가 실렸다.[2] 파리니는 인문학에서, 특히 문학에서 환경주의가 두각을 드러내는 현상에 대해 기술했다. 그는 글 말미에 붐을 이루는 환경 연구에서 핵심적 작품을 쓴 작가와 비평가 25명의 이름을 열거해놓았다. 그 목록을 보니 기이한 점에 눈에 들어왔다. 기사에는 따로 언급되어 있지 않았지만 25명의 작가와 비평가가 모두 미국인이었던 것이다.

스스로도 의식하지 못하는 이 파벌주의는 자못 충격적이었다. 당시는 내가 나이지리아에서 환경·인권 운동을 펼쳤다는 이유로 재판도 받지 않고 투옥된 켄 사로위와의 석방 운동에 관여하던 때인지라 특히 더 그랬다.[3] 파리니의 〈뉴욕타임스〉 기사가 실리고 2주 뒤, 아바차 정권은 끝내 사로위와를 처형했고, 그럼으로써 그를 아프리카에서 가장 눈에 띄는 환경 순교자로 만들어놓았다. 여기 유럽과 미국의 거대 석유 기업들이 아프리카의 독재 정부와 손잡고 오고니족의 농경지와 고기잡이 수역을 망가뜨리는 데 반대하며 투쟁하다 숨진 오고니족 작가—소설가, 시인, 회고록 집필자, 에세이스트—가 있다! 하지만 사로위와의 저술들이 파리니가 개괄한 환경 문학 계보에 어울리지 않아 보이는 것은 분명했다. 생태 비평을 더 많이 읽을수록 그러한 인상은 더욱 확연해졌다. 나는 지적으로 혁신적인 책을 몇 권 만났다. 로런스 뷰얼, 체릴 글롯펠티(Cheryll Glotfelty), 해럴드 프롬(Harold Fromm), 대니얼 페인(Daniel Payne), 맥스 오엘쉬래거(Max Oelschlaeger: 1943~. 미국의 생태 철학자—옮긴이), 스콧 슬로빅(Scott Slovic) 등의 저서다.[4] 하지만 이런 책들은 스스로 선택한 같은 미국 작가 계보를 정본으로 인정하는 경향이 있었다. 랠프 왈도 에머슨(Ralph Waldo Emerson), 헨리 데이비드 소로(Henry David Thoreau), 존 뮤어, 알도 레오폴드, 에드워드 애비, 애니 딜러드(Annie Dillard), 테리 템페스트 윌리엄스(Terry Tempest Williams), 웬들 베리, 게리 스나이더(Gary Snyder)가 대표적이다. 모두 영향력 있고 저마다 일가를 이룬 저자인 것만은 분명하지만, 하나같이 단 한 개 국가의 경계 안에서 뽑힌 인물이다. 환경 문학 선집, 대학 강좌 웹사이트, 생태 비평에 관한 특정 이슈들도 유사한 우세 패턴을 드러냈다. 쌓여가는 증거를 통해 나는 환경주의 문학이 사실상 미국학의 곁가지로서 발전해왔음을 깨달았다. 더욱이 미국 환경주의의 한 분파인 환경 정의 운동—세계 차원으로 외연을 넓혀 느린 폭력, 빈자의 환경주의, 제국주의에 의한 사회환경 악화 같은 이슈와 연결 지을 수 있는 엄청난 잠재력을 지녔다—은 인문학의 녹색화를 통해 제도화한 지배적 환경주의 영역에서 여전히 주변적으로 취급당하고 있다.

　그에 따른 국가적 자기 폐쇄성은 무척 기이해 보였다. 필시 환경주의는 다른 문학 탐구 분야보다 '덜(less)'이 아니라 '더(more)' 초국가적이어야 한다고들 기대했을 테니 말이다. 그 자신이 명명한 이른바 "생태적 인종 학살(ecological genocide)"에 오랫동안 저항해온 사로위와 같은 작가가 환경 저자 정본 목록에 이름을 올릴 수 없었다는 것은 참으로 불행한 일이다.[5] 이는 그가 아프리카인이기 때문이었을까? 아니면 그의 저술이 헨리 데이비드 소로, 황야 전통, 혹은 제퍼슨 유의 토지재분론(agrarianism)에 특별히 빚지지 않고 있음을 드러내서였을까? 사로위와의 저작에 활력을 불어넣은 것은 그런 것들이 아니라 소수 민족, 오염, 인권 간의 걱정스러운 관계, 그리고 또 그만큼이나 걱정스러운 지역·국가·세계 정치의 관계에 대한 관심이었다. 그는 오고니족이 겪고 있는 식수·토양·건강의 훼손을 오로지 일국의 틀 안에서만 이해하고 항의하려 해봐야 아무 소용이 없음을 깨달았다. 오고니 지역의 환경 파괴는 나이지리아의 (그가 명명한 이른바) "내부 식민주의자들"과 셸이나 걸프 셰브론 같은 무책임한 초국가 세력이 합세해 저지른 약탈의 결과이기 때문이다.[6]

　미국 정본 목록에서 사로위와가 보이지 않는 것은 그가 환경 작가로 부상하는 데서 미국이 담당한 역할을 고려하건대 한층 더 희한하게 여겨진다. 미국은 나이지리아 석유의 절반을 사들였으며, 걸프 셰브론은 오고니 지역을 가장 크게 오염시킨 주범이었다.[7] 좀더 단정적으로 말해, 사로위와가 기업적 벌목을 중단시킨 성공적 환경 운동을 목격한 것은 다름 아니라 그가 미국 콜로라도주를 여행하던 중이었다.[8] 이 경험은 그가 인권뿐 아니라 환경 이슈에 대해서도 오고니족의 목소리를 넘으로써 세계 차원의 견해를 활용하기로 결심한 계기가 되었다. 하지만 문학 연구 속에 널리 만연한 생태 비평 관점에 따르면, 사로위와 같은 사람—그의 환경주의는 지극히 지역적(local)임과 동시에 지극히 초국가적(transnational)이다—은 아프리카인으로, 탈식민주의자들이 맡기에 가장 적합한 유의 작가로 괄호 처리될 게 분명했다.

하지만 나는 두 번째 아이러니 역시 인식하게 되었다. 탈식민주의 문학 비평가 역시 환경 이슈에는 거의 관심이 없었다. (명시적으로든 묵시적으로든) 환경 이슈를 잘 봐줘야 별 상관이 없거나 엘리트주의적인 것으로, 최악의 경우 "녹색제국주의"[9]에 의해 더럽혀진 것으로 간주한 것이다. 환경 권리와 소수 민족 권리를 통합하려 한 사로위와의 독특한 시도는 양쪽 진영 모두에서 발언권을 얻을 가능성이 없음을 나는 깨달았다.

이런 상황이었던 만큼 나는 환경 문학 연구와 탈식민지 문학 연구가 그렇게나 오랫동안 서로 영향을 끼치면서 상대에 대해 점점 더 침묵해온 까닭이 무엇인지 따져보았다. 개략적으로 말해, 탈식민주의자와 생태 비평가의 주요 관심사는 네 가지 측면에서 크게 달랐다. 첫째, 탈식민주의자들은 잡종성과 비교 문화(cross-culturation)를 특히 중시하는 경향을 보였다. 반면 생태 비평가들은 역사적으로 처음 그대로의 황야나 마지막까지 "더럽혀지지 않은" 멋진 장소 같은 순수성(purity) 담론에 더 이끌렸다.[10] 둘째, 탈식민주의 저술과 비평은 주로 전치(displacement)에 관심이 많은 반면, 환경 문학 연구는 장소(place)에 관한 문학에 우선순위를 두는 경향이 있다. 셋째, 그와 관련한 것으로 탈식민주의 연구는 대체로 세계시민주의적인 것과 초국가적인 것에 호의를 보인다.[11] 탈식민주의자들은 전형적으로 민족주의에 비판적이다. 그에 반해 주류에 속한 환경 문학 및 비평은 미국이라는 국가주의적 (그리고 흔히 국수주의적) 개념 틀 안에서 발달해왔다. 넷째, 탈식민주의는 하찮게 치부된 과거—아래로부터의 역사(history from below: 지도자가 아닌 소외 계층, 억압받는 자, 가난한 자, 부적합자, 한계 집단 등 평범한 이들의 관점에서 바라본 역사—옮긴이), 흔히 이주의 기억이 초국가적으로 합쳐진 결과인 변방사(border histories)—를 발굴하거나 재해석하는 데 상당한 관심을 기울인다. 반면 환경 문학 및 비평에서는 역사가 사뭇 다른 처지에 놓였다. 거기서는 흔히 자연과 교감하는 시간을 잊은 고독한 순간을 추구하면서 역사를 억압하거나 부차적인 것으로 밀쳐두었다. 시간을 잊은 이러한 초월주의에는 미국 풍광 속의 유구한 전통, 즉 공한지(empty lands, 空閑地) 신화를 통해 식민 지배 민족의 역사를 지워버리는 전통이 그림자처럼 따라다녔다. 탈식민주의 비평가들은 이 같은 환경 글쓰기 형태(특히 황야에 대한 글쓰기)가 자신들이 파헤치고자 노력하는 바로 그 역사를 보이지 않게 묻어버리는 역할을 한다고 비판했다.

전치의 장소: 세계시민주의와 생물지역주의

이해할 수 있겠듯이, 탈식민주의 비평가들은 보존주의자들의 순수성 담론에 거북함을 느꼈다. 역사적으로 후기 계몽주의적 인권이 인종에 따라 불평등하게 분배되는 데 있어 그 담론이 담당한 역할을 고려해볼 때 특히 그랬다. 낭만적 원초주의(primordialism)의 맥락에서 식민 지배를 받는 이들, 특히 여성은 당연하다는 듯 계속 제 자신의 땅과 유산을 소유한 주체(subjects)라기보다 소유·보호·후원의 대상(objects)으로 간주되었다. 일단 여러 문화가 (특히 미국을 "자연의 나라"라 여기는 정착민 전통을 통해) 두서없이 자연에 동화되자 그것들은 강탈(dispossession)에 한층 더 취약해졌다. 처음 그대로의 황야 보존이라는 명분에 의해서든, 혹은 핵실험 지대 창출이라는 명분에 의해서든 말이다. 존 맥스웰 쿠체(John Maxwell Coetzee: 1940~. 남아프리카공화국 출신 작가로 2003년 노벨 문학상을 수상했다—옮긴이)는 "팽창주의 정책이 숭고함이라는 수사에 쓸모 있다는 것은 분명한 사실"이라고 확실하게 말했다. 만약 이 말이 맞다면 그러한 팽창주의 공세는 루이스(R. W. B. Lewis), 헨리 내시 스미스(Henry Nash Smith), 페리 밀러(Perry Miller) 등 미국학의 토대를 구축한 사상가의 작업에 활력을 불어넣은 미국예외주의 전통에서 일련의 강력한 스토리라인과 이미지를 발견했을 것이다.[12]

도널드 피즈(Donald Pease)는 다음과 같이 간결하게 표현했다.

이 이미지들은 예외적인 국가적 주체(미국의 아담)를 대표적인 국가적 풍경(미개척지), 모범적인 국가적 동기(황야에 대한 사명)와 연결 짓는다. 이러한 이미지들이 어우러져 상호 작용한 결과가 바로 '자연의 나라'라는 신화적 실체다. 그 나라 시민들은 자연법이라 불리는 빼어난 허구를 통해 국가 협약의 지배적 가정(자유, 평등, 사회 정의)이 자연을 창조하는 주권과 구분할 수 없는 것이라 믿는다.[13]

자연적-초자연적으로 미리 운명 지어진 이러한 국가 건설 내러티브에서 가장 주된 관심사는 누가 "자연적 남성"과 "자연적 여성"으로 발탁되었는가다.

생애의 상이함으로 인해 탈식민주의 비평가와 생태 비평가 간에 순수성·장소·국가·역사의 정치학과 관련해 지적 상이함이 더욱 심화했다. 탈식민주의와 연관된 저명 비평가들―특히 콰메 앤서니 아피아, 호미 바바(Homi K. Bhabha), 에드워드 사이드, 사라 술레리(Sara Suleri), 가야트리 차크라보르티 스피박(Gayatri Chakravorty Spivak: 1942~. 인도인 학자, 문학이론가, 페미니스트 비평가로 컬럼비아대학 교수다―옮긴이), 가우리 비스와나탄(Gauri Viswanathan) 등―은 전위(dislocation), 문화혼합주의(cultural syncretism), 초국가주의 등의 문제에 지적으로 투자하는 데서 자신에게 유리한 방식으로 국가의 경계를 넘나들었다. 그와 반대로 가장 빼어난 미국의 환경 저술가와 비평가들은 단일 국가를 활동 무대로 삼으면서 특정 지역에 깊이 뿌리내린 채 경험적으로든 창작적으로든 그 지역 문제에 헌신했다. 존 엘더(John Elder)는 버몬트주, 게리 스나이더는 시에라네바다산맥, 웬들 베리는 켄터키주 애팔래치아산맥, 스콧 러셀 샌더스(Scott Russell Sanders)는 인디애나주 남부, 테리 템페스트 윌리엄스는 유타주…… 이처럼 지역에 뿌리내린 일국 내 작가들은 소로와 로버트 프로스트(Robert Frost)의 뉴잉글랜드를 무대로 한 저술들, 그리고 윌라 캐더(Willa Cather)의 네브래스카주를 중심으로 한 저술에서 분명하게 드러난 '장소에 대한 전념'을 순순히 받아들였다.

전치에 대한 탈식민주의의 집착과 장소 윤리(ethics of place)에 대한 생태 비평의 집착 사이에 조성된 긴장은 한편으로 세계시민주의(cosmopolitanism), 다른 한편으로 생물지역주의(bioregionalism)라는 더 큰 맥락에 비추어볼 필요가 있다.[14] 파리니가 말한 생물지역주의는 "임의적인 행정적 경계보다는 자연적 특성에 의해 경계가 결정되는 지상의 한 지역"[15]에 대한 반응성을 수반한다. 게리 스나이더와 존 엘더, 데이비드 로버트슨(David Robertson), 데이비드 오어(David Orr) 같은 생태 비평가들은 하나같이 생물지역주의 윤리를 적극 옹호한다. 오어는 생태계 파괴의 원인을 사람들이 "특정 장소에 대한 구속 없이도" 대학을 졸업할 수 있는 방식 탓이라고 주장했다. "그들의 지식은 대부분 추상적이라 뉴욕에도 샌프란시스코에도 동일하게 적용할 수 있다"[16]고 말이다. (그의 코멘트는 생물지역주의 사고에 짙게 배어 있는 반(反)도시적 편견을 드러내준다.) 그와 일맥상통하는 것으로 엘더는 이렇게 주장했다. "전통적인 교육 모델은 세계시민주의였다. 나는 학습과 관련해 지역을 중심으로 하는 생물지역주의 접근법을 선호하게 되었다. ……교육적으로 볼 때, 먼저 지역과 관련한 지식에서 시작해 차차 지식의 층을 더하면서 넓혀가는 게 이치에 맞지 않는가?"[17]

생물지역주의 접근법과 관련해서는 언급해야 할 것이 더 있다. 그것은 우리의 직접적 환경에 미치는 영향을 인식할 수 있도록 도와주며, 우리가 왜 환경에 책임감을 지녀야 하는지 근거를 대준다. 하지만 탈식민주의적 관점에서, 생물지역주의 윤리는 몇 가지 문제를 제기한다. 생물지역주의자의 동심원 고리들이 초국가주의보다 초월주의로 커질 가능성이 있기 때문이다. 너무나 흔하게도 우리의 환경적 시각은 여전히 영성화·자연화한 일국의 틀 안에 갇혀 있다.

생물지역주의와 연관되어 있는 미국의 창작 문학과 비평 문학 상당수는, 내가 말한 이른바 공간적 기억상실을 전제로 한 '영적 지리학(spiritual geography)' 스타일을 지향한다. 생물지역주의의 중심부-주변부 모델 내에서, 지역의 구체성과 도덕적 명령은 대체로 초국가주의적 구체성(transnational specificities)이 아니라 초월주의적 추상성(transcendental abstraction)으로 전개된다. 이런 식으로 엄청난 양의 미국 환경 문학과 환경 비평이 포용적 제스처를 해 보이지만 기실 비미국 지리학에 대해서는 여전히 기억상실 상태로 남아 있다. 비미국 지리학이란 미국이 거기 연루되어 있기는 하나 미국 지성계의 관심권 밖에 놓인 지리학이다. 흔히 생물지역주의 윤리에 수반하는 공간적 기억상실은 시간적 함의도 함께 지닌다. 우리는 전쟁의 유물을 통해서든 과도한 소비지상주의를 통해서든, 생물 지역 혹은 국가의 경계를 넘어 오랜 기간 동안 대참사를 초래하는 느린 폭력과 공모해왔는데, 역사 속에서 그 사실을 망각했다.

장소(place) 윤리에 대한 환경주의자들의 옹호가 '전치된(displaced)' 사람들에 대한 적대감으로 돌변하는 경우는 다반사다. 에드워드 애비의 멕시코 이민자 결사 반대, 메리 오스틴(Mary Austin)의 반유대주의, '이민자 제로(zero)'를 놓고 실시한 재앙과도 같은 시에라 클럽(Sierra Club)의 국민투표는 하나같이 미국인의 장소 윤리 환경주의에는 외국인 혐오증이 짙게 배어 있음을 똑똑히 보여준다.[18] 시에라 클럽을 염두에 두면서 리처드 로드리게스는 이렇게 지적했다. "공익 광고에서 울먹이는 인디언이 처음에는 환경의 액막이가 되었지만 나중에는 암울한 역사적 아이러니로서 멕시코와 중앙아메리카에서 북쪽으로 국경을 넘어 이민 오는 인디언 후예들에 반대하기 위한 상징으로 호출되었다."[19] 삶터에서 쫓겨난 이들을 향한 이런 식의 적대감은 때로 일종의 맬서스식 숭고함으로 기울기도 했다. 황야 복구 프로젝트를 위해서는 인간을 90퍼센트가량 줄여야 한다는 스나이더의 제안이 비근한 예다.[20] D. H. 로런스도 그와 비슷하게 자신의 시 〈퓨마(Mountain Lion)〉에서 이렇게 열변을 토함으로써 스스로 맬서스주의적 서부 황야 전통에 복무하기에 이른다. "그래도 '이 텅 빈 세상에(in this empty world)' 나와 한 마리 퓨마를 위한 공간은 있었던 것 같다. 우리는 '세상 저편에서(in the world beyond)'100만 아니 200만 명의 사람이 사라진다 해도 전혀 아쉬울 게 없고 눈 하나 깜짝하지 않을 텐데."²¹ 전형적으로 여기서 인간 도태는 "세상 저편에서" 살아가는, 없어도 되며 이름이 알려지지 않고 눈에 보이지도 않는 거주민들에서 시작된다. 황야를 찬미하는 자기본위적 남성 자아는 결코 도태의 대상이 아니다.

배제를 위한 장소 윤리는 주전론적(主戰論的) 초월주의에 빠지기 쉽다. 몬태나주를 기반으로 활동한 작가 릭 배스(Rick Bass)가 유타주 남부의 레드록(Red Rock: 콜로라도고원에 위치—옮긴이) 지역을 옹호하기 위해 쓴 에세이가 그 예다. 그는 이렇게 선언했다.

> 보호받지 않는 서부 황야는 우리나라의 최대 장점 가운데 하나다. 우리나라의 또 한 가지 장점은 우리의 상상력, 그리고 그저 수용하기보다 사고하는 경향성, 도전하는 경향성, 파괴하기보다 창조하는 경향성, "만약 ~한다면 어떻게 되는가?"와 "왜?"라고 묻는 경향성이다. 이러한 문제 제기는 많은 이들이 미국만의 고유한 특색이라고 말하는 일종의 야생성이자 장점이다. 왜 그 장점을 위험에 빠뜨리려 하는가? 유타주의 황야를 잃는 것은 우리의 영혼·정체성·상상력 가운데 가장 원초적이고 중요한 부분을 서부인과 모든 미국인에게서 빼앗아가는 일이다. ……당신이 잠들어 있을 때 사슴이나 사자가 훼손되지 않은 지역의 모래밭에 찍어놓은 발자국, 그게 바로 당신과 우리가 계속 다른 어떤 것이 아닌 미국인일 수 있도록 만들어주는 것이다.²²

미국인이 값진 보존주의적 대의를 중심으로 단결하도록 이끌기 위해, 배스는 스피박이 말한 이른바 "전략적 본질주의(strategic essentialism)"²³에 의존하고 있는지도 모른다. 좌우간 레드록 지역의 운명을 결정짓는 것은 미국 국민의 대변인들일 터다. 하지만 전략적인 것이든 다른 어떤 것이든 이러한 본질주의에는 대가가 따른다. 배스는 미국의 자연적 특징을 정치적으로 동요를 일으키는 정도로까지 자연적인 것으로 여기고 과장했다. 그렇다면 우리는 창의적 문제 제기가 "미국만의 고유한 특색"이라는 뉘앙스를 풍기는 그의 입장을 어떻게 바라봐야 하는가? 상당수 미국인이 자국의 외교 정책 대부분이 (특히 환경과 관련해) 파괴적 결과를 낳는 데 무관심하며 문제 제기도 하지 않는 사태가 만연함에 비추어 말이다. 배스의 입장은 다른 무엇보다 지리적 상상력의 실패에 근거를 두고 있다. 일종의 초강대국 편협주의다. 만약 프레임이 레드록 지역이라면 미국은 본질적으로 "파괴하기보다는 창조하기"를 추구하는 문제 제기자들의 나라로 보일 수도 있다. 하지만 에이전트 오렌지가 일으키는 건강 문제로 여전히 고통받는 100만 베트남인 혹은 걸프 셰브론, 텍사코, 프리포트 맥모란 같은 추출 산업 대기업들이 맹위를 떨치는 나이지리아·에콰도르·서파푸아 같은 나라에 사는 취약한 극소수 민족의 관점에서 보면, "파괴를 꺼리는 경향성"이 분명한 미국적 가치로 여겨지지 않을 수도 있다. 우리는 미국인이 된다는 게 환경적 의미에서 그 밖의 어떤 의미를 띠는지에 대한 알도 레오폴드의 정신이 번쩍 드는 다음과 같은 일침으로 배스의 편협한 생태민족주의(eco-nationalism)를 누그러뜨릴 필요가 있다. "내가 포드 자동차를 타고 조류 관찰에 나설 때, 나는 유전을 파괴하고 있는 꼴이고 내게 필요한 고무를 얻기 위해 선거에서 제국주의자를 다시 선출하고 있는 셈이다."[24]

더욱이 미국인이 순수한 상상력—"아무도 손대지 않은 나라(un-touched country)"를 추구하는 고상한 영혼—의 소유자라고 추켜세우는 배스의 입장은 수상쩍은 정착민 계보를 지닌 것이다. 이는 분명 미국 환경 운동의 지지 기반 다변화 노력을 방해해온 생각이다. 아프리카계 미국인이자 생태 운동가 제니퍼 올라디포(Jennifer Oladipo)가 말했다시피, "**환경주의자**(environmentalist)와 **소수자**(minority)라는 용어는 대다수 사람들 머릿속에 뚜렷하게 구분되는 두 가지 이미지를 떠오르게 한다. ……종교·자본주의·군국주의는 인종적 스펙트럼 전반에 적극적으로 영향을 끼치는 방법을 오래전에 터득했으며, 그 결과 소수자 집단은 설득해 제 편으로 끌어들이고 환경주의는 나 몰라라 했다".[25] "아무도 손대지 않은 나라"라는 광고는 미국의 환경 운동이 다양성 측면에서 미국의 군사적 성취에 필적해지게끔 도움을 주는 것 같지 않다.

북미 최초 원주민의 관점에서 볼 때, 백인의 이상향인 "아무도 손대지 않은 나라"는 탈취와 문화 말소의 원천이었다. 그것은 대표적으로 요세미티를 "순수한 황야"로 재창출하려는 노력의 일환으로서 아와니치(Ahwahneechee) 부족을 그 지역에서 내쫓는 데 기여했다.[26] 따라서 "모래 위에 새겨진 사슴 혹은 사자의 자국(print)"을 시간과 무관한 미국적 영성의 상징으로 들먹이는 것은 미국 서부에 새겨진 내부 식민주의의 역사적 자취(imprint)—가장 극적인 것이 인디언 전쟁(Indian wars: 18~19세기에 백인 이민자와 인디언 사이에 벌어진 일련의 전쟁—옮긴이)의 자취다—와는 어쩐지 아귀가 잘 맞지 않는다.

동성애 소수자 작가 리처드 로드리게스와 멜빈 딕슨(Melvin Dixon)처럼 자연의 나라의 "자연적이지 않은" 주변부로 밀려난 이들에게 황야 체험은 [순수한(pure) 것과 정반대인] 불길하게 순수화한(purified) 것으로 보일 수 있다. 로드리게스는 "진짜 서부(True West)"라는 아이러니한 제목의 에세이에서 다음과 같이 기술한다. 그는 하이킹에 나서서 오솔길로 접어든 지 3분 만에 풀숲에서 부스럭거리는 소리를 듣는다. 그런데 순간 초월적인 고양감과 행복감을 느끼기는커녕 "백설 공주와 일곱 민병대(Snow White and the seven militias: '백설 공주와 일곱 난쟁이'에 빗댄 언어유희—옮긴이)"[27]가 매복해 있다가 기습 공격을 해오는 것은 아닌가 하는 두려움에 사로잡힌다. 시인이자 평론가 딕슨은 《황야 잘 견디기(Ride out the Wilderness)》에서 아프리카계 미국인에게 황야가 어떻게 추방자의 고통을 연상시키는지 연대기적으로 서술했다. 그들에게 황야는 구원의 힘을 지닌 고요의 장소라기보다 악몽 같은 역사와 축출의 장소였다.[28] 인종, 젠더, 그리고 "기억의 장(fields)" 같은 주제에 대해 시인이자 에세이스트 카밀 던지(Camille Dungy)는 이렇게 말했다.

> 만약 고향이 기억이라면 나는 희망과는 거리가 멀다. 나는 벗어났고 달리고 있다. 내가 들었던 말을 기억해야 한다. 나는 흑인이고 여자다. 내게 즐거움을 안겨주는 곳은 없다. 이런 기억들 없이 어떻게 대지와 그 안의 내 장소에 대해 시를 쓸 수 있겠는가? 발뒤꿈치를 따라 달려오는 사냥개를 피해 달아나던 기억, 린치당해 목 매달린 이의 무게를 버거워하는 포플러나무의 흐느낌, 소유하기 위한 것이 아니라 일하기 위한 것으로서의 땅에 대한 기억…….[29]

에드 로버슨(Ed Roberson: 1939~. 미국 시인—옮긴이)은 비슷한 악몽을 "미국의 나무들은 안에 밧줄이 들어 있다"[30]고 직설적으로 표현했다.

이 모든 것을 통해 내가 말하고자 하는 것은 장소 윤리적 환경주의를 고려하지 말고 제쳐두자는 게 아니다. 황야와 관련해 기억상실적 찬미(고양된 상상의 산물로 위장하고 있기는 하나 결국 상상의 실패를 특징으로 한다), 인간 혐오, 맹목적 애국주의, 외국인 혐오, 인종적 편협성, 권리를 부여받은 젠더 등을 다채롭게 드러내는 특정 계보를 가시화하자는 것이다. 분명 장소에 대한 애착이 만들어내는 정서적 힘은 환경과 관련한 세력을 동원하는 데서 더없이 소중한 자원이다. 하지만 그렇게 말할 수 있으려면 장소 애착이 그 자체로는 어떤 정치학도 소유하고 있지 않음을 인식할 필요가 있다. 장소 애착은 보수적이고 편견에 가득 찬 환경 윤리를 초래할 수도, 반대로 진보적이고 포괄적인 환경 윤리를 낳을 수도 있다.

우리의 지적 과제는 어떻게 하면 이른바 생태편협주의(eco-parochialism)에 빠지지 않으면서 생물지역주의의 장점을 살릴 수 있는가 하는 것이다. 이 대목에서 우리는 영국 환경주의자 리처드 메이비(Richard Mabey)가 촉구한 좀더 단단하고 덜 배타적인 환경 윤리를 눈여겨보아야 한다. 메이비가 쓴 바와 같이 "원주민과 이방인 간의 차이가 점차 희미해지고 있는 세계에서 우리에게 주어진 과제는 고립적이고 내향적이지 않으면서도 뚜렷하게 구분되는 지역색을 발견하는 것이다".[31] 하지만 원주민과 이방인의 구분이 모호해지는 데 반응함에 있어 우리는 그간 흔히 뿌리내림(着根)을 자연스러운 것으로 보고, 다르게 생기거나 다르게 말한다고 여겨지는 이들을 낯선 자로 낙인찍는 방어적 경향을 보여왔다. 정확히 이런 유의 방어성 탓에 폴 길로이(Paul Gilroy)는 영국 상황에서 레이먼드 윌리엄스가 주창한 장소 윤리의 인종차별적 영향에 대해 문제를 제기하기에 이른다.

윌리엄스(그의 책 《시골과 도시(The Country and the City)》는 영향력 있는 생태비평주의의 선도적 저서로 자리 잡았다)는 그가 말한 이른바 "뿌리내린 정착(rooted settlements)" 혹은 "자연스러운 공동체(natural communities)"를 옹호했다. "자연스러운 공동체"란 일하고 살아가고 자리 잡은 사회적 정체성이 세계 자본주의의 변위(dislocation, 變位) 효과와 국가적 정체성의 추상화에 맞설 수 있는 닻을 제공해주는 공동체다.[32] 하지만 윌리엄스의 "자연스러운 공동체" 옹호는 때로 자본주의의 변위 효과뿐 아니라 변위당한 사람 자체에 대한 의심까지 수반하기도 한다. 이 점은 그가 영국의 시골 공동체가 "가장 최근에 이루어진, 좀더 눈에 띄게 달라 보이는 이들의 이주"[33]에 저항하는 활동에 공감한 데서 확인할 수 있다. 윌리엄스가 주장했다. "이 새로운 이주자들이 당신과 같은 영국인이라고 말하는 것만으로는 충분치 않았다. 왜냐하면 그것은 그저 영국인이 된다는 것에 대한 법적 정의(定義)만 들먹이는 꼴이기 때문이다. ……사회적 정체성을 제대로 인식하려면 실질적이고 지속 가능한 사회관계를 들여다보아야 한다. 사회적 정체성을 공식적 정의로 환원하는 것은 …… '국가'의 피상성과 결탁하는 것이다."[34] 좀더 세계시민주의적이고 탈식민주의적인 관점에서 글을 쓴 길로이는 그 같은 감상에 대해 경고의 목소리를 냈다. 그의 지적에 따르면 "자연스러운 공동체"에 관한 윌리엄스의 시각은 소수 집단 이민자와 영국에서 태어난 그 후손들이 스스로가 생래적 외국인(innate foreigners)으로서 고정 배역을 맡고 있으며 이류 시민 취급을 받는다는 사실을 깨닫게 될 것임을 의미했다.[35] 혹자는 이렇게 물을 수도 있겠다. "눈에 띄게 달라 보이는(visibly different) 이들"이 국가 공동체의 "자연스러운(natural)" 구성원으로 승격되기까지 얼마나 많은 세대가 걸릴까?

이러한 변화의 조건은 여전히 걸음마 수준인 환경 문학에 적절한 세계적 차원을 부여하는 프로젝트와 직결되어 있다.[36] 윌리엄스의 언급이 시사하는 바에 대해 길로이가 느낀 불편함은, 바람직한 장소 윤리를 위해 상상적으로든 정치적으로든 잡종성, 전치, 초국가적 기억과 관련한 경험을 되살릴 필요가 있음을 분명하게 일깨워준다. 탈식민주의는 제퍼슨 유의 토지재분론과 황야를 주축으로 하는 주도적 패러다임에서 벗어나 우리의 사고를 다변화하는 데 도움을 줄 수 있다. 생태비평을 내가 말한 이른바 "초국가적 장소 윤리"에 더욱 부합하도록 만드는 방식을 통해서다.

이제부터는 두 번째 의견 충돌을 통해 초국가적 장소 윤리를 살펴보고자 한다. 이번에는 2명의 평론가가 아니라 2명의 작가다. 이 윤리가 중요한 것은 참여의 조건 때문이기도 하지만, 초국가적 탈식민주의 작가로서의 깊이를 지닌 미국 지역 기반 작가가 희소하기 때문이기도 하다. 인디애나주 남부를 기반으로 하는 다작 에세이스트 스콧 러셀 샌더스는 미국 역사에 아로새겨진 전치의 상처들, 즉 노예 무역, 인디언 전쟁, 가난한 시골 거주민을 가족이 살던 터전에서 무자비하게 쫓아낸 개발업자들의 탐욕 따위가 빚어낸 상처들에 대해 부지런히 글을 써왔다. 알도 레오폴드나 웬들 베리와 궤를 같이하는 샌더스는 미국의 '계속 움직이기(moving on)' 전통이 생태계·정신세계·공동체에 안겨준 피해를 추적했다. 그는 '계속 움직이기'에서 '있던 자리에 그대로 있기(staying put)'로의 방향 전환을 꾀했다. 그리고 같은 제목의 에세이에서 환경·심리·공동체에 가하는 비용을 고려하지 않은 채 세계시민주의적 전치를 찬양했다는 이유로 살만 루슈디를 거세게 비판했다.[37] 그는 특히 루슈디가 언급한 두 가지를 문제 삼았다. "이주자가 되는 것이 아마도 민족주의(그의 못생긴 자매인 '애국주의'는 말할 것도 없고)라는 족쇄에서 벗어난 인간종이 되는 유일한 방편일 것이다"라는 주장이 하나요, 다음에서 보는 이주자의 잡종성에 대한 찬양이 나머지 하나다.

대량 이주는 완전히 새로운 유형의 인간을 창조했다. 장소보다는 사상에 기초하며 물질적인 것뿐 아니라 기억에 기반을 둔 인간, 남들이 다르다고 규정하므로 스스로를 다르다고 규정하지 않을 수 없는 인간, 자신의 자아 깊은 곳에서 과거의 자신과 현재의 자신이 있는 곳 간의 전례 없는 통합, 기이한 융합을 경험하는 인간 말이다.[38]

샌더스는 꽤나 온당하게 이렇게 질문했다. 이주자들이 진정으로 광신적 애국주의의 편견이라는 족쇄에서 벗어날 수 있느냐고 말이다. 이동이 잦은 사람들은 '있던 자리에 그대로 있는' 사람들만큼이나 편협해질 수 있다는 지적이다. 하지만 샌더스는 한 곳에 뿌리내리기를 거부하는 사람들을 얕잡아봄으로써 결국에 가서는 주장의 근거가 빈약해졌다.

내가 샌더스의 주장에도 루슈디의 주장에도 공감한 것은 두 작가가 겪은 사회적 소외가 완전히 상반된 형태라는 사실에서 비롯되었다. 나는 샌더스를 "지역 기반 작가(regional writer)"라고 묘사했다. 이는 누군가에게는 자랑거리일 것이다. 하지만 다른 한편 경멸의 근거가 되기도 한다. 영어를 사용하는 런던-뉴욕-로스앤젤레스 문화 연합을 통해 중대 결정을 내리는 이들, 즉 미국의 동부와 서부 연안에 거주하는 이들, 그리고 대서양 양안에 거주하는 이들의 감수성에 비추어볼 때 그렇다. 만약 당신이 지역에 기반을 두고 있다면—그리고 특히 중서부의 '플라이오버 존(flyover zone: 미국의 동부와 서부 사람들이 중부를 비하해 이르는 말이다. 동·서부를 가로질러 비행할 때마다 내려다볼 수 있는 지역이라는 의미—옮긴이)' 소속이라면—당신은 태생적으로 마이너리그에 속한 구제 불능의 지방 출신자다. 시골 지역에 자리 잡았음에도 불구하고 역설적으로 장소

를 차지할 수 없는 존재인 것이다.[39]

그런 관점에서 볼 때, 루슈디가 옹호한 이민자의 잡종성은 샌더스 같은 작가가 보기에 정이 안 가는 세계시민주의 세력의 지지를 받는 듯 보였음에 틀림없다. 하지만 부커상을 수상하기 전에 루슈디는 계급적 이점을 지니고는 있었으나 그 역시 인종적 장애를 심하게 겪은 이주자였다. 그는 폴 길로이와 같은 세대에 속해 있었다. 둘 다 영국 국회의원 이닉 파월(Enoch Powell: 1912~1998. 영국의 정치가. 보수당인 얼스터연합주의자당(Ulster Unionist Party, UUP)의 국회의원이었고, 1960~1963년 보건장관을 지냈다—옮긴이)의 "피의 강(rivers of blood) 연설"(1968년 4월 20일 영국 버밍엄 보수정치센터 회의에서 발표한 것으로, 대중 이민, 특히 영국에 대한 연방 이민 및 인종 관계 법안을 강력 비판했다—옮긴이) 사운드트랙을 들으면서 성인이 되었다. 영국에 동화하기 어려운 이민자를 "부상하는 위험"으로 여기며 그에 반대하는 저주 섞인 연설이었다. 길로이처럼 루슈디도 대처 집권이라는 적대적 환경에서 소수 집단 출신의 공적 지식인으로 활동했다. 그 기간 동안 소수 집단 출신 작가 혹은 지식인이 모험 삼아 장소에 기반한 전원적인 영국의 정체성—즉 땅에 가깝게 '있던 자리에 그대로 있기'—을 표방했다면, 그는 대도시 런던에서보다 훨씬 더 극심한 소외와 차별을 겪었을 것이다.[40]

샌더스는 공명정대하려고 애썼으나, 그의 토지 윤리가 드러내는 편협성이 거듭 수면 위로 떠올랐다. 그는 (순전히 추측이지만) 존 베리먼(John Berryman)의 자살을 추적하는 과정에서 그의 "뿌리 없음의 도그마(dogma of rootlessness)"[41]를 만났다. 샌더스는 자신에게 유리하게끔 계급 차별적 용어를 동원해가며 "부랑자 생활"과 "부평초 같은 사람들"을 비판했다. '있던 자리에 그대로 있기'라는 좀더 고차원적 윤리를 설명함에 있어 그는 도시에서 (특히 땅 없는 세입자들이) 장소에 연연할 가능성에 대해서는 관심을 기울이지 않았다. 미국 환경 저술의 정본으로 확고하게 자리 잡은 계보를 특징짓는 방향 전환, 즉 '계속 움직이기'로부터 '있던 자리에 그대로 있기'로의 방향 전환에서, 샌더스는 한편으로 '살던 터전에서 내쫓김(deracination)', 다른 한편으로 시민적이고 윤리적이고 영적이고 환경적인 존재의 가난과 직무 유기를 분명하게 구분했다. 그는 "땅이 없다는 것은 재산이 부족한 게 아니라 책임감이 부족한 것이다"[42]라고 주장했다. "그리고 오직 너무 크게 보이고 너무 밝게 빛나는 이동성이라는 금송아지를 우연히 만나보고 난 뒤에야 나는 비로소 그것이 공허함을 깨달았다. 모든 우상이 그러하듯 이동성은 우리의 신경을 빼앗아 우리로 하여금 진정한 신성을 보지 못하도록 만든다."[43] 전치가 다시 한 번 장소에 기반한(실제로는 장소 의존적인) 환경적 초월주의에 패배한 것처럼, 잡종성과 이동성도 생태학의 대장(register, 臺帳)에서 적자 쪽으로 넘어갔다.

탈식민주의 목가와 환경 이중의식

초국가적 장소 윤리는 우리가 식민지 시대와 탈식민지 시대의 뿌리 뽑기(uprootings) 아래 깔린 폭력을 강력한 목가(pastoral: 전원시의 한 장르―옮긴이) 전통에 통합하도록 도와준다. 영국의 목가는 창작의 한 가지 전통으로서 오랫동안 일국에 한정되었고 불안으로 가득 차 있었다. 영국 목가의 중심에는 노동도 폭력도 끼어들지 않는 전원적 정원으로서 국가 개념이 자리하고 있다.[44] 영국의 목가는 대대로 전해지는 자기 완결적 국가 풍경을 표방하기 위해 식민지 시대의 공간과 역사를 차단하는 데 의존해왔다. 마치 미국의 황야 이상이 탈취로 얼룩진 인디언 전쟁에 대한 기억상실을 바탕으로 하고 있었던 것처럼 말이다.[45]

하지만 식민지 시대의 공간에 대한 기억이 목가주의에 끼어들어 국가의 자기 정의(self-definition)와 자기만족연(然)하기를 훼방 놓는다면 무슨 일이 벌어질까? 그 결과로 모종의 저술이 등장했다. 내가 말한 이른바 탈식민주의 목가(postcolonial pastoral)다. 이는 식민지에서의 환경과 문화 파괴에 대한 기억을 들추어냄으로써 이상화한 현실을 비틀어보는 글쓰기다.[46] 탈식민주의 목가는 말하자면 일종의 환경 이중의식으로 간주할 수 있다.

그와 같은 과정이 작동하고 있음을 우리는 나이폴의 자전적 소설《도착의 수수께끼(Enigma of Arrival)》에서 볼 수 있다. 이는 윌트셔(Wiltshire)에 있는 영지(領地) 대저택에서의 삶을 담아낸 작품이다. 윌트셔는 토머스 하디가 살던 곳이자 영국 목가의 심장부다.[47] 나이폴은 자신의 소설 속에서, 윌리엄 컨스터블(William Constable), 존 러스킨(John Ruskin), 올리버 골드스미스(Oliver Goldsmith), 토머스 그레이(Thomas Gray), 윌리엄 워즈워스(William Wordsworth), 윌리엄 코버트(William Cobbert), 리처드 제프리스(Richard Jeffries), 토머스 하디를 언급하면서 자의식적으로 영국 목가의 창작 계보에 제 자신을 끼워 넣었다. 이 과정에서 나이폴은 수세기에 걸친 영국의 "엔클로저 정원(hortus conclusus: 폐쇄적 정원—옮긴이)" 전통에 관심을 기울이게 되었다.

하지만 나이폴의 관점은 뿌리 뽑힌 이민자의 그것이었다. 그가 바라보는 영국은 결코 완전히 자기 폐쇄적일 수 없었다. 다시 말해, 그의 목가 경험은 순전히 영국적인 프레임이 요청하는 역사적·공간적 기억상실에 의해 한정 지어질 수 없었다. 대신 그는 탈식민주의 목가라는 이중의식을 통해 "엔클로저 정원"을 초국가적·식민지적 환경 및 기억과 분리할 수 없는 것으로 경험했다. 그가 월트셔에서 살았던 대저택 정원의 대척점에 놓인 것은 그의 조부모가 인도로부터 고용 계약된 채 일한 트리니다드(Trinidad: 서인도제도 최남단 섬―옮긴이) 사탕수수 플랜테이션 농장이었다. 따라서 나이폴은 탈식민주의 목가라는 이중적 프리즘을 통해 제가 처한 환경을 바라보았다. 그는 전원적 영국의 부유함과 평화로움 뒤에 드리운 디스토피아적이고 고통스러운 그림자 정원을 떠올렸다. 그 전원적 삶을 가능하도록 만드는 데 기여한 대서양 건너편 연안의 플랜테이션 농장 말이다.

이런 배경 아래 우리는 리처드 드레이튼(Richard Drayton)의 《자연의 정부(Nature's Government)》를 부분적으로 초국가적 그림자 정원을 그린 지도로서 접근할 수 있다. 표면적으로는 큐(Kew)에 있는 왕립식물원(Royal Botanical Gardens)의 역사를 다룬 그 책에서 드레이튼은 "자연과학이 어떻게 해서 대내적으로는 엔클로저(enclosure)를, 대외적으로는 확장(expansion)을 요구한 '개선' 이데올로기에 포함되었는지"[48] 살펴본다. 드레이튼이 보기에 큐는 자기 폐쇄적인 영국의 공간이 아니다. 세인트빈센트[St. Vincent: 서인도제도 동남부 윈드워드(Windward)제도 남부의 영국령 섬―옮긴이]에서 남아프리카공화국, 실론(인도양에 있는 스리랑카공화국을 이루는 섬―옮긴이), 오스트레일리아 등에 걸친 빼어난 제국주의 정원 네트워크의 일부다. 얽히고설킨 세계적 식물학 지식의 발달뿐 아니라 경제적 권력, 정치적 방침, 제국주의적 행정과도 연관된 장소 말이다.

환경주의를 서구의 사치품으로 간주하는 시각이 더 이상 유효하지 않다면, 환경 이슈를 탈식민주의 문학에 (그 반대도 마찬가지로, 탈식민주의 문학 이슈를 환경주의에) 통합할 수 있는 가장 좋은 방법은 무엇일까? 자메이카 킨케이드의 작품은 그 같은 관계 회복을 허락할 가능성을 찾아내려 애쓰는 풍부한 예다. 카리브해 연안 지역 출신의 미국인 탈식민주의 작가 킨케이드는 수년 동안 〈뉴요커〉에 적을 둔 칼럼니스트로 일했다. 그녀는 아마 전무후무한 〈뉴요커〉의 반식민주의 가드닝 칼럼니스트일 것이다. 킨케이드는 가드닝뿐 아니라 루핀꽃(lupines)과 식민지 역사에도 열정을 쏟았다. 그녀가 쓴 비문학 상당수는 다음의 간결한 질문을 핵심적으로 다루었다. "가드닝과 정복의 관계는 어떤 것인가?"[49]

영국인이 범법자인 킨케이드의 조상을 앤티가섬으로 실어 날랐음을 고려할 때, 그녀 자신이 바로 그 관계를 보여주는 예였다. 하지만 식민지 선박은 앤티가섬에 사람뿐 아니라 이국적인 식물과 동물도 함께 들여왔고, 그 생명체들은 그때 이후 그 섬 전역에 널리 퍼져나갔다. 따라서 킨케이드가 앤티가섬의 환경적 생존에 기울인 관심은 그녀가 전치에 대한 조상의 기억에 기울인 관심과 동전의 양면이었다. 그녀가 선 자리에서 보면 식물학과 노예제의 역사를 구분하는 것은 더없이 부자연스러웠다. 그 점은 킨케이드가 쓴 에세이 "제국의 꽃(The Flowers of Empire)"에 잘 드러나 있다. 식물을 보고 황홀감을 느낀 순간, 식민지 시대의 기억이 불현듯 그녀를 덮친 경험에 대한 글이다.

어느 날 나는 런던에 있는 큐 왕립수목원의 유리온실 구역을 걸어가고 있었다. 그러다가 내가 그때까지 본 것 가운데 가장 아름다운 접시꽃(hollyhock)을 우연히 발견했다. 접시꽃은 내가 가장 좋아하는 꽃들 가운데 하나지만, 그렇게 생긴 종은 전에 한 번도 본 일이 없었다. 그 꽃에서 특징적으로 볼 수 있는 가장자리가 너울거리는 커다란 꽃잎이 달려 있었으며, 너무나 아름다운 노란색, 선명한 노란색이었다. 그 노란색은 막 태어난 것처럼 가냘프기 짝이 없었다. 마치 "노랑" 꽃으로서 역사를 막 시작한 것 같았다. 내 존재 전체가 커다란 충격에 휩싸인 것은 그 꽃의 종명이 쓰인 표지판을 보았을 때다. 그 꽃은 접시꽃이 아니라 멕시코목화(gossypium)였다. 흔히 볼 수 있는 목화꽃이었던 것이다. 모든 목화꽃은 그 자체로는 아무에게도 적의를 드러내 보이지 않는 완벽한 존재다. 하지만 그것은 내 조상들을 노예화하는 데서 고통스럽고 악의적인 역할을 담당했다.[50]

나이폴의 《도착의 수수께끼》에서처럼 여기서도 자연을 향한 킨케이드의 열정은 그녀의 탈식민주의적 이중의식 때문에 꽤나 복잡해진다.

우리는 킨케이드의 저술을 존 엘더의 주장, 즉 생물지역주의는 세계시민주의보다 더 책임감 있는 교육 모델이라는 주장에 반대하는 것으로 읽을 수 있다. 왜냐하면 킨케이드는 그의 주장이 틀렸음을 입증했기 때문이다. 앤티가섬과 관광 산업에 대한 논쟁을 담은 그녀의 비문학 《작은 장소(A Small Place)》는 생물지역주의적 접근법을 취한 것으로 볼 수 있다. 이 작은 섬의 자연적 경계선을 그 책의 출발점으로 삼았기 때문이다. 하지만 킨케이드가 서 있던, 지식이 시작되었음이 분명한 그 작은 장소에는 지역적 요소와 초국가적 요소가 복잡하게 뒤엉켜 있다.[51] 장소(place)는 전치(displacement)다. 왜냐하면 영국인 식민지 지배자들이 토착 거주민을 대대적으로 살해하고, 배로 실어온 노예들로 그 자리를 대신했기 때문이다. 그 과정에서 식민지 지배자들은 한때 나무가 울창하던 섬을 사막으로 바꿔놓았다. 노예 노동을 통해 사탕수수나 면화 같은 상업 작물을 기르기 위해 숲을 개간했던 것이다.[52] 이처럼 노예 시대에 환경이 악화한 결과, 그 섬은 물을 보유할 수 있는 자체적 능력을 잃어버렸고, 오늘날까지도 물을 수입하지 않을 수 없게 되었다.

식민지 지대가 초래한 이 같은 가뭄은 앤티가섬이 점점 더 관광 산업에 의존하도록 만들었다. 이로써 아이러니하게도 오랜 강제 노동과 폭력의 역사를 특징으로 하는 장소가 유럽인이나 미국인이 순수한 자연을 경험할 수 있는 에덴동산 같은 휴양지, 노동과 시간을 잊은 천국으로 재정립되었다. 따라서 우리는《작은 장소》를, 킨케이드가 이 에덴동산에 초국가적 장소 윤리를 되살려놓고자 하는 노력의 결실로 이해할 수 있다. 이렇게 킨케이드는 우리로 하여금 앤티가섬을—나이폴의 트리니다드섬과 마찬가지로—그림자 섬(shadow island)으로 바라볼 수 있도록 안내한다. 그림자 섬은 가령 포스터(E. M. Forster)의《하워즈 엔드(Howards End)》에서 분명하게 드러나는, 회생적이고 자기만족적인 잉글랜드 목가의 공간적 기억상실을 바로잡아주는 개념이다.[53]

잉글랜드와 식민지 시대의 자연을 다룬 킨케이드의 에세이 "낯선 땅(Alien Soil)"은 그녀 자신이 처한 이율배반적 위상을 포착해낸다. 잉글랜드에서 그녀는 낯선 땅에 서 있다. 사람들 모두가 토착민이 아니고 식물 중 거의 대부분이 재래종이 아닌 앤티가섬에서 대지는 그녀가 겪은 소외의 역사적 근거였다. 킨케이드는 "나는 자라는 것들과 끔찍한 역사적 관계를 맺고 있는 민족 출신"[54]이라고 말했다. 하지만 그런 관계에도 불구하고 킨케이드는 식물학과 가드닝에 대해 지속적으로 엄청난 열정을 유지했다. 그녀는 그 열정을 정복을 통한 영국적 유산의 일부로 인식했다.[55] 그러나 식물에 대한 자신의 열정을 식민지 시대의 역사라는 프리즘을 통해 비틀어보아야 한다고 주장함으로써 그 유산에 맞섰다.

이는《옥스퍼드 정원 안내서(Oxford Companion to Gardens)》에 실린

조지 클리퍼드(George Clifford) 관련 내용을 접한 후 그녀가 보인 반응에 잘 드러나 있다. 조지 클리퍼드는 세계 전역에서 수집한 식물들로 가득한 어마어마하게 큰 유리온실을 지은 18세기의 영국-네덜란드계 은행가다. 그 유리온실은 결국 린네(Carl von Linnaeus: 스웨덴 식물학자로 생물분류학의 기초를 다지는 데 결정적 기여를 했으며 '식물학의 시조'로 불린다—옮긴이)에게 없어서는 안 되는 소중한 것으로 드러났다. 린네가 그에 힘입어 "마치 아담처럼 현대의 식물 학술 명명법을 창조"[56]했으니 말이다. 킨케이드는 이렇게 말했다.

클리퍼드의 유리온실에 있는 식물들이 그에게 가닿을 수 있었던 것은 오직 (이하 인용 부호 안의 내용은 내가 《옥스퍼드 정원 안내서》에서 가져온 내용임) "네덜란드나 대영제국 같은 해양 대국에 의해 발전하고 있는 세계 무역의 영향"을 통해서였다. 이 이례적인 역사적 사건의 표현법—"발전하고 있는 무역"—은 발전하고 있는 무역의 속성은 배제하고 있다. 사람들 그리고 그 사람들이 소유한 물건, 식물, 동물 등등을 상대로 한 무역은 계속해서 나를 놀라게 했다. 나는 유리온실을 신경 쓰지 않는다. 식물원도 신경 쓰지 않는다. 이는 내 편에서 볼 때 그리 대단한 제스처가 아니다. 대체로 패배의 인정이다. 신경 써봐야 아무 소용이 없는 것이다. 나는 그에 대해 어떤 식으로도 무슨 일조차 할 수 없다. 내가 신경 쓰는 것이라곤 다음의 사실에 대한 인식이 부재한 현실뿐이다. 즉 우리 앞에 있는 모든 좋은 것들이 다른 누군가에게는 큰 대가를 치른 결과일지도 모른다는 사실 말이다.[57]

여기서 볼 수 있는 고뇌에 찬 킨케이드의 성찰은 발터 벤야민의 주장, 즉 "모든 문명에 관한 기록은 동시에 야만에 관한 기록이기도 하다"[58]의 환경 버전으로 읽을 수 있다.

목가와 황야 신화의 문화적 힘을 고려할 때, 어떤 유의 미학적 행동주의가 그 관점 속에 '폭력(이라는 범주)'을 다시 끼워 넣을 수 있는가? 그와 관련해 특히 강력한 예는 당대의 아프리카계 미국인 화가 키스 모리스 워싱턴(Keith Morris Washington)의 작업 속에 구체화된 접근법이다. 워싱턴이 그린 벽화 크기의 유화 연작 〈우리의 문 안에서: 미국 풍경 속의 인간 제물(Within Our Gates: Human Sacrifice in the American Landscape)〉은 부분적으로는 1995년의 오클라호마 폭탄 테러(Oklahoma bombing: 오클라호마주 오클라호마시티 연방 정부 청사에서 일어난 폭탄 테러. 9·11 이전에 미국에서 일어난 가장 심각한 테러로 수많은 사상자가 발생했다—옮긴이)에 대한 반응의 영향을 받았다. 미국 언론에서는 그 사건에 대해 미국 영토에서 이루어지는 "국내 테러리즘의 출현"[59]이라는 반응을 보였다. 워싱턴은 국내 테러리즘—특히 시대적으로 티머시 맥베이(Timothy McVeigh: 그 오클라호마 폭탄 테러의 주범—옮긴이)에 훨씬 앞서는 아프리카계 미국인과 아메리카 원주민에게 가해진 국내 테러리즘—의 역사를 증언할 수 있는 방안을 고안하고자 고심했다. 〈우리의 문 안에서〉의 풍경 그림들은 저마다 상이한 린치 장소를 다룬다. 그림에 담긴 장소에서는 밧줄도 폭도 무리도 매달리거나 사지가 절단된 피해자도 보이지 않는다. 워싱턴이 화폭에 담은, 나무가 늘어선 시골이나 교외의 풍경들 속에는 사람이 없다. 하지만 그는 전원적 풍경을 담은 각각의 그림 아래에 린치당한 피해자와 장소의 이름을 써넣었다. 날짜는 적혀 있지 않은데, 이는 폭력은 심각하지만 미완의 구체성 속에서 계속되며 결말이 열려 있다는 인상을 풍긴다. 그림은 불가사의하게 정지된 것처럼 느껴진다. 이는 목가적 관습, 국가적 기억상실, 그리고 시간과 식생과

그림 4 　제임스 샌더스(James Sanders): 미시시피주 볼턴(Bolton)의 길가 들판. 2001년 키스 모리스 워 싱턴이 그린 유화. 화가와 사진작가의 허락을 받아 재게재했다. [힌즈 카운티(Hinds County)에 사는 백인 소녀에게 외설적이고 모욕적인 편지를 보냈다는 이유로 25세의 흑인 남성 제임스 샌더스가 무장한 시민 무 리가 마구 발사한 총에 맞아 숨졌다—옮긴이.]

'지대 개편(rezoning)'의 도움에 힘입어 순화된 국내 테러리즘이다. 이 그림들에서 기이할 정도로 평범한 나무들은 '이상한 과일(strange fruit: 린치당한 뒤 나무에 목이 매달린 피해자를 의미한다. 빌리 홀리데이(Billie Holiday)가 1939년 발표한 곡의 제목이기도 한데, 이는 미국의 인종주의와 주로 남부에서 발생한 흑인 대상의 린치를 고발한 노래로 미국 저항 가요의 상징이 되었다—옮긴이)'이 달 려 있던 과거에 대한 기억상실의 결과다.

환경주의자들은 때로 "유령 서식지(ghost habitats)"에 대해 언급하곤 한다. 풍경 속에서 한때 막강했던 존재의 생태 그림자인 "유령 서식지" 는 그것이 아니라면 완전히 사라져버렸을지도 모를 것을 그를 토대로 재건할 수 있는 자취다.[60] 이 용어를 워싱턴의 회화에 적용해보는 것 도 무리는 아니다. 그의 유령 서식지에 어려 있는 것은 잊히지 않는 이 중적 폭력의 악몽이다. 린치 사건이라는 애초의 폭력, 그리고 그 위에 포개진 망각이라는 조용하고 점진적인 폭력, 그의 미술 작품은 거기에 맞서고자 하는 시도다.

워싱턴은 자연주의적 풍경화의 관례를 따랐지만 거기에 비틀기를 가미했다. 그의 몇몇 회화 작품에서는 전면에 아지랑이처럼 구불구불한 터치가 일렁인다. 마치 펄펄 끓는 여름날 도로에서 피어나는 반사열을 과장되게 표현한 것 같다. 또 다른 회화 작품들에서는 풍경 안에 중첩된 사각형 상자들이 원근법을 어지럽히고 있다. 이것이 드러내는 효과가 바로 이중의식의 표현이다. 작품의 평화로움은 그와 동시에 사회나 자연과 폭력적으로 복잡하게 얽힌 현재 역사를 폭발적으로 드러낸다. 나이폴과 킨케이드를 읽고 나서 워싱턴의 회화를 감상하면 탈식민주의 목가와 아프리카-아메리카 목가의 이중의식을 통해 즉각적인 전원적 고요 뒤에 국내 테러리즘이 깔려 있음을 알아차릴 수 있다.[61]

탈식민주의의 의혹, 생태 비평의 뒤늦은 변신

나는 지금까지 탈식민주의 문학 연구와 환경주의 문학 연구 간의 몇 가지 개념적 차이를 개괄했다. 하지만 우리는 그 둘이 역사적으로 대등하게 발전했다는 사실을 이해할 필요가 있다. 그 발전의 역사는 부분적으로는 대학에 국한하지만, 부분적으로는 미국 사회와 더 넓은 세계에서 환경주의가 어떤 의미를 지니는지에 대한 폭넓은 의견 충돌과 관련이 있다. 여기에는 1970년대에 환경 운동이 미국에서 싹트기 시작했음에도 왜 환경주의 문학 연구를 재편하는 데서는 굼떴는지 규명한 우르술라 하이즈의 통찰력이 특히 유용하다.[62] 하이즈는 시민

권 운동, 페미니즘, 동성애자 권리 운동, 치카노/치카나 운동(Chicano/
Chicana movement: 치카노는 멕시코계 미국인으로 특정 정치의식을 가지고 정체성
을 공유하는 이들을 일컫는 표현이다. 여성은 따로 치카나라고 부른다—옮긴이) 등이
어떻게 문학 연구를 재정립하는 데 좀더 즉각적이고 강력한 영향을 미
치게 되었는지 설명했다. 반면 환경 운동은 1970년대 말과 1980년대
에 부상한 이론적·교수법적 분위기와는 잘 들어맞지 않았던 것 같다.
(1970년대 말과 1980년대는 다문화적 정체성을 표방한 정책들이 문학 분야를 변화시
키고 있었으며, 후기 구조주의(poststructuralism)의 부상을 통해 총체적 사고에 대한
의혹이 널리 만연하던 시대다.) 이는 중요한 통찰이다. 하지만 환경주의 연
구와 탈식민주의 연구 간에 오랫동안 이어진 서로에 대한 무관심이 무
엇 때문인지 이해하려면 다음의 사실에 주목할 필요가 있다. 탈식민
주의 연구, 즉 반제국주의 연구—에드워드 사이드, 폴 길로이, 헤이즐
카비(Hazel Carby), 앤 맥클린톡, 메리 루이즈 프랫, 스튜어트 홀(Stuart
Hall), 가우리 비스와나탄, 엘라 쇼햇(Ella Shohat), 베니타 패리(Benita
Parry), 티머시 브레넌(Timothy Brennan), 닐 라자루스(Neil Lazarus) 같은
다양한 인물에 의해 이루어졌다—가 방대하다는 것은 이 사상가들이
후기 구조주의자들보다 더욱 강력한 유물론적 헌신을 보여주었음을
의미하는 물리적 증거다. 하지만 희귀한 예외를 제쳐두자면 영향력 있
는 이 사상가들 중 피상적으로든 심오하게든 사회적으로 새롭게 부상
하는 환경주의에 관심을 기울인 이는 아무도 없었다.

 이러한 간극을 좀더 분명하게 이해하려면 대학에서 벗어나 한층 광
범위하게 제2차 세계대전 이후 미국 환경 운동 내에서의 권력 투쟁을
고찰해볼 필요가 있다. 그 권력 투쟁은 환경 운동의 철학적 기반과 정
치적 우선순위, 그리고 그 우선순위가 미국의 환경주의를 문화적·상

업적 현상으로 만들어놓음과 동시에 그 지배적 형태를 다른 곳—글로벌 사우스와 대다수 산업화한 서구 국가 같은—에서 발달한 환경 운동과는 이질적 형태로 만들어준 방식을 놓고 벌어졌다. 이러한 상황 전개를 가장 잘 이해하는 길은 피터 사우어(Peter Sauer)와 라마찬드라 구하의 작품을 동시에 읽는 것이다. 당대의 가장 날카로운 미국 환경 에세이스트 사우어는 〈오리온(Orion)〉에 실은 일련의 에세이에서 미국 환경주의의 '가지 않은 길(path not taken: 로버트 프로스트가 쓴 시 제목(The road not taken)에 빗대 쓴 표현—옮긴이)', 특히 "'지구의 날'이 생태에 기반한 환경주의를 이끌어가는 방식, 즉 인간과 자연 생태를 구분 짓는 방식"[63]에 대한 그 자신의 분노에 역사적 차원을 부여했다. 하지만 사우어가 인간생태학의 배신이라 여긴 역사는 그보다 훨씬 더 과거로 거슬러 올라간다. 히로시마와 나가사키의 여파로 세계적 위기의식이 커짐에 따라 1946년 미국 황야협회(Wilderness Society) 회의가 열렸다. 그 자리에서 협회 회원들은 미국의 환경 우선순위를 세계 평화 의제에 통합하려는 광범위한 비전에 전념했다. 그 목표를 위해 황야협회는 알도 레오폴드 회장이 이끄는 외교관계위원회(Committee on Foreign Relations)를 창설했다.[64]

그런데 이 국제적 비전은 해리 트루먼 대통령이 1949년 러시아가 원자폭탄을 보유했다고 선언하면서 궤도를 이탈했다. 미국의 국제주의는 철저히 군사화했으며, 냉전의 그늘에 가린 미국 환경주의는 생존 가능한 환경을 가장 기본적인 인권으로 여기는 세계적 인간생태학 비전으로부터 점차 멀어졌다. 1960년대에 주로 《침묵의 봄》에 힘입어 오염과 공중 보건을 향한 관심이 되살아났으며, 그 관심은 미국 환경보호국(Environmental Protection Agency)의 창설, 청정대기법(Clear Air

Act)과 청정수질법(Clear Water Act)의 발의 등 주목할 만한 변화를 이끌어냈다. 하지만 미국의 항구적 전시 체제는 끊임없이 이러한 이점들을 위협했다. 사우어가 지적한 바와 같이, 세계 차원에서 4년 동안 회의가 수백 차례 열린 이후 1972년 개최된 스톡홀름 국제인간환경회의(International Conference on the Human Environment)에서 각국 대표단은 "환경 보호가 사회 경제 발전에 기본 요소"[65]라는 데 합의했다. 특히 서유럽과 오스트레일리아에서 공중 보건 정책은 점점 더 환경 정책과 긴밀하게 연결되었다. 반면 같은 기간에 미국은 분열을 초래하는 베트남전, 그리고 마틴 루서 킹과 로버트 케네디(Robert Kennedy: 미국의 법조인이자 정치인으로, 35대 대통령 존 F. 케네디의 동생이다―옮긴이)의 암살이라는 정신적 충격에 빠져 허우적거리고 있었다. 시민권 운동은 물론 반전 운동 또한 그 어떤 수준의 심각한 정도로도 미국 환경 운동의 계율이나 목표와는 관련이 없었다.[66] 이 기간 동안 카슨이 매우 강력하게 드러낸 사회 정의에 대한 관심은 미국의 환경적 주류에서 분리되기 시작했다. 환경 운동이 1970년 '지구의 날'을 기해 생태 중심적으로 기울면서 이러한 분리는 더욱 악화했고, 미국의 환경주의는 다른 곳의 흐름과 괴리되었으며, 자국의 초기 환경 정의 운동을 두 가지 의미에서 소수자(minority: 환경 정의 운동에 관심을 기울이는 사람이 '소수'라는 한 가지 의미와 '소수 집단'의 관심사라는 다른 한 가지 의미―옮긴이)의 관심사로 축소해버렸다.[67]

탈식민주의 연구의 부상에서 가장 결정적 텍스트인 에드워드 사이드의 《오리엔탈리즘(Orientalism)》은 1978년 출간되었다. 로널드 레이건이 대통령에 선출되기 딱 2년 전이다. 레이건 대통령은 국내적으로는 환경 규제의 대대적 후퇴를 감독했고, 국제적으로는 앙골라, 모잠비크, 나이지리아, '아프리카의 뿔', 라오스, 엘살바도르에 이르는 광대한 지역에서 냉전 갈등을 부추겼다.[68] 결정적으로 1980년대의 10년 동안 미국 환경주의에 대한 탈식민주의의 회의론은 날로 커져만 갔다. 레이건의 초국가적 제국주의와 글로벌 사우스의 사회환경 파괴를 연결 짓는 데 어떤 식으로든 관심을 기울인 미국 환경주의자가 거의 없었기 때문이다. 미국 환경주의자들은 그 대신 황야 보존하기, 개발업자에 맞서 멸종위기종보호법(Endangered Species Act) 실행하기, 오래된 숲 보호하기 같은 국내 문제에 주력했다. 1980년대에 미국 주류 환경주의의 국내적이면서 초월주의적인 대의를 고려하건대, 그즈음에는 외교관계위원회가 산하에 딸린 황야협회를 상상도 할 수 없었을 것이다. 실제로 수많은 예에서 미국 및 유럽에 본부를 둔 국제 조직들은 보존이라는 미명 아래 글로벌 사우스에서 원주민과 그들의 자원을 향해 전개된 준(準)군사적 공격에 가담하고 있었다.

이 모든 것으로 해서 상당수 탈식민주의자를 포함해 국제적 좌파들은 환경주의를 그저 부적절하거나 아니면 제국주의와 결탁한 것으로 치부했다. 게다가 환경주의자는 흔히 더없이 청렴결백하고, 비현실적일 정도로 인습을 거부하고, 트리허깅을 하고, 늘 마약에 절어 사는, 특혜가 많은 배경 출신의 심층생태학자로 묘사되곤 했다. 사이드는 말년의 저술들에서 녹색 정책에 가벼운 손짓을 해 보이기는 했으나, 그의 이력 대부분 기간 동안 (당시 설정되어 있었던 것 같은) 주류 환경주의를 반제국주의의 동맹 세력으로 바라볼 수 없었다. 그보다 위에서 개괄한 역사적 이유들 탓에 그는 환경행동주의를 억압적 제도와 결탁했다고 폄하하는 일이 더 잦았다. 그는 환경주의자들이 국제적으로 생산적인 정치적 역할을 담당하고 있다고는 도저히 인정하기 어려웠다.[69] 사이드는 결코 그 문제를 직접적으로 언급하지 않았음에도, 만약 수많은 심층생태학자가 그들의 철학적 협력자로서 '어머니 대지(Mother Earth)' 에 맞춰져 있는 것으로 추정되는 "동양의" 여러 종교 사상의 잡탕을 만들어내고 있음을 감안한다면, 무단으로 가져다 쓰는 그러한 제스처야말로 극심한 오리엔탈리즘(마치 일제 강점기의 '식민사관'처럼 서양이 동양을 지배하기 위해 만들어낸 사고방식이자 지배 방식이다—옮긴이)이라고 볼 수 있다. 사이드가 분석하고 공격했던 제국주의적 사고가 환경 영역으로 확산한 결과 말이다.

나는 이 책 전반에 걸쳐 줄곧 환경정치학은 세계의 부자들에게나 해당하는 사치이자 응석이라는 생각—즉 부자들을 위한 '부티크(문자 그대로의 의미는 규모는 작아도 멋과 개성을 지닌 의류를 취급하는 점포—옮긴이) 정치' 라는 생각—을 전혀 지지할 수 없다고 주장해왔다. 환경적 관심을 넌지시 내비친 초기 탈식민주의 문학 비평가 가야트리 스피박이 지적한 대로, "글로벌 사우스의 '로컬'은 '글로벌'의 탐욕과 직접적으로 손을 잡기"[70] 때문이다. 스피박이 이 말을 한 것은 《오리엔탈리즘》이 출간되고 20년 뒤의 일이다. 이는 사이드와 다른 탈식민주의 학자들이 1970년 대 말과 1980년대에 겪은 주류 환경주의 버전—즉 황야 윤리에 과도하게 집착하고, 사회적 불평등, 환경적 관행, 가난한 이들이 지지하는 자연 문화들 간의 국제적 관계는 대체로 도외시하고, 국내 문제에 경도된 환경주의—과는 동떨어진 관점이었다.

편협하게 정의된 환경주의의 문제점을 가장 정교하게 파헤친 작품은 구하의 간략하지만 포괄적인 1989년 에세이 "급진적 미국 환경주의와 황야 보존: 제3세계의 비판(Radical American Environmentalism and Wilderness Preservation: A Third World Critique)"[71]이다. 인도와 독일의 생태적 관례 및 사고 전통이 어떻게 미국의 주도적 경향성에서 갈라져 나왔는지 돌아본 구하는 환경주의 개념에 역사적·물리적 근거를 지닌 계보적 다양성을 부여했다. 구하는 미국의 환경적 사고가 포괄하는 영역에 관심이 많았으며, 스스로를 열대 지방 생물 다양성의 관리자로 자처하는 심층생태학 지지자와 그 과학계 협력자들이 헤게모니를 장악하는 현상이 빚어낸 해로운 결과를 상세히 설명했다. 요컨대 황야 운동가들은 미국이 환경 운동의 전위라고, 철학으로서나 실천으로서나 황야 보존을 보편화해야 한다고 생각했다. 로더릭 내시(Roderick Nash: 캘리포니아대학 샌타바버라 캠퍼스의 역사 및 환경학 연구 명예교수. 뗏목을 타고 투올러미(Tuolumne)강을 내려온 최초의 인물이다—옮긴이)는 희망을 담아 다음과 같이 명료하게 공식화했다. "저개발 국가들은 결국에 가서 경제적으로나 지적으로나 자연 보존을 사업 그 이상으로 여기는 수준까지 발전할 것이다."[72] 여기서 황야 지지자들이 옹호하는 이타적(이라고 주장되는) 생태중심주의는 미국이 가장 잘 안다는 발전 이데올로기에 입각한 제국주의적이고 인간 중심적인 모습으로 수면 위에 드러나고 있다.

대부분의 심층생태학자는 (미국 등) 슈퍼 부자가 거주하고 인구 밀도가 낮고 과소비·과군사화가 특징인 나라들이 (인도·나이지리아·인도네시아 등) 인구 밀도가 높은 나라들로 환경 이데올로기를 무차별적으로 이식한 데 따른 결과를 피상적으로밖에 이해하지 못했다. 상당 규모의 소농 공동체들이 대지에 의지해 살아가는 사회에서는 황야를 도무지 도시의 산업화한 생활 양식의 대척점에 놓인 주된 여가지로 간주할 수 없다. 황야는 오히려 내가 이 책에서 개괄한 여러 종류의 위협과 복잡하게 뒤얽힌 장소다. 그들이 삶을 기대고 있지만 점점 더 하찮게 취급되는 생태계—즉 초국가적 기업, 제3세계의 군사·민간·기업 엘리트,

그리고 국제적 보존 기관들의 자원 탈취에 취약한 생태계—에 느리고 직접적인 폭력을 가하는 위협 말이다. 이러한 가난한 농민 공동체들에는 환경 감수성과 환경적 실천이 존재해왔으나, 그 공동체들은 대체로 부단히 계속되는 일상적 생존 투쟁에 급급했다.

미국 환경 운동의 내부자인 사우어도, 그 외부자인 구하도 심층생태학으로 인해 흉하게 망가진 유산을 심도 있게 다루었다. 그들의 비판은 왜 탈식민주의 연구와 환경주의 연구가 최소한 문학 영역에서는 그처럼 대체로 평행한 궤도를 밟아왔는지 규명하는 데 도움을 준다. 구하의 저술은 환경사·환경사회과학·생물학에서는 논쟁에 큰 영향을 미쳤지만, 생태 비평에서는 별다른 공감을 불러일으키지 못했다. 그의 저술은 오직 뒤늦게야 생태 비평의 관심을 샀는데, 이는 생태 비평이 하나의 분야로 자리 잡기 시작한 것이 1990년대 중반의 일이었기 때문이다. 구하의 에세이(1989년)가 다른 학문 분야에서 논란에 불을 지핀 지 몇 년 뒤인 1995년 로런스 뷰얼의 《환경생태론적 상상력(The Environmental Imagination)》이 출간되고, 1996년 체릴 글롯펠티와 해럴드 프롬의 《생태 비평 독본(Ecocritical Reader)》이 출간된 데 힘입은 결과였다. 생태 비평의 제1물결은 환경 정의에 대한 관심을 등한시하면서 장르와 철학 문제에 경도되어 있었으며, 환경사회과학에도 국제 환경사에도 거의 흥미를 보이지 않았다. 환경 문학은 오로지 뒤늦게야 사우어와 구하의 강력한 비판에 좀더 잘 부응하는 방식으로 그 분야의 포괄 범위를 넓히고 개념적으로 재설정하기 시작했다.

상전벽해와 판구조론적 변화

글로벌 사우스 전역에 걸쳐 토착적 환경 운동이 확산함에 따라, 그간 환경주의를 "진정한" 정치학에 비해 부차적인 것으로 일축해온, 여전히 남아 있는 탈식민주의 시각은 잘못되었음이 드러났다. 사로위와는 고립된 서사적 영웅이 아니었다. 그의 실천은 지역이 유발하고 지역이 주도한 수많은 환경 운동이 국제적으로 영향을 끼쳤음을 말해주는 증거였다. 실제로 우리는 환경 운동의 최전선에서 페미니즘의 변화와 유사한 어떤 것인가를 목격해왔다. 30~40년 전에는 페미니즘이 흔히 백인이자 혜택받은 자 중심이요, 제3세계 여성의 필요와는 무관한 것으로 치부되곤 했다. 페미니즘이라는 범주에 포함할 수 있는 것은 여성권 의제를 소수 민족, 지리, 종교, 섹슈얼리티, 계급의 관점에서 분권화하고 다변화한 사회 운동의 부상을 통해 급격한 변화를 겪었다. 마찬가지로 우리는 환경주의에서도 그와 일맥상통하는 변화를 목격했다. 학계 안팎에서 '환경적'이라는 범주에 포함할 수 있는 것을 좀더 다양하게 받아들이는 방향으로 나아가는 변화다.[73] 환경 정의 운동이 인문학의 녹색화 속에서 한층 강력한 존재감을 획득하기 시작한 것이 바로 이러한 상황에서다. 인문학의 녹색화는 다양한 시간적·지리적 규모에 걸쳐 느린 폭력의 정치학과 빈자의 환경주의에 참여할 수 있는 우리의 역량을 키우는 데 엄청난 영향을 끼쳤다.

윌리엄 바이너트(William Beinart)와 피터 코츠(Peter Coates)는 이렇게 주장했다. "온갖 인간 활동은 본질적으로 결코 정지해 있지 않은 자연 세계의 구성을 변화시킨다. 모든 변화를 타락으로 여기는 비판은 인간 생존의 정당성 문제에 답하지 못한다."[74] 비서구권의 환경 운동은 정적(靜的) 순수성이라는 환상을 칭송하는 것은 고사하고 결코 유지조차 할 수 없는 상황이므로, 일반적으로 인간 생존과 환경 변화의 상호 의존성에 주의를 기울인다. 이러한 운동은 또한 전형적으로 초국가 기업, 국제통화기금, 세계은행 같은 외부 세력과 국내 권위주의 정권이 서로 결탁한 채, 문화적 생존과 자립 가능한 환경을 이어주는, 늘 변화하는 정교한 그물망을 얼마나 쉽게 망가뜨리는지 인식하고 있다.

에콰도르에서 그처럼 지역이 이끄는 운동 중 하나인 액시온 에콜로지카는 텍사코에 맞서 그 나라의 원주민민족연맹(Confederation of Indigenous Nationalities)을 동원했다. 텍사코는 그로부터 1만 6000킬로미터 떨어진 나이지리아에서 셸이 환경 파괴와 약탈을 저지름으로써 오고니족생존운동을 촉발한 것과 같은 상황을 되풀이했다.[75] 인도에서 생물 다양성의 민영화는 사람들을 집결하는 중요한 기폭제 노릇을 했다. 20만 명에 달하는 인도 농민이 이른바 '종자 비폭력 저항(Seed Satyagraha)'을 통해 전통 농민으로부터 종자의 재생산과 유통에 대한 통제권을 앗아가려는 초국가 기업의 시도에 항의하고자 대규모로 델리에 집결했다. 왕가리 마타이는 "아프리카인이 환경을 구하기 위해 나섰을 때 아프리카에 새로운 환경 의식이 싹텄다"고 환호했다. 너무나 두루뭉술한 판단일지도 모르지만 얼마간 고무적인 변화를 말해주는 것이라고 말이다.[76] 도둑 정체(kleptocracy: 권력자가 막대한 부를 독점하는 정치 체제—옮긴이)의 피해로 고통받는 수많은 아프리카인에게 공감을 불러일으키는 목소리로서, 케냐의 학생 운동 지도자 와이클리페 음웨비(Wycliffe Mwebi)는 "부패한 토지 약탈에 맞서 환경을 지키는 도덕적 권리"[77]에 대해 언급했다.

이러한 변화를 환경인문학에 통합하기 위한 (불충분하기는 하지만) 생산적 접근법으로는 환경 관점에서 미국의 소수 집단 문학 연구—최근 생태 비평에서 성장하는 영역이다—와 탈식민주의 문학 연구의 간극을 좁히려는 노력을 꼽을 수 있다. 로레인 앤더슨(Lorraine Anderson) 등이 쓴 영향력 있는 선집《문학과 환경(Literature and the Environment)》은 두 분야를 통합하는 데 따른 가능성과 문제점을 실제로 드러냈다.[78] 한 가지 중요한 점과 관련해 이것은 힘이 되어주는 책이다. 상당히 다양한 소수 집단 작가를 포함한 최초의 환경 선집이고, 그들 상당수가 환경 정의 운동이 우선순위를 두어온 주제들을 특히 중시했기 때문이다. 이 선집은 랭스턴 휴스(Langston Hughes), 벨 훅스[bell hooks: 글로리아 진 왓킨스(Gloria Jean Watkins)의 필명이며 미국의 작가, 사회 운동가, 여성주의자다—옮긴이], 루이스 오웬스(Louis Owens), 클라리사 핑콜라 에스테스(Clarissa Pinkola Estes), 마릴루 아위악타(Marilou Awiakta)가 환경 논쟁과 증언에 덧붙인 내용을 인정함으로써, 황야 문학과 제퍼슨 유의 토지재분론 문학에서 탈피했다는 특징을 드러냈다. 몇몇 에세이는 주로 도시 지역 혹은 가난한 시골 지역을 배경으로 토착민의 토지 권리, 공동체의 전치, 독성 물질에 의한 피해를 다루었다. 고무적이게도 이 에세이들은 탈식민주의 문학에서 두드러지는 환경적 우선순위와 가장 손쉽게 연결되는 미국적 관심사들 가운데 일부였다. 우리는 이를 통해 초국가적 관계 회복을 꾀할 가능성이 충분함을 알아차릴 수 있다.

그러나 이 분야의 재정립을 돕는 데서《문학과 환경》은 (제목이 포괄적이긴 하나) 거의 전적으로 미국인 작가들로만 구성되어 있다는 한계에 갇혀 있다. 이 선집에 게재된 글 104개 가운데 비미국인이 쓴 것은 개성 강한 윌리엄 워즈워스의 시(詩) 딱 하나뿐이다. 따라서 우리는 환경 문학의 다변화를 칭찬하면서도, 미국의 다문화주의와 국제적 다양성을 혼동하지 않도록, 또한 후자가 전자로부터 자동적으로 비롯되리라고 가정하지 않도록 유의해야 한다. 앤더슨의 선집은 좀더 세계적으로 다양한 작품을 포함할 필요성에 대해서는 여전히 제대로 다루지 못했다.

로런스 뷰얼의 획기적 연구《위험에 빠진 세계를 위한 글쓰기: 미국과 그 너머의 문학, 문화, 그리고 환경(Writing for an Endangered World: Literature, Culture, and Environment in the U.S. and Beyond)》에서 드러난 관심의 지리적 분포 역시 몇 가지 유사한 이슈를 제기한다.[79] 뷰얼이 그보다 더 과거에 쓴 영향력 있는 연구서《환경생태론적 상상력》(1995)은 미국의 자연 문학을 중점적으로 다루었고 소로로부터 영향을 받았다. 하지만 그의 후속작은 독성 물질에 의한 피해, 생물학적 저하, 도시적 경험, 환경 조작 등에도 열린 자세를 취함으로써 환경 문학으로 간주할 수 있는 것에 대해 좀더 너그럽고 창의적인 관점을 드러냈다.[80] 이렇게 해서 뷰얼은 면밀한 독서를 통해 일련의 미국 소수 집단 작가들과 관계를 도모할 수 있었다. 그웬돌린 브룩스(Gwendolyn Brooks), 존 에드거 와이드먼(John Edgar Wideman), 리처드 라이트(Richard Wright), 린다 호건(Linda Hogan) 등이 대표적이다.[81]

하지만 뷰얼의 두 번째 책이 미국적 다양성을 확대했다고 해서 다른 곳의 다양성에 대한 관심도 그만큼 커진 것은 아니다. 환경 문학에 대한 미국 중심적 설명에서 벗어나 초국가적 비전을 만들어내려는 노력이 지닌 한계는 뷰얼이 외롭게 지속한 탈식민주의 소설―스피박이 영어로 번역한 마하스웨타 데비(Mahasweta Devi: 1926~2016. 인도의 소설가, 사회 정치 활동가―옮긴이)의 벵골어 중편소설《익룡, 푸란 사하이, 그리고 피르타(Pterodactyl, Puran Sahay, and Pirtha)》(푸란 사하이는 인명이고 피르타는 지명이다—옮긴이)—읽기에서 분명하게 드러났다.[82] 뷰얼은 환경 정의를 다룬 예리한 소설이라고 추켜세운 뒤, 그 중편소설의 "때로 소수에게만 해당하는 문화적 특수주의가 …… 그 소설을 내가 주로 논의해온 미국 중심의 텍스트에서 벗어난 묘한 우회로로 만들어줄 수 있을 것 같다"[83]고 말했다. "우회로" 이미지와 "소수에게만 해당하는 문화적 특수주의"라는 언급은 중심부-주변부 모델에서 벗어나기 위한 생태 비평의 지적 도전을 특히 중시한다. 그 불안한 함의는 어떻게든 미국적 텍스트는 "문화적 특수주의"를 초월했고, 탈식민주의적 텍스트가 해내지 못한 방식으로 보편화되었다는 것이다.[84]

그저 작품 정본 목록을 다양화하는 것 이상이 요구된다. 즉 우리는 지배적 패러다임을 재해석할 필요성이 있다. 사로위와가 미국과 유럽에서 청중을 확보하는 데 엄청난 어려움을 겪은 것으로 보아 그 필요성에 대해서는 두말할 나위가 없다. 그가 처음으로 그린피스 대표단에 호소했을 때, 그들은 아프리카에서는 작업하지 않는다고, 아프리카는 그들이 생각하는 환경이라는 지도 밖에 있다고 선을 그었다.[85] 사로위와는 가는 곳마다 측량할 수 없으리만치 이례적인 존재로 취급받았다. 환경주의자라고 주장하는 한 아프리카인 작가? 게다가 그는 자기 민족의 인권이 환경적 인종 말살에 의해 침해당하고 있다고까지 주장했다. 사로위와가 오고니족 이야기를 들어줄 청중을 확보하는 데서 겪은 고충은 비단 경제적·정치적 부분에만 그치지 않았다. 그것은 상상적 차원에도 해당했다.

사로위와는 환경 정의를 찬성하는 운동을 펼쳤다. 하지만 또한 사실상 중심부-주변부 패러다임에 반대하는 운동도 전개했다. 그는 환경적 인종차별주의뿐 아니라 편견에 가득 찬 지리적 상상력의 실패와도 맞서 싸워야 했다. 미국의 지식인 집단과 언론 집단이 보기에, 오고니 마을 같은 지역은 거의 전적이라 할 정도로 상상할 수 없는 것이다.[86] 하지만 사로위와·데비·로이의 저작들은 우리로 하여금 (소로·뮤어·애비·베리·스나이더 등 자기 영속적 국내 계보와는 다른 방식으로) 지역의 극('마이크로')소수 민족, 독재적 국민국가, 그리고 초국가적 '매크로' 경제 대국들 간의 갈등을 통해 환경정치학을 바라볼 수 있도록 안내한다.[87]

사고를 다양화하려고 노력함에 있어, 우리는 솔 벨로(Saul Bellow: 1915~2005. 캐나다-미국 작가. 퓰리처상·노벨문학상·미국소설상 등을 수상했다—옮긴이) 의 깔보는 듯한 질문의 환경 버전을 던지는 식으로 귀결되지 않도록 유념해야 한다. "줄루족 톨스토이는 대체 어디 있는 거죠?" 만약 티모르인 소로(혹은 그의 카메룬인 사촌)를 찾아 적도 지방의 열대 우림을 헤매고 다닌다면 빈손으로 돌아올 게 뻔하다. 우리는 명목상의 세계적 소수에 만족할 수는 없을 것이다. 미국의 생태 작품 정본 목록을 장식한 이시무레 미치코(石牟禮道子: 1927~2018. 일본 작가·운동가. 1969년 미나마타병을 고발한《슬픈 미나마타》를 간행했고 1973년 막사이사이상을 수상했다—옮긴이) 혹은 워즈워스의 텍스트가 그 예다. 이는 마치 과거에 버지니아 울프(Virginia Woolf) 혹은 제인 오스틴(Jane Austen)의 작품이 만약 그것들이 없었다면 남성 작품 일색이었을 목록에 구색을 맞추는 역할을 했고, 나중에 토니 모리슨(Toni Morrison) 혹은 앨리스 워커(Alice Walker)의 작품이 백인 일색의 여성 저술을 "다변화하는" 데 이용된 것이나 같은 이치다.

다양성이라는 과제에 대한 고명 얹기식 해결책을 거부하는 것은 중심부에서 고안되어 주변부로 수출된 (혹은 부과된) 환경주의 비전을 거부하겠다는 의사 표시다.[88] 이 같은 중심부-주변부 사고는 역사적으로 환경주의에 대한 탈식민주의자들의 무관심을 초래한 원천이었고, 그와 반대로 오늘날에조차 수많은 미국 생태 비평가와 작가들 사이에 남아 있는 초강대국 편협주의를 촉발한 원천이었다. 종속 집단 연구(subaltern studies)가 서구의 지방화(provincialization) 프로젝트에 착수한 것처럼, 우리도 환경주의 영역을 재창조하고 다변화할 생각이라면 미국의 환경주의를 집요하게 지방화할 필요가 있다.

탈식민주의 연구도 폭넓게 상상된 유연한 환경주의가 제공하는 재생적인 공적(公的) 절박함의 유입을 통해 같은 정도로 이득을 볼 수 있다. 탈식민주의 연구는 최근 특히 다음의 네 가지 이유에서 답보 상태에 빠졌다. 첫째, 오직 학계 종사자들만 접근할 수 있는 난해한 산문으로의 퇴행적 전환 탓에 상당수 탈식민주의 저술은 대중과의 의사소통이라는 포부—한창때는 그 분야의 반제국주의적 활력에 크게 기여했다—에서 멀어졌다. 둘째, 냉전 이후와 9·11 이전 시기에 제국 관련 이슈는 미국에서 인기가 시들해졌고 많은 이들에게 덜 시급한 문제로 다가갔다. 이라크와 아프가니스탄 전쟁이 시작된 이래 이런 이슈가 다시 수면 위로 떠올랐을 때, 새로운 젊은 학자 세대는 역사적 단절 탓에 그 어떤 특별한 방식으로도 냉전 시대에 생산된 반제국주의 저술을 접해보지 못한 상태였다. 셋째, 특히 9·11 이후에 공공 정책 논의와 문학 연구에서 우리는 각각 세계화와 세계 문학을 지향하는 패러다임의 변화를 목격했다. 내가 이 책에서 증거를 대면서 입증했다시피, 과정 및 패러다임으로서 세계화의 영향력 때문에 세계화의 신자유주의적 양식에 반대하는 활동가들, 특히 아래로부터의 풀뿌리 초국가주의를 설파하는 활동가들을 중심으로 (비록 공세에 시달리긴 했으나) 영감을 주는 몇몇 초국가적 연대가 가능해졌다. 이 책 '머리말'에서 시사한 대로,

세계 문학 연구의 부상에 대한 나의 입장은 양가적이다. 한편으로 우리는 융통성 없는 비교 문학 분과에 무시당했던 언어와 문학을 무기로 참여 활동을 전개하는 문학 학자들을 목격했으며, 몇몇 흥미진진한 혁신적 개념도 만나보았다. 다른 한편으로 강력한 세계 문학 연구 분과도 존재하는데, 분야 규정에 집착하는 이 분과는 대학에 알맞은 적을 두는 정도에 만족하는 듯하다. 따라서 정치적으로야 유혈 참사가 없지만 역설적으로는 현실과 동떨어져 있다. 이는 탈식민주의가 상대적으로 후퇴하게 된, 그와 관련한 네 번째 이유로 우리를 안내한다. 세계 문학 연구의 부상과 세계화를 지지하는 공적 지식인의 등장으로 수많은 대학은 이른바 너무 구식이라 주장되는 탈식민주의 연구 분야의 고용 및 강좌 개설을 단계적으로 폐지해갔다. 나는 이것을 모종의 급진주의—흔히 반제국주의 작품이나 탈식민주의 작품에 허락된 특징이다—를 표방하는 인문학 및 사회과학의 규모가 더욱 광범위하게 축소됨을 보여주는 징후로 의심하면서 크게 우려했다.

환경주의 연구자와 탈식민주의 연구자 간의 과감한 연대는, 글과 스토리의 힘에 민감한 학자들이 더 넓은 세계에 제공해야 할 것을 편협한 목적을 위해 울타리 안에 가두고자 하는 행정적·학제적 노력에 맞서도록 돕는다. 우리가 제공할 수 있는 것에는 무엇보다 환경 불공정을 바로잡기 위한 창작적 연대를 꾀할 때 다중(多衆)의 가치를 믿는 자세가 포함된다.

지금으로부터 6년 전인 2005년(이 책은 2011년 출간되었다—옮긴이), 이 장에서 제시한 우려들을 다루기 위해 나는 수지 오브라이언이나 그레이엄 허건(Graham Huggan)처럼 탈식민주의 연구에 좀더 강한 환경 의식을 부여하는 작업의 개념적·정치적 가치에 대해 썼다.[89] 예를 들어 데릭 월컷의 격언체 주장, "바다는 역사다"[90]로 시작된 검은 대서양 (Black Atlantic: 미국·아프리카·카리브해·영국의 문화 요소를 통합한 뚜렷하게 구분 되는 문화로서, 흑인의 문화적 기억을 통해 재구성한 카리브해의 정체성을 지칭한다— 옮긴이) 연구를 환경주의 관점에서 재구성하는 일의 가치에 대해 지적 했다. 또한 이를테면 (핵실험 지대에 가한 느린 폭력이 여전히 암울하게 드리운 태 평양 섬나라들, 오스트레일리아, 영국, 미국, 인도, 파키스탄, 옛 소련 지역 여러 나라의) 핵 식민주의와 핵 위험을 다룬 풍부한 문학에 대해 논의함으로써 좀더 창의적인 초국가적 비교 작업에 찬성했다. 결정적으로 나는 우리가 초 국가적 환경 문학에 관심을 기울일 때면 어떤 유의 텍스트, 어떤 유의 이슈를 찾아봐야 하는지 재고해볼 필요가 있다고 주장했다.

21세기의 처음 10년이 끝나갈 무렵, 우리는 수많은 지식인 전선에 걸쳐 고무적인 몇 가지 이니셔티브를 목격하고 있다. '인문학의 녹색 화'가 의미하는 바와 관련해 그때까지 지배적이던 개념을 바꾸는 것들 이다. 오늘날에는 환경에 관심을 기울이는 검은 대서양 연구뿐 아니라 생태주의와 탈식민주의의 공통 관심사에 의해 활기를 띠는 인도양 연 구와 태평양 연구도 시작되고 있다.[91] 핵 문학 비교 연구 또한 양질의 성과를 내고 있다. 우리는 수많은 지역에 걸친 자원 추출 관련 문학을 새로 탐구하는 열정적 흐름을 보고 있다.[92] 카리브해 연안의 환경 연구 는 특히 비옥한 학제적 탐구 영역으로 떠올랐다.[93] 그리고 내가 쓴 대 로, 아프리카의 환경인문학과 사회과학의 가교 구실을 한 최초 선집은 지금 인쇄에 들어간 상태이고, 탈식민주의 환경 연구자들에 의한 최초 의 두 선집도 마찬가지다.[94] 환경적 관점에서 인도의 픽션, 오스트레일 리아와 태평양의 문학, 그리고 아프리카의 소설 등 다양한 영역에 관 심을 기울이는 신간들은 방법론적으로도 신기원을 이루고 있다.[95]

부상하는 이러한 작업의 흐름을 살펴보면 탈식민주의 문학 연구와 환경주의 문학 연구가 그 제도적 역사의 확연한 차이에도 불구하고 태생적으로 양립 불가능하지는 않음을 알 수 있다. 다만 한 가지 경고는 여전히 유효하다. 파농, 세제르, 조모 케냐타(Zomo Kenyatta), 사이드 같은 영향력 있는 반식민주의 사상가에게 돌아가 그들이 작품을 통해 드러냈으나 간과되고 만 환경적 관심사를 들춰내는 것은 꽤나 솔깃한 일이다. 그 일은 분명 가치 있지만, 거의 예외 없이 그러한 사상가들이 환경주의자에게 (반대로 환경주의 사상가들이 탈식민주의자에게) 적대적이거나 무관심해지도록 만든 역사적 배경을 잊어선 안 된다. 환경주의의 유연한 당대적 의미를 시대착오적으로 과거 시대에 맞추어 재조정하는 것은 위험하다. 과거 시대에는 토지 권리와 정치적 독립을 두고 벌인 반식민지 투쟁이 거듭해서 보존이라는 식민지 유산과 충돌했는데, 그 유산은 식민지 독립 이후 시대에 환경주의의 상징으로 떠올랐고, 예외 없이 인종차별적이었다. 오늘날 탈식민주의적 환경주의 관점은 다양한 국제적 대중 사이에서 힘을 얻고 있다. 생태적 관심사가 절실성을 획득하고 있을 뿐 아니라 불과 10년 전보다도 덜 협소하게 정의되고 있다—사이드의 《오리엔탈리즘》이 처음 출간되었을 때, 혹은 그 16년 전에 파농의 《대지의 저주받은 사람들》이 출간되었을 때보다 덜 협소하게 정의되고 있는 것은 분명하다—는 인식이 널리 퍼진 결과다. 결정적으로 다소 뒤늦은 감이 있지만 최근에 환경주의 문학 연구와 탈식민주의 문학 연구가 서로 관심을 갖게 된 것은 솔직한 양방향 대화의 소산이라기보다 좀더 광범위한 역동적 전환의 결과였다. 이와 관련해서는 특히 두 가지를 언급해야 할 것 같다. 첫 번째, 미국학의 초국가적 전환은 그것이 북반구에 국한한 것이든 좀더 넓은 세계에 걸친 것이든 전례 없는 방법론적, 교육 과정적 권위를 획득하고 있다. 이러한 작업은 물론 완전히 새로운 것은 아니지만, 제국, 세계화, 초국가적 권력 구조, 저항 같은 주제를 전면으로 끌어올리는 지적 풍토를 조성함으로써 미국학에 활력을 불어넣는 주요 촉매로 떠오르고 있다.[96] 이는 환경주의에 분명 영향을 미친다. 즉 환경주의의 지적 중심을, 황야 문학과 제퍼슨 유의 토지재분론 등 국내 문제에 주력하는 미국예외주의적 경향에서, 좀더 다양한 환경적 접근법—즉 결정적으로 세계 차원에서 환경주의 운동의 기저를 이루는 추동력과 좀더 양립 가능한 접근법—으로 바꿔놓을 개연성이 있는 것이다. 이와 관련해 2009년 출간된 카밀 던지의 선집 《검은 자연: 아프리카계 미국인의 자연시 400년 (Black Nature: Four Centuries of African American Nature Poetry)》은 역사적 포괄 범위, 초국가적 공감, 도시 환경 문학을 향한 관심, 불공정의 내외적 풍경에 대한 주목이라는 측면에서 획기적인 작품이다.[97]

환경인문학의 지적 풍토에서 첫 번째와 관련한 두 번째 전환은 아메리카 원주민 연구 분야에서 이루어지고 있다. 원주민 텍스트들은 이제 생태 비평 참여 역사를 잘 구축해놓았다. 하지만 희한하고 충격적인 것은 원주민 학자들이 탈식민주의 연구를 생산적인 대화로 여기기 시작했다는 점이다.[98] 이러한 변화는 정착민 식민주의, 토지 권리, 환경적 인종차별주의, 자원 갈등, 그리고 초국가적 독성 물질 순환에 대한 비교 접근법을 제시하고, 탈식민주의 연구를 이용(그리고 재구성)함으로써 미국학을 탈영토화하는 두 번째 방법이 되었다. 결정적으로 환경 관점에서 원주민 연구와 탈식민주의 연구가 서서히 대화의 물꼬를 트고 있다는 것은 (온통 역사적·지리적 변화 속에 놓인) 내부 식민주의와 국외 제국주의 간의 사회환경적 관계를 분명하게 보여준다. 따라서 이 같은 탈식민주의 연구와 원주민 연구의 변신은 미국의 지배적 환경 문학·비평 패러다임을 더욱 흔들어놓는 데, 그리고 세계적 전선에서 환경 정의를 중심으로 한 비교 작업이 가능하게끔 길을 터주는 데 기여한다.

　탈식민주의 연구, 미국학, 원주민 연구 분야에서 부상하는 이러한 경향성은 생물지역주의와 세계시민주의, 초월주의와 초국가주의, 장소 윤리와 전치 경험 간의 대립을 재규정함으로써, 내가 이 책에서 개괄하고자 애쓴 대화를 더욱 깊고 다양하게 하는 데 도움을 준다. 우리는 그러한 대화를 통해 자연이 이끄는 이동 상태와 강제로 이주당한 인간들의 거대하고 잔혹한 역사를 동시에 생각해볼 수 있다. 그리고 그 과정에서 우리의 환경을 이루는 것이 무엇인지, 환경의 포괄 범위에 대해 말할 수 있는 발언권을 어느 문학 작품에 부여할지에 대해 좀 더 역사적으로 책임감 있고 지리적으로 광대한 감각을 지닐 수 있다. 최근 이와 관련해 다소 진척이 있었음에도, 우리 목적은 여전히 야심차고 중차대한 과업으로 계속 남아 있다. 특히 가까운 미래에도 문학 분과는 인문학 녹색화에서 주된 역할을 담당하는 존재로 남아 있을 것 같기 때문이다.

맺음말 해저에서 보는 풍경: 저항의 미래

제발, 너의 램프와 초를 아껴라!
네가 지금 태우고 있는 것은 1갤런의 기름이 아니라 그것을 얻기 위해 인간이 흘린 피 한 방울이다.
— 허먼 멜빌(Herman Melville), 《모비딕(Moby-Dick)》

플라톤에 따르면 아틀란티스(Atlantis)섬은 "불운한 단 하룻밤 사이에"[1] 바닷속으로 사라졌다. 몰디브(Maldive)제도를 집어삼킬 듯 위협하는 상황은 아틀란티스섬처럼 그렇게 명확하고 즉각적이지는 않다. 몰디브(인도양의 영연방 내 공화국―옮긴이)에서는 해수면 상승, 해수온 상승으로 인한 위협이 증가일로다. 극적으로 드러내기 어렵고 저지하기는 훨씬 더 어려운 위협이다. 지질학 기간에 비춰보자면 급격하지만, (쓰나미와 달리) 뉴스 속보가 될 정도로 충분히 빠르지는 않은 그런 형태의 느린 폭력이다. 이처럼 점차 증가하는 위기에 극적 절박성을 부여하기 위한 노력의 일환으로, 몰디브 대통령 모하메드 나시드(Mohamed Nasheed)는 코펜하겐 기후정상회의(Copenhagen Climate Summit) 직전인 2009년 10월 17일, 다이빙 장비를 갖춘 채 이례적인 해저 내각 회의를 개최했다. 나시드 대통령과 잠수복을 입은 각료들이 몰디브 해저에 고정해놓은 회의 테이블에 착석했다. 그들 뒤로는 해저에 꽂아놓은 몰디브 국기가 보였다. 산소마스크를 쓴 대통령은 10년 내에 탄소 중립(carbon neutral: 개인·회사·단체가 배출한 만큼의 온실가스를 도로 흡수해 실질 배출량을 '0'으로 만드는 조치. '탄소 제로(carbon zero)'라고도 한다—옮긴이) 국가가 되겠다는 약속을 입법화하기 위한 법안에 서명했다.

나시드 대통령의 해저 내각 회의는 이 책의 관심사인 빈자의 환경주의와 느린 폭력이 제기하는 표현의 과제를 직접적으로 거론하고 있다. 몰디브 회의는 긴급하지만 슬로모션으로 진행되는 국가의 운명을 뉴스에 실릴 가치가 있는 이벤트로 바꾸기 위한 절박한 노력이자, 그것을 넘어 코펜하겐에 모일 세계 지도자들에게 기후 변화에 맞서 행동하도록 독려하기 위한 상징적 사건이었다. 수중 내각 회의는 '온실가스 배출 전망치(business as usual, BAU: 온실가스 감축을 위한 인위적 조치를 취하지 않을 경우 예상되는 온실가스 배출량—옮긴이)'에 대한 세계 각국의 미온적 태도가 어떤 종말을 초래할지 암시해주었다. 즉 그들은 서류 작업을 하는 도중에 급속도로 익사 위험에 빠지고 있었다. 우리는 이 광경을 두 가지 성가신 딜레마를 극복하기 위한 노력으로 해석할 수 있다. 첫째, 기후 위기에 처한 국가는 어떻게 기후 변화에 결여되어 있는 드라마를 보완할 수 있는가? 둘째, 몰디브처럼 피라미에 불과한 작은 나라—지구 온난화에 미치는 영향력이 거의 제로에 가깝고, 세계 무대에 미치는 영향력은 제로 그 자체다—는 해수면 상승, 궁극적인 바다의 변화(sea change: 문자 그대로 '바다의 변화'일 수도 있고, '상전벽해'라는 뜻도 있는 만큼 '커다란 변화'를 의미할 수도 있다—옮긴이)를 통해 그 나라에 실존적 위협을 안겨주는 느린 폭력을 가시화하는 충분한 힘을 발휘할 수 있을까?

이 같은 괴기스러운 해저 풍경은 작은 국가 차원에서든 전 지구 차원에서든 환경 시간에 대해 말해준다. 우리가 사진이나 동영상을 통해 보는 것은 미래를 내다보지 못하고 치달았을 때 세계 차원에서 맞이할

그림 5 2009년 10월 17일 몰디브가 지구 온난화의 위협을 강조하고자 해저에서 개최한 내각 회의 장면. 몰디브 정부 언론국의 허락을 받아 재게재했다.

결과를 미리 보여주는 풍경이다. 결과의 예고편인 셈이다.

몰디브는 부유하지 않은 나라다. 26개의 환초로 이루어진 이 나라는 1인당 국내총생산이 2008년에 4967달러였다. 인구와 면적으로 볼 때 이 군도는 아시아에서 가장 작은 나라다. 그 작음과 지상에서 지대가 가장 낮은 곳에 자리한 국민국가로서 위상 때문에 가뜩이나 위태로운 탈식민주의적 가능성이 이중으로 악화일로에 있다. 몰디브는 면적이 워싱턴 D.C.의 약 1.7배인 300제곱킬로미터에 불과하지만 약 645킬로미터에 이르는 불균형할 정도로 긴 해안선을 보유하고 있다는 것을 자랑 삼는다. 그런데 수도 말레(Male)는 우연찮게도 지상에서 가장 인구 밀도가 높은 도시 가운데 하나에 속한다. 낮은 위도, 높은 인구 밀도, 죽어가는 산호초 보호벽으로 인해 점점 위협받는 긴 해안선, 얄궂게도 관광 산업을 통해 시간에 의해 훼손되지 않은 천국으로 소비되고 있는 현실, 이 모든 요소가 어우러져 몰디브는 기후 위기를 말해주는 갱도 안의 카나리아 같은 신세로 달라졌다.

나시드 대통령은 상징적 행동주의가 발휘하는 보상적 효과를 통해, 자국이 겪는 위협—너무나 긴 시간에 걸쳐 진행되고 너무나 멀리 떨어진 곳에서 이루어지므로, 그러지 않아도 존재감이 없는 나라에 분명한 원인도 분명한 결과도 규명되지 않은 채 가해지기 십상인 위협—으로부터 전 지구적 절박성이라는 내러티브를 끌어내고자 노력했다. 하지만 그 이전의 사로위와와 마찬가지로 나시드가 보기에, 주변화한 공동체—초국가적 책임성과 관련해 좀더 광범위한 위기의 전조 기능을 겸한다—에서 인권은 환경 정의와 분리할 수 없는 것이었다.

몰디브는 바야흐로 인구 전체가 기후 난민(climate refugees)이 될지도 모를 위기에 처한 최초의 국가로 떠오르고 있다. 인구가 40만 명에 불과함에도 그 규모에 이르는 기후 유발 엑소더스는 수송이며 수용과 관련해 악몽이 될 것이다. 이는 그보다 더 위협적이고 혼돈스럽게 밀려들 기후 난민 시대를 미리 보여준다.[2] 실제로 2003년 펜타곤이 발간한 한 보고서는 수백만 명의 기후 난민이 제기하는 안보 위협을 경고하면서, 미국 같은 부자 나라는 "국경 전역에 걸쳐 방어용 요새를 짓는"[3] 식으로 대비해야 할 것이라고 예측했다. 거부의 벽을 세워 부자들과 분리시킨다는 식의 전통적인 신자유주의적 반응은 고전적 단기 처방이고, 환상에 불과한 기본적 가정—느린 폭력의 원인을 철저히 규명하는 일을 마냥 미룰 수 있다—에 토대를 둔 안보 전략이다.

몰디브는 위기의 최전선에 있을지는 모르지만 위기를 겪고 있는 유일한 국가는 아니다. 2010년 열린 칸쿤 기후 회의(Cancun climate talks:

칸쿤은 멕시코 남동부 유카탄반도 연안에 있는 섬―옮긴이)에서는 43개 섬나라가 만약 부자 나라들이 공동으로 단호하게 기후 변화를 막는 행동에 나서지 않는다면 자신들은 "역사의 종말"을 맞이할 거라고 발표했다.[4] 이 43개국은 머리글자가 뒤죽박죽된 오아시스(oasis)처럼 들리는 작은 섬나라연합(Alliance of Small Islands States), 즉 아오시스(AOSIS)를 결성했다. 아오시스 국가들의 운명은 맨해튼, 중국의 연안 평야 지대, 베네치아, 로테르담, 뉴올리언스, 그리고 오스트레일리아 해안에 바싹 붙여 조성한 도시들(오스트레일리아 인구의 85퍼센트가 그 연안 지역에 모여 산다) 등 그보다 더 부유한 나라의 해안 도시에 가해지는, 희미하게 모습을 나타내기 시작하는 장기적 위협의 전조다.

나시드 대통령의 해저 내각 회의는 빈자의 환경주의를 드러내기 위해 '역의 범람(reverse inundation)' 이미지를 제공한다. 여기서 의미하는 것은 유색 인종 이민자들이 부유한 백인 주도의 신자유주의 요새를 "뒤덮을(swamp)" 듯 위협하는 이미지가 아니다. 반대로 탄화수소를 연료로 쓰는 자본주의―그 역사적 혜택은 불균등할 정도로 부자와 백인에게 돌아갔다―가 200년 동안 실시한 실험으로 인해 가난한 나라의 유색 인종이 국토 전체가 "뒤덮일(swamped)" 것처럼 위협받는 이미지다. 이 이미지는 기후 정의에 관한 논쟁을 송두리째 뒤흔들었다. 그리고 화석 연료를 다량 사용하는 문화권에서 살아가는 이들과 대체로 가난한 사람들―몰디브나 니제르처럼 탄화수소 소비 수준은 낮지만 기후 위기로 인해 가장 먼저, 가장 심각한 타격을 입는 나라의 국민들―간의 불평등을 보여주었다. 하지만 시간이 지나면서 그 위험은 서서히 옮아갈 것이다. 위기에 처한 오늘날의 섬 거주민이 기후 난민으로 바뀌면, 그들의 절박함은 소비 수준이 높고 더 부유한 국가들의 위기를 부추길 것이다. 그런데 따지고 보면 애초에 그 위기를 촉발한 것이 바로 그 부유한 국가들의 방탕한 소비였다.

기후 위기 이전에 국기 꽂기는 해저보다는 산 정상과 더불어 연상되는 쪽이 자연스러웠다. (몰디브에서는 국기 꽂기가 역사적으로 중요한 활동이 아니었으리라 짐작할 수 있다. 최대 해발고도가 야오밍(姚明: 세계 최장신 기록을 다투던 중국의 농구 선수—옮긴이)의 키와 엇비슷한 약 230센티미터에 그치는 나라니 말이다.) 해저 내각 회의 때 바다 바닥에 꽂혀 있던 몰디브 국기는 비자발적 정복의 깃발이다. 국가적 상승을 나타내는 영토 표식으로서가 아니라 한 국민국가가 가라앉아 존재의 흔적조차 지워지는 데 따른 국가적 후퇴의 표지 말이다.

미디어가 그 회의 장면을 소개함으로써 힘을 더해주지 않았던들 몰디브의 국기는 눈에 보이지 않는 바닷속에서 인도양 해류에 퍼덕거리는 신세에 그쳤을 것이다. 하지만 나는 '도치된 정복'을 말해주는 물에 잠긴 그 국기를 보는 순간 물에 잠긴 또 하나의 국기를 떠올리지 않을 수 없었다. 그 국기는 앞의 것과는 상관이 없어 보일지도 모른다. 하지만 기후 위기라는 느린 폭력, 그리고 지속 불가능 수준의 탄화수소 의존에서 벗어나는 방법을 고안·구현하지 못하는 초국가적 실패 간의 전 지구적 순환 고리를 드러내준다. 몰디브의 대통령과 각료들이 해저에서 회의를 진행하기 2년 전인 2007년, 러시아 잠수함이 북극해 아래 해저로 내려가 자국 국기를 꽂았다. 이 국기 꽂기는 그 이전의 정복과는 사뭇 다른, 덜 아이러니한 해양 토지(oceanic land) 약탈의 성격을 띠었다. 러시아 탐험대를 이끈 아르투르 칠린가로프(Artur Chilingarov)는 "북극은 러시아 것"[5]이라고 선언했다. 덴마크는 즉시 북극 대륙붕에 대한 크렘린의 주장에 이의를 제기했다. 캐나다도 마찬가지였다. 러시아는 자국의 북극 가장자리에 병력을 증강 배치했다. 그런가 하면 캐나다는 러시아를 그대로 따라 할 것이며 새로운 북극 항구 도시를 건설함으로써 자국의 주장을 강화해나가겠다고 선언했다. 미국·노르웨이·유럽연합(특히 북극에 인접한 그 회원국 스웨덴·덴마크·핀란드)도 제 몫을 요구하면서 그 논란에 뛰어들었다.[6]

지구 온난화가 이 같은 호전적 수사와 군사적 움직임을 촉발한 방아쇠였다. 북극 주변의 총빙(pack ice: 바다 위를 떠다니는 얼음이 모여서 생긴 거대한 덩어리—옮긴이)이 녹아내리는 현상으로 새로운 해상 교통로가 생겨날 가능성이 열리고, 지금까지는 접근할 수 없었던 광물과 에너지 자원(특히 가스와 석유, 즉 이른바 북극 탄화수소 노다지)이 드러나고 있었다. 2009년 5월 29일 〈사이언스(Science)〉는 처음으로 북극 주변 에너지 보유고 추정치를 보여주는 포괄적 지도를 일반에 공개하면서, 그 지역의 바다에 세계 미개발 천연가스의 30퍼센트, 미개발 석유의 13퍼센트가 매장되어 있을 것으로 추정한다고 밝혔다.[7] 주요 석유 회사와 그 정치적 동지들은 "새로운 개척(new frontiers: 존 F. 케네디 대통령 시절의 구호—옮긴이)"이라는 관용구를 들먹이면서 극지 부근의 취약한 총빙 용융 현상을 반겼다. 북서 항로(Northwest Passage: 대서양에서 북아메리카의 북쪽 연안을 따라 태평양에 이르는 항로로 15~16세기 탐험가들의 도전 코스였다. 항해자들은 모두 본인이 북서 항로를 발견했다고 믿었지만 실은 다들 실패했다—옮긴이)에 대한 백투더퓨처(back-to-the-future)식 신화적 호소에 기대면서 말이다.

그렇게 해서 우리는 지구 온난화 덕에 추출·연소할 수 있는 해저의 탄소 보유고가 늘어날 가능성에 직면해 있다. 더불어 처음에는 몰디브를 물에 잠기게 만들겠지만, 만약 제대로 제어하지 않으면 결국에는 느린 폭력의 과정을 가속화할 가능성에도 직면해 있다. 바로 그 느린 폭력은 전 지구적 망상, 즉 우리는 오랫동안 불안정한 공동체로부터 안전한 공동체를 분리해낼 수 있으며, 궁핍과 기후 카오스에 내던져진 사회로부터 질서 정연한 사회를 격리해낼 수 있다는 전 지구적 망상에 균열을 일으킬 것이다. 기후와 관련한 느린 폭력의 관점에 비춰볼 때, 북극의 오일 러시(oil rush)는 해저로 달려가는 경주에 완전히 새로운 의미를 부여한다.

　이 해저 장면에서 보이는 두 국기는 지리적으로는 서로 멀리 떨어져 있을지 모르나, 공동의 위기를 드러내는, 말하자면 닮은꼴이다. 둘 다 우리에게 기후 위기는 나눌 수 없고 불평등하게 감지된다는 사실, 특히 지상에서 가장 취약한 이들에게는 기후 불평등으로서 경험된다는 사실을 상기시킨다. 사라지는 총빙 아래 펼쳐진 첫 번째 해저 장면은 세계적 거대 기업들이 또 한 차례의 거대한 식민지 분할을 통해 좀 더 많은 지구 자원을 차지하고자 21세기형 쟁탈전에 뛰어들었음을 알리는 신호탄이다. 사라지는 섬나라 밑에 펼쳐진 두 번째 해저 장면은 해양 환경에 비추어 "저개발의 개발"이라는 반식민주의 문구를 새롭게 보게끔 이끈다.

위장환경주의와 거대 석유 회사의 초월주의

나는 이 두 해저 장면―새로운 탄화수소 권리를 무단으로 가져가기 위한 북극의 국기, 그리고 근시안적 탄화수소 탐닉에 항의하는 열대 지방의 국기―을 그와 관련한 세 번째 장면과 함께 살펴보고자 한다. 1.5킬로미터 깊이에서 발생한 영국 BP의 석유시추선 딥워터 호라이즌의 기름 유출 사고가 촉발한 해저의 느린 폭력 장면이다. "새로운 개척"이라는 관용구는 오랫동안 BP의 홍보 전략에서 필수 요소였다. 가령 그 기업은 "BP가 에너지 개척(energy frontiers)의 최첨단에 있다"고 주장하면서 "모든 석유 회사 및 가스 회사를 통틀어 가장 깊은 유정에서 시추한다"는 사실을 그 근거로 들었다. 이 화려한 개척 관용구는 BP의 거대 석유 회사 초월주의와 같은 종류다. 그 초월주의는 "석유를 넘어서[Beyond Petroleum: 머리글자가 BP(British Petroleum)인 데서 착안한 캐치프레이즈—옮긴이]"라는 위장환경주의 슬로건, 그리고 (저 아래에서 저 위까지 이어지는) 물구나무선 심해 수평선(Deepwater Horizon)이라는 혼란스러운 지각(知覺) 영역에서 잘 드러나 있었다. BP 슬로건의 공허한 초월주의에도 불구하고, 아틀라스경제연구재단(Atlas Economic Research Foundation)에 따르면, BP가 6년 동안 태양 에너지, 수소 에너지, 풍력 에너지 등에 투자한 비용은 그 회사가 2년간 BP, 즉 "석유를 넘어서"를 통해 브랜드 이미지를 제고하려고 광고 캠페인에 들인 비용보다 더 적었다.[8] 따라서 탄소 이후, 초월적 비전 따위는 주로 자기 준거적 마케팅 메타내러티브(metanarrative)로 환원될 수 있는 것들이다. 하지만 BP는 세계기후연합(Global Climate Coalition)에 많은 자금을 지원했다. 그 기관은 주로 미국이 온실가스 배출량을 낮추기 위한 교토 의정서(Kyoto Protocol)에 비준하는 데 반대한 거대 석유 회사와 자동차 회사의 컨소시엄이었다.[9]

BP는 오랫동안 기술적 숭고함이라는 낭만적 허구를 써먹었다. 상상할 수 없는 것 상상하기, 미지의 세계로 모험하기, 몇 가지 눈부신 공학적 발전 사례가 곤경을 모면하게 해주리라는 확신 따위를 내세우면서 말이다. 전율을 일으키는 기술적 개가에 관한 이야기는 따분하고 뉴스 가치가 없는 꾸준한 규제와 감독 이야기를 상대로 거뜬히 승리를 거두었다. 주지하다시피 오바마 대통령 자신도 이 같은 기술 진보 내러티브를 철석같이 믿었다. 그 결과 딥워터 호라이즌이 화염에 휩싸이기 3주 전, 과거에는 보호받던 해안 지역을 연안 시추에 노출해도 좋다고 지지한 것이다. 그는 "오늘날의 석유시추선은 일반적으로 석유유출을 일으키지 않는다. 기술적으로 대단히 앞서 있기 때문이다"[10]라고 장담했다. 대담한 진전들은 물질적이지만, 어리석은 위험들은 비물질적이다. 워싱턴의 논객 르웰린 킹(Llewellyn King)은 기술적 숭고함에 관한 언어를 극도로 오만한 지경으로까지 끌고 갔다. 폭발이 있고 난 뒤에도 "우리가 지옥의 뚜껑을 열어줄 만큼 빼어난 기계를 만들 수 있을지 궁금하다"[11]는 표현을 이어간 것이다.

《침묵의 봄》에 실린 존 키츠(John Keats: 1795~1821. 영국의 낭만주의 시인—옮긴이)의 에피그래프가 예감한 것이 바로 뚜껑이 열린 지긋지긋한 지옥이다. "호수의 풀들은 시들어가고/새들의 울음소리는 들리지 않네." 이 구절을 읽으면 루이지애나의 습지가, 시든 습지의 풀들과 석유로 온몸이 뒤범벅되어 울지도 날지도 못하는 펠리컨들이 떠오른다. 끈적끈적하게 들러붙은 날개는 진화의 시계를 거꾸로 돌린 듯한 외양을 부여했다. 그들은 마치 원시적 분비물 속에서 빠져나오려 안간힘 쓰는 최초의 새들 같았다. 따라서 그 펠리컨들은 엑손 발데즈(Exxon Valdez) 호의 석유 유출 사고(1989년 3월 24일 유조선 엑손 발데즈가 알래스카주 프린스 윌리엄(Prince William)해협의 블라이 암초(Bligh Reef)에 부딪쳐 일어난 참사—옮긴이)에 피해를 입은 바다수달(sea otters)처럼, 미생물 차원이나 세포 차원의 재앙—우리는 그 재앙의 시간적·물리적 차원을 상상할 만큼의 장비를 제대로 갖추지 못했으며, 그 재앙에 대한 과학도 충분히 이해하고 있지 못하다—을 대신해 보여주는 카리스마 넘치는 충격적인 존재였다.

21세기에 우리는 마이클 클레어(Michael Klare)가 말한 이른바 "터프 오일(Tough Oil: 비용을 많이 들여 어렵게 추출해야 하는 것으로, 쉽고 저렴하게 캐내는 이지 오일(Easy Oil)과 대비되는 개념이다—옮긴이)의 시대"[12]로 접어들었다. 쉽게 접근할 수 있는 석유 매장량이 고갈됨에 따라 새로 석유를 발견하는 과정은 추출 비용의 상승, 환경적 위험의 증가를 수반했다. 해저 유전은 점차 깊어졌고, 우리는 불쾌할 정도의 오염을 일으키는 타르 샌드(tar sands: 오일 샌드(oil sands)라고도 하며 점토나 모래, 물 등에 중질 원유가 10퍼센트 이상 함유된 것—옮긴이)와 수압파쇄법(fracking: 석유 자원 채취를 위해 혈암층에 고압으로 액체를 주입하는 것으로, 수압 파쇄를 통해 셰일가스나 석유를 추출하는 기술—옮긴이)에 점점 더 깊이 의존하게 되었다. 결국 터프 오일에 따른 추출 비용 증가, 딥워터 호라이즌의 위기는 화석 연료에 대한 대안으로서 청정에너지 정책에 대한 투자를 고민하도록 이끈다. 하지만 독일·포르투갈·덴마크 등 멀리 내다보는 소수 국가만이 이러한 변신을 필요한 규모로 꾀하고 있다. 그에 반해 그린란드는 딥워터 호라이즌의 마콘도(Macondo) 유정이 봉쇄되고 몇 주도 지나지 않아, 멕시코만보다 훨씬 더 깊고 훨씬 더 차가운 바다—이런 조건에서는 석유의 분출에 대한 저항력이 한층 더 커진다—에서 시추하도록 새로 허락함으로써, 북극 개척을 위한 오일 러시의 다음 국면에 접어들었다.

터프 오일 시대에 미국의 기후 규제는 점점 더 느슨해졌고, 그 결과 우리는 멕시코만에서처럼 1970년대의 천해(淺海) 청소 기술이 21세기의 심해 재앙에 적용되는 광경을 지켜보게 되었다. 우리는 환경적 상상력과 정책적 점검이 한데 어우러져 만들어낸 위기를 공화당원 대 민주당원처럼 단순한 어떤 것으로 치환할 수 없다. 오바마 행정부는 공화당 전임자들의 특징인 느슨한 규제를 고스란히 답습했다. 결정적으로 2009년 BP에, 딥워터 호라이즌의 마콘도 유정에 대한 포괄적 환경 영향 평가서의 무조건 면제를 허락해준 것이 바로 오바마의 내무부였다.[13] 게다가 거대 석유 회사를 달래기 위해 1996년 심해로열티경감법안(Deepwater Royalty Reduction Act)—석유와 가스 생산에 따른 수수료를 깎아줌으로써 멕시코만의 심해 시추를 가속화했다—을 서둘러 처리한 것도 다름 아닌 민주당의 빌 클린턴 대통령이었다. 1년 뒤 클린턴 행정부는 "그 업계의 요청으로" 유정 폭발 방지기의 점검이 필요한 횟수를 절반으로 줄여주었다.[14] 클린턴이 이렇듯 탈규제 쪽으로 기울게 된 까닭은 무엇일까? 그것은 바로 해외 석유에 대한 의존도를 줄이기 위해서였다.

따라서 우리는 수십 년 뒤에도 계속 위험에 대한 두 가지 협소한 정의, 즉 해외 석유에 의존할 위험과 국내 시추의 위험 사이를 왔다 갔다 하고 있다. 제3의 선택지는 끝없이 미뤄지고 있다. 국내적 위험도 해외 의존의 위험도 늘이지 않고, 혁신적 규모로 탄화수소 이후의 가능성(오직 명목상이긴 하지만 "석유를 넘어서"라는 기치가 지향하는 것)에 투자하는 조치 말이다. 이는 우리의 위험 관리에서 장기적 주안점이자 대안적 선택지가 되어야 한다. 그로 인한 신종 직업의 창출 가능성은 덤이다.

심해(Deepwater)와 느린 폭력의 잃어버린 수평선(Horizons)

우리는 지금 형태가 달라지고 있는 초국가 기업의 시대, 기업의 이동이 증가하는 시대, 대규모 합병의 시대, 유니언 카바이드나 몬산토(Monsanto) 같은 문제적 브랜드명이 슬그머니 사라지는 시대, 비난의 대상을 콕 집어내는 것은 고사하고 문제가 된 기업의 신원을 파악하는 것 자체를 어렵게 만드는 아리송한 하도급제의 시대를 살고 있다. 이런 당혹스러운 배경 아래서 우리는 어떻게 피해에 대해서나 가해의 책임성에 대해서 명료화할 수 있을까? 오바마 대통령은 처음에는 BP를 시대착오적으로 브리티시 페트롤륨(British Petroleum)이라 부르는 대중 추수적 계책을 통해(즉 역사적 억압자인 영국을 불량 국가로 만듦으로써), 신자유주의적 세계화라는 요정을 기업 민족주의라는 병에 도로 집어넣으려 애썼다. 영국 악센트를 쓰고 방어 태세가 지나치며 소송에 관심이 많은 토니 헤이워드(Tony Hayward: BP의 전 CEO로서 그가 재직할 당시 딥워터 호라이즌 석유 유출 사고가 발생했다—옮긴이)의 처신은 적에 초점 맞추는 일을 한결 쉽게 만들어주었다. 혈색 좋은 헤이워드는 미국 연안을 위협하는 "외국" 비즈니스 행위의 대표 격으로 떠올랐다. 비난의 표적을 찾아내는 문제에 직면한 공화당원들은 스스로가 딜레마에 갇히게 되었음을 깨달았다. '큰 정부(Big Government: 민주당이 표방하는 것으로, 적극적 정부 역할을 강조한다. 경제를 민간과 시장에만 맡김에 따라 초래된 사회경제적 불평등을 해소·완화하고자 정부가 적극 개입해야 한다는 입장이다. 공화당이 표방하는 작은 정부(Small Government)에 대응하는 개념이다—옮긴이)'가 적인가, 영국이 적인가? 티 파티(Tea Party: 1773년의 보스턴 차 사건(Boston Tea Party)에서 이름을 따왔으며, 2009년 미국의 여러 길거리 시위에서 시작된 보수주의 정치 운동이다.

작은 정부, 개인, 미국 역사의 가치와 전통 존중을 표방한다—옮긴이) 진영에 속한 이들—200억 달러를 피해 보상 기금으로 "강탈(shakedown)"한 데 대해 토니 헤이워드에게 사과한, 텍사스주 공화당 국회의원 조 바튼(Joe Barton) 같은 이들—은 정권 관할이 아닌 장소에 간섭한다며 연방 정부를 비난했다. 또 어떤 이들은 외국인 혐오 본능을 드러낼 기회를 마음껏 구가했다. 1773년과 같은 식으로 차를 버리는(미국 독립전쟁의 불씨를 지피는 데 일조한 '보스턴 차 사건'을 의미한다. 대영제국의 지나친 세금 징수에 반발해 북아메리카의 식민지 주민들이 아메리카 토착민으로 위장해 보스턴항에 정박한 배의 홍차 상자를 바다에 버렸다—옮긴이) 반제국주의 도식을 재소환하면서 말이다.[15]

하지만 21세기에 국내 기업과 외국 기업을 구분하는 것은 점점 더 아리송하고 복잡한 일이 되어가고 있다. BP는 런던에 본사를 둔 기업이지만, 펜타곤은 자체적으로 필요한 석유의 37퍼센트를 BP에 의존한다. 게다가 미국인이 BP 주식의 40퍼센트를 소유하고 있다. 정부와 거대 석유 회사 간의 순환 고리는 탄탄하다. 예를 들어 조지 W. 부시의 내무장관이었으며 '석유업계 탈규제'라는 거대한 물결의 최선봉에 선 게일 노튼(Gale Norton)은 현재 가장 반미국적인 목소리를 내는 거대 석유 회사 로열 더치 셸의 유급 고문으로 일하고 있다.

'외국' 기업이라고 할 때의 외국은 정확히 어떤 의미일까? 이 질문은 기업이 복잡하게 외주를 줌으로써 소비자와 연루되어 있다는 사실을 부인하는 상황과 직결된다. 이 질문은 또한 명백하게 외국에서 이루어진 재난을 어떻게 기억에서 도려내는지에도 영향을 준다. 그 재난들이 "우리" 환경, 혹은 "우리" 국가 안보를 위협하는 것처럼 보이지 않으므로, 그로써 응당 얻어야 할 교훈이 사라지기 때문이다. "외국 것"으로서 따로 괄호가 쳐진 재난은 정책 점검이나 업계의 감시와는 무관한 부분으로 일축되기 십상이다.

1979년 멕시코만 연안에서 발생한 익스톡(Ixtoc) 기름 폭발 사고는 많은 문제를 안고 국유화된 회사가 일으킨 재난에 대한 기억이 얼마나 가는지를 보여주는 대표적 사례다. 익스톡 사고는 딥워터 호라이즌 사고를 미리 예고한 것으로, 미국 국경 안에서 이루어진 그 어떤 석유 재난보다 그 사고와 관련이 깊다. 익스톡 사고는 딥워터 호라이즌 사고와 같은 해역인 멕시코만에서 발생했다. 또한 몇 개월 동안 뚜껑이 열린 채 기름이 계속 새어나왔고, 난류 상태에서 일어났다. 그리고 파열된 탱크에서 뿜어져 나오거나 육상에 유출되는 대부분의 석유 재난과 달리 심해 유정과 관련이 있었다.[16] 하지만 만약 1969년의 샌타바버라 유출 사고와 1989년의 엑손 발데즈 유출 사고가 미국인의 기억 속에 희미하게나마 살아 있는 데 반해, 익스톡 기름 분출 사고는 미국인의 기억 속에서 완전히 지워졌다.

익스톡이 딥워터와 공유한 가장 분명한 유사점은 이것이다. 즉 익스톡 유출 사고에서는 책임자인 페멕스(Pemex: 멕시코의 국영 석유 회사—옮긴이)가 이렇다 할 단서도 없이 마지못한 자세로 297일간 헛되이 조사를 벌였고, 그러는 사이 익스톡 기름 유출 문제는 서서히 잦아들었다. 그때쯤 익스톡은 간신히 2개의 감압 유정(relief well: 사고 유정의 압력을 낮추기 위해 다른 유정을 뚫어 원유 유출을 근본적으로 차단하는 방법—옮긴이)만을 사용하고 있었다. 계속 무능하게 몇 개월을 흘려보내는 동안 1억 4000만 갤런이나 되는 원유가 멕시코만으로 쏟아져 나와 무엇보다 유서 깊은 어업 문화를 망쳐놓았다. 그 어업 문화는 중요한 몇 가지 해양 동물종과 더불어 결코 온전하게 그 이전으로 회복하지 못했다. 오늘날의 심해 시추는 1970년대보다 훨씬 더 깊은 곳에서 이루어진다. 하지만 배우지 않고 터득한 결정적 깨달음이 하나 남았다. 석유 추출 기술의 경계를 넓히는 것과 관련해 석유업계는 기름 분출 예방 기술과 제거 기술 부분에서 상당한 진척을 이루고자 하는 동기가 과거 30년 전에도 없었고, 지금도 여전히 없다는 것이다. 표준적 운용 절차는 그대로다. 무슨 일인가 벌어질 경우, 즉 습지, 삼각주, 해양 동물, 여행자, 어업 등이 피해를 입을 경우 그때그때 즉흥적으로 대처하는 게 더 싸게 먹힌다는 것이다.

익스톡의 경험을 통해 사람들은 재난 낙관주의자들, 즉 헨리 페트로스키(Henry Petroski), 데이비드 파울러(David W. Fowler) 그리고 제임스 차일스(James R. Chiles) 같은 엔지니어들이 고수하던 방침에 의문을 제기했다. 딥워터 사건이 발생한 이후, 그들의 주장이 새롭게 부각되었다. 오스틴(Austin)의 텍사스대학에서 법공학을 가르치는 파울러는 "석유업계는 그 일이 또다시 발생해서는 안 된다는 것을 알고 있다. 그 업계는 같은 역사가 결코 되풀이되지 않도록 만전을 기할 것이다"[17]라고 말했다. 하지만 그와 반대로 익스톡이 시사한 바와 같이, 업계의 한 가지 집요한 전략은 역사, 특히 명명백백한 '외국' 역사가 잊히기까지 (그리 오랜 시간이 걸리지는 않을 테니) 죽치고 기다리자는 것이다.

문제의 일부를 설명해주는 사실은 재난 낙관주의자들이 대체로 기술에 대해 협소한 관점을 취하는 엔지니어라는 점이다. 그들은 그저 재난이 어떻게 설계를 추동할 수 있는지에 대해서만 관심이 있다. 그러나 만약 혁신적 설계가 작동하는 정치적 분위기가 환경 정의를 보장해주지 않는다면 그런 혁신은 효과가 제한적이거나 결코 제대로 이행되지 못할 것이다. 정치적 압력이나 눈앞의 이익이 없다면 기업이 재난에 적극적으로 대처할 동기를 가질 까닭이 뭐겠는가? 그리고 (딥워터 호라이즌의 경우에서처럼) 핼리버튼(Halliburton: 미국의 다국적 기업으로 세계에서 가장 큰 석유 채굴업체 가운데 하나다―옮긴이) 같은 기업이 관여할 때마다, 나오미 클라인이 신랄하게 명명한 이른바 "재난 자본주의(disaster capitalism: 극단적인 시장만능주의자들은 재난을 틈타 시장의 외연을 넓힌다. 그들이 보기에 재난은 당사자에게는 절망이지만 시장에는 기회인 것이다. '재난 자본주의'란 재난을 둘러싸고 벌어지는 규제 없는 자본주의의 공습을 의미한다―옮긴이)"도 활개를 칠 것이다.[18]

수많은 전선에서 재난 지대의 시간적 차원에 유의하기란 어려운데, 멕시코만에서 그 어려움은 유분산제(oil dispersant: 기름 오염에 의한 피해를 막기 위해 이용하는 방제 처리 약제를 말한다. 해면의 기름을 유화해 미립자로 만든 뒤 해수 속에 분산시켜 세균에 의해 자연 정화되도록 만드는 것이 특징이다―옮긴이) 코렉싯(Corexit)을 써서 기름 유출에 대처하려던 BP 전략에 의해 더욱 가중되었다. 코렉싯은 발음이 마치 티펙스(Tipp-Ex : 유럽 전역에서 인기를 누리는 수정 테이프(correction tape), 수정액(correction fluid), 수정 펜(correction pen)의 상표명―옮긴이)의 사촌처럼 들린다. 잘못 쓴 것을 한 번의 솔질로 고칠 수 있는 간단한 수정액을 연상케 하니 절묘한 브랜드 네이밍이 아닐 수 없다. 하지만 (기름이 쏟아져 나오는) 제어 불가인 분유정(gusher)의 경우는 간단한 수정용 솔질도 출구도 없다. 코렉싯은 전혀 문제를 해결해주지 못하므로 영국에서는 사용이 금지되었다. 이는 그 제품이 분산제가 아니라 (레이첼 카슨의 용어에 따르면) 살생제로 작용할 것임을 말해주는 증거다. 그러므로 멕시코만의 느린 폭력을 다루는 데서 우리는 이름에 가려진 실상을 파헤쳐봐야 한다. 세대를 이어 중독 피해를 안겨주고 있는 제초제 "에이전트 오렌지", 수년에 걸쳐 어마어마한 피해자를 낳고 있는 "집속탄", 조류와 파도의 작용, 해류, 화학적 확산을 통해 그것이 바로잡고 있다고 주장하는 바로 그 재난을 한층 더 복잡하게 만들고 있는 "코렉싯"이 비근한 예다.

앤 맥클린톡은 멕시코만 기름 유출 재앙에 대한 조사 보고서를 작성하는 과정에서, BP와 연안경비대(Coast Guard)가 비밀리에 수많은 군용기를 동원해 밤에 코렉싯으로 유출 지점에 융단 폭격을 가했다는 사실을 알아냈다.[19] 석유는 어떻게든 흩어지고 가라앉겠지만 결국 나중에는 도로 축적될 것이다. 따라서 등장과 퇴장은 일정한 리듬을 띠었다. 코렉싯의 대규모 살포는 주로 야음을 틈타 이루어졌고, 실제로 표층 기름 상당량을 사라지게 만들었다. 하지만 그것은 없어진 게 아니라 단지 물 아래로 흩어지고 해저에 가라앉았거나 물속의 기름 기둥 형태로 쌓여 있을 따름이다. 따라서 유분산제는 이미지 분산제로 쓰였다. 맥클린톡이 말했듯 그것은 "이야기를 사라지게 만드는"[20] 방법이었다. BP는 실제로는 석유를 생태계에서 제거하지 않은 채 눈 가리고 아웅하는 식으로 수면 유막을 흩어지게 만듦으로써 화상이나 사진 같은 재난 이미지를 누그러뜨릴 수 있었다. 웹사이트상에서 유막 이미지를 포토샵함으로써, 그리고 맥클린톡이 지적했다시피, (연안경비대와의 결탁을 통해) 미디어가 가장 극심하게 타격 입은 지역에는 접근하지 못하도록 막음으로써 그렇게 하고자 노력한 것이다. 지금껏 밝혔듯이, 전반적으로 느린 폭력의 경우 시간 측면에서 예측한 그 재난의 규모는 대체로 축소된다. 멕시코만에서 그 축소 작업은 이미지 완화제를 바름으로써 더욱 손쉬워졌다.

탄화수소의 검은 대서양

딥워터 호라이즌의 기저를 이루는 느린 폭력은 시기적으로 제어가 안되는 분유정보다 훨씬 더 앞선 것이었다. 시간 차원에서 그 재난 지대에서는 거대 석유 회사에 대한 규제 면제라는 행정 남용 사태가 오랜 역사에 걸쳐 지속되어왔다. 대형 석유 회사들로 하여금 자체적으로 감독하도록 독려하는 문화를 통해 규제받지 않는 시추라는 눈에 보이지 않는 폭력이 제도화했으며, 정부의 감독 부실, 기업의 근시안적 태도, 눈에 보이지 않지만 진행 중인 폭력이 직접적으로 얽히고설키게 되었다. 이 장면의 시간 차원을 추적함에 있어 우리는 오랜 기간에 걸쳐 기하급수적으로 전개되는 탄소 문화 폭력—즉 주요 석유 회사들이 글로벌 사우스의 가난한 나라에서 저지르는 폭력, 가난한 이들이 모여 사는 외국의 연안 지역에서 벌어지는 만큼 멕시코만에 쏟아진 것과 같은 언론의 관심을 끌지는 못한 폭력—을 거기에 포함해야 한다.

"외국"이라는 환경 영역에 대해 문제 제기를 함에 있어, 대서양을 사이에 두고 마주 보고 있는 지상에서 가장 규모가 크고 가장 취약한 삼각주 습지 두 곳을 살펴보면 도움이 될 것이다. 하나는 미시시피강 삼각주고, 다른 하나는 나이저강 삼각주다. 나이지리아 남동쪽 삼각주 지역의 주들(나이지리아는 36개 주(state)와 1개의 연방 수도지구 아부자(Abuja)로 구성된 연방공화국이다—옮긴이)—미국 석유 수요의 약 11퍼센트를 감당하고 있다—에서 지금까지 5억 4600만 갤런의 석유가 유출되었다.[21] 하지만 이러한 유출은 시추가 이루어진 50년 동안 집중적으로 발생했다. 나이저강 삼각주의 공동체들은 그 50년 동안 매년 엑손 발데즈와 맞먹는 규모의 기름 유출로 고통받아왔다.

하지만 점차 심각해지는 이 재난에서는 그간 집중적이고 강렬한 뉴스거리로서의 폭발력, 그리고 스필캠〔spillcam: 남아프리카공화국의 전통 악기 부부젤라(vuvuzela)와 함께 2010년 올해의 영어 단어에 뽑힌 것으로, "미국 멕시코만 원유 유출 사고 현장의 실시간 영상"을 뜻한다—옮긴이〕이 결여되어 있었다. 이러한 표현상의 불리함에 인종차별적 요소가 가미된 '외국성(foreignness)'이라는 장애 요소까지 가세했다. 나이지리아의 기름 유출은, 미국인이나 유럽인의 관점에서 보면, 연안해 저 너머에서 일어나는 일이니만큼 이중적으로—인종적으로·지리적으로—그들 국가의 의식에서 사라질 수밖에 없다. 이러한 차이를 이해하기 위해 우리는 "오염은 가난한 자들을 따라 다닌다"는 울리히 베크의 말과 "자연의 국제적 분할"이라는 페르난도 코로닐의 설명에서 볼 수 있는 인종차별적 요소를 인식해야 한다.[22]

이 점에 관한 한 우리는 거대 석유 회사를 넘어 재난과 관련한 노스-사우스 간의 법적 책임을 비교하는 문제로까지 시야를 넓혀야 한다. 보팔을 예로 들어보자. 보팔의 재난은 멕시코만에서처럼 느슨한 규제, 자유방임적 기업의 자체 감독 문화, 부실한 장비 유지 관리와 기본적 안전 절차의 무시, 그리고 재난이 일어날 가능성이 높다는 고용인과 용감한 언론인의 경고를 무시하거나 의도적으로 회피한 기업 경영진이 만들어낸 합작품이다.[23]

딥워터 호라이즌은 즉석에서 11명의 목숨을 앗아갔다. 반면 보팔의 경우 그 자리에서 3500명이 죽고, 그에 이은 몇 달 동안 수천 명이 숨졌다. 인도 정부의 기록에 의하면, 이 유니언 카바이드 재난은 57만 8000명의 건강에 해를 끼친 것으로 드러났다. 미 의회는 지체 없이 BP로부터 초기 보상금 200억 달러를 용도 지정 조치하고 총 소요 배상금 규모를 340억 달러로 잡겠다는 약조를 받아냈다. 보상금은 무엇보다 사망, 신체 상해, 환경 청소, 공공 의료와 관련한 우려 사항, 재산 손실, 실직, 소득 상실 등 광범위한 이유로 요구할 수 있었다. 반면 보팔에서는 보상금을 받을 수 있는 피해 종류가 엄격하게 제한되어, 사망과 신체 상해 딱 두 가지만을 대상으로 했다. 더군다나 보상이 이루어진 뒤에도 재난이 일어난 공장은 계속 피해를 가했다. 유니언 카바이드를 인수한 다우 케미컬이 그 도시의 대수층과 토양으로 끊임없이 침출되고 있는 위험한 폐기물 450톤을 치우지 않은 것이다.

멕시코만에 주어진 수백억 달러의 배상금이 비록 충분치는 않았지만, 좌우간 미국 행정부는 자체 권력을 동원해 BP에 영향력을 행사할 수 있었다. 반면 인도 정부는 미국에 본사를 둔 기업과의 관계에서 자기네가 매우 불리한 협상 위치에 놓여 있음을 깨달았다. 레이건 행정부, 그리고 그에 이은 역대 정부는 만약 보팔생존자운동(Bhopal Survivors' Movement)을 비롯한 수많은 인도인의 요구대로 유니언 카바이드에 벌금을 부과할 경우 향후 인도에 대한 미국의 투자가 위험에 빠질 것임을 분명히 했다. 잇달아 소심한 (그리고 부패한) 정부가 들어서면서 그들의 요구는 점차 규모가 작아졌다. 인도 정부는 법정으로 하여금 수십 년에 걸쳐 물질적 보상을 요구하지 않은 채 그저 시늉만 하도록 허락했다. 유니언 카바이드는 결국 모든 희생자에게 4억 7000만 달러만 보상하는 데 그쳤다. 각자는 평생 보상금으로 평균 550달러를 받았는데, 그마저 값을 정하기 위해 17년의 세월을 흘려보낸 뒤의 일이었다.[24] 이렇듯 글로벌 사우스에 사는 가난한 유색 인종의 삶은 저가로 한도가 매겨졌다.

마콘도 유정이 여전히 기름을 내뿜고 있던 2010년 6월, 오바마 행정부는 핵발전소 건설 기술을 제공하기 위해 인도와 협상을 벌였다. 미국과 인도 간의 새로운 민간 핵 기술 협정의 성사 여부는, 그들 주장에 따르면, 피해의 법적 책임 한도를 어떻게 정하느냐에 달려 있었다. 미국 측은 보팔 참사를 염두에 두면서 핵 사고가 발생할 경우 최대 보상금을 1억 달러로 미리 정해두는 데 합의하도록 인도 측을 압박했다.[25] 따라서 오바마 행정부는 BP에는 계약서상으로 책임 있는 보상 한도액을 소급해 무효화하고 있던 바로 그 순간에, 인도에는 용도 지정된 BP 초기 보상금의 고작 0.5퍼센트에 불과한 피해 한도를 받아들이도록 강요하고 있었다. 따라서 신자유주의 경기장에서는 글로벌 사우스와 글로벌 노스 간에 법적 책임뿐 아니라 사전 예방 원칙(precautionary principle)도 불공정하게 적용되고 있다.

딥워터부터 《생각하지 않는 사람들》까지: 반대의 미래

25년 전 에드워드 사이드가 지식인들에게 긴 형태의 글쓰기와 짧고 즉각적인 관여 둘 다에 능란해지도록 촉구했을 때, 그는 오늘날의 커뮤니케이션을 주도하는 간결성의 위력 혹은 쉴 새 없는 즉시성을 예견할 수 없었을 것이다. (140바이트 이하로 이루어진 문자, 비평의 세계에 오신 것을 환영합니다!) 전 지구적 "생명의 그물망(web of life)"을 위해 혁신적 은유를 즐겨 사용하곤 했던 레이첼 카슨 역시 미래의 환경주의자들이 어떻게 손가락 끝에 월드와이드웹(www)을 달고 살면서 연결성(connection)과 주의 분산(distraction)을 특징으로 하는 가상 생태학을 활용하게 될지 예견하지 못했다.

속도라는 디지털의 신에게 점차 무릎을 꿇고 있는 시대에 환경 운동가들은 어떻게 느린 폭력—정의상 이미지로 드러내기가 어렵고 오랜 주의 집중 시간을 요구하는 폭력—의 표현 문제에 다가갈 수 있을까? 작가, 사진작가, 비디오 아티스트, 팟캐스트 진행자, 블로그 운영자 등은 어떻게 광범위하고도 즉각적인 연결성과 조급하고 산만한 스타카토적 리듬을 특징으로 하는 뉴미디어 문화의 가능성, 혹은 위험을 다룰 것인가? 우리는 어떻게 초국가적 규모에서 환경 정의로 향한 길을 확대하고 유지하면서 장기 지속(longue durée)에 관한 관심을 배분하고 유지할 것인가?

마콘도 유정이 폭발하고 7주 뒤, 나는 나 스스로가 어쩐지 좌불안석 상태로 이런 문제들에 대해 뒤죽박죽 고민하고 있음을 발견했다. 나의 시선은 딥워터 호라이즌 스필캠과 《생각하지 않는 사람들(The Shallows)》—신경가소성(neuroplasticity: 뇌가 외부 환경의 양상이나 질에 따라 스스로의 구조와 기능을 변화시키는 특성—옮긴이), 집중의 깊이, 디지털 시대의 압력 아래 놓인 공동체 등에 관한 생각을 진지하게 담아내 격렬한 논쟁을 불러일으킨 닉 카(Nick Carr)의 저서다—사이를 오락가락했다. 카는 수많은 과학적 증거를 내놓으면서 뉴미디어가 우리의 신경 연결 통로를 변화시키고, 꾸준히 어딘가에 깊이 몰두하는 능력을 방해하고, 데이터에 접근하는 기회를 확대함과 동시에 기억을 강화하는 능력은 퇴화시키는 방식에 우려를 표명했다. 이 같은 신경학적 변화가 자아에 엄청난 해악을 끼치며 사회적 기억상실을 부추긴다고 그는 주장했다.

BP가 유정을 봉쇄하고, 이제 볼 수 있는 요소가 아무것도 남지 않았으리라 추정되고 있을 때, 즉 그 재난의 가장 가시적인 국면이 끝났을 때, 나는 막 《생각하지 않는 사람들》을 다 읽은 상태였다. 그즈음 주류

미디어들은 그 기름 유출에 관한 보도량을 확연하게 줄였다. 나는 그와 관련한 이미지 관리를 보고 커다란 혼란에 빠졌다. 그렇다. 스필캠은 우리가 집단적으로 우리에게 밀어닥치는 트라우마를 목격하고 우리가 볼 수 있었던 것을 중심으로 집결하도록 해주었다. 하지만 나는 유정이 밀봉됨과 동시에 우리의 관심이 이내 딴 데로 향하리라는 것을 알고 있었다. 더는 재난의 가시적 증거가 우리의 관심을 단단히 붙들어주지 않으니 말이다. 그런가 하면 독성 물질이 생물 확산을 통해 퍼져나간 계산 불가의 점증적 피해는 오직 시작에 불과했다. BP는 유정의 뚜껑만 닫은 게 아니라 스필캠의 도움으로 그 재난의 인지(認知) 시간 프레임마저 닫아버렸다. 중간 선거를 앞두고 그 재난을 어떻게든 덮고 싶어 한 오바마 행정부와 〈뉴욕타임스〉를 위시한 막강 세력들은 적극적으로 나서서 최악의 상황은 끝났다고 선언하며 이제 앞으로 나아가자고 호소했다.

나는 딥워터 호라이즌 사고에 비추어 환경 관점에서 닉 카의 《생각하지 않는 사람들》을 읽었다. 신경 연결 통로, 기억 패턴, 디지털 시대가 낳은 정체성 등으로 달라지고 있는 카의 관심은 환경주의와는 아무 관련이 없었다. 하지만 그의 접근법만큼은 이 책이 본격적으로 다루고 있는 다음의 이슈들과 긴밀하고도 직접적으로 연관된다. 즉 우리는 어떻게 환경 시간을 인식하고 그 안에서 살아갈 것인가? 우리는 지역적·국가적·세계적 차원에서 지속 가능한 안보를 위협하고 있는, 오랜 기간에 걸쳐 진행되는 느린 폭력을 어떻게 가시적 현상으로 표현하고 그에 맞서 행동할 것인가? 만약 심리학자 크리스토퍼 차브리스(Christopher Chabris)의 판단대로 웹이 지금 당장 일어나고 있는 일에 과하게 가치 부여하는 경향성을 강화한다면, 우리는 무턱대고 즉각적 진기함에 달려드는 경향성과 장기적으로 뭔가에 집중하는 태도를 요구하는 행동주의 사이에서 어떻게 균형을 잡아야 하는가?[26] 만성적으로 디지털 속에서 표류하는 삶을 사는 시대에 우리는 어떻게 완전히 다른 시간 프레임에 걸쳐 펼쳐지는 독성 물질 표류에 시종 주의를 기울일 수 있는가? 결정적으로, 탄화수소의 현상 유지에 맞서 반대 운동을 펼치는 것과 그러한 행동주의가 작동해야 하는 변화무쌍한 기술적 분위기—시간을 인식하고 그 안에서 살아가는 방법을 극적으로 바꿔 놓고 있는 분위기—간의 관련성은 어떠해야 하는가?

디지털 시대에 기후 변화와 관련해 절박성을 지속시키는 과제는 특히 지난하다. 그 문제의 시간적·지리적 차원 때문이다. 지구과학자들은 그들이 말하는 이른바 "거대한 가속"—제2차 세계대전 이후 지구의 생물리계가 겪고 있는 점차 빨라지는 인류 연원의 변화—에 의해 경각심을 가질 수도 있다. 하지만 특히나 주의 분산 시대를 살아가는 대다수 사람은 지구과학자처럼 그 속도를 이해하지는 않는다. 뉴미디어는 대중이 기후 변화 과학에 접근할 수 있는 기회를 늘려주었다. 하지만 기민한 데다 잠시도 가만히 있지 못하는 뉴미디어의 속성, 그리고 그것이 새롭게 주조하고 있는 인간 뇌가 이 규모라는 이슈에 어떤 영향을 미칠지는 여전히 미지의 상태로 남아 있다. 디지털에 의해 조정된 시민 불복종은 분명 정부가 필수 불가결한 초국가적 합의에 돌입하도록 압력을 넣는 데서 일익을 담당한다. 그처럼 큰 규모의 합의가 없었더라면 몰디브와 북극 지역에서 기후 붕괴로 인한 피해는 한층 악화할 것이다.

전략이라는 중요한 문제가 남는다. 우리가 초국가적으로 좀더 강력한 연대를 추구함에 있어, 어떻게 하면 활동가의 지구력과 뉴미디어의 순발력을 접목할 수 있는가 하는 문제다. 그 어떤 기술적 혁명도 내재적으로 정치학을 담고 있지는 않다. 한편으로 2009년 위키리크스〔WikiLeaks: 익명의 정보 제공자가 알려오거나 자체적으로 수집한 사적 정보 혹은 비밀 정보를 공개하는 국제 비영리 기관이다. 주로 각국 정부나 기업 등에 속한 조직의 비윤리적 행태를 폭로한다. 오스트레일리아의 인터넷 활동가 줄리언 어산지(Julian Assange)가 대표다―옮긴이〕가 어떻게 이스트앵글리아대학(University of East Anglia)의 이메일―우파 (기후 변화) 부정론자들이 신나서 써먹은 기후 변화 관련 이메일―을 유출함으로써 기후 게이트〔Climategate: 본래 'CRU 이메일 논란(CRU email controversy)'이라 알려진 사건으로, 2009년 12월의 코펜하겐 정상 회담을 몇 주 앞두고 이스트앵글리아대학 산하 기후연구부(Climate Research Unit, CRU)의 서버가 외부 침입자에게 해킹당한 사건이다―옮긴이〕를 촉발했는지 보라. 다른 한편으로 2006년 위키리크스가 어떻게 비밀 외교 전문(cables)을 유출함으로써 케이블 게이트(Cablegate)를 촉발했는지 보라. 그 문서는 아이보리코스트〔Ivory Coast: 아프리카 서북부 적도 바로 위쪽에 자리한 코트디부아르공화국의 영어식 국명. 코트디부아르가 프랑스어로 상아 해안(ivory coast)이라는 뜻이다―옮긴이〕의 환경 정의 활동가와 그 동지들이 영국의 거대 상품 무역 회사 트라피구라(Trafigura)로부터 받은 피해를 해결하도록 이끌어주었다. 트라피구라는 수년 동안 아비장(Abidjan: 코트디부아르공화국의 최대 도시―옮긴이) 근방의 쓰레기 매립지에 대단히 유독한 슬러리 오일(slurry oil: 정유 회사에서 원유를 정제하고 남은 기름―옮긴이)을 내다 버린 데 대한 책임을 부인해왔다. 그 슬러리 오일은 단기간에 15명의 목숨을 앗아가고 10만 8000명을 병들게 만들었다.[27] 트라피구라 사례에서 거둔 활동가들의 성공은 환경적으로 피해 입은 가난한 사람들은 결국 보이지 않고 사용 후 버려도 좋은 존재라고 가정하는 자

들을 향한 디지털 시대의 따끔한 일침이었다.[28]

뉴미디어는 분량과 속도에서 전에는 상상도 할 수 없던 규모의 증언을 이용 가능하게 해주었다. 빈자의 환경주의를 강화하고 느린 폭력을 자행하는 이들에게 맞설 수 있는 증언 말이다. 가령 〈뉴욕타임스〉는 대체로 미국의 언론 네트워크나 케이블 TV와 더불어 레거시 미디어(legacy media)로서 이점을 이용해 어떻게든 멕시코만의 석유 재난을 은폐하기에 급급했다. 반면 수많은 뉴미디어는 회의론자와 활동가들에게 끊임없이 정보를 제공했다. 그 덕분에 몰디브에서 이루어진 해저 내각 회의도 위기에 처한 극소 국가의 고립된 절박한 행동 그 이상의 것이 될 수 있었다. 그 회의는 유튜브뿐 아니라 350.org(탄소 배출량을 줄이기 위해 창립한 창의적이고 방대한 초국가적 연합체로서 수십 개국에 걸쳐 활약하는 활동가들을 잇는 조직)의 조정 노력을 통해 국제적 가시성을 획득했다.

350.org 같은 이니셔티브는 뉴미디어의 풍경과 느린 폭력의 풍경 간 간극을 좁히는 데 기여한다. 전자는 불균형할 정도로 부유한 사람들이 많이 이용하고, 후자는 불균형할 정도로 가난한 사람에게 가해진다. 정보 격차에도 불구하고 휴대폰의 급격한 확산은 활동가들이 심지어 전기가 안 들어오는 지역에서조차 서로 연결되도록 돕는다. 우리가 앞으로 디지털 표동[digital drift: 표동(drift)은 정보 통신 기술 용어로서 개별적으로 빠르고 산만하고 무질서한 듯하나 전체적으로는 질서 있고 완만하게 움직이는 경향을 나타낸다—옮긴이]이 빈자들 사이에서보다 부자들 사이에서 더 만연할지 여부, 누구의 온라인 사용 시간이 비용의 제약을 받을지, 그리고 생명을 위협하는 긴급 상황이라는 이슈에 의해 동기화될 때 과연 누구의 커뮤니케이션이 좀더 주목받고 지지를 얻을지 알아볼 필요가 있다. 만약 예를 들어 트위터의 슬로건 "지금 무슨 일이 일어나고 있는

가?(What's happening right now?)"에 대한 답이 "정부에서 파견한 깡패가 들이닥쳐서 마을 사람들을 두들겨 패고 있고 숲을 파괴하기 시작했다"라면, 그 "지금"은 당분간 전방(front)과 중심(center)으로 남을 수 있다. 2008년 알란 가르시아(Alan Garcia) 대통령이 기업들로 하여금 아마존의 약 9만 3000제곱킬로미터에 달하는 지역에서 토착민 허락 없이 광물·석유·목재를 채취할 수 있도록 해주는 법률을 통과시킨 조치를 페루 토착민들(indigenistas)이 무산시켰을 때 일어난 일이 정확히 그것이었다. 페루 의회는 65개 부족의 활동가와 도시민 지지자들까지 가세한 저항에 놀란 나머지 미국과의 신자유주의적 "자유 무역 거래"의 일환으로 혹평받아온 그 법을 철회했다. 페루 토착민들은 노동집약적 저항과 디지털 저항을 창조적으로 융합해 통나무로 도로를 막고, 석유 공장과 전기 공장을 점령하고, 휴대폰을 통해 행동을 조율하는 유동적 시위대를 꾸렸다.[29]

미얀마에서 이란에 이르는 시위자들이 입증하듯, 디지털 네트워크는 하나의 세력임에 분명하지만 결과를 보장할 수는 없는 세력이다.[30] 그것은 유죄를 강력하게 시사하는 혹은 유쾌한 증거를 빠르게 퍼뜨리는 데는 주효하지만, 정치적 리더십 그리고 보완적·위계적 정치 조직 형태가 없는 상태에서는 그 사회적 혁신 가능성이 좌초할 소지도 있다.[31] 우리는 환경 정의에 대해 우리 뜻을 그 어떤 간단한 방식으로도 트윗할 수 없지만, 그럼에도 플리커(Flickr: 미국 기업 야후의 온라인 사진 공유 커뮤니티 사이트로, 이미지와 영상 관련 서비스를 제공한다—옮긴이)를 통한 연결성 시대는 미래의 작가-활동가들이 증언하고 변화를 촉구하는 방식을 비가역적으로 바꾸어놓았다.

문학적 전념이라는 골치 아픈 주제를 다루면서 장폴 사르트르(Jean-

Paul Sartre)는 작가를 "모종의 이차적 실천, 즉 이른바 폭로를 통한 실천을 선택한"[32] 존재라고 표현했다. 위키리크스에서 내 이웃의 블로그에 이르는 폭로 테크놀로지의 혁신은 이러한 이차적 실천의 의미를 몰라보게 바꿔놓았다. 따라서 "작가"는 점점 더 평범한 호칭이 되었다. 즉 덜 장대하고 덜 화려하며, 뚜렷하게 구별되는 직업적 성격은 덜해지고, 언어·이미지·동영상의 잡탕 속에 발을 담글 가능성은 더욱 커졌다. 참여적 글쓰기(Écriture engagée)는 두 번 다시 사르트르식의—혹은 심지어 켄 사로위와식의—전문가적 소명이 되지 못할 것이다. 왜냐하면 우리는 이른바 작가-해커 활동가(hacktivist: 원래 작가-활동가는 writer-activist인데, activist를 hacktivist로 바꾼 것이다. hacker와 activist를 묶어 만든 신조어로, 컴퓨터 시스템에 침입해 정치·사회 운동과 관련한 안건을 추진하는 이들을 말한다—옮긴이)의 시대에 접어들었기 때문이다.

일부 작가-활동가들은 빨리 한몫 잡으려는 작업자이지만, 또 어떤 작가-활동가들은 긴 안목으로 참여한다. 그들은 만약 자신들이 애쓰지 않으면 기술적·신경생물학적·정치적으로 무관심한 세력에 의해 주변으로 밀려났을지도 모를 이슈들에 주목을 끄는 긴급성을 부여하고자 안간힘을 쓴다. 연결성이 커지고 주의 분산도 심화하는 우리 시대가 환경 파괴에 관한 근시안적 사고방식을 더욱 악화할 것인지 아니면 누그러뜨릴 것인지, 이는 대체로 보통 사람들의 정치 활동에 의해 좌우될 것이다. 정보 공유 공간(information commons: 온라인 커뮤니티나 공공 도서관 등 정보를 다루는 체제—옮긴이)을 방어하고자 하는 방대한 반란적 에너지가 바다·대기·영토 형태의 환경 공유 공간(environmental commons)을 그와 마찬가지로 활발하게 방어하는 데도 도움을 줄 수 있을까?[33]

뉴미디어가 만병통치약이 되어주지는 않겠지만, 독창적 경계심을 품고 이용한다면 환경 정의를 진척시키기 위한 폭넓은 연합 속에서 희망을 보여주는 자원으로 떠오를 가능성이 있다. 이러한 연합은 반드시 전략적 에너지에 기대야 하고, 노동자 집단, 원주민 집단, 학생 집단, 진보적 과학자, 인권·여성권이나 시민의 자유를 위해 싸우는 운동가, 제지받지 않는 세계화에 반대하는 조직적 운동가 등 좀더 전통적인 활동가들에게 권한을 부여해야 한다. 이 연합 내에서 다재다능한 존재인 작가-활동가는 불공정이나 자원 반란과 관련해 수면 아래 잠긴 이야기를 수면 위로 끌어올리고, 거기에 정서적 힘을 부여함으로써 계속 결정적 역할을 이어갈 것이다. 비록 기술적 풍경은 급속도로 변하겠지만, 어떤 것들은 종전보다 더욱 끈질기게 버티고 있기 때문이다. 25년 전 나딘 고디머가 한 말 속에 담긴 다음과 같은 신념, 즉 "사회 변혁을 믿는 작가들은 늘 그들의 사회가 요구하기는커녕 결코 상상조차 할 수 없는 방식을 찾아내고 있다"[34]는 신념이 그 예다.

주

서문

1. Edward Said, "Worldly Humanism v. the Empire-Builders," *Counterpunch*, August 4, 2003, 5. "Postcolonial Studies and Ecocriticism," *Journal of Commonwealth and Postcolonial Studies* 13 (2007), 6을 통해 내가 사이드의 에세이에 관심을 갖도록 이끌어준 앤서니 바이탈(Anthony Vital)과 한스게오르크 어니(Hans-Georg Erney)에게 감사드린다. 사이드가 자신의 저서(*Culture and Imperialism* (New York: Vintage, 1994), 75)에서 토지 정책에 관해 논의하는 대목을 보면 그가 초보적이나마 환경 의식을 갖추고 있음을 느낄 수 있다. 사이드를 환경적 사고와 연관 지을 수 있는 가능성에 대해 통찰력 있게 고찰한 자료로는 다음 책의 서문을 참조하라. Elizabeth DeLoughrey and George Handley, *Postcolonial Ecologies: Literatures of the Environment* (Oxford: Oxford University Press, 2010).

2. Said, "Secular Criticism," *The World, the Text, and the Critic* (Cambridge, Mass.: Harvard University Press, 1983), 3.

3. 사이드가 본인의 작업을 탈식민주의라기보다 반제국주의라 여겼음을 감안할 때, 그는 탈식민주의 연구와 거북한 관계였다고 볼 수 있다. 탈식민주의 연구가 후기 구조주의적 방법론과 점점 더 단단히 손잡자 특히 더 그래졌다. 그렇기는 하지만 사이드는 여전히 탈식민주의 연구의 토대를 마련한 인물로 널리 받아들여지고 있다.

4. Ramachandra Guha, *How Much Should a Person Consume? Environmentalism in India and the United States* (Berkeley: University of California Press, 2006), 20.

5. Ibid., 1.

6. Ibid., 20.

7. Ramachandra Guha, "Radical American Environmentalism and Wilderness Preservation: A Third World Critique," *Environmental Ethics* 11 (1989), 71-83. 심층생태학의 해체 과정에서 관점이 서로 다르기는 하지만 머레이 북친 (Murray Boochkin)과 앤드루 로스도 예지력을 드러낸 인물이다.

8. 구하는 이 용어들의 출현에 관해 다음을 비롯한 여러 곳에서 논의했다. *How Much Should a Person Consume?* 214, 233; Guha, *Environmentalism: A Global History* (New York: Longman, 2000), 98-124. 특히 이 핵심 용어들을 심화 하고 적용시킨 신랄한 텍스트로는 다음을 참조하라. Joan Martinez-Alier's *The Environmentalism of the Poor: A Study of the Ecological Conflicts and Valuation* (Cheltenham, UK: Edward Elgar Publishing, 2003).

9. Guha, *How Much Should a Person Consume?* 1.

10. Guha, *The Unquiet Woods: Ecological Change and Peasant Resistance in the Himalaya* (Delhi, India: Oxford University Press; Berkeley: University of California Press, 1989).

머리말

1. Philip Arestis, "Furor on Memo at World Bank," *New York Times*, February 7, 1992. 서머스의 제안에 대한 통찰력 있는 논평으로는 다음도 참조하라. Upamanyu Pablo Mukherjee, *Postcolonial Environments: Nature, Culture and the Contemporary Indian Novel in English* (London: Palgrave Macmillan, 2010).

2. Kevin Bale, *Disposable People: New Slavery in the Global Economy* (Berkeley: University of California Press, 2004).

3. Andrew Ross, *Strange Weather: Culture, Science and Technology in the*

Age of Limits (New York: Verso, 1991), 207-212.

4. "서구"라는 용어는 글로벌 노스의 또 다른 표현이다. 북미와 유럽에서의 빈자의 환경주의(이 책이 주력하는 내용은 아니지만)는 글로벌 노스의 부유한 환경주의자들이 무엇을 환경주의로 간주할 것인가에 대한 자신들의 시각을 다변화하고, 제3세계에서 일어나는 행동주의를 세계적 자원 전쟁의 핵심 세력이자 잠재적 동맹군으로 인식하게끔 (현재이든 과거를 돌아보면서든) 이끌어준다. 그렇기는 하나 내가 이른바 정밀 타격전의 생태적 위협에 대해 다룬 7장에서 시사한 대로, 느린 폭력이 부자 나라의 빈자들로부터 징집된 군인의 건강에 제기하는 위협과 장기간 전쟁 지역(압도적일 정도로 글로벌 사우스에 몰려 있다)에서 살아가는 그보다 훨씬 더 가난한 이들에게 제기하는 위협을 동일선상에서 설명하기란 대체로 매우 어렵다. (비록 서로 다르기는 하지만) 유관한 두 위협을 하나로 통합하기 어려운 까닭은 느린 폭력을 규정하는 다층적 비가시성 때문이다. 물론 빈자들은 글로벌 사우스에만 있는 것은 아니지만, 불균형하다고 할 만큼 글로벌 사우스에 집중되어 있다.

5. Ramachandra Guha and Joan Martinez-Alier, *Varieties of Environmentalism. Essays North and South* (London: Earthscan, 1997), 12.

6. 아룬다티 로이는 작가-활동가라는 용어에 대해 다소간 거북함을 드러낸 적이 있다. 하지만 그녀의 우려—그 용어가 작가-활동가를 이례적이리만치 특출 난 존재처럼 들리게 만든다는 우려, 그리고 그들을 전문가로 규정함으로써 작가와 활동가 둘 다에 대한 인식을 협소하게 만들 소지가 있다는 우려—를 액면 그대로 받아들일 필요는 없다. 그녀가 언론을 통해 부득이 전문가(비록 반체제적 전문가이기는 하지만)로서 중재 역할을 해내도록 요구받고 있음을 감안할 때, 그것은 그저 자기 보호 기제의 발현이자 짐짓 꾸며낸 겸손 정도쯤으로 받아들이면 된다. 실은 오직 극소수 작가들만 공적 활동가로서 역할을 적극적으로 떠안으며, (특히 한편으로 소설이나 시, 다른 한편으로 참여적 논픽션 사이를 부지런히 오갈 때면) 대체로 변신에 능하다. 그들은 자신의 정치적 헌신에 충실하면서도 그와 더불어 본인의 창작이 이데올로기적 의무감에서 벗어나 자율적으로 이루어지기를 촉구한다. 이처럼 시인(avowal)과 부인(disavowal) 사이에서 균형을 잡으려는 태도는 수많은 작가의 저술에 잘 드러나 있다. 그러한 작가로는 알베르 카뮈(Albert Camus), 장폴 사르트르, 제임스 볼드윈, 랭스턴 휴스, 월레 소잉카, 데릭 월컷, 가브리엘 가르시아 마르케스(Gabriel Garcia Marquez), 캐럴린 포체(Carolyn Forche), 조지프 브로드

스키(Joseph Brodsky), 폴 멀둔(Paul Muldoon), 마흐무드 다르위시(Mahmoud Darwish), 나딘 고디머 등을 꼽을 수 있다. 로이가 작가-활동가로서 떠안은 역할에 대해 살펴보려면 *The Algebra of Infinite Justice* (London: HarperCollins, 2002), 186-187을 참조하라.

7. Edward Said, "The Public Role of Writers and Intellectuals," *The Nation*, September 17, 2001, 10.

8. Frantz Fanon, *The Wretched of the Earth*, trans. Constance Farrington (1963; repr., New York: Grove, 1968), 42.

9. Ibid., 36-37.

10. 역사적으로 파농은 불공평하게 분배되는 환경적 위협이라는 느린 폭력에 대해 글을 쓰는 위치에 있지는 않았다. 하지만 신식민주의를 지탱해줄 수 있는 식민주의 가치가 사람들 심리에 파고드는 현상에 주의를 기울였다. 그뿐만 아니라 "식민지 전쟁과 정신 질환(Colonial War and Mental Disorders)"이라는 글에서는 식민지 시대의 "평정(pacification)"이 초래한 느린 폭력, 그리고 한눈에 곧바로 알아차릴 수 있는 구체적 폭력 행위 이후에도 지속되는 심리적 후유증에 관심을 쏟았다. Ibid., 249-316을 참조하라.

11. Stephanie Cooke, *In Mortal Hands: A Cautionary History of the Nuclear Age* (New York: Bloomsbury, 2009), 168에서 인용.

12. Zohl de Ishtar, *Daughters of the Pacific* (Melbourne: Spinifex Press, 1994), 24. 주류 일본인의 기억이 지지하는 핵예외주의(nuclear exceptionalism)에서는, 실제로 미국과 프랑스의 핵 공격이 환경 및 전염병과 관련해 장기적으로 미크로네시아와 폴리네시아 지역에 안겨준 피해에 대한 기억상실이 집요하게 작용하고 있다.

13. Edward W. Said, *Culture and Imperialism* (London: Chatto and Windus, 1992), 17; Michael J. Watts, *Struggles over Geography: Violence, Freedom, and Development at the Millennium* (Hettner Lectures no. 3, University of Heidelberg, Department of Geography, 2000), 8.

14. 잘못 인용하기 일쑤인 포크너의 말은 *Requiem for a Nun* (1951; repr., New York: Routledge, 1987), 17에 실려 있다.

15. Anne McClintock, Aamir Mufti, and Ella Shohat, eds., *Dangerous Liaisons*

(Minneapolis: University of Minnesota Press, 1997), 420-444.

16. 입자형 잔류물이 환경적 사고의 타임라인에 (그리고 빅토리아 시대의 문학 장르에) 미친 영향을 다룬 날카로운 설명으로는 다음을 참조하라. Jesse Oak Taylor's dissertation, "'A Sky of Our Manufacture': Literature, Modernity and the London Fog from Dickens to Conrad" (Ph.D. dissertation, University of Wisconsin-Madison, 2009).

17. Michael Crichton, *State of Fear* (New York: Avon, 2004), 626.

18. Rachel Carson, *Silent Spring* (1962; repr., Boston: Houghton Mifflin, 1992), 32.

19. Eric Severeid, "An Explosive Book," *Washington D.C. Star*, October 9, 1962, 3.

20. Carson, *Silent Spring*, 238.

21. Johan Galtung, "Violence, Peace, and Peace Research," *Journal of Peace Research* 6 (1969), 167-191.

22. 여기서 평화와 폭력에 관한 갈퉁의 엄청난 저술을 본격적으로 평가하기는 어렵다. 다만 한 가지 그의 사색이 후반기로 접어들 즈음, 갈퉁은 문화적 폭력(cultural violence)이라는 개념을 도입함으로써 자신의 구조적 폭력 이론을 다소 복잡하게 만들었다는 점을 지적하고자 한다.

23. Wangari Maathai, *The Challenge for Africa* (New York: Pantheon, 2009), 83ff.

24. Jill S. Schneiderman, "Buddhist Living in the Anthropocene" (2010), 7. 2008년 배서 칼리지에서 행한 나의 강연과 관련해 슈나이더먼 교수와 풍부한 의견을 주고받았다. 그는 나의 생각과 자신의 생각을 비교해 견해를 들려주기도 했다. 수고를 아끼지 않은 그에게 특별히 감사드린다.

25. Ibid., 173.

26. 속도에 대한 지질학적 사고의 거대한 전환, 그리고 속도 관련 미디어 테크놀로지의 수렴을 잘 보여주는 것으로, 혹자는 크뤼천이 처음 인류세라는 개념을 제기한 곳이 더 느린 미디어인 '동료 심사를 받는' 학문 저널이 아니라 그 자신의 블로그였다는 사실을 지적할 수도 있겠다("The Anthropocene," http://www.mpch-mainz.mpg.de/~air/anthropocene/).

27. Will Steffen, Paul J. Crutzen, and John R. McNeill, "The Anthropocene: Are Humans Now Overwhelming the Great Forces of Nature?" *Ambio* 36 (2007), 618.

28. Libby Robin, "The Eco-humanities as Literature: A New Genre?" *Australian Literary Studies* 23 (2008), 290.

29. Cory Doctorow, "Writing in the Age of Distraction," *Locus Magazine*, January 7, 2009, http://www.locusmag.com/Features/2009/01/cory-doctorow-writing-in-age-of.html.

30. Thomas Friedman, "The Age of Interruption," *New York Times*, July 5, 2006, A27에서 인용.

31. "Vietnam in Retrospect," *New York Times*, March 23, 2003, A25.

32. Arnold Schecter et al., "Agent Orange and the Vietnamese: The Persistence of Elevated Dioxin Levels in Human Tissues," *American Journal of Public Health* 85(1995), 516-522.

33. Janie Lorber, "Defoliant May Be Tied to New List of Illnesses," *New York Times*, July 25, 2009, A8.

34. George Perkins Marsh, *Man and Nature*, ed. David Lowenthal (1864; repr., Seattle: University of Washington Press, 2003), 15.

35. 1934년 6월의 위스콘신대학 수목원(University of Wisconsin Arboretum) 개 관식에서 행한 레오폴드의 연설 내용으로 다음에서 인용했다. Scott Russell Sanders, "Speaking for the Land: Aldo Leopold as a Writer," author's personal Web site, http://www.scottrussellsanders.com/SRS%20entries/SRS_on_Leopold.htm. 레오폴드는 이 점과 관련해 일관성이 없었다. 어느 때는 지역 기반 지식에 토대를 둔 감각적 즉각성을 강조하는가 하면, 어느 때는 일정 순간이나 눈에 보이는 현장과의 관련성이 덜한 세대 간 윤리를 강조하기도 했다.

36. Mary Louise Pratt, *Imperial Eyes: Travel Writing and Transculturation* (New York: Routledge, 1992), 15-37.

37. 특히 다음을 참조하라. David Michaels, *Doubt is Their Product. How Industry's Assault on Science Threatens Your Health* (New York: Oxford University Press, 2008); Naomi Oreskes and Erik M. Conway, *Merchants*

of Doubt. How a Handful of Scientists obscured the Truth on Issues from Tobacco Smoke to Global Warming (New York: Bloomsbury, 2010); James Hoggan, *Climate Cover-Up. The Crusade to Deny Global Warming* (Vancouver: Greystone Books, 2009).

38. 이와 관련한 빼어난 자료는 John Brinckerhoff Jackson, *Discovering the Vernacular Landscape* (New Haven, CT: Yale University Press, 1984)이 다. 아메리칸 인디언의 문헌이라는 맥락에 비추어 잭슨의 통찰력에 대해 뉘앙스를 잘 살려 멋지게 해석한 자료로는 다음을 참조하라. Joni Adamson, *American Indian Literature, Environmental Justice, and Ecocriticism: The Middle Place* (Tucson: University of Arizona Press, 2001), 90-92. 풍경은 물론 골치 아픈 미학적·정치적 역사를 지닌 논쟁적 용어다. 이는 대지와 관련해 장소에의 몰입이 아니라 외부자적 입장을 은연중에 내비치는 용어라는 이유에서 비난받아 왔다.

39. Annu Jalais, *Forest of Tigers: People, Politics and Environment in the Sundarban* (New Delhi: Routledge, 2010), 11.

40. John Berger, "Twelve Theses on the Economy of the Dead," in *Hold Everything Dear: Dispatches on Survival and Resistance* (New York: Pantheon, 2007), 4-5.

41. 비록 분석적 도구로서 신자유주의의 유용성에 대한 나의 생각은 카렌 바커의 생각과 상반되지만, 여기에서 밝힌 내 생각은 그녀의 다음 강연으로부터 영향을 받았다. Karen Bakker, "The Limits of Neoliberal Nature" (Yi-Fu Tuan Lecture, University of Wisconsin, October 23, 2009).

42. 마이클 폴란은 《욕망하는 식물(The Botany of Desire)》(New York: Random House, 2001)에서 어떤 식물(그중에서도 특히 사과·마리화나·감자)은 인간을 자신들에게 유리하게 이용했다고 주장했다.

43. Robert Campbell, "Special Report: Deepwater Spills and Short Attention Spans," Reuters, June 14, 2010.

44. "Don Young: Gulf Oil Spill 'Not an Environmental Disaster,'" *Huffington Post*, June 6, 2010.

45. Naomi Klein, "Gulf Oil Spill: A Hole in the World," *Guardian*, June 19,

2010, 7에 인용된 존 커리의 말.

46. 데드 존의 창출과 관련해서는 조지아대학의 생물지리화학자 서맨사 조이(Samantha Joye)가 행한 다음의 국회 증언을 참조하라. http://www.nsf.gov/news/special_reports/science_nation/hiddenoilplumes.jsp.

47. 우리는 '지질학적 시간에 걸친' 환경 변화에 관한 관심, 그리고 심층생태학(인간 혐오가 짙게 배어 있는 운동으로, 잘 봐주면 빈자의 환경주의에 무관심하다고, 심하게는 빈자의 환경주의에 적대적이라고까지 말할 수 있는 운동이다)의 지나친 감상주의를 범주적으로 구분할 필요가 있다.

48. '자원 옴니보어'에 관해서는 특히 다음을 참조하라. Madhav Gadgil and Ramachandra Guha, *Ecology and Equity: The Use and Abuse of Nature in Contemporary India* (New York: Routledge, 1995), 177-178.

49. 나는 영문학과 아프리카 언어를 복수 전공하고 학사 학위를 취득했는데, 그 과정에서 단 한 권의 비문학 독서도 필수로 요구받은 적이 없다. 비문학은 대개 문학이 아니라는 이유로 무시당했던 것이다. 교수들이 소설이나 시는 창작의 정수로 간주하고 비문학을 "사망의 음침한 골짜기(valley of the shadow of death: 《성경》의 〈시편〉 23장 4절에서 인용—옮긴이)"로 여기던 시대는 지났을지도 모른다. 하지만 비문학은 아직도 문학 관련 학과에서 잘 봐줘야 그저 부차적 형태로 취급당하고 있다.

50. 이른바 전기 비평(biographical criticism: 역사주의 비평의 한 갈래로, 작품을 해석·평가하는 데서 작가와 작품을 따로 떼어보지 않고 작가의 성장 과정이나 교육 정도, 교우 관계, 종교 관계, 일상적 버릇 등에 걸친 일련의 전기적 자료를 조사해 작품 해설과 평가에 적용하는 비평 방법이다—옮긴이)의 인기는 전만 못하다. 하지만 내가 보기에 전기적 맥락은 여전히 소중할 때가 많은 것 같다. 특히 (전적으로라고 말할 수는 없지만) 비문학과 관련해서는 그렇다.

51. 이민자 출신인 고디머의 부모 모두 대학을 나오지 않았고, 고디머 자신도 대학에 입학은 했으나 끝내 학위를 마치지는 못했다.

52. 이 소설은 탐부에게 성(姓)을 따로 부여하지 않았다.

53. Tsitsi Dangarembga, *Nervous Conditions* (London: Women's Press, 1988), 64.

54. Ibid., 58.

55. Jamaica Kincaid, *My Garden (Book)* (New York: Farrar, Straus and Giroux, 1999), 115.

56. 지리적·역사적 차이를 넘나드는 상상 영역의 뜻하지 않은 관련성이라는 주제를 가장 잘 다룬 문학 교수가 와이 치 디묵이다.

57. https://www.indymedia.ie/article/72983?author_name=T&condense_comments=false&userlanguage=ga&save_prefs=true. 아일랜드 활동가들도 거대 기업의 천연자원 약탈에 맞선 자원 투쟁을 주제로 매년 '켄 사로위와 기념 세미나'를 개최하고 있다.

58. 우화적 번역이 문화권을 넘나들면서 환경 투쟁에 영향을 미치는 방식에 대해 빼어나게 분석한 책으로는 다음을 참조하라. Anna Lowenhaupt Tsing, *Friction: An Ethnography of Global Connection* (Princeton, NJ: Princeton University Press, 2005), 227-238.

59. 과학 이론을 환경인문학이나 사회과학과 통합하려는 시도에 대해서는 특히 다음을 참조하라. William M. Adams, "When Nature Won't Stay Still: Conservation, Equilibrium and Control," in *Decolonizing Nature: Strategies for Conservation in a Post-colonial Era*, ed. William M. Adams and Martin Mulligan (London: Earthscan, 2001), 220-246.

60. 생태 비평은 일반적으로 사회과학이라는 학문에 무관심한데, 거기서 가장 눈에 띄는 예외는 독일 사회학자 울리히 베크의 위험에 관한 책이다. 사람들은 그 책에 점점 더 많은 관심을 보이고 있다. 오늘날의 생태 비평가 가운데 인문학과 사회과학을 잇는 학문—그중 특히 문화지리학과 문화인류학이 주목할 만하다—을 창의적으로 활용한 인물 가운데 가장 두드러진 예는 파블로 무케르지다.

61. Anne McClintock, *Imperial Leather* (New York: Routledge, 1995), 63. 맥클린톡은 이렇게 묻는다. 만약 양가감정(ambivalence), 아이러니(irony), 단절(rupture), 그리고 잡종성(hybridity)이 그렇듯 만연하다면, 주도적 권력은 어떻게 애초에 주도적이 되는가? 그리고 어떻게 권력을 얻거나 잃는가? 어떤 권력 형태는 주도적이 되고 어떤 권력 형태는 타도되도록 보장해주는 요인은 과연 무엇인가? 형식과 담론에서의 내적 균열은 그저 내부로부터 단절되기를 기다린 결과인가, 아니면 비평가들이 (극도의 전문가적 자존감을 담은 행동을 통해) 그러한 단절을 촉진하는 역할을 담당한 결과인가?

62. Ursula Heise, "Afterword," in *Postcolonial Green: Environmental Politics and World Narratives*, ed. Bonnie Roos and Alex Hunt (Athens: University of Georgia Press, forthcoming).

63. Wai Chee Dimock and Lawrence Buell, eds., *Shades of the Planet: American Literature as World Literature* (Princeton, NJ: Princeton University Press, 2007), 12. 이처럼 국경을 넘나드는 장르 사고(genre thinking)에 관한 빼어난 예로는 Rachel Adams, "At the Borders of American Crime Fiction," in Dimock and Buell, *Shades of the Planet*, 249-273을 참조하라.

64. 이 책 마지막 장에서 나는 탈식민주의와 생태 비평 간의 뒤늦은 연대, 최근에 다양한 사람들로부터 힘을 얻고 있는 그 연대가 지니는 함의에 대해 상세히 다루었다.

65. Robert Vitalis, "Black Gold, White Crude: An Essay on American Exceptionalism, Hierarchy, and Hegemony in the Gulf," *Diplomatic History* 26 (Spring 2002), 187.

66. Greg Garrard, *Ecocriticism* (London: Routledge, 2004), 178.

67. Robert Vitalis, *America's Kingdom: Mythmaking on the Saudi Oil Frontier* (New York: Verso, 2008); Elizabeth DeLoughrey, "Heliotropes: Pacific Radiations and Wars of Light," in *Postcolonial Ecologies: Literatures of the Environment*, ed. Elizabeth DeLoughrey and George Handley (New York: Oxford University Press, 2010); and Susie O'Brien, "Survival Strategies for Global Times," *Interventions* 9 (2007), 83-98. 덜러프리는 특히 미국·영국·프랑스의 핵 식민주의가 신체·정치·상상력에 끼친 초국가적 피해를 신랄하게 비판했다. 초국가적 환경 문학을 풍부하게 탐구한 자료로는 *Postcolonial Ecologies*, ed. Elizabeth DeLoughrey and George Handley (New York: Oxford University Press, 2010)도 참조하라.

68. Mike Davis, *Planet of the Slums* (New York: Verso, 2006), 72.

69. 풀뿌리 세계화와 관련해서는 특히 다음을 참조하라. Al Gedicks, Resource Rebels (Boston: South End Press, 2001); Stuart Hall, "The Local and the Global: Globalization and Ethnicity," in *Culture, Globalization, and the World System*, ed. Anthony D. King (Minneapolis: University of

Minnesota press, 1997), 1-21; Arjun Appadurai, "Grassroots Globalization and the Research Imagination," in *Globalization*, ed. Arjun Appadurai (Durham, NC: Duke University Press, 2001), 1-29.

70. Anup Shah, "World Military Spending," Global Issues Web site, http://www.globalissues.org/article/75/world-militaryspendingInContextUSMilitarySpendingVersusRestoftheWorld.

71. George Lamming, *The Pleasures of Exile* (1960; repr., Ann Arbor: University of Michigan Press, 1991), 17.

72. 초국가적 책임성 문제가 미국에만 국한하지 않는 거야 분명하지만, (최근 중국이 부상하기 전까지) 제2차 세계대전 이후 시기에 미국과 소련의 군사적·경제적 외교 정책이 그 문제와 가장 긴밀하게 관련된 부분임은 엄연한 사실이다.

73. William Finnegan, "The Economics of Empire: Notes on the Washington Consensus," *Harper's*, May 1, 2003, 54.

74. Al Gedicks, *Resource Rebels* (Boston: South End Press, 2001). 성공적인 사우스-노스 연대와 그것이 직면한 과제에 대한 빼어난 분석으로는 Ashley Dawson, "Introduction: New Enclosures" (in a special issue he edited on Imperial Ecologies). *New Formations* 69 (2010), 8-22를 참조하라.

75. 특히 앤 맥클린톡, 엘라 쇼햇, 그리고 페르난도 코로닐은 탈식민주의의 한계에 대해 설득력 있는 주장을 내놓았다.

76. Wendell Berry, "Word and Flesh," in *What are People For?* (New York: North Point Press, 1990), 198.

77. 이 의혹 확산자들의 연합체를 다룬 간결하지만 질감을 잘 살린 자료로는 특히 George Monbiot, *Heat. How to Stop the Planet From Burning* (Cambridge, Mass.: South End Press, 2007), 20-42를 참조하라.

78. Monbiot, *Heat*, 27에서 인용한 Frank Luntz, "The Environment: A Cleaner, Safer, Healthier America" at http://reports.ewg.org/files/LuntzResearch_environment.pdf.

79. 이 메모를 작성한 것은 담배 회사 브라운 앤드 윌리엄슨(Brown and Williamson)이었다. 몬비엇이 서류로 입증한 바와 같이 담배업계와 석유 대기업들은 같은 홍보 회사와 작업하면서 과학적 합의(각각 흡연이 건강을 위협한다는 점, 인간

이 기후 변화의 원인이라는 점)에 관한 의혹을 퍼뜨리는 유사한 전략을 구사했다. David Michaels, *Doubt is Their Product. How Indus-try's Assault on Science Threatens Your Health* (New York: Oxford University Press, 2008), 11에서 인용한 작자 미상, "Smoking and Health Proposal," Brown and Williamson document no. 680561778-1786 at http://legacy.library.ucsf.edu/tid/nvs40f00/pdf;jsessionid=E0544FD253BBD9968FB57B01E63F9F6B.tobacco04도 참조하라.

80. Fanon, 38.

81. James Hoggan, *Climate Cover-Up. The Crusade to Deny Global Warming* (Vancouver: Greystone Books, 2009); Elizabeth Kolbert, *Field Notes from a Catastrophe: Man, Nature, and Climate Change* (New York: Bloomsbury, 2006); Naomi Oreskes and Erik M. Conway, *Merchants of Doubt. How a Handful of Scientists Obcured the Truth on Issues from Tobacco Smoke to Global Warming* (New York: Bloomsbury, 2010); Andrew Rowell, *Green Backlash. Global Subversion of the Environmental Movement* (London: Routledge, 1996); Tim Flannery, *The Weather Makers: How Man is Changing the Climate and What it Means for Life on Earth* (New York: Grove, 2001); Michaels, *Doubt is Their Product*; Monbiot, *Heat.*

82. Matt Taibbi, "Taibbi's Takedown of 'Vampire Squid' Goldman Sachs," *Rolling Stone*, April 5, 2010, http://www.rollingstone.com/politics/story/28816321/inside_the_great_american_bubble_machine.

83. 탈식민주의 문학에서 공공사업이라는 무시된 영역에 대해 고찰한 빼어난 자료로는 Michael Rubenstein, *Public Works: Infrastructure, Irish Modernism, and the Postcolonial* (South Bend, IN: University of Notre Dame Press, 2010)을 참조하라. 비록 아일랜드의 근대성에 초점을 맞추고 있기는 하지만 루벤스타인의 풍부한 개념적 통찰은 탈식민주의 문학 연구 전반에 생산적으로 적용할 수 있다.

84. Berger, "Undefeated Despair," 25.

85. 무니프의 소설《소금 도시》와《참호》의 역사적 배경은 1930년대로 거슬러 올라간다. 하지만 석유를 둘러싼 사우디-미국의 관계에 따른 피해를 바라보는 그의

시각은 그 자신이 석유와 관련한 5부작 중 이 두 저작을 집필하던 시기인 1980년 대 초·중반의 지정학으로부터 영향을 받았다.

86. 신하는 상대적으로 늦게 행동주의에 가세했다. 그는 (그 자신의 말을 빌리건대) "우연한 활동가"였던 셈이다. 그는 국제앰네스티를 위해 2개의 광고 캠페인을 고안한 일을 계기로 활동가로서 헌신하게 되었다. 그 광고 캠페인은 빈자에 대한 유례없는 두 가지 폭력 행위—1988년 쿠르드족에 대한 사담 후세인의 가스 (화학 무기) 공격, 그리고 비용을 절감하기 위해 인프라를 소홀히 관리한 결과인 1984년의 보팔 가스 누출 참사—로 피해 입은 공동체를 위해 기금을 모금했다. 분명 신하는 광고라는 이미지 세계에서 전문적으로 훈련받은 덕택에 제가 속한 세대의 대다수 작가-활동가들보다 본인의 기술을 디지털 시대에 적용하는 데 한 층 능란했다.

1 느린 폭력, 신자유주의, 그리고 환경 피카레스크

1. Raymond Williams, *Writing in Society* (London: Verso, 1983), 238.

2. Edward Soja, *Postmodern Geographies: Reassertions of Space in Critical Social Theory* (London: Verso, 1989), 22에서 인용.

3. Raymond Williams, *Resources of Hope* (London: Verso, 1989), 115. 신하는 《애니멀스 피플》이 비록 소설이지만, 그 작품에서 볼 수 있는 주요 사건은 모두 보팔에서 실제로 일어난 일이라고 밝혔다.

4. 《애니멀스 피플》은 수많은 피카레스크 소설과 마찬가지로 구술 형식을 취한다. 특히 이 책에서는 내레이터가 애니멀의 이야기를 기록하고자 (하지만 거기에 대한 장악력을 유지하고자) 노력하면서 외국 '자널리스'를 위해 활용한 일련의 테이프를 통해 기술적 구술성이 드러난다. 그뿐만 아니라 신하는 피카레스크에서 널리 쓰이는 또 다른 기법인 '독자 방백(readerly aside)'도 사용한다. 즉 그는 책에서 익명의 '눈들(Eyes)'에게 말함으로써 독자는 관음증을 드러내는 외부인임을 암시한다. 이러한 전략은 주인공이 카우푸르의 가난한 사람들과 공유하는 핵심 딜레마에 집중한다. 그들은 세계 전반으로부터 인정받고 비가시성에서 해방되고자 하는 욕구를 지니고 있지만, 그와 동시에 그러한 인정과 관심에 따르게 마련인 연민의 대상으로 전락함으로써 비인간화한 수직적 역학에 휘말릴 가능성을 두려워한다.

5. Don DeLillo's *White Noise* (New York: Penguin, 1998)에서 우리는 "대기로 전파되는 독성 물질 사건"(117쪽) 발생 이후 상이한 형태의 "생물학적 시민권"으로 전환이 이루어졌음을 확인할 수 있다. 히틀러 연구자 잭 글래드니(Jack Gladney) 교수가 자신의 생존 가능성을 평가하려 시도할 때 어느 의료 기술자가 수많은 모호한 전산 통계치를 들이대며 답한다. "이는 이른바 대규모 데이터에 기반한 기록이에요, 글래드니. 저는 당신의 이름, 노출 물질, 노출 시간을 쳐 넣은 다음 당신의 컴퓨터 기록을 조회해요. 당신의 유전적 특징, 당신에 대한 인물평, 당신의 의무 기록, 심리적 특성, 경찰서 및 병원 출입 기록 따위를 말이지요. 그러면 고동치는 별들이 나타나요. 하지만 이것이 당신에게 무슨 일인가 벌어지고 있다는 뜻은 아니에요. 적어도 오늘이나 내일은 아니죠. 그저 당신은 본인 데이터의 총합임을 말해줄 따름이에요."(141쪽) 아이러니하게도 글래드니의 몸에 유독 물질이 침입한 사건은 국가에 의한 사생활 침해라는 두 번째 침입을 야기한다. 더군다나 통계적 요소는 늘이고 인간적 요소는 줄이면서 테크놀로지에 힘입어 그를 분석했음에도 불구하고, 자신의 생존 가능성에 대한 그의 확신은 조금도 커지지 않는다.

6. 미국에서 널리 퍼져나간 이 주장에 대해 가장 소상하게 설명해놓은 자료로는 T. R. Chouham, *Bhopal: The Inside Story* (New York: Apex, 1994); Larry Everest, *Behind the Poison Cloud: Union Carbide's Bhopal Massacre* (Chicago: Banner, 1986)를 참조하라.

7. Indra Sinha, "The Commonwealth Writers' Prize: A Dedication," http://www.indrasinha.com/blog?p=38.

8. William Finnegan, "The Economics of Empire: Notes on the Washington Consensus," *Harper's*, May 1, 2003, 41; Naomi Klein, *The Shock Doctrine: The Rise of Disaster Capitalism* (New York: Metropolitan, 2007), 163.

9. Adriana Petryna, *Life Exposed: Biological Citizens after Chernobyl* (Princeton, NJ: Princeton University Press, 2002), 1.

10. 체르노빌 참사가 벨라루스에 어떤 영향을 미쳤는지에 대해 강력하고도 소상하게 파헤친 자료로는 Hope Burwell, "Jeremiad for Belarus," in *The Future of Nature*, ed. Barry Lopez (Minneapolis: Milkweed, 2007), 78-90을 참조하라.

11. 페트리나에 따르면, 2001년 우크라이나 인구의 50퍼센트가 빈곤선 이하에서 살아가고 있었다(*Life Exposed*, 93).

12. 페트리나는 이렇게 지적했다. "오늘날의 배상 절차는 가장 시급한 사회 불공정 이 슈를 제시하는 새로운 유형의 불평등과 복잡하게 얽혀 있다. '부상(injury)'이라 는 프레임은 이제 사회적·의료적 대가를 수반하는데, 이는 국가·시장의 변신 및 불평등의 출현과 관련이 있다"(*Life Exposed*, 218).

13. Ibid., 78.

14. Ibid., 35.

15. Lorna Siggins, "Cúirt Takes Capitalism to Task on Climate Change," *Irish Times*, April 28, 2008, 12: Everest, *Behind the Poison Cloud*, 17.

16. Indra Sinha, *Animal's People* (London: Simon, 2007), 230. 시간을 벌고자 하는 세력에는 유니언 카바이드 지도자들과 인도 정부의 고위 관료들—인도에 계속 투자해주길 바라는 세계적 유명 기업이 떨어져나갈까 봐 전전긍긍한다—이 포함된다.

17. Eavan Boland, "Desolation Angel," *Village Voice*, February 6, 1996, SS11.

18. Anthony Lane, "Big Kills," *New Yorker*, June 30, 2000, 87.

19. 신하가 자신의 소설에 알맞은 만족스러운 목소리와 전망을 찾아내고자 고심하 고 있을 때 "한 친구가 내게 보팔 사진을 몇 장 보여주었다. 그중 한 장에 19세 쯤 되어 보이는 젊은 사내의 모습이 담겨 있었다. 등이 심하게 굽어서 네발로 걷 고 있었지만, 그에게서는 어딘가 모르게 건방진 분위기가 풍겼다. 그 사진을 보 자마자 일순 애니멀이라는 캐릭터가 완전한 형태로 내 머릿속에 떠올랐다"("The Accidental Activist," 11).

20. Sinha, *Animal's People*, 23.

21. Ibid., 78.

22. Petryna, *Life Exposed*, 30.

23. Ibid., 30.

24. Ibid., 3.

25. 애니멀은 이렇게 말했다. "내가 태어나고 며칠 뒤 맞이한 그날 밤, 아무도 기억 하고 싶어 하지 않지만 아무도 잊을 수 없는 사고가 발생했다"(Sinha, *Animal's People*, 1). 계속해서 눈에 보이지 않게(invisible) 억압받아온 존재들—특히 재 난으로 인해 피해를 본 사람들, 잊힌 빈자들—을 눈에 보이도록(visible) 만들겠 다는 집념은 이 악한 소설의 첫머리에서부터 명확하게 드러난다.

26. 유독 물질 담론에 대한 문학적 논의의 대표 격으로는 Lawrence Buell, *Writing for an Endangered World: Literature, Culture, and Environment in the U.S. and Beyond* (Cambridge, MA: Harvard University Press, 2001), 30-54를 들 수 있다.

27. Julia Kristeva, *Powers of Horror: An Essay on Abjection*, trans. L. S. Roudiez (New York: Columbia University Press, 1982), 5.

28. Ibid., 12.

29. 에스파냐 황금기의 경제 상황과 피카레스크의 관계를 좀더 풍부하게 고찰한 자료로는 다음을 참조하라. *The Picaresque: A Symposium on the Rogue's Tale*, ed. Car-men Benito-Vessels and Michael Zappala (Newark: University of Delaware Press, 1994); Giancarlo Maiorino, "Introduction: Renaissance Marginalities," in *The Picaresque: Tradition and Displacement*, ed. Giancarlo Maiorino (Minneapolis: University of Minnesota Press, 1996), xi-xxviii; Giancarlo Maiorino, "Picaresque Econopoetics: At the Watershed of Living Standards," in *The Picaresque*, 1-39.

30. Michel Serres, *The Parasite* (Baltimore, MD: Johns Hopkins University Press, 1982), 14.

31. 극적인 운명의 장난에 대한 피카레스크적 집착에 충실한 이 소설은 결혼과 급작스러운 부라는 희극적 해법을 제시한다. 애니멀이 그간 비밀리에 많은 돈을 모아 최하층 계급의 또 다른 일원인 창녀 안잘리(Anjali)를 포주에게서 사들인 다음 그녀와 결혼하는 식으로 말이다.

32. 《애니멀스 피플》은 피카레스크에 좀비 장르를 결합했다. 이 소설이 좀비 이야기이기도 하다는 것은, 책이 "나는 한때 인간이었다고 들었다"는 말로 시작되고, 애니멀이 환각에 젖은 산송장들 속을 약에 취해 배회하는 모습으로 막을 내리는 데서 분명하게 확인할 수 있다. 다음 구절은 스스로를 '산송장'이라고 묘사한 체르노빌 노동자를 떠오르게 한다. "우리의 기억은 사라졌다. 당신은 모든 것을 잊었고, 우리는 그저 시체처럼 돌아다닌다"(Sinha, *Animal's People*, 1, 3).

33. Maiorino, "Picaresque Econopoetics," xi.

34. 애니멀은 인간도 비인간도 아닌 휘어진 몸에 대한 외과 수술적 해법을 끝내 거부했다. 거기에는 그 나름의 이유가 있었다. 적어도 암시적으로나마 그는 그때껏 꼿

꼿한 자세 자체와 도덕적으로 정직한 상태를 병치하지 않게 해줄 만큼의 충분한 인간들을 보아왔다. 여기서 신하가 취한 전략은 귄터 그라스(Günter Grass)의 《양철북(The Tin Drum)》을 생각나게 한다. 귄터 그라스가 그 책에서 역사적 재앙을 파헤치는 마술적이면서도 현실적인 내레이터로 내세운 오스카르 마체라트(Oskar Matzerath)는 어린 시절에서 성년기로 '성장'한다는 공식을 내던지고, 항의의 표시로 난쟁이 상태에서 멈추기로 결심한다. 두 책의 주인공은 제게 스며 있는 반인간주의적 요소를 신체적으로 표현했다. 애니멀과 오스카르의 몸은 인간성을 규정하는 특징에서 비인간성이 높은 지위를 차지함을 확실하게 보여주는 육체적 증거다.

35. Sinha, *Animal's People*, 9.
36. Ibid., 185.
37. Ibid., 1, 214. 가톨릭 신자인 애니멀의 양모(그 재난이 발생한 뒤 프랑스어를 말하고 이해하는 것밖에 못하게 되었다)도 〈요한계시록〉에 과도하게 기대면서 종말론적 징후에 대해 중얼거리는 경향이 심해졌다.
38. Ibid., 366.
39. Mike Davis, *Planet of the Slums* (New York: Verso, 2006), 206.
40. Michael Eric Dyson, *Come Hell or High Water: Hurricane Katrina and the Color of Disaster* (New York: Basic, 2006), 23.
41. Jacob Weinberg, "An Imperfect Storm," *Slate*, September 7, 2005, 3에서 인용. 다이슨의 주장은 마이크 데이비스가 《엘니뇨와 제국주의로 본 빈곤의 역사 (Late Victorian Holocausts: El Niño Famines and the Making of the Third World)》에서 펼친 주장을 떠오르게 한다. 면밀하게 논의된 나오미 클라인의 다음 견해도 참조하라. "위기와 재난을 이용하겠다는 발상은 지금껏 근본주의적 자본주의의 작동 방식이 되어왔다"[Naomi Klein, *The Shock Doctrine: The Rise of Disaster Capitalism* (New York: Metropolitan, 2007), 9]. "허리케인 카트리나가 뉴올리언스를 강타하자 공화당 정치인, 싱크탱크, 토지 개발업자 연합체는 완전히 새로 시작할 수 있는 '백지(clean sheets)'를 확보했다고, 흥미로운 절호의 기회를 얻었다고 떠들어대기 시작했다. 이는 분명 집단적 트라우마의 순간을 이용해 과감한 사회경제적 엔지니어링을 실현하는 기업의 목적 달성에 더없이 좋은 계기였다"(ibid., 8).

42. 가령 K. Gopalakrishnan, "Unskilled Worker Had Cleaned Tank," *Hindustan Times*, December 5, 1984, 1; Archana Kumar, "Sirens Called Them to Death," *Hindustan Times*, December 5, 1984, 1을 참조하라.

43. Njabulo Ndebele, *Fine Lines from the Box: Further Thoughts about Our Country* (Roggebaai, South Africa: Umuzi, 2007), 137.

44. 환경적 인종차별주의는 인도에서 카스트·계급·젠더·종교·토착민 같은 차별적 전통과 뒤엉킨 채 여전히 건재하다. 아룬다티 로이는 특히 이 문제에 대해 적극적으로 발언해왔다. *The Checkbook and the Cruise Missile: Conversations with Arundhati Roy* (Cambridge, MA: South End, 2004), 125-127에 실린 데이비드 버사미언(David Barsamian)과 로이의 대화를 참조하라.

45. Ndebele, *Fine Lines*, 137을 참조하라. 악명 높게도 오늘날의 남아프리카공화국에서 이 같은 실책은 HIV/에이즈의 원인과 관련해 음베키 정부가 얼버무리기와 부인을 뒤섞은 파괴적 태도로 일관한 데서 분명하게 드러났다. 격분한 한 논평가는 그 결과로 인한 대량 사망을 "느려터진 대처로 인한 인종 학살"이라고 비난했다.

46. Sinha, "The Accidental Activist," 11.

47. Sinha, *Animal's People*, 283.

48. Ibid., 92.

49. 등장인물 샴부(Shambhu)는 "캄파니로부터 이중적으로 피해 입은 존재"다. "그는 그날 밤 독성 물질을 흡입했을 뿐 아니라 그 공장에서 흘러나온 독성 물질이 가득한 동네 우물물을 마셨다"(Sinha, *Animal's People*, 147). 우물을 통해 전달된 이 뒤늦은 두 번째 위험에 대한 신하의 설명은, 과거에는 깨끗했던 우물이 독성 물질에 오염된 사태를 우화를 통해 상기시킨 레이첼 카슨의 설명을 떠오르게 한다. "인간이 만든 수많은 화학 물질은 방사능 물질과 매우 흡사한 방식으로 작용한다. 즉 그 독성 물질들은 토양에 오랫동안 잔류해 있다가 살아 있는 유기체 속으로 흘러 들어가고 먹이사슬을 통해 그 유기체에서 다른 유기체로 전달된다. 혹은 그것들은 지하 개울을 통해 불가사의하게 이동하다가 대기와 햇빛의 화학 작용을 거쳐 새로운 형태로 달라진다. 그것은 수목을 죽이고 소를 병들게 하고 한때 깨끗했던 우물의 물을 마시는 이들에게 종전에는 알지 못했던 해를 끼친다." Rachel Carson, *Silent Spring*, (1962; repr., Boston: Houghton Mifflin,

1992), 23-24.

50. 여기서 나는 Ramachandra Guha and Juan Martinez-Alier, *Varieties of Environmentalism* (London: Earthscan, 1997), 12-13에 나오는 "생태계 사람들"이라는 용어를 빌려 썼다.

51. Ulrich Beck, *Risk Society: Toward a New Modernity*, trans. Mark Ritter (London: Sage, 1992), 72.

52. 애니멀은 자신이 경찰 손에 얻어맞던 때를 돌아보면서 범주 누출에 주목했다. "나는 기독교인도 아니고, 힌두교도도 이슬람교도도 브라만(Brahman)도 수피(Sufi)도 성인도 아니다. 게다가 인간도 짐승도 아니다. 그러니 여기서 무엇이 얻어맞고 있는지 모른다. 만약 그들이 나를 죽인다면 과연 무엇이 죽는 것인가?"(Sinha, *Animal's People*, 313).

53. 인도 정부의 핵심 인사들은 이러한 능란한 계략에 한통속으로 연루되어 있었다. 그들은 다우 케미컬 같은 세계적 유력 기업을 멀어지게 만드는 게 달갑지 않았고, 그 회사가 인도에 계속 투자해주길 바랐다.

54. Sinha, *Animal's People*, 306.

55. Ibid., 185.

56. Carson, *Silent Spring*, 2-3.

57. Ibid., 8.

58. Sinha, *Animal's People*, 306.

59. Petryna, *Life Exposed*, 216.

60. Mike Davis, "Los Angeles after the Storm: The Dialectic of Ordinary Disaster," *Antipode* 27 (1995), 221-241.

61. Iain Boal et al., *Afflicted Powers: Capital and Spectacle in a New Age of War* (New York: Verso, 2005), 31.

62. 여기서 그의 동물화한 선머슴 같은 목소리의 현실성, 즉 리얼리즘을 따지는 것은 적절치 않다. 신하의 소설은 피카레스크, 마술적 리얼리즘, 사회적 리얼리즘, 고딕풍, 좀비 이야기, 종말론적 내러티브 전략 따위를 강력하게 뒤섞어놓은 결과물로서 현실성 문제는 증발해버리고 말았다. 중요한 것은 애니멀 발언의 전복적 카리스마와 흥미진진한 박진감이지 보팔(카우푸르라는 가상의 도시를 만들어내는 데 영감을 불어넣은 것은 사실이지만 카우푸르와 똑같지는 않다)에 사는 선머슴

들이 정말로 그렇게 말하는지 여부가 아니다.

63. 캄파니에 반대하는 니샤(Nisha)의 다음과 같은 장광설을 참조하라. "우리 아버지가 소중히 여긴 정의도 우리 정부가 소중히 여긴 정의도 아무 소용이 없다. 인간에 대한 호소도 먹히지 않는다. 이들은 인간이 아니라 동물이기 때문이다"(Sinha, *Animal's People*, 332). 이 말을 듣고 애니멀은 니샤의 종 편견(speciesism: 인간이 만물의 영장이라는 믿음―옮긴이)에 선뜻 동의하기 어려웠다. 그로서는 니샤의 종 편견이 동물을 인간 수준으로 격하함으로써 동물에게는 되레 모욕으로 받아들여질 수 있었기 때문이다.

64. Anon, *Lazarillo de Tormes*. Trans. Michael Alpert (Baltimore: Penguin, 1969), 23.

2 고속감기 화석: 석유 독재와 자원의 저주

1. 이 장의 제목은 2009년 엘런 드리스콜(Ellen Driscoll)의 전시 작품 제목 '고속감기 화석(FastForwardFossil)'을 빌려 썼다. 전시장 바닥 전체를 뒤덮다시피 한 크기의 환경 조각으로 그녀가 쓰레기통에서 주워 모은 플라스틱 우유 용기를 재활용해 제작한 작품이다. 세 곳의 석유 시추 장소―나이저강 삼각주, 앨버타 역청암(Alberta tar sands: 앨버타는 캐나다 서부에 있는 주―옮긴이), 그리고 북해―를 한데 아우른 이 전시 작품은 버려진 채유탑(採油塔), 싱크홀, 결딴난 나무들, 불안하게 서 있는 가옥들, 교수대, 빈 우리 몇 개 등이 군데군데 흩어져 있는 풍경을 담아냈다. 나는 재난 현장에서 건져 올린 플라스틱으로 만든 드리스콜의 일회용 풍경을 그 작가가 상상력을 발휘해 탄화수소 시대의 느린 폭력, 그 과거와 미래를 형상화한 결과로 받아들였다. 재활용한 우유 용기의 반투명성―그 물질이 드러내는 괴기스러움―은 조각 작품에 으스스하고 유예된 특성을 부여하며, 애조 어리면서도 불길한 뭔가를 예고하는 듯한 느낌을 안겨준다. http://www.youtube.com/watch?v=q38bGDNWKQw.

2. '자원의 저주'에 관한 사고(思考)가 꼴을 갖추기 시작한 것은 1980년대지만, 그 분야가 기억할 만한 캐치프레이즈와 종전에는 부족했던 분석의 깊이를 지니는 데 결정적으로 기여한 자료는 Richard M. Auty's *Sustaining Development in Mineral Economies: The Resource Curse Thesis* (London: Routledge,

1993)이다. 오늘날 자원의 저주를 다룬 문헌 규모는 방대하다. 주요 관련 이슈를 간추려놓은 유용한 자료로는 다음을 참조하라. *Escaping the Resource Curse*, ed. Macartan Humphreys, Jeffrey D. Sachs, and Joseph E. Stiglitz (New York: Columbia University Press, 2007); Michael T. Klare, *Resource Wars: The New Landscape of Global Conflict* (New York: Metropolitan Books, 2001).

3. Antony Anghie, *Sovereignty, Imperialism and the Making of International Law* (Cambridge, UK: Cambridge University Press, 2007), 114-137. 앵기의 작품에 주의를 기울이도록 해준 데 대해, 그리고 이 논점을 명료화하도록 격려해준 데 대해 애돔 게타츄(Adom Getachew)에게 감사드린다.

4. William Reno, *Warlord Politics and African States* (Boulder, CO: Lynne Rienner, 1999), 7.

5. Ryszard Kapuscinski, *The Shah of Shahs*, trans. William R. Brand and Katarzyna Mroczkowska-Brand (New York: Vintage, 1985), 36.

6. Fernando Coronil, *The Magical State: Nature, Money, and Modernity in Venezuela* (Chicago: University of Chicago Press, 1997), 1에서 인용.

7. U.S. Census Bureau, U.S. *International Trade in Goods and Services*, December 2009, February 2010, http://www.census.gov/foreign-trade/Press-Release/2009pr/12/.

8. Peter Maas, "The Ministry of Oil Defense," *Foreign Policy*, August 5, 2010, http://www.foreignpolicy.com/articles/2010/08/05/the_ministry_of_oil_defense.

9. Amitav Ghosh, "Petrofiction," *New Republic*, March 2, 1992, 29-34.

10. 싱클레어의 석유 소설은 러시아 혁명과 제1차 세계대전을 폭넓게 건드리기는 했지만, 결국 석유 이야기를 지배하게 되는 국제적 유대, 특히 골치 아픈 미국과 중동의 관계에는 관심을 기울이지 않았다. 싱클레어가 그 문제에 침묵한 이유는 분명하다. 싱클레어가《석유!》를 집필한 것은 그 어느 미국 석유 기업도 페르시아만 지역의 이슬람 족장과 석유 채굴권 계약을 맺기 전이자 국가로서 이스라엘이 존재하기 전의 일이었기 때문이다. 싱클레어의 소설 이래 가장 야심적인 미국 석유 소설은 린다 호건의《비천한 영혼(Mean Spirit)》(New York: Ivy Books, 1991)

이다. 1920년대에 석유가 풍부한 오클라호마주의 오사가족(Osaga) 거주지에서 발생한 분쟁을 배경으로 한 그 책은 무니프와 사로위와의 저작에 활력을 불어넣은 '자원의 저주' 주제로부터 영향을 받았다.

11. 압델라흐만 무니프는 더러 아브드 알라흐만 무니프(Abd al-Rahman Munif)로 표기하기도 한다. 일관성을 유지하기 위해 나는 피터 세럭스의 영역본에 쓰인 전자를 계속 사용했다.

12. 레오폴드의 토지 윤리와 관련해서는 그의 사망 후 출간된 *A Sand County Almanac* (1949; repr., New York: Oxford University Press, 2001), 59-73을 참조하라.

13. Aldo Leopold, "Game and Wild Life Conservation," *Condor* 34 (1932), 103.

14. Jacques Attali, *Millennium: Winners and Losers in the Coming Order* (New York: Three Rivers Press, 1992), 7. 오늘날의 이론에서 '유목민' 비유를 무차별적으로 사용하는 현상에 대해 고찰한 사려 깊은 에세이로는 Mokhtar Ghambou, "A Critique of Post/Colonial Nomadism," *Journal X* 6 (2001), 63-77을 참조하라.

15. David Gilmour, "Desert Ruritania," *New York Review of Books*, March 26, 1992, 19에서 인용.

16. Bertolt Brecht, "An die Nachgeborenen (To posterity)," in *Selected Poems*, trans. H. R. Hays (New York: Grove Press, 1959), 177.

17. 무니프의 생애와 작품을 좀더 충분하게 개괄한 모범적 에세이로는 Sabry Hafez, "An Arabian Master," *New Left Review* 37 (January/February 2006), 39-67을 참조하라. 다음의 두 글도 참조하라. Rasheed El-Enany, "*Cities of Salt*: A Literary View of the Theme of Oil and Change in the Gulf," in *Arabia and the Gulf: From Traditional Society to Modern States*, ed. Ian Richard Netton (London: Croom Helm, 1986), 213-222; Ellen McLarney, "Empire of the Machine": Oil in the Arabic Novel," *Boundary* 2200936 (2), 177-198.

18. Hafez, "An Arabian Master," 43에서 인용.

19. Iskander Habash, "Unpublished Munif Interview: Crisis in the Arab World—Oil, Political Islam, and Dictatorship," *Al Jadid Magazine* 9 (2003), 3에서 인용.

20. 문학이 저항의 형식이자 과거를 되살리는 방편으로서 도구적 역할을 담당한다
는 무니프의 신념에 대해 살펴보려면 특히 Sonja Mejcher Atassi, "Writing—A
Tool for Change: Abd Al-Rahman Munif"를 참조하라. http://web.mit/edu/
cis/www/mitejmes.

21. 조직적 행동주의에서 공적 지식인이나 작가에게 열려 있는 (그가 보기에) 좀
더 제한적인 행동주의 영역으로 선회한 과정에 대해 무니프가 성찰한 내용을 살
펴보려면 Abdel Razzaq Takriti, "Writing—a Tool for Change," review of
Abdel Rahman Munif wal Iraq: Sira wa Dhikrayat, ed. Maher Jarrar, *MIT
Electronic Journal of Middle East Studies* 7 (Spring 2007)을 참조하라.
http://web.mit/edu/cis/www/mitejmes.

22. *Banipal* (October 1998)에 실린 인터뷰로 Hafez, "An Arabian Master," 47에
서 인용했다. 수많은 아랍인의 경우와 마찬가지로 무니프에게 1967년의 패배는
1948년 나크바 시기에 겪었던 굴욕과 더불어 엄청난 반향을 불러일으킨 사건이
었다. 1948년 당시 10대이던 무니프는 팔레스타인 난민들이 그가 살던 암만의 마
을로 쏟아져 들어와 그곳을 송두리째 바꿔놓았을 때, 그 패배의 충격파를 생생하
게 경험했다. 그는 자신의 회고록 후반부에서 한 젊은 군인(이라크인 친척)이 자
신에게 영원히 지워지지 않을 인상을 남겼다고 적었다. 그 군인은 그가 사는 마
을을 두 번 지나쳤다. 첫 번째는 시온주의자들을 물리치러 가는 길이었던 생동감
넘치는 젊은 군인으로서, 두 번째는 엉망으로 철수하는 환멸에 젖은 성난 아랍군
의 일원으로서였다. Munif, *A Story of a City: A Childhood in Amman*, trans.
Samira Kawar (London: Quartet, 1996), 275-307.

23. Habash, "Unpublished Interview," 3.

24. 무니프의 저서들은 사우디아라비아(그리고 그 지역의 다른 나라들)에서 판매 금
지당하지만, 사우디아라비아인들은 그가 저술 활동에 발을 들여놓기 몇 년 전 이
미 정치적 근거를 들어 그의 시민권을 취소한 바 있다.

25. 그의 에세이 상당수에는 정치적 논쟁이 가미되어 있다. 하지만 그 밖의 에세이에
는 특히 아랍의 시각 예술, 음악, 건축과 관련한 폭넓은 전통에 대한 그의 문화적
열정이 담겨 있다.

26. Habash, "Unpublished Munif Interview," 3.

27. Ibid., 4.

28. Amiri Baraka (formerly LeRoi Jones), "The Changing Same: (R&B and the New Black Music)," in *Black Music* (New York: W. Morrow, 1967), 11.

29. 실제로 외국에서 온 석유 사냥꾼은 자신들의 행동을 좀더 많은 물을 얻기 위한 시도로 위장하려 애썼지만 지역민은 물에 대해 잘 알고 있었던 만큼 미국인이 엉뚱한 장소를 찾고 다녔으므로 그들이 계략을 꾸미고 있음을 충분히 눈치챌 수 있었다.

30. Abdelrahman Munif, *Cities of Salt*, trans. Peter Theroux (New York: Vintage, 1984), 86.

31. Retort, *Afflicted Powers: Capital and Spectacle in a New Age of War* (London: Verso, 2005), 75.

32. Fernando Coronil, *The Magical State: Nature, Money, and Modernity in Venezuela* (Chicago: University of Chicago Press, 1997), 7.

33. Ibid., 9.

34. Robert Vitalis, *America's Kingdom: Mythmaking on the Saudi Oil Frontier* (London: Verso, 2009), 31에서 인용.

35. William Roger Louis and Ronald Robinson, "The Imperialism of Decolonization," *Journal of Imperial and Commonwealth History* 22 (1994), 462-511.

36. Munif, *Cities of Salt*, 1.

37. Ibid., 86.

38. Ibid., 98.

39. Ibid., 106.

40. 미국 석유 기업들이 사우디아라비아에서 실시한 짐크로법 버전에 대해 가장 신랄하고 소상하게 설명한 자료로는 Robert Vitalis, *America's Kingdom*, 88-120을 참조하라.

41. Munif, *Cities of Salt*, 295.

42. 이 점과 관련해 나는 무니프가 과거의 진정성을 지나치게 낭만적으로 묘사한다고 지적한 고시(Ghosh, "Petrofictions"), 하페즈(Hafez, "An Arabian Master"), 그리고 맥라니(McLarney, "Empire of the Machine")와 생각이 같다.

43. Shepard Krech III, *The Ecological Indian: Myth and History* (New York:

Norton, 2000). 이 책에 대해 특별히 통찰력 있는 의견을 제시한 자료로는 Annette Kolodny, "Rethinking 'The Ecological Indian': A Penobscot Precursor," *Interdisciplinary Studies in Literature and the Environment* 14 (2007), 12-31을 참조하라. 또한 Greg Garrard's incisive reflections on assumed native environmental virtue in Ecocriticism (London: Routledge, 2004), 120-127도 참조하라.

44. 가령 무니프가 "이 광대하고 혹독한 사막의 거주민들이 어떻게 암울한 자연의 주기 속에서 태어나고 삶을 이어가다 죽어가는지"(*Cities of Salt*, 161) 설명한 내용을 참조하라.

45. 고시는 특히 무니프가 아시아와 중동에서 꿈에 빠져 하란을 찾아온 외국인 노동자들에 대해 관심을 기울이지도 그들을 포용하지도 않은 점을 날카롭게 지적했다. Ghosh, "Petrofictions," 34를 참조하라.

46. Michael Upchurch, "Abdelrahman Munif Interview: Mixing It Up with Oil, Politics, and Fiction," *Glimmer Train* Ⅱ (1994), 69.

47. James Clifford, *Routes: Travel and Translation in the Late Twentieth Century* (Cambridge, MA: Harvard University Press, 1997).

48. Munif, *Cities of Salt*, 10.

49. John Updike, "Satan's Work and Silted Cisterns," in *Odd Jobs: Essays and Criticism* (New York: Knopf, 1991), 563-570.

50. 2007년 6월 10일, 앤 맥클린톡과 사적으로 나눈 대화.

51. Updike, "Satan's Work," 566. 무니프는 상상력을 동원해 베두인족 등장인물들 마음속으로 들어가고자 했다. 그들은 종교 및 제국주의 역사와 관련한 몇 가지 이유에서 외국인들의 저의를 극도로 의심스러워했다. 무니프 자신은 오랜 세월 그가 말한 이른바 정치 이슬람—그것이 아야톨라 호메이니에 의해 구체화되든, 아니면 정치화한 이슬람 운동(냉전 기간 동안 미국이 공산주의에 대한 균형추로 인지해 수시로 조장하고 돈을 대주었다)에 의해 구현되든—의 반대자로 기록되어 있었다.

52. Ibid., 563.

53. Ibid., 563-564.

54. Ibid., 565.

55. John Updike, *Self-Consciousness* (New York: Fawcett, 1990), 37. 작가로 서 장점이 무엇이든 업다이크는 논쟁의 여지없는 자신의 가장 허술한 소설 《테러 리스트(The Terrorist)》가 입증하듯 초국가적 상상력과 관련해서는 그 어떤 소 질도 타고나지 않았다.

56. Munif, *Cities of Salt*, 367.

57. 장소와 역사가 얼마나 쉽사리 회복 불가능하게 망가질 수 있는지에 대한 무니프 의 생각은 체스와프 미워시(Cheseuwapeu Miwosi: 1911~2004. 폴란드 출신 의 작가·시인·평론가로 1980년 노벨문학상을 수상했다—옮긴이)가 《사로잡힌 마음(The Captive Mind)》에서 밝힌 감정들을 떠오르게 한다. 미워시는 폴란드 인으로서 역사적 역경을 겪으며 자신이 말한 이른바 "자연스러운(natural)" 사회 적·환경적 질서가 급속도로 돌이킬 수 없게 파괴될 수 있음을 깨달았다. 미국에 도착한 그는 미국인 사이에서 자신들이 살아가는 세상은 "자연스럽게(naturally)" 거의 비슷한 상태로 유지되리라는 가정이 널리 퍼져 있다는 사실에 놀랐다. 미 워시는 이러한 가정을 역사적 기억상실과 지리적 격리가 낳은 상상력 부족 탓이 라 판단했다. Milosz, *The Captive Mind*, trans. Jane Zielonko (New York: Penguin, 1980), 25-30을 참조하라.

58. 2009년 6월 6일 대화에서 알티의 이 같은 의미를 설명해준 데 대해 사메르 알라 토우트(Samer Alatout)에게 감사드린다.

59. Vitalis, "Crossing Exceptionalism's Frontier," 12.

60. William E. Mulligan Papers, quoted in Vitalis, "Black Gold," 205.

61. Patrick Flynn, "What It Means to Work for ARAMCO," manuscript from 1984, box 11, folder 32, William E. Mulligan Papers, Special Collections Division, Lauinger Library, Georgetown University, Washington D.C. (Vitalis, *America's Kingdom*, xi에서 인용.) 월러스 스테그너는 미국 기업의 확 장주의를 위한 치어리더로서의 자기 역할에 대해서는 좀더 모호한 입장을 취했지 만, 그럼에도 고급 잡지 〈오리엔탈리즘〉의 관점을 믿었다. "이는 낭만적 상상력이 빚어냈을지 모르는 상태 그대로의 아라비아다. 밤은 너무 그윽해서 그들은 점점 이 흩어져 있는 밝고 메마른 별빛 아래 누워 불꽃 너머의 정적을 느끼고 있다. 마 치 사막 전체가 내려앉아 듣고 있는 것 같다. 물리적으로 아라비아는 반반한 능 선, 건조하고 깨끗한 공기, 적막감을 특징으로 하는 애리조나주나 뉴멕시코주와

비슷할지도 모른다. 하지만 그보다 더 신비스럽게 느껴진다. 가무잡잡하고 턱수염을 기르고 말하거나 웃을 때면 이빨과 눈이 하얗게 빛나는 병사·가이드·통역관의 얼굴은 이것이 서구의 손길이 거의 닿지 않은 진정한 아라비아라는 해밀턴 (Hamilton) 유의 감각을 확실하게 입증해준다." Wallace Stegner, *Discovery! The Search for Arabian Oil* (1971; repr., Portola St. Vista, CA: Selwa Press, 2007), 15.

62. Aaron David Miller, *Search for Security: Saudi Arabian Oil and American Foreign Policy, 1939-1949* (Chapel Hill: University of North Carolina Press, 1980), 200에서 인용.

63. Updike, "Satan's Work," 565.

64. Jennifer Wenzel, "Petro-magic-realism: Toward a Political Ecology of Nigerian Literature," *Postcolonial Studies* 9 (2006), 449-464. 당연히 장르들은 결코 순수하다거나 절대적이지 않다. 하지만 무니프의 5부작에 섞여 있는 요소라는 측면에서 볼 때는 마술적 사실주의보다 역사적 서사체와 풍자가 더욱 두드러진다.

65. Munif, *Cities of Salt*, 140-141.

66. 물론 구전이 주류를 이루는 베두인족 공동체에서는 그 전에 이미 글쓰기가 존재했을 것이다. 하지만 미국인에게서 남다른 점은 그들이 글을 쓰는 방식이며 그들의 글쓰기가 이상한 행동을 하고 다니는 일상에서 마치 의례처럼 관례적 형태로 자리 잡는 모습이었다.

67. Munif, *Cities of Salt*, 45.

68. John Brinckerhoff Jackson, *Discovering the Vernacular Landscape* (New Haven, CT: Yale University Press, 1984).

69. Munif, *Cities of Salt*, 545.

70. Abdelrahman Munif, *The Trench*, trans. Paul Theroux (New York: Vintage, 1993), 479.

71. John Berger, "Stones," in *Hold Everything Dear: Dispatches on Survival and Resistance* (New York: Pantheon, 2007), 69.

72. Tim Flannery, *The Future Eaters: An Ecological History of the Australasian Lands and Peoples* (New York: Grove Press, 2002).

73. Upton Sinclair, *Oil!* (1927; repr., New York: Penguin, 2007), 527. 무니프는 싱클레어와 많은 면에서 차이를 보이고 있음에도 권력의 테크놀로지, 군중의 힘, 노동자 폭동에 깊이 천착했다는 점에서는 그와 같았다.

74. Human Development Index compiled by United Nations Development Program. http://lib.stat.cmu.edu/datasets/humandevel.

75. Michael J. Watts, "Violent Geographies: Speaking the Unspeakable and the Politics of Space," *City and Society* 8 (2001), 88.

76. Abdelrahman Munif, "Other Voices—Saudi Bomb Attack an Act of Despair," trans. Peter Theroux, *Jinn Magazine* (Pacific News Service) 2 (June 30–July 2, 1996), 7.

77. Tariq Ali, "Farewell to Munif: A Patriarch of Arab Literature," *Counterpunch*, January 31/February 1, 2004에서 인용. http://www.counterpunch.org/ali01312004.html.

78. Munif, "Other Voices," 7.

79. Ibid.

80. Ibid.

81. Hafez, "An Arabian Master," 58.

82. Stegner, *Discovery!*. 스테그너가 책의 원고를 제출한 때로부터 공식 발표하기까지 15년이나 지체된 까닭은 그 책이 혹시라도 사우디아라비아 왕실과의 관계를 틀어지게 만들지도 모른다는 우려의 목소리가 아람코 내부에서 나왔기 때문이다. 그렇기는 하나 《발견! 아라비아의 석유를 찾아서》는 주로 미국예외주의라는 개념과 그 미국 석유 기업이 사우디의 발전에서 맡은 명예로운 역할을 옹호하는 데 과도하게 치우쳐 있다.

83. Ibid., xvi.

84. Ibid., xxix, xxx, xxvi.

85. Ibid., xvii.

86. Abdelrahman Munif, *Ul-Khalij*, November 21, 1984, 10. Rasheed El-Enany, "Cities of Salt: A Literary View of the Theme of Oil and Change in the Gulf," in *Arabia and the Gulf: From Traditional Society to Modern States*, ed. Ian Richard Netton (London: Croom Helm, 1986), 220에서 인용.

87. Tariq Ali, "Farewell to Munif"에서 인용.

88. 또한 무니프는 사우디아라비아에서 기본적 권리가 보장되지 않고 있다고 비판했다. 그중 사우디 여성의 지극히 낮은 지위야말로 사우디인의 존엄성과 소속감에 가장 심대한 해악을 끼친다고 주장했다.

3 파이프 드림: 켄 사로위와, 환경 정의, 그리고 극소수 민족의 권리

1. Ken Saro-Wiwa, *A Month and a Day: A Detention Diary* (London: Penguin, 1995).

2. Richard Synge, "Ken Saro-Wiwa: An Obituary," *Independent* (London), November 11, 1995, 20에서 인용.

3. Ken Saro-Wiwa, "Prison Letter," *Mail and Guardian* (Johannesburg), November 11, 1995, 1.

4. William Boyd, "Death of a Writer," *New Yorker*, November 27, 1995, 53.

5. Ken Saro-Wiwa, *Genocide in Nigeria: The Ogoni Tragedy* (Port Harcourt, Nigeria: Saros, 1992), 9.

6. 사로위와는 3개의 주요 민족 집단만 소중히 돌보고, 오고니족 같은 극소수 민족의 권리와 요구는 폭력적으로 억압한 역대 나이지리아 정권과의 관계를 기술하기 위해 "재식민지화"와 "토착적 식민주의(indigenous colonialism)"라는 용어를 되풀이해 사용했다. 일례로 *Genocide in Nigeria*, 20; and *Nigeria: The Brink of Disaster* (Port Harcourt, Nigeria: Saros, 1991), 71을 참조하라.

7. Saro-Wiwa, *A Month and a Day*, 131.

8. Saro-Wiwa, *Genocide in Nigeria*, 19에서 인용. 나이지리아를 하나의 식민 지배 국가로 삼은 일이 초래한 문제에 대해서는 *Nigeria: The Brink of Disaster*, 45-46도 참조하라.

9. 나이지리아에서 석유 산업이 시작된 시기를 좀더 충분하게 설명해놓은 자료로는 Michael Watts, "Sweet and Sour," in *Curse of the Black Gold: Fifty Years of Oil in the Niger Delta*, ed. Michael Watts (New York: Powerhouse, 2008), 36을 참조하라.

10. Watts, "Sweet and Sour," 43.

11. 이 조항은 광물 매출액과 광산 임대료로 인해 발생한 수입을 지칭했다. Saro-Wiwa, *Genocide in Nigeria*, 21을 참조하라.

12. 이 수치조차 그들이 실제로 지급받은 양을 과장하고 있다. 왜냐하면 1.5퍼센트의 대부분을 요루바족·이그보족·하우사풀라니족이 다수를 차지하는 강력한 주들에서 일방적으로 "빌려갔기" 때문이다.

13. David Wheeler, "Blood on British Business Hands," *New Statesman and Society*, November 17, 1995, 14.

14. Robert Vitalis, "Black Gold, White Crude: An Essay on American Exceptionalism, Hierarchy, and Hegemony in the Gulf," *Diplomatic History* 16 (Spring 2002), 186.

15. Al Gedicks, *Resource Rebels* (Boston: South End Press, 2001), 49.

16. 클로드 아케(Claude Ake: 1939~1996. 나이지리아 리버스주 출신의 정치학자—옮긴이)가 인용한 Andrew Rowell, *Green Backlash: Global Subversion of the Environmental Movement* (London: Routledge, 1996), 27을 참조하라.

17. 이 대학살로 이어진 사건들에 대한 가장 권위 있는 설명으로는 Human Rights Watch/Africa, *Nigeria: The Ogoni Crisis —A Case-Study of Military Repression in Southeastern Nigeria, Human Rights Watch/Africa* 7, no. 5 (1995), esp. 7-25를 참조하라. Andy Rowell, "Trouble Flares in the Delta of Death," *Guardian*, November 8, 1995, 10; and Rowell, "Shell Shocked," *Village Voice*, November 21, 1995, 21도 참조하라.

18. Saro-Wiwa, *Genocide in Nigeria*, 58에서 인용한 삼 바킬로 바코(Sam Bakilo Bako)의 말.

19. Ibid., 66에서 인용한 파네돔 바돔(Panedom Badom)의 말.

20. Ibid., 79에서 인용한 오아멘 에나홀로(Oamen Enaholo)의 말.

21. David Wheeler, "Blood on British Business Hands," *New Statesman and Society*, November 17, 1995, 14.

22. 사로위와는 《한 달 그리고 하루》 81쪽에서 아프리카 작가는 "참여하는 인간 (l'homme engage)"이 되어야 한다고 주장했다.

23. Ken Saro-Wiwa, *Sozaboy: A Novel Written in Rotten English* (Port Harcourt, Nigeria: Saros, 1985). 사로위와의 방언 사용에 관한 논의로는 Chantal Zabus,

"Mending the Schizo-Text: Pidgin in the Nigerian Novel," *Kunapipi* 14 (1992), 119-127; Willfried F. Feuser, "The Voice from Dukana: Ken Saro-Wiwa," *Matatu* 1 (1987), 49-57을 참조하라.

24. 사로위와가 본인 스스로 이 경험을 회고한 자료로는 Ken Saro-Wiwa, "A Television Drama in Nigeria: A Personal Experience" (paper presented at the African Literature Association Conference in Pittsburgh, April 1988)를 참조하라.

25. Saro-Wiwa, Nigeria: *The Brink of Disaster*, 118.

26. 그렇다고 이것이 여러 장르에 걸친 사로위와의 결과물 모두가 드러내놓고 도구적 역할을 했다는 의미는 아니다. 어쨌거나 그의 저술 상당수, 특히 그의 비문학은 분명 도구적 역할에 충실했다. 예를 들어 "나이지리아 같은 중요한 상황에서 문학은 정치와 분리될 수 없다. 정말이지 문학은 스스로 정치에 깊이 발 담금으로써, 즉 개입함으로써 사회에 이바지해야 한다. ……작가는 관여적 역할을 맡아야 한다. ……작가는 '참여하는 인간', 즉 실천하는 지식인이 되어야 한다"는 그의 주장을 참조하라. Charles R. Larson, ed., *Under African Skies* (New York: Farrar, Straus and Giroux, 1997), 210에서 인용.

27. 영어를 쓰는 서아프리카에서는 사회주의 전통이 동아프리카나 남아프리카에서처럼 그렇게 중요하지는 않다. 이는 특히 서아프리카가 케냐·남아프리카공화국·짐바브웨·나미비아·모잠비크·앙골라처럼 심각한 식민지 지배에 시달리지 않았기 때문이다. 따라서 서아프리카는 흔히 탈식민주의와 사회주의의 목표가 만나는 파괴적 반식민지 전쟁의 피해를 입지 않았다.

28. Ngugi wa Thiong'o, *Barrel of a Pen: Resistance to Repression in Neocolonial Kenya* (Trenton, NJ: Africa World Press, 1983); Mafika Gwala, "Writing as a Cultural Weapon," in *Momentum: On Recent South African Writing*, ed. M. J. Daymond, J. U. Jacobs and Margaret Lenta (Pietermaritzburg, South Africa: Natal University Press, 1984), 37-44.

29. Aaron Sachs, "Eco Justice: Linking Human Rights and the Environment," (Washington D.C.: Worldwatch Paper 127, 1995), 53에서 인용.

30. David C. Korten, *When Corporations Rule the World* (London: Earthscan, 1995), 124.

31. Saro-Wiwa, *Genocide in Nigeria*, 7.

32. Saro-Wiwa, *A Month and a Day*, 88.

33. Ibid., 88.

34. Ken Saro-Wiwa, interviewed on *Without Walls: The Hanged Man — Nigeria's Shame*, Channel 4 (UK), November 15, 1995.

35. Saro-Wiwa, *A Month and a Day*, 79.

36. Ibid., 94.

37. Ibid., 183.

38. Ibid., 73.

39. "사법 살인"이라는 용어를 처음 만든 이는 당시 영국의 총리 존 메이저(John Major)였다. Michael Homan, "Commonwealth Challenge," *Financial Times*, November 13, 1995, 18을 참조하라.

40. *A Month and a Day*, 165.

41. Bob Herbert, "Unholy Alliance in Nigeria," *New York Times*, January 26, 1996, A27.

42. 사로위와는 기업의 인종차별주의와 나이지리아의 내부 식민주의가 똑같이 잘못이라고 주장했다. 이와 관련해서는 *Without Walls*를 참조하라. 그는 *Genocide in Nigeria* (8, 82)와 *A Month and a Day* (18, 73, 186-188)에서도 같은 주장을 되풀이했다.

43. Greenpeace International, *Shell Shocked: The Environmental and Social Costs of Living with Shell in Nigeria* (Amsterdam: Greenpeace International, 1994), 9; 또한 Rob Nixon, "The Oil Weapon," *New York Times*, November 17, 1995, A31도 참조하라.

44. Saro-Wiwa, *A Month and a Day*, 170.

45. 그 불꽃에 관해서는 Nick Aston-Jones, in Rowell, *Green Backlash*, 291; Ike Okonta and Oronto Douglas, *Where Vultures Feast: Shell, Human Rights, and Oil* (London: Verso, 2003); Michael Watts, "Black Gold, White Heat: State Violence, Local Resistance and the National Question in Nigeria," in *Geographies of Resistance*, ed. Steve Pile and Michael Keith (London: Routledge, 1997), 53을 참조하라.

46. Robert J. C. Young, "Dangerous and Wrong: Shell, Intervention and the Politics of Transnational Companies," *Interventions* 1 (1999), 457.

47. Saro-Wiwa, *Genocide in Nigeria*, 82.

48. Rowell, "Trouble Flares in the Delta of Death," 11.

49. 비아프라(Biafra: 또는 비아프라공화국—옮긴이)라 불리는 분리·독립 국가를 건설하고자 한 이그보족의 꿈은 나이저강 삼각주—그들이 비아프라를 세우기로 예정한 곳의 일부였다—아래 석유의 바다가 없었다면 실현하기 어려웠을 것이다. 석유에서 비롯된 부를 잃을지도 모를 가능성 탓에 그 분리독립주의자들에 대한 하우사-요루바족의 대응은 한층 격렬해졌다.

50. Saro-Wiwa, *A Month and a Day*, 187.

51. Ken Saro-Wiwa, *On a Darkling Plain: An Account of the Nigerian Civil War* (Lagos, Nigeria: Saros, 1989), 29. 또한 Saro-Wiwa, Genocide in Nigeria, 87-88도 참조하라.

52. Saro-Wiwa, *Genocide in Nigeria*, 7. 나이지리아 지도자들과 석유 기업의 신식민주의적 래포(rapport)는 나이지리아 출신의 셰브론 지배인 필립 아시오두(Philip Asiodu)의 경우에서 잘 살펴볼 수 있다. 아시오두는 이렇게 투자자들을 안심시켰다. "산유 지역의 작은 면적과 인구를 감안할 때 설사 산유 주(州)들의 분노가 계속된다 해도 그들은 국가의 안정성을 위협할 수도 국가의 지속적 경제 발전을 저해할 수도 없다고 말하는 것이 전혀 무리는 아니다"(Saro-Wiwa, *Genocide in Nigeria*, 87에서 인용). 아시오두는 셰브론의 지배인이 되기 전에 나이지리아의 연방 광산에너지부(Ministry of Mines and Power)에서 고위직으로 근무했다. 그렇게 양편을 넘나든 인물은 비단 그뿐만이 아니었다. 아바차 정권과 초국가 기업들은 나이저강 삼각주 극소수 민족을 우습게 보았고, 그들을 기본적으로 사적 부의 축적을 훼방 놓는 장애물쯤으로 간주했다.

53. Jonathan Freedland, "American Blacks on Nigeria," *Guardian*, March 26, 1996, 5.

54. Saro-Wiwa, *A Month and a Day*, 188.

55. *Without Walls*에 실린 그의 인터뷰를 참조하라. 거기서 그는 나이지리아 정부에 경제 제재를 가하고 나이지리아를 유엔에서 제명하라고 촉구했다. 그는 "나이지리아 군사 정권은 남아프리카공화국에서 자행된 것만큼 사악한 방식으로 다른 나

이지리아인들 위에 군림해왔다"고 주장했다.

56. 사니 아바차 장군과 그가 이끄는 군사 정권은 1993년 11월 치른 민주 선거를 무효화하고 대통령 당선자 모슈드 아비올라(Moshood Abiola)를 비롯한 국내 야당 지도자들을 날조된 반역 혐의를 씌워 투옥시켰다. 1995년 7월 전 대통령 올루세군 오바산조(Olusegun Obasanjo: 나이지리아의 제5대 대통령(1976~1979년 재임)이자 제12대 대통령(1999~2007년 재임)—옮긴이)와 40명의 반정부주의자에게 유죄 판결과 사형 선고가 내려졌다. 국제적 항의가 빗발치자 1995년 7월 사형은 무기 징역으로 감형되었다. 그로부터 4개월 뒤, 아바차 정권은 또 한 차례의 린치식 인민재판을 통해 사로위와와 오고니족 8명을 교수형에 처했다.

57. 만델라의 입장은 그의 첫 부통령 타보 음베키의 그것과 같았다. 음베키는 1995년 7월 나이지리아를 방문했지만 강경 노선을 포기하도록 아바차를 설득하는 데는 실패했다. 그는 그럼에도 "우리에게는 더욱 평등한 관계가 필요하다. 서방 국가들은 아프리카 국가들도 스스로 아프리카의 의제를 설정하는 능력이 있음을 인정해야 한다"고 밝혔다. ("Too Gentle Giant," *Economist*, November 18, 1995, 42에서 인용.)

58. "Pretoria Blunders as Nigeria Burns," *Mail and Guardian* (Johannesburg), November 11, 1995, 3.

59. Rahana Rossouw, "You Can't Blame Mandela," *Mail and Guardian* (Johannesburg), November 17, 1995, 17.

60. Robert Block, "When Mandela Went Missing," *Independent*, November 21, 1995, 17.

61. Steve Crawshaw and James Robers, "Pressure Mounts for Nigeria Oil Ban," *Independent*, November 13, 1995, 1에서 인용.

62. "Where Oppression Has No Tribe," *New Statesman and Society*, November 17, 1991, 15.

63. Peter Vale, Robert Block, "When Mandela Went Missing," *Independent*, November 21, 1995, 17에서 인용한 피터 베일의 말.

64. 사로위와 8명의 오고니족이 처형당한 뒤 남아프리카공화국이 나이지리아를 비판하는 상황에 짜증이 난 아바차는 당시 아프리카 챔피언이던 자국 축구팀 이글

스(Eagles)가 남아프리카공화국에서 열리는 아프리카네이션스컵(African Cup of Nations)에 참가하는 것을 금지시켰다. 52개 아프리카 나라가 겨루는 이 대회의 상징적 중요성은 아무리 강조해도 지나치지 않다. 아프리카 전역에서 이는 스포츠 행사를 통틀어 가장 중요한 대회다. 이글스가 타이틀을 지키지 못했다(게다가 남아프리카공화국이 승리를 거두었다)는 사실은 나이지리아가 국가적 비탄에 잠기게 한 뿌리 깊은 원천이었고, 그 나라의 고립이 심화하고 있음을 가장 분명하게 보여주는 지표였다.

65. 이 광고는 필리핀 정부가 1975년 〈포춘〉에 게재했다. Korten, *When Corporations Rule the World*, 159에서 인용.

66. Eyal Press, "Freeport-McMoran at Home and Abroad," *The Nation*, July 31, 1995, 125; Warren St. John, "Last Resort," *Lingua Franca*, November/December, 1993, 15-17; Aidan Rankin, "Primitive? Then What Are We?" *Independent* (London), January 17, 1996, 16을 참조하라.

67. Rankin, "Primitive," 16에서 인용.

68. Ibid.

69. 오리엔테를 차지하기 위한 투쟁을 잘 설명해놓은 자료로는 다음의 두 가지를 참조하라. Judith Kimerling, *Amazon Crude* (San Francisco: National Resources Defense Council, 1991); Joe Kane, *Savages* (New York: Alfred Knopf, 1995).

70. Kimerling, *Amazon Crude*, iv에서 인용한 릭 배스의 말.

71. Robert D. Kaplan, *The Ends of the Earth: A Journey at the Dawn of the 21st Century* (New York: Random House, 1996), 63에서 인용.

72. David Orr, "Shell Wins Over Village with Cash and Liquor," *Independent* (London), December 1, 1995, 18.

73. Joseph Conrad, *Heart of Darkness* (1899; repr., New York: Signet, 1978), 99.

74. Saro-Wiwa, *Genocide in Nigeria*, 91.

75. James Ferguson, "Seeing Like an Oil Company: Space, Security, and Global Capital in Neoliberal Africa," *American Anthropologist*, 107 (September 2005), 380.

76. Cameron Duozu, "Cry the Beloved Country," *Observer*, November 12, 1995, 24에서 인용.

77. John Berger, *Hold Everything Dear*, 66에서 인용.

78. Donatella Lorch, "Is Kenya Sliding Back Toward Repression?" *New York Times*, October 29, 1995, 3.

79. Ian Black, "Nigeria Defies World With Writer's Judicial Murder," *Guardian* (London), November, 11, 1995, 1.

80. Ibid.

81. Watts, "Sweet and Sour," 37.

82. Ken Wiwa, *In the Shadow of a Saint: A Son's Journey to Understand His Father's Legacy* (South Royalton, VT: Steerforth Press, 2001), 251.

83. Ibid., 148.

84. Ibid., 180.

85. Jad Mouawad, "Shell Agrees to Settle Abuse Case," *New York Times*, June 9, 2009, B1, B5; "Spilling Over," *Economist*, June 11, 2009, 23.

86. Ken Saro-Wiwa, *Genocide in Nigeria*, 91.

87. Mouawad, "Shell Agrees to Settle Abuse Case," B5.

88. Okonta and Douglas, *Where Vultures Feast*, 204.

89. Ibid., 163.

90. Watts, *Curse of the Black Gold*, 197.

91. Mouawad, "Shell Agrees to Settle Abuse Case," B5.

92. Mouawad, "Shell Agrees to Settle Abuse Case," B5.

93. Watts, *Curse of the Black Gold*, 217에서 인용.

94. Ibid., 44.

95. Xan Rice, "Oil Find Sparks New Hope for Uganda's People," *Guardian* (London), August 25, 2009, 11.

4 느린 폭력, 젠더, 그리고 빈자의 환경주의

1. Anna Lappe and Frances Moore Lappe, "The Genius of Wangari Maathai,"

International Herald Tribune, October 15, 2004, 1-2.

2. Wangari Maathai, *Unbowed: A Memoir* (New York: Knopf, 2006), 175.

3. Lester R. Brown, "The Price of Salvation," *Guardian*, April 25, 2007, 1.

4. Hendrik Hertzberg, "The War in Iraq," *New Yorker*, March 27, 2003, 15.

5. Ibid.

6. 인본주의적 정밀함을 자랑하는 전례 없는 전쟁이 시작된 데 대해 놀라움과 경외감을 드러내는 말들이 정치계 전반에서 들려왔다. 가장 기억할 만한 것으로 도널드 럼즈펠드는 미국이 그 전쟁에서 사용한 초현대 무기류는 "과거 분쟁에서는 누구도 꿈꾸지 못한 정도의 정밀성을 선보임으로써 도덕적으로 모범적인 폭발을 낳았다"고 주장했다. "그 전쟁은 군사적 타깃을 확실히 파괴하되 특별히 지목한 표적에만 맞춰진 방식이며 무기를 가지고 그 일을 해냄으로써 보살핌과 휴머니티를 담보한다. ……지상 실측 자료를 얻을 때와 같은 방식이라고 생각한다"(United States Department of Defense, "DoD News Briefing-Secretary Rumsfeld and Gen. Myers," March 21, 2003).

7. Wangari Maathai, *The Green Belt Movement: Sharing the Approach and the Experience* (New York: Lantern Books, 2003), 38.

8. 특히 Vandana Shiva, *Earth Democracy: Justice, Sustainability, and Peace* (Boston: South End Press, 2005); and *Soil Not Oil: Environmental Justice in an Age of Climate Crisis* (Boston: South End Press, 2008)를 참조하라.

9. Wes Jackson, "The Agrarian Mind: Mere Nostalgia or a Practical Necessity?" in *The Essential Agrarian Reader*, ed. Norman Wirzba (Washington D.C.: Shoemaker and Hoard, 2003), 141.

10. Maathai, *Unbowed*, 281.

11. Ngugi wa Thiong'o, *Petals of Blood* (1977; repr., London: Penguin, 2002).

12. Laura Wright, *Wilderness Into Civilized Shapes: Reading the Postcolonial Environment* (Athens: University of Georgia Press, 2010), 33-35.

13. 마타이가 말한 "범주 연접(articulated categories)"과 관련한 통찰력 있는 논의로는 Anne McClintock, *Imperial Leather: Race, Gender and Sexuality in the Colonial Contest* (New York: Routledge, 1995), 4ff를 참조하라.

14. Ato Quayson, *Calibrations* (Minneapolis: University of Minnesota Press,

2003), 73.

15. Meera Selva, "Wangari Maathai: Queen of the Greens," *Guardian*, October 9, 2004, 9.

16. William Finnegan, "The Economics of Empire: the Washington Consensus," *Harper's*, May 2003, 48.

17. Bertolt Brecht, "An die Nachgeborenen" (To posterity), in *Selected Poems*, trans. H. R. Hays (New York: Grove Press, 1959), 173.

18. 여기서는 시간 프레임이 중요하다. 국제적 기부자들의 도움으로 마타이는 여성 각자에게 약간의 돈을 지급하는 제도를 마련했다. 나무 한 그루를 심는 대가가 아니라 그것을 6개월 동안 살아 있도록 보살피는 대가였다. 만약 그 나무가 그때까지 살아 있으면 보상을 받게 된다. 따라서 그 집단이 추진한 활동의 초점은 나무를 심는 단순한 행위가 아니라 긴 기간에 걸쳐 성장을 관리하는 작업이었다. 사막화를 다룬 문건은 복잡하고 서로 상충하기도 하지만, 주로 연구의 질뿐 아니라 그 문제의 규모와 원천에 관한 질문들을 중심으로 한다. 나는 사막화의 함의를 둘러싼 복잡한 논쟁을 감안해 가급적 그 용어의 사용을 피했으며 대신 토양 침식과 삼림 파괴라는 느린 폭력을 선택했다. 이 주제에 관해 설명해 놓은 유익한 자료로는 Jeremy Swift, "Desertification: Narratives, Winners and Losers," in *The Lie of the Land: Challenging Received Wisdom on the African Environment*, ed. Melissa Leach and Robin Mearns (Oxford: James Currey, 1996); William M. Adams, "When Nature Won't Stay Still: Conservation, Equilibrium and Control," in *Decolonizing Nature: Strategies for Conservation in a Post-Colonial Era*, ed. William M. Adams and Martin Mulligan (London: Earthscan, 2003)을 참조하라.

19. Michela Wong, *It's Our Turn to Eat: The Story of a Kenyan Whistle-Blower* (New York: Harper 2009), 37.

20. Maathai, *Unbowed*, 262.

21. Michael Pollan, *Second Nature: A Gardener's Education* (New York: Dell, 1991), 194.

22. Ramachandra Guha, *Environmentalism: A Global History* (New York: Longman, 2000), 115-124.

23. 1989년 카루라 숲을 둘러싼 갈등의 전조가 된 중요한 일이 일어났다. 모이 정권
은 꾸준히 나이로비의 우후루 공원 일부를 전유하거나 사유화했다. 우후루 공원
은 마타이가 휴식과 정치 회합의 장소이자 중요한 녹지로서 뉴욕의 센트럴파크
(Central Park)나 런던의 하이드파크(Hyde Park)에 비유한 곳이다. 여당이 우후
루 공원에 새로운 당사와 미디어센터를 마련하기 위해 60층의 초고층 건물을 세
울 계획임을 알게 된 마타이는 그 투쟁에 합류했다. 그린벨트운동 활동가들은 성
공적으로 운동을 이끌어감으로써 기만적 스펙터클을 내세워 국가 발전을 웅변하
려는 구상 아래 공유지를 사유화하려던 정권의 시도를 저지했다. 정권은 이런 식
으로 자신들에게 굴욕감을 안겨준 마타이를 끝내 용서하지 않으려 들었다.

24. Amitabh Pal, "Maathai Interview," *Progressive*, May 2005, 5.

25. '자원 반란자'라는 표현은 Al Gedicks, *Resource Rebels: Native Challenges to
Mining and Oil Corporations* (Cambridge, MA: South End Press, 2001)에
서 빌려왔다.

26. 숲 투쟁가들에 관한 역사를 알아보려면 다음을 참조하라. Caroline Elkins, *Im-
perial Reckoning: The Untold Story of Britain's Gulag in Kenya* (New
York: Holt, 2005); Wunyabari O. Maloba, *Mau Mau and Kenya: An Analysis
of a Peasant Revolt* (Bloomington: Indiana University Press, 1998). 특히
David Anderson, *Histories of the Hanged: The Dirty War in Kenya and
the End of Empire* (New York: Norton, 2005), 230-288을 참조하라.

27. 관련 문건을 가장 광범위하게 논의한 자료로는 David Maughan-Brown, *Land,
Freedom and Fiction: History and Ideology in Kenya* (London: Zed Press,
1985)를 참조하라.

28. 마우마우 봉기는 일사불란한 반란과는 거리가 멀었다. 때로 분열 지점이 숱하게
드러났다. 교육받은 민족주의 지도자들과 대부분 농민 출신인 숲 투쟁가들 사이
에서 유독 불협화음이 심했다.

29. Byron Caminero-Santangelo, "Different Shades of Green: Ecocriticism
and African Literature," in *African Literature: An Anthology of Criticism
and Theory*, ed. Tejumola Olaniyan and Ato Quayson (Oxford: Blackwell,
2007), 702.

30. 마우마우 봉기를 다룬 수많은 케냐 소설에서 (알 만한 일이지만) 그 숲은 지나치

게 낭만적으로 묘사되어 있다. 자연에 대한 식민지 문화의 복잡하고 다양한 유산과 관련해, 마타이가 1920년대에 영국 지도자들과 키쿠유족 지도자들이 함께 나무 심기를 촉구하고자 케냐에 설립한 조직 '멘 오브 더 트리스(Men of the Trees)'를 찬미한 사실은 주목할 만하다(Maathai, *Unbowed*, 131).

31. 저항은 초기에 그린벨트운동에서 비롯되었지만 점차 나이로비의 거리로 퍼져나갔다. 수많은 사람, 특히 남녀 학생들이 그 대열에 동참했다.

32. Maathai, *Unbowed*, 120.

33. 다음을 참조하라. William Beinart and Peter Coates, *Environmental History: The Taming of Nature in the U.S.A. and South Africa* (London: Routledge, 1995); Jane Carruthers, *The Kruger National Park: A Social and Political History* (Pietermaritzburg, South Africa: Allen, 1995); A. Fiona D. Mackenzie, "Contested Ground: Colonial Narratives and the Kenyan Environment, 1920-1945," *Journal of Southern African Studies* 26 (2000), 697-718.

34. James C. Scott, *Seeing Like a State: How Certain Schemes to Improve the Human Condition Have Failed* (New Haven, CT: Yale University Press, 1998), 264.

35. Fiona Mackenzie, "Contested Ground," 27. 맥켄지는 바이너트와 마찬가지로 식민지 관료들 가운데는 지역의 농업·환경 지식의 가치와 그 응용 가능성을 알아본 반체제 인사가 일부 포함되어 있었다고 강조했다.

36. Stuart Jeffries, "Kenya's Tree Woman," *Mail and Guardian*, February 28, 2007, 7.

37. Maathai, *Unbowed*, 179.

38. 단일 자아, 사회 운동, 논쟁적 의제를 솜씨 좋게 버무려놓은 야심 찬 실험으로는 W.E.B. Du Bois, *Dusk of Dawn: An Essay Toward an Autobiography of a Race Concept* (1940; repr., New York: Transaction Publishers, 1983)를 참조하라.

39. 카슨과 마타이가 각각 자신의 글쓰기와 행동주의에서 걸어간 길은 확연히 대비된다. 카슨은 평생 글을 쓰는 작가로 살았고, 말년에서야 스스로를 활동가로 자리매김했다. 바다 생명체에 대한 찬미자로서 갈고닦은 서정적 목소리를 《침묵의 봄》에서 애조 어리고 종말론적인 목소리로 바꾼 것이다. (레이첼 카슨이 평생 관심을

기울인 주제는 바다로, 그녀는 본시 바다 3부작《바닷바람을 맞으며》,《우리를 둘러싼 바다》,《바다의 가장자리》의 작가로서 유명세를 누렸다. 그러던 그녀는 말년에 독성 물질 DDT가 환경에 미치는 폐해를 고발한 책《침묵의 봄》을 출간하고 그 문제와 관련해 공적 발언을 이어감으로써 환경 운동에 커다란 발자취를 남겼다-옮긴이.) 반면 마타이가 따른 궤적은 카슨과 정반대였다. 그녀는 성년기를 온통 활동가로 살았고, 오직 말년이 되어서야 증언을 사명으로 삼는 작가가 되었다.

40. Linda Lear, *Rachel Carson: Witness for Nature* (New York: Holt, 1997), 254.

41. Lear, *Rachel Carson*, 429에서 인용.

42. "Pesticides: The Price of Progress," *Time*, September 28, 1962, 45. Lear, *Rachel Carson*, 461에서 인용. 심지어 칼 호지는 서평 제목을 "저항을 히스테리로 바꿔놓은《침묵의 봄》"이라고 달았다(Carl Hodge, "*Silent Spring* Makes Protest Too Hysterical," *Arizona Star*, October 14, 1962, 7).

43. Lear, *Rachel Carson*, 417에서 인용.

44. Ibid., 409에서 인용.

45. "The Silent Spring of Rachel Carson," transcript, *CBS Reports*, April 3, 1963에서 인용.

46. Anon, "Controversial Book by Rachel Carson Lives Up to Advance Warnings," *Aerosol Age*, October 1962, 81. 내가 이 서평에 대해 알게 된 것은 린지 우드브리지(Lindsay Woodbridge)의 훌륭한 미출간 졸업 논문("The Fallout of Silent Spring" (University of Wisconsin-Madison, Women's Studies, 2007)) 덕택이었다. 그녀에게 감사드린다.

47. 이러한 여성 혐오는, 반대파에 대한 정권의 권위주의적 불관용과 더불어, 마타이에게 직업적·재정적으로 심대한 타격을 안겨주었다. 그녀는 나이로비대학에서 16년간 교편을 잡은 뒤인 1982년 국회의원직에 출마하기로 결심했다. 그러려면 먼저 대학을 사직해야 한다는 소리를 들었다. 그런데 이내 선거위원회로부터 (날조된 세부 조항에 비추어) 자신은 국회의원직에 출마할 자격이 없다는 이야기를 전해 들었다. 나이로비대학 수의해부학과 학과장 자리에서 물러난 지 12시간 만에 마타이는 다시 돌아가겠다는 뜻을 밝혔다. 정권으로부터 압력을 받고 있던 대학은 그녀의 재고용을 허락하지 않았으며, 거기에 그치지 않고 연금을 지급하거나

의료보험 혜택을 제공하는 것까지 거부했다. 마흔한 살의 싱글맘이던 마타이는 그 어떤 사회적 안전망도 없이 길거리로 내동댕이쳐졌다. 마타이가 노벨평화상을 받은 직후인 2005년 그녀를 그토록 소름 끼치게 대한 바로 그 대학은 그녀에게 과학 명예 박사 학위를 수여함으로써 그 국제적 명성에 냉큼 숟가락을 얹었다.

48. Meera Selva, "Wangari Maathai: Queen of the Greens," *Guardian*, October 9, 2004, 8.

49. Jim Motavelli, "Movement Built on Power of Trees," *E: The Environmental Magazine*, July-August 2002, 11에서 인용.

50. Maathai, *Unbowed*, 110.

51. Ibid., 111. 야누스의 얼굴을 한 근대성의 맥락에서 여성에게 부과된 전통주의라는 짐을 좀더 정교하게 설명한 자료로는 Anne McClintock, *Imperial Leather: Race, Gender and Sexuality in the Colonial Contest* (New York: Routledge, 1995), 294-300을 참조하라.

52. Maathai, *Unbowed*, 115, 196. 모이 대통령이 마타이를 상대로 펼친 토착주의적(nativist) 주장은 마타이의 전남편 음왕기가 법정에서 그녀를 지배할 수 없어서 이혼했다고 증언한 내용과 일맥상통한다. 그는 그녀에 대해 "너무 교육을 많이 받았고 너무 강하며 너무 성공했고 너무 고집이 세서 너무 통제하기 어려웠다"고 토로했다(*Unbowed*, 146에서 인용).

53. Kwame Anthony Appiah, *In My Father's House* (New York: Oxford University Press, 1992), 55.

54. Maathai, *Unbowed*, 44-46.

55. Maathai, *Unbowed*, 4.

56. Patrick E. Tyler, "In Wartime, Critics Question Peace Prize for Environmentalism," *New York Times*, October 10, 2004, A5에서 인용. 노르웨이의 진보당원 모르텐 호그룬(Morten Hoeglund)은 하겐의 의견에 맞장구치면서 "노벨위원회는 대량 살상 무기 같은 좀더 중요한 문제에 초점을 맞추었어야 한다"고 주장했다(Selva, "Wangari Maathai," 9에서 인용).

57. Patrick E. Tyler, "Peace Prize Goes to Environmentalism in Kenya," *New York Times*, October 9, 2004, A5에서 인용. 가령 삼림 복구와 환경 자원 관리에 초점을 맞춤으로써 "우리는 자원에 대한 접근과 통제를 둘러싼 숱한 분쟁을 미

리 예방할 수 있을 것"이라는 마타이의 주장을 참조하라(*Unbowed*, xvi).

58. 약 40개 소수 민족을 거느린 케냐에서는 그들끼리 긴장을 일으키는 원천이 다양하지만, 대개 목축업자와 농민 간의 단층선이 유독 폭발적이다. 자원이 지나치게 강조되는 지점이기 때문이다. 분열적인 정치인들은 일부러 이러한 긴장을 조성하고 그것을 자기네에게 유리하게 써먹었다. 1990년대 초 리프트밸리(Rift Valley), 니안자(Nyanza), 그리고 서부의 여러 주를 괴롭힌 폭력의 시기, 그리고 좀더 광범위하게, 논란이 된 2007년 총선 이후 시기가 그러한 예다. 자원 고갈이라는 느린 폭력, 정부에 대한 불신, 소수 민족 간 갈등 조장 전술을 구사하는 정치 지도자, 이런 요소들은 사회 불안을 야기하는 테러 분위기에 쉽사리 불을 지를 수 있다.

59. Wai Chee Dimock, "World History According to Katrina," in *States of Emergency*, ed. Russ Castronovo and Susan Gillman (Chapel Hill: University of North Carolina Press, 2009), 148. 나는 다른 곳에서 2007년 12월 총선 이후 케냐를 휩쓴 폭력적 갈등을 환경·계급·젠더 차원에서 상세히 설명했다. 폭력을 그저 단순히 "원시 부족 간 증오"의 폭발로 보는, 널리 만연한 환원주의적 언론 묘사는 심각한 사회경제적 불평등을 간과한다. 케냐를 모이의 계승자 음와이 키바키(Mwai Kibaki) 대통령 치하에서 날로 성장하는 나라로 그리는 공식적 묘사 또한 사회경제적 불평등을 묵살한다. Rob Nixon, "Slow Violence, Gender, and the Environmentalism of the Poor," *Journal of Commonwealth and Postcolonial Studies* 13 (2008), 29–31을 참조하라.

60. Ofeibea Quist-Arcton, "Maathai: Change Kenya to Benefit People," http://www.greenbeltmovement.org에서 인용.

5 상상되지 않는 공동체: 메가댐, 근대성의 상징 기념물, 그리고 개발 난민

1. 특히 Lawrine Platzky and Cheryl Walker, *The Surplus People: Forced Removals in South Africa* (Johannesburg: Ravan, 1998)를 참조하라.

2. Jacques Leslie, *Deep Water: The Epic Struggle over Dams, Displaced People, and the Environment* (New York: Farrar, Straus and Giroux, 2005), 156에서 인용.

3. 아룬다티 로이는 세계댐위원회(World Commission on Dams: 1997년부터 2001년

까지 존속한 기관으로, 대형 댐 개발이 세계적으로 환경·사회·경제에 미친 영향을 조사했다—옮긴이)의 국가 보고서를 근거로 인도에서 댐 건설에 의해 삶터에서 쫓겨날지도 모를 인구가 5600만 명에 이를 것이라고 추정했다. 한편 패트릭 매컬리는 중국에서 싼샤 댐(중국 내륙 양쯔강 싼샤(三峽) 협곡에 건설한 세계 최대 규모의 수력 발전 댐. 중국 역사상 만리장성 축조 이후 최대 규모의 프로젝트였다고 한다—옮긴이) 프로젝트를 앞두고 6000만 명이 강제 이주당할 가능성이 있다고 주장했다. David Barsamian and Arundhati Roy, *The Checkbook and the Cruise Missile* (Cambridge, MA: South End Press, 2004), 25를 참조하라.

4. David Le Page, "World Bank Defends its Dam Policies," *Mail and Guardian*, May 2, 2001, 7.

5. Rebecca Solnit, *Savage Dreams: A Journey into the Landscape Wars of the American West* (Berkeley: University of California Press, 2000).

6. 《야만의 꿈》에서 솔닛은 문화적·상상적으로 소개(疏開)된 두 장소에 다시 사람을 채워 넣는 일에 매진했다. 그녀의 복구 야망은 시간적 차원과 공간적 차원을 모두 아울렀다. 즉 그녀는 그 사막들에 환경적·문화적 기억을 되돌려줄 뿐 아니라 냉전 시대에 네바다주와 카자흐스탄이 어떤 공통점을 지녔는지 추적함으로써 세계 차원에서 두 장소를 연결 짓고자 했다. 이러한 노력은 초국가적 저항 운동이 촉발한 새로운 형태의 상상적 인식을 포함한다.

7. Solnit, *Savage Dreams*, 154.

8. 전 세계적으로 '사실상 사람이 살지 않는 곳에 사는 사람들'로서 재구성된 이들은 좀처럼 거대하거나 강력한 민족 집단에 속해 있지 않다. 이는 네바다 핵실험 장소(Nevada Test Site), 카자흐스탄·파키스탄·인도의 사막, 오스트레일리아 센트럴 사막(Central Desert), 독립 전 알제리의 프랑스 핵실험지, 중국의 서부, 남아프리카공화국의 칼라하리사막(Kalahari Desert) 등 전 세계의 사막 핵실험 장소에 모조리 해당된다. 이 지역 모두에서 전략적으로 '사실상 사람이 살지 않는 곳에 사는 사람들'로서 재구성된 이들은 주변화한 민족 집단 출신의 극소수 민족이다. 이들은 또한 유목민인 경우가 거의 대부분이다. 전통적으로 그 땅의 한계 내에서 이동을 통해 사는 법을 터득해야 하는 사람들 말이다.

9. Patrick McCully, *Silenced Rivers: The Ecology and Politics of Large Dams: Enlarged and Updated Edition* (London: Zed, 2001), 75에서 인용.

10. Ibid., 74-76.

11. John McPhee, *Encounters with the Archdruid* (New York: Farrar, Straus and Giroux, 1971), 200에서 인용.

12. Ibid., 240.

13. Susan Zakin, *Coyotes and Town Dogs: Earth First! and the Environmental Movement* (New York: Viking, 1993), 166에서 인용.

14. Arundhati Roy, "The Greater Common Good," *The Cost of Living* (New York: Modern Library, 1999), 63.

15. Edward Abbey, *Desert Solitaire* (New York: McGraw-Hill, 1968), 165.

16. Roy, *Cost of Living*, 93.

17. Ibid., 106.

18. Wallace Stegner, *Where the Bluebird Sings to the Lemonade Springs: Living and Writing in the West* (New York: Random House), 75.

19. Roy, *Cost of Living*, ix. 그때 이후 중국 싼샤 댐이 공학적 규모에서나 환경에 미치는 재앙의 규모에서나 나르마다 계곡 프로젝트를 앞질렀다.

20. 핵 시대의 도래는 존 허시(John Hersey), 조너선 셸(Jonathan Schell), 리베카 솔닛, 레이첼 카슨에서 아베 코보(安部公房), 톰슨(E. P. Thompson), 마틴 에이미스(Martin Amis) 등 활동가들의 논쟁이라는 오랜 전통에 영감을 불어넣었다. 한편 메가댐의 부상은 그보다 훨씬 더 온건한 문학을 촉발했다. 그 문학은 (내가 이미 언급한 대로) 주로 미국 서부의 황야 윤리, 좀더 최근에는 중국의 싼샤 댐을 다루었다.

21. Roy, "The End of Imagination," 125.

22. William Finnegan, "The Economics of Empire: Notes on the Washington Consensus," *Harper's*, May 1, 2003, 53.

23. Arundhati Roy, *The God of Small Things* (New York: Random House, 1997), 14.

24. John Berger, "Ten Dispatches about Place," in *Hold Everything Dear: Dispatches on Survival and Resistance* (New York: Pantheon, 2007), 122-123.

25. Roy, *Cost of Living*, 13에서 인용.

26. C. V. J. Sharma, ed., *Modern Temples of India: Selected Speeches of Jawaharlal Nehru at Irrigation and Power Projects* (New Delhi: Central Board of Irrigation and Power, 1989), 40.

27. 매컬리는 아디바시가 "피축출자"의 40퍼센트를 차지한다고 추정했다.

28. Leslie, *Deep Water*, 54에서 인용.

29. 비합리적인 강을 합리적으로 만드는 것과 관련해 막심 고리키(Maxim Gorky) 는 "소비에트의 댐 건설자들은 미친 강을 제정신으로 만들고자 노력했다"고 표 현했다(McCully, *Silenced Rivers*, 17에서 인용). 그런가 하면 무엇이 미쳤는가 에 대해 메가댐 지지자들과 그 반대자들은 상반된 의견을 내놓았다. 전자는 "길 들여지지 않은(wild)" 강을, 후자는 댐 건설이 범람원·삼각주·유속 그리고 침 니 퇴적〔silting: 침니(silt)는 모래와 점토의 중간 크기인 굵은 침전토를 말한 다—옮긴이〕—좀더 길고 좀더 파괴적인 홍수를 일으키게 된다—에 끼치는 영 향을 꼽은 것이다. 가령 재닛 에이브러모비츠는 예측 가능했던 1993년의 미시 시피강과 미주리강 홍수를 지나친 댐 건설의 직접적 결과로 해석했다. 그는 "자 연스러운 강의 흐름을 병리적 상태로 취급한 결과는 혹독한 대가를 치르면서 강 력한 교훈을 우리에게 안겨주었다"고 덧붙였다. Janet Abramovitz, *Imperiled Waters, Impoverished Future: The Decline of Freshwater Ecosystems* (Washington D.C.: Worldwatch Institute, 1996), 27.

30. Marq de Villiers, *Water: The Fate of Our Most Precious Resource* (Boston: Mariner Books, 2001), 121.

31. 1970년대에 보리스 코마로프(Boris Komarov)라는 필명으로 글을 쓴 제예프 볼프손(Zeyev Wolfson)은 "소련의 수력 발전 댐 건설의 역사에 관해서는 알렉 산드르 솔제니친(Alexander Solzhenitsyn)의 소설 《수용소 군도(The Gulag Archi-pelago)》(1973년부터 1978년까지의 소련 강제 수용소에 대해 쓴 책이 다. 이 책의 출간을 계기로 그는 소련에서 추방되었다—옮긴이)가 수문공학을 다룬 그 어떤 교과서보다 훨씬 더 많은 정보를 담고 있다"고 선언했다. Volfson, *The Destruction of Nature in the Soviet Union*, trans. Michel Vale and Joe Hollander (London: Pluto, 1980), 29를 참조하라.

32. 특히 McCully, *Silenced Rivers*, 239ff를 참조하라.

33. John Waterbury, *Hydropolitics of the Nile Valley* (New York: Syracuse

University Press, 1979), 116. 이 책을 알게 해준 패트릭 매컬리에게 감사드린다.

34. 후버 댐이 국제적으로 수많은 모방을 촉발한 데 미친 영향을 살펴보려면 특히 de Villiers, *Water: The Fate of Our Most Precious Resource*, 120-128을 참조하라. 미국의 수필가 조앤 디디온(Joan Didion)은 1970년 자신이 쓴 에세이 "그 댐에서(At the Dam)"에서 종말론적 숭고함을 담은 착잡한 어조로 후버 댐의 정서적 영향력에 대해 피력했다. (Joan Didion, "At the Dam", *The White Album* (New York: Farrar, Straus and Giroux, 1979), 198-201.) 애초 약속을 실현하는 데 실패하고 만 메가댐 등 미국 서부의 "시간과 돈을 쏟아부은 헛짓거리로서 물 프로젝트"를 신랄하게 공격한 다음의 멋진 에세이를 참조하라. Wallace Stegner, "Striking the Rock," in *Where the Bluebird Sings* (New York: Penguin, 1992), 76-98.

35. 후버 댐은 수십 년이 지난 뒤까지도 여전히 소련으로 하여금 미국을 따라잡으려 애쓰도록 위협하는 힘을 지녔다.

36. Leslie, *Deep Water*, 117.

37. Sharma, ed., *Modern Temples of India*, 52-56에서 인용.

38. Arundhati Roy, *Power Politics* (Cambridge, MA: South End Press), 43.

39. 예를 들어 그녀가 결정하는 이들과 그 결정으로 고통당하는 이들 간의 간격을 더욱 벌려놓은 기업 세계화에 대해 비판한 Barsamian and Roy, *The Checkbook and the Cruise Missile*, 73을 참조하라.

40. Roy, *Power Politics*, 32.

41. Ibid, 32.

42. Leslie, *Deep Water*, 20; and Ramachandra Guha, "The Arun Shourine of the Left," *The Hindu*, December 10, 2000을 참조하라. 로이는 비문학으로 방향 전환하기 전에조차 시비 논란에 휩싸이기 일쑤였다. 그녀는 소설《작은 것들의 신》에서 카스트 간의 연인 관계를 묘사했다고 하여 음란죄로 기소되었다. 케랄라(Kerala)가 이끄는 공산당은 그녀가 지역의 마르크스주의 역사에 관해 잘못 묘사했다며 분노를 표시했다. 그녀는 "대중의 도덕성을 타락시켰다"는 이유로 결국 법정에 섰다. 아이자즈 마흐마드는 그 소설의 문체와 야망은 높이 평가하되 좌파 역사에 대해 올바르게 묘사하지 못한 점, 그리고 정계 인사들과 관련해 에로틱한 줄거리 구성에 의존한 점을 들어 로이를 강하게 비판했다. Aijaz Ahmad,

"Reading Arundhati Roy Politically," *Frontline* 14 (August 8, 1997): 103-111을 참조하라.

43. George Perkins Marsh, *Man and Nature: Physical Geography as Modified By Human Action* (1864; rpt. Ann Arbor: University of Michigan Library, 2001), 27.

44. McCully, *Silenced Rivers*, 174. 로이는 《생존의 비용(The Cost of Living)》에서 자신의 책은 타의 추종을 불허하는 매컬리의 이 책을 기반으로 한 작품이라고 밝혔다.

45. Roy, *The Cost of Living*, 123.

46. Vandana Shiva, *Water Wars: Privatization, Pollution, Profit* (Boston: South End Press, 2002), 15.

47. "Frontline: The World of Water," BBC 2, March 28, 2009.

48. Al Gedicks, *Resource Rebels. Native Challenges to Mining and Oil Corporations* (Boston: South End Press, 20010), 8-10.

6 에코빌리지의 이방인: 인종, 관광 산업, 그리고 환경 시간

1. 내가 이 장에서 사용한 용어 포스트아파르트헤이트에 대해서는 익히 알려져 있지만 많은 이견이 제기되고 있다. 남아프리카공화국이 1994년 4월 27일 민주주의로 전환한 사건은 그 나라 역사에서 매우 중요한 이정표였다. 하지만 "분명" 은자불로 은데벨레가 올바르게 지적한 대로, "아파르트헤이트의 종식은 하나의 사건이 아니라 사회적 과정이다"(*Fine Lines from the Box: Further Thoughts About Our Country* (Roggebaai, South Africa: Umuzi, 2007), 93). 그 과정은 순조롭지 않고 지금도 여전히 진행 중이다. 이 장은 부분적으로 환경 정의에 비추어 그와 관련한 체계적 변화 과정의 한계와 속도를 탐색하려는 시도다.

2. Njabulo S. Ndebele, "Game Lodges and Leisure Colonialists," in *Blank: Architecture After Apartheid*, ed. Hilton Judin and Ivan Vladislavic (Cape Town: David Phillips, 1998), 12.

3. 박제술은 계몽주의 시대의 과학, 식민주의 시대의 트로피 사냥, 지극히 남성적인 실내 장식 따위가 교차하는 복잡한 지점에 놓여 있다. 박제술의 시간은 다층적 의

미에서 정지된 시간이다. 동물 사체는 생동감 넘치는 자세에다 대개 (포식 동물의 경우) 송곳니를 드러낸 채로 받침대에 고정한다. 박제 동물이 가리키는 시기는 박제술이라는 기술—퀴퀴한 빅토리아 시대 백인 남성의 위기관리 능력을 드러내 준다—그 자체만큼이나 시대착오적이다.

4. 어떤 민족의 것이든 아프리카 문화는 오직 분위기 내는 인테리어 안에서만 존재한다. 사냥감 산장의 로비를 장식하고 있는 갈대 소쿠리나 가면 같은 토산물처럼 말이다.

5. 남아프리카공화국의 이스턴케이프주는 주로 코사족(Xhosa)이 거주하는 지역이다. 줄루족(Zulu) 거주민은 거의 없다. 하지만 클라인한스는 아프리카의 진정성을 드러내는 데서 줄루족이 코사족보다 국제적으로 더 크게 인정받는다는 것을 알고 있었다. 게다가 줄루는 외국인들이 발음하기도 코사보다 쉬웠다.

6. Donna Haraway, "Teddy Bear Patriarchy: Taxidermy in the Garden of Eden, New York City, 1908-1936," *Social Text* 11 (1984), 20-64.

7. 사냥감 관람에 매진해온 사냥감 산장, 사냥을 경험의 일부로 제공하는 민간 보호 구역, 그리고 국립공원의 문화적 역사는 전부 저마다 다른 방식으로 굴절을 겪었다. 그 각각의 차이를 이 장에서 다 다룰 수는 없지만, 나는 그 다양한 장소 모두에서 '태곳적 생태'의 퍼포먼스와 인종차별적인 보기생태학이 주요 구성 요소로 남아 있다고 믿는다.

8. Ndebele, "Game Lodges and Leisure Colonialists," 12.

9. Anne McClintock, *Imperial Leather: Race, Gender and Sexuality in the Colonial Contest* (New York: Routledge, 1995), 244-245.

10. 은데벨레 에세이의 공간적 정치학을 통찰력 있게 살펴본 자료로는 Rita Barnard, *Apartheid and Beyond: South African Writers and the Politics of Place* (Oxford: Oxford University Press, 2007), 171-172를 참조하라.

11. 보존이라는 이름의 강제 이주 가운데 가장 악명 높은 것은 크루거 국립공원을 북쪽으로 확장하면서 마쿨레케족에게 자행한 사례였다. 시비 논란이 분분한 또 한 가지는 통가(Tonga: 남태평양 피지 동쪽의 섬들로 이루어진 왕국—옮긴이)의 경우였다. 통가족은 두 차례나 이주당했다. 1924년에는 은두모(Ndumo) 사냥감 보호 구역에 자리를 내주어야 했다. 그다음 다시 1990년대에는 코끼리를 위해 조성한 회랑 지대(corridor: 주요 도로나 강을 따라 나 있는 좁고 긴 땅—옮긴

이)에 양보해야 했다. 그 회랑 지대는 코끼리에게 더 많은 이동의 자유를 부여하고 물에의 접근을 용이하게 하려는 조치였는데, 그로 인해 아이러니하게도 통가족이 물에 접근하는 일은 한층 더 어려워졌다. Martha Honey, *Ecotourism and Sustainable Development: Who Owns Paradise?* (Washington D.C.: Island Press, 1999), 367. 좀더 광범위하고 국제적인 관점에서 보존 난민을 조명한 자료로는 특히 Ramachandra Guha, *Environmentalism: A Global History* (New York: Longman, 2000); and Mark Dowie, *Conser-vation Refugees* (Boston: MIT Press, 2009)를 참조하라.

12. Ndebele, "Game Lodges and Leisure Colonialists," 11.

13. Frantz Fanon, *Black Skin, White Masks*, trans. Charles Lam Markmann (London: Pluto, 1991), 90, 92.

14. Ndebele, "Game Lodges and Leisure Colonialists," 13.

15. Njabulo S. Ndebele, *Rediscovery of the Ordinary: Essays on South African Literature and Culture* (Johannesburg: COSAW, 1991), 67.

16. Ndebele, "Game Lodges and Leisure Colonialists," 10. 조던도 바하마제도에서 휴가를 보내고 돌아오는 비행기 안에서, 은데벨레와 마찬가지로 그녀가 말한 이른바 "서인도제도 발작(a West Indian fit)"을 막 일으킬 것처럼 "열이 펄펄 났다". "Report from the Bahamas," in *A Stranger in the Village: Two Centuries of African-American Travel Writing*, ed. Farah J. Griffin and Cheryl J. Fish (Boston: Beacon Press, 1998), 326.

17. 풍경 미학에서 지워진 노동의 역할을 다룬 소중한 자료로는 Raymond Williams's *The Country and the City* (Oxford: Oxford University Press, 1975); J. M. Coetzee's *White Writing* (1988; repr., New Haven, CT: Yale University Press, 1990)을 참조하라. 미국 맥락에서 그와 유관한 윌리엄 크로논(William Cronon)의 작품은 기본에 충실하다. 반면 영국과 탈식민지 환경에서 지워진 노동·풍경·엔클로저를 분석한 로버트 마젝의 책은 신랄하다. Robert Marzec, *An Ecological and Postcolonial Study of Literature: From Daniel Defore to Salman Rushdie* (London: Palgrave Macmillan, 2007)를 참조하라.

18. Jordan, "Report from the Bahamas," 327.

19. Kincaid, *In a Small Place* (New York: Plume, 1988), 55.

20. Ndebele, "Game Lodges and Leisure Colonialists," 12.

21. 카리브해 연안 지역의 에덴동산 건설을 다룬 환경 문학은 풍부하고 점점 더 방대해지고 있다. 그중 특히 다음을 참조하라. *Caribbean Literature and the Environment: Between Nature and Culture*, ed. Elizabeth DeLoughrey et al. (Charlottesville: University of Virginia Press, 2007); George B. Handley, *New World Poetics: Nature and the Adamic Imagination of Whitman, Neruda, and Walcott* (Athens: University of Georgia Press, 2007); Sarah Phillips Casteel, *Second Arrivals: Landscape and Belonging in Contemporary Writing of the Americas* (Charlottesville: University of Virginia Press, 2007).

22. 크루거 국립공원에서 보낸 수십 년의 세월을 담은 제임스 스티븐슨해밀턴〔James Stevenson-Hamilton: 1867~1957. 남아프리카공화국 사비 자연보호구역(Sabi Nature Reserve)의 최초 관리인. 이곳은 그의 노력에 힘입어 1926년 크루거 국립공원이 되었다. 그는 이 두 곳에서 1902년부터 1946년까지 44년 동안 일했다—옮긴이)의 영향력 있는 회고록《남아프리카공화국의 에덴동산(South African Eden)》이 카렌 블릭센(Karen Blixen: 1885~1963. 덴마크 작가—옮긴이)의《아웃 오브 아프리카(Out of Africa)》와 같은 해인 1937년 출간되었다. 두 책은 메가포나 중심의 보존주의 운동 세력을 결집하는 데 기여하고자 에덴동산 유의 애조 어린 수사를 동원했다. 이 운동의 유산은 오늘날에도 남아프리카공화국과 케냐의 경제적 · 문화적 풍경을 이루고 있다. 스코틀랜드 이민자이자 크루거 국립공원의 최초 관리인 스티븐슨해밀턴은 분명 실천과 저작을 통해 남아프리카공화국의 보존주의를 형성하는 데 중대한 영향을 끼친 인물이다. 또한 사람의 스코틀랜드 이민자 출신 보존주의자 존 뮤어가 미국에서 그랬던 것처럼 말이다.

23. 특히 Elaine Freedgood, *Victorian Writing about Risk* (Cambridge, England: Cambridge University Press, 2000)를 참조하라.

24. James Baldwin, "Stranger in the Village," in *Notes of a Native Son* (1953; rpt. Boston: Beacon Press, 1984), 159.

25. Ibid.

26. Ibid., 164.

27. 여기서 볼드윈의 입장은 셰러턴 브리티시 콜로니얼(Sheraton British Colonial)에서 공연된 연극 〈파티오 원주민 쇼(The Native Show on the Patio)〉에 대한 조던의 고찰과 대비된다. 조던이 원주민 쇼를 공연하거나 그녀를 시중들거나 혹은 길거리에서 싸구려 매(hawk) 장신구를 파는 바하마제도 여성들에게 느낀 인종적·젠더적 동질감은 관광 산업의 구조로 인해 위태로워졌다. "같은 여성이라는 사실이 더는 특별한 의미가 없다. 우리는 그저 서로에게 맞서게끔 설계된 거래의 당사자들일 뿐이다"(Jordan, "Report from the Bahamas," 321).

28. 이것이 지역 백인의 이데올로기와 해외에서 온 백인의 이데올로기가 늘 정확히 맞아떨어진다는 것을 말해주지는 않는다. 은데벨레는 일례로 복장도착(cross-dressing: 특히 성적 쾌감을 위해 이성의 옷을 입는 행위—옮긴이) 같은 괴상한 습성을 지닌 이를 "여가 식민주의자"라 칭하는 미국의 한 가족을 언급했다. Ndebele, "Game Lodges and Leisure Colonialists," 12.

29. Amitava Kumar, *Bombay-London-New York* (New York: Routledge, 2002), 64.

30. Baldwin, "Stranger in the Village," 169.

31. Ibid., 173.

32. 분명 포스트아파르트헤이트 사대의 정치적·경제적·문화적 권력 재분배는 심각하게 불균일한 양상을 띤다.

33. Ibid., 175.

34. 흔히 크루거를 이스라엘과 비교하곤 하는데, 이는 특히 자연과 관련한 아프리카너 문화에서 영적 순례지로서, 선택된 사람들의 선택된 땅으로서 그 공원의 위상이 어느 정도인지 재확인해준다. 크루거 공원은 1926년 제정된 국립공원법(National Parks Act)에 의거해 공식 설립되었다. 물론 당시는 지금보다 규모가 훨씬 작았다.

35. 지나치게 완강한 중립 지대로서 크루거 국립공원의 위상은 1975년 마르크스주의 게릴라들이 집권함으로써 더욱 강화되었다. 이 사건은 모잠비크에 대한 포르투갈의 식민 지배를 종식시켰을 뿐 아니라 부분적으로 이듬해 소웨토 항쟁(Soweto uprising: 소웨토는 남아프리카공화국 요하네스버그 남서부의 흑인 거주지. 학교 수업의 절반을 아프리칸스어로 진행해야 한다는 정부 방침에 항의해 학생들이 대규모 시위를 벌였다—옮긴이)에 혁명적 영감을 불어넣었다. 이어진 모잠비크 내전 기간에 아파르트헤이트 정권은 (아프리카민족회의 게릴라의 기지 노릇을 한)

모잠비크를 테러 국가로 여겼다. 남아프리카공화국 정권은 레이건 행정부의 강력한 지원을 등에 업고, 모잠비크 정권에 반대하는 세력에 자금을 대주고 은신처를 제공했으며 그들을 훈련시키고 그들의 무장을 도왔다. 1980년대 말 모잠비크 내전으로 그 나라 국민 1400만 명 중 200만 명이 삶터에서 쫓겨났으며, 10만 명이 살해되었다.

36. 본문에서 언급한 고디머의 잘 알려지지 않은 에세이란 크루거 국립공원과 모잠비크 사이 접경지대에 관해 쓴 그녀의 강력한 에세이 "주괴와 막대(The Ingot and the Stick)"다. 고디머에 대해 광범위하게 비평한 스티븐 클링먼(Stephen Clingman)의 작품에서도, 장장 750쪽에 달하는 로널드 로버츠(Ronald Roberts)의 고디머 전기에서도 언급되지 않은 것으로 보아 이 에세이는 사람들의 주목을 끌지 못한 것 같다.

37. Jane Carruthers, *The Kruger National Park: A Social and Political History* (Pietermaritzburg, South Africa: University of Natal Press, 1995), 17.

38. Ibid., 31.

39. 1877년 금이 발견된 이후 수많은 백인 인구가 트란스발주로 이주했다. 그에 따른 급속한 산업화와 도시화로 상업농이 성장할 수 있는 발판이 마련되었다. 백인 광산 거물들과 백인 농부들은 희소한 흑인 노동력을 서로 차지하기 위해 치열하게 다투었다. 자급자족하는 흑인 시골 공동체의 생존을 더욱 위태롭게 만들어 점점 더 많은 흑인이 광산이나 농장의 자본주의적 임노동자로 전락하게끔 내몰려는 의도로 여러 법안이 통과되었다. 1913년 토지법(Land Act)은 피해가 유독 컸다. 그 법은 지정된 원주민 보호 구역 이외 지역에서 흑인이 백인에게 토지를 구매·임대하는 행위를 일절 금지했다. 백인 지배층의 관점에서 볼 때 토지와 관련한 이런 식의 강요는 흑인을 임노동자로 내몰고 농업의 경쟁자 풀을 제거하는 일석이조의 이점을 안겨주었다. 이렇게 전개된 역사에 대해 좀더 입체적으로 다룬 책은 William Beinart, *The Rise of Conservation in South Africa: Settlers, Livestock, and the Environment 1770-1950* (New York: Ox ford University Press, 2008)이다. 이 장의 포괄 범위 밖에 있기는 하지만 식민지 시대의 노동 및 여가 문화와 관련해 사냥감 보호 구역이 부상한 현상을 자세히 설명한 자료로는 빈둥거림(idleness)에 관해 성찰한 J. M. Coetzee, *White Writing* (1988; rpt. New Haven: Yale University Press, 1990); Syed Hussein Alata's

The Myth of the Lazy Native (New York: Routledge, 1977)를 참조하라.

40. 이 같은 밀렵꾼-보존주의자 개념은 크루거 국립공원 내의 인간 거주 정책이 어째서 오락가락하는지 설명하는 데 도움을 준다. 백인 관계 당국은 애초 20세기 초반에는 아프리카인이 그 공원에 거주하는 것을 금지했다. 그러다가 약 3000명의 아프리카인이 그곳에 살도록 허락하면서 그들에게 임대료를 청구했다(Carruthers, *Kruger National Park*, 81). 임대료는 수입원이 되어준 데다 그곳 거주민들이 쥐꼬리만 한 돈이라도 받고 노동력을 팔지 않을 수 없도록 내몰았다. 흑인들—흑인 임차인, 나중에는 감금된 갱단—은 울타리를 세우고 도로와 수용소를 건설하고 밀렵꾼을 잡는 작업에 강제 동원되었다. 에덴동산 같은 순수한 야생을 창조하고 유지하는 것은 이렇듯 엄청난 노동이 투여되는 일이었다.

41. 이와 관련된 것이 요하네스 파비안(Johannes Fabian: 1937~. 암스테르담대학의 인류학 명예교수—옮긴이)의 설명인데, 그는 토지를 두고 벌이는 신체적 투쟁에 대해 식민지 지배 세력은 주로 두 가지 방식으로 대응했다고 밝혔다. 하나는 강제 이주(종족 학살을 통해 이루어지는 것이든 국외 추방을 통해 이루어지는 것이든)다. 나머지 하나는 또 다른 변인인 '시간'이라면서 파비안은 이렇게 말했다. "거리 두기(distancing)나 시간적 순위(temporal sequencing) 같은 다양한 장치의 도움으로 식민지 지배 세력은 피정복민에게 상이한 시간을 부과했다." Fabian, *Time and the Other: How Anthropology Makes its Object* (New York: Columbia University Press, 1983), 29-30.

42. Carruthers, *Kruger National Park*, 86.

43. Labuschagne, 26-27, 63-64. Quoted in Carruthers, *Kruger National Park*, 83.

44. 그랜드캐니언이 미국 관광객에게 종교적 시원, 숭고함, 애국심의 고취를 연상시키는 목적지로 소비되는 방식에 관한 도발적 설명으로는 Stephen J. Pyne, *How the Canyon Became Grand* (New York: Viking, 1998)를 참조하라.

45. 고디머의 에세이 "주괴와 막대"는 그녀가 변경(frontiers) 시리즈의 일부로 제공한 BBC2 텔레비전 다큐멘터리의 자매 격이다. Gordimer, "The Ingot and the Stick, The Ingot and the Gun: Mozambique-South Africa," in *Frontiers*, ed. George Carey (London: BBC Books, 1990), 50-77.

46. "합의의 원칙은 결코 변하지 않았다. 남아프리카공화국의 금광 및 기타 광산 이해

집단은 모잠비크 남성을 대거 노동자로 모집하도록 허락받았다. 금으로 제공하는 그들의 임금 일부를 식민지 시대에는 종주국 포르투갈에, 나중에는 독립한 모잠비크에 지불하는 조건이었다." Ibid., 56.

47. Ibid., 61.

48. Gordimer, "The Ultimate Safari," in *Telling Tales*, ed. Nadine Gordimer (New York: Farrar, Straus and Giroux, 2004), 272.

49. Ibid., 273.

50. Ibid., 271, 277.

51. Ibid., 281.

52. Gloria Alzaldua, *Borderlands/La Frontera: The New Mestiza* (San Francisco: Aunt Lute, 1987), 3.

53. 좀더 넓은 이론적 맥락에서 난민을 병리학적으로 "자연스럽지 않다(unnatural)"고 규정하는 데 대한 리사 말키의 연구는 이와 관련해 특히 공감을 불러일으킨다. Liisa Malkki, *Purity and Exile: Violence, Memory, and National Cosmology among Hutu Refugees in Tanzania* (Chicago: University of Chicago Press, 1995)를 참조하라.

54. 소설에는 소녀가 어느 민족에 속해 있는지 언급되어 있지 않지만, 그녀가 샹간족임을 암시하는 지리적·언어적 특징이 다수 포함되어 있다. (샹간족이 인종 집단으로서 스스로를 칭하는 방식은 역사적으로 지리적으로 저마다 달랐다. 샹간족은 남아프리카공화국에서 흔히 총가족으로 불린다.)

55. Gordimer, "The Ultimate Safari," 280.

56. 짐바브웨가 혼돈 속으로 빠져들면서 그 프로젝트의 야망을 위축시키기 전, 세 나라의 접경지대에 위치한 그 공원은 작업이 한창이었다. 크루거를 모잠비크와 짐바브웨의 국립공원들과 합치고, 그에 따라 인간(배타적 생물 아종(亞種)인 관광객)과 다른 포유동물이 좀더 자유롭게 이동하도록 보장하기 위해서였다. 이 프로젝트는 오랫동안 시비 논란에 시달려왔다. 특히 그것이 더 많은 비자발적 이주(모잠비크에서 유독 심했다)를 수반했고, 또 지역민에게 돌아가는 경제적 혜택이 도무지 분명치 않았기 때문이다. 아프리카의 "슈퍼 공원"이라는 별명이 붙은, 여러 국경에 걸친 이 공원의 위상은 여전히 불확실한 채로 남아 있다. 모잠비크와 크루거 국립공원을 잇는 회랑 지대가 선진적인 것처럼 보임에도 불구하고 말이다.

57. 식민지 시대에 크루거 공원이 시작되었을 무렵부터 "정문 경비대(gate guards)"는 역사적으로 샹간족이 도맡았다. 데이비드 번이 지적한 대로 "제복을 갖춰 입은 이 경비대는 시간적·인종적 정체성과 관련한 두 가지 질서를 극적으로 표현했다. 하나는 '개선된' 원주민의 질서이고 다른 하나는 관습적이고 민족적인 집단적 질서로서, 둘은 그 보호 구역 영역 밖에서라면 결코 그렇게 쉽게 공존할 수 없었다". David Bunn, "Relocations: Landscape Theory, South African Landscape Practice, and the Transmission of Political Value," *Pretexts* 4 (1993): 53.

58. 백인 관광객과 아프리카인 이민자에 대한 대우를 대조 분석한 사려 깊은 연구로는 다음을 참조하라. Kathryn Mathers and Loren B. Landau, "Tourists or 'Makwerekwere': Good Versus Bad Visitors and the Possibilities of Ethical Tourism in South Africa" (International Sociological Association Congress Durban, South Africa, July 2006, Forced Migration Working Paper Series #27, Forced Migration Studies Programme, University of Witwatersrand), 1-16.

59. Hector Magome and James Murombedzi, "Sharing South African National Parks: Community Land and Conservation in a Democratic South Africa," in *Decolonizing Nature: Strategies for Conservation in a Post-Colonial Era*, ed. William M. Adams and Martin Mulligan (London: Earthscan, 2003), 131.

60. 가령 광대한 크루거 국립공원의 고유종 규모는, 생물 다양성은 풍부하지만 메가포나는 빈약한 나마콸란트(Namaqualand) 연안 지역에 위치한 보호 구역(훨씬 규모가 작고 방문객도 드물다)의 고유종 규모와 비교조차 되지 않는다. 혹자의 말에 따르면, '그레이터 아도 코끼리 국립공원(Greater Addo Elephant National Park: 남아프리카공화국에서 세 번째로 큰 국립공원—옮긴이)'은 확장을 합법화하고 광고하기 위한 독창적 시도로서, 스스로에 대해 빅 세븐(Big Seven)—전통적인 빅파이브(사자·코끼리·코뿔소·표범·물소)에 남방긴수염고래(southern right whale)와 대백상어(great white shark)를 추가했다—을 보유하고 있는 세계 유일의 공원이라고 홍보했을 뿐 아니라 그 어떤 남아프리카공화국의 국립공원보다 더 다양한 생물군계를 지니고 있다고 자랑했다.

61. Tsing, *Friction*, 1.

62. Ndebele, "Game Lodges and Leisure Colonialists," 14.

7 후유증의 생태학: 정밀 타격전과 느린 폭력

1. James DerDerian, *Virtuous War: Mapping the Military-Industrial-Media-Entertainment Network* (Boulder: Westview Press, 2001), 64-65에 실린 폴 비릴리오의 인터뷰 내용.

2. Ibid.

3. 다른 무엇보다《순교자들의 날: 작은 전쟁의 연대기》 뒤표지에 실린 로버트 휴스 (Robert Hughes)의 서평을 참조하라.

4. Mike Kelly, *Martyrs' Day: Chronicle of a Small War* (1993; repr., New York: Random House, 2001), 229.

5. Ibid.

6. Carol Picou, "Living with Gulf War Syndrome," in *Metal of Dishonor*, ed. John Catalinotto and Sara Flounders (New York: International Action Center, 1997), 44-45.

7. Akira Tashiro, *Discounted Casualties: The Human Cost of Depleted Uranium*, trans. Transnet (Hiroshima: Chugoku Shimbun, 2001), 94-95.

8. Ibid.

9. Picou, *Metal of Dishonor*, 46.

10. 베트남증후군을 떨쳐버리는 데서 걸프전이 담당한 역할을 가장 잘 설명한 자료로 는 Andrew J. Bacevich, *The New American Militarism: How Americans are Seduced by War* (New York: Oxford University Press, 2005)를 참조하라.

11. Kelly, *Martyrs' Day*, 362.

12. Mike Kelly, *Martyrs' Day: Chronicle of a Small War*, 2nd ed. (New York: Vintage Books, 2001), xiii.《순교자들의 날》 2001년 재판 서문에서 켈리는 '외 과적'이라는 비유를 수정했다. 하지만 오직 수많은 매파(강경파—옮긴이)가 그 러하듯 사담 후세인이 9·11 공격과 관련되어 있다는 그럴싸한 주장에 찬성함으 로써 그렇게 했을 뿐이다. 무슨 말인고 하니, 켈리는 이제 이런 논리를 펼쳤다. 즉 신속함을 특징으로 하는 '사막의 폭풍 작전'은 판단이 잘못된 전쟁이었다. 왜냐하

면 미국이 사담을 쓰러뜨리는 데 실패함으로써 무역센터와 펜타곤을 공격하도록
길을 터주었기 때문이다.

13. 켈리가 보기에 전쟁 "시어터"의 외과 수술에는 두 가지 차원이 있었다. 좀더 넓은
차원인 국부 전쟁 그 자체의 치료적 작업이 하나요, 그 안에서 이루어지는 지역
차원의 국부 공격, 즉 소규모의 정밀 타격식 도려냄이 다른 하나다.

14. 가령 2003년 이라크 전쟁에 관한 프레드 스몰러의 언급도 참조하라. "왜 민간인
희생자 수가 그렇게 적었는가? 그것은 한편으로 (약간의 예외가 있기는 하나) 다
국적군이 보여준 자제력 때문이자 다른 한편으로 기술적 혁신, 전례 없는 양의 정
밀 타격 무기류(특히 GPS가 유도하는 무기류) 사용 덕분이었다." Fred Smoler,
"Cakewalk: Getting It Wrong—U.S. Military Might and Myths," *Dissent* 47
(Summer 2003), 39.

15. Tashiro, *Discounted Casualties*.

16. 물론 "외과적"이라는 비유가 군사적으로 쓰인 것이 비단 걸프전에서만은 아니다.
가령 2003년 이라크전이 전개되는 동안 한 미국 장성은 "팔루자(Fallujah: 바그
다드에서 서쪽으로 60킬로미터 떨어져 있는 이라크 중부 도시로 2003년 이라크
전 당시 미국 주도의 침공에 맞선 항전 중심지였다—옮긴이)라는 암을 언제 제거
해야 하는지 결정 내릴 필요가 있다"(Eliot Weinberger, *What I Heard About
Iraq* (London: Verso, 2005), 9에서 인용]고 선언했다. 하지만 켈리의 책에서
유독 예리한 부분을 꼽자면 그것은 바로 그가 전쟁 전체를 효율적이고 치료적이
고 도덕적이고 신속한 "외과적" 수술로 표현한 대목이다.

17. Rachel Carson, *Silent Spring* (1962; repr., Boston: Houghton Mifflin, 1992),
127.

18. 쇼월터는 "히스테리 질환은 1990년대에 단지 살아남은 데 그친 게 아니라 예전보
다 더욱 기승을 부렸다. 히스테리라는 유행성 강한 감염병은 자기계발서, 신문이
나 잡지에 실린 기사, TV 토크쇼, 연속극, 영화, 인터넷 심지어 문학 비평을 통해
널리 전파되었다"고 주장했다. *Hystories: Hysterical Epidemics and Modern
Media* (New York: Columbia University Press, 1998), 5.

19. Ibid., 6.

20. 어느 익명의 논평자가 아마존닷컴(Amazon.com) 사이트에서 지적한 대로 "만약
쇼월터의 책이 19세기가 시작될 때 쓰였더라면, 그녀는 자신의 '히스테리' 목록에

과거에는 '사기꾼의 병(faker's disease)'이라고 알려진 다발성경화증(multiple sclerosis: 위에서 세균을 발견하기 전까지는 스트레스 때문에 발병하는 것으로 여겨졌다—옮긴이)도 포함했을 것이다".

21. Showalter, *Hystories*, 4.

22. Steven Reinberg, "Toxic Chemical Blamed for Gulf War Illness," *U.S. News & World Report*, November 17, 2008, 5.

23. Ibid.

24. Duncan Graham-Rowe, "Depleted Uranium Casts Shadow Over Peace in Iraq," *New Scientist*, April 15, 2003, 2.

25. Thomas Whiteside, *The Withering Rain: America's Herbicidal Folly* (New York: Dutton, 1971); John Lewallen, *Ecology of Devastation* (New York: Puffin, 1971).

26. Harvey Wasserman and Norman Solomon, *Killing Our Own: The Disaster of America's Experience with Atomic Radiation* (New York: Delacorte, 1982).

27. Robert Fisk, "The Evidence Lies Dying in Basra," *Independent*, January 25, 2000, 11; Patsy McGary, "Iraqi Child Cancers Link to Gulf War Weapons," *Irish Times*, November 30, 1999, 2를 참조하라.

28. Dan Fahey, "The Use of Depleted Uranium in the 2003 Iraq War: An Initial Assessment of Information and Policies," www.wise-uranium.org에서 인용.

29. Ibid. 다음도 참조하라. U.S. General Accounting Office, *Hazardous Waste: Information on Potential Superfund Sites*, GAO/RCED-99-22 (Washington D.C.: Government Printing Office, 1998), 170; Michael Orey, "Uranium Waste Site Has a Historic New England Town Up in Arms," *Wall Street Journal*, March 1, 2001, B1; Jesse D. Edmands et al., "Uptake and Mobility of Uranium in Black Oaks: Implications for Biomonitoring Depleted Uranium-Contaminated Groundwater," *Chemosphere* (2001) 44, 789-795.

30. 전쟁 도구로서의 언어에 대한 타의 추종을 불허하는 신랄한 분석으로는 Mary Louise Pratt, "Harm's Way: Language and the Contemporary Arts of War,"

PMLA 124 (2009), 1515-1531을 참조하라.

31. Tashiro, *Discounted Casualties*, 56-57에서 인용.

32. Ibid.

33. Doug Rokke, interview by Rob Nixon, July 7, 2005.

34. Hillary Johnson, "Is the Pentagon Giving Our Soldiers Cancer?" *Rolling Stone*, October 2, 2003, 83에서 인용.

35. Ibid.

36. David Rose, "Weapons of Self-Destruction," *Vanity Fair*, December 2004, 217에서 인용.

37. Johnson, "Is the Pentagon Giving Our Soldiers Cancer?" 87에서 인용. 노튼이 여기서 텅스텐을 언급하다니 상당히 예리하다. 독일 군부는 감손우라늄이 제기하는 화학적·방사능적 위험 때문에 그것을 무기에 사용하는 행위를 금지하고 대신 텅스텐으로 대체했다. 고밀도 (그리고 좀더 고가) 금속인 텅스텐은 관통자로서도, 탱크에 갑옷을 입히는 데서도 효과적인 것으로 드러났다.

38. 저자가 2005년 7월 7일 더그 로케와 진행한 인터뷰 내용. 그 전쟁이 끝나고 4년 뒤 432마이크로그램이던 로케의 소변 1리터당 우라늄 수치는 8년 뒤 42마이크로그램으로 떨어졌다. 하지만 로케의 설명대로, 그러한 하락은 그의 몸에서 나머지가 제거되었다는 의미가 아니라 시간이 흐르면서 우라늄 상당 부분이 연성 조직이나 뼈로 자리를 옮겼다는 의미다.

39. Ibid.

40. Leonard Dietz, "DU Spread and Contamination of Gulf War Veterans and Others," in *Metal of Dishonor*, ed. John Catalinotto and Sara Flounders (New York: International Action Center, 1997; rev. ed. 1999), 134.

41. Avril McDonald, ed., *The International Legal Regulation of the Use of Depleted Uranium Weapons* (Den Haag, 2005), 특히 논문 "Environmental and Health Consequences of DU Munitions," 173-192를 참조하라.

42. Duncan Graham-Rowe, "Depleted Uranium Casts Shadow Over Peace in Iraq," *New Scientist*, April 15, 2003, 2-6을 참조하라. 또한 "Special Report: Waging a New Kind of War," *Scientific American*, June 2000, 2-17도 참조하라.

43. Sara Flounders, "Iraqi Cities 'Hot' with Depleted Uranium," http://www. coastalpost.com/03/09/11.htm. 전체 스토리에 대해 알아보려면 Scott Peterson, "Remains of Toxic Bullets Litter Iraq," *Christian Science Monitor*, May 15, 2003, 3을 참조하라.

44. Ibid.

45. Dan Fahey, "Science or Science Fiction? Facts, Myths and Propaganda in the Debate Over Depleted Uranium Weapons," 31에서 인용.

46. Rose, "Weapons of Self-Destruction," 219에서 인용.

47. Bonham et al., *Human Cost of the War in Iraq*, 22.

48. Johnson, "Is the Pentagon giving Our Soldiers Cancer?" 93에서 인용.

49. Ibid.

50. Rabadrinath Tagore, "Persia, April 13, 1934," in *Rabadrinath Tagore: An Anthology*, ed. Krishna Dutta and Andrew Robinson (New York: St. Martin's Press, 1997), 127.

51. Walt Whitman, "Drum-Taps," in *Whitman, The Complete Poems*, ed. Francis Murphy (New York: Penguin, 2005), 305.

52. Weinberger, *What I Heard About Iraq*, 3에서 인용.

53. 그 밖에 집속탄을 가장 열렬히 옹호한 나라는 체첸공화국에서 전쟁을 치르던 시기의 러시아다.

54. *Clearing the Fields: Solutions to the Global Landmines Crisis*, ed. Kevin M. Cahill (New York: New Press, 1996), 3에서 인용.

55. Richard Norton-Taylor, "Rights Groups Warn of Danger of Unexploded Cluster Bombs," *Guardian*, August 18, 2006, 7에서 인용.

56. Woodford Agee Heflin, *United States Air Force Dictionary*, http://www. knovel.com.

57. "Personnel," http://www.websters-online-dictionary.org.

58. Bonnie Docherty, *Human Rights Watch* 14, no. 7 (2002), 44.

59. Robert Fisk, "Wailing Children, the Wounded, the Dead: Victims of the Day Cluster Bombs Rained on Baghdad," *Independent*, April 13, 2003, 5.

60. Lydia Monin and Andrew Gallimore, *The Devil's Garden: A History of*

Landmines (London: Random House, 2002).

61. Eric Prokosch, *The Technology of Killing: A Military and Political History of Antipersonnel Weapons* (New York: Zed, 1995), 173.

62. Henry Michaels, *US Uses Cluster Bombs to Spread Death and Destruction in Iraq*, World Socialist Web Site, http://www.wsws.org.

63. Cahill, ed., *Clearing the Fields*, 192에서 인용.

64. Human Rights Watch, *Off Target: The Conduct of the War and Civilian Casualties in Iraq* (New York: Human Rights Watch, 2003), 73.

65. Human Rights Watch, *Off Target*, 17. See also Kenneth Rutherford, "The Evolving Arm Control Agenda: The Implications of the Role of NGOs in Banning Anti-Personnel Landmines," *World Politics* 53 (October 2000), 74-114.

66. Human Rights Watch, *New U.S. Landmine Policy: Questions and Answers* (New York: Human Rights Watch, 2004), 13.

8 환경주의, 탈식민주의, 그리고 미국학

1. 이와 관련해서는 다음과 같은 혁신적 저작들을 떠올릴 수 있다. Richard Grove, *Green Imperialism: Colonial Expansion, Tropical Island Edens, and the Origins of Environmentalism, 1600-1860* (Cambridge, England: Cambridge University Press, 1995); Tom Griffiths and Libby Robin, eds., *Ecology and Empire: Environmental History of Settler Societies* (Seattle: University of Washington Press, 1997); David Arnold and Ramachandra Guha, eds., *Nature, Culture, Imperialism: Essays of the Environmental History of South Asia* (Delhi, India: Oxford University Press, 1995); William Beinart and Peter Coates, *Environment and History: The Taming of Nature in the USA and South Africa* (London: Routledge, 1995); Susan M. Darlington et al., *Nature in the Global South* (Durham, NC: Duke University Press, 2003). 최근에 문화지리학이 탈식민주의 생태 비평의 지평을 열어줄 가능성에 대해 고찰한 빼어난 연구로는 Upamanyu Pablo Mukherjee, *Post-colonial Environments:*

Nature, Culture and the Contemporary Indian Novel in English (London: Palgrave Macmillan, 2010)를 참조하라.

2. Jay Parini, "The Greening of the Humanities," *New York Times Magazine*, October 23, 1995, 52-53.

3. Rob Nixon, "The Oil Weapon," *New York Times*, November 17, 1995, A24. 나의 에세이 "Pipedreams: Ken Saro-Wiwa, Environmental Justice, and Micro-Minority Rights" *London Review of Books*, April 7, 1996, 11도 참조하라.

4. Lawrence Buell, *The Environmental Imagination: Thoreau, Nature Writing, and the Formation of American Culture* (Cambridge, MA: Harvard University Press, 1996); Cheryll Glotfelty and Harold Fromm, eds., *The Ecocritical Reader: Landmarks in Literary Ecology* (Athens: University of Georgia Press, 1996); Max Oelschlaeger, *The Idea of Wilderness* (New Haven, CT: Yale University Press, 1991); Daniel Payne, *Voices in the Wilderness: American Nature Writing and Environmental Politics* (Hanover, NH: University Press of New England, 1996); Scott Slovic, *Seeking Awareness in American Nature Writing* (Salt Lake City: University of Utah Press, 1992).
이런 접근법이 지닌 한계를 《황야라는 개념(The Idea of Wilderness)》보다 더 명료하게 보여준 책은 없다. 이 책에서 오엘쉬래거는 시간을 초월한 원시적이고 보편적인 황야의 가치에 지지를 표명했다. 그는 구석기 시대, 신석기 시대, 고대 지중해의 자연 개념을 반추함으로써 그런 주장을 펼쳤다. 그런 다음 오직 미국인으로만 이루어진 작가 정본 목록(그중 특히 두드러지는 인물은 헨리 데이비드 소로, 존 뮤어, 알도 레오폴드, 로빈슨 제퍼스(Robinson Jeffers), 게리 스나이더다)을 분석함으로써 자신의 주장을 더욱 확실히 했다.

5. Ken Saro-Wiwa, *Nigeria: The Brink of Disaster* (Port Harcourt, Nigeria: Saros International Publishers, 1991), 71.

6. Ken Saro-Wiwa, *A Month and A Day: A Detention Diary* (London: Penguin, 1995), 7.

7. Ibid., 80.

8. Ibid., 79.

9. 황야에 대한 미국인의 과도한 집착에 문제를 제기한 예지력 있는 탈식민주의 저작으로는 Ramachandra Guha, "Radical American Environmentalism and Wilderness Preservation: A Third World Critique," *Environmental Ethics* 11 (Spring 1989), 71-83을 참조하라.

10. 황야와 관련한 "순수성" 전통을 다룬 소중한 비평으로는 William Cronon, "The Trouble with Wilderness; or, Getting Back to the Wrong Nature," in *Uncommon Ground: Rethinking the Human Place in Nature*, ed. William Cronon (New York: Norton, 1996), 69-90을 참조하라. 크로논의 선도적 에세이 이후, 다른 생태 비평가나 환경 작가들은 황야에 대한 집착이 상상 차원에서 얼마나 뒤틀린 것인지, 정치 차원에서 얼마나 큰 대가를 치르는 것인지 인식하게 되었다. 황야 집착의 유산은 과거 그에 대한 강조로 소외감을 느꼈던 작가나 공동체에 끈질긴 의혹의 원천으로 남아 있다.

11. 세계시민주의와 특정 지역에 국한한 애국주의의 화해 가능성을 다룬 통찰력 있는 논문으로는 Kwame Anthony Appiah, "Cosmopolitan Patriots," *Critical Inquiry* 97 (1997), 129-144를 참조하라.

12. J. M. Coetzee, *White Writing* (New Haven, CT: Yale University Press, 1990), 62.

13. Donald E. Pease, "National Identities, Postmodern Artifacts, and Postnational Narratives," in *National Identities and Post-Americanist Narratives*, (Durham, NC: Duke University Press, 1994), 4.

14. 전치에 대한 과도한 집착의 위험을 잘 설명한 자료로는 Amitava Kumar, *Passport Photos* (Berkeley: University of California Press, 2000), 13-14를 참조하라. 또한 Ian Buruma, "The Romance of Exile," *New Republic*, February 12, 2001, 23-30도 참조하라.

15. Parini, "The Greening of the Humanities," 53.

16. Ibid., 53.

17. Ibid.

18. 애비의 반이민자 환경주의—그의 말년에 더욱 두드러진다—에 관해서는 Rick Scarce, *Eco-Warriors: Understanding the Radical Environmental Movement*

(Chicago: University of Chicago Press, 1990), 92를 참조하라. 오스틴의 반유대주의에 관해서는 Tom Athanasiou, *Divided Planet: The Ecology of Rich and Poor* (Boston: Little, Brown, 1996), 297을 참조하라. 환경주의와 이민 정책이 만나는 교차로에서 우리는 벳시 하트만(Betsy Hartmann)이 말한 이른바 "혐오의 녹색화(greening of hate)"를 내내 마주하게 된다. 애리조나주의 악명 높은 '상원 법안 1070'을 가능케 한 미국이민개혁연맹(Federation for American Immigration Reform, FAIR)은 2010년 '지구의 날' 40주년을 기념하고자 43쪽 분량의 보고서("분별력 있는 이민 정책을 위한 환경주의자 가이드북(The Environmentalist's Guide to a Sensible Immigration Policy)")를 발행했다. 앤드루 로스가 설명한 대로 미국이민개혁연맹—그리고 이민연구센터(Center for Immigration Studies) 같은 그 동맹 단체들—은 환경 운동을 분열시키면서 적극적으로 반이민자 녹색 운동 지지층을 구축하고자 했다. 미국이민개혁연맹은 생물 다양성 상실, 황야 훼손, 기후 변화의 가속화, 온실가스 배출에 이르는 모든 것을 밀입국 이민자들 탓으로 돌렸다. 이민연구센터의 보도 자료는 애리조나주 남부 국유림에서 반이민 정책을 더욱 엄격하게 집행하도록 촉구했는데, 다음과 같은 질문을 통해 이민자를 마치 불순물처럼 취급하는 시각을 드러냈다. "국경이 안전하지 않으면 이 아름다운 국토를 얼마나 오랫동안 망가지지 않은 채 유지할 수 있겠는가?"(Andrew Ross, "Greenwashing Nativism, *The Nation*, August 16, 2010, 6).

19. Richard Rodriguez, D*ays of Obligation : An Argument with My Mexican Father* (New York: Penguin, 1992), 5.

20. Kirkpatrick Sale, "The Forest for the Trees: Can Today's Environment-alists Tell the Difference," *Mother Jones* 11, no. 8 (1986), 36에서 인용.

21. D. H. Lawrence, *Selected Poems* (London: Penguin, 1972), 93.

22. Rick Bass, "A Landscape of Possibility," *Outside* (December 1995), 100-101.

23. Gayatri Chakravorty Spivak, *The Post-Colonial Critic: Interviews, Strategies, Dialogues* (New York: Routledge, 1990), 72.

24. Aldo Leopold, "Game and Wildlife Conservation," in *Game Management* (1933; repr., Madison: University of Wisconsin Press, 1986), 23.

25. Jennifer Oladipo, "Global Warming is Colorblind," *Orion*, November/ December 2007, 5.

26. 이 과정을 잘 설명해놓은 두 자료는 다음과 같다. Rebecca Solnit, *Savage Dreams: A Journey into the Landscape Wars of the American West* (New York: 1994), 215-385; Mark Dowie, *Conservation Refugees* (Cambridge, MA: MIT Press, 2009), 1-22.

27. Richard Rodriguez, "True West," in *The Anchor Essay Annual: The Best of 1997*, ed. Phillip Lopate, (New York, 1998), 331.

28. Melvin Dixon, *Ride Out the Wilderness: Geography and Identity in Afro-American Literature* (Urbana-Champaign: University of Illinois Press, 1987).

29. Camille T. Dungy, "Writing Home," in Camille T. Dungy, ed., *Black Nature.: Four Centuries of African American Nature* (Athens: University of Georgia Press, 2009), 285.

30. University of California, Berkeley, "Black Nature: A Symposium on the First Anthology of Nature Writing by African-American Poets" (video of panel discussion, March 5, 2010), YouTube.com, http://www.youtube.com/watch?v=bkBs81CUcpg (accessed April 29, 2010). 《검은 자연》 선집을 다룬 이 패널 논의에 주의를 기울이도록 안내해준 잘릴라 버렐(Jalylah Burrell)에게 감사드린다.

31. Richard Mabey, *Landlocked: In Pursuit of the Wild* (London: Sinclair Stevenson, 1994), 71.

32 Raymond Williams, *Toward 2000* (London: Chatto and Windus, 1983), 195. 공동체와 장소를 다룬 유관한 견해로는 Williams, "Homespun Philosophy," *New Statesman and Society*, June 19, 1992, 8-9를 참조하라.

33. Williams, *Toward 2000*, 195.

34. Ibid., 195.

35. Paul Gilroy, *There Ain't No Black in the Union Jack* (London: Hutchinson, 1987), 49-50. 스튜어트 홀도 비슷한 관점에서 윌리엄스가 지지한 "뿌리내린 정착"에 대해 문제를 제기했다. Hall, "Our Mongrel Selves," *New Statesman and*

Society, June 19, 1992, 6-7을 참조하라.

36. 미국 외 국가의 환경 저술을 다룬 초기의 주요 자료는 Patrick Murphy's *Literature of Nature: An International Sourcebook* (Chicago: Fitzroy Dearborn, 1998)이다. 스콧 슬로빅은 다른 무엇보다 그 분야의 유수 저널 〈간학문적 문학·환경 연구(Interdisciplinary Studies in Literature and Environment, ISLE)〉에 기고하는 국제 논문의 수가 늘고 있는 현상을 지적함으로써 "환경 문학이 전적으로 미국 연구자의 전유물로 전락했다"는 불만을 잠재우고자 노력해왔다. 이는 바람직한 발전임에 분명하지만 환경 문학 비평의 주제와 저자는 여전히 압도적이라 할 만큼 미국에 치우쳐 있다. 게다가 생태 비평의 국제화가 중심부-주변부의 틀을 그대로 고수한 채 다양성을 가미하는 정도에 그쳐서는 안 된다. 내가 앞서 주장한 대로, 생태 비평이 미국에서 기원함에 따라 그 주도적 모델이며 지적 우선순위가 계속 미국에 경도되어 있는 실태에 대해 본격적으로 다루어볼 필요가 있다. Slovic, "Forum on Literatures of the Environment," *PMLA* 114 (Oct. 1999), 1102를 참조하라.

37. Scott Russell Sanders, "Staying Put," in *The Future of Nature: Writing on a Human Ecology*, ed. Barry Lopez (Minneapolis: Milkweed, 2007), 353-367. 이는 샌더스가 그 주제에 관한 논쟁을 다룬 단행본(*Staying Put. Making a Home in a Restless World* (Boston: Beacon Press, 1993))을 간추려놓은 에세이다.

38. Ibid., 357.

39. 나는 ('감정 섞인 단어(loaded word: '유도적 단어'라고 옮기기도 하며, 문자적 뜻 이상의 긍정적 혹은 부정적 반응을 강하게 불러일으키는 단어를 의미한다—옮긴이)'를 쓰자면) "귀화한(naturalized)" 미국 시민으로, 26년간의 미국 생활 가운데 13년을 중서부에서 살았다. 그러니만큼 지역적 편견에 발끈하는 샌더스의 심정을 십분 이해한다. 미국의 동부·서부 연안 지역과 대서양 양안 지역이 미국 중서부 지역을 깔보거나 무시하는 태도는 여전히 끈덕지게 남아 있다.

40. 잉글랜드 시골 지역에 사는 소수 집단 출신 작가나 공적 지식인은 거의 없다시피 한데 그 예외가 바로 나이폴이다. 윌트셔는 그에게 세계를 여행할 수 있게 해준 도약대로서 주로 기여했으며, 집필을 위한 은둔 장소가 되어주기도 했다. 분명 《도착의 수수께끼》와 그에 관한 패트릭 프렌치(Patrick French)의 전기로 판단

하건대, 나이폴은 공동체에 유념하는 유의 참여—즉 샌더스가 '있던 자리에 그대로 있기'와 연관 지은—에는 결코 관심을 두지 않았다. 더욱이 나이폴은 샌더스·레오폴드·베리가 찬미한 그런 유의 시골 땅 주인이 아니라 그저 시골의 임차인에 그쳤다.

41. Sanders, "Staying Put," 356.

42. Ibid., 362.

43. Ibid., 365.

44. 레이먼드 윌리엄스의 《시골과 도시》(New York: Oxford University Press, 1973)는 아직껏 영국의 목가 전통을 가장 광범위하게 설명해주는 자료로 남아 있다.

45. 미국에서 황야 사고와 인디언 탈취 간의 관련성을 설득력 있고 간결하게 설명한 자료로는 Cronon, "The Trouble with Wilderness," 95-96을 참조하라.

46. Rob Nixon, *London Calling: V. S. Naipaul, Postcolonial Mandarin* (New York: Oxford University Press, 1992), 161. 카리브해 연안 지역을 배경으로 탈식민주의 목가를 훌륭하게 분석한 자료로는 Sarah Phillips Casteel, *Second Arrivals: Landscape and Belonging in Contemporary Writing of the Americas* (Charlottesville: University of Virginia Press, 2007)를 참조하라. 이러한 사고를 생산적으로 발전시킨 다음 책도 참조하라. Graham Huggan and Helen Tiffin, *Postcolonial Ecocriticism: Literature, Animals, Environment* (London: Routledge, 2010).

47. V. S. Naipaul, *The Enigma of Arrival* (New York: Knopf, 1987).

48. Richard Drayton, *Nature's Government: Science, Imperial Britain, and the "Improvement" of the World* (New Haven, CT: Yale University Press, 2000), xvi.

49. Jamaica Kincaid, *My Garden* (New York: Farrar, Straus and Giroux, 2001), 132.

50. Ibid, 139.

51. Jamaica Kincaid, *A Small Place* (New York: Farrar, Straus and Giroux, 1988).

52. Ibid., 16.

53. E. M. Forster, *Howards End* (1910; repr., New York, 1975). 이는 나이폴·킨 케이드의 책과 함께 읽으면 더욱 이해가 잘 되는 소설이다. 비록 제국주의적 공간 들이 하워즈 엔드〔소설에 나오는 윌콕스(Wilcox)가의 집 이름—옮긴이〕의 언저 리를 괴롭히기는 했지만 포스터는 영국의 재건과 관련해 목가적으로 한정된 비전 을 제시함으로써 제국주의 공간의 영향력을 차단하고자 적극 노력했다. 어느 주 요 장면에서, 내레이터는 도싯(Dorset: 잉글랜드 남서부 카운티—옮긴이) 언덕 에 서서 그가 '영국 풍경의 정수'라 묘사한 풍경을 내려다본다. 그가 보는 각도는 메리 루이즈 프랫이 제국주의적 맥락에서 이른바 "내가 내려다보는 모든 것의 군 주"라고 부른 것과 흡사했다. 그 전통에 보조를 맞춘 포스터의 방법론은 파노라 마적이었다. 즉 그는 자신으로 하여금 한눈에 보이는 잉글랜드의 모든 것을 아일 오브와이트(Isle of Wight: 영국 잉글랜드 남부 주의 섬—옮긴이)의 대리적·전 원적 형태로 상징적으로 소비하도록 해주는 언어적 회화를 창조했다. 그는 아일 오브와이트를 오래오래 바라보고 있으면 "상상력이 샘솟고 널리 퍼져나가고 깊 어져서 지리적으로 잉글랜드 전역을 아우르게 된다"(102쪽)고 했다. 혹자는 이렇 게 말할 수도 있겠다. 이 장면의 시각적 기하학이 파노라마적 생물지역주의의 일 환이라고 말이다. 이 구절에서 구릉진 초원과 백악질의 절벽을 특징으로 하는 아 일오브와이트는 "잉글랜드 '순수성'의 시간이 다하도록(till the end of time of the nation's 'purity')" 그 나라의 완벽한 전형이자 수호자가 되었다. 이러한 제 유법은 잉글랜드를 잡것이 섞이지 않은 초(超)전원적 나라로 환원시킨다. 따라 서 포스터는 여기서 모종의 정치적·공간적 기억상실을 수행함으로써, 주변의 지 리를 둘러보는 시각 행위를 이용해 지극히 선택적인 국가 개념을 창출하고 있다. 포스터는 아일오브와이트가 잉글랜드를 대신하도록 함으로써, 확장일로인 세계 시민주의적 기반을 지닌 런던뿐 아니라 잉글랜드 북부 산업 지역 도시들의 오염 이며 노동 계급 문제를 배제했다. 결정적으로 여기서 내가 주목하고 있는 탈식 민주의 목가라는 광의의 논의와 관련해볼 때, 포스터의 시각은 잉글랜드의 개념 에서 식민지 시대의 공간을 도려내는 것이다. 소설 언저리에서 어정거리는 키프 로스(Cyprus: 지중해 동부의 섬나라. 제1차 세계대전 중 영국의 식민지가 되었 고 1960년 독립해 1961년 영연방에 가입했다—옮긴이)며 나이지리아(1800~ 1960년까지 영국의 식민지였다—옮긴이)는 아일오브와이트와 아무런 시각적 관 련성도 없다. 이런 식으로 포스터는 지리적 제유법과 파노라마적 목가를 한데 버

무렵으로써, 선택적 국가 재건과 재정의라는 그 책의 프로젝트를 방해하는 사람·
장소·역사를 잉글랜드의 개념에서 제외하고자 했다.

54. Kincaid, *My Garden*, 142.

55. 킨케이드의 작품에 드러난 식물학과 식민주의의 관계에 대해 훌륭한 통찰력을 드
    러낸 자료로는 Rachel Azima, "'Not-the-Native': Self-Transplantation, Eco-
    criticism, and Postcolonialism in Jamaica Kincaid's *My Garden* (Book),"
    Journal of Commonwealth and Postcolonial Studies 14 (2006), 101-119; Jill
    Didur, "'Garden-worthy': Rerouting Colonial Botany in Jamaica Kincaid's
    Among Flowers: A Walk in the Himalaya," *Public* 41 (2010), 172-185를 참
    조하라.

56. Ibid., 143.

57. Ibid., 137.

58. Walter Benjamin, "Theses On the Philosophy of History," in *Illuminations*,
    trans. Harry Zohn (New York, 1969), 256.

59. Keith Morris Washington in video interview with *Basic Black*, YouTube.
    com, http://www.youtube.com/watch?v=rtGQt1woe-Y.

60. 예컨대 Richard Mabey, "Ghost Habitats," in A *Brush With Nature* (London:
    BBC Books, 2010), 208-210을 참조하라.

61. 아프리카-아메리카 목가의 이중의식은 선도적이고 빼어난 선집 Camille Dungy,
    Black Nature: Four Centuries of African American Nature (Athens: University
    of Georgia Press, 2009)에서 거듭 수면 위로 드러난다.

62. Ursula Heise, "Ecocriticism and the Transnational Turn in American
    Studies," *American Literary History* 20, no. 1-2 (2008), 383-384. 미국에
    서 환경주의 문학 연구의 부상에 결정적으로 영향을 준 것은 1992년 '문학·환
    경연구연합(Association for the Study of Literature and the Environment,
    ASLE)'의 창립이었다.

63. Peter Sauer, "Reinhabiting Environmentalism: Picking Up Where Leopold
    and Carson Left Off," in *The Future of Nature: Writings on a Human
    Ecology from Orion Magazine*, ed. Barry Lopez (Minneapolis: Milkweed,
    2007), 8.

64. Peter Sauer, "Global Ethics: An American Perspective," *Orion* (Winter 2002), 3.

65. Sauer, "Global Ethics," 5.

66. "환경적 인종차별주의(environmental racism)"라는 용어를 만들어낸 사람은 아프리카계 미국인 시민권 운동 지도자 벤저민 차비스(Benjamin Chavis) 박사였다. 하지만 그것은 시민권 운동이 최고조에 달하고도 한참이 지난 1981년의 일이다.

67. 환경 정의에 대한 미국 소수 집단의 관심에 학문적 신뢰성을 부여한 중요한 텍스트는 Benjamin Chavis, *Toxic Wastes and Race in the United States of America* (Washington D.C.: Commission for Racial Justice, 1987); Robert D. Bullard, *Dumping in Dixie: Race, Class, and Environmental Quality* (1990; rpt. Boulder: Westview Press, 2000)이다. 하지만 두 텍스트는 미국 대학에서 주로 사회과학에 영향을 미쳤고, 미국 환경 문학 연구의 개념적 · 상상적 우선순위에는 매우 제한적으로만 도움을 주었다.

68. 사이드 자신은 '탈식민주의'라는 용어를 사용하는 데 신중했다. 하지만 반제국주의 문학 연구와 탈식민주의 문학 연구의 부상은 둘 다 주로 그의 《오리엔탈리즘》에 힘입은 결과였고, 좌우간 서로 긴밀하게 연결되어 있었다.

69. 사이드는 환경주의를 가령 "올바른 대의가 결여된, 너무 오냐오냐해서 제멋대로 굴게 된 트리허거들의 응석"이라고까지 폄하했다. (1994년 6월 7일 저자와의 사적인 서신 교환 내용.)

70. Gayatri Chakravorty Spivak, "Attention: Postcolonialism!" *Journal of Caribbean Studies* 12 (1997/98), 166. 히말라야 지역에서의 생태적 변화와 소농들의 저항을 다룬 구하의 작품과 젠더, 환경적 폭력, 생물 다양성을 다룬 반다나 시바의 작품은 생태적 · 식민지적 · 탈식민주의적 관심 간의 관련성을 역사적으로 더욱 깊이 이해할 수 있는 방향으로 전환한 예다.

71. Ramachandra Guha, "Radical American Environmentalism and Wilderness Preservation: A Third World Critique," reprinted in *The Great New Wilderness Debate*, ed. J. Baird Callicott and Michael P. Nelson (Athens: University of Georgia Press, 1998), 231-245.

72. Roderick Nash, *Wilderness and the American Mind*, 3rd ed. (New Haven,

CT: Yale University Press, 1982). Guha, "Radical American Environment-alism," 239-240에서 인용.

73. 남아프리카공화국의 난민 작가 베시 헤드(Bessie Head)는 이 같은 역사적 전환을 보여주는 대표적 예다. 헤드는 자칭 안티페미니스트로서 1970년대에는 보츠와나(Botswana: 남아프리카공화국 북쪽에 위치한 아프리카 남부의 독립국―옮긴이)에서 자신과 함께 살아가는 마을 여성들이 직면한 문제와 관련해 서구 페미니즘에 전혀 공감하지 못했다. 하지만 소설을 통해 젠더 역학과 여성의 집단적 저항에 대해 탐색하는 과정을 거치며 이후 여성학 연구 분야에서 널리 가르쳐지는 작가로 변모했다. 헤드의 정치학과 관련해서는 Rob Nixon, *Homelands, Harlem and Hollywood* (New York: Routledge, 1994), 176-192를 참조하라.

74. Beinart and Coates, *Environment and History*, 3. 미국과 남아프리카공화국의 국립공원 역사를 비교 분석한 훌륭한 책이다.

75. 다음의 세 자료를 참조하라. Joe Kane, *Savages* (New York: Knopf, 1995); Suzana Sawyer, "The Politics of Petroleum: Indigenous Contestation of Multinational Oil Development in the Ecuadorian Amazon" (MacArthur Consortium Occasional Papers Series, MacArthur Program, University of Minnesota, 1997); Melina Selverston, "The 1990 Indigenous Uprising in Ecuador: Politicized Ethnicity as Social Movement" (Papers on Latin America, no. 32, Columbia University Institute of Latin American and Iberian Studies, New York, 1993).

76. "Kenya Students Confront Moi in Battle of the Forest," *Independent on Sunday*, February 7, 1999, 18을 참조하라.

77. Ibid.

78. Lorraine Anderson, Scott Slovic, and John P. O'Grady, eds., *Literature and the Environment: A Reader on Nature and Culture* (New York: Longman, 1999). 저자들이 선정해서 포함한 104편의 에세이와 시 가운데 26편이 아프리카계 미국인, 아메리카 원주민, 라틴계 남녀, 아시아계 미국인 작가의 작품이었다. 이는 26편 가운데 오직 2편만을 소수 집단 출신 작가의 에세이로 채운 체릴 글롯펠티와 해럴드 프롬의 영향력 있는《생태 비평 독본》에 비추어 괄목할 만한 진척이다.

79. Lawrence Buell, *Writing for an Endangered World: Literature, Culture, and Environment in the U.S. and Beyond* (Cambridge, MA: Harvard University Press, 2001).

80. Buell, *Writing for an Endangered World*, 24.

81. 두 번째 책의 폭넓은 구도 덕택에 뷰얼은 도회적 유럽 작가 몇, 특히 찰스 디킨스와 버지니아 울프 그리고 제임스 조이스에 대해서도 논의해볼 엄두를 낼 수 있었다.

82. Mahasweta Devi, "Pterodactyl, Puran Sahay, and Pirtha," in *Imaginary Maps*, trans. Gayatri Chakravorty Spivak (New York: Routledge, 1995), 95-96.

83. Buell, *Writing for an Endangered World*, 230.

84. 뷰얼은—가야트리 스피박이 진행한 데비와의 인터뷰를 이용해—데비가 아메리카 원주민 등 전 세계 토착민이 처한 곤궁에 깊은 관심을 지녔음을 암시했다. 하지만 뷰얼은 이것이 미국 중심의 환경주의에 어떤 영향을 끼쳤는지는 탐구하지 않았다(ibid., 230).

85. Saro-Wiwa, *A Month and a Day*, 88을 참조하라.

86. 오고니 마을은 아마존 유역, 서부·중부 아프리카, 인도네시아, 파푸아뉴기니를 잇는 열대 지대에 속해 있다. 이 지대는 (석유, 귀중한 광물 자원, 목재 등) 천연자원을 이례적일 정도로 풍부하게 보유하고 있을 뿐 아니라 세계에서 가장 다양하고 인종적으로 분열된 인구를 지니고 있다. (나이지리아에는 400개, 뉴기니에는 수천 개의 소수 민족이 살아간다.) 미국·유럽·일본·중국의 다국적 추출 기업들이 흔히 권위주의적 정권의 지원을 누리면서 아무 처벌도 받지 않은 채 지극히 폭력적으로 활개 치는 곳이 바로 이 지대다.

87. 공부를 시작하기에 가장 좋은 방법은 사로위와의 옥중 일기 《한 달 그리고 하루》를, 월레 소잉카의 예시적(豫示的) 초기 희곡 《늪지대 거주민들(The Swamp Dwellers)》, 그리고 나이지리아의 환경철학자 카오아월레 오월라비(Kaoawole Owolabi)의 최신작과 함께 읽는 것이다. 공감을 불러일으키는 비교를 위해서는, 적도 지방의 극소수 민족(에콰도르의 와오라니(Huaorani) 인디언)과 다국적 석유 회사(텍사코) 간 투쟁을 다룬 조 케인(Joe Kane)의 《미개인들(Savages)》을 읽어보라.

88. 중심부-주변부 모델의 개념적 한계에 대한 빼어난 이론적 설명으로는 Timothy Mitchell, "The Stage of Modernity," in Timothy Mitchell, ed., *Questions of Modernity* (Minneapolis: University of Minnesota Press, 2000), 1-34를 참조하라. 미첼의 비평은 근대성에 관한 서구 중심적 계보에 주력하지만 그의 통찰력 상당 부분은 생태 비평에도 무리 없이 적용할 수 있다.

89. Rob Nixon, "Postcolonialism and Environmentalism," in *Postcolonialism and Beyond*, ed. Ania Loomba et al. (Durham, NC: Duke University Press, 2005), 233-251; Susie O'Brien, "Articulating a World of Difference: Ecocriticism, Postcolonialism and Globalization," *Canadian Literature* 170/171 (2001), 140-158; Graham Huggan, "Greening Postcolonialism: Ecocritical Perspectives," *Modern Fiction Studies* 50 (2004), 701-733.

90. http://www.poetryconnection.net/poets/Derek_Walcott/7728.

91. 뉴질랜드, 인도, 남아프리카공화국, 미국 캘리포니아주와 하와이주의 학자들이 대양 연구진의 최전선을 형성했다.

92. 특히 Elizabeth DeLoughrey, "Pacific Heliotropes: Ecology and the Wars of Light," in *Postcolonial Ecologies*, ed. Elizabeth DeLoughrey and George Handley (New York: Oxford University Press, 2010); Jennifer Wenzel, "Petro-magic-realism: Toward a Political Ecology of Nigerian Literature," *Postcolonial Studies* 9 (2006), 449-464를 참조하라.

93. 카리브해 연안 지역에 관심을 기울인 빼어난 생태 비평 작품은 다음과 같다. Casteel, *Second Arrivals*; Elizabeth DeLoughrey, *Roots and Routes: Navigating Caribbean and Pacific Island Literatures* (Honolulu: University of Hawaii Press, 2007); Elizabeth DeLoughrey, Renee Gosson, and George Handley, eds., *Caribbean Literature and the Environment* (Charlottesville: University of Virginia Press, 2005); George Handley, *New World Poetics: Nature and the Adamic Imagination in Whitman, Neruda, and Walcott* (Athens: University Of Georgia Press, 2007); Lizabeth Paravisini-Gebert, *Literature of the Caribbean*(Westport, CT: Greenwood, 2008).

94. 처음 언급한 선집은 Stephanie Lemeneger and Teresa Shewry, eds., *Environmental Criticism for the Twenty-First Century* (New York: Routledge,

2011)이고, 이어서 언급한 두 선집은 Byron Caminero-Santangelo and Garth Myers, eds., *Environment at the Margins* (Athens: Ohio University Press, 2011); DeLoughrey and Handley, eds., *Postcolonial Ecologies*; Alex Hunt and Bonnie Roos, eds., *Postcolonial Green* (Charlottesville: University of Virginia Press, 2010)이다.

95. Graham Huggan and Helen Tiffin, *Postcolonial Ecocriticism: Literature, Animals, Environment* (London: Routledge, 2010); Upamanyu Pablo Mukherjee, *Postcolonial Environments: Nature, Culture and the Contemporary Indian Novel* (London: Palgrave Macmillan, 2010); Laura Wright, *Wilderness into Civilized Shapes. Reading the Postcolonial Environment* (Athens: University of Georgia Press, 2010). 다음 책은 탈식민주의 연구를 직접적으로 언급하지는 않았지만 초국가적 환경주의와 밀접한 관련이 있다. Patrick D. Murphy, *Ecocritical Explorations in Literary and Cultural Studies* (Lanham, MD: Lexington Books, 2009).

96. 오늘날 미국학의 초국가적 전환은 너무 방대해서 여기에 다 담아낼 수 없다. 중요한 텍스트만 꼽자면 아래와 같다. Russ Castronovo and Susan Gillman, eds., *States of Emergency: The Object of American Studies* (Chapel Hill: University of North Carolina Press, 2009); Wai Chee Dimock, *Through Other Continents: American Literature Across Deep Time* (Princeton, NJ: Princeton University Press, 2006); Wai Chee Dimock and Lawrence Buell, eds., *Shades of the Planet: American Literature as World Literature* (Princeton, NJ: Princeton University Press, 2007); Inderpal Grewal et al., ed., *Transnational America* (Durham, NC: Duke University Press, 2005); Heise, "Ecocriticism and the Transnational Turn in American Studies"; J. Michael Dash, *The Other America: Caribbean Literature in a New World Context* (Charlottesville: University Press of Virginia, 1998); Donald E. Pease and Robyn Wiegman, eds., *The Futures of American Studies* (Durham: Duke University Press, 2002); John Carlos Rowe, ed., *Post-Nationalist American Studies* (Berkeley: University of California Press, 2000); Janice Radway, "What's in a Name? Presidential Address to the

American Studies Association, 20 November 1998," *American Quarterly* 51, no. 1 (1999), 1-32.

97. Dungy, *Black Nature*. 최근에 나온 또 하나의 모범적 선집은 Laird Christensen, Mark C. Long, and Fred Waage, eds., *Teaching North American Environ-mental Literature*, (Washington D.C.: Modern Language Association of America, 2008)이다. 여기에는 다양한 초국가적 관점에서 환경 정의 문학 및 방법론에 관심을 기울인 강력하고도 다양한 일련의 작품이 수록되어 있다.

98. 원주민 연구와 탈식민주의 연구가 점점 더 활발하게 교류하고 있음을 말해주는 자료로는 다음을 참조하라. Sean Kicummah Teuton, *Red Land, Red Power: Grounding Knowledge in the American Indian Novel* (Durham, NC: Duke UP, 2008); Janice Acoote et al, *Reasoning Together: The Native Critics Collective* (Tulsa, OK: University of Oklahoma Press, 2008); Linda Tuhiwai Smith, *Decolonizing Methodologies: Research and Indigenous Peoples* (London: Zed, 1999); Eric Cheyfitz, "The (Post) Colonial Predicament of Native American Studies," *Interventions* 4 (2002), 405-427; Karen M. Morin, "Postcolonialism and Native American Geographies," *Cultural Geographies* 9 (2002), 158-180; James Mackay, "Review Essay: Native American Literary Theory," *Journal of American Studies*, 41 (2007), 675-680; Ann Laura Stoler, "Tense and Tender Ties: The Politics of Comparison in North American History and (Post) Colonial Studies," T*he Journal of American History* (88) 2001, 1-41; Arnold Krupat, "Postcolonialism, Ideology, and Native American Literature," in Amritjit Singh and Peter Schmidt, eds., *Postcolonial Theory and the United States: Race, Ethnicity, and Literature* (Oxford, Mississippi: University Press of Mississippi, 2000), 73-94.

맺음말 해저에서 보는 풍경: 저항의 미래

1. Plato, *Timaeus*, trans. R. G. Bury (New York: Loeb Classical Library, 1929), 24e.

2. 기후로 인한 탈출—현재 진행형과 앞으로 예상되는 것 포함—의 규모에 대한 냉정한 분석으로는 유엔난민기구(United Nations Refugee Agency, UNHCR)의 보고서를 참조하라. http://www.unhcr.org/pages/49e4a5096.html.

3. Naomi Klein, "Climate Rage," *Rolling Stone*, November 11, 2009, 18.

4. John Vidal, "Don't Consign us to History, Plead Island States at Cancun," *Guardian*, December 1, 2010, 9.

5. Toni Johnson, " Thawing Arctic's Resource Race," Council on Foreign Relations, http://www.cfr.org/publication/13978/thawing_arctics_resource_race.html.

6. 덴마크의 요구는 그린란드와의 식민지 관계를 통해 이루어졌다. 그린란드는 2009년 이후 자치권을 얻었지만 여전히 덴마크 속령으로 남아 있다.

7. Alok Jha, "New Survey of Africa Mineral Riches," *Guardian*, May 29, 2009.

8. http://thinkprogress.org/2010/04/30/bp-greenwashing-drill/.

9. BP 외에 세계기후연합의 유력 회원사로는 다음을 꼽을 수 있다. DaimlerChrysler, Exxon/Esso, Ford Motor Company, General Motors Company, Shell Oil USA, Texaco, American Highway Users Alliance.

10. Barack Obama, "Remarks by the President in a Discussion on Jobs and the Economy in Charlotte, North Carolina" (Celgard, LLC, Charlotte, North Carolina, April 2, 2010) http://www.whitehouse.gov/the-press-office/remarks-president-a-discussion-jobs-and-economy-charlotte-north-carolina.

11. Naomi Klein, "Gulf Oil Spill," June 19, 2010, 15에서 인용.

12. "Michael Klare: Grappling With the Age of 'Tough Oil,'" NPR, June 30, 2010, http://www.npr.org/templates/story/story.php?storyId=128212150. Elizabeth Kolbert, "Oil Shocks," *New Yorker*, May 31, 2010, 13도 참조하라.

13. John McQuaid, "The Gulf of Mexico Oil Spill: An Accident Waiting to Hap-pen," *Environment* 360, May 10, 2010, http://e360.yale.edu/content/feature.msp?id=2272.

14. Ibid.

15. Matt DeLong, "Joe Barton's BP 'Shakedown' Comments Are Nothing

New," *Washington Post*, June 17, 2010, http://voices.washingtonpost. com/44/2010/06/joe-bartons-bp-shakedown-comme.html.

16. 익스톡은 오늘날 심해 시추가 이루어지는 깊이의 일부인 45미터 유정이다. 하지 만 1970년대 말만 해도 그것은 거기에 수반하는 온갖 기술적 과제를 안고 있는 대단히 과감한 심해 시추였다.

17. William J. Broad, "Taking Lessons From What Went Wrong," *New York Times*, July 20, 2010, D1에서 인용. 이 점과 관련해서는 Henry Petroski, *Success Through Failure: The Paradox of Design* (Princeton, NJ: Princeton University Press, 2006)도 참조하라.

18. Naomi Klein, *The Shock Doctrine: Disaster Capitalism* (New York: Metropolitan Books, 2007).

19. Anne McClintock, "Slow Violence and the BP Coverups," *Counterpunch*, August 23/24, 2010, http://www.counterpunch.org/mcclintock08232010. html.

20. Ibid.

21. Adam Nossiter, "Far From Gulf, a Spill Scourge Five Decades Old," *New York Times*, June 16, 2010, A1.

22. Ulrich Beck, World Risk Society (Oxford: Blackwell, 1999), 5; Fernando Coronil, *The Magical State: Nature, Money, and Modernity in Venezuela* (Chicago: University of Chicago Press, 1997), 11.

23. 보팔 재난이 일어나기 3년 전인 1981년, 그 지역에서 활동하던 기자 라즈쿠마르 케스와니(Raajkumar Keswani)는 유니언 카바이드 공장의 재난 발생 가능성을 미리 예고한 바 있다.

24. 인도 법정은 보팔 참사가 일어나고 26년이 지난 2010년 6월에서야 마침내 유니언 카바이드 인도 자회사의 전직 임원 7명에게 과실 혐의로 유죄 판결을 내렸다. 그들은 각각 2년 징역형 또는 그에 상당하는 2100달러의 벌금형을 선고받았다. 기소된 미국인은 아무도 없었다. Lydia Polgreen and Hari Kumar, "Indian Court Convicts Seven in Bhopal Disaster," *New York Times*, June 7, 2010, 9.

25. Ibid.

26. Christopher F. Chabris, "You Have Too Much Mail," *Wall Street Journal*, December 15, 2008, 7.

27. 해킹당한 이스트앵글리아대학 기후과학자들의 이메일은 우익 세력이 기후 변화는 음모론적 거짓말이라고 주장하는 근거로 활용되었다. 하지만 기후 게이트 직후 실시된 다섯 차례의 독립적 조사를 통해 그 과학은 완벽하게 믿을 만하고 견실한 것임이 밝혀졌다. http://www.huffingtonpost.com/2010/07/12/climategate-debunking-get_n_642980.html.

28. 트라피구라 사례에서 위키리크스 폭로에 이은 배상 청구인들의 '법정 밖 타결(out of court settlement)'—3000만 파운드와 소요 경비를 보상받기로 했다—은 두 가지 이유에서 특히 중요했다. 첫째, 그 사례는 부국에서 볼 수 있는 디지털 중심의 시민 불복종과 피해 입은 가난한 자들이 이끄는 좀더 전통적인 풀뿌리 행동주의를 성공적으로 결합했다. 둘째, 그것은 두 가지 침묵, 즉 느린 폭력에 대한 침묵과 영국 언론의 침묵을 깨뜨렸다. 특히 후자에서 영국 언론은 (법원의) "기밀 누설 금지 명령(super-injunction)" 조치 탓에 이례적일 정도로 재갈이 물려 있었다. 당시 의회에서는 트라피구라 오염에 따른 유해 물질 피해 가능성을 경고한 민턴(Minton) 과학 보고서의 은폐 행위에 대해 논쟁이 벌어지고 있었는데, 기밀 누설 금지 명령 조치가 그 논쟁을 취재하지 못하도록 막은 것이다. 이 '법정 밖 타결'은 뉴미디어의 전략, 전통적 미디어의 신뢰성, 과학적 증언, 법적 자원, 가난한 이들의 풀뿌리 행동주의가 환경 공유 공간과 정보 공유 공간에 대한 공격에 맞서고자 힘을 합친 대표적 예다. http://www.guardian.co.uk/world/2009/oct/16/carter-ruck-abandon-minton-injunction.

29. http://another-green-world.blogspot.com/2008/08/lucha-indigena-defeat-alan-garcias.html.

30. 이른바 트위터 혁명이 드러내고 있는 규모와 효율성 면에서의 한계에 대한 자세한 설명으로는 다음의 두 가지를 참조하라. Annabelle Sreberny and Gholam Khiabany, *Blogistan: The Internet and Politics in Iran* (London : I.B. Tauris, 2010); Evgeny Morozov, *The Net Delusion: The Dark Side of Internet Freedom* (London: Allen Lane, 2010). 제임스 하킨은 올바르게도 신기술에 열광하는 앤드루 설리번(Andrew Sullivan)이 "트위터는 이란에서 저항을 조직하는 데 결정적 도구였다"며 "혁명은 트위터로 중계될 것"이라 선언한 데 대해 전략

적 순진함과 "비이성적 과열"이라는 이유로 비판했다. James Harkin, "Cyber-Con," *London Review of Books*, December 2, 2010, 20.

31. 익히 알려진 사실로서 맬컴 글래드웰(Malcolm Gladwell)은 저위험의 "약한 연대"와 "수평적 연합"에 의해 방해받고 있다고 위키-행동주의(wiki-activism)를 비판했다. 수직적으로 조직화한, 깊이 헌신하는 고위험의 행동주의를 통해 미국 사회를 변화시킨 시민권 행동주의와 대비된다는 것이다. 글래드웰은 "기술적 해법이 없는 사회 문제도 존재한다는 사실을 받아들이려 하지 않는다"는 이유로 "디저라티[digerati: digital+literati의 신조어로, 컴퓨터를 아주 잘 다루거나 장시간 이용하는 디지털 식자층을 일컫는다—옮긴이)"를 비판했다. 하지만 혹자는 "어떤 문제가 그런 유의 사회 문제인지 아닌지 우리가 늘 어떻게 미리 알겠는가"라고 반문할 수도 있겠다. 클레이 셔키(Clay Shirky)나 앤드루 설리번 등의 순수한 신기술 사랑에 대한 글래드웰의 지적은 옳지만, 내 입장은 그보다는 덜 회의적이다. 나는 전통적 스타일의 수직적으로 조직화한 고위험 전략과 위키-행동주의의 결합이 의미심장한 사회 변화를 이끌어낼 수 있다고 믿는다. 물론 그러한 성공적 결합을 오랜 기간 유지하는 데는 응당 어려움이 따르겠지만 말이다. http://www.newyorker.com/reporting/2010/10/04/101004fa_fact_gladwell.

32. Jean-Paul Sartre, *What is Literature?*; trans. Bernard Frechtman (1948; rpt. London: Methuen, 1970), 37.

33. 정보 공유 공간 및 환경 공유 공간과 관련한 행동주의를 통합하고자 활발하게 노력하는 창의적 웹사이트로는 http://www.onthecommons.org/를 참조하라.

34. Nadine Gordimer, "The Essential Gesture" (1985). In Gordimer, *Telling Times: Writing and Living, 1954-2008* (New York: Norton, 2008), 422.

감사의 글

—

내 아이디어를 점검할 수 있도록 기회를 마련해준 세계 도처의 수많은 친구와 학자들에게, 그리고 그 과정에서 소중한 피드백을 제공해준 편집자들에게 특별히 감사드린다. Matthew Abraham, Rita Barnard, Betty Bayer, Anna Bernard, Byron Caminero-Santangelo, Hazel Carby, Jane Carruthers, Christine Catanzarite, William Cronon, Ashley Dawson, Manthia Diawara, Elizabeth DeLoughrey, Mario DiGangi, Emory Elliott, Jed Esty, Ziad Elmarsafy, Susan Friedman, Tom Griffiths, George Handley, Clifford Hill, Jean Howard, Suvir Kaul, Amitava Kumar, Ania Loomba, Jorge Marcone, Sharon Marcus, Robert Marzec, Craig McLuckie, Toby Miller, Gregg Mitman, Garth Myers, Libby Robin, Margaret Ronsheim, Andrew Rubin, Jill Schneiderman, David Simpson, Jean Tamarin, Marianna Torgovnick, Gauri Viswanathan, Anthony Vital, Molly Wallace, Tim Watson, 그리고 Paige West가 그들이다.

또한 나를 격려하고 도발하고 자극해준 데 대해 다음 장소에서 만난 청중들에게 감사드린다. Australian National University, Columbia University, Duke University, Georgetown University, Hobart and William Smith College, New York University, Pennsylvania State University, Queens University(Ontario), Rutgers University(New Brunswick), University of California-Davis, University of California-Riverside, University of Chicago, University of Illinois at Urbana-Champaign, University of Kansas, University of Louisiana at Lafayette, University of Miami, University of Wisconsin-Madison, University of Wisconsin-Oshkosh, Vassar College, Yale University, 그리고 University of York.

위스콘신대학 매디슨 캠퍼스에서 수많은 분야에 종사하는 학자들에게 특히 학제적 환경인문학 연구를 진행할 수 있는 빼어난 여건을 마련해준 데 대해 감사드린다. 특별히 문화역사환경센터(Center for Culture, History, and Environment), 최근에 그 센터장을 지낸 윌리엄 크로논과 그레그 미트먼(Gregg Mitman), 그리고 영어과의 활기차고 너그러운 동료들에게 고마움을 전한다. 더불어 인문학연구협회(Institute for Research in the Humanities)의 동료와 직원들, 그리고 그 협회장 수전 프리드먼에게 학제적 연구를 지원하는 분위기를 조성해준 데 대해 깊이 감사드린다. 여름 연구 기금을 대준 위스콘신대학 대학원, 그리고 아프리카학 프로그램(African Studies Program)에도 고마움을 전한다.

아래 에세이의 개정본·발췌본을 재게재하도록 허락해준 관계자들에게 감사드린다. "Stranger in the Eco-village: Race, Tourism, and Environmental Time," in *Postcolonial Ecologies*, ed. Elizabeth

DeLoughrey and George Handley (Oxford University Press: 2010);
"Unimagined Communities: Developmental Refugees, Megadams
and Monumental Modernity," *New Formations* 69(2010), 62-80;
"Neoliberalism and the Environmental Picaresque," *Modern
Fiction Studies* 55 (2009), 443-467; "Slow Violence, Gender, and
the Environmentalism of the Poor," *Journal of Commonwealth
and Postcolonial Studies* 13 (2008), 14-37; "Of Land Mines and
Cluster Bombs." *Cultural Critique* 67 (2007), 160-174; "Environ-
mentalism and Postcolonialism," in *Postcolonialism and Beyond*,
ed. Ania Loomba and Suvir Kaul (Duke University Press, 2005), 233-
251; "Pipedreams," *London Review of Books*, April 4, 1996.

연구를 도와준 Davis Aitchison, David Callenberger, Thom
Dancer, Jesse Oak Taylor, 그리고 특별히 Stillman Wagstaff에게
감사드린다.

예일대학 대학원 세미나 "초국가적 상상계(Transnational Imaginaries)"
에 나를 초청해 이 책의 초안을 발표할 수 있게 해준 헤이즐 카비에게,
그리고 풍부하고도 시의적절한 토론을 벌여준 그 세미나 참석자들에
게 깊은 고마움을 표한다.

클리퍼드 힐(Clifford Hill)에게 감사한 마음은 오래도록 잊을 수 없을
것이다. 나와 마찬가지로 이민자 출신 1세대인 그가 수년 동안 보여준
직업적 모범과 지원은 내게 마치 준비 없이 내던져진 바다에서 만난
구명정과도 같았다.

또한 지원을 아끼지 않은 나의 가족 Andy, Carol, Kay, 두 Marion,
Megan, Sheelagh, Ruth, 그리고 Tessa에게, 특히 그들이 환경에 남

다른 열정을 지닌 데 대해, 쫓겨남(displacement)을 뼛속 깊이 이해하고 있다는 데 대해 감사하다. 정말이지 멋진 친구들이 없었다면 이 책을 쓰는 일은 불가능했을 것이다. 언급하기에는 너무 많지만 그중 특히 다음 친구들에게만큼은 따로 감사를 표하고 싶다. Samer Alatout, Leslie Bow, Hazel Carby, Russ Castronovo, Neville Choonoo, Ashley Dawson, Elizabeth DeLoughrey, Michael Denning, Colleen Dunlavy, Clifford Hill and Kathleen Hill, Amatava Kumar, Staci Lowe, Michael McColly, Tejumola Olaniyan, Ron Radano, Anderw Ross, Ella Shohat, Robert Stam, 그리고 Gauri Viswanathan.

해리엇 발로(Harriet Barlow), 벤 스트레이더(Ben Strader)를 비롯해 비교 불가인 근사한 블루마운틴센터(Blue Mountain Center)의 모든 관계자분께 특별히 감사드린다. 그곳은 내게 안식처이자 영감의 원천이었다.

이 책에 대해 비평해준 익명의 세 독자에게 고마움을 전한다. 그분들은 나를 격려했을 뿐 아니라 신랄한 제안까지 덧붙였다. 시종 비판적 지지를 아끼지 않은 하버드대학 출판부의 모든 분들께 큰 빚을 졌다. 특히 Lindsay Waters, Susan Wallace Boehmer, Michael Higgins, Tim Jones 그리고 Hannah Wong에게 감사하다. 또한 꼼꼼하게 편집 작업을 해준 Marianna Vertullo와 IBT Global의 편집 담당 직원들에게도 고마움을 전한다.

마지막으로 감사할 사람은 앤(Anne)이다. 그대의 지칠 줄 모르는 사랑, 지적이면서도 인간적인 광채, 그리고 언어·정치·정의·여행·환경을 향한 열정에 끝내 표현할 길 없는 고마움을 느낀다. 그대가 관심을 갖는 수많은 세계가 내게 영감을 준다.

옮긴이의 글

―

발터 벤야민은 "모든 문명에 관한 기록은 동시에 야만에 관한 기록이기도 하다"고 했다. 그 환경 버전이 바로 본문에 등장하는 자메이카 킨케이드의 다음과 같은 말이다. "우리 앞에 있는 모든 좋은 것들이 다른 누군가에게는 큰 대가를 치른 결과일지도 모른다." 《느린 폭력과 빈자의 환경주의》의 주제 의식을 잘 담아낸 말이다.

　이 책의 골자를 이루는 것은 세 가지 관심사다. 첫 번째는 이른바 "느린 폭력"에 대해 재고해볼 필요성이다. 저자는 오랜 세월 동안 서서히 지속되는 재난, 즉 우리의 시원찮은 주의 집중 시간 밖에, 스펙터클 중심으로 굴러가는 기업형 언론의 시계(視界) 밖에 존재하지만 끈질기게 파괴력을 과시하는 재난에 대한 우리의 무관심을 본격적으로 다룬다. 느린 폭력의 비가시성은 표현적·서사적·전략적 과제를 제기한다. 우리는 어떻게 하면 느린 폭력이 빚어내는 장기적 비상사태를 대중의 의식을 일깨우고 정치적 개입을 보장하기에 충분할 만큼 극적인 이야기로 전환할 수 있을지 고민해야 한다.

두 번째 관심사는 빈자의 환경주의다. 느린 폭력의 주된 피해자가 자원이 결여된 가난한 이들이기 때문이다. 오늘날에는 글로벌 사우스의 빈자들 사이에서 일어나는 자원 반란이 중요한 환경 이슈로 간주된다. 세계적 자원 전쟁에서 빈자의 환경주의는 흔히 공식적 풍경을 토착적 풍경에 강제로 부과할 때 촉발된다. 공식적 풍경은 관료적, 객관적, 추출 지향적 방식으로, 때로 무자비하리만치 도구적인 방식으로 토착적 풍경을 파괴한다. 그 공동체 구성원들은 개발·보존이라는 미명 아래 삶터에서 쫓겨나거나(전치), 삶의 기반이 붕괴하면서 사실상 공동체 자체가 난민 공동체가 되어버리는(이주 없는 전치) 피해를 입는다. 그들이 절박한 상황에 내몰림에 따라 글로벌 사우스에서는 환경 정의 운동이 일어났다. 저자는 가난한 공동체들의 저항을 본격적으로 다루고 그것을 초래한 초국가적·국가적·지역적 권력에 대해서도 소상하게 파헤친다.

세 번째 관심사는 환경과 관련한 작가-활동가들의 역할이다. 그들은 자신의 기민한 상상력과 세상을 향한 열정에 힘입어 언론이 나 몰라라 하는 환경 불이익층의 대의를 확장하는 데 기여한다. 그들이 주목하는 주제는 석유 제국주의, 메가댐 산업, 독성 물질의 외주화, 신식민주의적 관광 산업, 반인간적인 보존 관행, 기업 및 환경의 탈규제, 상업의 군사화 같은 초국가적 현상, 즉 불균형하리만치 글로벌 사우스에 몰려 있는 빈자들의 생계와 전망과 기억 장치를 유독 위협하는 현상들이다. 알도 레오폴드는 "우리는 오직 스스로가 볼 수 있는 것에 대해서만 윤리적 태도를 취할 수 있다"고 했다. 우리의 감각 영역에서 벗어난 인간·생명 공동체를 향해 윤리적으로 행동하기란 어렵다. 따라서 느린 폭력을 가시화하고 기왕의 가시적인 것들이 누리는 특권에는 도전할 필요가 있다. 작가-활동가들이 활약하는 지점이 바로 여기다. 그들은 우리 감각으로는 인지하기 어려운 위험들(지리적으로 멀리 떨어져 있다든지 규모가 너무 미세하거나 방대하기 때문에, 또는 인간 관찰자의 관찰 기간 혹은 그의 생리적 생존 기간을 넘어서 발생하기 때문에)을 상상력에 힘입어 이해하게끔 이끈다. 그들의 내러티브적 상상력은 우리에게 전과는 다른 유의 증언, 즉 보이지 않는 풍경에 대한 증언을 제공한다.

이 세 가지 얼개를 토대로 본문의 각 장은 대표적인 작가-활동가와 그들이 주목한 느린 폭력의 사례를 제시한다. 1장 '느린 폭력, 신자유주의, 그리고 환경 피카레스크'는 1984년 12월 인도 보팔에서 일어난 유니언 카바이드 공장의 가스 유출 사건을 모티브로 하며, 인드라 신하의 소설 《애니멀스 피플》이 주요 텍스트다. 2장 '고속감기 화석: 석유 독재와 자원의 저주'는 압델라흐만 무니프의 5부작 소설 《소금 도시》를 통해 거대 석유 회사의 약탈로 사우디아라비아가 자원의 저주에 시달리는 실상을 폭로한다. 3장 '파이프 드림: 켄 사로위와, 환경 정의, 그리고 극소수 민족의 권리'는 켄 사로위와가 주인공이다. 그는 석유 기업 셸과 셰브론의 석유 추출로 피해 입은 나이저강 삼각주의 극소수 민족을 대변하다가 나이지리아 정권에 의해 처형당한 작가-활동가다. 4장 '느린 폭력, 젠더, 그리고 빈자의 환경주의'에서는 토지 유실과 사막화에 맞서 그린벨트운동을 이끈 케냐의 작가-활동가 왕가리 마타이가 등장한다. 5장 '상상되지 않는 공동체: 메가댐, 근대성의 상징 기념물, 그리고 개발 난민'은 특히 제3세계의 메가댐 건설과 관련한 논의를 전개한다. 아룬다티 로이의 책 《더 큰 공공선》을 통해 인도 나르마다강 사르다르 사로바르 댐 건설과 관련한 개발 난민 이슈를 조명한다. 6장 '에코빌리지의 이방인: 인종, 관광 산업, 그리고 환경 시간'은 사냥감 보호 구역과 원주민 보호 구역으로 대표되는 남아프리카 공화국의 엔클로저 생태학에 어린 강제 이주 트라우마를 다룬다. 저자의 남아프리카공화국 사냥감 산장 방문기, 은자불로 은데벨레의 에세이 "사냥감 산장과 여가 식민주의자들"과 제임스 볼드윈의 에세이 "마을의 이방인", 그리고 나딘 고디머의 단편소설 〈최고의 사파리〉가 주요 텍스트다. 7장 '후유증의 생태학: 정밀 타격전과 느린 폭력'은 걸프전과 이라크전 같은 현대전 발생 이후의 피해를 조명한다. 《순교자의 날: 작은 전쟁의 연대기》를 집필한 마이클 켈리의 관점과 육군 간호사 자격으로 걸프전을 직접 겪은 캐럴 피코의 삶을 대조함으로써 전쟁 후유증의 생태학을 다룬다. 8장 '환경주의, 탈식민주의, 그리고 미국학'은 오랫동안 반목해온 탈식민주의 연구와 환경 연구의 화해 과정을 소개하고, 미국학을 지방화하자고(즉 미국을 외부 시선으로 바라보고 미국이 세계 속에서 차지하는 비중을 조정하자고) 제안한다. 이런 흐름은 환경주의에도 영향을 끼쳐, 그 지적 흐름을 황야 윤리 같은 국내 문제에 주력하는 미국 예외주의적 경향에서 좀더 다양한 환경적 접근법(즉 세계 차원에서 환경주의 운동의 기저를 이루는 추동력과 좀더 양립 가능한 접근법)으로 바꿔놓고 있다.

마이크로소프트 창립자 빌 게이츠의 삶을 그린 3부작 다큐멘터리 〈빌의 뇌 속: 빌 게이츠 해독하기(Inside Bill's Brain: Decoding Bill Gates)〉를 보았다. 기술 혁신을 선도함으로써 인류의 삶을 종전과는 다른 차원으로 끌어올린 그는 2008년 마이크로소프트의 운영에서 물러나 '빌 & 멀린다 게이츠 재단(Bill and Melinda Gates Foundation)'을 창립했다. 그리고 그때부터 인류의 삶에 기여하는 사업을 기획·추진하고 있다. 제3세계에 깨끗한 물을 공급하기 위한 화장실 및 하수 시설 관련 사업,

아직껏 완전히 뿌리 뽑히지 않은 소아마비 근절 사업, 그리고 기후 변화의 주범인 화석 연료를 대체하는 에너지 개발 사업 등이다. (그 다큐멘터리와는 관련 없는 내용이지만, 우리는 최근 보도를 통해 그가 우리나라의 코로나19 대처 사례에 주목하고 그 감염병의 치료제와 백신 개발 투자에도 관심을 기울이고 있음을 알고 있다.) 가장 최악의 두려움이 뭐냐는 인터뷰어의 질문에 그는 잠시 침묵하더니 "내 뇌가 작동을 멈추길 원치 않는다"고 답한다. 그가 자신의 뇌를 작동시킴으로써 인류의 삶에 끼친 영향이 독보적이니만큼 고개가 절로 끄덕여지는 답변이다.

이 책에서 보듯 미국 등 초강대국은 부유하고 평화로운 외관을 유지하기 위해 세계 차원에서 다채로운 폭력을 은밀하게 저질러왔다. 그런데 미국인 빌 게이츠는 그로 인한 인류의 위기를 해결하고 실질적 해법을 마련하고자 그야말로 고군분투한다. 이 책 자체도 마찬가지다. 우아한 가면을 쓴 미국 등 초강대국의 깡패 저리 가라 할 횡포, 그 감춰진 횡포를 드러내고 초국가 차원의 정의에 대해 문제를 제기하는 미국인 저자 롭 닉슨. 빌 게이츠와 롭 닉슨이 드러낸 미국의 이율배반이 그 나라를 여전히 초강대국으로 지탱해주는 힘은 아닐까.

독서백편의자현(讀書百遍義自見, 책을 백 번 읽으면 뜻을 절로 알게 된다)이라는 말이 있다. 나는 이 책을 옮길 때, 백 번까지는 아니지만 그와 같은 마음가짐으로 작업에 임했다. 그리고 그 말이 맞다는 것을 실감했다. 만만치 않게 난해한 본문과 씨름하느라 계절이 두 번이나 바뀔 정도로 시간을 오래 끌었다. 나를 쩔쩔매게 한 대목은 수도 없이 많았지만 몇 가지만 예로 들어보자. 우선 2장에 나오는 내용이다. "미국 침입자들의 불가해한 방식에 대한 아랍인의 당혹감을 다룬 이 아랍 침입자의 불가해한 소설에 대해 업다이크가 보인 당혹감은 참으로 절묘한 느낌을 준다(There is something superbly apposite about Updike's bewildered response to this Arab interloper's unfathomable novel about Arab bewilderment at the unfathomable ways of American interlopers)." (옮긴 문장을 읽어주니 남편이 장난스럽게 "정말 당혹스럽네"라고 대꾸해 같이 웃었다.) 그리고 6장의 사냥감 산장을 묘사하는 대목에는 이런 표현이 나온다. "환상에 지나지 않는 노동 부재의 노동집약적 생산(the labor-intensive production of labor's illusory absence)." 처음 읽었을 때 정말이지 나를 좌절하게 만든 구절들이다. 전체를 통독하고 그러기를 여러 차례 되풀이하니 그 글귀가 서서히, 완벽하게 이해되었다. 그때의 기쁨을 뭐라 표현할 수 있을까. 이 책을 옮기는 작업은 내게 그런 경험의 연속이었다.

다른 것도 아니고 '빈자의' 환경주의에 대한 논의가 이렇게 난해해서야……라며 내용과 형식의 괴리에 대해 혼자 좀 구시렁거리기도 했다. 작업을 모두 마치고서 깨달았다. 내 스스로 공부가 부족해서 고전했다 뿐 책 자체는 정치한 논리 전개를 위해 그 정도의 복잡함이 부득이했음을 말이다. 물론 같은 내용을 좀더 쉽고 친절한 언어로 담아낼 수는 없었을까 하는 아쉬움이 완전히 가신 것은 아니다.

이 책은 초지일관 진지해서 웃을 일이라고는 없으며, 조금만 멍을 때리면 이내 맥을 놓칠 정도로 논의가 조밀해서 읽을 때 상당한 집중력을 요한다. 그럼에도 좀더 정의로운 삶에 대해 고민해보도록 이끄는 더없이 좋은 책이다. 반복해 읽을수록 그렇다고 느꼈다. 어쩐 일인지 글의 무력함, 말의 허망함을 실감하면서 매사가 시들해지던 즈음 만난 이 책이 아직 꺼지지 않은 불씨를 되살려주는 것 같은, 내 마음속의 무언가를 건드리는 것 같은 느낌을 받았다. 올바른 삶에 대해 다시 치열하게 고민해보는 계기가 되었다. 중도에 포기하지 않고 끝내 완성할 수 있게 된 것을 무척 기쁘게 생각하며, 말없이 기다려주신 에코리브르 박재환 사장님께 진심으로 감사드린다.

4장에서 왕가리 마타이의 나무 심기를 소개한 부분은 장 지오노의 《나무를 심은 사람》을 떠오르게 한다. 빈자의 환경주의가 추구하는 정신을 잘 집약해놓은 다음 구절을 인용하면서 글을 마무리하겠다. "나무 심기는 세대 간의 낙관주의를 보여주는 이타적 행동으로 실용적이면서도 유토피아적이다. 이는 정작 나무를 심는 사람은 보지 못할 공동의 미래에 대한 투자이기도 하다. 나무 심기는 아직 태어나지도 않은 타인들이 쉴 수 있는 그늘을 마련하는 일이다."

2020년 여름
김홍옥

찾아보기